KB263331

2026

고졸 검정고시 3개년 기출문제

타임검정고시연구회

2026

고졸 검정고시 3개년 기출문제

인쇄일 2026년 1월 1일 11판 1쇄 인쇄
발행일 2026년 1월 5일 11판 1쇄 발행
등　록 제17-269호
판　권 시스컴2026

ISBN 979-11-6941-774-7 13370
정　가 19,000원

발행처 시스컴 출판사
발행인 송인식
지은이 타임검정고시연구회

주소 서울시 금천구 가산디지털1로 225, 514호(가산포휴) | **시스컴** www.siscom.co.kr / **나두공** www.nadoogong.com
E-mail siscombooks@naver.com | **전화** 02)866-9311 | **Fax** 02)866-9312

이 책의 무단 복제, 복사, 전재 행위는 저작권법에 저촉됩니다. 파본은 구입처에서 교환하실 수 있습니다.
발간 이후 발견된 정오 사항은 홈페이지 도서정오표에서 알려드립니다(홈페이지 → 자격증 → 도서정오표).

INTRO

“교육과정이 변해도 핵심 내용은 유사하다”

검정고시는 정규 학교에 진학하지 않은 이들에게 계속 교육받을 기회를 제공하고 교육의 평등 이념을 구현하고자 국가에서 시행하는 제도입니다. 현재 시험은 일 년에 두 번 시행되며 배움의 때를 놓친 분들에게 기회의 손길을 내밀고 있습니다.

한국교육과정평가원에서 공개한 출제 계획을 보면, 가급적 최소 3종 이상의 교과서에서 공통으로 다루고 있는 내용을 바탕으로 최근 5년간의 평균 합격률을 고려하여 적정 수준에서 출제할 것임을 알 수 있습니다. 즉 시험에 출제되는 핵심 내용은 크게 바뀌지 않았다는 것입니다. 따라서 시험에 반복 출제되는 부분들을 완벽히 이해하고, 새롭게 추가된 교과 내용을 공고히 익힌다면 평균 60점 이상을 획득하는 데에 큰 어려움이 없을 것입니다.

시스컴에서 선보이는 『고졸 검정고시 3개년 총정리 기출문제』는 최근 3년간 출제된 기출문제를 분석하여 시험의 유형 파악과 풀이를 돕는 문제집입니다. 또한 문제와 관련된 TIP을 상세한 해설과 함께 수록하여 ‘기출문제+정답 및 오답해설+TIP’의 탄탄한 짜임을 자랑합니다. 따라서 기초를 다지려는 수험생도, 합격을 굳히려는 수험생도 모두 만족시킬 수 있으리라 생각합니다.

“배움에 있어서 늙음이란 없다”

청춘이란 인생의 어느 기간을 말하는 것이 아니라 마음의 상태를 말하는 것이라는 어느 시인의 말처럼 배움의 열정을 놓지 않은 여러분의 지금 이 순간이 청춘입니다. 이 책이 여러분의 꿈을 이루는 데 도움이 되기를 바라며, 수험생 여러분 모두의 건투를 빕니다.

고졸 검정고시 시험 안내

검정고시 안내

검정고시란?

검정고시는 정규 학교에 진학하지 않은 사람들에게 계속 교육받을 기회를 제공하고 국가의 교육수준 향상을 위하며 교육의 평등 이념 구현에 기여하고자 국가에서 시행하는 제도를 말한다.

시험관리기관

- 시·도 교육청 : 시행공고, 원서교부 · 접수, 시험실시, 채점, 합격자발표
- 한국교육과정평가원 : 출제 및 인쇄 · 배포

시험 분야

- 초등학교 졸업학력(초등학교 과정)
- 중학교 졸업학력(중학교 과정)
- 고등학교 졸업학력(고등학교 과정)

검정고시 시험 안내

시행횟수 : 연2회

분 류	공고일	접수일	시 험	합격자 발표	공고 방법
제1회	2월 초순	2월 중순	4월 초 · 중순	5월 초 · 중순	각 시 · 도 교육청 홈페이지
제2회	6월 초순	6월 중순	8월 초 · 중순	8월 하순	

고시과목

고졸학력	필수	국어, 수학, 영어, 사회, 과학, 한국사 (6과목)	총 7과목
	선택	도덕, 기술 · 가정, 체육, 음악, 미술 중 1과목 선택	

시험시간표

교 시	과 목	시 간		문항수	비 고
1	국 어	09:00~09:40	40분	25	각 과목별 100점 만점
2	수 학	10:00~10:40	40분	20	
3	영 어	11:00~11:40	40분	25	
4	사 회	12:00~12:30	30분	25	
중식(12:30~13:30)					
5	과 학	13:40~14:10	30분	25	
6	한국사	14:30~15:00	30분	25	
7	선 택	15:20~15:50	30분	25	

※ 위의 내용은 한국교육과정평가원에서 발표한 내용을 바탕으로 하였습니다.

문제출제수준

고등학교 졸업 정도의 지식과 그 응용 능력을 측정할 수 있는 수준으로 적정량의 학습을 해온 학생이면 누구나 답할 수 있는 평이한 문제로 출제

고졸 검정고시 시험 안내

응시자격 및 응시제한

응시자격

1. 중학교 졸업자
2. 3년제 고등기술학교 및 고등학교에 준하는 각종학교 졸업자 또는 졸업예정자와 중학교 또는 동등이상의 학력이 있는 자를 대상으로 하는 3년제 직업훈련과정의 수료자
3. 「초 · 중등교육법 시행령」 제97조, 제101조, 제102조에 해당하는 자
4. 「보호소년 등의 처우에 관한 법률 시행령」 제69조 제3호에 해당하는 자

응시자격 제한

1. 「고등학교 또는 초 · 중등교육법 시행령」 제98조 제1항 제2호의 학교를 졸업한 자 또는 재학 중인 자(휴학 중인 자 포함)
2. 공고일 이후 중학교 또는 「초 · 중등교육법 시행령」 제97조 제1항 제2호의 학교를 졸업한 자
3. 고시에 관하여 부정행위를 한 자로서 2년이 경과되지 아니한 자
4. 고등학교 또는 초 · 중등교육법 시행령 제98조 제1항 제2호의 학교에서 퇴학된 사람으로서 퇴학일부터 공고일까지의 기간이 6개월이 되지 않은 사람(다만, 장애인복지법 제32조에 따라 등록한 장애인으로서 신체적 · 정신적 장애로 학업을 계속하는 것이 불가능하여 퇴학된 사람은 제외)
5. 공고일 전(前) 당해연도 졸업자는 졸업식 일자와 관계없이 2월말까지 재학생의 신분을 가지므로 당해연도 제1회 검정고시 응시를 제한함

공통제출서류

- 응시원서(소정서식) 1부
- 동일원판 탈모 상반신 컬러 사진(3.5㎝×4.5㎝, 3개월 이내 촬영) 2매
- 본인의 해당 최종학력증명서 1부
- 응시수수료 : 무료
- 신분증 필히 지참(주민등록증, 운전면허증, 대한민국 여권, 청소년증 중 택 1)

학력인정 서류

〈현장 · 온라인 접수 추가 제출 서류〉

과목면제 대상자	
해당자	제출 서류
기능사 이상의 자격 취득자(이용사, 미용사 자격증 포함)	– 자격증 사본(원본 지참)
3년제 고등공민학교, 기술학교, 고등기술학교 및 중 · 고등학교에 준하는 각종학교 졸업(예정)자와 직업훈련원의 졸업(수료, 예정)자	– 졸업(수료, 예정)증명서
평생학습계좌제가 평가 인정한 학습과정 중 시험과목에 관련된 과정을 90시간 이상 이수한 자	– 평생학습이력증명서 * 발급안내 : 국가평생교육진흥원 평생학습계좌제 (http://www.all.go.kr), 02-3780-9986

장애인 편의 제공 대상자		
대상자	대상자 편의 제공 내용	제출 서류
시각 장애, 뇌병변 장애	대독, 대필, 확대문제지	– 복지카드 또는 장애인등록증 사본(원본 지참) – 장애인 편의 제공 신청서(소정 서식) – 상이등급 표시된 국가유공자증(국가유공자 확인원)
상지지체 장애	대필	
청각 장애	시험 진행 안내 (시험시작 · 종료안내)	

※ 장애인 편의 제공은 원서접수 기간 내 편의 제공 신청자에 한하여 제공함

합격기준

전체 과목 합격

각 과목을 100점 만점으로 하여 평균 60점(소수점 셋째 자리에서 절사) 이상 취득한 자를 전체 과목 합격자로 결정함 단, 평균이 60점 이상이라 하더라도 결시 과목이 있을 경우에는 불합격 처리함

일부 과목 합격

- 검정고시 불합격자(일부 과목 합격자) 중 고시성적 60점 이상인 과목에 대하여는 합격을 인정하고, 본인이 원할 경우 다음 차수의 시험부터 해당과목의 고시를 면제하며 그 면제되는 과목의 성적은 최종 고시성적에 합산함
- 기존 과목 합격자가 해당과목을 재응시할 경우 기존 과목합격 성적과 상관없이 재응시한 과목 성적으로 합격 여부를 결정함

고졸 검정고시 시험 안내

합격취소

- 자격에 결격이 있는 자
- 제출 서류를 위조 또는 변조한 자
- 부정행위자
- 학력조회 결과 허위사실이 발견된 자

※ 전 과목 합격자의 학력을 합격자 발표일부터 80일 이내에 조회 확인하고, 학력조회의 결과 학력과 관련하여 허위의 사실이 발견된 때에는 지체 없이 합격을 취소함

응시자 시험 당일 준비사항

준비물

수험표, 신분증, 컴퓨터용 수성사인펜, 아날로그 손목시계(선택), 점심도시락

수험표, 주민등록증 분실자 준비 사항

- 수험표 분실자 : 응시원서에 부착한 동일원판 사진 1매를 지참하고 시험 당일 08시 20분까지 해당 시험장 시험본부에서 수험표를 재교부 받기 바람
- 주민등록증 분실자 : 주민등록증 발급확인서(주민자치센터에서 발급) 지참하기 바람

기타

- 주민등록증 미발급 청소년 : 청소년증 또는 대한민국여권 지참(청소년증은 주소지 관할 주민자치센터에 신청, 15~20일 소요).
- 시험당일 시험장 운동장이 협소하므로 가급적 대중교통을 이용하기 바람

응시자 유의사항

구비 서류 미비

- 본인 신분 확인이 불가능할 경우에는 접수하지 않으며, 접수된 서류는 일체 반환하지 않음
- 사실과 다르게 기재한 서류, 응시원서의 기재사항 착오 등으로 발생된 모든 책임은 전적으로 응시자에게 있음

시험 중 퇴실 금지

- 수험자는 시험 중 시험시간이 끝날 때까지 퇴실할 수 없음
  다만, 긴급한 사유 등으로 불가피한 경우에는 퇴실할 수 있으나, 퇴실 후 재 입실이 불가능하며 소지 물품(문제지 포함) 없이 별도의 장소에서 대기하여야 함
- 퇴실 시에는 휴대전화 등 무선통신기기나 물품 등을 소지할 수 없으며 지정된 별도의 장소에서 시험 종료 시까지 대기하여야 함
- 퇴실 시 감독관의 조치 및 지시에 불응하거나 휴대전화, 전자 담배 등 무선통신 기기 등을 소지한 경우 부정행위로 간주함
- 시험장 내에는 수험생 이외 가족, 친지, 친구, 학원 관계자 등은 출입할 수 없음

부정행위

시험장에서 다음과 같은 행위는 부정행위로 간주하고, 부정행위를 한 자는 「초 · 중등교육법」 시행규칙 제40조에 의거 고시를 정지하고 처분일로부터 응시자격 제한기간 동안 응시를 제한할 수 있으며, 교육부 및 전국 시 · 도교육청에 그 명단을 통보함

- 다른 수험생의 답안지를 보거나 보여주는 행위
- 다른 수험생과 손동작, 소리 등으로 서로 신호를 하는 행위
- 대리로 시험을 보는 행위
- 시험시간 중 휴대전화 등 무선통신기기를 소지하거나 사용하는 행위
- 다른 수험생에게 답을 보여주기를 강요하거나 폭력으로 위협하는 행위
- 시험 감독관의 지시에 불응하는 행위
- 기타 시험 감독관이 부정행위로 판단하는 행위

기타

- 공고문에 명시되지 않거나 내용의 해석에 관한 사항, 연락불능 등으로 인하여 발생된 불이익은 수험생의 귀책사유이며 그에 따른 결과 처리는 교육청별 검정고시위원회의 결정에 따라야 함
- 과목합격자는 별도 대기실에서 대기함
- 검정고시 응시자가 퇴학자일 경우 퇴학자는 응시일로부터 대략 8개월 이전에 학교를 그만둔 상태여야 함
- 교육기관 입학상담 시 최종학력증명서 확인 후 교육 실시
- 학적 정정 신청 : 출신 학교에서 증명, 통 · 폐합된 경우는 교육지원청에서 문의 · 발급

※ 상기 자료는 서울특별시 교육청의 안내 자료와 한국교육과정평가원(www.kice.re.kr)과 국가평생교육진흥원의 공고를 기준으로 하고 있습니다.

※ 시험일정 및 기타 사항은 변경될 수 있으므로 시험 전 반드시 각 시 · 도 교육청의 홈페이지 공고를 참조하여 접수하시기 바랍니다.

Q1 고졸 검정고시의 출제 범위는 어떻게 되나요?

〈고졸 검정고시 출제 범위 비교〉

구분		이전 고졸 검정고시 출제 범위	현재 고졸 검정고시 출제 범위
필수	국어	국어 I , 국어 II	국어
	수학	수학 I , 수학 II	수학
	영어	실용영어 I	영어
	사회	사회	통합사회
	과학	과학	통합과학
	한국사	한국사	한국사
선택	도덕	생활과 윤리	생활과 윤리

Q2 출제 기준은 무엇인가요?

- 각 교과의 검정(또는 인정)교과서를 활용하는 출제 방식입니다.
- 가급적 최소 3종 이상의 교과서에서 공통으로 다루고 있는 내용으로 출제합니다. (단, 국어와 영어 지문의 경우 공통으로 다루고 있는 교과서 종수와 관계없으며, 교과서 외 지문도 활용 가능)

Q3 검정고시 온라인 원서 접수는 어떻게 하나요?

http://kged.sen.go.kr

※ 검정고시 온라인 접수를 하기 전에 본인의 '공동인증서'를 먼저 발급받아야 한다.

1. 온라인 접수 기간에 시 · 도 교육청의 검정고시 서비스 사이트에 접속한다.
2. 검정고시 전체 서비스 메인 화면에서 화면 왼쪽의 **검정고시 온라인 접수**를 클릭한다.
3. 왼편의 검정고시 온라인 접수에서 해당하는 '시 · 도 교육청'을 선택하여 이동한다.
4. 상단의 〈온라인 원서 접수〉 메뉴에서 본인이 희망하는 자격의 검정고시를 선택한다.
5. 해당 자격의 **원서 접수하기** 버튼을 클릭하여 '온라인 원서 접수 페이지'로 이동한다.
6. 성명과 주민등록번호(또는 외국인등록번호)를 입력하고, 원서 접수 허위 기재 사실 기재에 관한 안내 및 서약서와 개인식별번호 처리 동의에 체크(√)한 뒤, **인증서 로그인**을 클릭한 후 본인의 공동 인증서를 통해 로그인한다.
7. 응시자 정보 → 학력 과목 정보 → 고사장 선택 → 접수 완료 순으로 작성한다.
8. 상단의 〈원서 조회〉 메뉴를 통해 본인이 응시한 검정고시의 원서 조회가 가능하다.
9. 상단의 〈수험표 출력〉 메뉴에서 해당 자격의 **수험표 출력하기** 버튼을 클릭하여 수험표를 출력한다.

구성 및 특징

검정고시 시험 안내

검정고시 시험 안내

시행횟수 : 연2회

분류	공고일	접수일	시험	합격자 발표	공고 방법
제1회	2월 초순	2월 중순	4월 초 · 중순	5월 초 · 중순	각 시·도 교육청 홈페이지
제2회	6월 초순	6월 중순	8월 초 · 중순	8월 하순	

고시과목

고졸학력	필수	국어, 수학, 영어, 사회, 과학, 한국사 (6과목)	총 7과목
	선택	도덕, 기술 · 가정, 체육, 음악, 미술 중 1과목 선택	

시험시간표

교시	과목	시간		문항수	비고
1	국어	09:00~09:40	40분	25	각 과목별 100점 만점
2	수학	10:00~10:40	40분	20	
3	영어	11:00~11:40	40분	25	
4	사회	12:00~12:30	30분	25	
중식(12:30~13:30)					
5	과학	13:40~14:10	30분	25	
6	한국사	14:30~15:00	30분	25	
7	선택	15:20~15:50	30분	25	

※ 위의 내용은 한국교육과정평가원에서 발표한 내용을 바탕으로 하였습니다.

문제출제수준

고등학교 졸업 정도의 지식과 그 응용 능력을 측정할 수 있는 수준으로 적정량의 학습을 해온 학생이면 누구나 답할 수 있는 평이한 문제로 출제

검정고시를 준비하는 수험생들이 시험에 대하여 한눈에 알 수 있도록 일정, 자격, 내용 등을 상세히 정리하였습니다.

기출문제

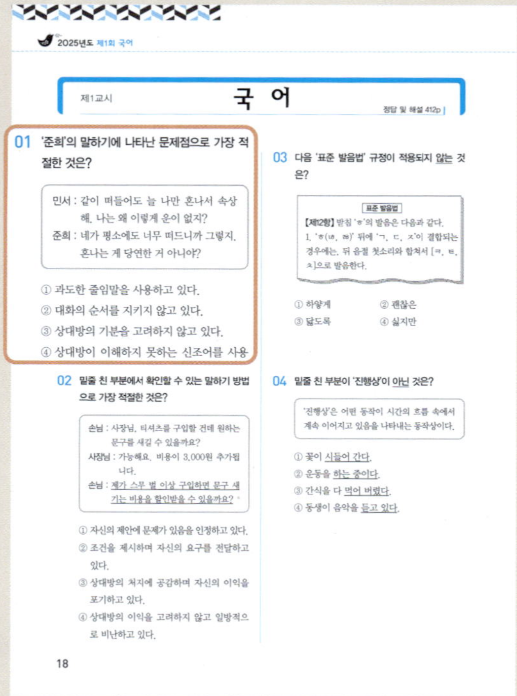

제1교시 **국 어** 정답 및 해설 412p

01 '준희'의 말하기에 나타난 문제점으로 가장 적절한 것은?

> 민서 : 같이 떠들어도 늘 나만 혼나서 속상해. 나는 왜 이렇게 운이 없지?
> 준희 : 네가 평소에도 너무 떠드니까 그렇지. 혼나는 게 당연한 거 아니야?

① 과도한 줄임말을 사용하고 있다.
② 대화의 순서를 지키지 않고 있다.
③ 상대방의 기분을 고려하지 않고 있다.
④ 상대방이 이해하지 못하는 신조어를 사용

02 밑줄 친 부분에서 확인할 수 있는 말하기 방법으로 가장 적절한 것은?

> 손님 : 사장님, 티셔츠를 구입할 건데 원하는 문구를 새길 수 있을까요?
> 사장님 : 가능해요. 비용이 3,000원 추가됩니다.
> 손님 : 제가 스무 벌 이상 구입하면 문구 새기는 비용을 할인받을 수 있을까요?

① 자신의 제안에 문제가 있음을 인정하고 있다.
② 조건을 제시하며 자신의 요구를 전달하고 있다.
③ 상대방의 처지에 공감하며 자신의 이익을 포기하고 있다.
④ 상대방의 이익을 고려하지 않고 일방적으로 비난하고 있다.

03 다음 '표준 발음법' 규정이 적용되지 않는 것은?

> 표준 발음법
> 【제12항】 받침 'ㅎ'의 발음은 다음과 같다.
> 1. 'ㅎ(ㄶ, ㅀ)' 뒤에 'ㄱ, ㄷ, ㅈ'이 결합되는 경우에는, 뒤 음절 첫소리와 합쳐서 [ㅋ, ㅌ, ㅊ]으로 발음한다.

① 하얗게 ② 괜찮은
③ 닳도록 ④ 싫지만

04 밑줄 친 부분이 '진행상'이 아닌 것은?

> '진행상'은 어떤 동작이 시간의 흐름 속에서 계속 이어지고 있음을 나타내는 동작상이다.

① 꽃이 시들어 간다.
② 운동을 하는 중이다.
③ 간식을 다 먹어 버렸다.
④ 동생이 음악을 듣고 있다.

2023년도 제1회부터 2025년도 제2회까지 최근 5년간 기출문제를 빠짐없이 수록하였습니다.

정답 및 해설

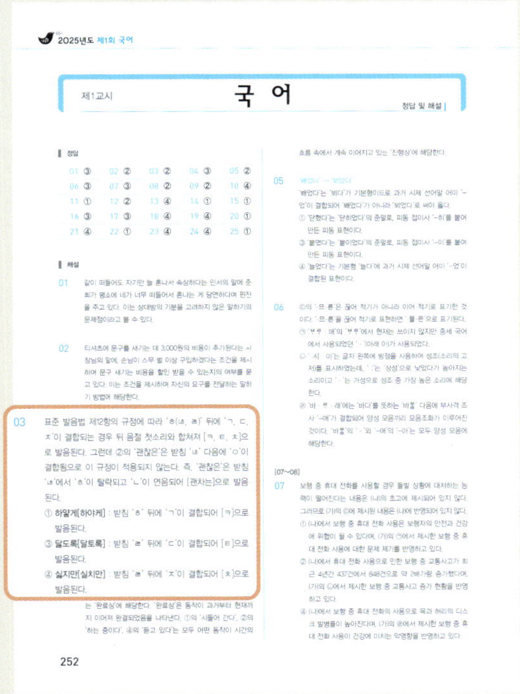
2025년도 제1회 국어

제1교시 국 어 정답 및 해설

252

기본서를 따로 참고하지 않아도 명쾌하게 이해할 수 있도록 상세하게 설명하였습니다. 정답해설뿐만 아니라 오답해설도 충분히 실어 꼼꼼한 학습이 가능하도록 하였습니다.

TIP

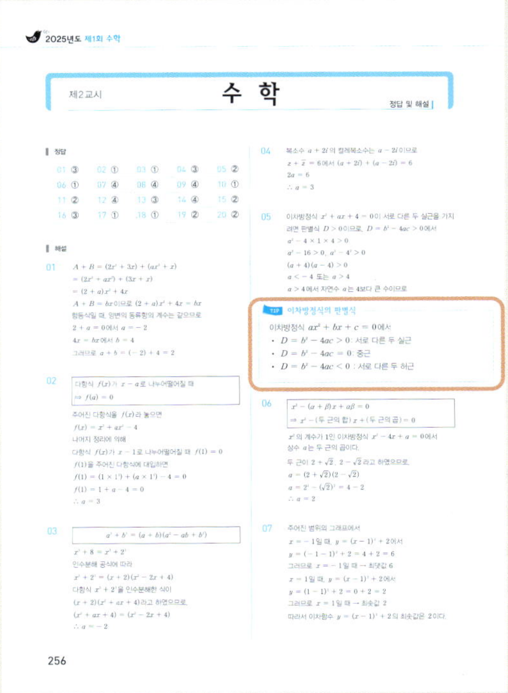
2025년도 제1회 수학

제2교시 수 학 정답 및 해설

256

문제와 관련된 중요 교과 내용이나 보충사항을 TIP으로 정리함으로써 효율적이면서도 충실한 수험공부가 가능하도록 하였습니다.

목 차

기출문제

2025년		제1회	제2회
	국 어	18p	58p
	수 학	26p	66p
	영 어	30p	70p
	사 회	36p	75p
	과 학	41p	80p
	한국사	47p	84p
	도 덕	52p	89p

2024년		제1회	제2회
	국 어	96p	136p
	수 학	104p	144p
	영 어	108p	148p
	사 회	114p	154p
	과 학	119p	159p
	한국사	125p	164p
	도 덕	129p	168p

2023년		제1회	제2회
	국 어	174p	212p
	수 학	182p	220p
	영 어	185p	224p
	사 회	191p	230p
	과 학	196p	235p
	한국사	201p	240p
	도 덕	206p	245p

정답 및 해설

2025년

	제1회	제2회
국 어	252p	280p
수 학	256p	284p
영 어	259p	287p
사 회	264p	292p
과 학	268p	296p
한국사	271p	299p
도 덕	275p	303p

2024년

	제1회	제2회
국 어	308p	336p
수 학	312p	340p
영 어	314p	342p
사 회	319p	347p
과 학	323p	350p
한국사	326p	353p
도 덕	330p	357p

2023년

	제1회	제2회
국 어	362p	386p
수 학	366p	390p
영 어	368p	392p
사 회	373p	397p
과 학	376p	401p
한국사	379p	404p
도 덕	382p	408p

체크리스트

효율적인 학습을 위한 CHECK LIST

연도	과목	학습 기간	정답 수	오답 수
2025년	국 어	~		
	수 학	~		
	영 어	~		
	사 회	~		
	과 학	~		
	한국사	~		
	도 덕	~		
2024년	국 어	~		
	수 학	~		
	영 어	~		
	사 회	~		
	과 학	~		
	한국사	~		
	도 덕	~		
2023년	국 어	~		
	수 학	~		
	영 어	~		
	사 회	~		
	과 학	~		
	한국사	~		
	도 덕	~		

2025년도

제1회

제1교시 국 어

제2교시 수 학

제3교시 영 어

제4교시 사 회

제5교시 과 학

제6교시 한국사

제7교시 도 덕

제1교시

국 어

정답 및 해설 252p

01 '준희'의 말하기에 나타난 문제점으로 가장 적절한 것은?

> 민서 : 같이 떠들어도 늘 나만 혼나서 속상해. 나는 왜 이렇게 운이 없지?
> 준희 : 네가 평소에도 너무 떠드니까 그렇지. 혼나는 게 당연한 거 아니야?

① 과도한 줄임말을 사용하고 있다.
② 대화의 순서를 지키지 않고 있다.
③ 상대방의 기분을 고려하지 않고 있다.
④ 상대방이 이해하지 못하는 신조어를 사용하고 있다.

02 밑줄 친 부분에서 확인할 수 있는 말하기 방법으로 가장 적절한 것은?

> 손님 : 사장님, 티셔츠를 구입할 건데 원하는 문구를 새길 수 있을까요?
> 사장님 : 가능해요. 비용이 3,000원 추가됩니다.
> 손님 : <u>제가 스무 벌 이상 구입하면 문구 새기는 비용을 할인받을 수 있을까요?</u>

① 자신의 제안에 문제가 있음을 인정하고 있다.
② 조건을 제시하며 자신의 요구를 전달하고 있다.
③ 상대방의 처지에 공감하며 자신의 이익을 포기하고 있다.
④ 상대방의 이익을 고려하지 않고 일방적으로 비난하고 있다.

03 다음 '표준 발음법' 규정이 적용되지 <u>않는</u> 것은?

> 표준 발음법
>
> **【제12항】** 받침 'ㅎ'의 발음은 다음과 같다.
> 1. 'ㅎ(ㄶ, ㅀ)' 뒤에 'ㄱ, ㄷ, ㅈ'이 결합되는 경우에는, 뒤 음절 첫소리와 합쳐서 [ㅋ, ㅌ, ㅊ]으로 발음한다.

① 하얗게 ② 괜찮은
③ 닳도록 ④ 싫지만

04 밑줄 친 부분이 '진행상'이 <u>아닌</u> 것은?

> '진행상'은 어떤 동작이 시간의 흐름 속에서 계속 이어지고 있음을 나타내는 동작상이다.

① 꽃이 <u>시들어 간다</u>.
② 운동을 <u>하는 중이다</u>.
③ 간식을 다 <u>먹어 버렸다</u>.
④ 동생이 음악을 <u>듣고 있다</u>.

05 밑줄 친 부분이 '한글 맞춤법'에 맞지 <u>않는</u> 것은?

① 바람에 문이 <u>닫혔다</u>.
② 낮에 할머니를 <u>뵈었다</u>.
③ 봉투에 우표를 <u>붙였다</u>.
④ 옷 가게에 손님이 <u>늘었다</u>.

06 ㉠~㉣에 나타난 중세 국어의 특징으로 적절하지 <u>않은</u> 것은?

> 불·휘기·픈남·ᄀᆞᆫ ㉠ <u>ᄇᆞᄅᆞ·매</u>아·니:뮐·ᄊᆡ
> 곶:됴·코여·름·하ᄂᆞ·니
> ㉡ <u>:ᄉᆡ·미</u>기·픈 ㉢ <u>·므·른</u>·ᄀᆞᄆᆞ·래아·니그·
> 츨·ᄊᆡ
> :내·히이·러 ㉣ <u>바·ᄅᆞ·래</u>·가ᄂᆞ·니
>
> -「용비어천가」 제2장 -

① ㉠ : 현재 쓰이지 않는 'ㆍ'(아래 아)가 사용되었다.
② ㉡ : 글자 왼쪽의 방점으로 성조가 표시되었다.
③ ㉢ : 끊어 적기로 표기되었다.
④ ㉣ : 조사가 모음 조화에 따라 나타났다.

[07~08] (나)는 (가)를 토대로 작성한 글이다. 물음에 답하시오.

> (가) 작문 개요
>
> **주제 : 보행 중 휴대 전화 사용 제한**
>
> Ⅰ. 서론 : 보행 중 휴대 전화 사용에 대한 문제 제기 ································ ㉠
> Ⅱ. 본론 : 보행 중 휴대 전화 사용을 제한하는 근거
> 1. 보행 중 교통사고가 증가함 ············ ㉡
> 2. 돌발 상황에 대처하는 능력이 떨어짐 ···· ㉢
> 3. 건강에 악영향을 줌 ···················· ㉣
> Ⅲ. 결론 : 보행 중 휴대 전화 사용을 제한하는 대책 마련 촉구
>
> (나) 글의 초고
>
> 길에서 많은 사람들이 고개를 푹 ⓐ <u>숙인채</u> 휴대 전화에 빠져 걷고 있는 모습을 쉽게 볼 수 있다. 이러한 보행 중 휴대 전화 사용은 보행자의 안전과 건강에 위협이 될 수 있다. 따라서 보행 중 휴대 전화 사용을 제한하는 방안 마련이 시급하다.
>
> 교통안전공단에서 실시한 '휴대 전화 사용이 보행 안전에 미치는 위험성 연구'에 따르면 휴대 전화 사용으로 인한 보행 중 교통사고가 최근 4년간 437건에서 848건으로 약 2배가량 증가했다고 한다.
>
> ⓑ <u>또</u> 어떤 연구 결과에 따르면, 보행 중 휴대 전화를 사용할 경우 목과 허리의 디스크 발병률이 높아진다고 한다. 왜냐하면 고개를 숙이고 걸으면 목과 허리가 뻣뻣해져 걸을 때의 물리적 충격이 몸에 그대로 전달되기 때문이다.
>
> 이처럼 보행 중 휴대 전화를 사용하는 것은 안전사고와 건강 문제 등을 일으키는 굉장히 위험한 행동이다. ⓒ <u>그 이유는 운전자가 안전띠를 매야 하기 때문이다.</u> 이러한 위험을 줄이기 위해서는 보행 중 휴대 전화 사용을 제한하는 법안 제정 등의 ⓓ <u>대책을</u> 시급히 마련되어야 한다.

07 (가)의 ㉠~㉣ 중 (나)에 반영되지 <u>않은</u> 것은?

① ㉠　　② ㉡
③ ㉢　　④ ㉣

08 (나)의 ⓐ~ⓓ에 대한 고쳐쓰기 방안으로 적절하지 않은 것은?

① ⓐ : 띄어쓰기가 잘못되어 있으므로 '숙인 채'로 고친다.

② ⓑ : 잘못된 접속어를 사용했으므로 '그러나'로 바꾼다.

③ ⓒ : 글의 통일성을 해치는 문장이므로 삭제한다.

④ ⓓ : 잘못된 조사를 사용했으므로 '대책이'로 수정한다.

[09～10] 다음 글을 읽고 물음에 답하시오.

저기 가는 저 각시 본 듯도 하구나
㉠ 천상 백옥경*을 어찌하여 이별하고
해 다 져 저문 날에 누굴 보러 가시는가
어와 너로구나 이내 사설 들어 보오
내 모습 이 거동이 임이 사랑함직 한가마는
어쩐지 날 보시고 너로다 여기심에
나도 임을 믿어 딴생각 전혀 없어
㉡ 아양이며 교태며 어지럽게 하였던지
반기시는 낯빛이 예와 어찌 다르신가
누워 생각하고 일어나 앉아 헤아리니
㉢ 내 몸의 지은 죄 산같이 쌓였으니
하늘을 원망하며 사람을 탓하겠는가
서러워 생각하니 조물주의 탓이로다
그것일랑 생각 마오 맺힌 일이 있습니다
임을 모셔 봐서 임의 일을 내 알거니
물 같은 몸이 편하실 때 몇 날일까
봄추위 여름 더위 어떻게 지내시며
가을철 겨울철은 누가 모셨는가
죽조반 조석 진지 예전과 같이 올리시나
㉣ 기나긴 밤에 잠은 어찌 주무시나

– 정철, 「속미인곡」 –

*백옥경 : 옥황상제가 산다는 곳. 여기에서는 임금이 있는 궁궐을 가리킴.

09 윗글에 대한 설명으로 적절하지 않은 것은?

① 설의적 표현이 드러난다.

② 동일한 후렴구가 반복된다.

③ 4음보의 율격이 주로 드러난다.

④ 두 명의 화자가 대화하는 형식을 취한다.

10 ㉠~㉣에 대한 설명으로 적절하지 않은 것은?

① ㉠ : 백옥경을 떠난 까닭을 궁금해 하고 있다.

② ㉡ : 임의 태도가 변한 이유로 추측하고 있다.

③ ㉢ : 이별을 자신의 탓으로 돌리고 있다.

④ ㉣ : 임에 대한 원망이 드러나고 있다.

[11～13] 다음 글을 읽고 물음에 답하시오.

[앞부분 줄거리] 우리가 이사 온 지 3년째 되던 해, 나물 장수 아주머니가 우리 집 마당의 흰 철쭉을 망연히 바라보고 있음을 알게 된 나는 아주머니가 집터의 옛 주인이라고 생각한다.

"아주머니는 아마 전부터 이 동네에 길이 많이 익은 모양이지요?"

나물거리를 대강 사 챙겨 주고 나서 우리는 여자의 눈치를 살펴 가며 조심스럽게 그녀의 사연을 캐묻기 시작했다. 하고 보니 일은 과연 우리의 추측대로였다.

"이 동네 길만 익을라구요. 한 삼사 년 전까지만 해도 여기 이 자리엔 다른 집이 있었다오."

아주머니는 금세 눈치를 알아채고 한숨 끝에 천천히 사연을 털어놓았다. 아주머니는 원래 일정 말기에 황해도 안악 마을의 한 농촌 마을에서 갓 스물에 이곳으로 출가를 해 왔는데, 예의 흰 철쭉은 그녀가 시집을 오기 전에는 친정집 남새*밭 가에서 있었던 것이랬다. 그것을 어느 봄 친정어머니가 모처럼 딸네집 먼 나들이를 오면서 고향 부모 정물로 파다 심어 주고 간 것이라 하였다. 그런데 친정어머니가 그것을 심고 간 그해 여름 바로 8·15 해방을 맞게 됐고, 이어 서로 간에 소식이나마 오갈 길이 끊기고 말았다는 것이었다. 다행히 그 ㉠ 철쭉이라도 해마다 흰 꽃을 피워 주어 아주머니는 그것으로 이 30여 년을 고향 식구들 대하듯 마음을 달래 왔노라고 하였다. 한데 어느 해부턴지 인근 땅값이 느닷없이 두 곱 세 곱으로 치솟는 바람에, 아주머니네를 포함한 온 동네가 마치 횡재라도 만난 듯 다투어 집과 땅을 팔고 너나없이 사방으로 흩어져 떠나갔다는 것이었다.

"그 몹쓸 땅값 바람에 멋모르고 모두 눈이 뒤집힌 게라요.

땅값에 눈이 아주 뒤집히지 않고서야 어찌 그리 쉽게 제 살던 집을 다 팔고 떠날 수 있었겠소."

아주머니는 뒤늦게 집을 팔고 떠난 것이 후회스러운 듯 아쉬운 한숨까지 지었다. 그래 아내가, 집을 팔더라도 그 철쭉이나 따로 파 옮겨다 심지 그랬느냐고, 짐짓 한마딜 어긋나게 묻고 들자, 아주머니는 다시 북쪽 말 억양이 역력한 소리로,

"글쎄, 그땐 그럴 경황도 없었다우. 그땐 어찌 그리 쫓기듯이 거래를 서둘러들 대던지 나무커녕 사람마저 깃들 곳을 제대로 마련하지 못한 채 터부터 비켜 나가 줘야 했을 형편이었으니까유."

변명이라도 하듯 한숨 섞어 말하고는 새삼 꽃 쪽으로 눈길을 보냈다.

흰 철쭉이 거기 남아 있게 된 것은 어쨌거나 그런 저런 사연으로 해서였다. 그런데 이듬해 봄이 되어서였다. 아주머니네는 그때 이미 집값으로 받은 돈을 이 일 저 일로 거의 다 축내 버리고, 종내는 아들 내외와 성남 변두리에 셋방 한 칸을 얻어 살면서 인근 산간으로 나물 뜯이를 나다니고 있었는데, 하룻밤은 느닷없이 피곤한 잠결에 옛날 살던 집 철쭉꽃 꿈을 꾸게 되었다는 것이었다.

– 이청준, 「흰 철쭉」 –

*남새 : 채소

11 윗글에 대한 설명으로 적절한 것은?

① 인물의 사연을 요약적으로 진술하고 있다.
② 작품 밖 인물의 시각에서 사건을 서술하고 있다.
③ 장면 전환을 통해 인물 간 갈등을 표현하고 있다.
④ 편지 형식을 활용하여 인물의 심리를 표현하고 있다.

12 윗글의 내용으로 적절하지 않은 것은?

① 아주머니의 친정집은 황해도에 있었다.
② 아주머니는 해방을 계기로 친정집으로 이사 갔다.
③ 동네 사람들은 땅값이 올라 집을 팔고 사방으로 떠났다.
④ 아주머니네는 결국 집값으로 받은 돈을 거의 다 축내 버렸다.

13 ㉠의 의미로 가장 적절한 것은?

① 생계유지를 위한 수단
② 이웃과의 관계 악화의 원인
③ 세대 간 갈등 해소의 실마리
④ 고향 식구에 대한 그리움을 달래 주는 자연물

[14～16] 다음 글을 읽고 물음에 답하시오.

하늘은 날더러 ㉠ 구름이 되라 하고
땅은 날더러 바람이 되라 하네
청룡 흑룡 흩어져 비 개인 나루
잡초나 일깨우는 잔바람이 되라네
뱃길이라 서울 사흘 목계나루에
아흐레 나흘 찾아 박가분 파는
가을볕도 서러운 ㉡ 방물장수 되라네
산은 날더러 들꽃이 되라 하고
강은 날더러 잔돌이 되라 하네
산서리 맵차거든 풀 속에 얼굴 묻고 ┐
물여울 모질거든 바위 뒤에 붙으라네 ┘[A]
민물새우 끓어넘는 ㉢ 토방 툇마루
석삼년에 한 이레쯤 천치로 변해
짐 부리고 앉아 쉬는 ㉣ 떠돌이가 되라네
하늘은 날더러 바람이 되라 하고
산은 날더러 잔돌이 되라 하네

– 신경림, 「목계장터」 –

14 윗글의 표현상 특징으로 적절하지 않은 것은?

① 반어적 표현을 활용해 화자의 상황을 강조하고 있다.
② 특정한 종결 어미를 반복하여 운율을 형성하고 있다.
③ 향토적 소재를 통해 토속적 분위기를 드러내고 있다.
④ 수미상관 구조를 통해 형태적 안정감을 조성하고 있다.

15 [A]의 밑줄 친 부분에 공통적으로 드러나는 의미로 가장 적절한 것은?

① 화자가 처한 고달픈 현실
② 화자가 즐거움을 느끼는 상황
③ 화자가 지향했던 이상적 세계
④ 화자가 도달하려는 학문적 성취

16 ㉠~㉣ 중 다음 밑줄 친 부분과 시적 의미가 가장 거리가 먼 것은?

> 이 시는 남한강 목계 나룻가를 배경으로, 장돌뱅이의 떠도는 삶을 노래하고 있다.

① ㉠　② ㉡
③ ㉢　④ ㉣

[17～19] 다음 글을 읽고 물음에 답하시오.

옛날 어느 마을에 혼자서 가난하게 사는 노파가 있었다. 노파는 이웃 장자네 집에 가서 베를 짜고 밭을 매서 얻어먹고 살았다. 어느 날 노파는 풀숲에서 이상한 알을 주워다 먹었는데 그 뒤로 자꾸 배가 불러 오기 시작했다. 열 달 만에 ㉠ 아기가 태어났는데 태어난 건 사람이 아닌 구렁이였다. 노파는 구렁이를 뒤주에 집어넣고서 삿갓을 덮어놓았다.

할머니가 아이를 낳았다는 소문을 듣고서 장자네 세 자매가 차례로 할머니를 찾아왔다. 큰딸과 둘째딸은 뒤주 속의 구렁이를 보고서 징그럽다며 낯을 찡그리고 돌아갔다. 그런데 막내딸은 구렁이를 보자 환한 미소를 짓는 것이었다.

"어머, ㉡ 구렁덩덩신선비 님을 낳으셨네요!"

막내딸이 돌아가자 구렁이가 그 처녀한테 장가를 가겠노라고 했다. 노파가 머뭇거리자 구렁이는 한 손에 칼 들고 한 손에 불 들고 어머니 배 속으로 다시 들어가겠다고 했다. 할 수 없이 장자한테로 가서 아들의 뜻을 전하자 장자는 세 딸을 불러서 노파의 아들한테 시집을 가겠느냐고 물었다. 위의 두 딸은 손사래를 쳤지만 막내딸은 선뜻 시집을 가겠노라고 했다.

"그럼요. 구렁덩덩신선비 님이신걸요!"

장자는 말없이 고개를 끄덕였다.

막내딸의 혼사가 치러지는 날, ㉢ 구렁이는 바지랑대[1]를 타고 담에 올라 빨랫줄을 타고서 초례청[2]에 이르렀다. 혼례를 마친 첫날밤, 잿물에 목욕을 한 구렁이는 허물을 벗고서 사람이 되었다. 신선처럼 빛나는 멋진 선비였다. 신선비는 아내에게 허물을 건네 주면서 꼭꼭 잘 간직하라고 했다. 그 허물이 없어지면 자기가 돌아올 수 없다고 했다.

동생이 신선 같은 신랑을 얻자, 두 언니는 동생을 질투하기 시작했다. 신선비가 길을 떠나고 없는 즈음에 두 언니는 동생을 속여 뱀 허물을 훔쳐다가 아궁이에 넣어서 태워 버렸다. 집으로 돌아오던 신선비는 허물이 타는 냄새를 맡고서 오던 길을 돌아서서 멀리멀리 떠나가고 말았다.

남편을 잃은 막내딸은 중의 옷차림을 하고서 남편을 찾아 길을 나섰다. 농부 대신 논을 갈아 주고서 길을 묻고, 까치한테 벌레를 잡아 주고 길을 묻고, 할머니의 빨래를 대신 해 주고서 길을 물었다. 할머니가 알려 준 대로 물에 복주께[3]를 띄우고 그 위에 올라선 막내딸은 홀연 낯선 세상에 이르렀다. 각시는 새 쫓는 ㉣ 아이한테 길을 물어 구렁덩덩신선비 집을 찾아내 숨어들었다. 밤이 깊자 구렁덩덩신선비가 마당으로 나와서 달을 보면서, "달은 저리 밝은데 옛 각시는 어디서 무얼 하고 있을까?"

그러자 각시가 쏙 나서면서,

"신선비 님 옛 각시 여기 있다오."

– 작자 미상, 「구렁덩덩신선비」 –

1) 바지랑대 : 빨랫줄을 받치는 긴 막대기
2) 초례청 : 혼례를 치르는 장소
3) 복주께 : 강원, 충청 지역 방언으로, 놋쇠로 만든 밥그릇의 뚜껑을 말함.

17 윗글에 대한 설명으로 가장 적절한 것은?

① 시가 삽입되어 있다.
② 구체적인 지명이 언급되고 있다.
③ 비현실적인 요소가 제시되어 있다.
④ 역순행적 구성으로 사건이 전개되고 있다.

18 다음 밑줄 친 부분에 해당하는 내용으로 가장 적절한 것은?

> 이 이야기는 남편이 떠난 후, 장자네 막내딸이 남편을 찾아가는 과정에서 겪은 일을 담고 있다.

① 막내딸이 노파가 낳은 아이를 보러 감.
② 막내딸이 구렁이에게 시집가겠다고 함.
③ 막내딸과 혼례를 마친 구렁이가 사람이 됨.
④ 막내딸이 남편을 찾기 위해 농부 대신 논을 갈아 줌.

19 ㉠~㉣ 중 가리키는 대상이 다른 것은?

① ㉠ ② ㉡
③ ㉢ ④ ㉣

[20～22] 다음 글을 읽고 물음에 답하시오.

세계 각국의 주요 도시들은 이미 수십 년 전부터 걷기 좋은 도시를 조성하고자 노력해 왔다. 자동차를 생활필수품으로 여기는 미국에서조차 국민들의 건강 증진과 환경 보호를 위해 도시 설계를 운전자 중심에서 보행자 중심으로 변화시키는 추세이다. 미국에서는 비만의 위험성이 부각되고 걷기의 운동 효과가 ㉠ 주목받으면서 오래전부터 걷기 좋은 도시 공간에 대한 연구를 활발하게 진행해 왔다. 미국의 공공 기관과 민간에서는 지역의 보행 환경에 관한 데이터를 수집하여 사용자에게 다양한 정보를 제공한다. 실제로 미국 주요 대도시에서는 시 정부 차원에서 가로망, 보도망, 횡단보도 등 도시 지리 정보를 수집하여 정보를 ㉡ 공개한다.

한편 미국의 한 민간 기업에서는 거리의 '걷기 좋은 정도'를 수치화하여 사용자에게 정보를 제공한다. 이 업체는 미국, 영국, 호주의 여러 도시를 대상으로 하여, 보행 환경을 점수화하고 이를 바탕으로 걷기 좋은 도시의 순위를 매년 ㉢ 선정해 발표한다. 예를 들면, 하나의 도시에 여러 지점을 선정하고 그 지점과 그 지점 주변에 위치한 학교, 식당, 상가 등 생활 편의 시설의 거리를 측정하여 해당 지점의 보행 환경에 대한 점수를 ㉣ 산출한다. 해당 지점에서 도보 5분 정도의 가까운 거리 내에 편의 시설이 많을수록 그 지점은 높은 점수를 받는다. 각 도시의 점수는 이들 지점들이 받은 점수의 평균값이다. 이 업체에서 제공하는 점수는 도시 계획을 수립하려는 시 정부뿐만 아니라 각종 언론, 학계, 부동산 업계 등 다양한 분야에서 활용된다.

– 황진욱 외, 「우리 동네는 얼마나 걷기 좋을까」 –

20 윗글에 대한 설명으로 가장 적절한 것은?

① 보행 환경을 점수화하는 방법을 설명하고 있다.
② 보행 환경에 대한 전문가의 견해를 인용하고 있다.
③ 걷기 좋은 도시에 대한 각국의 정의를 비교하고 있다.
④ 걷기 좋은 도시에 관한 상반된 주장을 절충하고 있다.

21 윗글의 내용과 일치하지 않는 것은?

① '미국'에서는 자동차를 생활필수품으로 여긴다.
② '미국'에서조차 도시 설계를 운전자 중심에서 보행자 중심으로 변화시키는 추세이다.
③ '미국의 공공 기관과 민간'에서는 지역의 보행 환경에 관한 다양한 정보를 사용자에게 제공한다.
④ '미국의 한 민간 기업'에서 제공하는 보행 환경 점수는 시 정부의 도시 계획 수립에만 활용된다.

22 ㉠~㉣의 사전적 의미로 적절하지 않은 것은?

① ㉠ : 사물의 존재 의의나 가치를 알아주지 아니함.
② ㉡ : 어떤 사실이나 사물, 내용 따위를 여러 사람에게 널리 터놓음.
③ ㉢ : 여럿 가운데서 어떤 것을 뽑아 정함.
④ ㉣ : 계산하여 냄.

[23～25] 다음 글을 읽고 물음에 답하시오.

통점[1]이 자극을 받아 통각 신경을 통해 통증 신호가 뇌로 전달될 때 우리는 통증을 느낀다. 통점을 구성하는 세포의 세포막에는 '통로'라는 세포 소기관[2]이 있다. 이 통로를 통해 세포의 안과 밖으로 여러 물질들이 오가면서 세포 사이에 다양한 신호가 전달된다.

인체의 부위가 손상되면 세로토닌, 히스타민 등의 통각 유발 물질이 만들어지는데, 이들이 통로를 통해 세포 안으로 들어오면서 세포는 통증 신호를 인식한다. 통증을 유발하는 대표적인 통로로는 치통, 피부염, 관절염 등의 염증성 통증에 관여하는 캡사이신 통로가 있다. 이 밖에도 상처를 입었을 때, 화상을 입었을 때 등 통증의 종류별로 다른 통로가 존재한다.

통증 신호를 뇌로 전달하는 통각 신경은 다른 감각 신경에 비해 매우 가늘어 신호를 느리게 전달한다. 예를 들어 몸길이가 30미터인 흰긴수염고래는 꼬리에 상처가 생기면 최대 1분 후에 아픔을 느낀다. 인간의 경우에도 압정을 모르고 밟았을 때 ㉠ <u>압정이 발바닥에 깊이 들어간 다음에야 아픔을 느끼게 된다.</u>

통각 신경은 다른 감각 신경에 비해 가늘기 때문에 더 빽빽하게 분포될 수 있다. 피부에는 1제곱센티미터당 약 200개의 통점이 있는데 만약 통각 신경이 굵다면 이렇게 많은 수의 통점이 배치될 수 없다. 이렇듯 통점이 빽빽하게 배치되면 아픈 부위를 보다 정확하게 알 수 있다. (㉮) 내장 기관에는 통점이 1제곱센티미터당 4개에 불과해 아픈 부위를 정확히 알기 어렵다. 폐암과 간암이 늦게 발견되는 것도 폐와 간에 통점이 거의 없기 때문이다.

– 김정훈, 「상처가 아니라 통증 때문에 죽는다?」 –

1) 통점 : 피부 표면에 퍼져 있어 자극을 받으면 아픔을 느끼는 감각점
2) 세포 소기관 : 세포 내에서 특정한 기능을 수행하도록 분화된 구조

23 윗글의 내용과 일치하지 <u>않는</u> 것은?

① 통증 신호는 통각 신경을 통해 뇌로 전달된다.
② 인체의 부위가 손상되면 통각 유발 물질이 만들어진다.
③ 피부에는 1제곱센티미터당 약 200개의 통점이 있다.
④ 폐와 간에는 통점이 없기 때문에 폐암과 간암은 일찍 발견된다.

24 ㉠의 이유로 가장 적절한 것은?

① 통점에 자극이 없기 때문에
② 통각 신경이 발바닥에 없기 때문에
③ 통각 유발 물질이 나오지 않기 때문에
④ 통각 신경이 신호를 느리게 전달하기 때문에

25 ㉮에 들어갈 말로 가장 적절한 것은?

① 반면 ② 비록
③ 혹시 ④ 왜냐하면

제2교시

수 학

정답 및 해설 256p

01 두 다항식 $A=2x^2+3x$, $B=ax^2+x$에 대하여 $A+B=bx$일 때, 두 상수 a와 b의 합은?

① -2 ② 0
③ 2 ④ 4

02 다항식 x^3+ax^2-4가 $x-1$로 나누어떨어질 때, 상수 a의 값은?

① 3 ② 4
③ 5 ④ 6

03 다항식 x^3+8을 인수분해한 식이 $(x+2)(x^2+ax+4)$일 때, 상수 a의 값은?

① -2 ② -1
③ 1 ④ 2

04 복소수 $z=a+2i$에 대하여 $z+\overline{z}=6$일 때, 실수 a의 값은? (단, $i=\sqrt{-1}$이고, $\overline{z}$는 z의 켤레복소수이다.)

① 1 ② 2
③ 3 ④ 4

05 이차방정식 $x^2+ax+4=0$이 서로 다른 두 실근을 가질 때, 자연수 a의 최솟값은?

① 4 ② 5
③ 6 ④ 7

06 이차방정식 $x^2-4x+a=0$의 두 근이 $2+\sqrt{2}$, $2-\sqrt{2}$일 때, 상수 a의 값은?

① 2 ② 4
③ 6 ④ 8

07 $-1 \le x \le 2$일 때, 이차함수 $y=(x-1)^2+2$의 최솟값은?

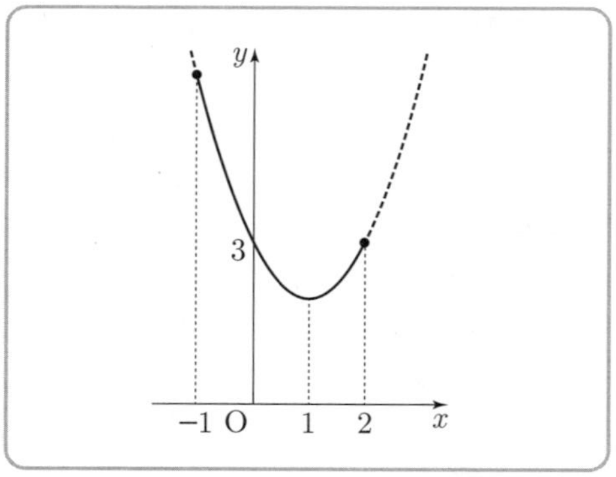

① -1 ② 0
③ 1 ④ 2

08 연립방정식 $\begin{cases} x-2y=0 \\ x^2+2y^2=a \end{cases}$의 해는 $\begin{cases} x=2 \\ y=b \end{cases}$ 또는 $\begin{cases} x=-2 \\ y=-1 \end{cases}$ 이다. 두 상수 a, b에 대하여 $a+b$의 값은?

① 4　② 5

③ 6　④ 7

09 이차부등식 $(x-1)(x-3) > 0$의 모든 해를 구한 것은?

① $x < 1$

② $x > 3$

③ $1 < x < 3$

④ $x < 1$ 또는 $x > 3$

10 좌표평면 위의 두 점 $A(-3, 5)$, $B(6, -1)$에 대하여 선분 AB를 $1:2$로 내분하는 점의 좌표는?

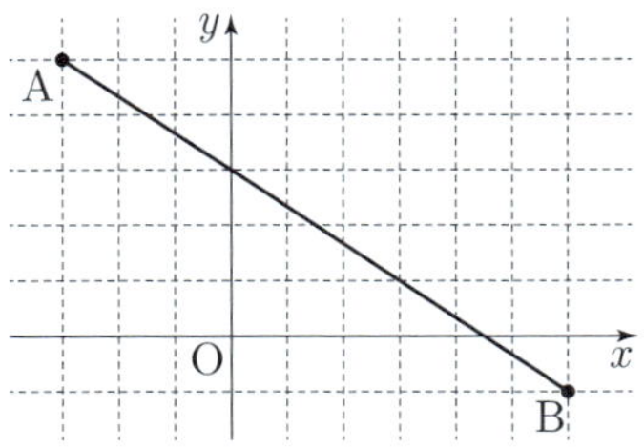

① $(0, 3)$

② $(1, 2)$

③ $(3, 1)$

④ $(4, 0)$

11 원점과 직선 $3x+4y-12=0$ 사이의 거리는?

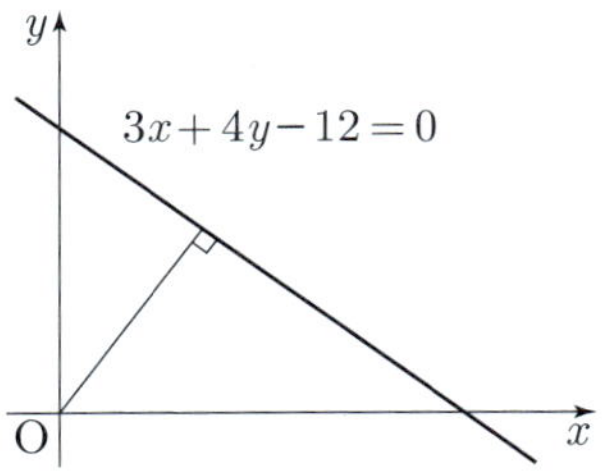

① $\frac{11}{5}$　② $\frac{12}{5}$

③ $\frac{13}{5}$　④ $\frac{14}{5}$

12 직선 $x=a$와 원 $x^2+y^2=9$가 만나지 않을 때, $a<5$인 자연수 a의 값은?

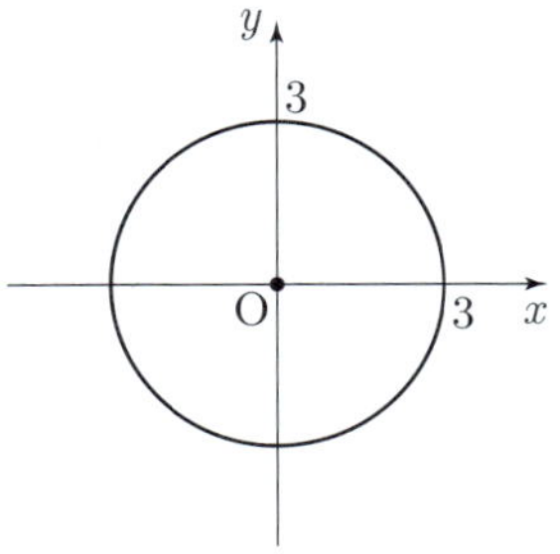

① 1　② 2

③ 3　④ 4

13 원 $(x-2)^2+(y-1)^2=1$을 x축에 대하여 대칭이동한 도형의 방정식은?

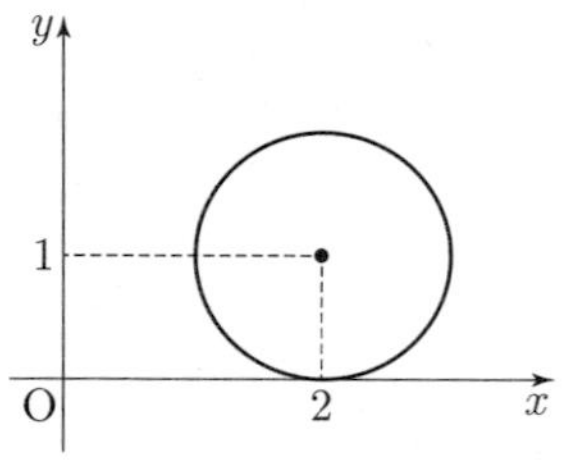

① $(x-1)^2+(y-2)^2=1$
② $(x+1)^2+(y+2)^2=1$
③ $(x-2)^2+(y+1)^2=1$
④ $(x+2)^2+(y-1)^2=1$

14 두 집합 $A=\{1, 3, 5, 7, 9\}$, $B=\{3, 4, 5, 6\}$에 대하여 $n(A\cup B)+n(A\cap B)$의 값은?

① 6　② 7
③ 8　④ 9

15 두 조건 'p: $x-3=0$', 'q: $x^2-ax-3=0$'에 대하여 q가 p이기 위한 필요조건이 되도록 하는 상수 a의 값은?

① 0　② 2
③ 4　④ 6

16 두 함수 $f(x)=3x-1$, $g(x)=-2x+5$에 대하여 $(g\circ f)(1)$의 값은?

① -3　② -1
③ 1　④ 3

17 함수 f: $X\to Y$가 그림과 같을 때, $f^{-1}(4)$의 값은? (단, f^{-1}는 f의 역함수이다.)

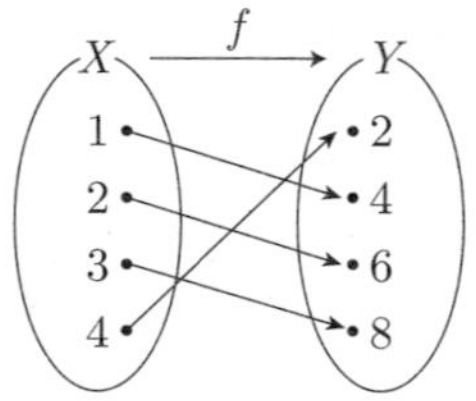

① 1　② 2
③ 3　④ 4

18 유리함수 $y=\frac{1}{x+a}+2$의 그래프는 유리함수 $y=\frac{1}{x}$의 그래프를 x축의 방향으로 1만큼, y축의 방향으로 b만큼 평행이동한 것이다. 두 상수 a, b에 대하여 $a-b$의 값은?

① -3　② -1
③ 1　④ 3

19 그림과 같이 숫자 1, 2, 3, 4, 5가 각각 적힌 카드 5장이 있다. 이 중에서 2장을 동시에 뽑을 때, 카드에 적힌 수의 합이 3의 배수인 경우의 수는?

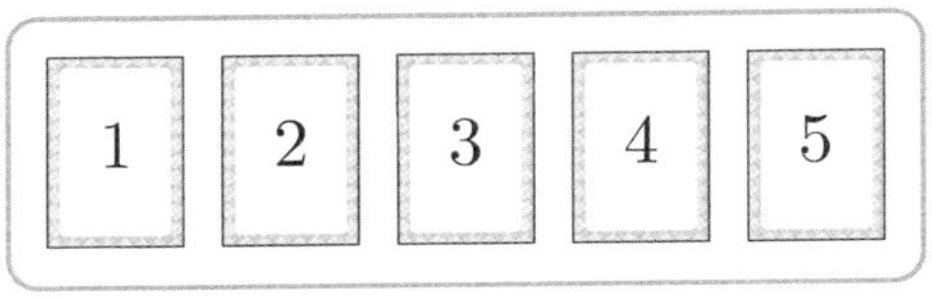

① 3　② 4
③ 5　④ 6

20 그림과 같이 아이스크림 위에 올릴 토핑 5종류가 있다. 이 중에서 서로 다른 토핑 4개를 선택하는 경우의 수는?

① 1　② 5
③ 10　④ 15

제3교시

영 어

정답 및 해설 259p

[01~03] 다음 중 밑줄 친 부분의 뜻으로 가장 적절한 것을 고르시오.

01

Teaching Korean to young kids was an interesting <u>experience</u> last winter.

① 경험 ② 분업
③ 설명 ④ 흥미

02

Students were encouraged to <u>take part in</u> the group activity.

① 수리하다 ② 알아채다
③ 참여하다 ④ 주문하다

03

She went swimming <u>despite</u> her fear of water.

① 제외하고 ② 왜냐하면
③ 불구하고 ④ 예를들면

04 다음 중 밑줄 친 두 단어의 의미 관계와 <u>다른</u> 것은?

The street was <u>dark</u> while the church was <u>bright</u>.

① thick − thin ② poor − rich
③ weak −strong ④ correct −right

05 다음 축제 안내문에서 언급되지 <u>않은</u> 것은?

Strawberry Festival

- Date : April 15th-16th
- Location : The Spring Park
- Activities : Picking, Eating contest, Jam making

Come and Enjoy!

① 날짜 ② 장소
③ 주차료 ④ 활동 내용

[06~08] 다음 중 빈칸에 공통으로 들어갈 말로 가장 적절한 것을 고르시오.

06

- Please do not _____ the paintings on the wall.
- Let's keep in _____ after we graduate from high school.

① run ② touch
③ report ④ increase

07

- Mom asked me _____ cleaned the house.
- He is the man _____ invented this machine.

① why ② who
③ when ④ where

08

- Finally, he came up _____ a great idea.
- Henry, I totally agree _____ you.

① in ② to
③ with ④ from

09 다음 대화에서 밑줄 친 표현의 의미로 가장 적절한 것은?

A : That man over there looks strange.
B : That's my neighbor David. He is one of the nicest people I know.
A : Really? I had no idea.
B : You know, "<u>Don't judge a book by its cover.</u>"

① 가는 말이 고와야 오는 말이 곱다.
② 일찍 일어나는 새가 벌레를 잡는다.
③ 어려울 때 돕는 친구가 진정한 친구다.
④ 겉모습만으로 사람을 판단해서는 안 된다.

10 다음 대화에서 알 수 있는 B의 심정으로 가장 적절한 것은?

A : Why didn't you go to the game last night?
B : I had too much homework.
A : You really missed a great game.
B : I wish I could have gone.

① 아쉬움 ② 두려움
③ 황홀함 ④ 창피함

11 다음 대화가 이루어지는 장소로 가장 적절한 것은?

A : Where can I find the science books?
B : Oh, they are on the 2nd floor.
A : Thanks. How many books can I borrow?
B : You can take out seven books at a time.

① 도서관 ② 정육점
③ 주차장 ④ 철물점

12 다음 글에서 밑줄 친 It이 가리키는 것으로 가장 적절한 것은?

> There are various ways people let go of their stress and maintain healthy lives. Yoga is one of them. <u>It</u> focuses on bringing harmony between mind and body. This leads to inner peace and can relieve your stress. Why don't you try this for your health?

① exam ② yoga
③ cooking ④ marathon

[13~14] 다음 대화의 빈칸에 들어갈 말로 가장 적절한 것을 고르시오.

13

> A : Let's go see a movie.
> B : Sure. ______________________?
> A : I don't care. Anything but horror movies.
> B : What about a romantic comedy?
> A : Sounds good.

① Will you do me a favor
② How tall is that building over there
③ What kind of movie do you want to see
④ Could you show me the way to the theater

14

> A : Have you ever been abroad?
> B : ______________________.

① No, I like vegetables more
② Yes, I have been to Vietnam twice
③ You should wear school uniforms at school
④ It is important to fasten your seatbelt at all times

15 다음 대화의 주제로 가장 적절한 것은?

> A : Have you heard about the dangers of strong sunlight?
> B : Yeah, people can experience severe sunburn when exposed to strong sunlight.
> A : Exactly. It can also cause skin cancer.

① 에너지를 절약하는 방법
② 식중독 예방을 위한 수칙
③ 유연성을 강화하기 위한 운동법
④ 강한 햇빛이 피부에 미치는 악영향

16 다음 글을 쓴 목적으로 가장 적절한 것은?

> I ordered several large shirts from your website last weekend. Yesterday, I got the package and found out that you sent me the wrong size. Please let me know how to exchange these items. I will be waiting for your response. Thank you.

① 교환 문의　　② 부탁 거절
③ 예약 확인　　④ 참가 신청

17 다음 안내문의 내용과 일치하지 <u>않는</u> 것은?

Author of the Month

Share your ideas with the author!

- Friday at 6:00 p.m. in Vincent Hall
- Take a picture with the author.
- Get the author's signature.
- No food allowed

Send any questions to talkshow@bookstore.com

① 금요일 오후 6시에 시작한다.
② 작가와 사진을 찍을 수 있다.
③ 작가의 서명을 받을 수 있다.
④ 행사 중 음식을 먹을 수 있다.

18 다음 Isabella에 대한 설명과 일치하지 <u>않는</u> 것은?

> Isabella went to Australia on vacation. She expected to see the stars every night. However, she remained in her hotel for two days because it rained heavily. She just watched boring television shows. Luckily, she could finally see lots of stars on the last night. It was like a dream come true.

① 호주로 휴가를 갔다.
② 비가 많이 와서 이틀 동안 호텔에 남아 있었다.
③ 지루한 텔레비전 쇼를 보았다.
④ 마지막 날 밤에 별들을 볼 수 없었다.

19 다음 글의 주제로 가장 적절한 것은?

> Attention all passengers. The train to Busan has been canceled, and we are giving full refunds. Please bring your tickets to the information desk, or visit our website and submit the application form. We apologize for the inconvenience.

① 열차 취소로 인한 환불 안내
② 좋은 냉장고를 선택하는 기준
③ 건물의 문고리를 안전하게 설계하는 방법
④ 에스컬레이터에서 피해야 할 위험한 장난

[20~21] 다음 글의 빈칸에 들어갈 말로 가장 적절한 것을 고르시오.

20

Who are ___ ? They are explorers who are chosen to travel into outer space. They are trained under harsh conditions to endure the severe environment of space. Staying calm in unexpected situations is also another important part of their training.

① dancers ② astronauts
③ communicators ④ psychologists

21

Artificial Intelligence (AI) is a technology that can be very helpful. There are two _____ when using AI. First, you can get answers to your questions right away. Also, AI can create summaries of huge amounts of information rapidly. This helps users understand the main points more easily.

① damages ② mistakes
③ struggles ④ advantages

22 글의 흐름으로 보아 다음 문장이 들어가기에 가장 적절한 곳은?

It is because you will be considered unprepared and unorganized if you spend too much time.

There are two things you need to remember to give better speeches. (①) First of all, you should know what you intend to say. (②) Understanding the message of the speech you are giving is more important than simply memorizing its script. (③) Secondly, managing your time effectively is important for the success of your speech. (④)

23 다음 글의 바로 뒤에 이어질 내용으로 가장 적절한 것은?

These days, many restaurants deliver food. Some are open even after midnight. For this reason, you might easily order food at night when you feel hungry. However, eating late at night is not good for your body. There are three main reasons why this is so.

① 야식이 건강에 해로운 이유
② 제일 인기 있는 야식의 종류
③ 지역별 음식 문화의 발전 과정
④ 식당이 늦게까지 영업하는 이유

[24~25] 다음 글을 읽고 물음에 답하시오.

> Taekwondo is popular throughout the world. What makes people so attracted to it? People improve their physical abilities, such as increased flexibility. In addition, they can learn self-control by ______ it on a regular basis. For these reasons, it is now enjoyed internationally.

24 윗글의 빈칸에 들어갈 말로 가장 적절한 것은?

① cleaning ② removing

③ arresting ④ practicing

25 윗글의 주제로 가장 적절한 것은?

① 태권도의 변천 과정

② 세계 전통 의복의 특징

③ 태권도가 인기 있는 이유

④ 안전하게 운동하는 방법

제4교시 사 회

정답 및 해설 264p

01 다음에서 설명하는 인간, 사회, 환경을 바라보는 관점으로 가장 적절한 것은?

> • 시대적 배경과 맥락을 토대로 살펴보는 것
> • 과거, 현재, 미래의 상호 연관성을 바탕으로 살펴보는 것

① 공간적 관점　② 생태적 관점
③ 시간적 관점　④ 윤리적 관점

02 다음과 같은 지역의 기후로 가장 적절한 것은?

특징	생활 양식
• 기온의 일교차가 큼. • 강수량이 매우 적음. • 햇볕과 모래바람이 강함. • 주로 초원과 사막이 분포함.	

① 열대 기후　② 건조 기후
③ 온대 기후　④ 냉대 기후

03 다음 사례에 나타난 자연관으로 옳은 것은?

> • 황폐화된 숲을 복원하려는 사업
> • 자연을 있는 그대로 보전하려는 국립 공원 정책
> • 태양열 주택을 만들어 자연과 어울리는 주거 환경 조성

① 개인주의　② 생태 중심주의
③ 인간 중심주의　④ 자원 민족주의

04 다음 ㉠에 들어갈 내용으로 적절하지 <u>않은</u> 것은?

> **환경 문제 해결을 위한 노력**
> • 정부: 다양한 환경 정책 수립
> • 기업: [㉠]
> • 시민 사회: 정부와 기업 활동에 대한 감시

① 친환경 기술 개발
② 오염 정화 시설 운영
③ 환경 관련 법률 준수
④ 화석에너지 사용 확대

05 산업화 · 도시화에 따른 변화로 옳은 것을 〈보기〉에서 고른 것은?

〈보기〉

ㄱ. 녹지 면적이 감소하였다.
ㄴ. 공동체적 가치관이 확산되었다.
ㄷ. 직업이 다양해지고 전문화되었다.
ㄹ. 거주 공간이 촌락 중심으로 바뀌었다.

① ㄱ, ㄴ　② ㄱ, ㄷ
③ ㄴ, ㄹ　④ ㄷ, ㄹ

06 다음에서 설명하는 경제 주체는?

• 이윤 극대화를 목적으로 한다.
• 재화와 서비스의 공급자이자, 생산 요소의 수요자이다.

① 기업　② 정부
③ 소비자　④ 국제기구

07 다음 야외조사 단계에 해당하는 활동으로 가장 적절한 것은?

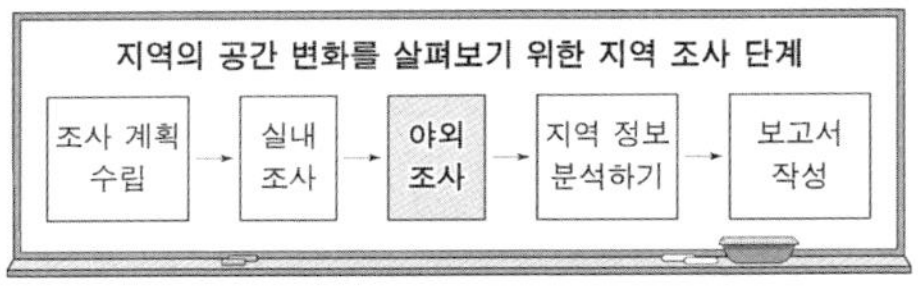

① 조사 주제와 지역을 선정한다.
② 지역 주민을 직접 만나 설문 조사 및 면담을 실시한다.
③ 지리 정보를 목적에 따라 그래프와 통계표로 표현한다.
④ 수집한 자료를 종합하여 지역의 발전 방안을 제시한다.

08 헌법이 보장하는 기본권 중 자유권에 대한 설명으로 옳은 것은?

① 국가 권력으로부터 간섭받지 않을 권리이다.
② 국가의 의사 결정 과정에 참여할 수 있는 권리이다.
③ 침해당한 기본권의 구제를 청구할 수 있는 권리이다.
④ 국가에 인간다운 생활의 보장을 요구할 수 있는 권리이다.

09 청소년의 노동권에 대한 설명으로 옳은 것을 〈보기〉에서 고른 것은?

〈보기〉

ㄱ. 근로 계약서를 작성해야 한다.
ㄴ. 최저 임금의 적용을 받을 수 없다.
ㄷ. 위험한 일이나 유해 업종의 일을 할 수 없다.
ㄹ. 임금은 부모 또는 법정 대리인에게 지급해야만 한다.

① ㄱ, ㄴ　② ㄱ, ㄷ
③ ㄴ, ㄹ　④ ㄷ, ㄹ

10 다음 ㉠에 들어갈 용어는?

인간의 무한한 욕구에 비해 자원이 상대적으로 부족한 상태를 자원의 (㉠)이라고 한다.

① 다양성　② 효율성
③ 획일성　④ 희소성

11 정보화로 인한 생활의 변화로 옳은 것을 〈보기〉에서 고른 것은?

〈보기〉
ㄱ. 가상 공간을 통한 정보 교류의 감소
ㄴ. 온라인 상점을 통한 물건 구매 증가
ㄷ. 원격 교육과 전자 행정 서비스의 축소
ㄹ. 재택근무와 화상 회의를 통한 업무 활성화

① ㄱ, ㄴ ② ㄱ, ㄷ
③ ㄴ, ㄹ ④ ㄷ, ㄹ

12 다음 상황을 배경으로 하여 등장한 경제 체제는?

• 1970년대 석유 파동으로 인한 스태그플레이션 발생
• 20세기 후반 정부의 과도한 시장 개입으로 정부 실패 및 재정 악화 발생

① 중상주의 ② 자유방임주의
③ 수정 자본주의 ④ 신자유주의

13 다음 ㉠에 들어갈 용어는?

(㉠)은/는 한 나라가 다른 나라보다 더 적은 기회 비용으로 상품을 생산할 수 있는 능력이다.

① 담합 ② 비교 우위
③ 외부 효과 ④ 인플레이션

14 다음 중 금융자산의 일반적인 특징으로 가장 적절한 것은?

① 채권은 정부나 공공 기관에서는 발행할 수 없다.
② 예금은 원금 손실의 위험성이 가장 높은 상품이다.
③ 적금은 자금 조달을 목적으로 회사가 발행하는 증권이다.
④ 주식은 투자자가 배당 수익, 시세 차익을 얻을 수 있는 자산이다.

15 다음 ㉠에 들어갈 내용으로 옳은 것은?

국가가 생활 유지 능력이 없거나 생활이 어려운 국민의 최저 생활을 보장하고 자립을 지원하는 제도인 공공 부조의 종류에는 (㉠)이/가 있다.

① 국민연금
② 고용 보험
③ 국민 건강 보험
④ 국민 기초 생활 보장 제도

16 다음에서 설명하는 문화권으로 옳은 것은?

• 오스트레일리아, 뉴질랜드, 태평양의 여러 섬을 포함한 지역임.
• 영국 중심의 유럽 문화가 전파된 곳으로 주로 영어를 사용함.
• 지리적으로 다른 대륙들과 떨어져 있으며 인구가 적은 편임.

① 북극 문화권 ② 아메리카 문화권
③ 아프리카 문화권 ④ 오세아니아 문화권

17 다음 중 힌두교의 일반적인 특징으로 옳은 것은?

① 유일신을 믿는다.
② 메카를 성지로 한다.
③ 소를 신성시하여 소고기를 먹지 않는다.
④ 대표적인 종교 경관으로는 십자가를 세운 예배당이 있다.

18 다음 ㉠, ㉡에 들어갈 문화 변동의 양상은?

> • (㉠)의 사례로는 전통적인 한옥 구조물에 서양의 건축 양식을 결합한 새로운 모습의 성당을 들 수 있다.
> • (㉡)의 사례로는 라틴 아메리카 지역 원주민들이 자신들의 언어 대신에 그들을 식민 지배한 에스파냐나 포르투갈의 언어를 사용하는 것을 들 수 있다.

	㉠	㉡
①	문화 동화	문화 병존
②	문화 병존	문화 융합
③	문화 융합	문화 동화
④	문화 융합	문화 병존

19 대화 속 '을'의 입장에 해당하는 문화 이해 태도는?

① 문화 사대주의 ② 문화 상대주의
③ 문화 제국주의 ④ 자문화 중심주의

20 다음 중 다문화 사회의 갈등 해결을 위한 노력으로 적절하지 <u>않은</u> 것은?

① 소수 문화를 배척한다.
② 다문화 교육을 강화한다.
③ 법과 제도적 지원을 확대한다.
④ 다양한 문화를 이해하고 존중하는 태도를 기른다.

21 다음 ㉠에 들어갈 용어로 가장 적절한 것은?

> **브랜드 개발을 통한 (㉠) 전략**
> • 지역이 가진 특성을 상징물이나 디자인으로 만들어 지역의 이미지 강화
> • 지리적 특성을 반영한 상품이 해당 지역에서 생산 · 가공되었음을 표시하여 우수성 인증

① 도시화 ② 산업화
③ 정보화 ④ 지역화

22 다음에서 설명하는 국제 사회의 행위 주체는?

> • 국제 사회를 구성하는 가장 기본적인 행위 주체
> • 일정한 영역과 국민을 바탕으로 주권을 가진 집단

① 국가 ② 국제 연합
③ 다국적 기업 ④ 비정부 기구

23 다음 설명에 해당하는 분쟁 지역을 지도의 A~D에서 고른 것은?

> 이스라엘-팔레스타인 지역에서 발생한 종교 및 민족 간 갈등으로, 지금도 분쟁 중이다.

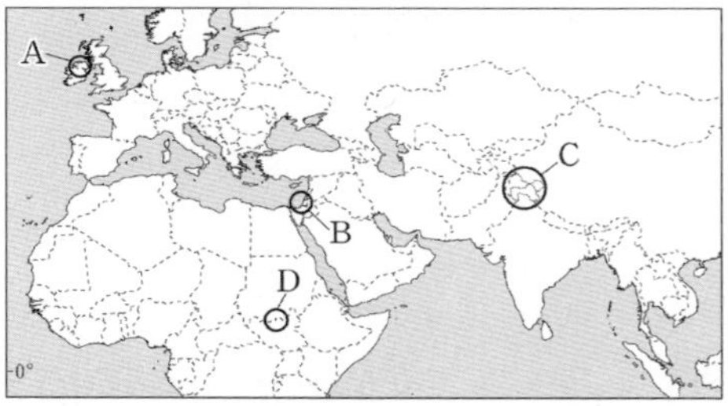

① A ② B
③ C ④ D

24 다음 ㉠에 들어갈 용어로 가장 적절한 것은?

> 갑국은 사망률이 낮아졌지만 출생률은 여전히 높게 나타나며, 인구가 급격하게 증가하면서 식량 및 자원의 부족과 빈곤의 확산 등 (㉠) 현상이 나타나고 있다.

① 고령화 ② 저출산
③ 인구 과잉 ④ 초고령 사회

25 다음에서 설명하는 자원으로 옳은 것은?

> • 냉동 액화 기술의 발달과 수송선의 개발로 소비량이 증가함.
> • 가정용 및 산업용 연료로 사용되는 비율이 높으며, 다른 화석 연료에 비해 연소 시 대기 오염 물질의 배출량이 적은 편임.

① 석유 ② 석탄
③ 원자력 ④ 천연가스

제5교시

과 학

정답 및 해설 268p

01 그림은 수소 연료 전지의 구조를 나타낸 것이다. ㉠에 해당하는 기체는?

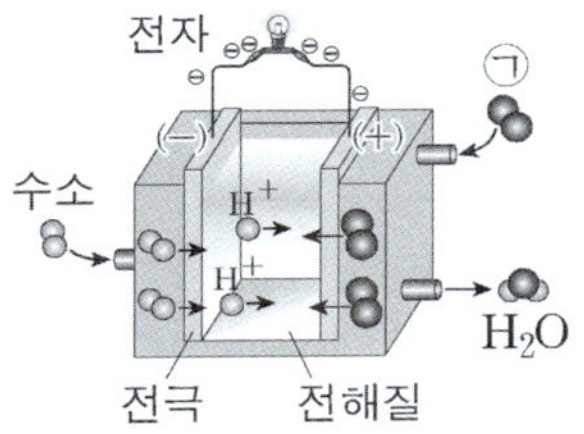

① 네온 ② 산소
③ 헬륨 ④ 아르곤

02 어떤 열기관이 고열원에서 100 J의 열에너지를 공급받아 외부에 25 J의 일을 할 때, 이 열기관에서 저열원으로 방출한 열에너지는?

① 25 J ② 50 J
③ 75 J ④ 100 J

03 그림은 코일과 자석을 이용한 전자기 유도 실험을 나타낸 것이다. 검류계의 바늘이 움직이는 경우만을 〈보기〉에서 모두 고른 것은?

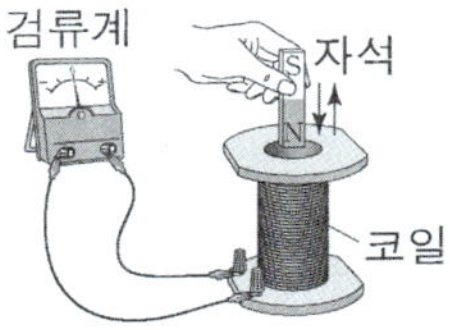

〈보기〉
ㄱ. 코일 속에 자석을 넣을 때
ㄴ. 코일 속에서 자석을 뺄 때
ㄷ. 코일과 자석이 움직이지 않을 때

① ㄴ ② ㄷ
③ ㄱ, ㄴ ④ ㄱ, ㄷ

04 그림은 동일한 위치에서 공 A, B를 수평 방향으로 던졌을 때, A, B의 위치를 일정한 시간 간격으로 나타낸 것이다. 수평 방향 속력은 B가 A의 몇 배인가? (단, 중력 가속도는 10 m/s^2 이고, 공기 저항은 무시한다.)

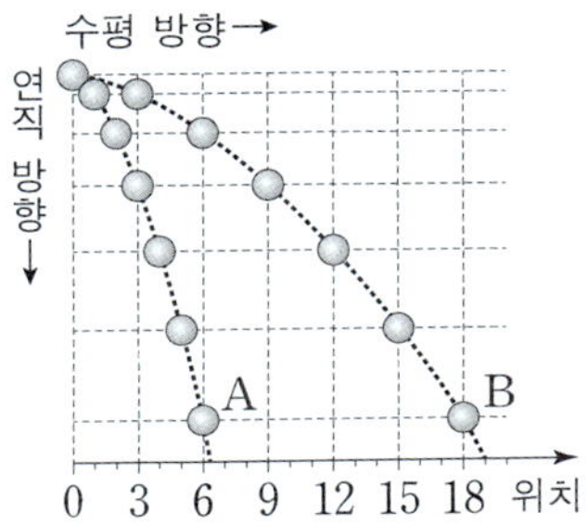

① 1 ② 2
③ 3 ④ 4

05 전기 에너지의 수송 과정에서 송전 전압을 높였을 때, 전류의 세기와 손실 전력의 변화가 옳게 짝 지어진 것은?

	전류의 세기	손실 전력
①	감소	감소
②	감소	증가
③	증가	감소
④	증가	증가

06 그림은 마찰이 없는 수평면에서 질량이 1 kg인 물체가 2 m/s의 속력으로 운동하여 벽과 충돌한 후, 반대 방향으로 1 m/s의 속력으로 운동하는 모습을 나타낸 것이다. 이 물체가 받은 충격량의 크기는? (단, 공기 저항은 무시한다.)

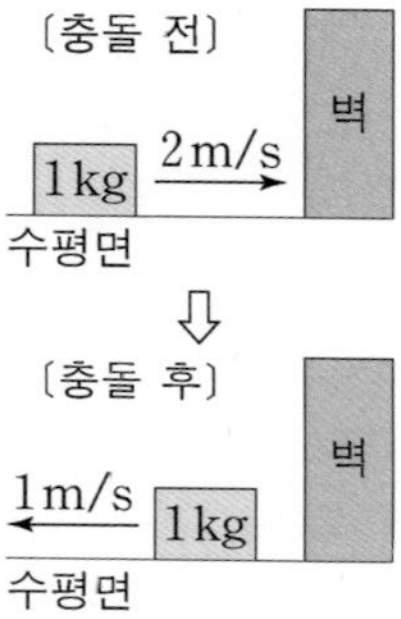

① 1 N · s　② 2 N · s
③ 3 N · s　④ 4 N · s

07 다음 물질의 수용액 중 BTB 지시약을 넣었을 때, 노란색이 나타나는 것은?

① H_2SO_4　② NaOH
③ KOH　④ $Ca(OH)_2$

08 그림은 주기율표의 일부를 나타낸 것이다. 임의의 원소 A, B에 대한 설명으로 옳은 것만을 〈보기〉에서 모두 고른 것은?

족 / 주기	…	14	15	16	17	18
1						
2				A	B	
3						

〈보기〉

ㄱ. A와 B는 같은 주기이다.
ㄴ. 원자 번호는 A가 B보다 크다.
ㄷ. A와 B는 원자가 전자의 수가 같다.

① ㄱ　② ㄷ
③ ㄱ, ㄴ　④ ㄴ, ㄷ

09 그림은 물 분자(H_2O)의 전자 배치를 나타낸 것이다. 물 분자에서 산소 원자의 가장 바깥 전자 껍질에 들어 있는 전자의 개수는?

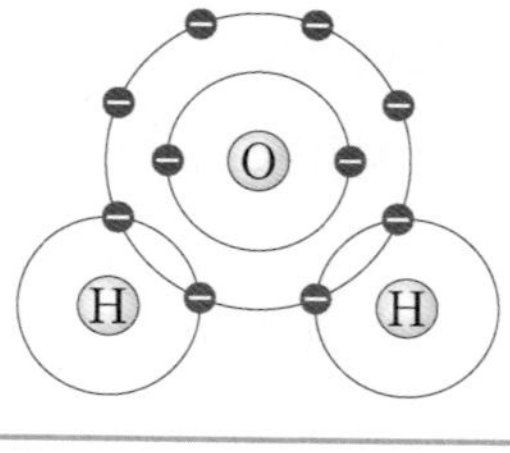

① 2　② 4
③ 6　④ 8

10 그림은 자석 위에 떠 있는 신소재 ㉠을 나타낸 것이다. 다음 설명에 해당하는 ㉠은?

- 특정 온도 이하에서 전기 저항이 0이 되는 성질이 있다.
- 자기장을 밀어내는 성질이 있어 자기 부상 열차에 활용할 수 있다.

① 고무 ② 나무
③ 종이 ④ 초전도체

11 그림은 황산 구리(Ⅱ) 수용액에 아연판을 넣었을 때 일어나는 반응을 모형으로 나타낸 것이다. 이 반응에서 환원되는 것은?

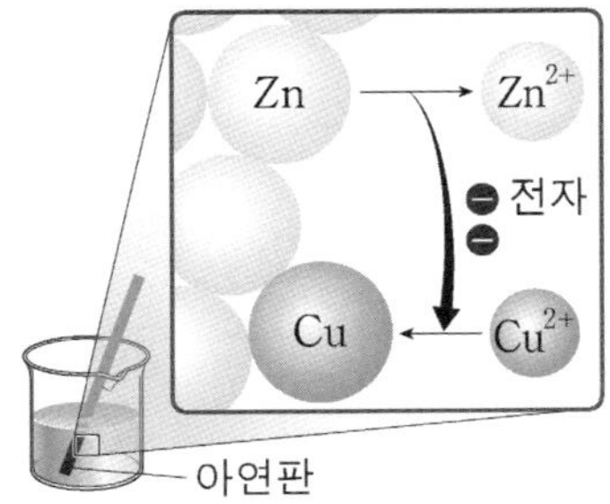

① Cu ② Cu^{2+}
③ Zn ④ Zn^{2+}

12 다음 설명의 ㉠, ㉡에 해당하는 이온이 옳게 짝 지어진 것은?

묽은 염산(HCl)과 수산화 나트륨(NaOH) 수용액을 중화 반응시킬 때, 반응한 ㉠과 ㉡의 수가 많을수록 열이 많이 발생한다.

	㉠	㉡
①	H^+	Na^+
②	H^+	OH^-
③	Cl^-	Na^+
④	Cl^-	OH^-

13 다음 설명에 해당하는 물질은?

- 효소와 호르몬의 주성분이다.
- 아미노산이 단위체가 되어 구성된다.

① 지질 ② 핵산
③ 단백질 ④ 탄수화물

14 그림은 어떤 동물 세포의 구조를 간략히 나타낸 것이다. A~D 중 다음 설명에 해당하는 세포 소기관은?

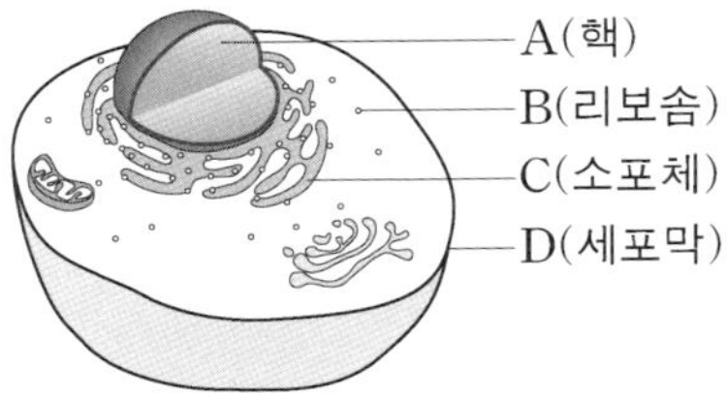

- 세포의 생명 활동을 조절한다.
- 생명체를 이루는 유전 정보가 저장되어 있다.

① A ② B
③ C ④ D

15 그림은 효소의 작용을 나타낸 모형이다. 효소에 대한 설명으로 옳지 <u>않은</u> 것은?

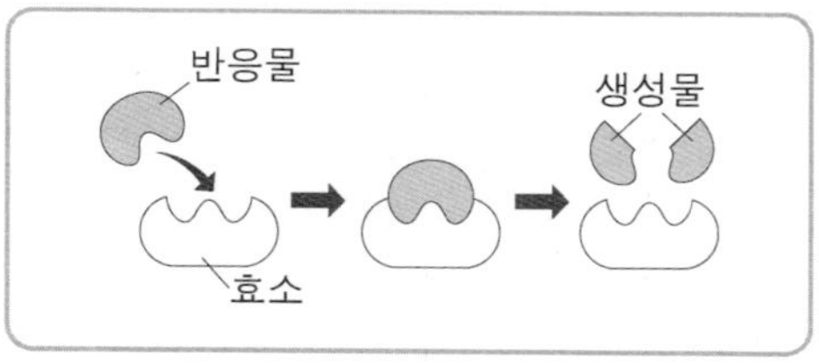

① 물질 대사를 촉진한다.

② 특정한 반응물에만 작용한다.

③ 반응 후에 생성물과 분리된다.

④ 반응이 끝난 효소의 구조는 반응 전과 다르다.

16 그림은 DNA에서 RNA가 전사되는 과정을 나타낸 것이다. ㉠에 해당하는 염기는? (단, 돌연변이는 없다.)

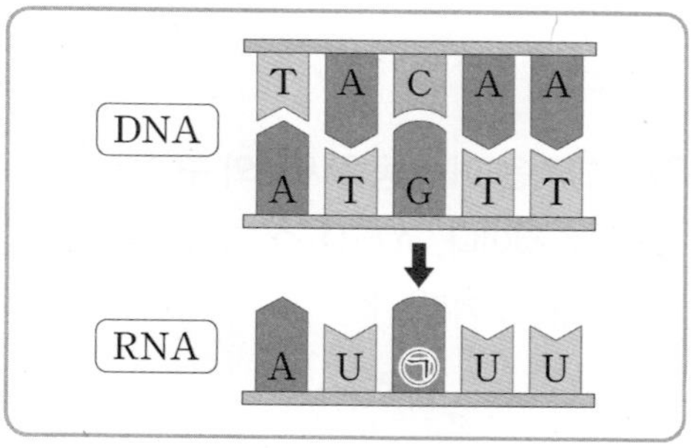

① A　　② C

③ G　　④ U

17 표는 서로 다른 지역 (가)~(라)에 서식하는 식물 종 A~E의 개체 수를 나타낸 것이다. 종 다양성이 가장 높은 지역은? (단, A~E 외의 종은 고려하지 않는다.)

지역＼종	A	B	C	D	E
(가)	60	5	10	15	10
(나)	0	0	35	35	30
(다)	15	40	0	35	10
(라)	20	20	20	20	20

① (가)　　② (나)

③ (다)　　④ (라)

18 다음 설명의 ㉠, ㉡에 해당하는 것이 옳게 짝 지어진 것은?

> 일정한 지역에 사는 같은 종의 개체들로 이루어진 무리를 [㉠]이라 하고, 그 지역에 있는 여러 생물 종의 무리를 [㉡]이라 한다.

	㉠	㉡		㉠	㉡
①	군집	개체군	②	개체군	군집
③	개체군	생물량	④	생물량	군집

19 그림은 생태계 평형이 유지되고 있는 어떤 생태계의 먹이 관계를 나타낸 것이다. 이에 대한 설명으로 옳은 것은? (단, 먹이 관계 이외의 다른 개체 수 변화 요인은 없다.)

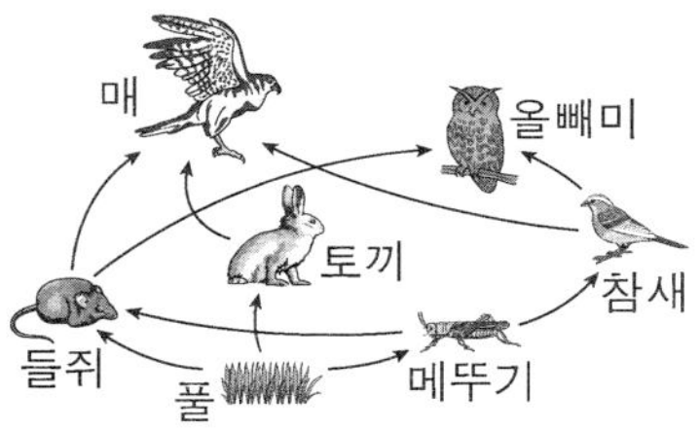

① 풀은 생산자이다.
② 토끼는 2차 소비자이다.
③ 참새가 사라지면 올빼미도 사라진다.
④ 매가 사라지면 들쥐의 개체수는 일시적으로 감소한다.

20 그림은 태양의 흡수 스펙트럼과 수소, 헬륨 기체 방전관을 이용하여 얻은 스펙트럼을 각각 나타낸 것이다. 이에 대한 설명으로 옳은 것만을 <보기>에서 모두 고른 것은?

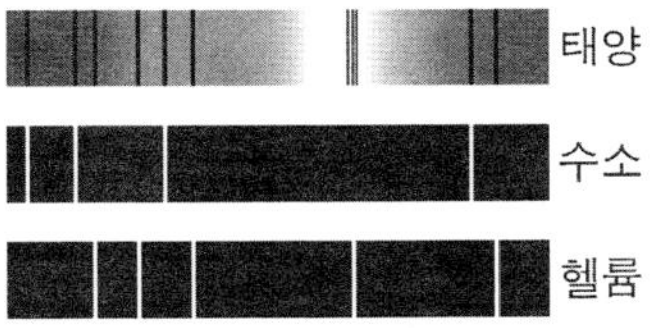

〈보기〉
ㄱ. 태양은 수소와 헬륨을 포함하고 있다.
ㄴ. 헬륨 스펙트럼에는 흡수선이 나타난다.
ㄷ. 태양의 대기는 다양한 원소로 구성되어 있다.

① ㄴ　　② ㄷ
③ ㄱ, ㄴ　　④ ㄱ, ㄷ

21 그림은 지구 시스템을 이루는 각 권의 상호 작용을 나타낸 것이다. 다음에서 설명하는 현상에 해당하는 상호 작용은?

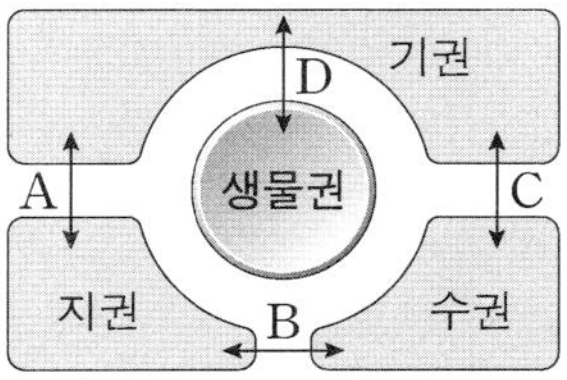

석회암 지대에서 지하수의 작용으로 석회 동굴이 만들어졌다.

① A　　② B
③ C　　④ D

22 다음은 지구에서 발생한 자연 현상이다. ㉠, ㉡을 일으키는 지구 시스템의 에너지원이 옳게 짝 지어진 것은?

- 북태평양에서 강한 비바람을 동반한 ㉠태풍이 발생했다.
- 아이슬란드에서 규모가 큰 ㉡지진이 발생했다.

	㉠	㉡
①	태양 에너지	태양 에너지
②	태양 에너지	지구 내부 에너지
③	지구 내부 에너지	태양 에너지
④	지구 내부 에너지	지구 내부 에너지

23 그림은 지구 내부 구조의 일부를 나타낸 것이다. A~D 중 판을 가리키는 구간은?

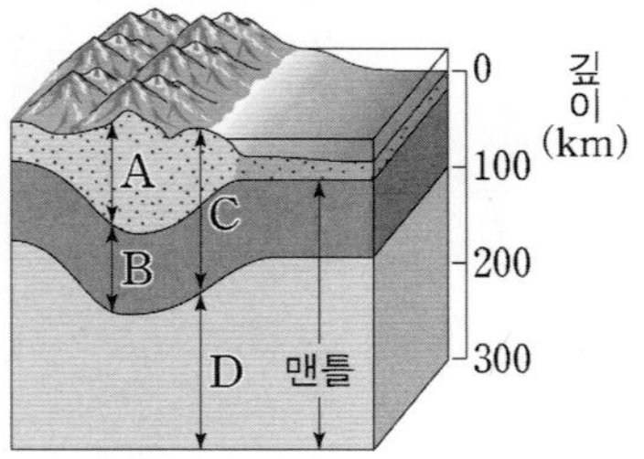

① A ② B
③ C ④ D

24 그림은 자연적 요인과 인위적 요인이 복합적으로 작용하여 발생한 현상을 나타낸 것이다. ㉠에 가장 적절한 것은?

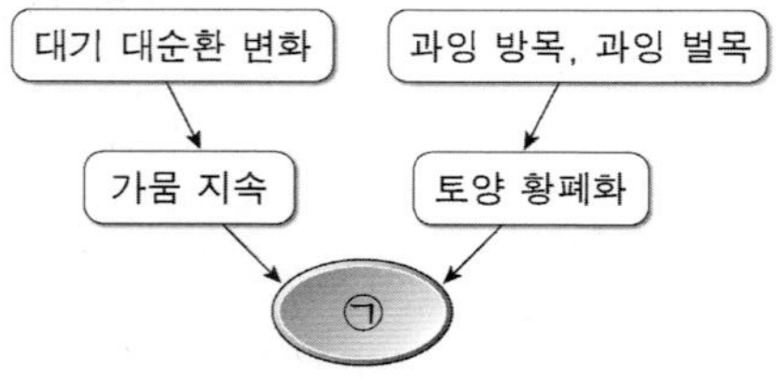

① 라니냐 ② 사막화
③ 엘니뇨 ④ 화산 활동

25 그림은 어느 지질 시대의 환경을 나타낸 것이다. 이 지질 시대에 출현하고 번성했던 생물은?

① 공룡 ② 매머드
③ 속씨식물 ④ 양치식물

제6교시

한국사

정답 및 해설 271p

01 ㉠에 들어갈 유물로 옳은 것은?

○○ 박물관 기획전
〈손으로 체험하는 청동기 시대〉
▶ [㉠] 모형 만들기
▶ 비파형 동검 모형 만들기

① 고인돌 ② 칠지도
③ 혼천의 ④ 팔만대장경

02 다음 정책을 펼친 왕은?

• 평양으로 천도하여 남진 정책을 추진함.
• 백제의 수도인 한성을 함락하고 한강 유역을 장악함.

① 광종 ② 정조
③ 문무왕 ④ 장수왕

03 ㉠에 들어갈 내용으로 옳은 것은?

〈신문왕의 업적〉
– 국학 설립
– [㉠]
– 9주 5소경 체제 정비

① 녹읍 폐지 ② 별기군 창설
③ 장용영 설치 ④ 『경국대전』 완성

04 다음에서 설명하는 인물은?

• 고려 제11대 왕인 문종의 넷째 아들이다.
• 해동 천태종을 창시하고, 교종을 중심으로 선종을 통합하려 하였다.

① 김구 ② 의천
③ 신채호 ④ 이차돈

05 ㉠에 해당하는 것은?

한국사 신문

특집 기사 외교로 거란의 침입을 극복한 서희

거란은 고려에 송과의 관계 단절을 요구하였다. 고려가 이를 거부하자, 거란은 고려를 침략하였다. 이에 고려의 서희는 외교 담판을 벌여 거란의 요구를 수용할 것을 약속하고, 그 대가로 압록강 일대의 [㉠] 을/를 확보하였다.

① 대마도 ② 우산국
③ 청해진 ④ 강동 6주

06 밑줄 친 ㉠에 해당하는 내용으로 옳은 것은?

중종은 훈구를 견제하고자 조광조를 비롯한 사림을 등용하였다. 조광조는 유교적 도덕 정치를 강조하며 ㉠ 개혁을 추진하였다.

① 당백전 발행
② 현량과 실시
③ 산미 증식 계획 추진
④ 정동행성 이문소 폐지

07 다음 대화 내용에 해당하는 제도는?

① 대동법　② 방곡령
③ 전시과　④ 치안 유지법

08 흥선 대원군 집권 시기에 시행되었던 정책으로 옳은 것을 〈보기〉에서 고른 것은?

〈보기〉
ㄱ. 척화비 건립　ㄷ. 회사령 폐지
ㄴ. 호포제 시행　ㄹ. 훈민정음 창제

① ㄱ, ㄴ　② ㄱ, ㄷ
③ ㄴ, ㄹ　④ ㄷ, ㄹ

09 다음 설명에 해당하는 것은?

- 조선이 맺은 최초의 근대적 조약이자 불평등한 조약이다.
- 부산 외 2개 항구의 개항과 조선 연해에 대한 측량권 및 영사 재판권을 허용하는 내용도 포함되어 있다.

① 톈진 조약
② 훈요 10조
③ 강화도 조약
④ 한·미 상호 방위 조약

10 가상 일기의 내용과 관련 있는 사건으로 가장 적절한 것은?

1894년 ○월 ○일	1894년 △월 △일
우리는 전주성을 점령한 후 정부와 전주 화약을 체결하였고, 정부로부터 폐정 개혁을 약속받았다.	일본군이 경복궁을 침범하여 내정을 간섭하고 있다. 우리는 나라를 위해 다시 힘을 뭉쳐 외세를 물리쳐야겠다.

① 예송 논쟁　② 동학 농민 운동
③ 물산 장려 운동　④ 원종과 애노의 난

11 ㉠에 들어갈 내용으로 옳은 것은?

〈독립 협회의 활동〉
- 독립문 및 독립관 건립
- 강연회 및 토론회 개최
- ㉠

① 탕평책 실시
② 만민 공동회 개최
③ 수선사 결사 조직
④ 22담로에 왕족 파견

12 다음 내용의 시기에 볼 수 있는 모습은?

일본은 1930년대 침략 전쟁을 확대하면서 한국인을 일본인으로 동화시키는 민족 말살 정책을 시행하였다.

① 당으로 유학을 떠나는 승려
② 유신 체제에 저항하는 시민
③ 황국 신민 서사를 암송하는 학생
④ 몽골과의 강화를 반대하는 삼별초

13 다음에서 설명하는 것은?

> • 명성 황후 시해 사건과 단발령이 원인이 되어 발생함.
> • 유인석, 이소응 등 반일 의식을 가진 유생층이 주도함.

① 병자호란 ② 을미의병
③ 무신 정변 ④ 브나로드 운동

14 다음 설명에 해당하는 것은?

> • 1923년에 경남 진주에서 조직되어 백정에 대한 사회적 차별 철폐를 주장함.
> • 다른 사회 운동 단체와 연대하여 항일 민족 운동을 전개함.

① 별무반 ② 신민회
③ 화랑도 ④ 조선 형평사

15 ㉠에 해당하는 것은?

> 〈 ㉠ 의 활동 내용 〉
> – 한글 맞춤법 통일안과 표준어를 제정
> – 우리말 큰사전 편찬을 시도

① 근우회
② 수신사
③ 조선어 학회
④ 신흥 무관 학교

16 ㉠에 들어갈 내용으로 옳은 것은?

> ㉠ 기념 영화 콘티
> 장면1 – 나주역에서 일본인 학생이 한국인 여학생을 희롱하자 한 · 일 학생 간에 다툼이 벌어짐.
> … (중략) …
> 장면5 – 신간회가 진상 조사단을 파견함.

① 임술 농민 봉기
② 제주 4 · 3 사건
③ 7 · 4 남북 공동 성명
④ 광주 학생 항일 운동

17 ㉠에 해당하는 운동은?

> 박정희 정부는 1970년부터 농가 소득을 높이고, 낙후된 농촌을 근대화하여 도시와 농촌을 균형 있게 발전시키고자 ㉠ 을 실시하였다.

① 3 · 1 운동 ② 새마을 운동
③ 교조 신원 운동 ④ 금 모으기 운동

18 ㉠에 해당하는 시기에 들어갈 사건은?

1919년 대한민국 임시 정부 수립 → ㉠ → 1940년 한국 광복군 창설

① 규장각 설치
② 서경 천도 운동
③ 쌍성총관부 공격
④ 국민 대표 회의 개최

19 ㉠에 들어갈 내용으로 옳은 것은?

① 독도 ② 강화도
③ 거문도 ④ 제주도

20 ㉠에 해당하는 것은?

6·25 전쟁의 전개 과정

북한군의 남침
↓
㉠
↓
1·4 후퇴
↓
정전 협정 체결

① 귀주 대첩 ② 명량 대첩
③ 안시성 전투 ④ 인천 상륙 작전

21 다음 내용이 원인이 되어 발생한 사건은?

> 1960년, 자유당과 이승만 정부는 이기붕을 부통령에 당선시키고자 하였다. 이를 위해 투표함 바꿔치기, 개표 조작 등의 부정을 행하였다.

① 아관 파천 ② 4·19 혁명
③ 카이로 회담 ④ 홍경래의 난

22 다음에서 설명하는 사건은?

> 홍범도의 대한 독립군, 최진동의 군무 도독부군 등은 연합 부대를 편성하여 일본의 공격에 대비하였다. 1920년 6월, 독립군 연합 부대는 추격해 오는 일본군을 기습 공격하여 승리하였다.

① 3포 왜란 ② 기벌포 전투
③ 봉오동 전투 ④ 위화도 회군

23 ㉠에 들어갈 내용으로 가장 적절한 것은?

한국사 묻고 답하기

질문 노태우 정부 시기에 있었던 일에 대해 알려주세요.

답변 ↳ 서울 올림픽 대회를 개최함.

답변 ↳ ㉠ .

① 금융 실명제를 시행함
② 남면북양 정책을 실시함
③ 친명 배금 정책을 추진함
④ 남북 기본 합의서를 발표함

24 ㉠에 해당하는 인물은?

① 김홍집 ② 방정환
③ 윤봉길 ④ 전태일

25 다음에서 설명하는 사건은?

> • 전개 : 4 · 13 호헌 조치에 맞서 시민들이 호헌 철폐와 독재 타도를 외치며 전국적으로 시위를 벌임.
> • 결과 : 정부가 시민들의 요구를 받아들여 대통령 직선제 개헌안을 수용함.

① 만적의 난
② 5 · 10 총선거
③ 국채 보상 운동
④ 6월 민주 항쟁

도 덕

정답 및 해설 275p

01 다음 탐구 주제를 다루는 실천 윤리 분야는?

> • 기후 변화와 관련된 윤리적 해결책은 무엇인가?
> • 지속 가능한 발전을 위해 인간과 자연이 공존할 수 있는가?

① 문화 윤리　② 정보 윤리
③ 직업 윤리　④ 환경 윤리

02 다음에서 소개하는 윤리 사상가는?

◈ 도덕 인물 카드 ◈

• 도가의 대표 사상가인 노자의 사상을 계승함.
• 도(道)의 관점에서 만물의 평등한 가치를 강조함.
• 좌망(坐忘)과 심재(心齋)를 수양방법으로 제시함.

① 맹자　② 묵자
③ 순자　④ 장자

03 도덕적 탐구의 방법으로 옳은 것만을 〈보기〉에서 모두 고른 것은?

〈보기〉

ㄱ. 토론　ㄷ. 비판적 사고
ㄴ. 독단적 사고　ㄹ. 합리적 추론

① ㄱ　② ㄴ, ㄷ
③ ㄴ, ㄹ　④ ㄱ, ㄷ, ㄹ

04 ㉠에 들어갈 내용으로 적절하지 <u>않은</u> 것은?

탐구 주제: 소수자 우대 정책

1. 의미: 사회적 약자에 대해 사회적 이익의 공정한 분배를 실현하려는 정책
2. 사례: (　　　㉠　　　)

① 환경 영향 평가 제도
② 여성 고용 할당 제도
③ 농어촌 특별 전형 제도
④ 장애인 의무 고용 제도

05 다음에서 설명하는 윤리학적 접근은?

> 행위의 옳고 그름은 결과와 상관없이 선의지에 근거하여 행위할 때에만 그 행위가 도덕적 가치를 지닌다.

① 계약론적 접근
② 의무론적 접근
③ 공리주의적 접근
④ 심미주의적 접근

06 (가), (나)에 들어갈 내용으로 적절하지 <u>않은</u> 것은?

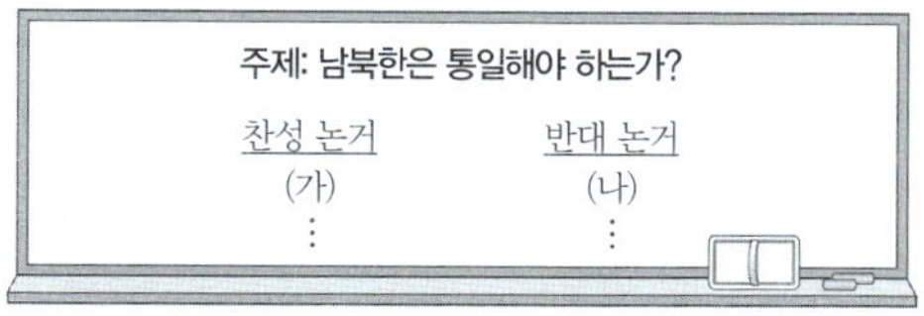

① (가) : 우리 민족의 동질성을 회복할 수 있다.
② (가) : 지구촌의 평화 실현에 기여할 수 있다.
③ (나) : 통일 비용보다 통일 편익이 클 수 있다.
④ (나) : 통일 과정에서 정치적 혼란이 초래될 수 있다.

07 다음에서 설명하는 것은?

> • 행동이 맑고 탐욕을 부리지 않는 상태
> • 눈앞의 이익보다는 옳음을 중시하는 자세

① 부정 ② 소외
③ 청렴 ④ 편견

08 ㉠에 들어갈 용어로 적절한 것은?

	해외 원조의 목적
싱어	공리주의 입장에서 빈곤으로 고통받는 사람들의 고통을 경감하는 것
롤스	불리한 여건으로 인해 고통받는 사회를 (㉠)가 되도록 돕는 것

① 독재 사회 ② 무정부 사회
③ 전체주의 사회 ④ 질서 정연한 사회

09 다음에서 설명하는 국제 관계를 바라보는 관점은?

> 국제 관계에서 국가는 자국의 이익만을 추구하며, 국가 간의 힘의 논리를 강조한다. 평화는 힘의 균형을 통해 전쟁을 예방 또는 억지하는 것이다.

① 이상주의 ② 인도주의
③ 쾌락주의 ④ 현실주의

10 다음에서 인공 임신 중절의 찬성 논거에 해당하는 것을 말한 학생은?

① 학생 1 ② 학생 2
③ 학생 3 ④ 학생 4

11 가족 간에 지켜야 할 바람직한 자세로 옳은 것을 〈보기〉에서 고른 것은?

〈보기〉
ㄱ. 부모는 자녀를 독립된 인격체로 존중해야 한다.
ㄴ. 가족 구성원들은 서로에 대한 배려가 필요하다.
ㄷ. 부모는 자녀의 미래를 일방적으로 결정해야 한다.
ㄹ. 가족 간의 갈등이 발생하면 대화를 회피해야 한다.

① ㄱ, ㄴ ② ㄱ, ㄹ
③ ㄴ, ㄷ ④ ㄷ, ㄹ

12 다음 중 윤리적 소비를 실천하기 위한 방법으로 적절하지 않은 것은?

① 동물 복지 인증을 받은 상품을 구매하도록 노력한다.
② 노동자의 인권을 침해한 기업의 제품을 소비하도록 노력한다.
③ 생산자를 보호하는 공정 무역 상품을 구매하도록 노력한다.
④ 환경적으로 건전하고 지속 가능한 소비를 하도록 노력한다.

13 다음 중 종교 갈등 해결을 위해 필요한 덕목으로 적절한 것은?

① 강요　② 관용
③ 집착　④ 차별

14 다음 평가지에서 학생이 작성한 답안의 채점 결과로 ㉠에 들어갈 점수는?

⊙ 프롬(Fromm, E.)의 '진정한 사랑'에 대한 질문에 답하시오. (각 1점)

질문	〈학생 답〉
• 보호와 이해의 요소를 포함하는가?	아니요
• 자신의 행동에 책임을 지는 것인가?	예
• 상대방의 성장에 관심을 가지는 것인가?	예
채점 결과: (㉠)점	

① 0　② 1
③ 2　④ 3

15 다음 중 과학 기술의 발달에 따른 긍정적 측면에 해당하는 것은?

① 난치병 치료
② 사생활 침해
③ 환경 오염 발생
④ 생명의 존엄성 훼손

16 정보의 공유를 강조하는 입장에서 A, B에 들어갈 대답으로 옳은 것은?

질문	대답
· 정보 격차에 따른 불평등을 해소할 수 있는가?	A
· 정보는 공공의 이익을 위해서 사용되어야 하는가?	B

	①	②	③	④
A	예	예	아니요	아니요
B	예	아니요	예	아니요

17 다음 중 시민의 정치 참여가 필요한 이유로 적절하지 않은 것은?

① 공정한 사회 제도를 수립하기 위해서이다.
② 시민 각자의 권리를 보장하기 위해서이다.
③ 사회 전체의 공공선을 증진하기 위해서이다.
④ 일부 특권층의 이익만을 극대화하기 위해서이다.

18 다음에서 설명하는 것은?

> 지역에서 생산된 먹거리를 그 지역에서 소비하는 것으로 장거리 운송을 거치지 않은 안전하고 건강한 지역 농산물을 구매하려는 운동이다.

① 불매 운동　② 로컬푸드 운동
③ 양성평등 운동　④ 시민 불복종 운동

19 다음 설명에 해당하는 사상가는?

① 베이컨　② 요나스
③ 플라톤　④ 베카리아

20 다음 교사의 질문에 적절하게 대답한 학생은?

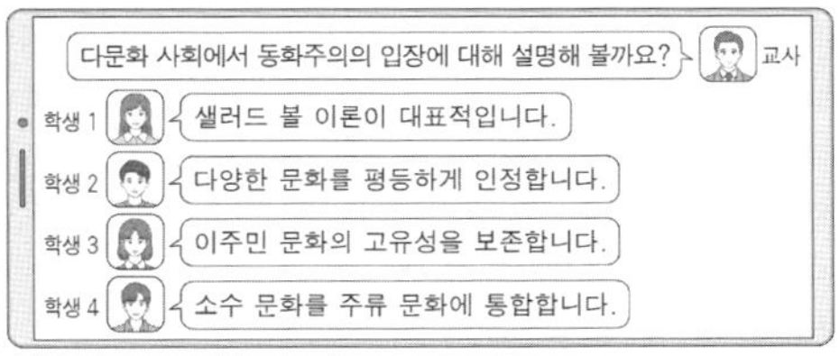

① 학생 1　② 학생 2
③ 학생 3　④ 학생 4

21 표에서 생태 중심주의 사상가인 레오폴드(Leopold, A.)의 관점에만 '✔'를 표시한 학생은?

관점 \ 학생	A	B	C	D
· 자연을 전일론적 관점에서 바라본다.	✔		✔	
· 인간은 자연보다 우월한 지위를 지닌다.		✔		✔
· 생태계 전체는 도덕적 고려의 범위에 포함된다.	✔			

① A　② B
③ C　④ D

22 예술 지상주의 입장으로 옳은 것을 〈보기〉에서 고른 것은?

〈보기〉

ㄱ. 예술을 위한 예술을 주장한다.
ㄴ. 예술의 자율성을 보장해야 한다.
ㄷ. 윤리적 기준으로 예술을 평가해야 한다.
ㄹ. 예술은 감상자에게 도덕적 교훈을 제공해야 한다.

① ㄱ, ㄴ　② ㄱ, ㄷ
③ ㄴ, ㄹ　④ ㄷ, ㄹ

23 다음 퀴즈에 대한 정답으로 옳은 것은?

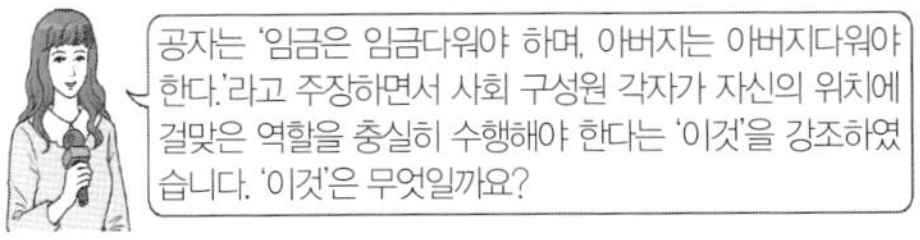

① 겸애(兼愛)　② 무위(無爲)
③ 정명(正名)　④ 해탈(解脫)

24 다음 중 동물 중심주의 입장에서 동물 실험을 반대하는 논거로 적절하지 않은 것은?

① 동물 실험은 동물의 권리를 침해할 수 있다.
② 동물 실험으로 의료 기술을 발전시킬 수 있다.
③ 동물 실험은 동물에게 불필요한 고통을 줄 수 있다.
④ 동물은 삶의 주체로서 도덕적 고려 대상에 포함된다.

25 (가)에 들어갈 윤리 사상가는?

(가)
- 평화를 소극적 평화와 적극적 평화로 구분함.
- 적극적 평화는 직접적 폭력과 간접적 폭력이 모두 사라진 상태임.
- 대표 저서: 『평화적 수단에 의한 평화』

① 갈퉁 ② 데카르트
③ 소크라테스 ④ 아리스토텔레스

2025년도

제2회

제1교시 국 어

제2교시 수 학

제3교시 영 어

제4교시 사 회

제5교시 과 학

제6교시 한국사

제7교시 도 덕

제1교시

국 어

정답 및 해설 280p

01 밑줄 친 부분에 나타난 문제점으로 가장 적절한 것은?

> 형 : 내일 이모랑 할머니 선물을 사러 가자.
> 동생 : 이모와 함께 할머니 선물을 사러 가는 거야, 아니면 이모 선물과 할머니 선물을 사러 가는 거야?

① 중의적인 표현을 사용하고 있다.
② 줄임말을 과도하게 사용하고 있다.
③ 이해하기 어려운 전문어를 남용하고 있다.
④ 상황에 맞지 않는 관용 표현을 인용하고 있다.

02 다음 중 '동생'의 말하기 방법으로 가장 적절한 것은?

> 언니 : 이번 주말에 영화 보러 갈래?
> 동생 : 주말에 친구들과 발표 준비를 해야 해서 못 가.

① 자신의 잘못을 인정하며 사과하고 있다.
② 구체적인 이유를 제시하며 제안을 거절하고 있다.
③ 자신이 처한 상황을 설명하며 토론을 부탁하고 있다.
④ 상대방을 존중하며 문제 해결 방안을 건의하고 있다.

[03～04] (나)는 (가)를 토대로 작성한 글이다. 물음에 답하시오.

> (가) 작문 개요
> 주제: 공정 여행의 실천 방법과 의의
> Ⅰ. 서론 : 공정 여행이 주목받게 된 배경 ‥‥ ㉠
> Ⅱ. 본론 : 공정 여행의 실천 방법
> 가. 탄소 배출량이 적은 교통수단 이용 ‥‥ ㉡
> 나. 지역 경제를 살리는 소비
> 다. 지역의 역사 알기 프로그램 참여 ‥‥‥ ㉢
> Ⅲ. 결론 : 공정 여행의 의의 ‥‥‥‥‥‥‥‥ ㉣
>
> (나) 글의 초고
> 사람들이 여행을 하는 과정에서 자연이 ⓐ 훼손하기도 하고 여행지 주민에게 수익이 거의 돌아가지 않는 문제가 발생하기도 한다. 그래서 최근에는 환경과 지역에 유익한 공정 여행이 주목받고 있다.
> 공정 여행을 실천하려면 어떻게 해야 할까? 첫째, 대중교통이나 자전거를 이용하거나 도보로 이동한다. 그러면 탄소 배출량을 줄일 수 있다. ⓑ 자가용으로 여행을 할 때는 안전띠를 매야 한다.
> 둘째, 지역 주민이 운영하는 숙박 시설을 이용하거나 지역 재래시장에서 그 지역의 상품을 구매한다. ⓒ 그러나 여행자의 소비가 지역 주민의 소득으로 이어질 수 있다.
> 공정 여행은 다소 느리고 불편할 수 있지만, 환경을 보호하고 지역 경제를 ⓓ 활성화하는데 기여한다. 인간과 자연이 모두 행복해지는 공정 여행을 떠나 보자.

03 (가)의 ㉠～㉣ 중 (나)에 반영되지 않은 것은?

① ㉠　② ㉡
③ ㉢　④ ㉣

04 ⓐ~ⓓ에 대한 고쳐쓰기 방안으로 적절하지 <u>않은</u> 것은?

① ⓐ : '자연이'와 호응하도록 '훼손되기도'로 수정한다.

② ⓑ : 통일성을 해치는 문장이므로 삭제한다.

③ ⓒ : 잘못 사용된 접속 부사이므로 '그런데'로 바꾼다.

④ ⓓ : 띄어쓰기에 맞게 '활성화하는 데'로 고친다.

05 다음에서 설명하고 있는 음운 변동이 적용된 것을 〈보기〉에서 고른 것은?

> 모음 'ㅡ'로 끝나는 어간이 모음 'ㅏ/ㅓ'로 시작하는 어미와 결합하면 'ㅡ'가 탈락한다.

〈보기〉

ㄱ. (글을) 쓰- + -어 → 써
ㄴ. (잠을) 자- + -아 → 자
ㄷ. (줄을) 서- + -어 → 서
ㄹ. (문을) 잠그- + -아 → 잠가

① ㄱ, ㄴ ② ㄱ, ㄹ
③ ㄴ, ㄷ ④ ㄷ, ㄹ

06 밑줄 친 부분이 다음 규정의 ㉠에 해당하는 예로 적절한 것은?

> 한글 맞춤법
>
> 【제30항】 사이시옷은 다음과 같은 경우에 받치어 적는다.
> 1. 순우리말로 된 합성어로서 앞말이 모음으로 끝난 경우
> (1) 뒷말의 첫소리가 된소리로 나는 것
> (2) 뒷말의 첫소리 'ㄴ, ㅁ' 앞에서 'ㄴ' 소리가 덧나는 것
> (3) 뒷말의 첫소리 모음 앞에서 'ㄴㄴ' 소리가 덧나는 것 ······ ㉠

① 고기를 <u>깻잎</u>에 싸서 먹었다.

② 보리와 쌀을 <u>맷돌</u>에 갈았다.

③ 너무 기뻐서 <u>잇몸</u>을 드러내고 웃었다.

④ 우리는 먼 <u>훗날</u>에 다시 만나자고 약속했다.

07 다음 높임법이 나타난 문장으로 적절한 것은?

> 주체 높임법은 문장의 주체를 높이는 방법이다.

① 아버지께서 신문을 보신다.

② 그는 착한 사람이었습니다.

③ 저는 어르신을 뵐 낯이 없습니다.

④ 아이가 할머니께 편지를 읽어 드렸다.

08 ㉠~㉣에 나타난 중세 국어의 특징으로 적절하지 <u>않은</u> 것은?

> 어·린百·ᄇᆡᆨ姓·셩·이니르·고·져·홇㉠ <u>·배</u>이·셔·도 ㉡ <u>ᄆᆞ·ᄎᆞᆷ:내</u>제 ㉢ <u>·ᄠᅳ·들</u>시·러펴·디:몯홇 ㉣ <u>·노·미</u>하·니·라
>
> –「훈민정음」 언해본 –

① ㉠ : 모음으로 끝나는 체언 뒤에서 주격 조사 'ㅣ'가 쓰였다.
② ㉡ : 현대 국어에 없는 자음자가 쓰였다.
③ ㉢ : 단어의 첫머리에 두 개의 자음이 올 수 있었다.
④ ㉣ : 소리 나는 대로 이어 적기를 하였다.

[09~10] 다음 글을 읽고 물음에 답하시오.

가시리 가시리잇고 나ᄂᆞᆫ
ᄇᆞ리고 가시리잇고 나ᄂᆞᆫ
　위 증즐가 대평셩ᄃᆡ(大平盛代)

날러는 엇디 살라 ᄒᆞ고
ᄇᆞ리고 가시리잇고 나ᄂᆞᆫ
　위 증즐가 대평셩ᄃᆡ(大平盛代)

잡ᄉᆞ와 두어리마ᄂᆞᄂᆞᆫ
선ᄒᆞ면[1] 아니 올셰라
　위 증즐가 대평셩ᄃᆡ(大平盛代)

셜온 님 보내ᄋᆞᆸ노니 나ᄂᆞᆫ
가시ᄂᆞᆫ ᄃᆞᆺ 도셔 오쇼셔 나ᄂᆞᆫ
　위 증즐가 대평셩ᄃᆡ(大平盛代)

– 작자 미상, 「가시리」 –

1) 선ᄒᆞ면 : 서운하면.

09 다음 중 윗글에 대한 설명으로 가장 적절한 것은?

① 해학적 표현이 나타나고 있다.
② 동일한 후렴구가 반복되고 있다.
③ 4음보의 율격이 주로 드러나고 있다.
④ 공간의 이동에 따라 시상이 전개되고 있다.

10 다음 중 윗글의 화자에 대한 설명으로 가장 적절한 것은?

① 떠나온 고향을 그리워하고 있다.
② 임과의 이별을 안타까워하고 있다.
③ 아름다운 자연의 모습을 예찬하고 있다.
④ 인물의 무능력한 모습을 조롱하고 있다.

[11~13] 다음 글을 읽고 물음에 답하시오.

[앞부분 줄거리] '그'는 '임 씨'에게 목욕탕 공사를 맡기지만 '임 씨'를 못 미더워 한다. '임 씨'는 시간을 더 들여 옥상까지 꼼꼼히 공사를 마무리한 뒤 견적서를 받아 공사비를 수정하기 시작한다.

임 씨의 머릿속에서 굴러다니고 있을 숫자들에 잔뜩 애를 태우고 있는 스스로가 정말이지 역겨웠다.

"됐습니다, 사장님. 이게 말입니다. 처음엔 파이프가 어디서 새는지 모르니 전체를 뜯을 작정으로 견적[1]을 뽑았지요. 아까도 말씀드렸지만 일이 썩 간단하게 되었다 이 말씀입니다. 그래서 노임2)에서 사만 원이 빠지고 시멘트도 이게 다 안 들었고, 모래도 그렇고, 에, 쓰레기 치울 용달차도 빠지게 되죠. 방수액도 타일도 반도 못 썼으니 여기서도 요게

빠지고
또…….”

임 씨가 볼펜심으로 쿡쿡 찔러 가며 조목조목 남는 것들을 설명해 갔지만 그의 귀에는 제대로 들리지 않았다. 뭔가 단단히 잘못되었다는 기분, 이게 아닌데, 하는 느낌이 어깨의 뻐근함과 함께 그를 짓누르고 있을 뿐이었다.

“그렇게 해서 모두 칠만 원이면 되겠습니다요.”

선언하듯 임 씨가 분홍 편지지를 아내에게 내밀었다. 놀란 것은 그보다 아내 쪽이 더 심했다. 그녀는 분명 칠만 원이란 소리가 믿기지 않는 모양이었다.

[A]

“칠만 원요? 그럼 옥상은…….”

“옥상에 들어간 재료비도 여기에 다 들어 있습니다.

그거야 뭐 몇 푼 되나요.”

“그럼 우리가 너무 미안해서…….”

아내가 이번에는 호소하는 눈빛으로 그를 쳐다보았다.

할 수 없이 그가 끼어들었다.

“계산을 다시 해 봐요. 처음에는 십팔만 원이라고 했지 않소?”

“이거 돈을 더 내시겠다 이 말씀입니까? 에이, 사장님도.

제가 어디 공일 해 줬나요. 조목조목 다 계산에 넣었습니다요.

옥상 일한 품값은 지가 써비스로다가…….”

“써비스?”

그는 아연해서 임 씨의 말을 되받았다.

“그럼요. 저도 써비스할 때는 써비스도 하지요.”

그는 입을 다물어 버렸다. 뭐라 대꾸할 말이 없었다.

(중략)

임 씨는 아내가 내민 7만 원을 주머니에 쑤셔 넣고 자리에서 일어섰다.

㉠ <u>그는 일 층 현관까지 내려가 임 씨를 배웅하기로 했다.</u> 어두워진 계단을 앞서거니 뒤서거니 내려가면서 임 씨는 연장 가방을 몇 번이나 난간에 부딪쳤다. 시원한 밤공기가 현관 앞을 나서는 두 사람을 감쌌고 그는 무슨 말로 이 사내를 배웅할 것인가를 궁리해 보았다. 수고했다는 말도, 고맙다는 말도 이 사내의 그 ‘써비스’에 대면 너무 초라하지 않을까.

– 양귀자, 「비 오는 날이면 가리봉동에 가야 한다」 –

1) 견적 : 어떤 일을 하는 데 필요한 비용 따위를 미리 어림잡아 계산함. 또는 그런 계산.
2) 노임 : ‘노동 임금’을 줄여 이르는 말.

2025년 2회

11 윗글의 인물에 대한 설명으로 적절하지 <u>않은</u> 것은?

① ‘임 씨’는 공사비를 수정한 이유를 말하지 않았다.
② ‘아내’는 처음보다 공사비가 줄어서 놀라워했다.
③ ‘아내’는 ‘임 씨’에게 수정된 공사비를 주었다.
④ ‘임 씨’는 공사비를 받은 뒤 자리를 나섰다.

12 다음 중 [A]에 대한 설명으로 가장 적절한 것은?

① 장면의 빈번한 전환으로 사건을 전개하고 있다.
② 주로 대화를 통해 인물의 태도를 드러내고 있다.
③ 작품 속 서술자가 자신의 경험을 이야기하고 있다.
④ 계절의 변화를 통해 인물의 심리를 보여 주고 있다.

13 다음 중 ㉠의 이유로 가장 적절한 것은?

① '임 씨'에게 지불한 품값을 돌려받기 위해서
② '임 씨'에게 받은 분홍 편지지를 되돌려주기 위해서
③ '임 씨'가 공사 재료를 남긴 이유에 의구심을 느껴서
④ '임 씨'가 공사를 성실히 해 준 것에 고마움을 느껴서

[14~16] 다음 글을 읽고 물음에 답하시오.

모란이 피기까지는
나는 아직 나의 봄을 기둘리고 있을 테요
모란이 뚝뚝 떨어져 버린 날
나는 비로소 봄을 여읜 설움에 잠길 테요
오월 어느 날 그 하루 무덥던 날
떨어져 누운 꽃잎마저 시들어 버리고는
천지에 모란은 자취도 없어지고
뻗쳐 오르던 내 보람 서운케 무너졌느니
모란이 지고 말면 그뿐 내 한 해는 다 가고 말아
삼백예순 날 하냥[1] 섭섭해 우옵네다
모란이 피기까지는
나는 아직 기둘리고 있을 테요 ㉠ <u>찬란한 슬픔의 봄을</u>

– 김영랑, 「모란이 피기까지는」 –

1) 하냥 : 늘.

14 다음 중 윗글에 대한 설명으로 가장 적절한 것은?

① 미각적 심상을 사용하여 대상을 표현하고 있다.
② 청자를 표면에 내세워서 시상을 전개하고 있다.
③ 수미상관을 활용하여 구조적 안정감을 주고 있다.
④ 명령의 어조를 사용하여 시적 의미를 강조하고 있다.

15 다음 중 ㉠에 사용된 표현 방법으로 가장 적절한 것은?

① 감정을 강조하기 위해 감탄사를 활용하는 방법
② 이미 알고 있는 사실을 의문 형식으로 제시하는 방법
③ 앞 구절의 끝을 다음 구절의 처음에서 반복하는 방법
④ 모순된 표현 속에 삶의 진실된 의미를 담아내는 방법

16 다음 중 윗글에 나타난 화자의 삶의 모습과 가장 가까운 것은?

① 소망하는 것을 기다리는 삶
② 도시를 벗어나 자연에 은거하는 삶
③ 목표 달성을 위해 효율성을 추구하는 삶
④ 개인의 성공보다는 다수의 이익을 중시하는 삶

[17~19] 다음 글을 읽고 물음에 답하시오.

[앞부분 줄거리] 이생은 아버지의 반대를 극복하고 최 여인과 혼례를 올린다. 홍건적의 난으로 최 여인은 목숨을 잃지만 귀신이 되어 다시 이생 앞에 나타나고, 부부는 즐거운 나날을 보낸다. 그러던 어느 날 여인이 이생에게 이별할 때가 왔다고 이야기하며 운다.

"저승길의 운수는 피할 수가 없답니다. 천제께서 저와 ㉠ <u>그대</u>의 연분이 아직 끊어지지 않았고 또 아무 죄장(罪障)[1]이 없음을 살피시어, 환체(幻體)[2]를

빌려주어, 그대와 함께 잠시 애간장이 끊어지는 듯한 시름을 달래도록 하였던 것이지요. 하지만 오랫동안 인간 세상에 머물러 있으면서 이승 사람을 현혹할 수는 없지요."

(중략)

"내 차라리 그대와 함께 황천[3]으로 갈지언정 어찌 무료하게 홀로 여생을 보전하겠소? 지난번 난리가 있은 뒤 친척과 노복들이 각각 서로 흩어지고 돌아가신 부모님의 해골이 들판에 낭자하게 흩어져 있었을 때, 만일 낭자가 아니었더라면 누가 매장할 수 있었겠소? 옛사람 말씀에 '어버이 살아 계실 때는 예로써 섬기고, 돌아가신 뒤에는 예로써 장사 지내야 한다.'고 하였는데, 이런 일을 실천에 옮길 수 있었던 것은 모두 낭자의 천성이 효순하고 착하며 인정이 두터웠기 때문이었소. 그러하기에 너무도 감격하였소만, 다른 한편으로 스스로 부끄러움을 어찌 이길 수 있었겠소? 부디 낭자는 인간 세상에 남아서 백 년 뒤에 ㉡ 나와 함께 흙이 됨이 어떻겠소?"

여인은 대답하였다.

"낭군의 수명은 아직 여러 기(紀)가 남아 있지만, 저는 이미 귀신의 명부에 이름이 실려 있으니 오래 머물러 있을 수가 없습니다. 만약 굳이 인간 세상을 그리워하고 미련을 가져 저승 세계의 법령을 위반하게 된다면, 비단 저에게만 죄과가 미칠 뿐 아니라 아울러 그대에게도 누가 미칠 것이에요. 다만 ㉢ 저의 유해가 아무 곳에 흩어져 있으니, 만약 은혜를 베풀어 주시겠다면 유해를 바람과 햇볕에 그냥 드러나 있지 않게 해 주세요."

두 사람은 서로 바라보며 눈물을 줄줄 흘렸다.

여인은 말하였다.

"㉣ 낭군님, 부디 몸조심하세요."

말이 끝나자 여인은 점점 사라졌다. 그리고 마침내 아무 종적도 없게 되었다.

이생은 그녀의 유골을 거두어 부모의 묘소 곁에 부장[4]을 하였다. 장례를 지낸 뒤에도 이생은 여인을 추모하고 생각하다가, 병을 얻어 수개월 만에 세상을 떠났다.

이 이야기를 들은 사람들은 모두 애처로워하고 슬퍼하여 그들의 절의를 사모하지 않는 이가 없었다.

– 김시습, 「이생규장전」 –

1) 죄장 : 죄악이 좋은 인과응보를 얻는 데 장애가 됨을 이르는 말.
2) 환체 : 불교에서 덧없는 인간의 몸뚱이를 이르는 말.
3) 황천 : 저승.
4) 부장 : 합장. 여러 사람의 시체를 한 무덤에 묻음.

17 다음 중 윗글에 대한 설명으로 가장 적절한 것은?

① 권선징악이 이루어진 행복한 결말이 제시되고 있다.
② 꿈에서 깨어나 현실로 돌아오는 구조가 드러나고 있다.
③ 의인화한 대상의 시각으로 인간 세계를 풍자하고 있다.
④ 비현실적 요소를 활용하여 주제 의식을 나타내고 있다.

18 다음 중 윗글에서 알 수 있는 내용으로 가장 적절한 것은?

① '여인'은 불효한 죄로 죽음을 맞이하였다.
② '이생'과 '여인'은 백 년 뒤에 만나기로 약속하였다.
③ '이생'은 '여인'의 유골을 끝까지 수습하지 못하였다.
④ '이생'은 '여인'과 이별한 후에도 '여인'을 그리워하였다.

19 ㉠~㉣ 중 가리키는 대상이 나머지와 <u>다른</u> 것은?

① ㉠　　② ㉡
③ ㉢　　④ ㉣

[20~22] 다음 글을 읽고 물음에 답하시오.

'열두 가지 재주에 저녁거리가 간데없다.'는 말이 있습니다. (㉮) 뜻이지요. 그런데 시대가 달라졌습니다. 이제는 다양한 기술을 조합하는 것이 중요해졌지요. 그러다 보니 사회가 요구하는 인재상도 변화하고 있습니다. 한 우물을 파되, 그 외에 다른 우물도 넓게 팔 줄 아는 사람을 원하고 있는 것이지요. 한마디로 ㉠ <u>여러 분야의 경계를 가로지르며 새로운 지식과 가치를 만들어 낼 줄 아는 사람</u>이어야 한다는 것입니다.

통섭(統攝)이라는 말은 원효 대사의 말에서 빌려온 단어로, 사회 생물학자 에드워드 윌슨 교수의 책 『컨실리언스(Consilience)』를 우리말로 번역한 것입니다. 단어의 뜻은 줄기 '통(統)'과 잡다 '섭(攝)'이라는 한자를 합쳐, 큰 줄기를 잡아 다루는 것, 즉 '전체를 도맡아 다스리다.'입니다. 이제 통섭은 바람직한 미래 학문 형태로 거론되고 있습니다. 요즘에는 자연 과학과 인문 과학, 사회 과학이 각자의 지식을 융합한다는 의미로 쓰이고 있지요.

세상은 자꾸만 복잡해지고 있습니다. 그리고 우리 인간들이 해결해야 할 문제들도 그만큼 어려워지고 있지요. 한 사람이 나서서 해결할 수 있을 만큼 성격이 간단하지도 않습니다. 그래서 이런 문제에 접근하려면 결국 ㉡ <u>통섭형 인재</u>가 되어야 합니다. 그런데 통섭형 인재는 ㉢ <u>이것저것 조금씩 잘하는 팔방미인</u>이 아닙니다. 자신이 잘할 수 있는 것 하나가 확실하게 있되, ㉣ <u>다른 전문 분야에도 충분한 소양을 갖춰 그들과 공동 연구를 할 수 있는 인재</u>를 말합니다.

– 최재천, 『생각의 탐험』 –

20 다음 중 윗글에 대한 설명으로 가장 적절한 것은?

① 주요 용어의 의미를 풀이하고 있다.
② 구체적인 통계 자료를 활용하고 있다.
③ 글쓴이의 의견을 청유형으로 강조하고 있다.
④ 질문을 던진 후 그에 대한 답을 제시하고 있다.

21 다음 중 ㉮에 들어갈 말로 가장 적절한 것은?

① 김칫국부터 마신다는
② 목마른 사람이 우물을 판다는
③ 사람은 한 우물만 파야 한다는
④ 미운 아이에게 떡 하나 더 준다는

22 ㉠~㉣ 중 의미하는 바가 <u>다른</u> 것은?

① ㉠　　② ㉡
③ ㉢　　④ ㉣

[23~25] 다음 글을 읽고 물음에 답하시오.

(가) 한옥은 여러 과학적 방식을 활용해서 집 안 가득 시원한 바람을 맞아들여 잘 흐르도록 한다. 이를 한마디로 '통(通)'의 원리라 ㉮ <u>부를</u> 수 있다. [㉠] '통'은 어려운 개념이 아니다. 통풍, 환기, 순환 등과 같은 말로, 한옥은 통의 원리를 구현하는 건강한 집이다.

(나) 한옥에서 통의 원리를 구현하는 방식은 크게 두 가지가 있다. 첫째, 거시 기후에 맞춰 집 안에 '바람길'을 내는 것이다. 여기서 거시 기후란 계절 같은 큰 시간 단위를 기준으로 한반도 전체에 걸쳐서 나타나는 기후 현상을 말한다.

[㉡] 한옥에서는 여름에 부는 바람인 남동풍의 방위에 맞춰 남향, 혹은 남동향으로 바람이 드나드는 바람길을 냈다. 한옥에서 바람길은 시원하고 통 크게 나 있어, 바람이 돌아나가거나 머물거나 꺾어 가지 않도록 했다.

(다) 한옥에서 통의 원리를 구현하는 두 번째 방법은 미시 기후를 활용해서 마당에 찬 공기주머니를 만드는 것이다. 미시 기후란 숲과 산세, 지세와 물길 등 각 집의 주변을 둘러싼 개별적 상황에 따라 나타나는 구체적인 기후 현상이다. [㉢] 도시에서의 도로나 빌딩, 농촌에서의 배산임수(背山臨水)[1]는 미시 기후에 영향을 미치는 중요한 요소이다. 한옥에서는 마당을 비워서 안마당에 찬 공기주머니를 만드는 방법으로 미시 기후를 활용한다.

(라) 마당의 공기가 열을 받아 더워지면 위로 올라가서 마당은 거의 진공과 유사한 상태가 만들어지고, 그러면 진공을 채우기 위해 바람이 불어온다. 이때 바람은 중문으로 들어오는 것과 대청[2] 뒤에서 불어오는 것 두 가지가 있을 수 있는데 이 가운데 찬 것이 들어오게 된다. [㉣] 대개 대청 뒤에는 숲이 있는데, 이곳의 찬바람이 집 안으로 들어온다.

– 임석재, 『지혜롭고 행복한 집 한옥』 –

1) 배산임수 : 지세(地勢)가 뒤로는 산을 등지고 앞으로는 물에 면하여 있음.
2) 대청 : 한옥에서, 몸채의 방과 방 사이에 있는 큰 마루.

23 다음 중 (가)~(라)의 내용을 전개하는 방식으로 가장 적절한 것은?

① (가) : 한옥의 다양한 종류를 나열하고 있다.
② (나)와 (다) : 한옥에서 통의 원리를 구현하는 방식을 나누어 제시하고 있다.
③ (다) : 한옥을 근거로 현대 가옥의 구조를 유추하고 있다.
④ (다)와 (라) : 한옥이 한국인의 정서에 미친 영향을 밝히고 있다.

24 ㉠~㉣ 중 다음 문장이 들어갈 곳으로 가장 적절한 것은?

> 둘 가운데 찬 것은 대청 뒤에서 부는 바람이다.

① ㉠　　② ㉡
③ ㉢　　④ ㉣

25 다음 중 밑줄 친 부분이 ㉮와 가장 유사한 의미로 쓰인 것은?

① 생일에 친구들을 집으로 <u>불렀다</u>.
② 어머니가 아이를 손짓하여 <u>불렀다</u>.
③ 경기장에서 응원가를 힘차게 <u>불렀다</u>.
④ 사람들은 그를 불운한 천재라고 <u>불렀다</u>.

제2교시

수 학

정답 및 해설 284p

01 두 다항식 $A=2x^2+5$, $B=x^2-4x$에 대하여 $A+B$는?

① $3x^2-4x+5$ ② $3x^2-x+5$
③ $3x^2+4x-5$ ④ $3x^2+x-5$

02 등식 $ax^2+x=4x^2+bx$가 x에 대한 항등식일 때, 두 상수 a, b에 대하여 $a-b$의 값은?

① -3 ② -1
③ 1 ④ 3

03 다항식 x^3-2x^2+5를 $x-1$로 나누었을 때, 나머지는?

① 2 ② 4
③ 6 ④ 8

04 다항식 x^3-3x^2+3x-1을 인수분해한 식이 $(x-a)^3$일 때, 상수 a의 값은?

① 1 ② 2
③ 3 ④ 4

05 복소수 $3-4i$의 켤레복소수가 $a+bi$일 때, 두 실수 a, b에 대하여 $a+b$의 값은? (단, $i=\sqrt{-1}$)

① 1 ② 4
③ 7 ④ 10

06 이차방정식 $x^2+2x+3=0$의 근에 대한 설명으로 옳은 것은?

① 한 근은 $x=-4$이다.
② 두 근의 합은 1이다.
③ 두 근의 곱은 3이다.
④ 중근을 갖는다.

07 $1 \le x \le 3$일 때, 이차함수 $y=-x^2+6x-3$의 최솟값은?

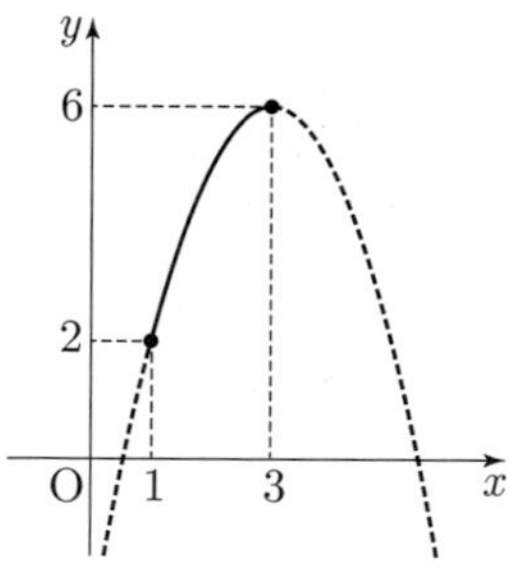

① 1 ② 2
③ 3 ④ 6

08 연립방정식 연립방정식 $\begin{cases} x+y=5 \\ xy=a \end{cases}$의 해가 $x=3$, $y=b$일 때, 두 상수 a, b에 대하여 $a+b$의 값은?

① -8　　② -4

③ 4　　④ 8

09 그림은 부등식 $|x-1| \leq 4$의 해를 수직선 위에 나타낸 것이다. 상수 a의 값은?

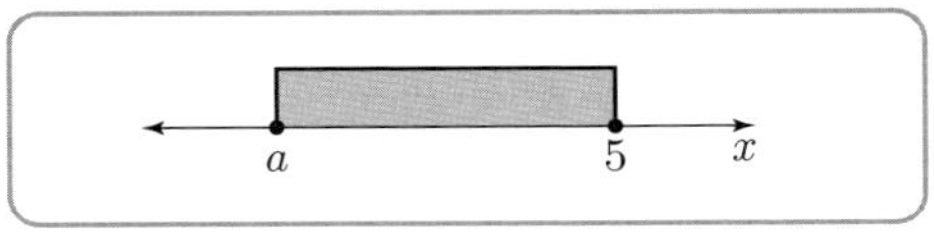

① -4　　② -3

③ -2　　④ -1

10 그림은 곧게 뻗은 어느 밭의 일부를 수직선 위에 나타낸 것이다. 수직선 위의 두 점 $A(1)$, $B(8)$에 대하여 선분 AB를 $4:3$으로 내분하는 점 P에 허수아비를 세우려고 할 때, 점 P의 좌표는?

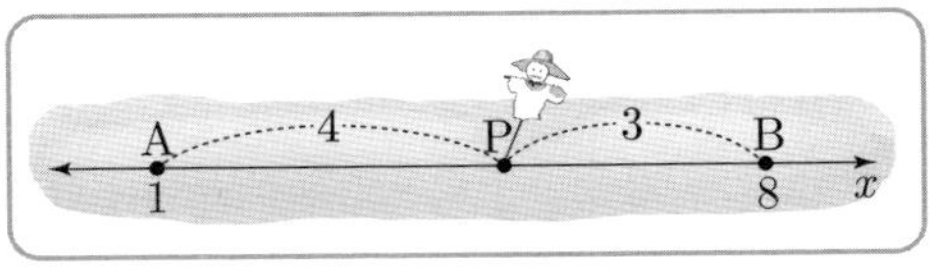

① 3　　② 4

③ 5　　④ 6

11 직선 $y=-x+2$에 수직이고 점 $(0, 5)$를 지나는 직선의 방정식은?

① $y=x+5$　　② $y=-x+5$

③ $y=x+7$　　④ $y=-x+7$

12 중심의 좌표가 $(3, 3)$이고 x축과 y축에 동시에 접하는 원의 방정식은?

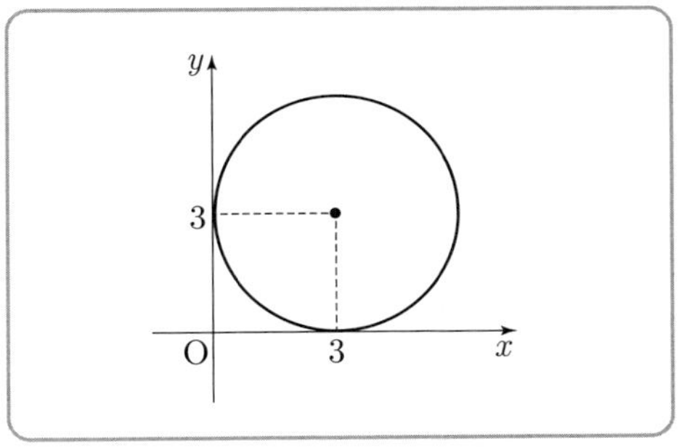

① $(x+3)^2+(y+3)^2=3$

② $(x+3)^2+(y-3)^2=3$

③ $(x-3)^2+(y+3)^2=9$

④ $(x-3)^2+(y-3)^2=9$

13 좌표평면 위의 점 $(-1, -4)$를 y축에 대하여 대칭이동한 점의 좌표는?

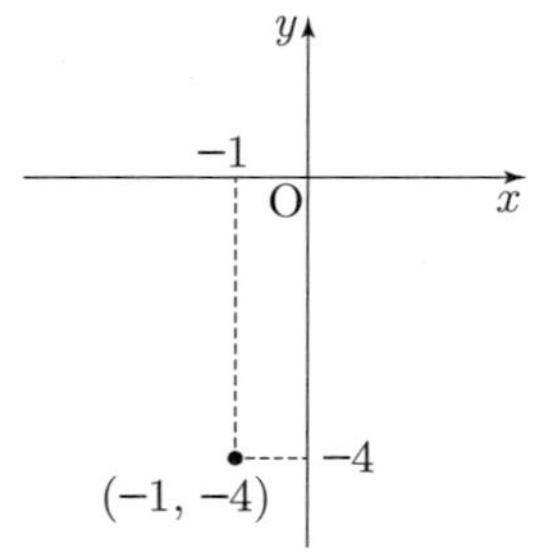

① $(1, 4)$　② $(1, -4)$
③ $(-1, 4)$　④ $(-4, -1)$

14 집합인 것을 〈보기〉에서 고른 것은?

〈보기〉
ㄱ. 큰 수의 모임
ㄴ. 자연수의 모임
ㄷ. 넓이가 작은 정삼각형의 모임
ㄹ. 10 이상 20 이하인 홀수의 모임

15 두 집합 $A=\{2, 4, a+1\}$, $B=\{a-3, 4, 6\}$에 대하여 $A=B$일 때, 상수 a의 값은?

① 1　② 3
③ 5　④ 7

16 명제 '$x=1$이면 $x^4=1$이다.'의 역은?

① $x^4=1$이면 $x=1$이다.
② $x^4=1$이면 $x \neq 1$이다.
③ $x=1$이면 $x^4 \neq 1$이다.
④ $x \neq 1$이면 $x^4 \neq 1$이다.

17 함수 $f: X \to Y$가 그림과 같을 때, $f^{-1}(a)$의 값은? (단, f^{-1}는 f의 역함수이다.)

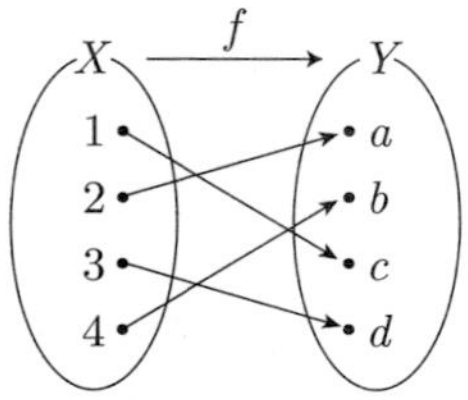

① 1　② 2
③ 3　④ 4

18 무리함수 $y=\sqrt{x-3}+b$의 그래프는 무리함수 $y=\sqrt{x}$의 그래프를 x축의 방향으로 a만큼, y축의 방향으로 5만큼 평행이동한 것이다. 두 상수 a, b에 대하여 $a+b$의 값은?

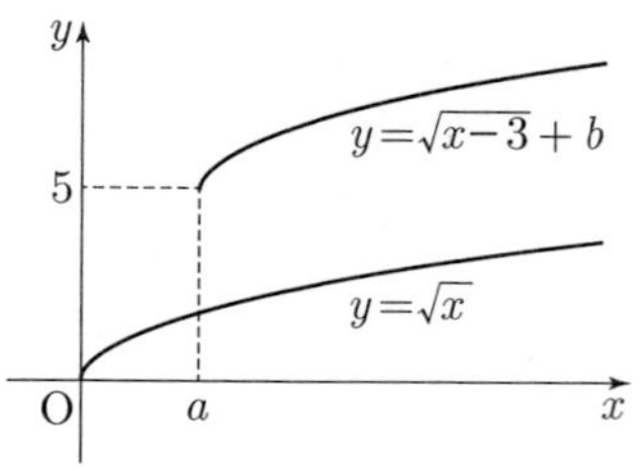

① 5　② 8
③ 11　④ 14

19 그림과 같이 5개의 직업 체험 프로그램이 있다. 이 중에서 서로 다른 2개의 프로그램을 택하여 순서대로 체험하는 경우의 수는?

① 12　　② 16
③ 20　　④ 24

20 그림과 같이 4종류의 잡곡이 있다. 이 중에서 서로 다른 2종류의 잡곡을 선택하는 경우의 수는?

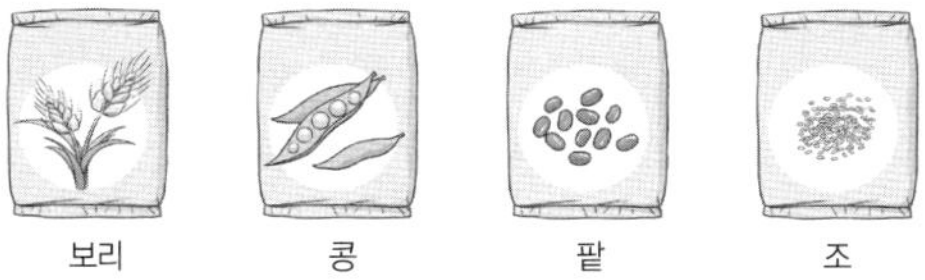

① 6　　② 7
③ 8　　④ 9

제3교시

영 어

정답 및 해설 287p

[01～03] 다음 중 밑줄 친 부분의 뜻으로 가장 적절한 것을 고르시오.

01

We need to find a <u>balance</u> between work and family life.

① 감정 ② 균형
③ 모험 ④ 학습

02

Please <u>throw away</u> the trash after the picnic.

① 버리다 ② 들여놓다
③ 보관하다 ④ 판매하다

03

I studied hard, <u>so</u> I passed the test.

① 게다가 ② 그래서
③ 반면에 ④ 사실상

04 다음 중 밑줄 친 두 단어의 의미 관계와 <u>다른</u> 것은?

The gift made me <u>happy</u>, but I became <u>sad</u> when I lost it.

① slow － fast ② wide － narrow
③ equal － same ④ easy － difficult

05 다음 안내문에서 언급되지 <u>않은</u> 것은?

Mud Fun Day
- Date: August 16th
- Place: Riverside Park
- Activities: mud slides, mud fights

* Make sure to bring a change of clothes.

① 행사 날짜 ② 행사 장소
③ 활동 내용 ④ 참가 연령

[06～08] 다음 중 빈칸에 공통으로 들어갈 말로 가장 적절한 것을 고르시오.

06

- He goes for a ____ every morning to stay healthy.
- She wants to ____ her own shop someday.

① run ② hand
③ will ④ lose

07

- He told her the reason ____ he was crying.
- Can you tell me ____ you were absent?

① how ② why
③ where ④ which

08

- I'm really looking forward _____ going camping.
- My mom used _____ read books to me when I was little.

① as ② to
③ for ④ like

09 다음 대화에서 밑줄 친 표현의 의미로 가장 적절한 것은?

A : I accidentally broke the classroom window.
B : Oh, no! Did you tell the teacher?
A : Yes, I told her what happened and apologized.
B : Good. <u>Honesty is the best policy</u>.

① 정직이 최선의 방책이다.
② 진정한 배움에는 지름길이 없다.
③ 시간은 화살처럼 빨리 지나간다.
④ 일찍 일어나는 새가 벌레를 잡는다.

10 다음 대화에서 알 수 있는 A의 심정으로 가장 적절한 것은?

A : I just heard that I won the writing contest!
B : That's great. I knew you could do it.
A : I still can't believe it. I'm so delighted!
B : You deserve it. You worked really hard.

① 기쁨 ② 불만
③ 실망 ④ 평온

11 다음 대화가 이루어지는 장소로 가장 적절한 것은?

A : Hi, can I get a slice of cheese pizza and a coke?
B : Sure. Would you like anything else?
A : No, that's all. Do you accept credit cards?
B : Of course. Your total is nine dollars.

① 경찰서 ② 미용실
③ 소방서 ④ 음식점

12 다음 글에서 밑줄 친 <u>It</u>이 가리키는 것으로 가장 적절한 것은?

Jungle World is back! We are very pleased to announce this program. <u>It</u> will be held during the month of September. In this program, visitors can experience various animals and plants living in the jungle.

① plant ② animal
③ program ④ visitor

[13~14] 다음 대화의 빈칸에 들어갈 말로 가장 적절한 것을 고르시오.

13

A : Tomorrow is my sister's birthday.
B : Did you buy a present for her?
A : Yes. I bought this hat. __________?
B : Oh, it's beautiful. She will like it.

① Where do you live
② Why did you buy it
③ When is your birthday
④ What do you think of it

14

A : Where did you leave your umbrella?
B : ______________________________.

① I think I left it on the bus
② I can explain why he liked it
③ I helped my friend make lunch
④ I bought a new dress yesterday

15 다음 대화의 주제로 가장 적절한 것은?

A : Can you tell me how to make a comic book?
B : First, you have to choose a topic, and then write a short story.
A : I see. Do you draw the pictures afterwards?
B : That's right.

① 도서관 이용 규칙
② 만화책을 만드는 방법
③ 좋아하는 영화 장르
④ 이야기를 경청하는 태도

16 다음 글을 쓴 목적으로 가장 적절한 것은?

The school writing club is holding a weekly workshop to help students improve their writing skills. Each week, we will meet to share ideas, give feedback, and practice together. If you are interested in becoming a more confident writer, join us on Thursdays in room 205.

① 안부를 전하려고
② 예약을 승인하려고
③ 참가자를 모집하려고
④ 행사 취소를 공지하려고

17 다음 수영장 안내문의 내용과 일치하지 <u>않는</u> 것은?

Swimming Pool Information

- Location : 9th floor
- Operating hours : 6:00 a.m. ~ 10:00 p.m.
- Free for all hotel guests
- Must wear a swimming cap

** Drinks can be purchased at the pool.*

① 9층에 위치해 있다.
② 오전 6시부터 오후 10시까지 운영한다.
③ 수영모를 착용해야 한다.
④ 음료는 판매하지 않는다.

18 다음 The Friendly Market에 대한 설명과 일치하지 않는 것은?

> The Friendly Market opens near City Hall. You can buy fresh vegetables, organic snacks, and handmade goods there. Anyone who comes to the market can get a free face painting. The market is held on Sundays from 8 a.m. to 3 p.m.

① 시청 근처에서 열린다.
② 유기농 간식이 판매된다.
③ 페이스 페인팅은 무료이다.
④ 일요일은 휴무일이다.

19 다음 글의 주제로 가장 적절한 것은?

> Do you ever feel like you can't control your anger? Here are some tips for you. First, take a deep breath when you feel upset. This helps calm your mind. Second, count to ten before reacting. It gives you time to think and respond calmly. Talking to someone you trust can also help.

① 미래에 유망한 직업
② 예술 작품 창조 과정
③ 분노를 조절하는 방법
④ 기후 변화가 가속화하는 이유

[20~21] 다음 글의 빈칸에 들어갈 말로 가장 적절한 것을 고르시오.

20

> Upcycling can turn old items into something new and useful. By reusing used objects for different purposes, you can ______ trash. For example, jeans you don't wear anymore can be transformed into bags or wallets. Through upcycling, you can add value to unwanted items.

① order ② teach
③ reduce ④ punish

21

> Many countries are facing a problem with low birth rates. Fewer babies are being born each year. This can lead to a smaller working population in the future. Thus, countries are trying to ______ policies that will help increase birth rates.

① cut ② stop
③ forget ④ develop

22 글의 흐름으로 보아 다음 문장이 들어가기에 가장 적절한 곳은?

> There, some sea animals eat this waste.

> Plastic is a useful material but can be harmful to the environment. (①) Plastic waste takes decades to break down, so it stays on the Earth for a long time. (②) Moreover, plastic waste is often washed out to the ocean. (③) Eventually these animals may end up on our dinner table. (④)

23 다음 글의 바로 뒤에 이어질 내용으로 가장 적절한 것은?

> Marathons are exciting events that attract thousands of runners every year. Runners train for months to prepare for the race. Participating in a marathon not only promotes physical fitness, but also provides a sense of accomplishment. However, there are several types of injuries people can get when they run a marathon.

① 마라톤으로 인한 부상의 유형
② 마라톤 경기 규칙의 변천사
③ 육상 선수를 위한 식단
④ 정신 건강의 중요성

[24～25] 다음 글을 읽고 물음에 답하시오.

> Everyone feels stress sometimes, especially when life gets busy. But too much stress can lead to various problems such as sleeplessness and anxiety. In order to _____ stress from harming your life, you need to manage it well. Stress management is the key to your well-being in the modern world.

24 윗글의 빈칸에 들어갈 말로 가장 적절한 것은?

① feed ② raise
③ collect ④ prevent

25 윗글의 주제로 가장 적절한 것은?

① 스트레스 관리의 중요성
② 봉사 활동의 중요성
③ 수면 부족의 위험성
④ 다양한 운동 방법

제4교시

사 회

정답 및 해설 292p

01 다음 중 ㉠, ㉡에 들어갈 내용으로 가장 적절한 것은?

> • 시민이 주권을 가지고 국가를 스스로 다스려야 한다는 이념을 (㉠)(이)라고 하며, 시민의 정치적 참여를 보장하는 것은 행복한 삶의 조건이다.
> • 인간이 자리 잡고 살아갈 수 있는 주거지와 주변 환경을 (㉡)이라고 하며, 쾌적한 자연환경과 안락한 주거환경은 행복한 삶의 조건이다.

	㉠	㉡
①	민주주의	정주 환경
②	민주주의	도덕적 실천
③	경제적 안정	정주 환경
④	경제적 안정	도덕적 실천

02 다음에 해당하는 지역의 기후로 옳은 것은?

> • 분포 : 적도를 중심으로 하는 저위도 지역
> • 전통 가옥 : 개방적이고 지붕의 경사가 급한 고상 가옥
> • 전통 농업 : 카사바, 얌 등을 재배하는 이동식 화전 농업

① 열대 기후 ② 온대 기후
③ 냉대 기후 ④ 한대 기후

03 다음 사례를 초래한 자연관으로 가장 적절한 것은?

> • 햄버거용 소고기 생산을 위한 열대림 파괴
> • 인공 구조물과 제방 건설로 인한 해안 침식과 자연 환경 훼손

① 동물 중심주의 ② 생태 중심주의
③ 인간 중심주의 ④ 자원 민족주의

04 다음 중 ㉠, ㉡에 들어갈 내용으로 옳은 것은?

> 환경 문제 카드
> (㉠)
> 극심한 가뭄과 과도한 경작으로 토양이 황폐화되고 사막으로 변하는 현상이다. 1994년 파리에서는 관련 문제에 대한 방지 협약이 체결되었다.

> 환경 문제 카드
> 오존층 파괴
> 염화 플루오린화 탄소의 사용으로 오존층이 파괴되는 현상이다. 관련 국제 협약으로는 1987년 캐나다에서 체결된 (㉡)이/가 있다.

	㉠	㉡
①	사막화	람사르 협약
②	사막화	몬트리올 의정서
③	해양 오염	람사르 협약
④	해양 오염	몬트리올 의정서

05 다음에서 설명하는 현상은?

> • 농업 중심 사회가 공업 · 서비스업 중심 사회로 변화함.
> • 영향 : 직업의 세분화, 생산력 및 생활 수준 향상 등

① 공동화 ② 교외화
③ 산업화 ④ 지역화

06 다음 설명에 해당하는 내용으로 가장 적절한 것은?

> • 컴퓨터 등을 악용하여 가상 공간에서 행해지는 모든 범죄
> • 사례 : 해킹, 스미싱(문자 결제 사기) 등

① 빨대 효과 ② 문화 획일화
③ 사이버 범죄 ④ 윤리적 소비

07 다음에서 설명하는 지역 조사 활동 단계로 가장 적절한 것은?

> • '전통 시장의 활성화 방안'을 조사 주제로 선정함.
> • '○○ 시장'을 조사 지역으로 선정함.
> • 조사 주제에 적합한 조사 내용을 계획함.

① 조사 계획의 수립
② 지역 정보의 수집
③ 지역 정보의 분석
④ 보고서 작성

08 다음에서 설명하는 기본권은?

> • 의미 : 모든 사회 구성원이 최소한의 인간다운 생활 보장을 국가에 적극적으로 요구할 수 있는 권리
> • 특징 : 독일 바이마르 헌법(1919)에 처음으로 명시됨.

① 사회권 ② 자유권
③ 참정권 ④ 평등권

09 다음 중 ㉠에 들어갈 내용으로 옳은 것은?

> (㉠)은/는 헌법에 보장된 국민의 기본권을 국가 기관이 부당하게 침해하는지의 여부를 헌법 재판소에서 심판하는 것이다.

① 권력 분립 ② 민사 재판
③ 시장 경제 ④ 헌법 소원 심판

10 다음 사례에 해당하는 것은?

> 1930년 영국은 식민지인 인도에 영국산 소금 수입을 강제하는 「소금법」을 시행하였다. 간디는 「소금법」 폐지 요구가 거부되자 이 법에 불복하는 시민들과 함께 평화 행진을 시작하였다. 경찰의 무력 진압에도 그들의 행진은 멈추지 않았다.

① 뉴딜 정책 ② 석유 파동
③ 주민 소환 ④ 시민 불복종

11 다음 중 ㉠에 들어갈 국제 문제로 가장 적절한 것은?

> ■ 세계 기아 지수로 확인하는 (㉠) ■
> 아프리카 중남부 대부분 지역의 기아 지수는 '심각' 혹은 '위험' 단계에 해당한다. 이 지역 주민들은 지속된 가뭄과 내전으로 인해 식량난과 영양실조를 겪고 있다.

① 빈곤 ② 고령화
③ 성차별 ④ 종교 박해

12 다음 중 ㉠에 들어갈 내용으로 옳은 것은?

> • (㉠)은 어떤 것을 선택함으로써 포기한 것들 가운데 가장 가치 있는 것을 의미한다.
> • 갑은 여행을 갈지 아르바이트를 할지 고민이다. 만일 여행을 선택한다면 이때의 (㉠)은 아르바이트로 얻을 수 있는 것의 가치에 해당한다.

① 고정 비용 ② 기회비용
③ 매몰 비용 ④ 평균 비용

13 다음 중 ㉠에 들어갈 내용으로 가장 적절한 것은?

> (㉠)은/는 경제학자 슘페터(Schumpeter, J. A.)가 강조한 개념이다. 경영자가 이윤 창출을 위해 위험과 불확실성을 무릅쓰고 모험적이며 창의적인 정신을 발휘하는 것을 의미한다.

① 무임승차 ② 인플레이션
③ 기업가 정신 ④ 소비자 주권

14 다음에서 설명하는 국제기구는?

> • 목적 : 세계 무역 장벽을 제거하기 위해 설립됨.
> • 주요 활동 : 국제 거래 규칙을 정하고 국가 간 무역 분쟁을 조정함.
> • 영향 : 자유 무역의 확산에 기여함.

① 유네스코(UNESCO)
② 국제 사면 위원회(AI)
③ 세계 보건 기구(WHO)
④ 세계 무역 기구(WTO)

15 다음에서 설명하는 것으로 가장 적절한 것은?

> 정부나 기업 등이 미래에 일정한 이자를 지급할 것을 약속하고 투자자로부터 돈을 빌린 후 제공하는 증서를 의미하며, 이자 수익을 기대할 수 있다.

① 세금 ② 연금
③ 주식 ④ 채권

16 다음에서 설명하는 사회 보장 제도는?

> 국가가 국민의 사회적 위험을 사전에 대비하고자 마련한 제도로, 국민 연금과 국민 건강 보험 등이 대표적이다.

① 공공 부조 ② 사회 보험
③ 의료 급여 ④ 사회 서비스

17 다음 중 ㉠에 해당하는 지역으로 옳은 것은?

> 이슬람교에서는 술과 돼지고기를 금기시하며, 이슬람교 신자들은 하루에 다섯 번씩 이슬람교의 성지인 (㉠)을/를 향해 기도한다.

① 로마 ② 메카
③ 갠지스강 ④ 부다가야

18 다음 설명에 해당하는 문화권을 지도의 A~D에서 고른 것은?

> 리오그란데강 북쪽 지역으로, 미국과 캐나다가 이에 해당한다. 북서부 유럽 문화의 영향을 많이 받아 주로 영어를 사용하고 크리스트교의 비율이 높은 편이다.

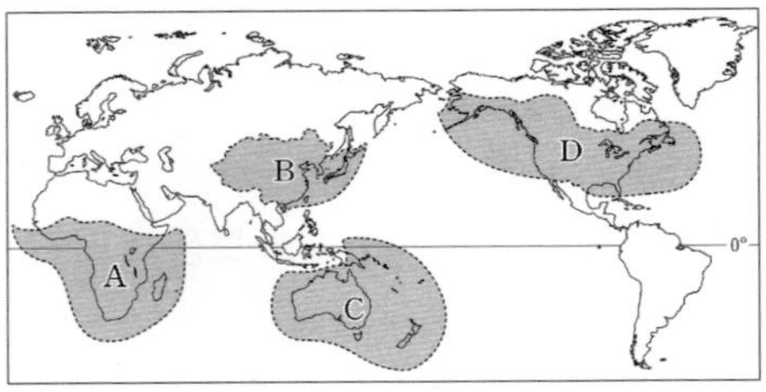

① A ② B
③ C ④ D

19 다음 ㉠, ㉡에 들어갈 내용으로 옳은 것은?

> ■ 문화 변동의 내재적 요인 ■
> • (㉠) : 존재하지 않았던 문화 요소를 만들어 냄.
> • (㉡) : 존재하고 있었지만 알려지지 않았던 것을 찾아냄.

	㉠	㉡
①	발견	발명
②	발명	발견
③	문화 병존	문화 동화
④	문화 융합	문화 병존

20 다음 중 ㉠에 들어갈 문화 이해 태도로 옳은 것은?

① 문화 사대주의 ② 문화 상대주의
③ 문화 제국주의 ④ 자문화 중심주의

21 다음에서 설명하는 것은?

> 다국적 기업의 본사와 국제 금융 기관 등이 집중된 세계적인 중심지로서 뉴욕, 런던, 도쿄 등이 대표적이다.

① 가상 공간 ② 생태 도시
③ 세계 도시 ④ 점이 지대

22 다음 내용에 해당하는 지역은?

> 러시아, 카자흐스탄, 투르크메니스탄, 이란, 아제르바이잔 등 5개 국가에 인접하고 있으며, 풍부하게 매장된 석유와 천연가스를 확보하기 위한 영유권 분쟁이 벌어지고 있다.

① 북극해 ② 카슈미르
③ 카스피해 ④ 팔레스타인

23 다음에서 설명하는 것은?

- 개인이나 민간단체를 회원으로 하는 국제 사회의 행위 주체에 해당함.
- 대표적인 예로 그린피스(Greenpeace), 국경 없는 의사회(MSF) 등이 있음.

① 국가 ② 기업
③ 국제 비정부 기구 ④ 정부 간 국제기구

24 다음 설명에 해당하는 인구 이동으로 가장 적절한 것은?

- 높은 임금과 풍부한 일자리를 얻기 위해 주로 개발 도상국에서 선진국으로 이동함.
- 소득 수준이 낮고 고용 기회가 적은 아프리카 사람들이 임금 수준이 높고 고용 기회가 많은 유럽으로 이동함.

① 경제적 이동 ② 기후적 이동
③ 정치적 이동 ④ 종교적 이동

25 다음 설명에 해당하는 자원은?

- 18세기 산업 혁명 시기에 증기 기관의 연료로 사용되었음.
- 오늘날 주로 제철 공업이나 화력 발전의 연료로 사용됨.

① 석유 ② 석탄
③ 원자력 ④ 천연가스

과 학

정답 및 해설 296p

01 다음 설명에 해당하는 발전 방식은?

> • 바람의 운동 에너지를 이용하여 전기 에너지를 생산한다.
> • 바람의 방향과 세기에 따라 전력 생산량이 일정하지 않다.

① 수력 발전　　② 조력 발전
③ 풍력 발전　　④ 태양광 발전

02 다음 설명에서 ㉠에 해당하는 것은?

> 코일 근처에서 자석을 움직이면 코일에 전류가 유도되는데 이러한 현상을 [㉠]라고 한다.

① 연료 전지　　② 태양 전지
③ 화학 전지　　④ 전자기 유도

03 다음 설명에서 ㉠, ㉡에 해당하는 것은?

> 고온 · 고압인 태양 중심부에서는 [㉠] 원자핵 4개가 융합하여 헬륨 원자핵 [㉡]개로 변환되는 수소 핵융합 반응이 일어난다.

	㉠	㉡		㉠	㉡
①	철	1	②	철	4
③	수소	1	④	수소	4

04 어떤 열기관이 고열원에서 100 J의 열에너지를 공급받아 외부에 20 J의 일을 하고 저열원으로 80 J의 열에너지를 방출한다. 이 열기관의 열효율(%)은?

① 20　　② 30
③ 40　　④ 50

05 그림은 두 물체 A, B가 마찰이 없는 수평면에서 각각 일정한 속도로 운동하는 모습을 나타낸 것이다. 운동량의 크기는 A가 B의 몇 배인가?

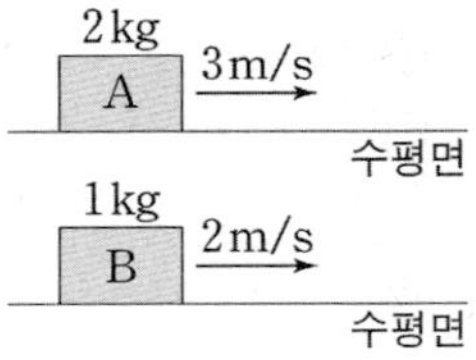

① 3
② 4
③ 5
④ 6

06 그림은 수소 분자의 형성 과정을 나타낸 것이다. 다음 중 수소 분자와 같이 공유 결합으로 형성된 것은?

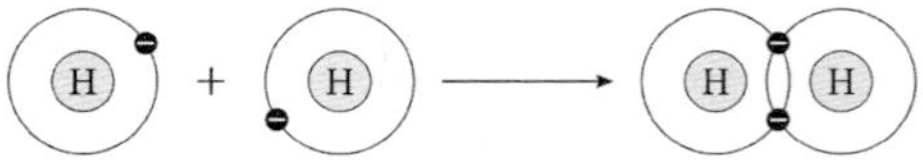

① 물(H_2O)
② 염화 칼슘($CaCl_2$)
③ 염화 나트륨(NaCl)
④ 산화 마그네슘(MgO)

07 그림은 수평 방향으로 던진 공의 위치를 일정한 시간 간격으로 나타낸 것이다. 공의 운동에 대한 설명으로 옳은 것만을 <보기>에서 모두 고른 것은? (단, 중력 가속도는 9.8 ㎨이고, 공기 저항은 무시한다.)

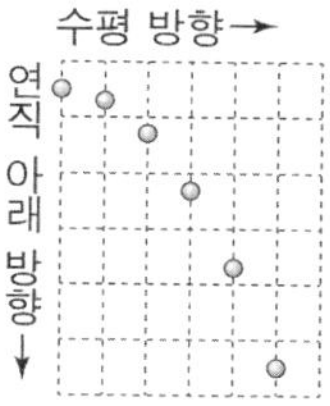

〈보기〉

ㄱ. 수평 방향의 속력은 일정하다.
ㄴ. 연직 방향의 속력은 일정하다.
ㄷ. 연직 아래 방향으로 중력이 작용한다.

① ㄱ　② ㄴ　③ ㄱ, ㄷ　④ ㄴ, ㄷ

08 그림은 염소 원자(Cl)의 전자 배치를 나타낸 것이다. 이에 대한 설명으로 옳은 것만을 〈보기〉에서 모두 고른 것은?

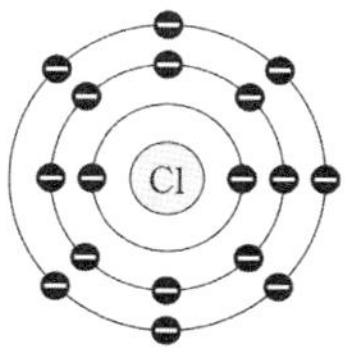

〈보기〉

ㄱ. 금속 원소이다.
ㄴ. 3주기 원소이다.
ㄷ. 원자가 전자는 7개이다.

① ㄱ　② ㄴ　③ ㄱ, ㄷ　④ ㄴ, ㄷ

09 다음 반응에서 산소를 얻어 산화되는 반응 물질은?

Fe_2O_3	+	$3CO$	→	$2Fe$	+	$3CO_2$
산화 철(Ⅲ)		일산화 탄소		철		이산화 탄소

① Fe_2O_3　② CO　③ Fe　④ CO_2

10 수산화 나트륨($NaOH$)과 수산화 칼슘($Ca(OH)_2$) 수용액은 모두 염기성이다. 염기성을 띠게 하는 이온은?

① 수소 이온(H^+)　② 칼슘 이온(Ca^{2+})　③ 나트륨 이온(Na^+)　④ 수산화 이온(OH^-)

11 다음 설명에서 ㉠에 해당하는 것은?

수산화 칼륨(KOH) 수용액과 [㉠] 수용액을 혼합 했더니 중화 반응이 일어났다.

① HCl　② $NaOH$　③ $Ca(OH)_2$　④ $Mg(OH)_2$

12 그림은 탄소 나노 튜브를 나타낸 것이다. 이에 대한 설명으로 옳은 것은?

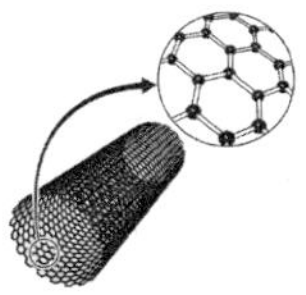

① 열전도성이 없다.
② 산소 원자로 이루어져 있다.
③ 그래핀이 튜브 형태로 결합된 것이다.
④ 구성 원자들이 정사면체 구조를 이룬다.

13 그림은 DNA에서 RNA가 전사되는 과정을 나타낸 것이다. ㉠과 ㉡에 해당하는 염기는? (단, 돌연변이는 없다.)

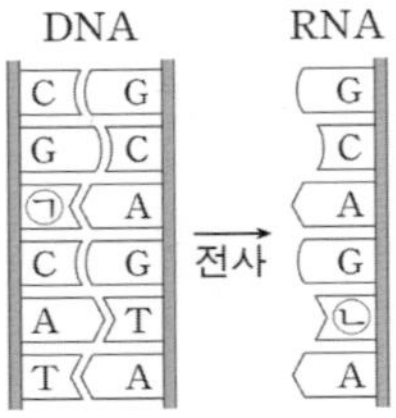

	㉠	㉡
①	T	A
②	T	U
③	U	A
④	U	G

14 DNA에 대한 설명으로 옳은 것만을 〈보기〉에서 모두 고른 것은?

〈보기〉
ㄱ. 이중 나선 구조이다.
ㄴ. 유전 정보를 저장한다.
ㄷ. 단위체는 아미노산이다.

① ㄱ ② ㄷ
③ ㄱ, ㄴ ④ ㄴ, ㄷ

15 그림은 세포막을 통한 물질의 이동을 나타낸 것이다. 이에 대한 설명으로 옳지 않은 것은?

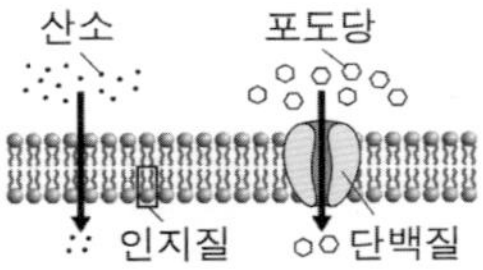

① 산소는 인지질 2중층을 통과한다.
② 산소가 이동하는 현상은 확산이다.
③ 포도당은 단백질을 통해 이동한다.
④ 포도당이 이동하는 현상은 삼투이다.

16 다음 설명에 해당하는 것은?

• 생명체 내에서 촉매 역할을 한다.
• 반응의 활성화 에너지를 낮추어 화학 반응이 빠르게 일어나도록 한다.

① 녹말 ② 효소
③ 포도당 ④ 셀룰로스

17 다음은 어느 생태계에 대한 설명이다. 이 생태계에서 소비자는?

숲에 빛이 들고 온도가 적절하여 참나무가 잘 자라면 다람쥐는 참나무의 열매를 먹고 산다.

① 빛 ② 온도
③ 참나무 ④ 다람쥐

18 그림은 어느 안정된 초원 생태계의 생태 피라미드를 나타낸 것이다. 이 생태 피라미드에서 개체 수가 가장 많은 단계는?

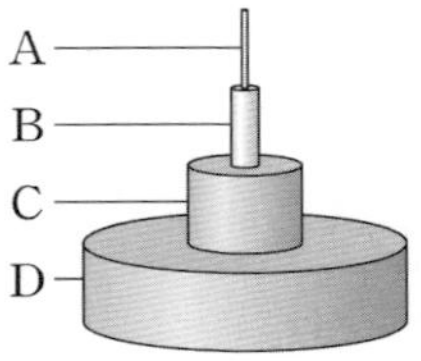

① A
② B
③ C
④ D

19 다음 현상을 일으키는 지구 시스템의 주된 에너지원은?

• 대기와 물이 순환한다.
• 다양한 날씨 변화가 일어난다.

① 조력 에너지 ② 태양 에너지
③ 바이오 에너지 ④ 지구 내부 에너지

20 다음 설명에 해당하는 지질 시대는?

> • 해양에서는 암모나이트가 번성하였다.
> • 공룡의 시대로 불릴 정도로 다양한 공룡이 번성하였다.

① 선캄브리아 시대　② 고생대
③ 중생대　④ 신생대

21 그림은 지권의 층상 구조를 나타낸 것이다. A~D는 각각 지각, 맨틀, 외핵, 내핵 중 하나이다. 이에 대한 설명으로 옳은 것은?

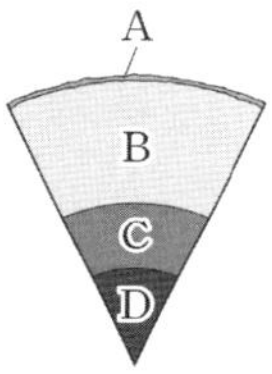

① A는 지각이다.
② B는 대부분 액체 상태이다.
③ C는 지권 전체 부피의 대부분을 차지한다.
④ D의 대류에 의해 판이 이동한다.

22 다음 설명에서 ㉠에 해당하는 것은?

> 수권의 해수는 수온의 연직 분포에 따라 몇 개의 층으로 구분된다. [㉠]에서는 해수가 바람에 의해 잘 혼합되어 깊이에 따른 수온 변화가 거의 없다.

① 오존층　② 혼합층
③ 수온 약층　④ 심해층

23 다음 설명에 해당하는 지형은?

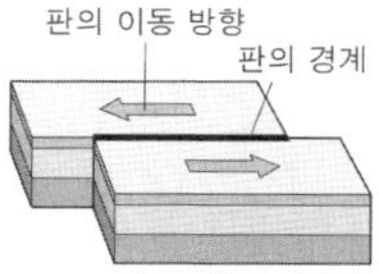

> • 보존형 경계에서 발달한다.
> • 산안드레아스 단층이 대표적인 예이다.

① 해구　② 해령
③ 변환 단층　④ 습곡 산맥

24 그림은 지질 시대 동안 생물 과의 수 변화와 대멸종 시기를 나타낸 것이다. A~D 중 지구 역사상 가장 큰 규모의 멸종이 일어난 시기는?

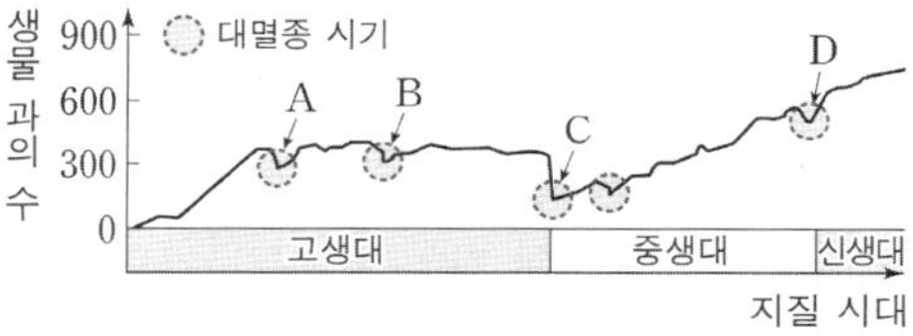

① A　② B
③ C　④ D

25 다음 설명에서 ㉠, ㉡에 해당하는 현상은?

> • [㉠]는 자연적인 원인과 인위적인 원인에 의해 건조한 기후가 장기간 지속되면서 토지가 황폐해지는 현상이다.
> • [㉡]는 무역풍이 약해지면서 적도 부근 동태평양의 표층 수온이 평상시보다 높은 상태가 지속되는 현상이다.

	㉠	㉡
①	장마	황사
②	사막화	장마
③	엘니뇨	황사
④	사막화	엘니뇨

제6교시

한국사

정답 및 해설 299p

01 다음 중 ㉠에 들어갈 유물로 옳은 것은?

〈○○○ 시대의 생활〉
- 생활 모습
  - 농경과 목축의 시작
  - 정착 생활
- 대표 유물 : 가락바퀴, ㉠

① 상감 청자 ② 호우명 그릇
③ 빗살무늬 토기 ④ 불국사 3층 석탑

02 다음 설명에 해당하는 책은?

- 일연이 민간에서 전승되는 자료를 수집하여 지은 책이다.
- 단군 신화, 전설, 향가, 불교 관련 내용 등이 수록되어 있다.

① 동의보감 ② 목민심서
③ 삼국유사 ④ 조선책략

03 다음 중 ㉠에 들어갈 사건으로 옳은 것은?

〈고대 국가의 발전 과정〉

시기	4세기	5세기	6세기
국가	백제	고구려	신라
역사적 사건	근초고왕이 마한을 복속하였다.	㉠	진흥왕이 한강 유역을 차지하였다.

① 광해군이 대동법을 시행하였다.
② 장수왕이 평양으로 천도하였다.
③ 정조가 탕평 정책을 실시하였다.
④ 공민왕이 반원 정책을 추진하였다.

04 다음 설명에 해당하는 제도는?

군포는 농민에게 큰 부담이었다. 조선 영조는 농민이 부담하는 군포를 1필로 줄여 주었고, 부족한 재정 수입은 결작, 선무군관포 등을 내게 하여 보충하였다.

① 균역법 ② 삼림령
③ 합영법 ④ 신문지법

05 고려 광종의 정책으로 옳은 것을 〈보기〉에서 고른 것은?

〈보기〉
ㄱ. 과거제 시행 ㄴ. 척화비 건립
ㄷ. 훈민정음 창제 ㄹ. 노비안검법 실시

① ㄱ, ㄴ ② ㄱ, ㄹ
③ ㄴ, ㄷ ④ ㄷ, ㄹ

06 다음 설명에 해당하는 인물은?

한국사 인물 카드

〈주요 활동〉
- 불교 대중화에 힘씀.
- 화쟁 사상을 주장함.
- 『대승기신론소』를 저술함.

① 김구 ② 원효
③ 김옥균 ④ 전태일

07 다음 설명에 해당하는 사건은?

> • 배경 : 1905년 제2차 한 · 일 협약 체결로 대한 제국의 외교권이 박탈됨.
> • 특징 : 유생뿐만 아니라 평민 출신 의병장도 활약함.

① 을사의병
② 아관 파천
③ 새마을 운동
④ 김흠돌의 난

08 다음 중 ㉠에 들어갈 사건으로 옳은 것은?

> **답사 계획서**
> • 주제 : [㉠]의 흔적을 따라가 보는 여행
> • 답사 장소 및 역사적 사건
> – 한산도 : 이순신의 한산도 대첩
> – 진주 : 김시민의 진주 대첩

① 을미사변
② 임진왜란
③ 살수 대첩
④ 청산리 전투

09 다음 설명에 해당하는 사건은?

> • 1866년에 흥선 대원군의 천주교 박해를 구실로 프랑스 군대가 강화도를 침입함.
> • 양헌수가 이끄는 조선군이 정족산성에서 프랑스군을 물리침.

① 병인양요
② 정읍 발언
③ 만적의 난
④ 매소성 전투

10 다음 중 ㉠에 들어갈 내용으로 옳은 것은?

> 한국사 신문 0000년 00월 00일
> **통리기무아문에서 개화 정책을 추진하다!**
> 강화도 조약 체결 이후 정부는 개화 업무를 총괄한 기구로 통리기무아문을 설치하여 개화 정책을 추진하였는데, 국방력 강화를 위해서 [㉠]

① 동북 9성을 쌓았다.
② 경복궁을 중건하였다.
③ 강동 6주를 설치하였다.
④ 신식 군대인 별기군을 창설하였다.

11 다음 내용에 해당하는 사건은?

> 농민군이 황토현과 황룡촌 전투에서 승리하고 전주성을 점령하자 정부는 농민군과 전주 화약을 체결하였다. 이후 농민군은 전라도 50여 개 군현에 집강소를 설치하여 각종 개혁을 실천하였다.

① 나 · 당 전쟁
② 한 · 일 협정
③ 동학 농민 운동
④ 광주 학생 항일 운동

12 다음 중 ㉠에 들어갈 내용으로 옳은 것은?

> **〈 1910년대 일제의 식민 통치 〉**
> - 헌병 경찰제 시행
> - 토지 조사 사업 실시
> - [㉠] 공포

① 영정법 ② 호포제
③ 회사령 ④ 유신 헌법

13 다음 중 ㉠에 들어갈 운동으로 옳은 것은?

이 조형물은 1907년에 대구에서 시작된 [㉠]을 기념하는 것이다. [㉠]은 국민들이 성금을 모아 대한 제국의 국채 1,300만원을 갚고 국권을 회복하자는 운동이다.

① 형평 운동　② 브나로드 운동
③ 백제 부흥 운동　④ 국채 보상 운동

14 다음 중 ㉠에 들어갈 사건으로 옳은 것은?

1928년 라이징 선 석유 회사에서 일본인 감독이 한국인 노동자를 구타한 사건이 계기가 되어, 1929년 [㉠]이 일어났다. 국내는 물론이고 국외 노동 단체까지 지지를 보내왔지만 일제의 탄압으로 실패하였다.

① 광무개혁　② 귀주 대첩
③ 원산 총파업　④ 위화도 회군

15 다음 질문에 대한 답으로 옳은 것은?

1896년 서재필이 정부의 지원을 받아 창간한 것입니다. 한글판과 영문판으로 발행하여 국민을 계몽하고 국내 사정을 외국인에게도 알리려고 하였습니다. 이것은 무엇일까요?

① 독립신문　② 경국대전
③ 삼국사기　④ 독서삼품과

16 다음 중 밑줄 친 '이 운동'에 해당하는 것은?

1920년 평양에서 조만식 등의 주도로 시작되어, 전국으로 확산되었다. 이 운동은 '내 살림 내 것으로', '조선 사람 조선 것' 등의 구호를 앞세우며 민족 산업의 보호와 육성을 위해 토산품 애용, 근검저축 등을 주장하였다.

① 교조 신원 운동　② 물산 장려 운동
③ 6 · 10 만세 운동　④ 고구려 부흥 운동

17 다음 중 ㉠에 들어갈 내용으로 옳은 것은?

한국사 묻고 답하기

학생 질문　3 · 1운동을 계기로 일어난 변화에 대해 알려 주세요.

교사 답변　일제의 통치 방식이 '문화 통치'로 바뀌게 되었습니다.

교사 답변　[㉠]

① 비변사의 기능이 확대되었습니다.
② 대한민국 임시 정부가 수립되었습니다.
③ 도병마사가 도평의사사로 개편되었습니다.
④ 관료전이 지급되고 녹읍이 폐지되었습니다.

18 다음 중 ㉠에 들어갈 법으로 옳은 것은?

중 · 일 전쟁을 일으킨 일제는 1938년에 전쟁 수행을 위하여 [㉠]을 제정하고 이를 한반도에도 적용하였다. 이후 일제는 이 법에 근거하여 국민 징용령 등 각종 통제 법령을 공포하고, 전시 동원 체제를 강화하였다.

① 과전법　② 진대법
③ 노비종모법　④ 국가 총동원법

19 다음 중 ㉠에 들어갈 지역으로 옳은 것은?

① 독도　　② 진도
③ 강화도　　④ 제주도

20 다음 중 ㉠에 들어갈 사건으로 옳은 것은?

> 학습 주제 : ㉠
> - 개최 시기 및 장소 : 1943년, 이집트
> - 참여국 : 미국, 영국, 중국
> - 목적 : 제2차 세계 대전 전후 처리 논의
> - 내용 : '적당한 시기'에 한국의 독립 약속

① 한성 조약　　② 화백 회의
③ 카이로 회담　　④ 남북 적십자 회담

21 다음 설명에 해당하는 전쟁은?

> 1950년 북한군이 남침을 감행하였고 낙동강 일대까지 진출하였다. 이에 맥아더 유엔군 총사령관은 인천 상륙 작전을 감행하여 전세를 역전시켰다. 이후 1 · 4 후퇴를 거쳐 38도선 일대에서 공방전이 지속되다가 1953년 정전 협정이 체결되었다.

① 신미양요　　② 정묘호란
③ 6 · 25 전쟁　　④ 봉오동 전투

22 다음 중 ㉠에 들어갈 내용으로 옳은 것은?

> 〈반민족 행위자 처벌을 위한 노력〉
> 제헌 국회는 반민족 행위 처벌법을 제정하고, 이를 근거로 반민족 행위 특별 조사 위원회(반민 특위)를 조직하였다. 반민 특위는 1949년 1월부터 각종 자료, 증언 등을 바탕으로 ㉠

① 국자감을 설치하였다.
② 친일파를 검거하였다.
③ 현량과를 실시하였다.
④ 조선 의용대를 조직하였다.

23 다음 설명에 해당하는 것은?

> 박정희 정부는 1967년부터 1971년까지 기간 산업을 육성하여 산업 구조를 개편하고 사회 간접 자본의 확충에 주력하였다. 이 시기에 경부 고속 도로가 개통되었고 포항 제철을 짓기 시작하였으며 경제가 급속히 성장하였다.

① 만민 공동회
② 산미 증식 계획
③ 제1차 미 · 소 공동 위원회
④ 제2차 경제 개발 3개년 계획

24 다음 설명에 해당하는 사건은?

> 1980년 신군부의 계엄령 확대와 휴교령에 반대하여 광주에서 시위가 일어났다. 광주의 학생과 시민들은 '광주 시민 궐기문'을 발표하고 격렬하게 저항하였다.

① 예송 논쟁　　② 기벌포 전투
③ 홍경래의 난　　④ 5 · 18 민주화 운동

25 다음 중 ㉠에 들어갈 정부로 옳은 것은?

① 장면 정부　　② 김대중 정부
③ 이명박 정부　　④ 이승만 정부

제7교시 선택 과목

도 덕

정답 및 해설 303p

01 다음의 문제를 다루는 실천 윤리 분야로 가장 적절한 것은?

- 사생활 침해
- 사이버 폭력
- 저작권 침해
- 해킹과 바이러스 유포

① 정보 윤리 ② 생명 윤리
③ 평화 윤리 ④ 환경 윤리

02 다음 퀴즈에 대한 정답으로 옳은 것은?

대승 불교가 제시한 이상적 인간으로, 위로는 진리를 구하고 아래로는 중생을 구제하여 자비를 실천하는 사람을 일컫는 말은 무엇일까요?

① 군자 ② 보살
③ 진인 ④ 대장부

03 ㉠에 들어갈 용어로 가장 적절한 것은?

주제 : (㉠) 윤리학
- 특징 : 도덕 언어의 논리적 타당성과 의미 분석을 주된 목표로 함.
- 주요 물음 : '좋음'과 '옳음'이라는 용어의 의미는 무엇인가? 도덕 판단을 어떻게 논리적으로 정당화할 수 있는가?

① 기술 ② 규범
③ 메타 ④ 신경

04 유교 사상의 특징으로 옳은 것을 〈보기〉에서 고른 것은?

〈보기〉
ㄱ. 좌망, 심재의 수양 방법을 강조한다.
ㄴ. 대동 사회를 이상 사회로 제시한다.
ㄷ. 누구나 불성(佛性)을 지니고 태어난다고 본다.
ㄹ. 성인(聖人), 군자를 이상적 인간상으로 제시한다.

① ㄱ, ㄴ ② ㄱ, ㄷ
③ ㄴ, ㄹ ④ ㄷ, ㄹ

05 다음에서 소개하는 윤리 사상가는?

◈ 도덕 인물 카드 ◈

- 의무론을 대표하는 윤리 사상가
- 도덕 법칙은 정언 명령의 형식으로 제시된다고 주장함.
- 선의지에서 비롯된 행위만이 도덕적 가치를 지닌다고 봄.

① 밀 ② 칸트
③ 홉스 ④ 테일러

06 교사의 질문에 적절하지 <u>않은</u> 대답을 한 학생은?

교사: 평화 통일을 위한 노력에 어떤 것이 있을까요?
학생 1: 남북한의 교류 · 협력을 활성화해야 합니다.
학생 2: 남북한이 상호 존중의 태도를 지녀야 합니다.
학생 3: 군사적 안보를 포기하고 남북한 대화를 단절해야 합니다.
학생 4: 사회적 · 문화적 편견을 해소하기 위해 노력해야 합니다.

① 학생 1 ② 학생 2
③ 학생 3 ④ 학생 4

07 다음 설명에 해당하는 노직(Nozick, R.)의 정의의 원칙은?

> 취득 및 양도의 과정에서 부정의로 인해 현재의 소유 상태가 발생하였다면 바로잡아야 한다.

① 교정의 원칙　② 이전의 원칙
③ 자유의 원칙　④ 차등의 원칙

08 (가)에 들어갈 용어로 가장 적절한 것은?

(가)
- 돌봄, 공감, 책임, 타인과의 관계 등을 중시
- 상황과 특수성을 고려한 윤리적 판단 강조
- 대표 인물 : 길리건(Gilligan, C.), 나딩스(Noddings, N.)

① 의무론　② 덕 윤리
③ 공리주의　④ 배려 윤리

09 시민 불복종의 정당화 조건을 〈보기〉에서 고른 것은?

〈보기〉

ㄱ. 공개적으로 해야 한다.
ㄴ. 최후의 수단이어야 한다.
ㄷ. 법 체계 전체에 항거해야 한다.
ㄹ. 사적 이익 추구만을 목적으로 해야 한다.

① ㄱ, ㄴ　② ㄱ, ㄷ
③ ㄴ, ㄹ　④ ㄷ, ㄹ

10 다음 설명에 해당하는 자연관으로 가장 적절한 것은?

> • 특징 : 모든 생명체가 도덕적 지위를 지닌다는 입장
> • 사상가 : 슈바이처(Schweitzer, A.), 테일러(Taylor, P.) 등
> • 한계점 : 생태계 전체를 도덕적으로 고려하지 못함.

① 인간 중심주의
② 동물 중심주의
③ 생명 중심주의
④ 생태 중심주의

11 (가), (나)에 들어갈 내용으로 적절하지 <u>않은</u> 것은?

토론 주제: 뇌사를 죽음으로 인정해야 한다.

<u>찬성 입장</u>	<u>반대 입장</u>
(가)	(나)
⋮	⋮

① (가) : 의료 자원을 효율적으로 사용할 수 있다.
② (가) : 다른 환자의 생명을 구하거나 질병을 치료할 수 있다.
③ (나) : 뇌사 판정의 오류로 인해 인간 존엄성이 훼손될 수 있다.
④ (나) : 장기적인 연명 치료로 인한 가족의 부담을 줄일 수 있다.

12 다음 설명에 해당하는 용어는?

> 성 자체를 매매하거나 소비 욕구를 자극하는 데 이용하는 등 성을 상업적 수단으로 취급하는 행위

① 성교육 ② 성 역할
③ 양성평등 ④ 성 상품화

13 ㉠에 들어갈 용어로 가장 적절한 것은?

> 레건(Regan, T.)에 따르면, 일부 동물은 자신의 삶을 영위할 수 있는 능력, 즉 믿음, 욕구, 자각 등을 가진 (㉠)이므로 인간처럼 본래적 가치를 지닌다.

① 삶의 주체 ② 기계적 존재
③ 수단적 존재 ④ 이성적 주체

14 공리주의 사상가인 벤담(Bentham, J.)의 입장에서 A, B에 들어갈 대답으로 옳게 짝 지어진 것은?

질문	대답
• 모든 쾌락은 양적으로 계산할 수 있는가?	A
• 최대 다수의 최대 행복의 원리를 따라야 하는가?	B

	A	B
①	예	예
②	예	아니요
③	아니요	예
④	아니요	아니요

15 다음 평가지에서 학생이 작성한 답안의 채점 결과로 ㉠에 들어갈 점수는?

하버마스의 '담론 윤리'에 대한 질문에 답하시오. (각 1점)

질문	학생 답
• 자유로운 비판을 허용해야 하는가?	예
• 대화에의 참여는 평등해야 하는가?	아니요
• 의사소통의 과정은 합리적이어야 하는가?	예
채점 결과: (㉠)점	

① 0 ② 1
③ 2 ④ 3

16 다음 중 윤리적 성찰이 필요한 이유로 적절하지 않은 것은?

① 올바른 가치관과 인격을 형성하기 위해서이다.
② 자신의 잘못을 반성하고 되풀이하지 않기 위해서이다.
③ 유행이나 사회적 분위기에 동조하며 살기 위해서이다.
④ 더 나은 삶을 위해 삶의 의미를 재정립하기 위해서이다.

17 표에서 죽음에 대한 장자의 관점으로 옳은 것만을 모두 '✔' 표시한 학생은?

관점 \ 학생	A	B	C	D
• 자신이 쌓은 업에 따라 윤회하는 과정이다.	✔		✔	
• 사계절의 운행과 같은 자연스러운 과정이다.		✔		✔
• 영원불변한 이데아의 세계로 들어가는 과정이다.			✔	✔

① A ② B
③ C ④ D

18 국제 관계를 바라보는 (가), (나)의 관점이 옳게 짝 지어진 것은?

> (가) : 국가는 자국의 이익을 추구하고 국제 관계는 국가 간 힘의 논리에 따라 움직인다.
> (나) : 국제법이나 국제 규범으로 제도를 개선하여 국제 평화를 실현할 수 있다.

	(가)	(나)
①	현실주의	자본주의
②	사회주의	이상주의
③	사회주의	자본주의
④	현실주의	이상주의

19 다음 설명에 해당하는 용어는?

> 다양한 채소와 과일이 그 특성을 유지하며 저마다의 맛을 내듯이 다양한 문화가 대등하게 조화를 이루어야 한다.

① 동화주의 ② 샐러드 볼 모형
③ 국수 대접 모형 ④ 자문화 중심주의

20 ㉠에 들어갈 내용으로 가장 적절한 것은?

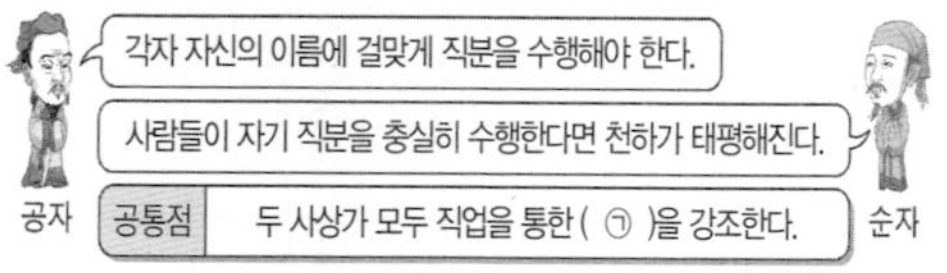

① 무위자연 ② 역성혁명
③ 민주주의 실현 ④ 사회적 역할 분담

21 다음 중 사회 갈등 해결을 위한 자세로 적절하지 <u>않은</u> 것은?

① 갈등은 나쁜 것이므로 무조건 회피한다.
② 다양성의 가치를 존중하고 대화에 임한다.
③ 상호 소통을 할 수 있는 합리적 절차를 중시한다.
④ 다른 것을 틀린 것으로 인식하는 태도에서 벗어난다.

22 다음 설명에 해당하는 사상가는?

> 사회 계약에 기초하여 살인자를 정당한 사회 구성원이 아니라고 간주하고, 사회 방위론의 입장에서 사형제를 찬성함.

① 갈퉁 ② 루소
③ 요나스 ④ 베카리아

23 ㉠에 들어갈 내용으로 가장 적절한 것은?

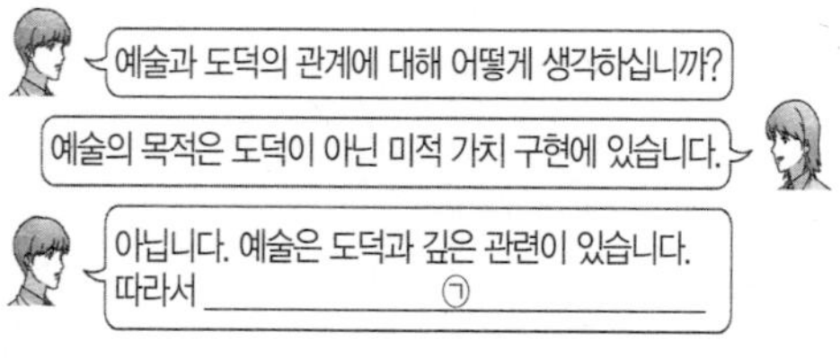

① 예술은 윤리적 평가에서 자유로워야 합니다.
② 예술은 올바른 품성 함양에 도움이 되어야 합니다.
③ 예술에 대한 어떠한 규제와 간섭도 반대해야 합니다.
④ 예술이 반드시 사회적 모순을 지적할 필요는 없습니다.

24 다음 설명에 해당하는 개념은?

> 소비자가 도덕적 신념과 가치 판단에 따라 환경, 인권 등 각종 사회 문제에 접근하여 상품을 소비하는 행위

① 과시적 소비
② 충동적 소비
③ 윤리적 소비
④ 합리적 소비

25 다음은 서술형 평가 문제와 학생 답안이다. 밑줄 친 ㉠~㉣ 중 옳지 않은 것은?

> 문제: 현대 환경 문제의 특징을 서술하시오.
>
> 〈학생 답안〉
> 오늘날 환경 문제는 ㉠ 국경을 초월하는 전 지구적 문제이다. 따라서 ㉡ 책임 소재를 명확히 가리기 어려운 측면이 있으며, ㉢ 인류의 생존을 위협하기도 한다. 그러나 ㉣ 모든 환경 문제는 일시적으로 발생하기 때문에 쉽게 회복이 가능하다.

① ㉠
② ㉡
③ ㉢
④ ㉣

2024년도

제1회

제1교시 국 어

제2교시 수 학

제3교시 영 어

제4교시 사 회

제5교시 과 학

제6교시 한국사

제7교시 도 덕

제1교시

국 어

정답 및 해설 308p

01 ㉠에 들어갈 내용으로 가장 적절한 것은?

언어적 표현		비언어적 표현		의미
힘내! 할 수 있을 거야!	+	등을 토닥이며	⇨	격려 표현
그렇군요. 저도 그렇게 생각해요.	+	㉠	⇨	동의 표현

① 고개를 끄덕이며
② 무섭게 인상 쓰며
③ 양손을 내저으며
④ 차갑게 등을 돌리며

02 다음 대화에서 직원의 말하기에 나타난 문제점으로 적절한 것은?

손님 : 두 명 자리 있나요?
직원 : 죄송합니다. 30분 정도 웨이팅하셔야 해요. 오늘 메뉴가 저희 셰프님 시그니처 메뉴라서요. 괜찮으시면 왼쪽 웨이팅 룸으로 에스코트해 드릴까요?

① 외국어를 지나치게 많이 사용했다.
② 이해하기 어려운 줄임말을 사용했다.
③ 기분을 상하게 하는 비속어를 사용했다.
④ 상황에 맞지 않는 관용 표현을 사용했다.

03 다음 '표준 발음법' 규정이 적용되지 않는 것은?

표준 발음법

[제23항] 받침 'ㄱ(ㄲ, ㅋ, ㄳ, ㄺ), ㄷ(ㅅ, ㅆ, ㅈ, ㅊ, ㅌ), ㅂ(ㅍ, ㄼ, ㄿ, ㅄ)' 뒤에 연결되는 'ㄱ, ㄷ, ㅂ, ㅅ, ㅈ'은 된소리로 발음한다.

① 굳다　② 낙지
③ 답사　④ 볶음

04 다음을 참고하여 예문의 밑줄 친 부분에 사용된 상대 높임을 바르게 연결한 것은?

말하는 이가 듣는 이를 높이거나 낮추어 표현하는 방식을 상대 높임법이라고 한다. 상대 높임법은 대체로 문장을 끝맺는 종결 어미로 높임을 실현한다. 종결 어미에는 격식체와 비격식체가 있으며 다음과 같이 나누어진다.

격식체	하십시오체 / 하오체 / 하게체 / 해라체
비격식체	해요체 / 해체

예문	상대 높임
① 할머니께서 진지를 <u>드셨어요</u>.	하십시오체
② 어머니께서도 공원에 <u>가신대</u>.	하오체
③ 선생님께 먼저 과일을 <u>드리시게</u>.	하게체
④ 아버지를 모시고 큰댁에 <u>다녀왔습니다</u>.	해요체

05 ㉠~㉣을 '한글 맞춤법'에 맞게 고친 것은?

> ㉠ 며칠 뒤에 공장 문이 ㉡ 닫힐 것이라는 소문이 ㉢ 금세 ㉣ 붉어져 나왔다.

① ㉠ : 몇일　　② ㉡ : 닺힐
③ ㉢ : 금새　　④ ㉣ : 불거져

[06~07] (나)는 (가)를 토대로 작성한 글이다. 물음에 답하시오.

> (가) 초대 글 개요
> Ⅰ. 서두 : ㉠ 계절을 소재로 글을 시작함.
> Ⅱ. 본문
> 　1. 축제 안내
> 　　가. ㉡ 축제 날짜 및 장소를 밝힘.
> 　　나. ㉢ 다채로운 행사가 준비되어 있음을 강조함.
> 　2. 초대의 말
> 　　가. 축제에 초대하는 내용을 정중하게 표현함.
> 　　나. ㉣ 방문객에게는 작은 기념품을 증정함을 알림.
> Ⅲ. 맺음말 : 축제에 참여하여 즐거운 시간을 보내기를 바라는 내용을 강조함.
>
> (나) 모시는 글
> 따사로운 햇볕이 반가운 듯 나무들도 꽃망울을 터뜨리며 완연한 봄이 되었음을 알립니다. 더불어 설레는 마음으로 시작했던 새 학기도 어느덧 한 달이 지났습니다.
> ○○고등학교는 개교 50주년을 맞이하였습니다. 이를 기념하기 위하여 공연과 전시, 체험 활동 등 다채로운 행사가 가득한 축제를 정성껏 준비하였습니다.
> 여러 가지 일로 바쁘시겠지만 학교 축제에 참석하셔서 자리를 빛내 주시기 바랍니다. 잠시나마 일상의 스트레스를 날려 버릴 수 있는 즐거운 시간을 보내실 수 있도록 노력하겠습니다. 참석하시는 분들께는 작은 기념품도 증정할 예정입니다.
> (　　　㉮　　　) 감사합니다.

06 (가)의 ㉠~㉣ 중 (나)에 반영되지 않은 것은?

① ㉠　　② ㉡
③ ㉢　　④ ㉣

07 ㉮에 들어갈 내용을 〈조건〉에 따라 작성한 것으로 가장 적절한 것은?

> 〈조건〉
> • 비유법을 활용할 것
> • 청유형 문장을 통해 참여를 촉구할 것

① 이번 축제가 우리 사이의 오작교가 되길 바랍니다.
② 이번 축제에서 친구와 행복한 추억을 만들어 봅시다.
③ 활짝 핀 봄꽃처럼 환한 미소가 가득한 축제를 함께 즐겨봅시다.
④ 봄바람이 꽃망울을 열 듯 여러분의 마음을 열 수 있는 축제를 만들겠습니다.

08 ㉠~㉣에 나타난 중세 국어의 특징으로 적절하지 않은 것은?

> [훈민정음 언해]
> ㉠나·랏:말ᄊᆞ·미中듕國·귁·에달·아文문字·ᄍᆞᆼ·와·로서르 ᄉᆞᄆᆞᆺ·디아·니ᄒᆞᆯ·ᄊᆡ·이런젼·ᄎᆞ·로어·린百·ᄇᆡᆨ姓·셩·이 ㉡니르·고·져·호ᇙ·배이·셔·도㉢ᄆᆞ·ᄎᆞᆷ:내제㉣·ᄠᅳ·들시·러펴·디:몯ᄒᆞᇙ·노·미하·니·라
>
> -『월인석보(月印釋譜)』-

① ㉠ : 'ㆍ(아래 아)'가 사용되었다.
② ㉡ : 두음 법칙을 지켜서 표기하였다.
③ ㉢ : 소리의 높낮이를 방점으로 표시하였다.
④ ㉣ : 이어 적기로 표기하였다.

[09～10] 다음 글을 읽고 물음에 답하시오.

이화(梨花)[1]에 월백(月白)하고 은한(銀漢)[2]이 삼경(三更)[3]인 제
일지[4]춘심(一枝春心)을 자규(子規)[5]야 알랴마는
다정(多情)도 병인 양하여 잠 못 들어 하노라.

– 이조년 –

1) 이화 : 배꽃. 2) 은한 : 은하수.
3) 삼경 : 밤 열한 시에서 새벽 한 시 사이.
4) 일지 : 하나의 나뭇가지. 5) 자규 : 두견새.

09 윗글에 대한 설명으로 적절하지 않은 것은?

① 4음보의 율격이 드러나고 있다.
② 후렴구가 반복적으로 나타나고 있다.
③ 색채 이미지를 사용하여 표현하고 있다.
④ 초장, 중장, 종장의 형태로 이루어져 있다.

10 윗글의 화자에 대한 설명으로 가장 적절한 것은?

① 봄밤에 느끼는 애상적인 정서를 드러내고 있다.
② 자신의 운명을 거부하려는 태도를 나타내고 있다.
③ 이상적인 세계를 동경하는 마음을 나타내고 있다.
④ 과거를 회상하며 후회하는 감정을 드러내고 있다.

[11～13] 다음 글을 읽고 물음에 답하시오.

이장은 민 씨를 흘기듯 노려보았다.
"왜, 농민보고 농민 궐기 대회[1] 꼭 나오라 캤는데, 뭐가 잘못됐나."
민 씨는 자신도 모르게 따지는 어조가 되었다.
"군 전체가 모두 모여도 몇 명 안 되었다면서요. 그런 자리에 황만근 씨가 꼭 가야 합니까. 아니, 황만근 씨만 가야 할 이유라도 있습니까. 따로 황만근 씨한테 부탁을 할 정도로."
"이 사람이 뭐라 카는 기라. 이장이 동민한테 농가 부채[2] 탕감[3] 촉구 전국 농민 총궐기 대회가 있다, 꼭 참석해서 우리의 입장을 밝히자 카는데 뭐가 잘못됐단 말이라."
"잘못이라는 게 아니고요, 다른 사람들은 다 돌아왔는데 왜 황만근 씨만 못 오고 있나 하는 겁니다."
"내가 아나. 읍에 가 보이 장날이더라고. 보나 마나 어데서 술 처먹고 주질러 앉았을 끼라. 백 리 길을 깅운기를 끌고 갔으이 시간도 마이 걸릴 끼고."
다른 사람들은 말이 없었고 민 씨와 이장만이 공을 주고받는 꼴이 되어 버렸다.
"글세, 그 자리에 꼭 황만근 씨만 경운기를 끌고 갔어야 했느냐 이 말입니다. 그것도 고장 난 경운기를."
"깅운기를 끌고 오라는 기 내 말이라? 투쟁 방침이 그렇다 카이. 깅운기도 그렇지, 고장은 무신 고장, ㉠ 만그이가 그걸 하루 이틀 몰았나. 남들이 못 몬다 뿌이지."
"그럼 이장님은 왜 경운기를 안 타고 가고 트럭을 타고 가셨나요. 이장님부터 솔선수범을 해야지 다른 동민들이 따라 할 텐데, 지금 거꾸로 되었잖습니까."
"내사 민사무소[4]에서 인원 점검하고 다른 이장들하고 의논도 해야 되고 울매나 ㉡ 바쁜 사람인데 깅운기를 타고 언제 가고 말고 자빠졌나. 다른 동네 이장들도 민소 앞에서 모이 가이고 트럭 타고 갔는 거를. 진짜로 깅운기를 끌고 갔으마 군 대회에는 늦어도 한참 늦었지. 군청에 갔는데 비가 와 가이고 온 사람도 및 없더마. 소리마 및 분 지르고 왔

지. 군청까지 깅운기를 타고 갈 수나 있던가. 국도에 차들이 미치괘이맨구로 쌩쌩 달리는데 받히만 우얘라고. 다른 동네서는 자가용으로 간 사람도 쌨어."

"그러니까 국도를 갈 때는 여러 사람이 한꺼번에 경운기를 여러 대 끌고 가자는 거였잖습니까. 시위도 하고 의지도 보여 준다면서요. 허허, 나 참."

"아침부터 바쁜 사람 불러내 놓더이, 사람 말을 알아듣도 못하고 엉뚱한 소리만 해 싸. 누구맨구로 반동가리가 났나."

기어이 민 씨는 버럭 소리를 지르고야 말았다.

"반편은 누가 반편입니까. 이장이니 지도자니 하는 사람들이 모여서 방침을 정했으면 그대로 해야지, 양복 입고 자가용 타고 간 사람은 오고, 방침대로 ㉢ 경운기 타고 간 사람은 오지도 않고, 이게 무슨 경우냐구요."

"이 자슥이 뉘 앞에서 눈까리를 똑바로 뜨고 소리를 빽빽 질러 쌓노. 도시에서 쫄딱 망해 가이고 귀농을 했시모 얌전하게 납작 엎드려 있어도 동네 사람 시키 줄까 말까 한데, 뭐라꼬? 내가 만그이 이미냐, 애비냐. ㉣ 나이 오십 다 된 기 어데를 가든동 오든동 지가 알아서 해야지, 목사리 끌고 따라다니까?"

– 성석제, 「황만근은 이렇게 말했다」 –

1) 궐기 대회 : 어떤 문제의 해결책을 촉구하기 위하여 뜻있는 사람들이 함께 일어나 행동하는 모임.
2) 부채 : 남에게 빚을 짐. 또는 그 빚.
3) 탕감 : 빚이나 요금, 세금 따위의 물어야 할 것을 덜어 줌.
4) 민사무소 : '면사무소'의 방언(경상).

11 윗글에 대한 설명으로 가장 적절한 것은?

① 대화를 통해 인물 간의 갈등을 드러내고 있다.
② 서술자가 직접 경험한 사실을 객관적으로 제시하고 있다.
③ 자연물에 인격을 부여하여 인물의 심리를 보여주고 있다.
④ 과거와 현재를 교차하며 인물의 성격 변화를 보여주고 있다.

12 윗글에서 알 수 있는 내용을 〈보기〉에서 골라 바르게 묶은 것은?

〈보기〉
ㄱ. 대규모 토지 거래가 활발하게 이루어졌다.
ㄴ. 도시에서 농촌으로 귀농하는 사람이 있었다.
ㄷ. 산업화로 인해 농촌의 상권이 급격히 발달하였다.
ㄹ. 농촌 사회의 부채 문제 때문에 궐기 대회가 열렸다.

① ㄱ, ㄴ　② ㄴ, ㄷ
③ ㄴ, ㄹ　④ ㄷ, ㄹ

13 ㉠~㉣ 중 지칭하는 대상이 나머지와 <u>다른</u> 것은?

① ㉠　② ㉡
③ ㉢　④ ㉣

[14~16] 다음 글을 읽고 물음에 답하시오.

"백탑(白塔)이 현신함을 아뢰옵니다."

태복은 정 진사의 마두[1]다. 산모롱이에 가려 백탑은 아직 보이지 않는다. 재빨리 말을 채찍질했다. 수십 걸음도 못 가서 모롱이를 막 벗어나자 눈앞이 어른어른하면서 갑자기 한 무더기의 검은 공들이 오르락내리락한다. 나는 오늘에야 알았다. 인생이란 본시 어디에도 의탁할 곳 없이 다만 하늘을 이고 땅을 밟은 채 떠도는 존재일 뿐이라는 사실을. 말을 세우고 사방을 돌아보다가, 나도 모르는 사이에 손을 들어 이마에 얹고 이렇게 외쳤다.

"훌륭한 울음터로다! 크게 한번 통곡할 만한 곳이로구나!"

정 진사가 묻는다.

“하늘과 땅 사이의 툭 트인 경계를 보고 별안간 통곡을 생각하시다니, 무슨 말씀이신지?”

“그렇지, 그렇고말고! 아니지, 아니고말고. 천고의 영웅은 울기를 잘했고, 천하의 미인은 눈물이 많았다네. 하지만 그들은 몇 줄기 소리 없는 눈물을 옷깃에 떨굴 정도였기에, 그들의 울음소리가 천지에 가득 차서 쇠나 돌에서 나오는 듯했다는 말은 들어 본 적이 없다네. 사람들은 다만 칠정(七情) 가운데서 오직 슬플 때만 우는 줄로 알 뿐, 칠정 모두가 울음을 자아낸다는 것은 모르지. 기쁨[喜]이 사무쳐도 울게 되고, 노여움[怒]이 사무쳐도 울게 되고, 즐거움[樂]이 사무쳐도 울게 되고, 사랑함[愛]이 사무쳐도 울게 되고, 욕심[欲]이 사무쳐도 울게 되는 것이야. 근심으로 답답한 걸 풀어 버리는 데에는 소리보다 더 효과가 빠른 게 없지. 울음이란 천지간에서 우레와도 같은 것일세.

㉮ <u>지극한 정(情)이 발현되어 나오는 것</u>이 저절로 이치에 딱 맞는다면 울음이나 웃음이나 무에 다르겠는가. ㉠ <u>사람의 감정이 이러한 극치를 겪지 못하다 보니</u> 교묘하게 칠정을 늘어놓고는 슬픔에다 울음을 짝지은 것일 뿐이야. 이 때문에 상을 당했을 때 ㉡ <u>처음엔 억지로 ‘아이고’ 따위의 소리를 울부짖지</u>. 그러면서 ㉢ <u>참된 칠정에서 우러나오는 지극한 소리는 억눌러 버리니</u> 그것이 저 천지 사이에 서리고 엉기어 꽉 뭉쳐 있게 되는 것일세. 일찍이 가생(賈生)[2]은 울 곳을 얻지 못하고, ㉣ <u>결국 참다 못해 별안간 선실(宣室)3)을 향하여 한마디 길게 울부짖었다네</u>. 그러니 이를 듣는 사람들이 어찌 놀라고 괴이하게 여기지 않았겠는가.”

– 박지원, 「아, 참 좋은 울음터로구나!」 –

1) 마두(馬頭) : 역마(驛馬)에 관한 일을 맡아보던 사람.
2) 가생 : 가의(賈誼). 한나라 문제에게 등용되었으나 뜻을 이루지 못하고 쫓겨났다. 장사왕과 양왕의 대부로 있으면서 당시 정치적 폐단에 대한 상소문을 올린 것으로 유명하다.
3) 선실 : 임금이 제사 지내기 위해 목욕재계를 하는 곳.

14 윗글에 대한 설명으로 적절하지 <u>않은</u> 것은?

① 특정 행동에 대한 통념을 반박하고 있다.
② 특정 행동과 관련한 내용을 나열하여 설명하고 있다.
③ 특정 장소에서 글쓴이가 깨달은 바를 드러내고 있다.
④ 특정 계절에 대한 글쓴이의 인식 변화를 보여주고 있다.

15 ㉠~㉣ 중 ㉮의 의미와 가장 유사한 것은?

① ㉠　② ㉡
③ ㉢　④ ㉣

16 윗글에 드러난 글쓴이의 생각으로 가장 적절한 것은?

① 근심을 풀기 위해 울수록 근심은 더 커진다.
② 인간의 칠정이 사무치면 울음과 연결될 수 있다.
③ 웃음과 울음은 원인이 되는 감정이 같을 수 없다.
④ 감정의 극치를 경험한 사람은 울음을 참아낼 수 있다.

[17～19] 다음 글을 읽고 물음에 답하시오.

[A]
내가 ㉠ 그의 이름을 불러 주기 전에는
그는 다만
하나의 ㉡ 몸짓에 지나지 않았다.

내가 그의 이름을 ㉢ 불러 주었을 때
그는 나에게로 와서
㉣ 꽃이 되었다.

내가 그의 이름을 불러 준 것처럼
나의 이 빛깔과 향기에 알맞은
누가 나의 이름을 불러다오.
그에게로 가서 나도
그의 꽃이 되고 싶다.

우리들은 모두
무엇이 되고 싶다.
너는 나에게 나는 너에게
잊혀지지 않는 하나의 눈짓이 되고 싶다.

– 김춘수, 「꽃」 –

17 윗글의 표현상 특징으로 가장 적절한 것은?

① 유사한 시구를 반복하여 운율을 형성하고 있다.
② 반어적 표현을 사용하여 화자의 소망을 드러내고 있다.
③ 명사형으로 종결하여 화자의 단호한 의지를 강조하고 있다.
④ 촉각적 이미지를 활용하여 시적 대상을 생생하게 표현하고 있다.

18 윗글의 화자가 추구하는 삶의 모습과 가장 가까운 것은?

① 외부 세계와 단절된 삶
② 미래를 예측하여 대비하는 삶
③ 타인과 진정한 관계를 맺는 삶
④ 타인에게 의지하지 않는 독립적인 삶

19 〈보기〉는 [A]를 재구성한 것이다. [A]의 ㉠~㉣과 〈보기〉의 밑줄 친 부분을 대응시켰을 때, 적절하지 않은 것은?

〈보기〉

내가 구슬을 꿰기 전에는
그것은 다만
하나의 돌멩이에 지나지 않았다.

내가 구슬을 엮어 주었을 때
그것은 나에게로 와서
보배가 되었다.

[A]	〈보기〉
① ㉠	…… 꿰기 전
② ㉡	…… 돌멩이
③ ㉢	…… 엮어 주었을 때
④ ㉣	…… 보배

[20~22] 다음 글을 읽고 물음에 답하시오.

주어진 자료들을 대표하는 값으로 가장 유명하고 많이 활용되는 것이 평균이다. 한 집단을 평가할 때 또는 다른 집단과 비교할 때 평균은 유용한 수단이 된다. 그러나 평균이 대상을 잘 반영하는 대푯값이라고 판단하기 위해서는 전체 자료의 다양한 변수와 ㉠ 양상을 먼저 검토하는 것이 필요하다. 이런 점을 고려하지 않고 평균을 대푯값으로 삼으면 사실을 잘못 이해할 수 있다.

우리나라는 사계절이 뚜렷한 나라이다. 겨울에는 영하 10도 이하가 되기도 하고, 여름에는 30도 이상의 고온이 여러 날 ㉡ 지속되기도 한다. 이 때문에 우리나라 사람들은 계절별로 많은 옷을 가지고 있어야 한다. 그에 반해 미국의 하와이 지역은 월별 평균 기온이 연간 거의 변동 없이 유지된다. 그래서 보통의 경우는 반팔 옷으로 대부분의 시간을 지낼 수 있다. 만일 미국 하와이 지역의 사람이 우리나라의 연평균 기온이 12.5도라는 말만을 들었다면 어떤 생각을 할까? 자신이 사는 지역에 비해 일 년 내내 추운 곳이라고 생각하지는 않을까?

그렇다면 월별 평균 기온만으로 충분할까? 그렇지 않을 수 있다. 우리나라에서는 환절기에 감기 환자가 많아진다. 그 이유는 낮과 밤의 기온 차인 일교차가 심하기 때문이다. 그래서 우리가 보통 여행을 갈 때도 해당 지역, 해당 기간의 평균 기온만이 아니라 하루의 최고와 최저 기온을 알아야 한다. 즉 자료의 범위를 정해 다양한 요소를 ㉢ 고려할 수 있어야 하는 것이다.

평균은 편리한 방법으로 다양하게 사용될 수 있지만, 대푯값으로 잘못 사용되면 사실을 정확하게 판단하지 못하게 만들 가능성이 매우 높다. 현대 사회는 점점 더 많은 변수들에 의해 ㉣ 다변화되는 양상을 보이고 있다. ㉮ 이는 평균의 시대가 가고 있음을 나타낸다. 따라서 평균값을 이용하기에 적절한 상황과 적절하지 않은 상황을 파악하고, 전체 자료를 세분화하여 이해하고 분석하려는 태도를 지니는 것이 매우 중요하다.

– 최제호, 「'평균'의 시대가 가고 있다」 –

20 윗글의 내용 전개 방식으로 가장 적절한 것은?

① 구체적인 사례를 제시하고 있다.
② 다양한 해결 방안을 비교하고 있다.
③ 전문가들의 서로 다른 견해를 인용하고 있다.
④ 문제가 해결된 이후의 상황을 가정하여 설명하고 있다.

21 ㉮의 이유로 가장 적절한 것은?

① 평균이 집단 간의 비교에 가장 유용해서
② 평균이 편리하고 다양하게 사용되는 경우가 있어서
③ 평균이 전체 자료를 세분화하여 이해하는 데 유용해서
④ 평균이 다양한 특성을 반영하지 못하는 경우가 있어서

22 ㉠~㉣의 사전적 의미로 적절하지 <u>않은</u> 것은?

① ㉠ : 사물이나 현상의 모양이나 상태
② ㉡ : 어떤 상태가 오래 계속됨.
③ ㉢ : 생각하고 헤아려 봄.
④ ㉣ : 하나로 됨. 또는 그렇게 만듦.

[23～25] 다음 글을 읽고 물음에 답하시오.

도서관에서 책을 쉽게 찾으려면 먼저 컴퓨터로 책을 검색해야 한다. (㉠) 컴퓨터는 청구 기호를 알려줄 뿐 책을 직접 찾아 주지는 않는다. 청구 기호를 들고 책을 찾는 것은 사람의 몫이다.

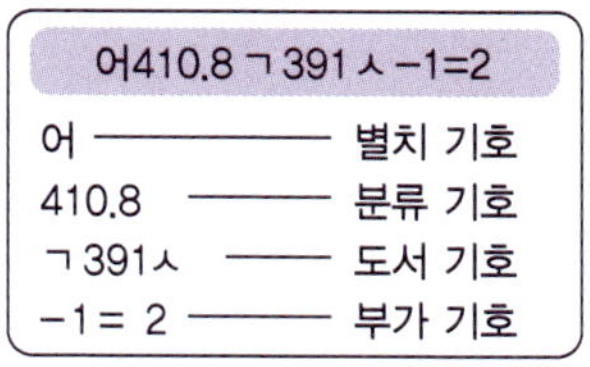

▲ 도서 청구 기호의 구성

청구 기호가 '410.912 ㅈ794ㅅ'인 책이 필요하다면 먼저 410번대의 책이 있는 책장을 찾아야 한다. 옆면에 400~413.8이라고 적힌 책장을 발견했다면 410.912에 해당하는 책은 이 책장의 오른쪽에 있을 가능성이 높다. 왜냐하면 분류 기호가 낮은 책부터 왼쪽에서 오른쪽 방향으로 책을 꽂기 때문이다. 또 맨 위층에 있는 책일수록 분류 기호가 낮고 아래로 갈수록 커진다.

분류 기호가 비슷한 책 사이에서는 숫자의 크기를 비교하자. 410.9가 있다면 그 오른쪽에 410.911이 있고, 410.912는 더 오른쪽에 있다. 모든 숫자가 같다면 도서 기호의 문자는 국어사전에서처럼 'ㄱ, ㄴ, ㄷ……' 또는 'ㅏ, ㅐ, ㅑ, ㅒ……'순으로 비교하면 된다.

청구 기호 앞에 한글이나 영어 알파벳이 붙어 있는 경우가 있는데 이것을 '별치 기호'라고 한다. 이는 책의 특성이나 이용 목적에 따라 별도의 장소에 책을 보관한다는 뜻이다. 예를 들어, '어'라고 적힌 책은 일반 자료실이 아닌 어린이 자료실에 가야 찾을 수 있다.

한 명의 저자가 같은 제목의 책을 연속물로 내는 경우는 '－' 기호를, 도서관에서 같은 책을 여러 권 보관한다면 '=' 기호를 써서 분류하기도 한다. '－1=2'라는 표시는 연속물의 제1권이며, 같은 책을 적어도 두 권을 보관하고 있는데 그중 둘째 책이라는 뜻이다. 때로는 책이 나온 해를 표현하기 위해 '2011' 같은 연도를 붙이기도 한다.

－ 이재웅, 「도서 분류의 원리」 －

23 ㉠에 들어갈 말로 가장 적절한 것은?

① 그래서　② 그런데
③ 이처럼　④ 왜냐하면

24 윗글을 읽고 이해한 내용으로 적절하지 <u>않은</u> 것은?

① 책이 나온 연도를 청구 기호에 붙이기도 하는구나.
② 별치 기호가 있으면 별도의 장소에서 찾아야 하는구나.
③ 같은 책장의 아래층에 있는 책은 위층에 있는 책보다 분류 기호가 낮겠구나.
④ 도서 기호는 국어사전에서처럼 자음 또는 모음 순으로 비교하면 되는구나.

25 윗글의 내용을 바탕으로 〈보기〉의 책을 아래 책장에 꽂으려고 할 때 적절한 위치는?

〈보기〉

〈청구 기호〉 315.741 ㅂ123ㅌ

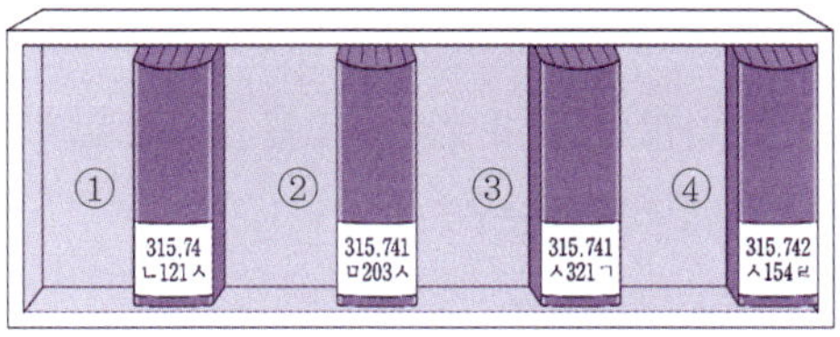

제2교시

수 학

정답 및 해설 312p

01 두 다항식 $A=3x^2+x$, $B=x^2+3x$에 대하여 $A+B$는?

① $4x^2-4x$ ② $4x^2-2x$
③ $4x^2+2x$ ④ $4x^2+4x$

02 등식 $x^2+x+3=x^2+ax+b$가 x에 대한 항등식일 때, 두 상수 a, b에 대하여 $a+b$의 값은?

① 2 ② 4
③ 6 ④ 8

03 다항식 x^3+2x^2+2를 $x-1$로 나누었을 때, 나머지는?

① 1 ② 3
③ 5 ④ 7

04 다항식 x^3+3x^2+3x+1을 인수분해한 식이 $(x+a)^3$일 때, 상수 a의 값은?

① -2 ② -1
③ 1 ④ 2

05 복소수 $4+3i$의 켤레복소수가 $a+bi$일 때, 두 실수 a, b에 대하여 $a+b$의 값은? (단, $i=\sqrt{-1}$)

① 1 ② 2
③ 3 ④ 4

06 두 수 1, 3을 근으로 하고 x^2의 계수가 1인 이차방정식이 $x^2-ax+3=0$일 때, 상수 a의 값은?

① 1 ② 2
③ 3 ④ 4

07 $-1 \le x \le 1$일 때,
이차함수 $y=x^2+4x+1$의 최솟값은?

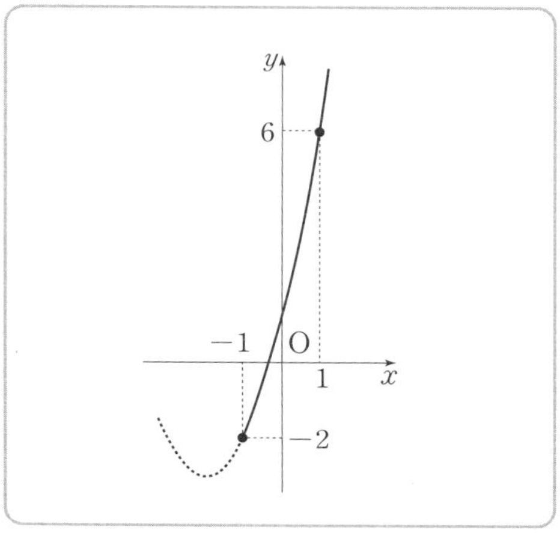

① -2　② -1
③ 0　④ 1

08 사차방정식 $x^4+2x-a=0$의 한 근이 1일 때, 상수 a의 값은?

① -1　② 1
③ 3　④ 5

09 연립방정식 $\begin{cases} 2x+y=8 \\ x^2-y^2=a \end{cases}$의 해가 $x=3$, $y=b$일 때, 두 상수 a, b에 대하여 $a+b$의 값은?

① 5　② 7
③ 9　④ 11

10 이차부등식 $(x-2)(x-4) \le 0$의 해는?

① $x \le 2$
② $x \ge 4$
③ $2 \le x \le 4$
④ $x \le 2$ 또는 $x \ge 4$

11 수직선 위의 두 점 $A(1)$, $B(6)$에 대하여 선분 AB를 $2:3$으로 내분하는 점 P의 좌표는?

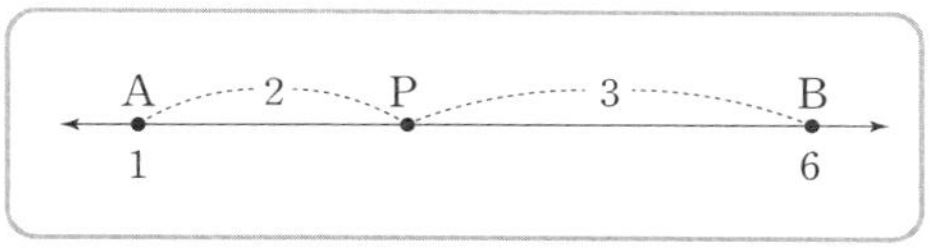

① 3　② $\frac{7}{2}$
③ 4　④ $\frac{9}{2}$

12 직선 $y=x-3$에 평행하고, 점 $(0, 4)$를 지나는 직선의 방정식은?

① $y=-x+2$
② $y=-x+4$
③ $y=x+2$
④ $y=x+4$

13 중심의 좌표가 $(-2,\ 2)$이고 x축과 y축에 동시에 접하는 원의 방정식은?

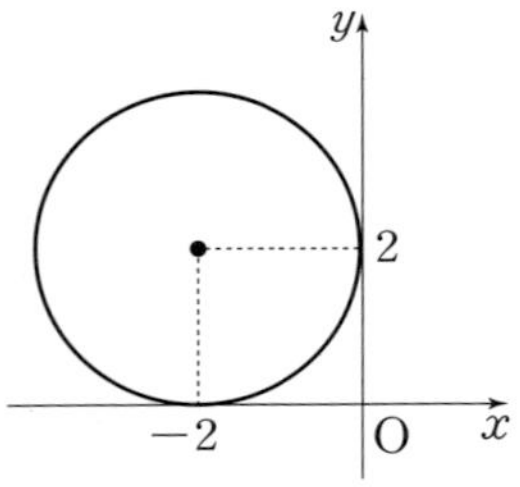

① $(x-2)^2+(y-2)^2=4$
② $(x+2)^2+(y-2)^2=4$
③ $(x-2)^2+(y+2)^2=4$
④ $(x+2)^2+(y+2)^2=4$

14 좌표평면 위의 점 $(3,\ -2)$를 원점에 대하여 대칭이동한 점의 좌표는?

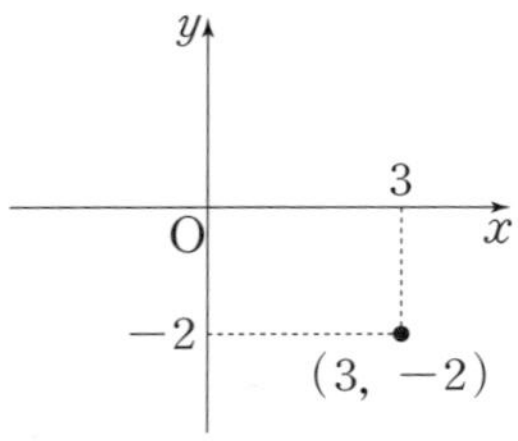

① $(-3,\ 2)$　② $(-2,\ 3)$
③ $(2,\ -3)$　④ $(3,\ 2)$

15 두 집합 $A=\{1,\ 2,\ 3,\ 4\}$, $B=\{3,\ 4\}$에 대하여 $A-B$는?

① $\{1\}$　② $\{1,\ 2\}$
③ $\{3,\ 4\}$　④ $\{1,\ 2,\ 3\}$

16 전체집합 $U=\{x\,|\,x$는 9 이하의 자연수$\}$일 때, 다음 조건의 진리집합은?

> x는 3의 배수이다.

① $\{1,\ 3,\ 5\}$　② $\{3,\ 6,\ 9\}$
③ $\{1,\ 3,\ 5,\ 7\}$　④ $\{2,\ 4,\ 6,\ 8\}$

17 두 함수 $f:X\rightarrow Y$, $g:Y\rightarrow Z$가 그림과 같을 때, $(g\circ f)(2)$의 값은?

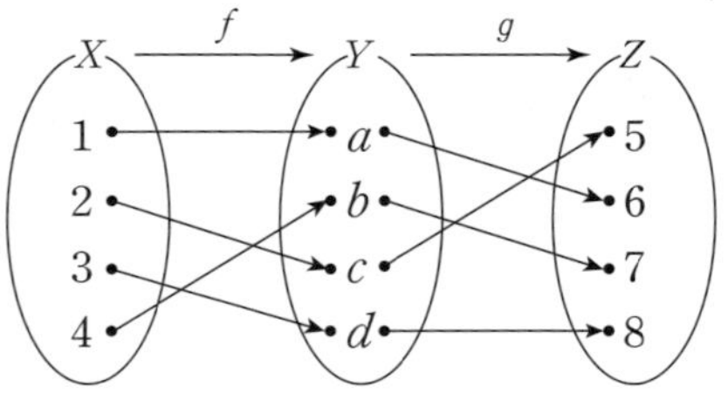

① 5　② 6
③ 7　④ 8

18 유리함수 $y=\frac{1}{x-2}+3$의 그래프는 유리함수 $y=\frac{1}{x}$의 그래프를 x축의 방향으로 a만큼, y축의 방향으로 b만큼 평행이동한 것이다. 두 상수 a, b에 대하여 $a+b$의 값은?

① 3 ② 4
③ 5 ④ 6

19 그림과 같이 입체도형을 그린 4개의 포스터가 있다. 이 중에서 서로 다른 2개의 포스터를 택하여 출입문의 상단과 하단에 각각 붙이는 경우의 수는?

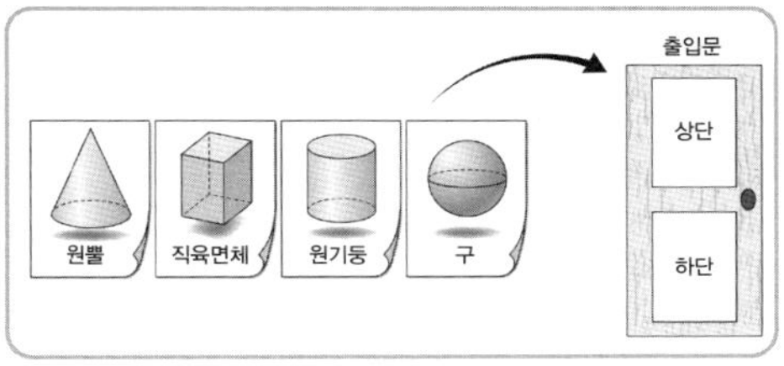

① 12 ② 13
③ 14 ④ 15

20 그림과 같이 4종류의 수학 수행 과제가 있다. 이 중에서 서로 다른 3종류의 수학 수행 과제를 선택하는 경우의 수는?

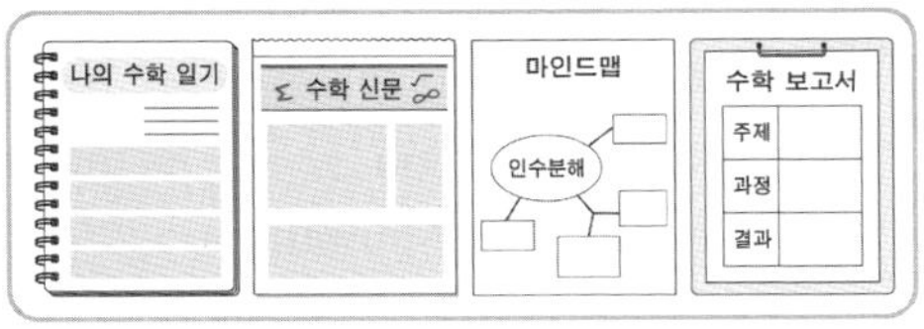

① 1 ② 2
③ 3 ④ 4

제3교시

영 어

정답 및 해설 314p

[01~03] 다음 밑줄 친 부분의 뜻으로 가장 적절한 것을 고르시오.

01

I will call the restaurant and make a reservation.

① 변경 ② 예약
③ 취소 ④ 칭찬

02

You need to keep in mind, "Slow and steady wins the race."

① 명심하다 ② 사용하다
③ 정돈하다 ④ 참여하다

03

Do not use your cellphone while you are driving.

① 대신에 ② 동안에
③ 만약에 ④ 처음에

04 다음 밑줄 친 두 단어의 의미 관계와 다른 것은?

It's easy to say you'll do something, but difficult to actually do it.

① heavy – light
② noisy – silent
③ painful – painless
④ rapid – quick

05 다음 콘서트 안내문에서 언급되지 않은 것은?

Fundraising Concert

- When : April 17th, 6-9 p.m.
- Where : Lobby of Children's Hospital
- Light snacks will be offered.

All funds will be donated to Children's Hospital.

① 날짜 ② 장소
③ 출연진 ④ 기금 용도

[06~08] 다음 빈칸에 공통으로 들어갈 말로 가장 적절한 것을 고르시오.

06

- Could you ______ my bag for me?
- My school will ______ a music festival next month.

① hold ② like
③ meet ④ walk

07

- I don't know ______ he is honest or not.
- You will miss the bus ______ you don't leave now.

① if ② that
③ what ④ which

08

- About 60 to 70 % of your body consists ______ water.
- The garden is full ______ beautiful flowers.

① for ② in
③ of ④ to

09 다음 대화에서 밑줄 친 표현의 의미로 가장 적절한 것은?

A : I'm having a hard time right now.
B : Don't worry. I'm here for you, no matter what.
A : Thank you. Your support means everything to me.
B : Anytime. <u>A friend in need is a friend indeed.</u>

① 진정한 배움에는 지름길이 없다.
② 몸이 건강해야 마음도 건강하다.
③ 필요할 때 있는 친구가 진정한 친구다.
④ 사귀는 친구를 보면 그 사람을 알 수 있다.

10 다음 대화에서 알 수 있는 B의 심정으로 가장 적절한 것은?

A : I've been waiting for 30 minutes. What happened?
B : Sorry, but I thought we were meeting at 2 o'clock.
A : No, that's the time the baseball game starts, so we were supposed to meet 30 minutes earlier.
B : Oh, I totally forgot. I'm sorry for keeping you waiting.

① 미안하다 ② 안심하다
③ 지루하다 ④ 행복하다

11 다음 대화가 이루어지는 장소로 가장 적절한 것은?

A : Did you get our tickets? Where are our seats?
B : Let me see. J11 and J12.
A : Great. Let's buy some snacks before we go in.
B : That sounds good.

① 병원 ② 약국
③ 은행 ④ 영화관

12 다음 글에서 밑줄 친 them이 가리키는 것으로 가장 적절한 것은?

> Studies have shown that flowers have positive effects on our moods. Participants reported feeling less depressed and anxious after receiving them. In addition, they showed a higher sense of enjoyment and overall satisfaction.

① flowers ② moods
③ participants ④ studies

[13~14] 다음 대화의 빈칸에 들어갈 말로 가장 적절한 것을 고르시오.

13

> A : The speech contest is tomorrow. I have cold feet.
> B : Sorry, ________________?
> A : I have cold feet. I'm nervous about tomorrow.
> B : Oh, I see. Don't worry. I'm sure that you will do well.

① how would you like it
② would you say that again
③ what is the weather like today
④ where should I go for the contest

14

> A : What do you like most about Korea?
> B : ________________________.

① That is what lots of people think
② That's because I prefer tea to coffee
③ I like the food delivery service most
④ I'm not satisfied with the monitor you chose

15 다음 대화의 주제로 가장 적절한 것은?

> A : My lower back hurts a lot these days.
> B : I think you should do something before it gets worse.
> A : Do you have any tips to reduce the pain?
> B : Well, sit in a chair, not on the floor. And try to walk and stretch gently often.

① 의자를 고르는 방법
② 바닥을 청소하는 방법
③ 바른 자세로 걷는 방법
④ 허리 통증을 줄이는 방법

16 다음 글을 쓴 목적으로 가장 적절한 것은?

I'm worried about not having confidence in myself. My friends always seem to know what they're doing, but I'm never sure I'm doing the right thing. I want to build my confidence. I wonder whether you could give me some solutions to my problem. I hope you can help.

① 책을 추천하려고
② 방송을 홍보하려고
③ 조언을 구하려고
④ 초대를 수락하려고

17 다음 배드민턴장에 대한 안내문의 내용과 일치하지 <u>않는</u> 것은?

Central Badminton Center

Open Times:
- Monday to Friday, 10 a.m. to 9 p.m.

We provide:
- lessons for beginners only
- free parking for up to 4 hours a day

Proper shoes and clothes are required.

① 평일 오전 10시부터 오후 9시까지 운영한다.
② 상급자를 위한 수업이 준비되어 있다.
③ 하루 4시간까지 무료 주차가 가능하다.
④ 적절한 신발과 옷이 필요하다.

18 다음 rice에 대한 설명과 일치하지 <u>않는</u> 것은?

Rice is one of the major crops in the world. Since its introduction and cultivation, rice has been the main food for most Asians. In fact, Asian countries produce and consume the most rice worldwide. These days, countries in Africa have also increased their rice consumption.

① 세계의 주요 작물 중 하나이다.
② 대부분의 아시아 사람들의 주식이다.
③ 아시아 국가에서 가장 많이 생산한다.
④ 아프리카 국가에서 소비가 감소하고 있다.

19 다음 글의 주제로 가장 적절한 것은?

When you go abroad, you may find yourself in a place where the people, language, and customs are different from your own. Learning about cultural differences can be a useful experience. It can help you understand the local people better. It could also help you understand yourself and your own culture more.

① 사람들과 소통하는 방법
② 지역 문화 보존의 필요성
③ 해외여행을 할 때 주의할 점
④ 문화적 차이를 배우는 것의 유용성

[20~21] 다음 글의 빈칸에 들어갈 말로 가장 적절한 것을 고르시오.

20

Eating dinner lasts a long time in France because it is meant to be enjoyed with family and friends. French people don't _____ this process. Trying to finish dinner quickly can be interpreted as a sign of being impolite.

① enjoy ② rush
③ serve ④ warn

21

In life, it's important to take ________ for any choices that you make. If the result of your choice isn't what you wanted, don't blame others for it. Being in charge of your choices will help you learn from the results.

① conflict ② desire
③ help ④ responsibility

22 글의 흐름으로 보아 다음 문장이 들어가기에 가장 적절한 곳은?

On the other hand, there is a big advantage to it.

Taking online classes can be good and bad. (①) If you take classes online, you may worry about the lack of face-to-face communication. (②) Taking courses online makes it difficult to create strong relationships with your teachers and classmates. (③) You are free to take online classes anywhere, anytime. (④) By simply turning on your computer, you can start studying.

23 다음 글의 바로 뒤에 이어질 내용으로 가장 적절한 것은?

Walking dogs is a common activity in the park. But with more people doing this, problems are arising in the park. To avoid these issues, please follow these guidelines when you walk your dog.

① 반려견을 키우면 좋은 점
② 반려견 산책 시 지켜야 할 사항
③ 반려견 관련 산업의 발전 가능성
④ 반려견이 아이들 정서에 미치는 영향

[24~25] 다음 글을 읽고 물음에 답하시오.

Have you noticed that shoes and socks are displayed together? They are items strategically placed with each other. Once you've already decided to buy a pair of shoes, why not buy a pair of socks, too? Remember that the placement of items in a store is not ______. It seems that arranging items gives suggestions to customers, in a way that is not obvious, while they shop.

24 윗글의 빈칸에 들어갈 말로 가장 적절한 것은?

① accurate
② enough
③ positive
④ random

25 윗글의 주제로 가장 적절한 것은?

① 소비자 교육의 효과
② 상품 가격 결정의 원리
③ 전략적 상품 진열 방식
④ 매체 속 다양한 광고의 유형

제4교시

사 회

정답 및 해설 319p

01 질 높은 정주 환경을 조성하기 위한 조건으로 적절한 것을 〈보기〉에서 고른 것은?

〈보기〉

ㄱ. 깨끗한 자연환경
ㄴ. 안락한 주거 환경
ㄷ. 생활 시설의 부족
ㄹ. 빈부 격차의 심화

① ㄱ, ㄴ ② ㄱ, ㄷ
③ ㄴ, ㄷ ④ ㄷ, ㄹ

02 인권의 특성에 대한 설명으로 적절한 것을 〈보기〉에서 고른 것은?

〈보기〉

ㄱ. 누구나 침범할 수 있는 권리이다.
ㄴ. 타인에게 양도할 수 있는 권리이다.
ㄷ. 인간이 태어나면서부터 가지는 천부적 권리이다.
ㄹ. 인간이라면 누구나 누릴 수 있는 기본적 권리이다.

① ㄱ, ㄴ ② ㄱ, ㄷ
③ ㄴ, ㄷ ④ ㄷ, ㄹ

03 다음에서 설명하는 기본권은?

- 국가의 의사 결정 과정에 참여할 수 있는 권리이다.
- 선거권, 공무 담임권, 국민 투표권 등이 있다.

① 사회권 ② 평등권
③ 청구권 ④ 참정권

04 다음에서 설명하는 경제 체제로 적절한 것은?

- 시장에서의 자유로운 경쟁을 통해 상품의 생산, 교환, 분배, 소비가 이루어진다.
- 개인이 재산을 자유롭게 획득하고 사용할 수 있는 사유재산 제도를 바탕으로 한다.

① 법치주의 ② 자본주의
③ 공동체주의 ④ 자문화 중심주의

05 ㉠에 들어갈 내용으로 알맞은 것은?

헌법 제37조 ② 국민의 모든 자유와 권리는 국가 안전 보장 · 질서 유지 또는 (㉠)을/를 위하여 필요한 경우에 한하여 법률로써 제한할 수 있으며, 제한하는 경우에도 자유와 권리의 본질적인 내용을 침해할 수 없다.

① 기후 변화 ② 공공복리
③ 문화 동화 ④ 비폭력성

06 ㉠, ㉡에 들어갈 사회 복지 제도는?

> • (㉠)은/는 일정 수준의 소득이 있는 개인과 정부, 기업이 보험료를 분담하여 구성원의 사회적 위험에 대비하는 제도이다. 그 예로 국민 건강 보험이 있다.
> • (㉡)은/는 저소득 계층이 최소한의 삶을 꾸릴 수 있도록 국가가 전액 지원하여 돕는 제도이다. 그 예로 국민 기초 생활 보장 제도가 있다.

	㉠	㉡
①	사회 보험	공공 부조
②	공공 부조	사회 보험
③	개인 보험	공공 부조
④	공공 부조	개인 보험

07 시장 실패에 대한 사례로 가장 적절한 것은?

① 자원이 효율적으로 배분된다.
② 공공재의 공급 부족 문제가 발생한다.
③ 생산량이 증가할수록 단위당 생산 비용이 감소한다.
④ 소비자가 윤리적인 가치 판단을 하고 상품을 소비한다.

08 편익에 대한 설명으로 적절한 것을 〈보기〉에서 고른 것은?

> 〈보기〉
> ㄱ. 선택을 통해 얻게 되는 이익이다.
> ㄴ. 경기 침체와 동시에 물가가 상승하는 현상이다.
> ㄷ. 대가를 지급하고 난 뒤 회수할 수 없는 비용이다.
> ㄹ. 금전적인 이익뿐 아니라 비금전적인 것도 포함한다.

① ㄱ, ㄴ　② ㄱ, ㄹ
③ ㄴ, ㄷ　④ ㄷ, ㄹ

09 ㉠에 들어갈 내용으로 옳은 것은?

> • 노동조합을 통해 사용자와 자주적으로 교섭할 수 있는 권리이다.
> • 헌법 제33조 ① 근로자는 근로 조건의 향상을 위하여 자주적인 단결권 · (㉠) 및 단체 행동권을 가진다.

① 문화권　② 자유권
③ 행복 추구권　④ 단체 교섭권

10 바람직한 생애 주기별 금융 설계에 대한 설명으로 가장 적절한 것은?

① 현재의 소득만을 고려한다.
② 생애 주기 전체를 고려하여 설계한다.
③ 중 · 장년기에는 저축하지 않고 소득의 전액을 지출한다.
④ 생애 주기의 각 단계에 따라 필요한 자금의 크기는 같다고 본다.

11 다음에서 설명하는 문화 변동의 요인은?

- 문화 변동의 내재적 변동 요인이다.
- 이미 존재하고 있었지만 알려지지 않은 문화 요소를 찾아낸 것이다.

① 발견 ② 전파
③ 비교 우위 ④ 절대 우위

12 다음 퀴즈에 대한 정답으로 옳은 것은?

한 사회에서 부, 권력, 명예 등의 사회적 자원이 개인이나 집단에 차등적으로 분배되어 사회 구성원들이 차지하는 위치가 서열화되어 있는 상태를 무엇이라 하나요?

① 사회 불평등 ② 소비자 주권
③ 문화 상대주의 ④ 스태그플레이션

13 ㉠에 들어갈 내용으로 적절한 것은?

수업 주제 : 분배적 정의의 실질적 기준
- 분배적 정의의 실질적 기준 : (㉠), 업적, 능력
- (㉠)에 따른 분배의 의미 : 인간다운 삶을 보장하기 위해 기본적인 욕구를 충족할 수 있도록 분배하는 것이다. 사회적 약자를 위해 더 많은 재화를 사용할 수 있다.

① 담합 ② 독점
③ 필요 ④ 특화

14 다음에 해당하는 기후 지역으로 옳은 것은?

- 분포 지역 : 북극해 연안
- 전통 산업 : 사냥 · 어로 · 순록 유목
- 전통 의복 : 동물의 가죽이나 털로 만든 두꺼운 옷

① 열대 기후 지역 ② 건조 기후 지역
③ 온대 기후 지역 ④ 한대 기후 지역

15 ㉠에 들어갈 내용으로 가장 적절한 것은?

■ 사막화 ■
- 의미 : 사막 주변 지역이 사막으로 변화하는 현상
- 사례 지역 : 사하라 사막 이남의 사헬 지대
- 원인 : (㉠)

① 녹지 확대 ② 인구 감소
③ 과도한 목축 ④ 일조량 부족

16 다음에서 설명하는 자연관은?

- 인간을 자연보다 우월한 존재로 여기고, 인간의 이익이나 행복을 먼저 고려하는 관점이다.
- 산업화 · 도시화 과정에서 발생한 환경 파괴의 주된 요인으로 지적받기도 한다.

① 문화 사대주의 ② 생태 중심주의
③ 인간 중심주의 ④ 직접 민주주의

17 ㉠, ㉡에 해당하는 종교는?

- (㉠) : 주로 인도에서 신봉하는 다신교로, 소를 신성시한다.
- (㉡) : 성지인 메카를 향해 기도하며, 돼지고기와 술을 금기시한다.

	㉠	㉡
①	불교	힌두교
②	이슬람교	힌두교
③	불교	이슬람교
④	힌두교	이슬람교

18 저출산 문제 해결 방안으로 적절한 것을 〈보기〉에서 고른 것은?

〈보기〉
ㄱ. 보육 시설 확충
ㄴ. 산아 제한 정책 실시
ㄷ. 출산 장려금 지원
ㄹ. 개발 제한 구역 확대

① ㄱ, ㄷ ② ㄱ, ㄹ
③ ㄴ, ㄷ ④ ㄴ, ㄹ

19 교통 · 통신의 발달이 가져온 변화로 가장 적절한 것은?

① 시공간의 제약이 크게 줄었다.
② 지역 간의 교류가 단절되었다.
③ 경제 활동의 범위가 축소되었다.
④ 다른 지역과의 접근성이 낮아졌다.

20 다음에서 설명하는 용어는?

기업의 규모가 커지면, 일반적으로 본사나 연구소는 자본과 기술 확보가 유리한 대도시에, 제품을 생산하는 공장은 저임금 노동력이 풍부한 지역에 각각 설립하게 된다.

① 공정 무역 ② 공간적 분업
③ 탄소 발자국 ④ 지리적 표시제

21 ㉠에 들어갈 내용으로 옳은 것은?

■ 학습 주제 : (㉠)의 문제점 ■
- 개인 정보 유출로 인한 사생활 침해
- 프로그램 불법 복제 같은 사이버 범죄 증가

① 교외화 ② 정보화
③ 님비 현상 ④ 열섬 현상

22 다음에서 설명하는 문화권을 지도의 A~D에서 고른 것은?

리오그란데강 이남 지역으로, 남부 유럽의 문화가 전파되어 주로 에스파냐어와 포르투갈어를 사용하고 가톨릭을 믿는다. 원주민(인디오)과 아프리카인, 유럽인의 문화가 혼재되어 나타난다.

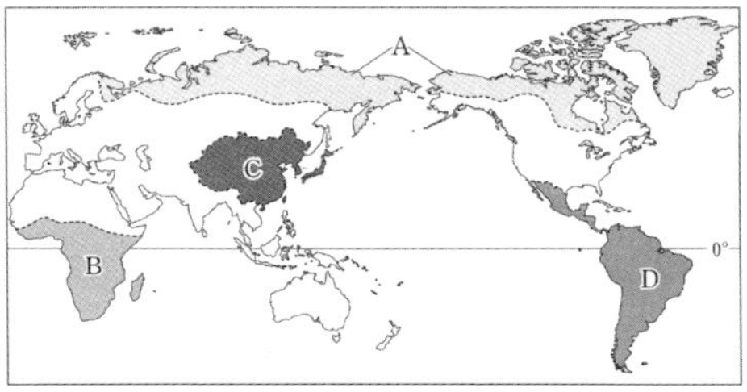

① A ② B ③ C ④ D

23 다음에서 설명하는 용어는?

> 일정한 지역 안의 인구를 성별, 연령별 등의 기준으로 나누어 본 것으로, 해당 지역의 사회 · 경제적 특성을 파악하는 데 유용하다.

① 인구 절벽　　② 인구 과잉
③ 인구 구조　　④ 인구 이동

24 다음에 대해 설명한 내용으로 가장 적절한 것은?

> • 그린피스(Greenpeace)
> • 국경 없는 의사회(MSF)

① 국제 비정부 기구이다.
② 자국의 이익 실현을 최우선으로 한다.
③ 국제 분쟁 지역에 평화 유지군을 파견한다.
④ 국가를 회원으로 하는 정부 간 국제기구이다.

25 ㉠에 들어갈 내용으로 옳은 것은?

> 자원의 특징 중 하나로 언젠가는 고갈된다는 성질을 자원의 (㉠)이라고 한다.

① 도시성　　② 동질성
③ 유한성　　④ 편리성

제5교시

과 학

정답 및 해설 323p

01 다음에서 설명하는 발전 방식은?

- 파도 상황에 따라 전력 생산량이 일정하지 않다.
- 파도의 운동 에너지를 전기 에너지로 전환한다.

① 파력 발전　② 화력 발전
③ 원자력 발전　④ 태양광 발전

02 그림은 전기 에너지의 생산과 수송 과정을 나타낸 것이다. 이에 대한 설명으로 옳은 것만을 〈보기〉에서 모두 고른 것은?

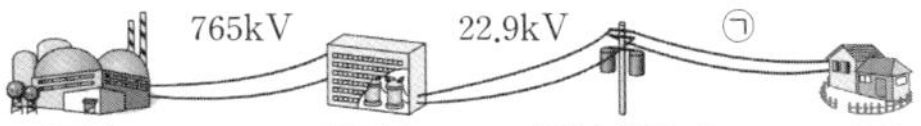

〈보기〉

ㄱ. 발전소에서 전기 에너지를 생산한다.
ㄴ. ㉠에 해당하는 전압은 22.9 kV보다 작다.
ㄷ. 수송 과정에서 손실되는 전기 에너지는 없다.

① ㄱ　② ㄷ
③ ㄱ, ㄴ　④ ㄴ, ㄷ

03 표는 같은 직선상에서 운동하는 물체 A~D의 처음 운동량과 나중 운동량을 나타낸 것이다. 물체 A~D 중 받은 충격량의 크기가 가장 큰 것은?

운동량(kg · m/s) / 물체	처음 운동량	나중 운동량
A	2	5
B	3	7
C	3	8
D	4	10

① A　② B
③ C　④ D

04 그림은 고열원에서 100J의 열에너지를 공급받아 W의 일을 하는 열기관을 나타낸 것이다. 열기관에서 저열원으로 50J의 열에너지를 방출할 때, 열기관이 한 일 W의 양은?

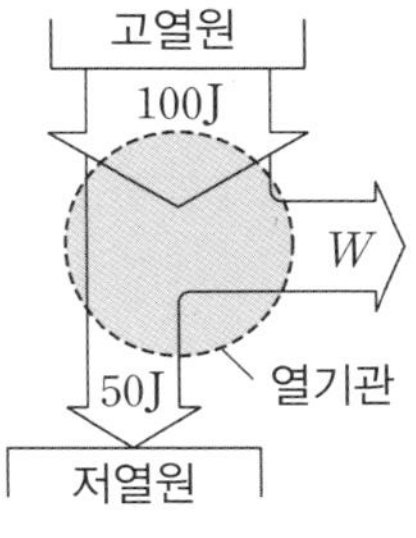

① 30J　② 40J
③ 50J　④ 60J

05 다음은 태양 내부에서 일어나는 반응에 대한 설명이다. ㉠에 해당하는 원소는?

> 고온 · 고압인 태양에서 수소 원자핵이 융합하여 [㉠] 원자핵이 생성되는 동안 줄어든 질량이 에너지로 전환된다.

① 질소 ② 칼슘
③ 헬륨 ④ 나트륨

06 그림은 자유 낙하하는 물체의 위치를 일정한 시간 간격으로 나타낸 것이다. A~D 지점 중 물체의 속도가 가장 빠른 지점은? (단, 중력가속도는 $10\ m/s^2$이고, 공기 저항은 무시한다.)

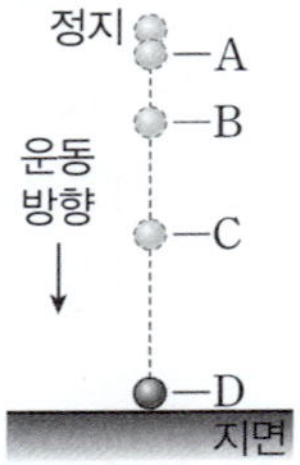

① A ② B
③ C ④ D

07 그림과 같이 자석을 코일 속에 넣을 때 발생하는 유도 전류의 방향을 변화시킬 수 있는 요인으로 옳은 것만을 〈보기〉에서 모두 고른 것은?

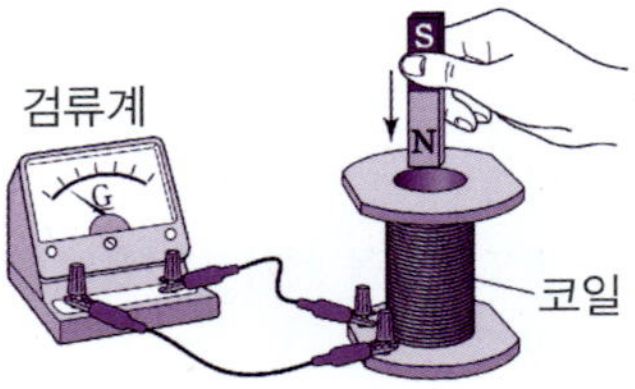

〈보기〉

ㄱ. 자석의 극을 바꾼다.
ㄴ. 자석을 더 빠르게 넣는다.
ㄷ. 더 강한 자석을 사용한다.

① ㄱ ② ㄷ
③ ㄱ, ㄴ ④ ㄱ, ㄷ

08 그림은 주기율표의 일부를 나타낸 것이다. 임의의 원소 A~D 중 원자가 전자 수가 가장 큰 원소는?

주기＼족	1	2		16	17	18
1						
2	A			B		
3	C				D	

① A ② B
③ C ④ D

09 그림은 나트륨 이온의 생성 과정을 모형으로 나타낸 것이다. 나트륨 원자가 잃은 전자의 개수는?

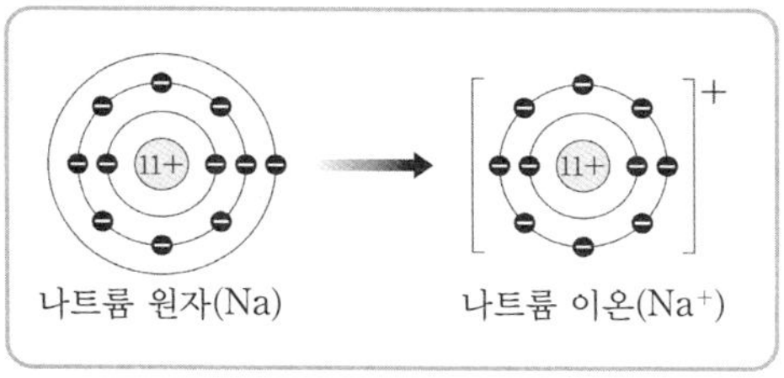

① 1개　　② 2개
③ 3개　　④ 4개

10 다음에서 설명하는 화학 결합에 의해 형성된 물질은?

- 금속 원소와 비금속 원소 사이에서 형성된다.
- 양이온과 음이온의 정전기적 인력에 의해 형성된다.

① 은(Ag)　　② 구리(Cu)
③ 산소(O_2)　　④ 염화 나트륨(NaCl)

11 다음 중 산화 환원 반응의 사례가 아닌 것은?

① 도시가스를 연소시킨다.
② 철이 공기 중에서 붉게 녹슨다.
③ 산성화된 토양에 석회 가루를 뿌린다.
④ 사과를 깎아 놓으면 산소와 반응하여 색이 변한다.

12 그림은 묽은 염산과 묽은 황산의 이온화된 모습을 나타낸 것이다. 두 수용액에 공통적으로 존재하는 ㉠에 해당하는 이온은? (단, ●, □, ○는 서로 다른 이온이다.)

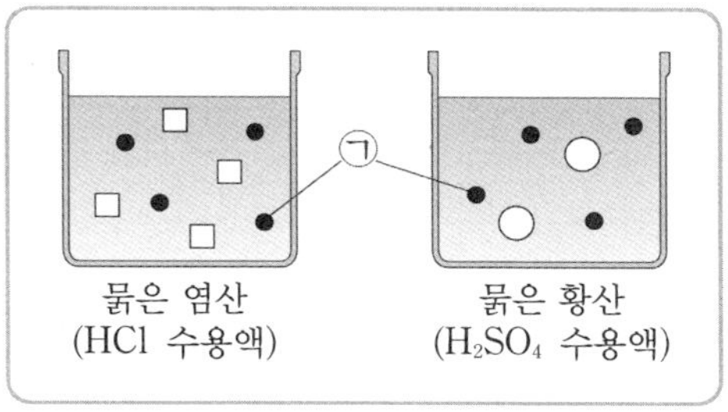

① 산화 이온(O^{2-})　　② 수소 이온(H^+)
③ 염화 이온(Cl^-)　　④ 황산 이온(SO_4^{2-})

13 그림은 단위체의 결합으로 물질 **A**가 만들어지는 과정을 나타낸 것이다. **A**에 해당하는 물질은?

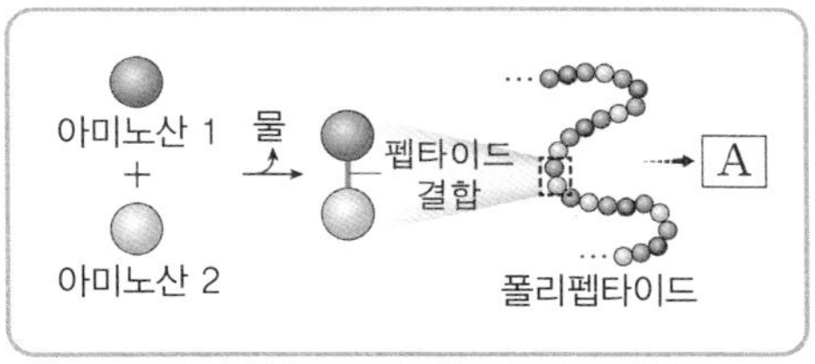

① 핵산　　② 단백질
③ 포도당　　④ 글리코겐

14 그림은 서로 다른 지역에 서식하는 여우의 형태를 나타낸 것이다. 이러한 여우의 형태 차이에 영향을 주는 환경 요인은?

① 물 ② 산소
③ 온도 ④ 토양

15 다음은 안정된 생태계의 개체 수 피라미드에서 생태계 평형이 깨진 후 평형을 회복하는 과정의 일부를 설명한 것이다. ㉠과 ㉡에 들어갈 말로 옳게 짝지어진 것은?

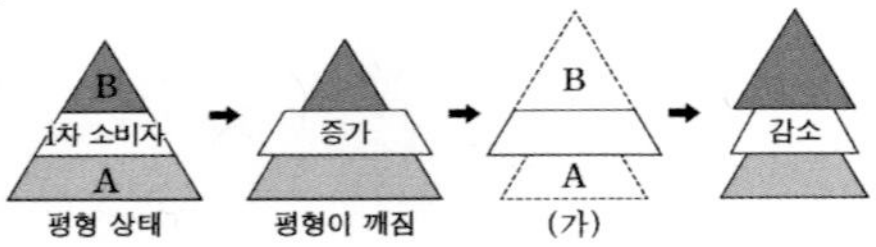

(가)에서 A의 개체 수는 ㉠ 하고 B의 개체 수는 ㉡ 한다.

	㉠	㉡
①	감소	감소
②	감소	증가
③	증가	감소
④	증가	증가

16 다음은 생명 시스템 유지에 필요한 물질에 대한 설명이다. ㉠에 해당하는 것은?

- 만일 ㉠ 이/가 없다면 음식을 먹어도 영양소를 소화, 흡수할 수 없다.
- 생명체는 물질대사를 하며, 물질대사에는 ㉠ 이/가 관여한다.

① 녹말 ② 효소
③ 인지질 ④ 셀룰로스

17 그림은 DNA에서 RNA가 전사되는 과정을 나타낸 것이다. ㉠에 해당하는 염기는? (단, 돌연변이는 없다.)

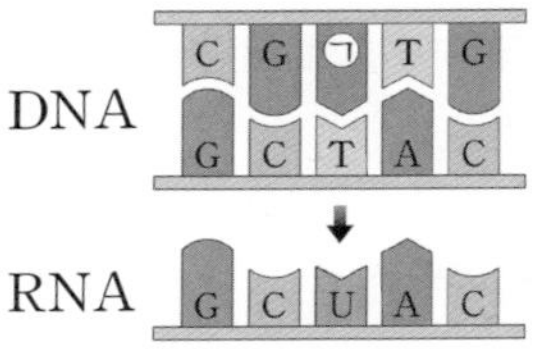

① A ② T
③ G ④ C

18 세포막을 경계로 세포 안팎에 농도가 다른 용액이 있을 때, 물 분자가 세포막을 통해 농도가 낮은 곳에서 높은 곳으로 이동하는 현상은?

① 삼투 ② 호흡
③ 광합성 ④ 이화 작용

19 다음 설명에 해당하는 것은?

> • 일정 지역에 서식하는 생물종의 다양한 정도이다.
> • 서식하는 생물종이 많고 그 분포가 고르게 나타날수록 높다.

① 개체　② 군집
③ 개체군　④ 종 다양성

20 화산 활동과 관련된 설명으로 옳은 것만을 〈보기〉에서 모두 고른 것은?

〈보기〉

ㄱ. 화산 활동은 태양 에너지에 의해 일어난다.
ㄴ. 대규모의 화산 폭발은 주변의 지형을 변화시킨다.
ㄷ. 화산 활동은 온천, 지열 발전 등과 같이 이롭게 활용되기도 한다.

① ㄱ　② ㄷ
③ ㄱ, ㄴ　④ ㄴ, ㄷ

21 다음은 규산염 사면체에 대한 설명이다. ㉠에 해당하는 것은?

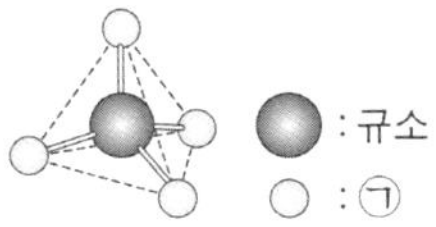

규산염 광물을 구성하는 기본 구조는 규소 원자 1개와 [㉠] 원자 4개가 공유 결합을 이룬 사면체이다.

① 산소　② 질소
③ 탄소　④ 마그네슘

22 그림은 지구 시스템을 이루는 각 권의 상호 작용을 나타낸 것이다. 해저 지진 활동으로 인해 지진 해일이 발생하는 것에 해당하는 상호 작용은?

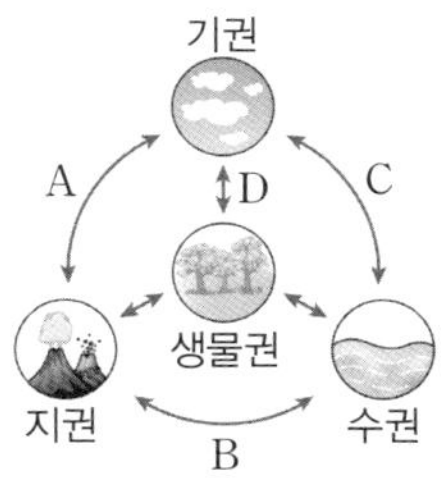

① A　② B
③ C　④ D

23 다음 설명에 해당하는 현상은?

> 화석 연료 등의 사용으로 온실 기체의 농도가 크게 증가하여 지구의 평균 기온이 상승하는 현상이다.

① 황사　② 사막화
③ 엘니뇨　④ 지구 온난화

24 그림은 판의 이동과 맨틀 대류를 나타낸 것이다. A~D 중 발산형 경계에 해당하는 것은?

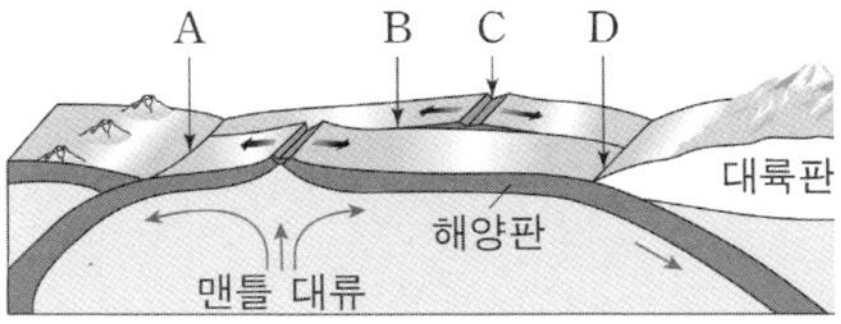

① A　② B
③ C　④ D

25 그림은 지질 시대 동안 생물 과의 수 변화와 대멸종 시기를 나타낸 것이다. A에서 멸종한 생물은?

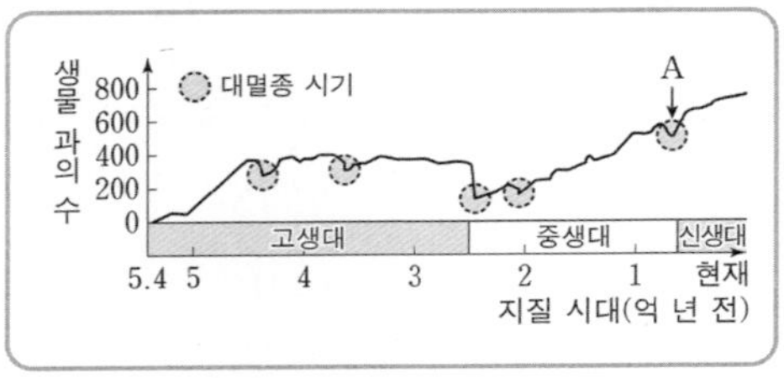

① 공룡

② 매머드

③ 삼엽충

④ 화폐석

제6교시

한국사

정답 및 해설 326p

01 다음에서 설명하는 유물은?

경기 연천 전곡리에서 발견된 구석기 시대의 대표적인 유물로 주로 사냥을 하거나 가죽을 벗기는 등의 용도로 사용하였다.

① 해국도지 ② 주먹 도끼
③ 수월관음도 ④ 임신서기석

02 ㉠에 들어갈 내용으로 옳은 것은?

① 거란 ② 미국
③ 영국 ④ 일본

03 ㉠에 해당하는 인물은?

고려 무신 집권기 보조 국사 ㉠ 은/는 세속화된 불교를 개혁하기 위해 정혜쌍수와 돈오점수를 내세우며 수선사를 중심으로 결사 운동을 펼쳤다.

① 지눌 ② 원효
③ 이순신 ④ 장수왕

04 ㉠에 들어갈 내용으로 옳은 것은?

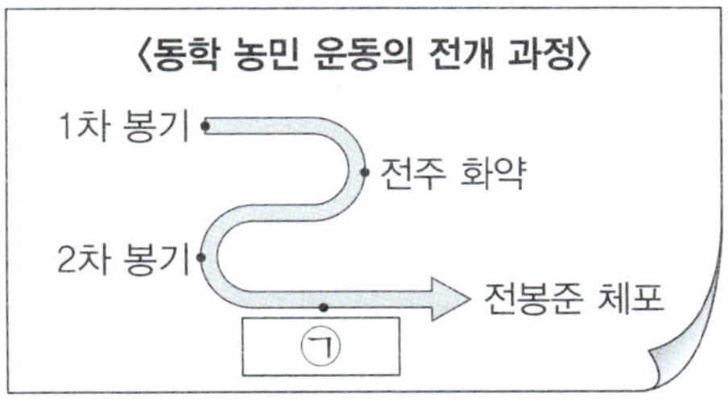

① 국학 설치 ② 사비 천도
③ 우금치 전투 ④ 고구려 멸망

05 ㉠에 들어갈 내용으로 옳은 것은?

〈세도 정치 시기의 ㉠ 〉
- 원인 : 정치 기강이 문란해져 관원의 부패가 심해짐.
- 결과 : 전정 · 군정 · 환곡의 부담으로 백성들의 삶이 매우 힘들어짐.

① 회사령 ② 삼정 문란
③ 발췌 개헌 ④ 정읍 발언

06 자료와 관련한 정책으로 옳은 것은?

유생들이 반발하자 흥선 대원군이 크게 노하여 "이곳은 존경받는 선현을 제사하는 곳인데 지금은 붕당의 근거지로 도둑의 소굴이 되지 않았더냐."라고 말하였다.

① 서원 철폐 ② 녹읍 설치
③ 교정도감 폐지 ④ 동 · 서 대비원 설치

07 다음에서 설명하는 정치 세력은?

- 인물 : 김옥균, 박영효, 김윤식, 김홍집
- 특징 : 서양의 근대적 제도와 과학 기술을 수용하고자 함.

① 호족　② 무신
③ 개화파　④ 오경박사

08 다음에서 설명하는 유물은?

〈역사 유물 카드〉

- 출토지 : 충남 부여 능산리
- 용도 : 종교 행사 등에서 향을 피움.
- 특징 : 불교와 도교 세계를 함께 표현함.

① 택리지　② 상평통보
③ 곤여만국전도　④ 백제 금동 대향로

09 다음 정책을 펼친 조선의 국왕은?

- 임진왜란 이후 피해 극복을 위해 노력함.
- 명과 후금의 싸움에 말려들지 않고 실리를 취하려 함.

① 광해군　② 혜공왕
③ 법흥왕　④ 고국천왕

10 다음 질문에 대한 답으로 옳은 것은?

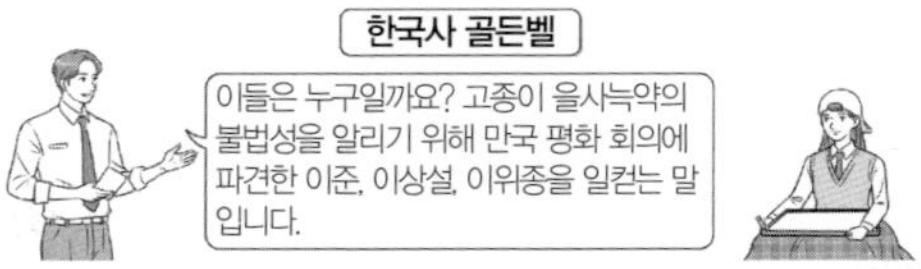

① 중추원　② 도병마사
③ 중서문하성　④ 헤이그 특사

11 ㉠에 들어갈 내용으로 옳은 것은?

1920년대 농민들은 소작료 인하, 소작권 이동 반대 등을 요구하는 쟁의를 벌였다. 특히 [㉠]은/는 소작료를 낮추는 데 성공하여 전국의 농민 운동을 자극하였다.

① 6 · 3 시위　② 이자겸의 난
③ 강조의 정변　④ 암태도 소작 쟁의

12 다음에서 설명하는 신문은?

- 순 한글, 국한문, 영문 세 종류로 발행
- 영국인 베델이 발행인으로 참여한 일간 신문

① 독사신론　② 동경대전
③ 대한매일신보　④ 조선왕조실록

13 다음 설명에 해당하는 일제의 식민 지배 방식은?

> 3 · 1 운동을 계기로 일제는 무단 통치로는 한국을 지배하기 어렵다고 판단하여 한글 신문의 발행을 허용하는 등 문화적 제도의 혁신을 내세웠다.

① 기인 제도 ② 문화 통치
③ 대통령 중심제 ④ 친명 배금 정책

14 다음에서 설명하는 인물은?

	출생	1902. 3. 15.
	직업	이화 학당 학생
	활동	3 · 1 운동이 일어나자 천안에서 만세 운동 주도
	특징	서대문 형무소에서 사망

① 김흠돌 ② 나운규
③ 유관순 ④ 윤원형

15 ㉠에 들어갈 내용으로 옳은 것은?

> 개항 이후 일본으로 곡물 수출이 늘어나자 곡물 가격이 오르고 사람들의 피해가 커졌다. 이에 일부 지방관들은 [㉠]을/를 선포하여 곡물 유출을 막고자 하였다.

① 방곡령 ② 봉사 10조
③ 교육 입국 조서 ④ 좌우 합작 7원칙

16 다음 설명에 해당하는 활동으로 옳은 것은?

> • 파견 목적 : 독립 투쟁을 위한 국내 침투
> • 파견 요원 : 미국 전략 정보국(OSS)의 훈련을 마친 한국 광복군

① 위화도 회군 ② YH 무역 사건
③ 국내 진공 작전 ④ 서경 천도 운동

17 ㉠에 들어갈 내용으로 옳은 것은?

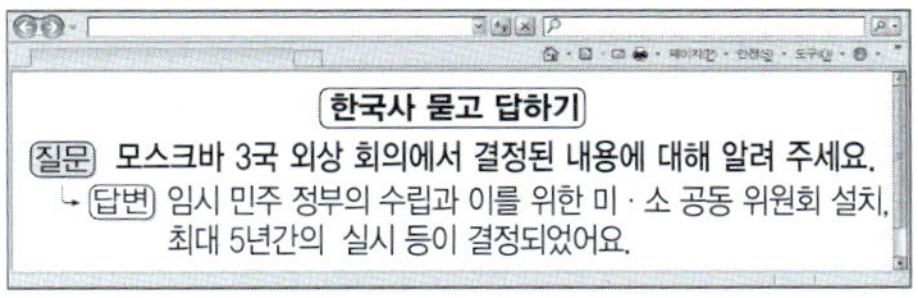

① 신탁 통치 ② 제가 회의
③ 나 · 제 동맹 ④ 독서삼품과

18 다음에서 설명하는 기구는?

> • 1948년 10월에 설치
> • 반민족 행위자 조사 및 처벌을 위한 기구

① 정당성
② 식목도감
③ 건국 준비 위원회
④ 반민족 행위 특별 조사 위원회

19 ㉠에 들어갈 내용으로 옳은 것은?

〈역사의 한 장면〉

이 사진은 1920년대 조선 물산 장려회의 거리 행진 모습입니다. 행진에 참여한 사람들은 '[㉠]'라는/이라는 구호를 외쳤습니다.

① 선 건설 후 통일
② 유신 헌법 철폐하라
③ 조선 사람 조선 것
④ 근로 기준법 준수하라

20 ㉠에 들어갈 내용으로 옳은 것은?

〈수행 평가 보고서〉
- 주제 : 4 · 19 혁명
- 조사 내용
  - 배경 : 3 · 15 부정 선거
  - 전개 : 전국적으로 시위 발생, [㉠]

① 집강소 설치
② 기묘사화 발생
③ 노비안검법 실시
④ 이승만 대통령의 하야

21 ㉠에 들어갈 내용으로 옳은 것은?

〈6 · 25 전쟁의 전개 과정〉
[㉠] → 인천 상륙 작전 → 1 · 4 후퇴 → 정전 협정

① 자유시 참변　② 미쓰야 협정
③ 별기군 창설　④ 북한군의 남침

22 다음에서 설명하는 정부는?

- 대북 화해 협력 정책(햇볕 정책) 추진
- 남북 정상 회담 개최와 6 · 15 남북 공동 선언 발표

① 장면 내각　② 김대중 정부
③ 노태우 정부　④ 이명박 정부

23 다음에서 설명하는 사건은?

전두환 등 신군부 세력이 불법적으로 병력을 동원하여 계엄 사령관을 비롯한 군의 주요 지휘관들을 몰아내고 군권을 장악하였다.

① 3포 왜란　② 거문도 사건
③ 12 · 12 군사 반란　④ 임술 농민 봉기

24 밑줄 친 ㉠에 해당하는 운동은?

① 형평 운동　② 금 모으기 운동
③ 교조 신원 운동　④ 문자 보급 운동

25 ㉠에 들어갈 내용으로 옳은 것은?

〈박정희 정부 시기의 경제 상황〉
- 경제 개발 3개년 계획 추진
- [㉠]

① 원산 총파업　② 상평창 설치
③ 당백전 발행　④ 경부 고속 국도 건설

제7교시 선택 과목

도 덕

정답 및 해설 330p

01 다음 설명에 해당하는 용어는?

> 윤리적 문제 상황에서 두 가지 이상의 도덕 원칙 사이에 갈등과 충돌이 전개되는 상황

① 딜레마 ② 이데아
③ 가상 현실 ④ 정언 명령

02 (가)에 들어갈 윤리 사상은?

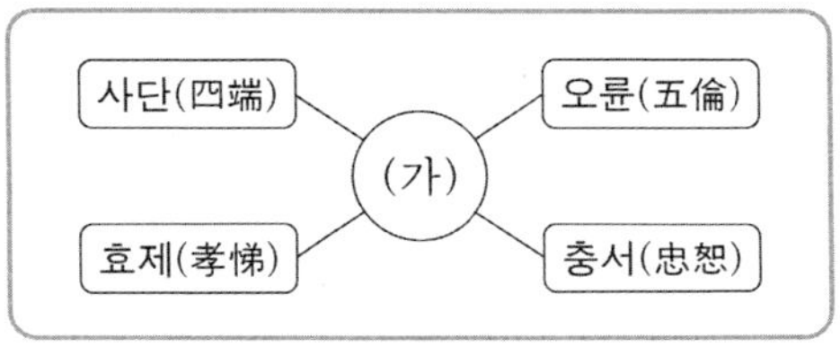

① 도가 ② 불교
③ 법가 ④ 유교

03 다음 주제들을 다루는 실천 윤리 분야로 가장 적절한 것은?

> • 통일이 지향해야 할 윤리적 가치는 무엇인가?
> • 국제 사회의 각종 분쟁을 해결하기 위한 방안은 무엇인가?

① 성 윤리 ② 평화 윤리
③ 직업 윤리 ④ 생명 윤리

04 다음 설명에 해당하는 도덕 원리 검사 방법은?

> 도덕 원리를 모든 사람에게 적용했을 때 나타나는 결과에 문제가 없는지 확인하는 방법

① 포섭 검사 ② 기술 영향 검사
③ 사실 판단 검사 ④ 보편화 결과 검사

05 다음에서 설명하는 사회 갈등의 종류는?

> 제○○호 **도덕 신문** 2024년 ○월 ○일
>
> 급속한 사회 변화에 따라 연령 및 시대별 경험의 차이로 인한 갈등이 심화되고 있다. 기술이나 규범의 변화에 빠르게 적응하는 이들과 상대적으로 그렇지 못한 이들 사이의 갈등이 커지고 있는 것이다.

① 지역 갈등 ② 남녀 갈등
③ 노사 갈등 ④ 세대 갈등

06 바람직한 토론 자세로 적절하지 <u>않은</u> 것은?

① 토론의 규칙과 절차를 준수한다.
② 논리적으로 타당한 근거를 제시한다.
③ 자기 생각의 오류 가능성을 배제한다.
④ 타인의 의견과 인격을 존중하는 태도를 갖는다.

07 다음에서 소개하는 윤리 사상가는?

◈ 도덕 인물 카드 ◈

- 이익 평등 고려의 원칙을 근거로 동물 해방론을 주장함.
- 공리주의 관점에서 해외 원조의 필요성을 강조함.
- 대표 저서 : 『동물 해방』, 『실천 윤리학』

① 싱어 ② 칸트
③ 슈바이처 ④ 아리스토텔레스

08 공리주의 입장에 대한 비판점으로 가장 적절한 것은?

① 행위의 결과보다 동기를 중시한다.
② 의무 의식과 선의지를 과도하게 강조한다.
③ 소수의 권리와 이익이 훼손될 우려가 있다.
④ 사회 전체의 행복보다 개인의 행복을 우선한다.

09 ㉠에 들어갈 용어로 가장 적절한 것은?

탐구 주제 : 〈 ㉠ 〉

- 필요성: 인간의 욕망은 무한하고 재화는 한정되어 있기 때문임.
- 핵심 질문: 재화를 누구에게 얼마만큼 나눌 것인가?

① 규범적 정의 ② 교정적 정의
③ 분배적 정의 ④ 형벌적 정의

10 프롬(Fromm, E.)의 진정한 사랑에 대한 설명으로 옳지 <u>않은</u> 것은?

① 상대를 지배하고 소유하는 것
② 상대의 독특한 개성을 이해하는 것
③ 상대의 요구에 책임 있게 반응하는 것
④ 상대의 생명과 성장에 적극적인 관심을 갖는 것

11 ㉠에 들어갈 용어로 적절한 것은?

① 공정 무역 ② 생명 공학
③ 사이버 범죄 ④ 시민 불복종

12 생명 복제를 반대하는 입장의 대답으로 옳은 것은?

질문	대답
생명 복제는 생명의 존엄성을 훼손하는가?	A
생명 복제는 자연의 질서에 어긋나는 행위인가?	B

	①	②	③	④
A	예	예	아니오	아니오
B	예	아니오	예	아니오

13 공직자가 지녀야 할 덕목에 해당하지 않는 것은?

① 성실　　② 부패
③ 정직　　④ 책임

14 과학 기술자가 지녀야 할 윤리적 자세를 〈보기〉에서 고른 것은?

〈보기〉
ㄱ. 다양한 자료들을 표절한다.
ㄴ. 연구 결과를 위조하거나 변조한다.
ㄷ. 인류의 삶의 질 향상을 위해 노력한다.
ㄹ. 과학 기술의 위험성과 부작용을 충분히 검토한다.

① ㄱ, ㄴ　　② ㄱ, ㄷ
③ ㄴ, ㄹ　　④ ㄷ, ㄹ

15 다음 내용과 같은 주장을 한 사상가는?

① 벤담　　② 칸트
③ 니부어　　④ 베카리아

16 바람직한 통일 한국의 모습으로 적절하지 않은 것은?

① 대립하는 무력 국가
② 자유로운 민주 국가
③ 창조적인 문화 국가
④ 정의로운 복지 국가

17 B에 들어갈 내용으로 가장 적절한 것은?

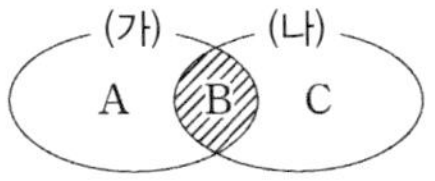

(가): 동물 중심주의
(나): 생명 중심주의

① 동물을 인간만을 위한 수단으로 여긴다.
② 도덕적 고려의 범위에 동물이 포함된다.
③ 인간만이 도덕적 지위를 지닌다고 본다.
④ 무생물을 도덕적 고려의 대상으로 여긴다.

18 다음 내용에 해당하는 윤리 문제는?

정식으로 음반을 구입하지 않고 인터넷에서 불법으로 노래 파일을 내려 받는 행위

① 정보 격차　　② 저작권 침해
③ 보이스 피싱　　④ 사이버 따돌림

2024년 1회

19 (가), (나)에 들어갈 내용으로 적절하지 <u>않은</u> 것은?

① (가) : 성 상품화를 예방할 수 있다.
② (가) : 청소년을 폭력적 문화로부터 보호할 수 있다.
③ (나) : 다양한 문화가 폭넓게 창조된다.
④ (나) : 창작자의 표현할 자유와 권리가 침해된다.

20 다음 설명에 해당하는 것은?

> • 이주민의 고유한 문화와 자율성을 존중하여 문화 다양성을 실현하고자 함.
> • 대표적으로 샐러드 볼 이론이 있음.

① 동화주의 ② 다문화주의
③ 문화 사대주의 ④ 자문화 중심주의

21 다음은 서술형 평가 문제와 학생 답안이다. 밑줄 친 ㉠~㉣ 중 옳지 <u>않은</u> 것은?

> 문제: 의복 문화와 관련된 윤리적 문제와 바람직한 자세를 서술하시오.
>
> 〈학생 답안〉 윤리적 문제로 ㉠ <u>유행에 무비판적으로 동조하는 유행 추구 현상</u>과 ㉡ <u>무분별한 명품 소비로 사치 풍조를 조장하는 명품 선호 현상이 있다.</u> 따라서 ㉢ <u>타인의 신념에 따라 수동적인 소비를 실천하고</u>, ㉣ <u>환경을 고려하여 과도한 욕망을 절제할 필요가 있다.</u>

① ㉠ ② ㉡
③ ㉢ ④ ㉣

22 다음 설명에 해당하는 것은?

> 상호 무관심한 사람들이 무지의 베일하에서 합의를 통해 정의의 원칙을 도출하는 가상적 상황

① 판옵티콘 ② 윤리적 공백
③ 원초적 입장 ④ 공유지의 비극

23 다음에서 예술과 윤리의 관계에 대한 학생의 입장은?

① 도덕주의 ② 자유주의
③ 예술 지상주의 ④ 현실 지상주의

24 ㉠에 들어갈 용어로 가장 적절한 것은?

> 요나스(Jonas, H.)는 "너의 행위의 결과가 인류의 존속 가능성을 파괴하지 않도록 행위하라."라고 주장하면서 (㉠)를 고려하는 책임 윤리를 강조한다.

① 과거 세대 ② 부모 세대
③ 기성 세대 ④ 미래 세대

25 다음에서 해외 원조에 대한 노직(Nozick, R.)의 관점에만 '✔'를 표시한 학생은?

관점 \ 학생	A	B	C	D
• 해외 원조는 자발적 선택이다.	✔			✔
• 해외 원조는 윤리적 의무이다.		✔		
• 해외 원조는 질서 정연한 사회가 되도록 돕는 것이다.			✔	✔

① A　　② B

③ C　　④ D

2024년도

제2회

제1교시 국 어
제2교시 수 학
제3교시 영 어
제4교시 사 회
제5교시 과 학
제6교시 한국사
제7교시 도 덕

제1교시

국 어

정답 및 해설 336p

01 [수정 후]에 반영된 언어 예절에 대한 설명으로 가장 적절한 것은?

[수정 전]		[수정 후]
은수야, 네 축구공 줘!	⇨	은수야, 네 축구공 좀 빌려줄 수 있겠니?

① 자신의 탓으로 돌려서 말한다.
② 자신을 낮추어 겸손하게 말한다.
③ 상대방의 부담을 덜어 주며 말한다.
④ 상대방과의 친밀도를 강조하며 말한다.

02 다음 발표에서 확인할 수 있는 말하기 방법으로 가장 적절한 것은?

> 발표자 : 여러분, 판다를 아시나요? (대답을 들은 후) 역시 이 자리에도 판다를 아시는 분들이 많군요. 오늘은 알고 보면 부지런한 동물인 판다에 관해 발표하려고 합니다.

① 발표의 근거 자료를 신뢰하는지 청중에게 묻고 있다.
② 발표 내용을 청중이 정확히 이해하도록 예를 들고 있다.
③ 발표의 중심 화제를 청중이 알고 있는지 확인하고 있다.
④ 발표 내용의 순서를 제시하여 청중의 이해를 돕고 있다.

03 다음 '한글 맞춤법' 규정을 잘못 적용한 것은?

> 한글 맞춤법
>
> [제5항] 한 단어 안에서 뚜렷한 까닭 없이 나는 된소리는 다음 음절의 첫소리를 된소리로 적는다.
> 다만 'ㄱ, ㅂ' 받침 뒤에서 나는 된소리는, 같은 음절이나 비슷한 음절이 겹쳐 나는 경우가 아니면 된소리로 적지 아니한다.

① 그릇에 밥을 담뿍 담았다.
② 벌레를 보고 법석을 떨었다.
③ 상대 팀은 예상보다 훨씬 강했다.
④ 얼마 전 다친 상처에 딱찌가 앉았다.

04 다음 피동 표현이 사용되지 않은 것은?

> 피동 표현은 일부 능동사의 어간에 피동 접미사 '-이-, -히-, -리-, -기-'를 붙여서 만들 수 있다.

① 들판이 눈으로 덮였다.
② 눈가에 눈물이 맺혔다.
③ 오빠가 구슬을 굴렸다.
④ 과일이 그릇에 담겼다.

05 ㉠~㉣에 나타난 중세 국어의 특징으로 적절하지 않은 것은?

> ㉠孔·공 子·ㅣ曾증子·ᄌᆞᄃᆞ·려닐·러ᄀᆞᆯᄋᆞ·샤·ᄃᆡ·몸·이며㉡얼굴·이며머·리털·이·며·ᄉᆞᆯ·ᄒᆞᆫ父·부母:모·ᄭᅴ 받ᄌᆞ·온거·시·라敢:감·히헐·워샹히·오·디아·니:홈·이:효·도·ᄋᆡ비·르·소미·오㉢·몸·을셰·워道:도·ᄅᆞᆯ行ᄒᆡᆼ·ᄒᆞ·야일:홈·을後:후世:셰·예㉣:베퍼·ᄡᅥ父·부母:모ᄅᆞᆯ:현·뎌케:홈·이:효·도·ᄋᆡᄆᆞ·ᄎᆞᆷ·이니·라
>
> -『소학언해』-

① ㉠ : 주격 조사 'ㅣ'가 쓰였다.

② ㉡ : 이어 적기로 표기되었다.

③ ㉢ : 방점으로 성조를 나타내었다.

④ ㉣ : 어두 자음군이 사용되었다.

[06~07] 다음 개요를 읽고 물음에 답하시오.

> **제목 : 인터넷에 지나치게 연결된 삶, 과잉 연결 시대**
>
> Ⅰ. 서론 : 과잉 연결 시대의 의미와 문제 제기
>
> Ⅱ. 본론 : 과잉 연결의 문제점과 일상에서의 대응 방안

문제점		대응 방안
사이버 범죄에 쉽게 노출될 수 있음.	⇨	㉠
인간과 인간의 진정한 소통을 가로막음.	⇨	가족이나 친구들과 함께 있는 순간만큼은 인터넷 연결 끊기

> Ⅲ. 결론 : ㉡ 과잉 연결 해소를 위한 적절한 대응 권유

06 ㉠에 들어갈 내용으로 가장 적절한 것은?

① 개인 정보 보호에 힘쓰기

② 자료의 가공을 자유롭게 허용하기

③ 인터넷 접속 환경을 편리하게 개선하기

④ 학습 형태를 대면에서 비대면으로 전환하기

07 다음은 ㉡을 구체화한 결과이다. ⓐ~ⓓ의 고쳐쓰기 방안으로 적절하지 않은 것은?

> 인터넷 과잉 연결 시대를 살아가는 우리는 범죄 노출과 소통 부재 등의 문제에 직면해 있다. 이렇게 많은 문제점이 있음에도 모든 ⓐ 연결과 끊는 것은 어렵다. ⓑ 운동 능력은 연습량에 비례하여 향상된다. ⓒ 다다익선(多多益善)이란 말처럼 과도한 연결이 오히려 해가 될 수 있음을 깨닫고, '위험한 편리'보다 '안전한 불편'을 선택해 보는 것은 ⓓ 어떻까?

① ⓐ : 조사를 잘못 사용했으므로 '연결이'로 바꾼다.

② ⓑ : 중심 내용과 어울리지 않으므로 삭제한다.

③ ⓒ : 문맥상 '과유불급(過猶不及)'으로 고친다.

④ ⓓ : 맞춤법에 어긋난 표현이므로 '어떨까'로 수정한다.

08 다음에서 설명하고 있는 음운 변동이 적용된 것은?

> ‘ㄱ, ㄷ, ㅂ’이 뒤에 오는 비음 ‘ㄴ, ㅁ’의 영향을 받아 각각 비음 ‘ㅇ, ㄴ, ㅁ’으로 교체되어 발음되는 현상

① 축하[추카]　② 밥집[밥찝]
③ 굳이[구지]　④ 국물[궁물]

[09～11] 다음 글을 읽고 물음에 답하시오.

> 까마득한 날에
> 하늘이 처음 열리고
> 어데 닭 우는 소리 들렸으랴
>
> 모든 산맥들이
> 바다를 연모(戀慕)해 휘달릴 때도
> 차마 이곳을 범하던 못하였으리라
>
> 끊임없는 광음(光陰)[1]을
> 부지런한 계절이 피어선 지고
> 큰 강물이 비로소 길을 열었다
>
> 지금 눈 나리고
> 매화 향기 홀로 아득하니　[A]
> 내 여기 가난한 노래의 씨를 뿌려라
>
> 다시 천고(千古)[2]의 뒤에
> 백마 타고 오는 초인(超人)[3]이 있어
> 이 광야에서 목 놓아 부르게 하리라
>
> – 이육사, 「광야」 –
>
> 1) 광음(光陰) : 햇빛과 그늘, 즉 낮과 밤이라는 뜻으로 시간이나 세월을 이르는 말.
> 2) 천고(千古) : 아주 오랜 세월.
> 3) 초인(超人) : 보통 사람으로는 생각할 수 없을 만큼 뛰어난 능력을 가진 사람.

09 윗글에 대한 설명으로 가장 적절한 것은?

① 시간의 흐름에 따라 시상을 전개하고 있다.
② 음성 상징어를 활용해 리듬감을 형성하고 있다.
③ 반어적 표현을 통해 시적 상황을 부각하고 있다.
④ 미완의 문장 종결을 통해 시적 여운을 주고 있다.

10 각 연의 내용으로 적절하지 <u>않은</u> 것은?

① 1연에서는 새로운 세상이 열리는 모습을 그리고 있다.
② 2연에서는 외부 세력에 대한 호감을 드러내고 있다.
③ 3연에서는 끊이지 않는 세월의 흐름을 보여 주고 있다.
④ 5연에서는 미래에 출현할 존재를 제시하고 있다.

11 [A]에서 알 수 있는 화자의 태도로 가장 적절한 것은?

① 인간이 자연에 순응하는 세계를 지향하고자 한다.
② 고독한 상황에서 부정적 현실을 극복하고자 한다.
③ 타인의 삶에 비추어 자신의 과거를 성찰하고자 한다.
④ 주어진 환경 속에서 자신의 운명을 회피하고자 한다.

[12～14] 다음 글을 읽고 물음에 답하시오.

박 씨가 구슬발을 드리우고 부채를 쥐고 불을 붙이니, 불길이 오랑캐 진영을 덮쳐 오랑캐 장졸이 대열을 잃고 타 죽고 밟혀 죽으며 남은 군사는 살기를 도모하여 다 도망하는지라. 용골대가 할 수 없어,

"이미 화친을 받았으니 대공을 세웠거늘, 부질없이 ㉠ 조그만 계집을 시험하다가 공연히 장졸만 다 죽였으니, 어찌 분하고 한스럽지 않으리오."

하고 회군하여 나설 제, ㉡ 왕대비와 세자, 대군이며 장안 미색을 데리고 가는지라.

박 씨가 시비 계화를 시켜 외치기를,

"무지한 오랑캐야, 너희 왕 놈이 무식하여 은혜지국(恩惠之國)[1]을 침범하였거니와, 우리 왕대비는 데려가지 못하리라. 만일 그런 뜻을 두면 너희들은 본국에 돌아가지 못하리라."

(중략)

박 씨가 또 계화를 시켜 외치기를,

"너희가 일양 그리하려거든 내 재주를 구경하라."

하더니, 이윽고 공중으로 두 줄기 무지개가 일어나며, 모진 비가 천지를 뒤덮게 오며, 음풍이 일어나며, 백설이 날리며, 얼음이 얼어 오랑캐 군중의 말 발이 땅에 붙어 한 걸음도 옮기지 못하는지라. 그제야 오랑캐 장수들이 황겁하여 아무리 생각하여도 모두 함몰할지라. 마지못하여 오랑캐 장수들이 투구를 벗고 창을 버려, 피화당 앞에 나아가 꿇어 애걸하기를,

"오늘날 이미 화친(和親)[2]을 받았으나 왕대비는 아니 모셔 갈 것이니, ㉢ 박 부인 덕택에 살려 주옵소서."

하고 여러 가지로 사정을 말하여 애걸하거늘, 박 씨가 주렴 안에서 꾸짖기를,

"너희들을 씨 없이 죽일 것이로되, 천시(天時)[3]를 생각하고 용서하거니와, 너희 놈이 본디 간사하여 넘치는 죄를 지었으나 이번은 아는 일이 있어 살려 보내나니, 조심하여 들어가며, 우리 세자, 대군을 부디 태평히 모셔 가라. 만일 그렇지 아니하면 ㉣ 내 오랑캐를 씨도 없이 멸하리라."

– 작자 미상, 「박씨전」–

1) 은혜지국(恩惠之國) : 은혜나 혜택을 베푼 나라.
2) 화친(和親) : 나라와 나라 사이에 다툼 없이 가까이 지냄.
3) 천시(天時) : 하늘의 도움이 있는 시기.

12 윗글에 대한 설명으로 가장 적절한 것은?

① 1인칭 주인공 시점에서 사건을 서술한다.
② 속담을 활용하여 인물의 심리를 묘사한다.
③ 인간을 위기에서 구하는 동물이 나타난다.
④ 초월적 능력을 발휘하는 인물이 등장한다.

13 ㉠~㉣ 중 가리키는 대상이 나머지와 <u>다른</u> 것은?

① ㉠ ② ㉡
③ ㉢ ④ ㉣

14 윗글에서 알 수 있는 내용으로 적절하지 <u>않은</u> 것은?

① '박 씨'는 오랑캐의 용맹함을 두려워하고 있다.
② '박 씨'는 오랑캐가 큰 죄를 지었다고 말하고 있다.
③ '박 씨'는 '계화'를 통해 자신의 의사를 전달하고 있다.
④ '박 씨'는 오랑캐에게 세자와 대군을 잘 모셔 가라고 말하고 있다.

[15～16] 다음 글을 읽고 물음에 답하시오.

두터비 파리를 물고 두험[1] 우희 치다라 안자
것넌산 바라보니 백송골(白松骨)[2]이 떠 잇거늘 가슴이 금즉하여 풀덕 뛰여 내닷다가 두험 아래 쟛바지거고 모쳐라[3] 날낸 낼싀만졍[4] 에헐질 번 하괘라[5]

– 작자 미상 –

1) 두험 : 풀, 짚 또는 가축의 배설물 따위를 썩힌 거름.
2) 백송골(白松骨) : 흰 송골매.
3) 모쳐라 : 마침.
4) 낼싀만졍 : 나이기에 망정이지.
5) 에헐질 번 하괘라 : 멍이 들 뻔하였구나.

15 윗글에 대한 설명으로 가장 적절한 것은?

① 10구체 형식을 갖추고 있다.
② 중장이 다른 장에 비해 길다.
③ 동일한 후렴구가 반복되고 있다.
④ 수미상관 구조로 이루어져 있다.

16 윗글의 표현상 특징에 대한 설명으로 가장 적절한 것은?

① 공감각적 심상을 통해 주제를 부각하고 있다.
② 해학적인 표현을 통해 대상을 희화화하고 있다.
③ 색채 이미지의 대비를 통해 계절감을 드러내고 있다.
④ 명령형 종결 표현을 통해 화자의 의지를 강조하고 있다.

[17～19] 다음 글을 읽고 물음에 답하시오.

[앞부분 줄거리] 실제 나이는 열여섯 살이지만 선천성 조로증으로 신체 나이가 여든 살이 넘은 소년 '아름'은 이제 서른세 살이 된 젊은 부모 '대수', '미라'와 함께 살아가고 있다. 이들은 '아름'의 치료비를 마련하려고, '아름'의 사연을 소개하는 텔레비전 방송에 출연한다.

S#17 아름이의 방(낮~해 질 녘)

아빠의 과거를 생각하며 글을 쓰던 아름이. 갑자기 얼굴이 일그러진다. 밀려오는 심장의 통증. 대수가 눈치챌까 봐 힘겹게 걸어가 방문을 닫고는, 약통에서 진통제를 꺼내 먹고 진정하려 한다. 식은땀이 흐르고, 그렇게 괴로워하다가 약에 취해 꾸부린 채 까무룩 잠이 드는 아름이.

컷 투(cut to).[1] 시간 경과.

바닥에 엎드린 채 잠든 아름이의 주름진 손가락이 보인다. 어느새 불그스레 희미해진 햇살이 작은 창으로 길게 스며들고 있다. 그때 '띵' 전자 우편 수신을 알리는 소리. 잠에서 깨는 아름이.

접속해 보면 편지함에 ㉠ 편지 한 통이 와 있다. 보낸 사람 이름은 '이서하', 제목은 '아름에게'. 아름이, 고개를 갸웃거리며 편지를 열어 보면 편지 내용이 화면에 채워진다.

안녕? 나는 이서하라고 해. 열여섯 살, 너랑 같은 나이야.
네 전자 우편 주소는 방송국을 통해 겨우 받아 냈어.
아마 나도 아픈 아이란 걸 알고 알려 준 것 같아.
방송을 본 후 너와 친구가 될 수 있을 것 같다는 생각이 들었어.
물론 아름이 너만큼은 아니겠지만, 일 분이 영원처럼 느껴지는 시간에 대해, 나도 조금은 알고 있거든. 행운을 빌어.

아름 이서하?

두근두근, 갑자기 가슴이 뛰고, 목이 바짝바짝 타면서, 온몸에 열기가 느껴지는 아름이.

S#18 아름이의 방, 집 앞 골목길(낮~밤)

서하(소리) (귀여운 말투로) 안녕? 나는 이서하라고 해. 너랑 같은 나이야.

환청으로 아름이의 귓가에 자꾸만 반복되는 서하의 목소리. 아름이, 책상 앞에 앉았지만 집중이 되질 않는다. 그렇게 날이 바뀌어도 떠나질 않는 환청.

컷 투(cut to). 침대에 누워 있는 아름이. 밤이 되어도 귓가에서 떠나질 않는 서하의 목소리.

서하(소리) (농염한 말투로) 안녕? 나는 이서하라고 해. 너랑 같은 나이야.

침대에서 벌떡 일어나는 아름이. 눈 밑에 눈 그늘이 내려와 있고 좀처럼 잠이 올 것 같지 않다.

컷 투(cut to). 집 앞 골목길의 아름이. 계속해서 귓가에 맴도는 목소리.

서하(소리) (청순한 말투로) 안녕? 나는 이서하라고 해. 너랑 같은 나이야.

– 김애란 원작, 최민석 외 각본, 「두근두근 내 인생」 –

1) 컷 투(cut to) : 한 장면에서 다른 장면으로 전환할 때 컷으로 바꾸는 촬영 기법.

17 윗글에 대한 설명으로 가장 적절한 것은?

① 무대 위에서 사건이 전개되고 있다.
② 장과 막을 구성단위로 사용하고 있다.
③ 등장인물이 관객과 직접 소통하고 있다.
④ 촬영을 고려한 전문 용어를 사용하고 있다.

18 ㉠의 기능으로 가장 적절한 것은?

① '아름'에게 경제적 어려움을 느끼게 한다.
② '아름'에게 투병 생활의 고통을 느끼게 한다.
③ '아름'에게 죽음에 대한 두려움을 느끼게 한다.
④ '아름'에게 또래 아이에 대한 설렘을 느끼게 한다.

19 윗글에서 알 수 있는 내용으로 적절하지 <u>않은</u> 것은?

① '아름'은 심장 통증으로 고통받고 있다.
② '서하'는 '아름'이 출연한 방송을 보았다.
③ '서하'는 집에 직접 찾아와서 '아름'을 만났다.
④ '아름'은 '대수'에게 걱정을 끼치지 않으려고 한다.

[20～22] 다음 글을 읽고 물음에 답하시오.

생명 과학이나 생명 공학 연구 활동에 종사하는 대부분의 과학자들은 인간 배아[1] 복제를 포함한 배아 연구를 정부가 규제하는 것은 과학자들의 연구 자유를 ㉠ 침해하는 행위라고 주장한다. 과학의 발전은 인위적으로 막아서는 안 되며, 과학자의 자유로운 연구를 보장해야 한다는 논리이다. ㉮ 이와 같은 입장에서는 인간 배아 복제를 지속적으로 연구해 그 기술을 발전시키고 응용하면 암과 같은 난치병을 치료할 수 있으며, 우리나라의 과학 기술 경쟁력을 높일 수 있다고 주장한다. 그런데 이러한 주장을 비판하는 입장에서는 인간 배아 복제를 ㉡ 초래할 수 있는 연구에 엄격한 사회적 규제를 가해야 한다고 주장한다. 이들은 인간 배아 복제가 엄연한 생명체인 배아를 조작하고 실험하고 죽이는 일련의 비도덕적 행위를 수반하므로 연구의 자유라는 ㉢ 미명하에 허용될 수 없는 일이라고 본다. 아울러 이들은 만약 인간 배아 복제를 허용하게 된다면 이는 곧 인간 개체 복제, 즉 인간 복제로 나아가게 되는 길을 열어 주게 될 것이므로 사전에 강력하게 규제할 필요가 있다고 주장한다.

이상에서 살펴본 바와 같이 생명 복제를 둘러싼 논쟁의 이면에는 연구의 자유를 어떻게 볼 것인가 하는 ㉣ 쟁점이 자리하고 있다. 이처럼 과학 연구의 자유와 한계를 어디까지로 설정할 것인가 하는 문제는 과학 연구에서 매우 중요한 논란거리가 되어 왔다.

– 이영희, 「과학 연구의 자유와 규제」–

1) 배아 : 단세포인 수정란이 다세포가 되기 위하여 연속적으로 분열하는 체세포 분열의 과정을 시작한 이후의 개체.

20 윗글에 대한 설명으로 가장 적절한 것은?

① 구체적인 통계 자료를 활용하고 있다.
② 화제에 대한 상반된 입장을 제시하고 있다.
③ 질문을 통해 독자의 호기심을 유발하고 있다.
④ 대상과 관련한 개인적인 경험을 제시하고 있다.

21 ㉮에 해당하는 내용으로 가장 적절한 것은?

① 과학 발전을 인위적으로 막아서는 안 된다.
② 과학자의 연구 자유는 과학 발전과 관련이 없다.
③ 배아 복제 연구는 엄격한 사회적 규제가 필요하다.
④ 배아 복제 연구는 난치병 치료에 도움이 되지 않는다.

22 ㉠~㉣의 사전적 의미로 적절하지 않은 것은?

① ㉠ : 침범하여 해를 끼침.
② ㉡ : 일의 결과로서 어떤 현상을 생겨나게 함.
③ ㉢ : 그럴듯하게 내세운 명목이나 명칭.
④ ㉣ : 어떤 일을 서로 양보하여 협의함.

[23～25] 다음 글을 읽고 물음에 답하시오.

실학자들은 천주교와 함께 유입된 서양화를 대상의 '참다운 형상'을 묘사하는 데 적합한 화법으로 여겨 적극적으로 받아들였다. 그런데 서양화법에 매료되었던 실학자들의 태도를 보면, 한 가지 특이한 사실이 발견된다.

박지원, 박제가, 홍대용과 같은 이용후생 학파(북학파)는 주로 서양화의 회화적 표현에 관심이 많았다. 이에 반해 이익이나 정약용 같은 경세치용 학파는 회화의 원리나 그림을 그릴 때 사용되는 기구에 더 많은 주의를 기울였다. 그들의 학문적 지향이 다르듯, 서양화법에 대한 인식 또한 특정 방면으로 나타나는 것이 흥미롭다.

조선 후기 실학자들의 관심을 받으며 유입된 서양화법은 다양한 분야의 그림에 영향을 끼쳤다. (㉠) 서양화법의 유행은 그리 오래 지속되지 않았다. 그 까닭은 무엇일까? 아마도 '눈'에 보이는 현상보다 '정신'을 중요시한 동양화의 전통이 강하게 작용했기 때문이라고 여겨진다.

[A] 예로부터 동양에서는 눈에 보이는 사실을 그대로 옮겨 그리기보다 '마음'으로 해석하여 표현하고자 했다. 그 결과 동양의 화가들은 먹과 선을 위주로 대상의 의미와 느낌을 전달하는 데 주력했다. 반면 서양에서는 눈에 보이는 것을 그대로 화폭에 담으려고 원근법과 화려한 색을 사용하여 사실적인 표현을 추구했다. 동양화와 서양화에 나타나는 이 같은 차이는 정신적인 것을 추구하는 동양인과 눈에 보이는 현상에 집중하는 서양인의 삶에 대한 태도의 차이에서 비롯된 것으로 보인다. 세상을 바라보는 인식과 태도의 차이가 결과적으로 그만큼 다른 회화적 표현을 낳았던 듯하다.

– 김정숙 외, 「실학, 조선의 르네상스를 열다」 –

23 윗글의 내용과 일치하는 것은?

① 서양화법의 유행은 조선 시대 전반에 걸쳐 지속되었다.
② 이용후생 학파는 회화에 사용되는 기구에 관심이 많았다.
③ 이용후생 학파와 경세치용 학파는 학문적 지향이 달랐다.
④ 서양의 화가들은 먹과 선을 통해 대상의 의미를 드러내고자 했다.

24 ㉠에 들어갈 말로 가장 적절한 것은?

① 그러면 ② 따라서
③ 이처럼 ④ 하지만

25 [A]에 대한 설명으로 가장 적절한 것은?

① 동양화와 서양화의 개념을 정의하고 있다.
② 동양화와 서양화의 공통점을 분석하고 있다.
③ 동양화와 서양화의 회화적 표현이 서로 다른 이유를 제시하고 있다.
④ 동양화와 서양화의 작가에 대한 잘못된 통념을 반박하고 있다.

제2교시

수 학

정답 및 해설 340p

01 두 다항식 $A=2x^3+3x$, $B=3x+2$에 대하여 $A-B$는?

① $2x^3-2$
② $2x^3+2$
③ $2x^3-x$
④ $2x^3+x$

02 다항식 x^3-3x^2+a가 $x-2$로 나누어떨어질 때, 상수 a의 값은?

① 1
② 2
③ 3
④ 4

03 다항식 x^3-3^3을 인수분해한 식이 $(x-3)(x^2+ax+9)$일 때 상수 a의 값은?

① 1
② 3
③ 5
④ 7

04 복소수 $5-3i$의 켤레복소수가 $5+ai$일 때, 실수 a의 값은? (단, $i=\sqrt{-1}$)

① 1
② 3
③ 5
④ 7

05 이차방정식 $x^2-2x+a=0$이 중근을 가질 때, 상수 a의 값은?

① 1
② 2
③ 3
④ 4

06 이차방정식 $x^2-x-6=0$의 서로 다른 두 실근을 α, β라고 할 때, $\alpha+\beta$의 값은?

① -6
② -1
③ 1
④ 6

07 $0 \le x \le 3$일 때, 이차함수 $y=-(x-2)^2+3$의 최댓값은?

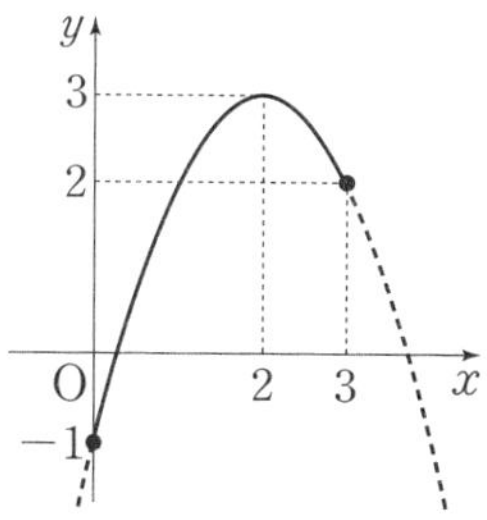

① -1 ② 0
③ 2 ④ 3

08 그림은 부등식 $|x+1| \ge 5$의 해를 수직선 위에 나타낸 것이다. 상수 a의 값은?

① -8 ② -7
③ -6 ④ -5

09 좌표평면 위의 두 점 $A(-2, -1)$, $B(2, 3)$에 대하여 선분 AB를 $3:1$로 내분하는 점의 좌표는?

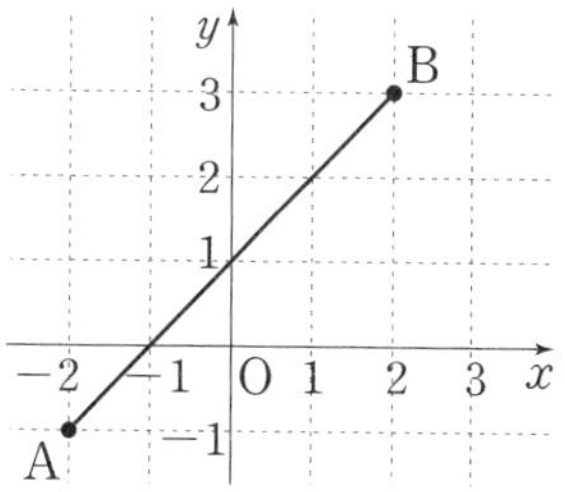

① $(-1, 0)$ ② $(1, 2)$
③ $(1, 3)$ ④ $(2, 1)$

10 원점과 직선 $x+y-2=0$ 사이의 거리는?

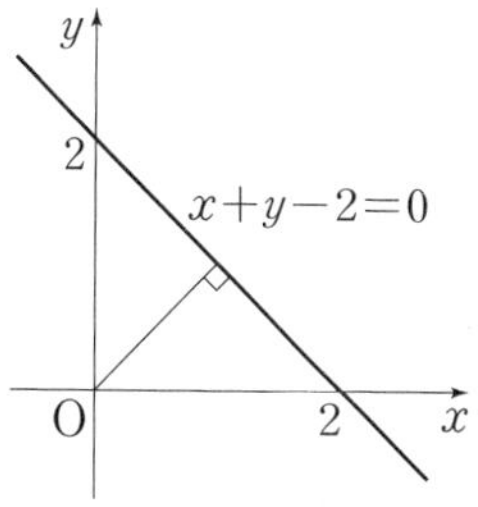

① 1 ② $\sqrt{2}$
③ $\sqrt{3}$ ④ 2

2024년 2회

11 자연수 a에 대하여 직선 $y=a$와 원 $x^2+y^2=4$가 서로 다른 두 점에서 만날 때, a의 값은?

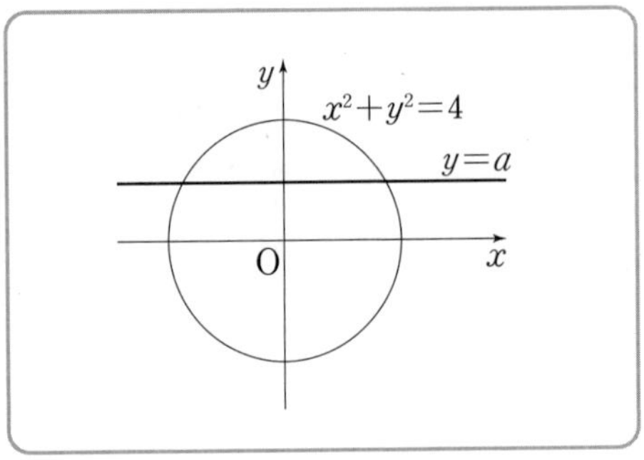

① 1 ② 2
③ 3 ④ 4

12 좌표평면 위의 점 $(1, 3)$을 직선 $y=x$에 대하여 대칭이동한 점의 좌표는?

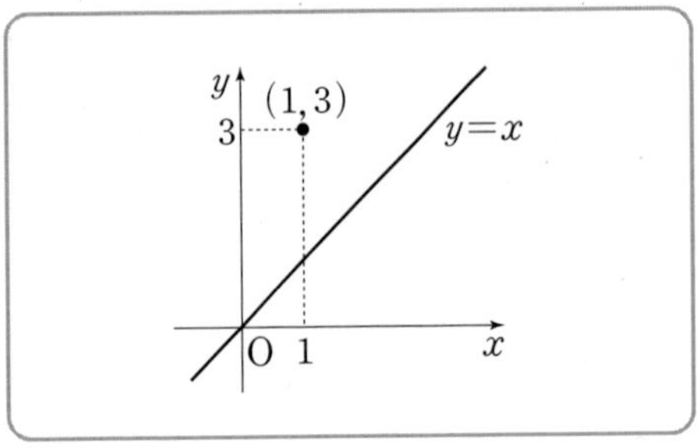

① $(-1, -3)$ ② $(-1, 3)$
③ $(3, -1)$ ④ $(3, 1)$

13 다음 중 집합인 것은?

① 작은 동물의 모임
② 유명한 가수의 모임
③ 키가 큰 사람의 모임
④ 7 이하의 자연수의 모임

14 두 집합 $A=\{2, 4, 6, 8\}$, $B=\{6, 7, 8\}$에 대하여 $A-B$는?

① $\{2, 4\}$ ② $\{2, 6\}$
③ $\{4, 8\}$ ④ $\{6, 8\}$

15 두 조건 'p: $x-2=0$', 'q: $x^2-a=0$'에 대하여 p가 q이기 위한 충분조건이 되도록 하는 상수 a의 값은?

① 1 ② 2
③ 3 ④ 4

16 두 함수 $f: X \rightarrow Y$, $g: Y \rightarrow Z$가 그림과 같을 때, $(g \circ f)(1)$의 값은?

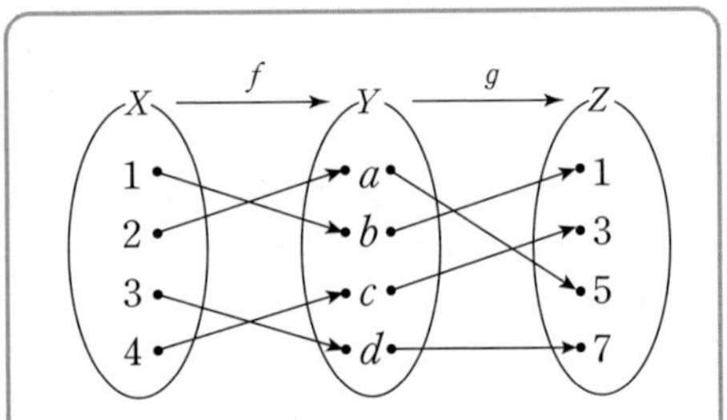

① 1 ② 3
③ 5 ④ 7

17 함수 $f(x)=2x+1$에 대하여 $f^{-1}(5)$의 값은? (단, f^{-1}는 f의 역함수이다.)

① 1　　② 2

③ 3　　④ 4

18 무리함수 $y=\sqrt{x-2}+4$의 그래프는 무리함수 $y=\sqrt{x}$의 그래프를 x축의 방향으로 a만큼, y축의 방향으로 b만큼 평행이동한 것이다. 두 상수 a, b에 대하여 $a+b$의 값은?

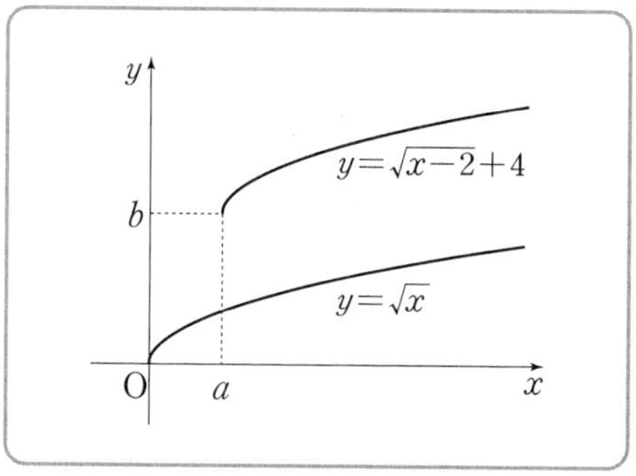

① 2　　② 4

③ 6　　④ 8

19 그림과 같이 한국 문화를 알리는 4종류의 카드가 각각 한 장씩 있다. 이 중에서 서로 다른 3장의 카드를 택하여 일렬로 나열하는 경우의 수는?

① 12　　② 16

③ 20　　④ 24

20 그림은 유네스코에 등재된 우리나라 세계 기록 유산 중 5개를 나타낸 것이다. 이 중에서 서로 다른 2개의 세계 기록 유산을 선택하는 경우의 수는?

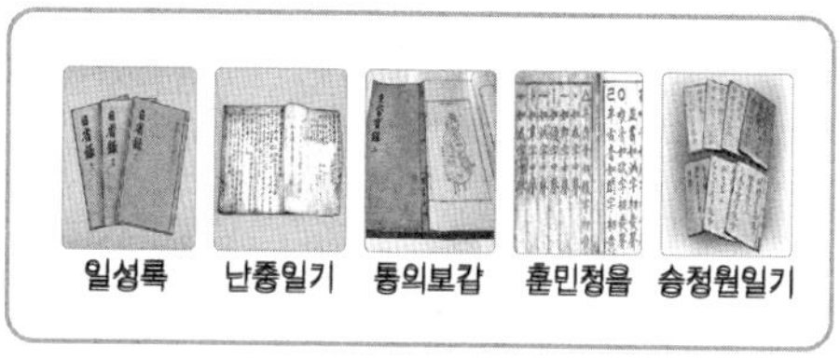

① 6　　② 8

③ 10　　④ 12

제3교시

영 어

정답 및 해설 342p

[01~03] 다음 밑줄 친 부분의 뜻으로 가장 적절한 것을 고르시오.

01

I am lucky to have the opportunity to learn from him.

① 갈등 ② 기회
③ 법칙 ④ 인기

02

Many people are aware of the health risks of energy drinks.

① 걷다 ② 놓다
③ 묻다 ④ 알다

03

Our trip to the beach was canceled due to the storm.

① 게다가 ② 대신에
③ 때문에 ④ 반면에

04 다음 밑줄 친 두 단어의 의미 관계와 다른 것은?

Every flower in the garden is beautiful, but I really love this red rose.

① color – gray
② sport – basketball
③ north – south
④ language – English

05 다음 마술 공연 안내문에서 언급되지 않은 것은?

The Great Magic Show
come and be amazed!

- Date: August 17th, 2 p.m.-5 p.m.
- Location: The Grand Hotel
- Tickets: 20,000 won

** There is a parking area behind the hotel.*

① 관람 장소 ② 관람 연령
③ 티켓 가격 ④ 주차 정보

[06~08] 다음 빈칸에 공통으로 들어갈 말로 가장 적절한 것을 고르시오.

06

- We will ________ ice cream for dessert.
- Please put the books in alphabetical ________ .

① drive ② order
③ respect ④ work

07

- She believes ____ she can pass the exam.
- He bought a car ____ is quiet and fast.

① that ② what
③ where ④ why

08

- France is famous ____ the Eiffel Tower.
- He called his friends and asked ____ help.

① for ② of
③ on ④ out

09 다음 대화에서 밑줄 친 표현의 의미로 가장 적절한 것은?

A : Ah! There's a spider as big as my hand!
B : As big as your hand? Really?
A : Yes, it's huge!
B : Let me check. <u>Seeing is believing.</u>

① 남의 것이 더 좋아 보인다.
② 눈으로 확인해야 믿을 수 있다.
③ 겉모습만으로 판단해서는 안 된다.
④ 눈에서 멀어지면 마음도 멀어진다.

10 다음 대화에서 알 수 있는 A의 심정으로 가장 적절한 것은?

A : Finally, I booked tickets to see my favorite band!
B : That's awesome! When is the concert?
A : It's on Friday. I can't wait to see them perform live.
B : You're so lucky. Enjoy it!

① 미안하다 ② 속상하다
③ 창피하다 ④ 행복하다

11 다음 대화가 이루어지는 장소로 가장 적절한 것은?

> A : Can you show me some short hairstyles?
> B : Sure. Here are some pictures. Do you like any of them?
> A : I like this one. Can you cut my hair like this?
> B : Absolutely, we can start right away.

① 식당 ② 약국
③ 미용실 ④ 세탁소

12 다음 글에서 밑줄 친 It이 가리키는 것으로 가장 적절한 것은?

> Exercise can help you maintain a healthy weight. It burns calories and builds muscle, which is important for overall health. <u>It</u> will also help you feel more energetic and productive so you can focus on your work. By staying active, you can prevent many health problems.

① exercise ② heart
③ problem ④ stay

[13～14] 다음 대화의 빈칸에 들어갈 말로 가장 적절한 것을 고르시오.

13

> A : ______________________?
> B : Not too often, maybe once a week. How about you?
> A : I eat out almost every day. It's easier with my schedule.
> B : Yes, I understand.

① Are there any restaurants around here
② What kind of food do you eat
③ Where can I get easy recipes
④ How often do you eat out

14

> A : How can I improve my communication skills?
> B : One way is to ______________.

① eat more fruit and vegetables
② buy baking soda for your mom
③ wear gloves to keep your hands warm
④ practice speaking with people regularly

15 다음 대화의 주제로 가장 적절한 것은?

> A : Do you know the benefits of drinking tea?
> B : Sure. It can help you relax and reduce stress. Do you like to drink tea?
> A : Yes, I do. I heard it can also help with digestion.

① 차 재배의 어려움
② 차를 우려내는 방법
③ 차를 마시는 것의 장점
④ 국가별 차의 종류와 특징

16 다음 글을 쓴 목적으로 가장 적절한 것은?

> I live downstairs and have been hearing a lot of noise from your apartment lately. I can't sleep at night. Please keep the noise levels down, especially during the late hours. This would be greatly appreciated.

① 거절하려고　　② 동의하려고
③ 사과하려고　　④ 요청하려고

17 다음 동아리 안내문의 내용과 일치하지 않는 것은?

> **BREAKDANCING CLUB**
> join us to learn some moves!
>
> - Tuesdays at 5:00 p.m. in Margaret Hall
> - No dance experience is required.
> - Bring your sneakers.
> - For more information, email us at dance@email.com.

① 매주 화요일에 참여할 수 있다.
② 댄스 경험이 없어도 참여 가능하다.
③ 동아리 가입 시 운동화가 제공된다.
④ 이메일로 추가 문의를 할 수 있다.

2024년 2회

18 다음 Paradise Resort에 대한 설명과 일치하지 않는 것은?

> Paradise Resort is located in Thailand. The resort is next to the ocean, so you can enjoy swimming and fishing. Also, there are many diving spots where you can observe colorful marine life. The resort has restaurants where you can enjoy various dishes from around the world. Come visit us in paradise!

① 태국에 위치해 있다.
② 수영과 낚시를 즐길 수 있다.
③ 다이빙은 안전상의 이유로 금지된다.
④ 세계 여러 나라의 음식을 먹을 수 있다.

19 다음 글의 주제로 가장 적절한 것은?

Let me give you some tips that could make you look taller. First, avoid loose clothes. Many of you might prefer big and oversized clothes, but they can make you appear short. Second, wear similar colors. Wearing different colors divides your body and can cause you to look shorter.

① 옷을 저렴하게 구입하는 방법
② 키가 커 보이게 옷을 입는 방법
③ 신체 치수를 정확히 측정하는 방법
④ 나에게 어울리는 색상을 찾는 방법

[20～21] 다음 글의 빈칸에 들어갈 말로 가장 적절한 것을 고르시오.

20

Film-making can be ____ because it requires careful planning and teamwork. Finding the right locations, making schedules with actors, and managing a budget are all difficult tasks. Weather and technical issues during filming can also cause delays.

① challenging ② selfish
③ independent ④ wearable

21

What is a 3D printer? It's like a normal printer but a little ____ . First, we don't put in ink but other materials like plastic or metal. Next, using software, we don't print out paper but real-life products like toys and even houses. Isn't that amazing?

① common ② different
③ frequent ④ wrong

22 글의 흐름으로 보아 다음 문장이 들어가기에 가장 적절한 곳은?

However, heavy snow fell unexpectedly.

On New Year's Day, my friend and I planned to climb a mountain near my town. (①) It stopped us from going up the mountain because it could have been dangerous. (②) As a result, we stayed indoors. (③) We were very disappointed but we hope to try again. (④)

23 다음 글의 바로 뒤에 이어질 내용으로 가장 적절한 것은?

> Today, pets such as dogs, cats, and rabbits hold a special place in their owners' hearts. Many people spend a lot of time with their pets. Some people spend much money on them. Pets can mean a lot to their owners. Here are some reasons why.

① 반려동물을 입양할 때 유의할 점
② 반려동물이 주인들에게 중요한 이유
③ 가정에서 키울 수 있는 반려동물의 종류
④ 반려동물을 건강하게 키울 수 있는 방법

[24～25] 다음 글을 읽고 물음에 답하시오.

> Humans are social beings. We cannot live alone and need support from others. We should try to do things in cooperation. When we work as a team, we can be more successful. Helen Keller once said, "Alone we can do so little; together we can do so much." None of us is as smart as all of us. When we keep this in mind, I'm sure that we will ____ a better society.

24 윗글의 빈칸에 들어갈 말로 가장 적절한 것은?

① build ② forget
③ submit ④ trick

25 윗글의 주제로 가장 적절한 것은?

① 협력의 중요성
② 사회적 약자의 의미
③ 목표 설정의 필요성
④ 계획적인 생활의 장점

제4교시

사 회

정답 및 해설 347p

01 ㉠에 들어갈 내용으로 가장 적절한 것은?

> **학습 주제: [㉠]의 필요성과 사례**
> • **필요성:** 시민의 권리를 능동적으로 행사하여 민주주의를 실현함으로서 시민으로서의 행복감을 높이기 위함.
> • **사례:** 민원 제기, 청원 운동, 집회 참가 등

① 편익　② 시민 참여
③ 규모의 경제　④ 불완전 경쟁

02 ㉠에 들어갈 용어로 옳은 것은?

> 근대에 들어와 인간이라면 누구나 기본적 권리를 누릴 수 있다는 사상이 확산되었다. 이를 바탕으로 프랑스에서도 시민 혁명이 일어나 '인간과 시민의 권리 선언(1789)'을 통해 천부 [㉠]을 명시적으로 언급함으로써 [㉠] 확립의 계기를 마련하였다.

① 억압　② 인권
③ 종전　④ 채권

03 ㉠, ㉡에 들어갈 내용으로 옳은 것은?

> 우리나라 헌법에서는 권력 분립의 원리를 실현하기 위해 [㉠]은 국회에, [㉡]은 정부에, 사법권은 법원에 속한다고 규정하고 있다.

	㉠	㉡
①	건강권	주거권
②	입법권	행정권
③	참정권	사회권
④	청구권	단결권

04 ㉠에 들어갈 내용으로 가장 적절한 것은?

> 시민 스스로 법을 지키려는 자세인 [㉠]은 사회적 측면에서도 매우 중요하다. 구성원들의 [㉠]이 잘 확립되어야 정의 실현 및 사회 질서 유지가 가능하기 때문이다.

① 유동성　② 기회비용
③ 준법 의식　④ 인플레이션

05 다음에서 설명하는 경제 주체는?

> • 조세 정책을 세워 소득 불평등을 완화한다.
> • 공정 거래 위원회를 통해 불공정 거래 행위를 규제한다.

① 정부　② 기업가
③ 노동자　④ 소비자

06 다음에서 설명하는 것은?

> 특정 국가 간에 무역 특혜를 부여하기 위해 관세나 무역 장벽을 완화하거나 제거하기로 맺은 약정

① 브렉시트(Brexit)
② 님비(NIMBY) 현상
③ 누리 소통망(SNS)
④ 자유 무역 협정(FTA)

07 다음 주장이 반영된 자본주의 체제는?

> 대공황을 극복하기 위해서는 정부가 지출을 확대하여 실업자를 구제하는 등 적극적으로 시장에 개입해야 한다.

① 연고주의 ② 상업 자본주의
③ 수정 자본주의 ④ 자유 방임주의

08 ㉠에 들어갈 용어로 가장 적절한 것은?

> "계란을 한 바구니에 담지 말라."라는 격언은 투자의 위험을 줄이기 위해 다양한 금융 자산으로 [㉠]을/를 구성해 분산 투자를 해야 함을 의미한다.

① 빨대 효과 ② 외부 효과
③ 포트폴리오 ④ 사이버 불링

09 다음에서 설명하는 용어는?

> 사회 구성원 전체의 이익이 개인의 이익과 조화를 이룸으로써 공동체 모두에게 유익한 것

① 공동선 ② 희소성
③ 무임승차 ④ 인간 소외

10 사회 복지 제도 중 사회 보험의 사례를 〈보기〉에서 고른 것은?

〈보기〉

> ㄱ. 국민연금 ㄴ. 고용 보험
> ㄷ. 돌봄 서비스 ㄹ. 재개발 사업

① ㄱ, ㄴ ② ㄱ, ㄹ
③ ㄴ, ㄷ ④ ㄷ, ㄹ

11 다음에서 설명하는 문화 변동 양상은?

> 기존의 문화 요소와 다른 사회로부터 전파된 문화 요소가 함께 공존하는 현상

① 발견 ② 소멸
③ 문화 동화 ④ 문화 병존

12 ㉠, ㉡에 들어갈 문화 이해 태도로 옳은 것은?

> • (㉠)는 다른 문화를 더 우월한 것으로 믿고 자신의 문화를 무시하거나 낮게 평가하는 태도이다.
> • (㉡)는 문화의 우열을 가릴 수 없다고 보며, 해당 사회의 환경과 역사적 맥락 속에서 문화를 바라보는 태도이다.

	㉠	㉡
①	문화 사대주의	문화 상대주의
②	문화 사대주의	자문화 중심주의
③	자문화 중심주의	문화 사대주의
④	자문화 중심주의	문화 상대주의

13 ㉠에 들어갈 내용으로 옳은 것은?

> ○○국 △△신문 ○○○○년 ○월 ○일
>
> **다문화 정책이 나아갈 방향**
>
> 현대 다문화 정책은 다양한 문화를 우리 사회의 주류 문화에 동화시키려는 (㉠) 이론을 바탕으로 하고 있다. 앞으로는 다양한 인종과 문화가 어울릴 수 있는 샐러드 볼 이론을 바탕으로 하는 정책이 필요할 것이다.

① 효용 ② 용광로
③ 유리 천장 ④ 로컬 푸드

14 한대 기후 지역의 전통 생활 모습으로 옳지 <u>않은</u> 것은?

① 순록 유목을 한다.
② 오아시스 주변에서 농업을 한다.
③ 폐쇄적인 가옥 구조가 나타난다.
④ 동물의 털가죽으로 의복을 만든다.

15 다음에서 설명하는 자연재해로 옳은 것은?

> • 분류 : 기후적 요인에 의한 자연재해
> • 영향 : 교통 혼란, 비닐하우스나 축사 등의 붕괴
> • 대책 : 자가용 이용 자제, 신속한 제설 작업

① 가뭄 ② 지진
③ 폭설 ④ 화산

16 국제 환경 문제 해결을 위한 협약으로 옳지 <u>않은</u> 것은?

① 교토 의정서
② 차티스트 운동
③ 몬트리올 의정서
④ 사막화 방지 협약

17 도시화가 가져온 변화로 옳은 것은?

① 열섬 현상이 사라졌다.
② 직업의 다양성이 증가하였다.
③ 도시의 인공 건축물이 감소하였다.
④ 공업 중심의 사회에서 농업 중심의 사회로 변화하였다.

18 다음에서 설명하는 용어는?

> 한 여성이 가임 기간(15~49세) 동안 낳을 것으로 예상되는 평균 출생아 수를 말한다.

① 고령화 ② 인구 구조
③ 인구 이동 ④ 합계 출산율

19 지도에 표시된 (가) 문화권에 대한 설명으로 옳은 것은?

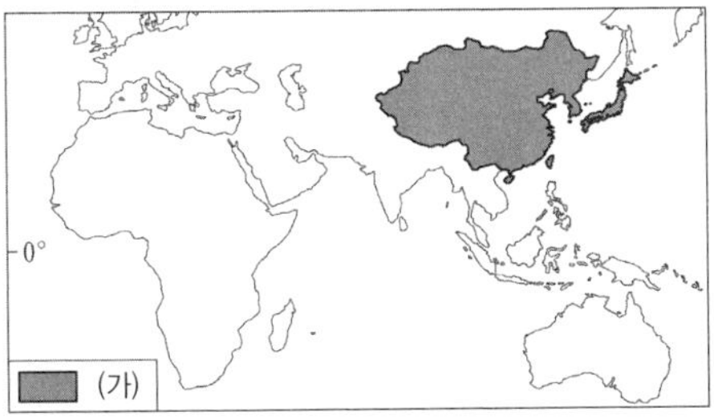

① 불교 문화가 나타난다.
② 고대 유럽 문명의 발원지이다.
③ 대표적인 원주민은 마오리족이다.
④ 사하라 사막 이남의 아프리카 지역이다.

20 이슬람교에 대한 설명으로 옳은 것은?

① 다신교이다.
② 소를 신성한 동물로 여긴다.
③ 돼지고기 먹는 것을 금기시한다.
④ 갠지스강에서 종교 의식으로 목욕을 한다.

21 인간과 자연의 공존을 위한 노력으로 옳지 않은 것은?

① 지속 가능한 발전을 추구한다.
② 생태 통로를 만들어 동물을 보호한다.
③ 인간의 이익을 위해 자연을 훼손한다.
④ 생태계 구성원으로서 환경친화적 가치관을 가진다.

22 다음에서 강조하는 세계화의 문제점으로 가장 적절한 것은?

> 세계화가 진행되면서 각 사회가 가지고 있는 고유한 문화가 사라질 수 있습니다. 예컨대 영어 사용이 확산되면서 영어를 제외한 다른 언어들이 소멸될 위기에 처해 있습니다.

① 저출산 ② 플랜테이션
③ 공간적 분업 ④ 문화의 획일화

23 다음에서 설명하는 국제기구에 해당하는 것은?

> • 국제 비정부 기구이다.
> • 전쟁 · 기아 · 질병 · 자연재해 등으로 고통받는 세계 각 지역의 주민들을 구호하기 위해 설립한 단체이다.

① 국제 통화 기금(IMF)
② 세계 무역 기구(WTO)
③ 국경 없는 의사회(MSF)
④ 경제 협력 개발 기구(OECD)

24 ㉠에 들어갈 내용으로 가장 적절한 것은?

> **정보화에 따른 문제점:** ㉠
> • 개인의 행동이나 기록이 정보화 기기에 노출되는 빈도가 늘어남.
> • 폐회로 텔레비전(CCTV)의 발전으로 개인이 감시나 통제를 받을 수 있음

① 환경 난민 ② 사생활 침해
③ 자원 민족주의 ④ 산아 제한 정책

25 밑줄 친 ㉠, ㉡에 대한 설명으로 옳은 것은?

> 오늘날 주로 사용되는 에너지 자원에는 ㉠석유, ㉡천연가스 등이 있다.

① ㉠은 고생대 지층에만 매장되어 있다.
② ㉠은 연소하면서 오염 물질을 배출하지 않는다.
③ ㉡은 18세기 산업 혁명의 주요 동력원이 되었다.
④ ㉠은 ㉡보다 현재 세계에서 소비량이 더 많다.

제5교시

과 학

정답 및 해설 350p

01 다음 설명에 해당하는 발전 방식은?

> 태양 전지를 사용하여 태양의 빛에너지를 전기 에너지로 직접 전환하며, 일조량에 따라 전력 생산량이 달라질 수 있다.

① 수력 발전 ② 조력 발전
③ 파력 발전 ④ 태양광 발전

02 그림과 같이 마찰이 없는 수평면에서 질량이 2kg인 물체가 6m/s의 일정한 속력으로 운동할 때 이 물체의 운동량(kg · m/s)의 크기는?

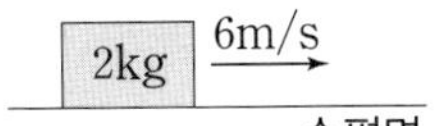

① 12 ② 15
③ 18 ④ 21

03 다음 설명에서 ㉠에 공통으로 해당하는 것은?

> • 코일 근처에서 자석을 움직이면 코일에 전류가 유도되는데 이러한 현상을 [㉠](이)라 한다.
> • 변압기는 [㉠]을/를 이용하여 전압을 변화시키는 장치로, 각 코일에 걸린 전압은 코일의 감은 수에 비례한다.

① 열효율 ② 핵발전
③ 전자기 유도 ④ 초전도 현상

04 그림은 수평 방향으로 던진 공의 위치를 일정한 시간 간격으로 나타낸 것이다. A와 B 지점에서의 물리량이 같은 것만을 〈보기〉에서 모두 고른 것은? (단, 중력 가속도는 $10m/s^2$이고, 공기 저항은 무시한다.)

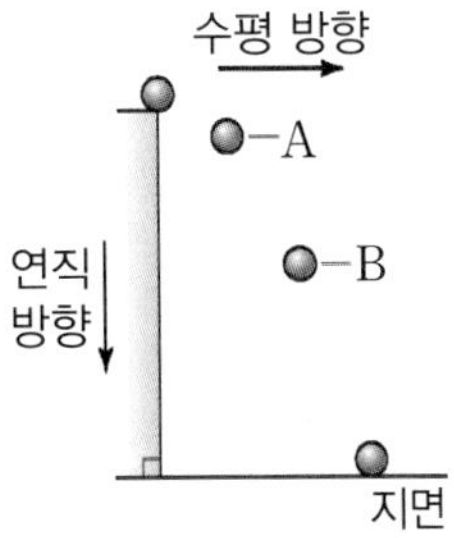

〈보기〉

> ㄱ. 공의 수평 방향 속력
> ㄴ. 공의 연직 방향 속력
> ㄷ. 공에 작용하는 힘의 크기

① ㄴ ② ㄷ
③ ㄱ, ㄴ ④ ㄱ, ㄷ

05 어떤 열기관이 75J의 열에너지를 공급받아 외부에 15J의 일을 하고 60J의 열에너지를 방출할 때 이 열기관의 열효율은?

① 10% ② 15%
③ 20% ④ 25%

06 다음은 그래핀에 대한 설명이다. ㉠에 해당하는 것은?

• 전기 전도성이 뛰어나다.
• ㉠ 원자가 육각형 모양으로 배열된 평면 구조이다.

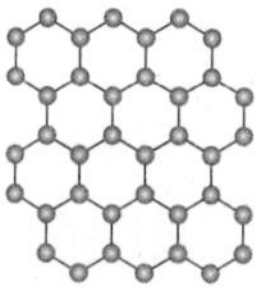

① 규소 ② 산소
③ 질소 ④ 탄소

07 다음은 원자의 전자 배치를 나타낸 것이다. 13족 원소는?

① 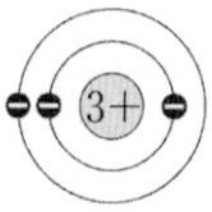
② 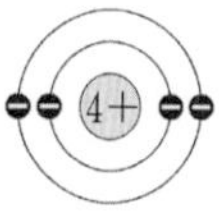
③ 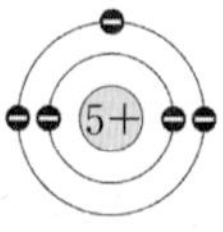
④ 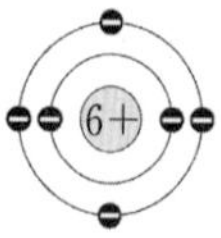

08 그림은 주기율표의 일부를 나타낸 것이다. 원소 (가)~(라) 중 가장 바깥 전자 껍질의 전자 수가 8개이고 반응성이 거의 없는 것은?

주기 \ 족	1	2		16	17	18
1						
2				(가)		(나)
3	(다)				(라)	

① (가) ② (나)
③ (다) ④ (라)

09 이온 결합 물질에 대한 설명으로 옳은 것만을 〈보기〉에서 모두 고른 것은?

〈보기〉
ㄱ. 산소 기체(O_2)가 해당한다.
ㄴ. 수용액 상태에서 전류가 흐른다.
ㄷ. 양이온과 음이온의 정전기적 인력에 의해 생성된다.

① ㄱ ② ㄴ
③ ㄱ, ㄷ ④ ㄴ, ㄷ

10 다음 중 물에 녹아 염기성을 나타내는 물질은?

① HCl ② $Ca(OH)_2$
③ H_2SO_4 ④ CH_3COOH

11 그림은 수산화 나트륨(NaOH) 수용액에 A 수용액을 넣어 중화 반응시키는 과정을 나타낸 것이다. A에 해당하는 것은?

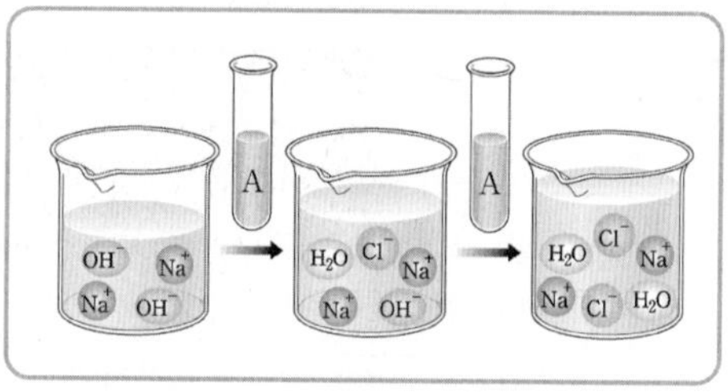

① HCl ② HNO_3
③ H_2CO_3 ④ H_2SO_4

12 다음 화학 반응에서의 반응 물질 중 산화되는 것은?

2CuO	+	C	→	2Cu	+	CO_2
산화 구리(Ⅱ)		탄소		구리		이산화 탄소

① CuO ② C
③ Cu ④ CO_2

13 다음 설명에서 ㉠에 해당하는 것은?

> 같은 종의 무당벌레 개체군에서 겉날개의 색과 반점 무늬가 개체마다 달라지면 ㉠ 이/가 증가한다.

① 생물 대멸종
② 외래종 도입
③ 서식지 단편화
④ 유전적 다양성

14 다음 설명에 해당하는 물질은?

> • 핵산을 구성하는 기본 단위체이다.
> • 염기 및 당과 인산으로 구성되어 있다.

① 지질
② 포도당
③ 아미노산
④ 뉴클레오타이드

15 그림은 세포 내 유전 정보의 흐름을 나타낸 것이다. ㉠, ㉡에 해당하는 것은?

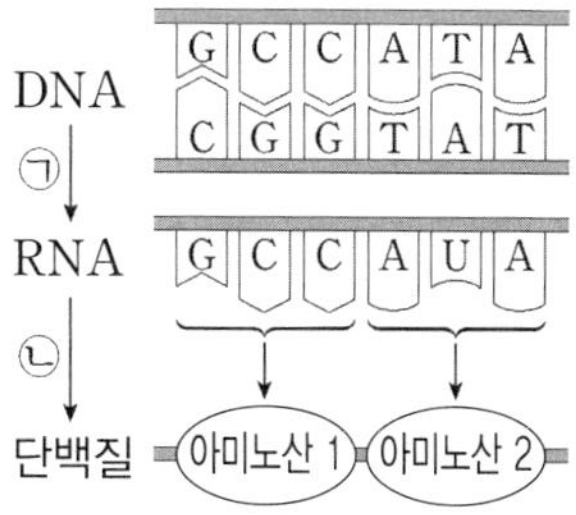

	㉠	㉡
①	번역	전사
②	전도	번역
③	전사	번역
④	전사	전도

16 그림은 세포막의 구조와 세포막을 통한 물질 A와 B의 이동을 나타낸 것이다. 이에 대한 설명으로 옳은 것만을 〈보기〉에서 모두 고른 것은?

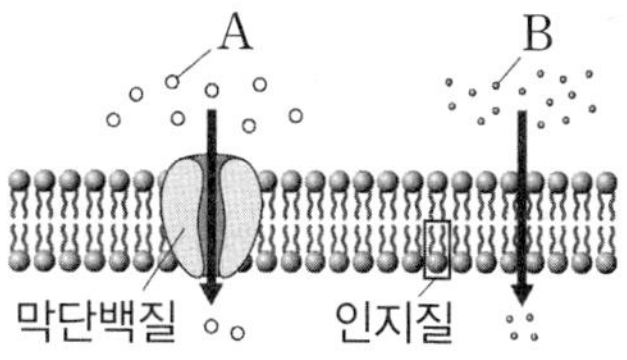

〈보기〉

ㄱ. A는 막단백질을 통해 이동한다.
ㄴ. B는 인지질 사이로 확산한다.
ㄷ. 세포막은 막단백질로만 구성되어 있다.

① ㄱ ② ㄷ
③ ㄱ, ㄴ ④ ㄴ, ㄷ

17 다음 설명에서 ㉠에 해당하는 것은?

> 항생제를 반복적으로 사용하다 보면 세균 집단 내에 항생제 내성 세균의 비율이 증가하게 된다. 이러한 현상은 다윈의 [㉠](으)로 설명할 수 있다.

① 자연 선택　② 생태계 평형
③ 생태 피라미드　④ 생명 중심 원리

18 다음 설명에서 밑줄 친 ㉠, ㉡이 해당되는 생태계 구성 요소는?

> 한 그루의 ㉠ <u>참나무</u>를 관찰했더니 ㉡ <u>햇빛</u>을 강하게 받은 잎이 약하게 받은 잎보다 두꺼운 것이 확인되었다.

	㉠	㉡
①	생산자	분해자
②	생산자	비생물적 요인
③	소비자	분해자
④	소비자	비생물적 요인

19 그림은 어떤 안정된 생태계의 개체 수 피라미드를 나타낸 것이다. 이 생태계에 대한 설명으로 옳은 것만을 〈보기〉에서 모두 고른 것은?

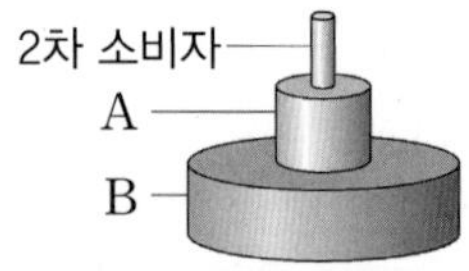

〈보기〉
ㄱ. A는 1차 소비자이다.
ㄴ. 참새는 B에 해당한다.
ㄷ. 상위 영양 단계로 갈수록 개체 수는 증가한다.

① ㄱ　② ㄷ
③ ㄱ, ㄴ　④ ㄴ, ㄷ

20 다음 설명에서 ㉠에 공통으로 해당하는 것은?

> • 지구의 지각을 구성하는 암석은 주로 규소와 [㉠]이/가 결합한 규산염 광물로 이루어져 있다.
> • [㉠]은/는 사람을 구성하는 원소 중 가장 많은 질량을 차지한다.

① 수소　② 탄소
③ 산소　④ 칼슘

21 다음 설명에서 ㉠, ㉡에 해당하는 것은?

> 태양 중심부에서는 [㉠] 원자핵 4개가 융합하여 [㉡] 원자핵 1개로 변환되는 수소 핵융합 반응이 일어난다.

	㉠	㉡
①	수소	철
②	수소	헬륨
③	헬륨	철
④	헬륨	수소

22 그림은 어느 해역의 깊이에 따른 수온 변화를 나타낸 것이다. 층 A~C에 대한 설명으로 옳은 것만을 〈보기〉에서 모두 고른 것은?

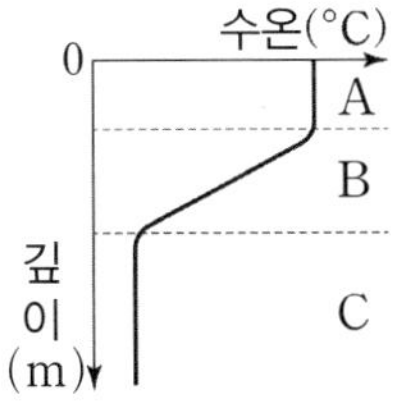

〈보기〉

ㄱ. A에서는 기권과 상호 작용이 일어난다.
ㄴ. B에서는 깊어질수록 수온이 높아진다.
ㄷ. C는 수온 약층이다.

① ㄱ　② ㄴ　③ ㄱ, ㄷ　④ ㄴ, ㄷ

23 그림의 A, B는 판의 경계를 나타낸 것이다. 이에 대한 설명으로 옳은 것만을 〈보기〉에서 모두 고른 것은?

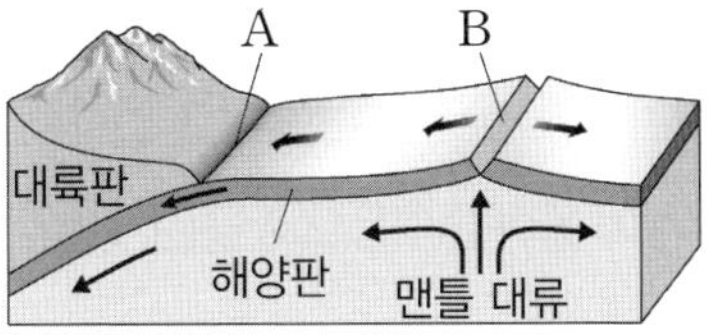

〈보기〉

ㄱ. A는 발산형 경계이다.
ㄴ. B에서는 판이 생성된다.
ㄷ. A, B에서는 모두 해구가 발달한다.

① ㄱ　② ㄴ　③ ㄱ, ㄷ　④ ㄴ, ㄷ

24 그림은 서로 다른 지질 시대 A~C의 표준 화석을 나타낸 것이다. 오래된 시대부터 순서대로 나열한 것은?

시대	A	B	C
표준 화석	 삼엽충	 암모나이트	 매머드

① A－B－C　② A－C－B　③ B－A－C　④ C－A－B

25 다음 현상을 일으키는 지구 시스템의 주된 에너지원은?

• 지진과 화산 활동을 일으킨다.
• 맨틀 대류를 일으켜 판을 이동시킨다.

① 조력 에너지
② 풍력 에너지
③ 바이오 에너지
④ 지구 내부 에너지

2024년 2회

제6교시

한국사

정답 및 해설 353p

01 다음 설명에 해당하는 시대는?

> • 농경과 목축을 시작하여 식량을 생산함.
> • 대표적인 유물은 빗살무늬 토기임.

① 구석기 시대 ② 신석기 시대
③ 청동기 시대 ④ 철기 시대

02 ㉠에 들어갈 국왕으로 옳은 것은?

① 세종 ② 공민왕
③ 광해군 ④ 진흥왕

03 다음에서 설명하는 불교의 종파는?

> • 경전 공부보다 참선 수행을 강조함.
> • 호족 세력의 적극적인 후원을 받음.
> • 대표적인 사원으로 '9산선문'이 있음.

① 서학 ② 선종
③ 대종교 ④ 천도교

04 ㉠에 들어갈 내용으로 옳은 것은?

> 인종은 묘청, 정지상 등 서경 세력을 등용하였다. 이들은 칭제 건원과 금국 정벌, [㉠] 등을 주장하였다. 이들의 주장이 좌절되자 묘청은 반란을 일으켰다.

① 개항 반대 ② 녹읍 폐지
③ 서경 천도 ④ 반민족 행위자 처벌

05 다음 질문에 대한 답으로 옳은 것은?

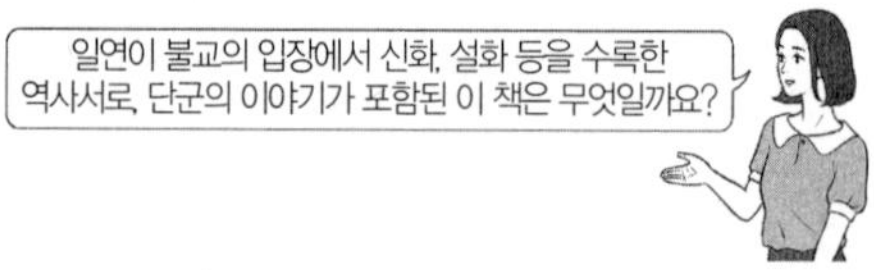

① 택리지 ② 삼국유사
③ 홍길동전 ④ 대동여지도

06 ㉠에 들어갈 내용으로 옳은 것은?

> **〈수행 평가 계획서〉**
> **주제:** 정조의 개혁 정치
> • 1모둠: 영조의 탕평책 계승
> • 2모둠: [㉠]

① 규장각 설치
② 유신 헌법 제정
③ 수선사 결사 결성
④ 통리기무아문 설치

07 다음에서 설명하는 정책은?

> • 배경 : 방납의 폐단
> • 내용 : 공납을 토산물 대신 쌀, 옷감, 동전 등으로 납부
> • 결과 : 공인의 등장, 상품 화폐 경제의 발달

① 대동법　② 양천제
③ 전시과　④ 호포제

08 다음에서 설명하는 나라는?

> • 제너럴셔먼호 사건을 구실로 신미양요를 일으킴.
> • 서구 열강 중 최초로 조선과 근대적 조약을 체결함.

① 독일　② 미국
③ 영국　④ 베트남

09 밑줄 친 '개혁 정강'의 내용으로 옳은 것은?

> 1884년 급진 개화파는 우정총국 개국 축하연을 이용하여 갑신정변을 일으켰다. 이들은 <u>개혁 정강</u>을 마련하여 근대적 개혁을 추진하려 했으나, 청군의 개입으로 실패하였다.

① 율령 반포　② 모내기법 보급
③ 정동행성 설치　④ 인민 평등권 보장

10 다음에서 ㉠ 시기에 들어갈 사건은?

◈ 일제의 국권 침탈 과정 ◈

1904년				1910년
러·일 전쟁 발발	➡	㉠	➡	한국 병합 조약 체결

① 붕당 형성　② 예송 논쟁
③ 무신 정권 수립　④ 을사늑약 체결

11 다음에서 설명하는 단체는?

> • 1907년 안창호, 양기탁 등이 비밀 결사로 조직함.
> • 실력 양성을 도모하고 국외 독립운동 기지를 건설함.

① 별기군　② 비변사
③ 승정원　④ 신민회

12 다음에서 설명하는 인물은?

◈ 한국사 인물 카드 ◈
• 별칭: 녹두 장군
• 주요 활동: 동학 농민 운동 주도
• 사망: 우금치 전투 이후 체포되어 1895년 처형

① 이황　② 강감찬
③ 전봉준　④ 을지문덕

13 ㉠에 들어갈 내용으로 옳은 것은?

> 2차 갑오개혁 시기에 [㉠]이/가 반포되었다. 이로 인해 소학교, 외국어 학교, 사범 학교 등 많은 관립 학교가 세워지며 근대적 교육 제도가 마련되었다.

① 교육입국 조서　② 신라 촌락 문서
③ 조선 혁명 선언　④ 7 · 4 남북 공동 성명

14 ㉠에 들어갈 내용으로 옳은 것은?

> 8:05
> 한국사 묻고 답하기
> 질문 [㉠]에 대해 알려 주세요.
> ↳ 답변 일제가 1910년 대한 제국을 강제로 병합하고 설치한 식민 통치의 최고 기구예요.

① 삼별초　② 도병마사
③ 제가 회의　④ 조선 총독부

15 ㉠에 들어갈 인물로 옳은 것은?

> 〈조별 과제: 민족주의 사학자와 저서 알아보기〉
> • 1조 : 박은식 – 한국통사, 한국독립운동지혈사
> • 2조 : [㉠] – 조선사연구초, 조선상고사

① 궁예　② 신채호
③ 이성계　④ 정약용

16 교사의 질문에 대한 답으로 옳지 않은 것은?

> 1919년 3월 1일 시작된 거국적인 만세 운동이 국내외에 끼친 영향에 대해 말해 볼까요?

① 강화도 조약이 체결되었어요.
② 대한민국 임시 정부가 수립되었어요.
③ 중국의 5 · 4 운동에 영향을 주었어요.
④ 일제가 통치 방식을 이른바 문화 통치로 바꿨어요.

17 ㉠에 들어갈 민족 운동은?

> 1931년 동아일보는 문맹 퇴치와 미신 타파를 목표로 농촌 계몽 운동을 전개하였다. 이 운동은 러시아어로 '민중 속으로'라는 뜻의 [㉠]으로 불리기도 하였다.

① 북벌 운동　② 새마을 운동
③ 브나로드 운동　④ 금 모으기 운동

18 ㉠에 해당하는 단체는?

* 연표로 보는 [㉠]의 활동

1919	1923	1924
김원봉을 중심으로 만주 지역에서 결성	김상옥, 종로 경찰서에 폭탄 투척	김지섭, 일본 왕궁에 폭탄 투척

① 의열단　② 보안회
③ 황국 협회　④ 통일 주체 국민 회의

19 다음 설명에 해당하는 것은?

> • 제1차 미 · 소 공동 위원회 결렬 이후 중도 좌파 여운형, 중도 우파 김규식을 중심으로 한반도 통일 정부 수립을 목적으로 추진
> • 냉전 체제가 격화되고 여운형이 암살당하면서 약화

① 형평 운동　② 위정척사 운동
③ 좌우 합작 운동　④ 국채 보상 운동

20 ㉠에 들어갈 내용으로 옳은 것은?

> 1941년 대한민국 임시 정부는 조소앙의 [㉠]를 기초로 하여 건국 강령을 발표하였다. [㉠]는 정치, 경제, 교육에서의 균등을 바탕으로 개인과 개인, 민족과 민족, 국가와 국가 간의 균등을 추구하자는 주장이다.

① 삼균주의　② 돈오점수
③ 시무 28조　④ 최혜국 대우

21 밑줄 친 '전쟁'으로 옳은 것은?

> <u>전쟁</u>이 교착 상태에 빠지자, 소련은 국제 연합에 정전을 제안하였다. 정전 협상은 군사 분계선, 포로 송환 문제 등으로 2년여 동안이나 이어졌고, 마침내 1953년 7월 27일 판문점에서 정전 협정이 체결되었다.

① 임오군란　② 임진왜란
③ 6 · 25 전쟁　④ 청산리 대첩

22 ㉠에 들어갈 내용으로 옳은 것은?

① 사창제
② 진대법
③ 친명배금 정책
④ 경제 개발 3개년 계획

23 ㉠에 들어갈 내용으로 옳은 것은?

〈1980년대 대한민국의 민주주의 발전〉
5 · 18 민주화 운동 → [㉠] → 대통령 직선제 개헌

① 아관파천
② 5 · 10 총선거
③ 6월 민주 항쟁
④ 모스크바 3국 외상 회의

24 다음 설명에 해당하는 제도는?

> • 김영삼 정부에서 투명한 금융 거래 정착과 부당한 정치 자금 거래 근절 등을 목적으로 시행
> • 금융 거래에서 실제 이름을 사용해야 하는 제도

① 농지 개혁　② 노비안검법
③ 금융 실명제　④ 황국 신민화 정책

25 ㉠에 들어갈 내용으로 옳은 것은?

> 제1조 남과 북은 서로 상대방의 체제를 인정하고 존중한다.
> 제9조 남과 북은 상대방에 대하여 무력을 사용하지 않으며 상대방을 무력으로 침략하지 아니한다.
>
> – [㉠] (1991) –

① 과전법　② 전주 화약
③ 국가 총동원법　④ 남북 기본 합의서

제7교시 선택 과목

도 덕

정답 및 해설 357p

01 다음에서 설명하는 윤리학은?

> **주제: ○○ 윤리학**
> • 의미: 현실의 구체적인 문제 원인을 분석하고 타당한 해결책을 제시하는 것을 목표로 하는 윤리학
> • 예: 생명 윤리, 정보 윤리 등
> ⋮

① 실천 윤리학　② 기술 윤리학
③ 이론 윤리학　④ 메타 윤리학

02 환경 윤리 영역의 쟁점에 해당하는 것은?

① 안락사를 인정할 수 있는가?
② 성적 욕망과 사랑의 차이는 무엇인가?
③ 자연은 개발의 대상인가, 보존의 대상인가?
④ 통일이 지향해야 할 윤리적 가치는 무엇인가?

03 다음에서 소개하는 윤리 사상가는?

> ◈ 도덕 인물 카드 ◈
> • 사단(四端)에 근거한 성선설을 주장함.
> • 일정한 생업[恒産]이 있어야 바른 마음[恒心]을 지킬 수 있다고 주장함.

① 노자　② 맹자
③ 순자　④ 묵자

04 다음 설명에 해당하는 윤리 이론은?

> • 도덕과 입법의 원리로 최대 다수의 최대 행복을 주장함.
> • 쾌락은 선이고 고통은 악이며, 행복이 삶의 목적이라고 봄.

① 의무론　② 덕 윤리
③ 공리주의　④ 진화 윤리

05 (가)에 들어갈 용어로 적절한 것은?

> **탐구 주제: 〈 (가) 〉에 대한 다양한 관점**
> • 장자: 기(氣)가 흩어지는 것으로 자연적이고 필연적인 과정
> • 플라톤: 영혼이 육체로부터 해방되어 이데아 세계로 들어가는 것
> • 에피쿠로스: 인간을 구성하던 원자가 흩어져 개별 원자로 돌아가는 것

① 죽음　② 행복
③ 성찰　④ 희망

06 다음 설명에 해당하는 것은?

> • 좌망(坐忘)과 심재(心齋)를 통해 이를 수 있음.
> • 세상 만물을 차별하지 않고 한결같이 보는 상태

① 제물(齊物)　② 오륜(五倫)
③ 효제(孝悌)　④ 충서(忠恕)

07 다음 설명에 해당하는 사상가는?

- 주장 : "너의 행위의 결과가 인류의 존속 가능성을 파괴하지 않도록 행위하라."
- 특징 : 인간과 자연, 미래 세대에 대한 책임 윤리를 강조함.

① 밀　② 벤담
③ 요나스　④ 베이컨

08 ㉠에 들어갈 내용으로 가장 적절한 것은?

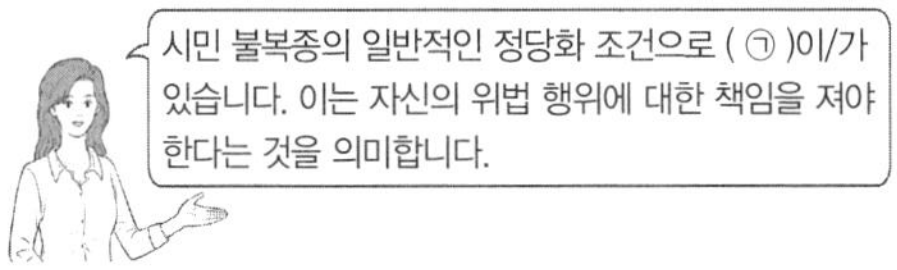

① 익명성　② 비폭력성
③ 처벌 감수　④ 공동선 추구

09 ㉠에 공통으로 들어갈 용어로 적절한 것은?

프롬(Fromm, E.)은 "(㉠)은/는 자유의 소산이지 결코 지배의 소산이 아닙니다. (㉠)이/가 지배의 관계로 타락하지 않기 위해서는 존경이 필요합니다."라고 주장하였다.

① 애국　② 사랑
③ 정의　④ 책임

10 B에 들어갈 내용으로 가장 적절한 것은?

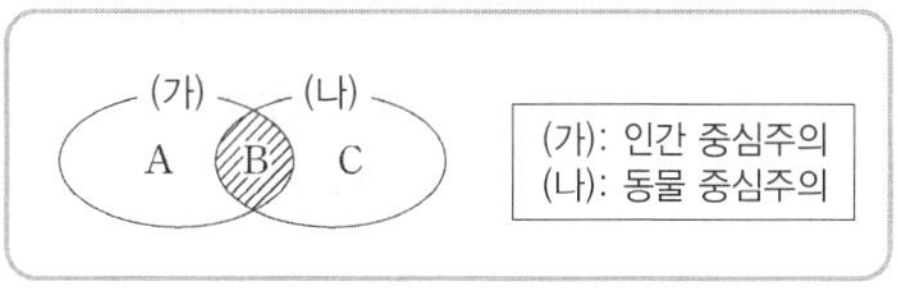

① 인간은 도덕적 고려의 대상이다.
② 모든 생명체는 도덕적 지위를 갖는다.
③ 생태계 전체가 도덕 공동체의 범위이다.
④ 생태계의 안정을 위해 각 생명체의 희생을 강요한다.

11 다음 설명에 해당하는 직업 윤리 의식은?

프랑스 종교 개혁자 칼뱅(Calvin, J.)은 직업을 '신으로부터 부름을 받은 자기 몫의 일'이라고 주장하면서 자신의 직업에 충실히 종사하는 것이 바로 신의 명령에 따르는 것이라고 말했다.

① 소명 의식　② 경로 사상
③ 장인 정신　④ 특권 의식

12 교사의 질문에 대한 대답으로 적절하지 <u>않은</u> 것은?

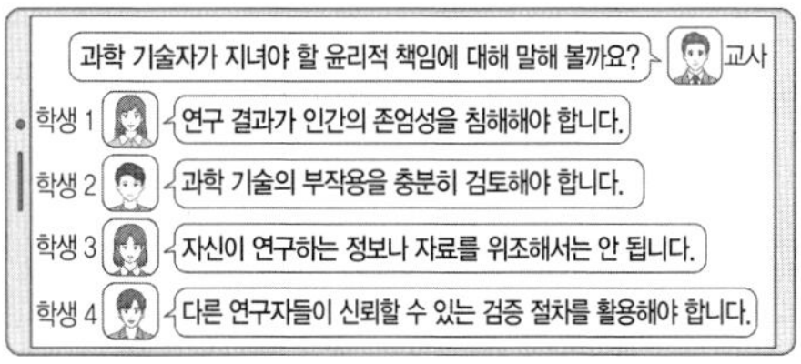

① 학생 1　② 학생 2
③ 학생 3　④ 학생 4

13 다음에서 설명하는 국가 권위의 정당화 근거는?

> 생명과 자유, 재산을 보장받기 위해 개인 간 합의를 통해 국가를 수립함.

① 겸애 ② 중용
③ 상업화 ④ 사회 계약

14 다음에서 설명하는 윤리적 문제로 가장 적절한 것은?

> 제○○호 **도덕 신문** 2024년 ○월 ○일
>
> A 국가 사람들이 비만으로 건강을 해치고 있는 반면, B 국가에서는 굶주림으로 고통받는 사람들이 있다. A 국가와는 다르게 B 국가에서는 심각한 영양실조와 기아가 대물림되는 악순환이 반복된다.

① 동물 복지 문제
② 식량 불평등 문제
③ 사이버 폭력 문제
④ 사생활 침해 문제

15 예술에 대한 도덕주의 입장에서 A, B에 들어갈 대답으로 옳은 것은?

질문	대답
예술의 미적 가치만을 추구해야 하는가?	A
예술은 사회의 도덕적 성숙에 기여해야 하는가?	B

	①	②	③	④
A	예	예	아니오	아니오
B	예	아니오	예	아니오

16 갈퉁(Galtung, J.)의 평화에 대한 내용 중 (가), (나)에 해당하는 용어는?

(가)	전쟁, 테러, 범죄, 폭행 등과 같은 직접적 폭력이 없는 상태
(나)	직접적 폭력은 물론 가난, 차별 등 구조적 · 문화적 폭력도 사라져 인간다운 삶을 누릴 수 있는 상태

	(가)	(나)
①	적극적 평화	종교적 평화
②	소극적 평화	적극적 평화
③	종교적 평화	소극적 평화
④	종교적 평화	적극적 평화

17 롤스(Rawls, J.)의 정의관에 대한 설명으로 옳지 않은 것은?

① 절차가 공정하면 그 결과도 공정하다.
② 모든 사람은 기본적 자유에서 평등한 권리를 지닌다.
③ 무지의 베일을 쓴 개인들은 차등의 원칙에 합의할 수 있다.
④ 국가는 개인의 소유권만을 보호하는 역할을 수행해야 한다.

18 다음에서 처벌에 대한 응보주의적 관점에만 '✔'를 표시한 학생은?

관점 \ 학생	A	B	C	D
• 범죄 행위에 상응하는 형벌을 내려야 한다.	✔			✔
• 자신의 행위에 책임질 수 있는 자율적 주체를 전제로 한다.		✔		✔
• 범죄 강도와 상관없이 범죄 예방의 가장 효과적인 방법은 종신 노역형이다.	✔	✔	✔	

① A　② B
③ C　④ D

19 ㉠에 들어갈 용어로 적절한 것은?

> 매체가 발달한 현대 사회에서는 정보를 교환하고 처리하는 과정에서 사적인 정보가 노출될 수 있다. 이를 방지하기 위해 개인 정보를 언제, 누구에게, 어느 범위까지 알리고 또한 이용하도록 할 것인지를 통제하는 정보의 (㉠)이 강조되고 있다.

① 조작권　② 거주권
③ 선거권　④ 자기 결정권

20 다음 설명에 해당하는 용어는?

> 통일 과정과 통일 이후 남북한 격차를 해소하기 위해 부담해야 할 비용

① 통일 비용　② 경쟁 비용
③ 기회 비용　④ 통일 편익

21 다음은 서술형 평가 문제와 학생 답안이다. 밑줄 친 ㉠~㉣ 중 옳지 않은 것은?

> 문제: 사회 윤리에 대한 니부어(Niebuhr, R.)의 기본 입장을 서술하시오.
>
> 〈학생 답안〉 니부어는 ㉠ 개인의 도덕성과 집단의 도덕성을 구분하며, ㉡ 집단의 도덕성은 개인의 도덕성보다 현저히 떨어진다는 점을 주장하였다. 즉, ㉢ 개인이 양심적이고 도덕적일지라도 사회는 이기적이며 비도덕적일 수 있다. 따라서 ㉣ 사회 문제 해결을 위해서는 제도의 개선보다는 개인의 도덕성 함양이 필요하다.

① ㉠　② ㉡
③ ㉢　④ ㉣

22 (가), (나)에 들어갈 내용으로 적절하지 않은 것은?

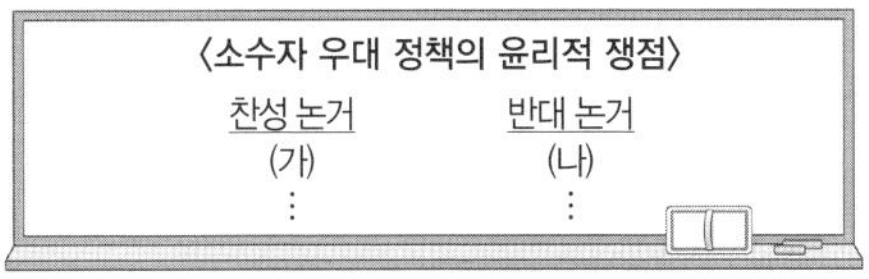

① (가) : 사회적 약자를 배려할 수 있다.
② (가) : 부당한 차별을 극대화할 수 있다.
③ (나) : 역차별로 새로운 사회 갈등을 유발할 수 있다.
④ (나) : 개인의 노력과 성취에 따른 업적을 간과할 수 있다.

23 하버마스(Habermas, J.)의 이상적 담화 상황의 조건에 대해 적절하게 말하지 <u>않은</u> 학생은?

① 학생 1　　② 학생 2
③ 학생 3　　④ 학생 4

24 종교 간 갈등 해결을 위한 자세로 적절하지 <u>않은</u> 것은?

① 타 종교에 대한 관용의 태도를 지닌다.
② 힘의 논리에 따라 종교 간의 질서를 확립한다.
③ 종교 간의 차이를 이유로 타인을 억압하지 않는다.
④ 종교 간의 대화를 통해 타 종교에 대한 이해를 높인다.

25 공직자가 지녀야 할 바람직한 태도만을 〈보기〉에서 모두 고른 것은?

〈보기〉

ㄱ. 정직과 성실
ㄴ. 봉사와 책임
ㄷ. 청탁과 비리
ㄹ. 청렴과 연대 의식

① ㄱ　　② ㄴ, ㄷ
③ ㄷ, ㄹ　　④ ㄱ, ㄴ, ㄹ

2023년도

제1회

제1교시 국 어

제2교시 수 학

제3교시 영 어

제4교시 사 회

제5교시 과 학

제6교시 한국사

제7교시 도 덕

제1교시

국 어

정답 및 해설 362p

01 다음에 대한 설명으로 가장 적절한 것은?

> '부추'를 강원, 경북, 충북에서는 '분추'라고 부르고 일부 경상, 전남에서는 '솔'이라고 한다. 일부 충청에서는 '졸'이라고 부르며 경상, 전북, 충청에서는 '정구지'라고 부르기도 한다.

① 세대에 따라 사용하는 어휘가 다르다.
② 성별에 따라 사용하는 어휘가 다르다.
③ 지역에 따라 같은 대상을 다르게 표현한다.
④ 직업에 따라 같은 대상을 다르게 표현한다.

02 다음 속담에서 강조하는 우리말의 담화 관습으로 가장 적절한 것은?

> • 발 없는 말이 천 리 간다.
> • 화살은 쏘고 주워도, 말은 하고 못 줍는다.
> • 가루는 칠수록 고와지고, 말은 할수록 거칠어진다.

① 말은 신중하게 해야 한다.
② 하고 싶은 말은 참지 않아야 한다.
③ 상대방의 말은 귀 기울여 들어야 한다.
④ 질문에 답할 때에는 신속하게 해야 한다.

03 피동 표현이 사용되지 <u>않은</u> 것은?

① 동생이 엄마에게 업혔다.
② 아이가 모기에게 물렸다.
③ 토끼가 사냥꾼에게 잡혔다.
④ 그가 친구에게 사실을 밝혔다.

04 다음 규정에 맞게 발음하지 <u>않은</u> 것은?

> **■ 표준 발음법 ■**
>
> **【제14항】** 겹받침이 모음으로 시작된 조사나 어미, 접미사와 결합되는 경우에는, 뒤엣것만을 뒤 음절 첫소리로 옮겨 발음한다.(이 경우, 'ㅅ'은 된소리로 발음함.)

① <u>값을</u> 깎지 마세요. → [갑쓸]
② <u>넋이</u> 나간 표정이다. → [넉씨]
③ <u>닭을</u> 키운 적이 있다. → [다글]
④ <u>앉아</u> 있기가 힘들다. → [안자]

05 다음 높임법이 나타난 문장이 <u>아닌</u> 것은?

> 객체 높임법은 목적어나 부사어가 지시하는 대상 즉, 서술의 객체를 높이는 방법이다.

① 나는 어머니를 모시고 집에 갔다.
② 선생님께서는 우리를 사랑하신다.

③ 자세한 내용은 아버지께 여쭤 보세요.

④ 주말에는 할아버지를 찾아뵙고 싶습니다.

[06~07] (나)는 (가)를 토대로 작성한 글이다. 물음에 답하시오.

> (가) **작문 상황**
>
> – 작문 과제 : ○○고등학교의 문제점을 찾아 해결 방안을 제안하는 건의문 쓰기
>
> – 예상 독자 : ○○고등학교 교장 선생님
>
> (나) **글의 초고**
>
> 교장 선생님께
>
> 안녕하세요? 저는 1학년 김△△입니다.
>
> 우리 학교는 주변 상권과 거리가 먼 곳에 위치하고 있어 학생들의 학교 매점 이용률이 매우 높습니다. 그런데 최근 저를 비롯해 매점에서 식품을 사 ㉠ 먹을 학생들이 배탈 난 일이 있었습니다. ㉡ 저희 아버지께서도 위장염으로 오랫동안 고생을 하고 계십니다. 이러다 보니 매점에서 판매하는 식품의 안전이 염려되어 한 가지 건의를 ㉢ 들이려고 합니다.
>
> 학교 매점에서 유해 · 불량 식품을 판매하지 않도록 '교내 식품 안전 지킴이' 제도를 도입해 주세요. 어린이 식생활 안전 관리 특별법에 의하면 초 · 중 · 고교 매점은 학생들에게 안전하고 영양가 있는 식품을 공급하도록 노력해야 합니다. ㉣ 하지만 우리 학교 매점에서는 그러한 노력을 소홀히 하고 있습니다.
>
> 학부모와 학생으로 구성된 '교내 식품 안전 지킴이' 제도를 도입하여 학생들에게 식품 안전 기초 교육을 실시하고 매점에서 유해 · 불량 식품을 판매하지 않도록 감독한다면, 학생들이 안전한 먹거리를 섭취하고 바람직한 식습관을 형성할 수 있을 것입니다.
>
> 다시 한번 '교내 식품 안전 지킴이' 제도를 도입해 주시기를 당부 드립니다. 감사합니다.
>
> 1학년 김△△ 올림

06 다음 중 (나)에 반영된 내용이 아닌 것은?

① 자신의 경험과 관련지어 문제 상황을 드러낸다.

② 예상 독자가 수행할 수 있는 해결 방안을 제시한다.

③ 건의 내용이 받아들여졌을 때 예상되는 효과를 제시한다.

④ 주장을 뒷받침하기 위해 구체적인 설문 조사 결과를 제시한다.

07 ㉠~㉣을 고쳐 쓰기 위한 방안으로 적절하지 않은 것은?

① ㉠ : 시간 표현이 잘못되었으므로 '먹은'으로 고친다.

② ㉡ : 글의 통일성을 해치는 문장이므로 삭제한다.

③ ㉢ : 맞춤법에 어긋나므로 '드리려고'로 수정한다.

④ ㉣ : 잘못된 접속어를 사용했으므로 '그래서'로 바꾼다.

08 ㉠~㉣에 나타난 중세 국어의 특징으로 적절하지 않은 것은?

> ㉠ 孔·공子·ᄌᆡ曾증子·ᄌᆞᄃᆞ·려닐·러ᄀᆞᆯᄋᆞ·샤·ᄃᆡ·몸·이며 얼굴·이며머·리털·이·며·ᄉᆞᆯ·ᄒᆞᆫ ㉡ 父·부母:모·ᄭᅴ받ᄌᆞ·온 거·시·라敢:감·히헐·워샹히·오·디아·니:홈·이:효·도·ᄋᆡ비·르·소미·오·몸·을세·워道:도·를行힝·ᄒᆞ·야 ㉢ 일:홈·을 後:후世:셰·예:베퍼·ᄡᅥ ㉣ 父·부母:모ᄅᆞᆯ:현·뎌케:홈·이:효·도·ᄋᆡᄆᆞ·ᄎᆞᆷ·이니·라
>
> –「소학언해」(1587) –

① ㉠ : 모음 뒤에서 주격 조사 'ㅣ'가 사용되었다.
② ㉡ : 어두 자음군이 사용되었다.
③ ㉢ : 이어 적기로 표기되었다.
④ ㉣ : 조사가 모음 조화에 따라 표기되었다.

[09~11] 다음을 읽고 물음에 답하시오.

> ㉠ 매운 계절(季節)의 채찍에 갈겨
> 마침내 ㉡ 북방(北方)으로 휩쓸려 오다.
>
> 하늘도 그만 지쳐 끝난 ㉢ 고원(高原)
> 서릿발 칼날진 그 위에 서다.
>
> 어데다 무릎을 꿇어야 하나?
> 한 발 재겨 디딜 곳조차 없다.
>
> 이러매 눈 감아 생각해 볼밖에
> 겨울은 강철로 된 ㉣ 무지개인가 보다.
>
> – 이육사, 「절정」 –

09 ㉠~㉣ 중 시적 의미가 가장 이질적인 것은?

① ㉠　② ㉡
③ ㉢　④ ㉣

10 윗글의 표현상 특징으로 적절한 것은?

① 동일한 구절을 반복하여 주제를 강조하고 있다.
② 상징적 표현을 사용하여 화자의 상황을 부각하고 있다.
③ 의인법을 활용하여 시적 대상과의 친밀감을 드러내고 있다.
④ 수미 상관을 활용하여 화자의 암울한 처지를 강조하고 있다.

11 다음을 참고할 때, 시인이 윗글을 통해 드러내려고 한 가치로 가장 적절한 것은?

> 이육사는 조선은행 대구 지점 폭발물 사건에 연루되어 수감 생활을 하는 등 열일곱 차례 옥고를 치른 항일 운동가였다.

① 편리성과 효율성을 중요시하는 자세
② 자연과 인간이 공존해야 한다는 신념
③ 운명에 순응하며 현실에 만족하는 태도
④ 극한의 상황에서도 꺾이지 않는 항일 의지

[12~14] 다음 글을 읽고 물음에 답하시오.

[앞부분의 줄거리] 1930년대의 어느 농촌, 스물여섯 살 '나'는 성례를 시켜 주겠다는 장인의 말에 데릴사위로 들어와 새경 한 푼 받지 못한 채 일을 한다. 하지만 장인은 성례를 계속 미루며, '나'를 머슴처럼 부려 먹기만 한다. 억울한 '나'는 장인과 함께 구장에게 가서 의견을 묻기로 한다.

구장님도 내 이야기를 자세히 듣더니 퍽 딱한 모양이었다. 하기야 구장님뿐만 아니라 누구든지 다 그럴 게다. ㉠ 길게 길러 둔 새끼손톱으로 코를 후벼서 저리 탁 튀기며

"그럼 봉필 씨! 얼른 성렐 시켜 주구려, 그렇게까지 제가 하구 싶다는 걸……."

하고 내 짐작대로 말했다. 그러나 이 말에 장인님이 샛대질로 눈을 부라리고

"아, 성례구 뭐구 기집애년이 미처 자라야 할 게 아닌가?"

하니까 고만 멀쑤룩해서 입맛만 쩍쩍 다실 뿐이 아닌가…….

"㉡ 그것두 그래!"

"그래, 거진 사 년 동안에도 안 자랐다니 그 킨 은제 자라지유? 다 그만두구 사경[1] 내슈……."

"글쎄, 이 자식아! 내가 크질 말라구 그랬니, 왜 날 보구 떼나?"

"㉢ 빙모님은 참새만 한 것이 그럼 어떻게 앨 낳지유?

(사실 장모님은 점순이보다도 귓배기 하나가 적다.)"

그러나 이 말에는 별반 신통한 귀정[2]을 얻지 못하고 도루 논으로 돌아와서 모를 부었다. 왜냐면, 장인님이 뭐라구 귓속말로 수군수군하고 간 뒤다. 구장님이 날 위해서 조용히 데리구 아래와 같이 일러 주었기 때문이다. (㉣ 뭉태의 말은 구장님이 장인님에게 땅 두 마지기 얻어 부치니까 그래 꾀였다고 하지만 난 그렇게 생각 않는다.)

(가) "자네 말두 하기야 옳지. 암, 나이 찼으니까 아들이 급하다는 게 잘못된 말은 아니야. 하지만 농사가 한창 바쁠 때 일을 안 한다든가 집으로 달아난다든가 하면 손해죄루 그것두 징역을 가거든! (여기에 그만 정신이 번쩍 났다.) 왜 요전에 삼포 말서 산에 불 좀 놓았다구 징역 간 거 못 봤나. 제 산에 불을 놓아두 징역을 가는 이땐데 남의 농사를 버려주니 죄가 얼마나 더 중한가. 그리고 자넨 정장[3]을(사경 받으러 정장 가겠다 했다.) 간대지만, 그러면 괜스레 죌 들쓰고 들어가는 걸세. 또, 결혼두 그렇지. 법률에 성년이란 게 있는데 스물하나가 돼야지 비로소 결혼을 할 수가 있는 걸세. 자넨 물론 아들이 늦을 걸 염려하지만, 점순이로 말하면 인제 겨우 열여섯이 아닌가. 그렇지만 아까 빙장님의 말씀이 올 갈에는 열 일을 제치고라두 성례를 시켜 주겠다 하시니 좀 고마울 겐가. 빨리 가서 모 붓든 거나 마저 붓게. 군소리 말구 어서 가."

– 김유정, 「봄·봄」 –

1) 사경 : 새경. 머슴이 주인에게서 일한 대가로 받는 돈이나 물건
2) 귀정 : 그릇되었던 일이 바른길로 돌아옴.
3) 정장 : 소송을 제기하기 위해 소장(訴狀)을 관청에 냄.

12 윗글의 특징으로 적절하지 않은 것은?

① 주로 인물의 대화를 통해 사건이 전개되고 있다.

② 작품 밖의 서술자가 인물의 심리를 묘사하고 있다.

③ 어리숙한 인물의 언행을 통해 해학성을 드러내고 있다.

④ 농촌을 배경으로 설정해 당시의 생활상을 그리고 있다.

13 (가)에 나타난 구장의 설득 방법으로 적절하지 않은 것은?

① '나'의 잘못을 언급하며 대화를 시작하고 있다.
② 징역 간다는 말로 '나'에게 겁을 주고 있다.
③ 결혼에 대한 법률적 근거를 제시하고 있다.
④ 성례의 가능성을 제시하며 '나'를 회유하고 있다.

14 ㉠~㉣에 대한 설명으로 적절하지 않은 것은?

① ㉠ : 무관심한 '구장'의 모습을 희화화하고 있다.
② ㉡ : '구장'의 우유부단한 성격을 드러내고 있다.
③ ㉢ : '나'는 장인의 말에 근거를 들어 대응하고 있다.
④ ㉣ : '나'는 '뭉태'의 말에 전적으로 동의하고 있다.

[15~16] 다음 글을 읽고 물음에 답하시오.

속세에 묻힌 분들, 이내 생애 어떠한가.
옛사람 풍류에 미칠까 못 미칠까.
이 세상 남자 몸이 나만 한 이 많건마는
자연에 묻혀 산다고 즐거움을 모르겠는가.
초가집 몇 칸을 푸른 시내 앞에 두고
송죽 울창한 곳에 풍월주인 되었구나.
엊그제 겨울 지나 새 봄이 돌아오니
복숭아꽃, 살구꽃은 석양에 피어 있고
푸른 버들, 향긋한 풀은 가랑비에 푸르도다.
칼로 재단했는가, 붓으로 그려 냈는가.
조물주의 솜씨가 사물마다 신비롭구나.
수풀에 우는 새는 봄 흥취에 겨워 소리마다 교태로다.
물아일체이니 흥이야 다를쏘냐.

– 정극인, 「상춘곡」 –

15 윗글에서 확인할 수 있는 가사의 특징으로 알맞은 것은?

① 4음보의 율격이 주로 나타난다.
② 후렴구를 사용하여 연을 나눈다.
③ 4구체, 8구체, 10구체의 형식이 있다.
④ 초장, 중장, 종장의 3장으로 구성된다.

16 윗글의 화자에 대한 설명으로 적절하지 않은 것은?

① 세속적 공간을 떠나 자연에 묻혀 살고 있다.
② 옛사람의 풍류와 비교하며 자부심을 드러내고 있다.
③ 큰 고을의 주인이 되어 임금의 은혜에 감사하고 있다.
④ 아름다운 봄의 풍경을 감상하며 흥취를 느끼고 있다.

[17~19] 다음 글을 읽고 물음에 답하시오.

(가) "좌수(座首) 별감(別監) 넋을 잃고 이방, 호방 혼을 잃고 나졸들이 분주하네. 모든 수령 도망갈 제 거동 보소. 인궤[1] 잃고 강정 들고, 병부(兵符)[2] 잃고 송편 들고, 탕건[3] 잃고 용수[4] 쓰고, 갓 잃고 소반 쓰고. 칼집 쥐고 오줌 누기. 부서지는 것은 거문고요 깨지는 것은 북과 장고라. 본관 사또가 똥을 싸고 멍석 구멍 생쥐 눈 뜨듯 하고, 안으로 들어가서,

"어, 추워라. 문 들어온다 바람 닫아라. 물 마르다 목 들여라."

〈중략〉

어사또 분부하되,

"너 같은 년이 수절한다고 관장(官長)[5]에게 포악하였으니 살기를 바랄쏘냐. 죽어 마땅하되 내 수청도 거역할까?"

춘향이 기가 막혀,

"내려오는 관장마다 모두 명관(名官)이로구나. 어사또 들으시오. 층암절벽(層巖絕壁) 높은 바위가 바람 분들 무너지며, 청송녹죽(青松綠竹) 푸른 나무가 눈이 온들 변하리까. 그런 분부 마옵시고 어서 바삐 죽여 주오." 하며, "향단아, 서방님 어디 계신가 보아라. 어젯밤에 옥 문간에 와 계실 제 천만당부 하였더니 어디를 가셨는지 나 죽는 줄 모르는가."

어사또 분부하되, "얼굴 들어 나를 보라."

하시니 춘향이 고개 들어 위를 살펴보니, 걸인으로 왔던 낭군이 분명히 어사또가 되어 앉았구나. 반웃음 반울음에, "얼씨구나, 좋을시고 어사 낭군 좋을시고. 남원 읍내 가을이 들어 떨어지게 되었더니, 객사에 봄이 들어 이화춘풍(李花春風) 날 살린다. 꿈이냐 생시냐? 꿈을 깰까 염려로다."

– 작자 미상, 「춘향전」 –

1) 인궤 : 관아에서 쓰는 각종 도장을 넣어 두던 상자
2) 병부(兵符) : 군대를 동원하는 표지로 쓰던 동글납작한 나무패
3) 탕건 : 벼슬아치가 갓 아래 받쳐 쓰던 관(冠)의 하나
4) 용수 : 죄수의 얼굴을 보지 못하도록 머리에 씌우는 둥근 통 같은 기구
5) 관장(官長) : 관가의 장(長). 고을의 원을 높여 이르던 말

17 윗글에 대한 설명으로 알맞은 것은?

① 판소리로 공연되기도 하였다.
② 궁중에서 발생하여 민간으로 유입되었다.
③ 조선 시대 양반 계층에 한하여 향유되었다.
④ 우리 문자가 없었던 시기라 한자로 기록되었다.

18 (가)에 대한 설명으로 적절하지 않은 것은?

① 유사한 문장 구조를 반복하여 운율감을 드러내고 있다.
② 음성 상징어를 활용하여 긴박한 상황을 나타내고 있다.
③ 비유적 표현을 사용하여 인물의 행동을 보여 주고 있다.
④ 단어의 위치를 의도적으로 뒤바꾸어 웃음을 유발하고 있다.

19 윗글에서 확인할 수 있는 내용으로 알맞은 것은?

① '춘향'은 '어사또'의 수청 제안을 거절했다.
② '어사또'는 지난밤에 옥 문간에서 '걸인'을 만났다.
③ '춘향'은 내려오는 관장을 모두 긍정적으로 평가했다.
④ '향단'은 '어사또'의 정체를 알고 기쁨의 눈물을 흘렸다.

[20～22] 다음 글을 읽고 물음에 답하시오.

(가) 현대인의 삶의 질이 점차 향상됨에 따라 도시공원에 대한 관심도 함께 높아지고 있다. 도시공원은 자연 경관을 보호하고, 사람들의 건강과 휴양, 정서 생활을 위하여 도시나 근교에 만든 공원을 말한다. 또한 도시공원은 휴식을 취할 수 있는 공간인 동시에 여러 사람과 만날 수 있는 소통의 장이기도 하다.

(나) 도시공원은 사람들이 선호하는 도시 시설 가운데 하나이지만 노인, 어린이, 장애인, 임산부 등 사회적 약자에게는 '그림의 떡'인 경우가 많다. 사회적 약자들은 그들의 신체적 제약으로 인해 도시공원에 접근하거나 이를 이용하기에 열악한 상황에 놓여 있기 때문이다.

(다) 우선, 도시공원이 대중교통을 이용해서 가기 어려운 위치에 있는 경우가 많다. 또한 공원에 간다 하더라도 사회적 약자를 미처 배려하지 못한 시설물이 대부분이다. 동선이 복잡하거나 안내 표시가 없어서 불편을 겪는 경우도 있다. 이런 물리적·사회적 문제점들로 인해 실제 공원을 ㉠ <u>찾는</u> 사회적 약자는 처음 공원 설치 시 기대했던 인원보다 매우 적은 편이다.

(라) 도시공원은 일반인뿐 아니라 사회적 약자들도 동등하게 이용할 수 있는 공간이어야 한다. 이를 위해서는 ㉮ <u>사회적 약자를 배려한 도시공원 계획이 우선적으로 마련되어야 한다</u>. 사회적 약자에게 필요한 것은 아무리 작은 쌈지 공원[1]이라도 편안하게 접근하여 여러 사람과 소통하거나 쉴 수 있도록 조성된 공간이다.

– 이훈길, 「도시를 걷다」 –

1) 쌈지 공원 : 빌딩 사이의 자투리땅에 조성한 공원

20 (가)~(라)의 중심 내용으로 적절하지 <u>않은</u> 것은?

① (가) : 도시공원의 정의와 기능
② (나) : 사회적 약자가 선호하는 도시 시설
③ (다) : 사회적 약자의 도시공원 이용이 어려운 이유
④ (라) : 바람직한 도시공원의 요건

21 밑줄 친 부분이 ㉠과 가장 유사한 의미로 쓰인 것은?

① 국산품을 <u>찾는</u> 손님이 많다.
② 산을 <u>찾는</u> 사람들이 늘고 있다.
③ 떨어진 바늘을 <u>찾는</u> 일은 어렵다.
④ 마음의 안정을 <u>찾는</u> 것이 좋겠다.

22 윗글을 고려하여 떠올린 ㉮의 구체적인 방안으로 적절하지 <u>않은</u> 것은?

① 공원 내에서 이동하기 쉽도록 동선을 설계한다.
② 공원 내에 바닥 조명을 설치하여 방향 유도 체계를 만든다.
③ 공원 내에 사회적 약자와 일반인의 공간을 분리하여 설계한다.
④ 대중교통을 이용해서 접근하기 쉬운 곳에 공원을 배치한다.

[23~25] 다음 글을 읽고 물음에 답하시오.

니체는 '망각은 새로운 것을 ㉠ 수용하게 하는 적극적이고 능동적인 힘'이라고 말했다. 잊어버린다는 사실은 과거에 ㉡ 구속되지 않고 현재를 살아가게 하는 원동력이 된다는 것이다. 그런데 자연스레 잊혀야 할 일들이 도무지 잊히지 않아 괴로워하는 사람들이 있다. 그들은 인터넷에 남아 있는 잊고 싶은 과거의 흔적이나 뜻하지 않게 퍼진 사진 때문에 고통받고 있다.

이러한 현실을 고려하여 '잊힐 권리'의 법적 보장 문제가 논의될 필요가 있다. '잊힐 권리'란 인터넷에 공개된 이용자 정보에 대해 당사자가 검색되는 것을 원하지 않을 경우, 해당 포털 사이트에 검색 결과의 삭제를 요구할 수 있는 권리를 말한다. ㉢ 노출되길 원하지 않았던 정보가 인터넷에 유출되어 정신적 피해를 입고 있는 사람들에게는 자신의 정보가 올라간 사이트를 찾아다니며 일일이 삭제 요청을 하는 것 외에는 대응 수단이 없다. 그러나 이런 방식에는 분명 한계가 있으므로 법적으로 ㉣ 확실하게 잊힐 권리를 보장해야 한다. 해당 정보가 단순한 개인 정보라면 사생활을 보호하기 위해서라도 그 정보의 삭제를 요청할 수 있는 권리를 지켜 주어야 한다.

㉮ 잊힐 권리의 보장으로 '알 권리'라고 하는 또 다른 권리가 침해된다고 주장하는 사람들도 있다. 잊힐 권리를 보장하게 되면 법적인 권력이나 자본을 소유한 사람들에게 악용될 소지가 크다는 것이다. 그러나 더욱 바람직하고 건강한 사회를 만들기 위해 잊힐 권리의 법적 보장에 대해 꼭 한번 고민해 볼 필요가 있다.

– 윤용아, 「잊힐 권리와 알 권리」 –

23 윗글을 읽은 후, 타인과 소통하며 이해를 확장하기 위해 한 활동으로 적절하지 않은 것은?

① 이 글에 나타난 '잊힐 권리'에 대한 핵심 내용을 요약한다.
② 친구들과 함께 '잊힐 권리'의 필요성을 주제로 토의를 진행한다.
③ 전문가를 대상으로 '잊힐 권리'의 법적 보장에 대한 인터뷰를 실시한다.
④ 인터넷 게시판에서 '잊힐 권리'의 법적 보장을 논제로 한 토론에 참여한다.

24 ㉮가 제시할 근거로 가장 적절한 것은?

① '알 권리'를 인정하면 사생활을 보호할 수 있기 때문이다.
② '알 권리'를 인정하면 망각이 쉽게 일어날 수 있기 때문이다.
③ '잊힐 권리'를 인정하면 정보 비공개로 인해 공익이 저해될 수 있기 때문이다.
④ '잊힐 권리'를 인정하면 정보 유출로 인한 고통이 늘어날 수 있기 때문이다.

25 ㉠~㉣을 고유어로 바꾸고자 할 때, 적절하지 않은 것은?

① ㉠ : 받아들이게　② ㉡ : 얽매이지
③ ㉢ : 드러나길　④ ㉣ : 올바르게

제2교시

수 학

정답 및 해설 366p

01 두 다항식 $A=x^2+2x$, $B=2x^2-x$에 대하여 $A+B$는?

① x^2-x　② x^2+x
③ $3x^2-x$　④ $3x^2+x$

02 등식 $x^2+ax+3=x^2+5x+b$가 x에 대한 항등식일 때, 두 상수 a, b에 대하여 $a-b$의 값은?

① 2　② 4
③ 6　④ 8

03 다항식 $2x^3+3x^2-1$을 $x-1$로 나누었을 때, 나머지는?

① 2　② 3
③ 4　④ 5

04 다항식 $x^3-6x^2+12x-8$을 인수분해한 식이 $(x-a)^3$일 때, 상수 a의 값은?

① 1　② 2
③ 3　④ 4

05 복소수 $5+4i$의 켤레복소수가 $a+bi$일 때, 두 실수 a, b에 대하여 $a+b$의 값은? (단, $i=\sqrt{-1}$)

① 1　② 3
③ 5　④ 7

06 두 수 3, 4를 근으로 하고 x^2의 계수가 1인 이차방정식이 $x^2-7x+a=0$일 때, 상수 a의 값은?

① 3　② 6
③ 9　④ 12

07 $-3\le x\le 0$일 때, 이차함수 $y=x^2+2x-1$의 최솟값은?

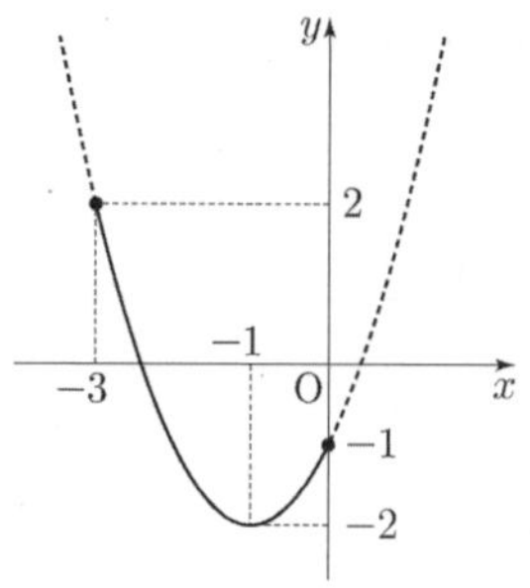

① -2　② -1
③ 1　④ 2

08 사차방정식 $x^4+2x^2+a=0$의 한 근이 1일 때, 상수 a의 값은?

① -3　② -1
③ 1　④ 3

09 연립방정식 $\begin{cases} x+y=6 \\ xy=a \end{cases}$의 해가 $x=4$, $y=b$일 때, 두 상수 a, b에 대하여 $a+b$의 값은?

① 9　② 10
③ 11　④ 12

10 이차부등식 $(x+3)(x-2)\geq 0$의 해는?

① $x\geq -3$　② $-3\leq x\leq 2$
③ $x\geq 2$　④ $x\leq -3$ 또는 $x\geq 2$

11 수직선 위의 두 점 A(1), B(5)에 대하여 선분 AB를 3 : 1로 내분하는 점 P의 좌표는?

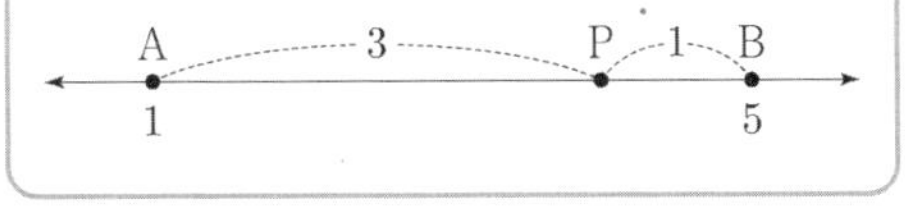

① 3　② $\frac{7}{2}$
③ 4　④ $\frac{9}{2}$

12 점 $(-2, 1)$을 지나고 기울기가 3인 직선의 방정식은?

① $y=-3x+1$　② $y=-3x+7$
③ $y=3x+1$　④ $y=3x+7$

13 중심의 좌표가 $(2, 1)$이고, y축에 접하는 원의 방정식은?

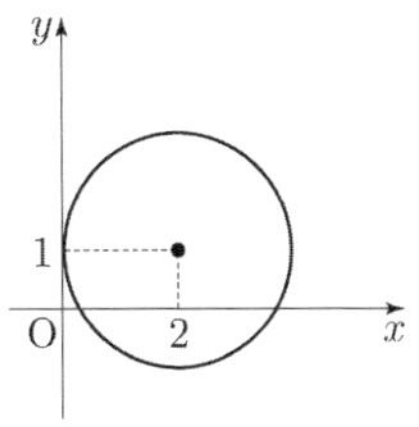

① $(x-2)^2+(y-1)^2=1$
② $(x-2)^2+(y-1)^2=4$
③ $(x-1)^2+(y-2)^2=1$
④ $(x-1)^2+(y-2)^2=4$

14 좌표평면 위의 점 $(2, 4)$를 y축에 대하여 대칭이동한 점의 좌표는?

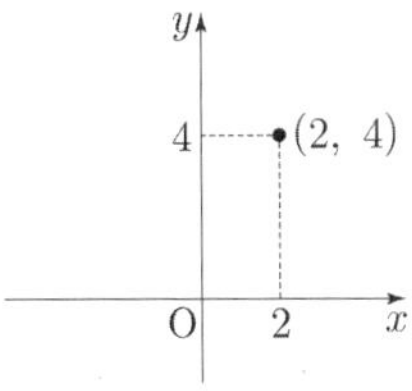

① $(-2, -4)$　② $(-2, 4)$
③ $(4, -2)$　④ $(4, 2)$

15 두 집합 $A=\{1, a-1, 5\}$, $B=\{1, 3, a+1\}$에 대하여 $A=B$일 때, 상수 a의 값은?

① 3　　② 4
③ 5　　④ 6

16 명제 '평행사변형이면 사다리꼴이다.'의 대우는?

① 사다리꼴이면 평행사변형이다.
② 평행사변형이면 사다리꼴이 아니다.
③ 사다리꼴이 아니면 평행사변형이 아니다.
④ 평행사변형이 아니면 사다리꼴이 아니다.

17 두 함수 $f: X \to Y$, $g: Y \to Z$가 그림과 같을 때, $(g \circ f)(3)$의 값은?

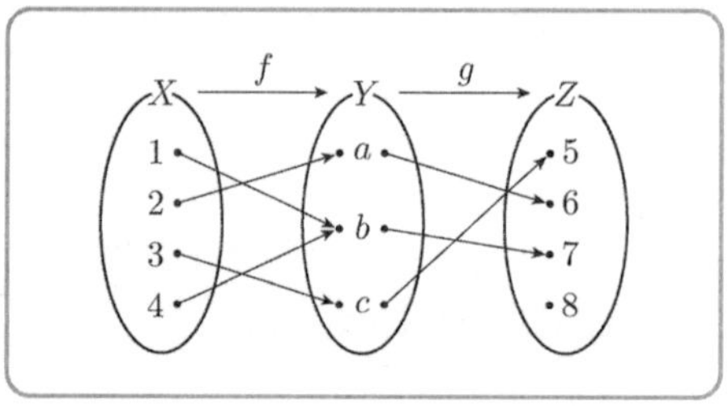

① 5　　② 6
③ 7　　④ 8

18 유리함수 $y=\dfrac{1}{x-2}-1$의 그래프는 유리함수 $y=\dfrac{1}{x}$의 그래프를 x축의 방향으로 a만큼, y축의 방향으로 b만큼 평행이동한 것이다. 두 상수 a, b에 대하여 $a+b$의 값은?

① -1　　② 1
③ 3　　④ 5

19 그림과 같이 3명의 수학자 사진이 있다. 이 중에서 서로 다른 2명의 사진을 택하여 수학 신문의 1면과 2면에 각각 싣는 경우의 수는?

① 4　　② 5
③ 6　　④ 7

20 그림과 같이 수학 진로 선택 과목이 있다. 이 중에서 서로 다른 2과목을 선택하는 경우의 수는?

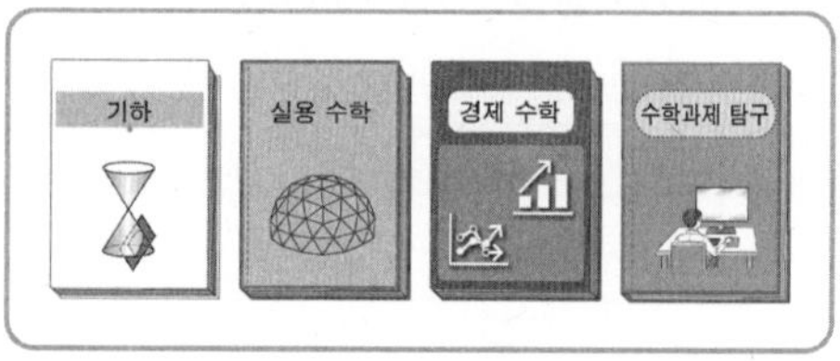

① 3　　② 4
③ 5　　④ 6

제3교시

영 어

정답 및 해설 368p

[01~03] 다음 밑줄 친 부분의 뜻으로 가장 적절한 것을 고르시오.

01

It is my duty to take out the trash at home on Sundays.

① 갈등　② 노력
③ 의무　④ 자유

02

People need to depend on each other when working as a team.

① 찾다　② 내리다
③ 의존하다　④ 비난하다

03

I have met a lot of nice people, thanks to you.

① 덕분에　② 대신에
③ 불구하고　④ 제외하고

04 다음 밑줄 친 두 단어의 의미 관계와 다른 것은?

A polite gesture in one country may be a rude one in another.

① smart – wise
② right – wrong
③ safe – dangerous
④ same – different

05 다음 행사 광고문에서 언급되지 않은 것은?

K-POP CONCERT 2023

Eight World-famous K-Pop Groups Are Performing!

Date : June 8th (Thursday), 2023
Location : World Cup Stadium
Time : 7:30 p.m. - 9:30 p.m.

① 날짜　② 장소
③ 시간　④ 입장료

[06~08] 다음 빈칸에 공통으로 들어갈 말로 가장 적절한 것을 고르시오.

06

- We had to ______ up in order to get a better view.
- I can't ______ people who don't follow rules in public.

① fail　② begin
③ stand　④ remind

07

- Jinsu, ______ museum will you visit tomorrow?
- A dictionary is a book ______ has explanations of words.

① how ② which
③ when ④ where

08

- My tastes are different ______ yours.
- English words come ______ a wide variety of sources.

① for ② off
③ from ④ about

09 다음 대화에서 밑줄 친 표현의 의미로 가장 적절한 것은?

A : Look, Junho. I finally got an A on my math exam!
B : You really did well on your exam. What's your secret?
A : I've been studying math everyday, staying up late even on weekends.
B : You are a good example of '<u>no pain, no gain</u>.'

① 철이 뜨거울 때 내려쳐라.
② 수고 없이 얻는 것은 없다.
③ 시간은 화살처럼 빨리 지나간다.
④ 필요할 때 친구가 진정한 친구이다.

10 다음 대화에서 알 수 있는 B의 심정으로 가장 적절한 것은?

A : It's raining cats and dogs.
B : Raining cats and dogs? Can you tell me what it means?
A : It means it's raining very heavily.
B : Really? I'm interested in the origin of the expression.

① 불안 ② 슬픔
③ 흥미 ④ 실망

11 다음 대화가 이루어지는 장소로 가장 적절한 것은?

A : Good morning, how may I help you?
B : Wow, it smells really good in here.
A : Yes, the bread just came out of the oven.
B : I'll take this freshly baked one.

① 제과점 ② 세탁소
③ 수영장 ④ 미용실

12 다음 글에서 밑줄 친 It이 가리키는 것으로 가장 적절한 것은?

> Smiling reduces stress and lowers blood pressure, contributing to our physical well-being. <u>It</u> also increases the amount of feel-good hormones in the same way that good exercise does. And most of all, a smile influences how other people relate to us.

① friend ② smiling
③ country ④ exercising

[13~14] 다음 대화의 빈칸에 들어갈 말로 가장 적절한 것을 고르시오.

13

> A : Matt, ______________?
> B : How about the N Seoul Tower? We can see the whole city from the tower.
> A : After that, let's walk along the Seoul City Wall.
> B : Perfect! Now, let's go explore Seoul.

① where shall we go first
② what do you do for a living
③ how often do you come here
④ why do you want to be an actor

14

> A : What should I do to make more friends?
> B : It's important to ______________.

① get angry easily
② cancel your order now
③ check your reservation
④ be nice to people around you

15 다음 대화의 주제로 가장 적절한 것은?

> A : Can you share any shopping tips?
> B : Sure. First of all, always keep your budget in mind.
> A : That's a good point. What else?
> B : Also, don't buy things just because they're on sale.
> A : Thanks! Those are great tips.

① 현명하게 쇼핑하는 방법
② 일기를 써야 하는 이유
③ 건축 시 기둥의 중요성
④ 계단을 이용할 때의 장점

16 다음 글을 쓴 목적으로 가장 적절한 것은?

> Many people have difficulty finding someone for advice. You may have some personal problems and don't want to talk to your parents or friends about them. Why don't you join our online support group? We are here to help you.

① 거절하려고 ② 권유하려고
③ 비판하려고 ④ 사과하려고

17 다음 기타 판매 광고문의 내용과 일치하지 않는 것은?

> **For Sale**
> Features : It's a guitar with six strings.
> Condition : It's used but in good condition.
> Price : $150 (original price : $350)
> Contact : If you have any questions, call me at 014-4365-8704.

① 줄이 여섯 개 있는 기타이다.
② 새것이라 완벽한 상태이다.
③ 150달러에 판매된다.
④ 전화로 문의 가능하다.

18 다음 Earth Hour campaign에 대한 설명과 일치하지 않는 것은?

> Why don't we join the Earth Hour campaign? It started in Sydney, Australia, in 2007. These days, more than 7,000 cities around the world are participating. Earth Hour takes place on the last Saturday of March. On that day people turn off the lights from 8:30 p.m. to 9:30 p.m.

① 호주 시드니에서 시작했다.
② 칠천 개 이상의 도시가 참여한다.
③ 3월 마지막 주 토요일에 열린다.
④ 사람들은 그날 하루 종일 전등을 끈다.

19 다음 글의 주제로 가장 적절한 것은?

> Recent research shows how successful people spend time in the morning. They wake up early and enjoy some quiet time. They exercise regularly. In addition, they make a list of things they should do that day. Little habits can make a big difference towards being successful.

① 인간의 기본적인 욕구와 특성
② 운동 전 스트레칭이 중요한 이유
③ 합창에서 반드시 지켜야 할 규칙
④ 성공한 사람들의 아침 시간 활용 방법

[20~21] 다음 글의 빈칸에 들어갈 말로 가장 적절한 것을 고르시오.

20

People who improve themselves try to understand what they did wrong, so they can do better the next time. The process of learning from mistakes makes them smarter. For them, every _______ is a step towards getting better.

① love ② nation
③ village ④ mistake

21

I'd like to have a parrot as a _______. Let me tell you why. First, a parrot can repeat my words. If I say "Hello" to it, it will say "Hello" to me. Next, it has gorgeous, colorful feathers, so just looking at it will make me happy. Last, parrots live longer than most other animals kept at home.

① pet ② word
③ color ④ plant

22 글의 흐름으로 보아 다음 문장이 들어가기에 가장 적절한 곳은?

However, despite its usefulness, plastic pollutes the environment severely.

Plastic is a very useful material. (①) Its usefulness comes from the fact that plastic is cheap, lightweight, and strong. (②) For example, plastic remains in landfills for hundreds or even thousands of years, resulting in soil pollution. (③) The best solution to this problem is to create eco-friendly alternatives to plastic. (④)

23 다음 글의 바로 뒤에 이어질 내용으로 가장 적절한 것은?

Beans have been with us for thousands of years. They are easy to grow everywhere. More importantly, they are high in protein and low in fat. These factors make beans one of the world's greatest superfoods. Now, let's learn how beans are cooked in a variety of ways around the world.

① 콩 재배의 역사 ② 콩의 수확 시기
③ 콩 섭취의 부작용 ④ 콩의 다양한 요리법

[24~25] 다음 글을 읽고 물음에 답하시오.

Volunteering gives you a healthy mind. According to one survey, 96 % of volunteers report feeling happier after doing it. If you help others in the community, you will feel better about yourself. It can also motivate you to live with more energy that can help you in your ordinary daily life. Therefore, you will have a more _______ view of life.

24 윗글의 빈칸에 들어갈 말로 가장 적절한 것은?

① shy ② useless
③ unhappy ④ positive

25 윗글의 주제로 가장 적절한 것은?

① 외로움의 유용함
② 달 연구의 어려움
③ 자원봉사가 주는 이점
④ 온라인 수업 도구의 다양성

제4교시

사 회

정답 및 해설 373p

01 ㉠에 들어갈 내용으로 옳은 것은?

> 우리나라 법 체계에서 (㉠)은/는 국가의 통치 조직과 운영 원리 및 국민의 기본적 인권을 규정한 최고의 법이다.

① 명령 ② 법률
③ 조례 ④ 헌법

02 다음 설명에 해당하는 기본권은?

> 다른 기본권이 침해되었을 때, 이를 구제하도록 요구할 수 있는 권리이다. 청원권 등이 이에 해당한다.

① 자유권 ② 참정권
③ 청구권 ④ 평등권

03 ㉠에 들어갈 용어로 옳은 것은?

> (㉠)은/는 인간이라면 누구나 누릴 수 있는 기본적인 권리이다. 모든 사람이 차별 없이 누리는 보편성, 사람이라면 누구나 태어나면서부터 가지는 천부성, 박탈당하지 않고 영구히 보장되는 항구성, 누구도 침범할 수 없는 불가침성을 특성으로 한다.

① 능력 ② 의무
③ 인권 ④ 정의

04 다음 설명에 해당하는 것은?

> • 선택을 통해 얻게 되는 이익이다.
> • 물질적이고 금전적인 이익뿐 아니라 즐거움이나 성취감 같은 비금전적인 것도 포함한다.

① 편익 ② 희소성
③ 금융 자산 ④ 암묵적 비용

05 다음 설명에 해당하지 않는 것은?

> • 정부를 구성 단위로 하는 국제 사회의 행위 주체이다.
> • 국가들 사이의 이해관계를 조정하거나 국가 간 분쟁을 중재한다.

① 유럽 연합(EU)
② 다문화 사회
③ 세계 무역 기구(WTO)
④ 경제 협력 개발 기구(OECD)

06 ㉠에 들어갈 용어로 가장 적절한 것은?

> **탐구 활동 보고서**
> 주제 : ㉠
> • 정의 : 시장에서 자원의 배분이 효율적으로 이루어지지 못하는 상태
> • 사례 : 독과점 문제 발생, 외부 효과의 발생, 공공재의 공급 부족

① 남초 현상 ② 시장 실패
③ 규모의 경제 ④ 소비자 주권

07 다음 헌법 조항에 나타난 제도로 가장 적절한 것은?

> 제40조 입법권은 국회에 속한다.
> 제66조 ④ 행정권은 대통령을 수반으로 하는 정부에 속한다.
> 제101조 ① 사법권은 법관으로 구성된 법원에 속한다.

① 권력 분립 제도 ② 사회 보장 제도
③ 위헌 법률 심판 ④ 헌법 소원 심판

08 다음에서 설명하는 것은?

> • 의미 : 국가가 생활 유지 능력이 없거나 생활이 어려운 국민의 최저 생활을 보장하고 자립을 지원하는 제도
> • 종류 : 국민 기초 생활 보장 제도 등

① 공공 부조 ② 재무 설계
③ 정주 환경 ④ 지리적 표시제

09 다음에서 설명하는 자산 관리의 원칙은?

> • 원금에 비해 얻을 수 있는 이익의 정도
> • 금융 상품의 가격 상승이나 이자 수익을 기대할 수 있는 정도

① 다양성 ② 수익성
③ 유동성 ④ 편재성

10 문화를 우열 관계로 인식하는 태도로 옳은 것을 〈보기〉에서 고른 것은?

> 〈보기〉
> ㄱ. 문화 상대주의 ㄴ. 자유 방임주의
> ㄷ. 문화 사대주의 ㄹ. 자문화 중심주의

① ㄱ, ㄴ ② ㄱ, ㄹ
③ ㄴ, ㄷ ④ ㄷ, ㄹ

11 ㉠에 들어갈 내용으로 가장 적절한 것은?

> **학습 주제 : (㉠)의 사례 조사하기**
> • 사례1 : 이산화탄소 배출을 줄이기 위해 지역 농산물을 구매한다.
> • 사례2 : 생산자들에게 정당한 몫을 주는 공정 무역 커피를 구매한다.

① 뉴딜 정책 ② 유리 천장
③ 윤리적 소비 ④ 샐러드 볼 이론

12 다음에서 설명하는 것은?

> 두 차례의 세계 대전을 겪은 뒤, 국제 연합(UN) 총회에서 인류가 당연히 누려야 할 권리를 규정하고 인권 보장의 국제적 기준을 제시한 선언이다.

① 권리 장전 ② 바이마르 헌법
③ 세계 인권 선언 ④ 미국 독립 선언

13 다음에 해당하는 문화 변동 양상은?

> 한 문화가 다른 문화에 흡수되어 소멸하는 현상

① 문화 갈등 ② 문화 성찰
③ 문화 병존 ④ 문화 동화

14 한대 기후의 특성에 따른 생활 모습으로 옳은 것을 〈보기〉에서 고른 것은?

〈보기〉

ㄱ. 순록 유목
ㄴ. 이동식 화전 농업
ㄷ. 가축의 털로 만든 옷
ㄹ. 통풍을 위한 큰 창문

① ㄱ, ㄴ ② ㄱ, ㄷ
③ ㄴ, ㄹ ④ ㄷ, ㄹ

15 다음에서 설명하는 자연재해는?

> • 분류 : 지형적 요인에 의한 자연재해
> • 원인 : 급격한 지각 변동
> • 현상 : 높은 파도가 빠른 속도로 해안으로 밀려옴.

① 가뭄 ② 폭설
③ 지진 해일 ④ 열대 저기압

16 ㉠, ㉡에 해당하는 화석 연료로 옳은 것은?

> • (㉠) : 18세기 산업 혁명기에 증기기관의 연료로 사용
> • (㉡) : 현재 세계에서 가장 소비량이 많은 에너지 자원

	㉠	㉡		㉠	㉡
①	석유	천연가스	②	석유	석탄
③	석탄	천연가스	④	석탄	석유

17 ㉠에 들어갈 내용으로 가장 적절한 것은?

> **이슬람교 문화의 특징**
> • (금기 음식 : 돼지고기, 술
> • (전통 의상 : ㉠

① 게르 ② 판초
③ 부르카 ④ 마타도르

18 다음에서 설명하는 것은?

> • 대도시의 기능과 영향력이 주변 지역으로 확대되면서 형성되는 생활권이다.
> • 집과 직장의 거리가 멀어지는 사람들이 많아진다.

① 대도시권
② 누리 소통망(SNS)
③ 커뮤니티 매핑
④ 지리 정보 시스템(GIS)

19 ㉠에 들어갈 내용으로 옳은 것은?

> (㉠)의 원인
> • 도시의 아스팔트 도로와 콘크리트 구조물의 증가
> • 도시 내부의 인공 열 발생

① 슬럼 ② 열섬 현상
③ 빨대 효과 ④ 제노포비아

20 인구 분포에 영향을 미치는 사회적 요인으로 옳은 것은?

① 사막 ② 온화한 기후
③ 험준한 산지 ④ 풍부한 일자리

21 다음에 해당하는 분쟁 지역을 지도의 A~D에서 고른 것은?

> 카슈미르 지역에서 발생한 인도와 파키스탄의 분쟁

① A ② B
③ C ④ D

22 정보화로 인한 생활 양식의 변화로 적절하지 <u>않은</u> 것은?

① 시공간의 제약이 완전히 사라졌다.
② 원격 진료나 원격 교육이 가능해졌다.
③ 전자 상거래를 통해 물건을 구매할 수 있게 되었다.
④ 가상공간을 통해 개인의 정치적 의견을 토론할 수 있게 되었다.

23 산업화가 가져온 변화로 옳은 것을 〈보기〉에서 고른 것은?

〈보기〉

ㄱ. 녹지 면적 증가
ㄴ. 농업 중심 사회 형성
ㄷ. 직업의 다양성 증가
ㄹ. 도시화의 촉진

① ㄱ, ㄴ　　② ㄱ, ㄷ
③ ㄴ, ㄹ　　④ ㄷ, ㄹ

24 다음에서 설명하는 것은?

> 각종 개발 사업이 시행되기 전에 환경에 미치게 될 영향을 예측하고 평가하여 환경 오염을 줄이려는 방안을 마련하는 제도이다.

① 용광로 정책　　② 공적 개발 원조
③ 환경 영향 평가　　④ 핵 확산 금지 조약

25 ㉠에 들어갈 내용으로 옳은 것은?

〈환경 문제 해결을 위한 노력〉

1. 환경 보호를 위한 국제 비정부 기구의 노력
   - 주요 활동 : 환경 오염 유발 행위 감시활동
   - 단체 : [㉠]

① 그린피스(Greenpeace)
② 브렉시트(Brexit)
③ 국제통화기금(IMF)
④ 세계 보건 기구(WHO)

제5교시

과 학

정답 및 해설 376p

01 그림은 핵분열 반응을 나타낸 것이다. 다음 중 이 반응을 이용하는 핵발전의 연료에 해당하는 것은?

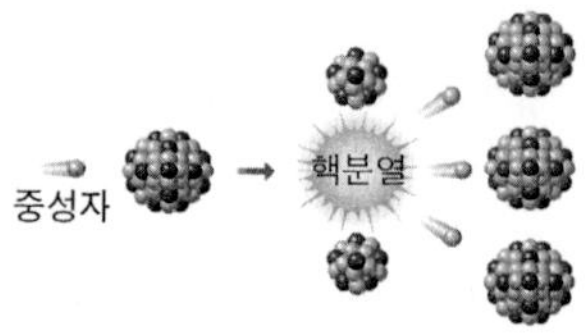

① 바람　② 석탄
③ 수소　④ 우라늄

02 열효율이 20%인 열기관에 공급된 열에너지가 100J일 때 이 열기관이 한 일은?

① 10J　② 20J
③ 30J　④ 40J

03 그림은 자유 낙하하는 물체를 같은 시간 간격으로 나타낸 것이다. 구간 A~C에서 물체의 운동에 대한 설명으로 옳은 것은? (단, 공기 저항은 무시한다.)

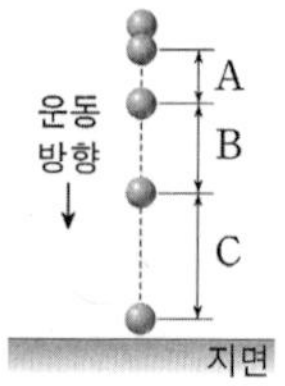

① A에서 가속도는 0이다.
② B에서 속도는 일정하다.
③ C에서 물체에 작용하는 힘은 0이다.
④ A와 B에서 물체에 작용하는 힘의 방향은 같다.

04 그림은 질량이 다른 두 물체 A, B가 수평면에서 각각 일정한 속도로 운동하고 있는 모습을 나타낸 것이다. 두 물체의 운동량의 크기가 같을 때 B의 속도 v는?

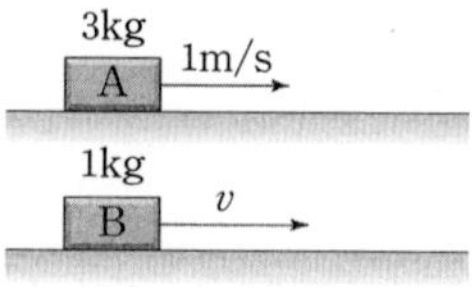

① 3m/s　② 5m/s
③ 7m/s　④ 9m/s

05 다음 설명에 해당하는 신소재는?

- 그래핀이 튜브 형태로 결합된 구조이다.
- 구리보다 열전도율이 뛰어나다.

① 고무　② 유리
③ 나무　④ 탄소 나노 튜브

06 설탕과 염화 나트륨(NaCl)에 대한 설명으로 옳은 것만을 〈보기〉에서 모두 고른 것은?

〈보기〉

ㄱ. 설탕은 이온 결합 물질이다.
ㄴ. 설탕을 물에 녹이면 대부분 이온이 된다.
ㄷ. NaCl은 수용액 상태에서 전기가 통한다.

① ㄱ　② ㄷ
③ ㄱ, ㄴ　④ ㄴ, ㄷ

07 그림은 전기 에너지의 생산과 수송 과정을 나타낸 것이다. 이에 대한 설명으로 옳지 <u>않은</u> 것은?

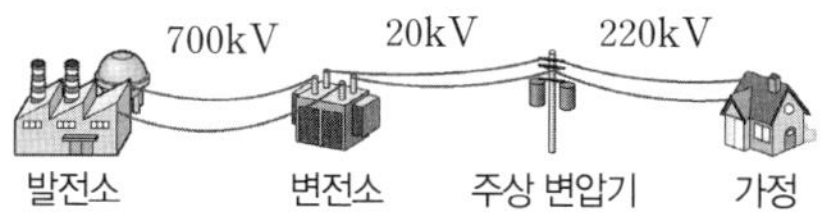

① 발전소는 전기 에너지를 생산하는 곳이다.
② 변전소는 전압을 바꾸는 역할을 한다.
③ 전력 수송 과정에서 전력 손실은 발생하지 않는다.
④ 주상 변압기는 전압을 220 V로 낮춰 가정으로 전기 에너지를 공급한다.

08 그림은 산소와 네온 원자의 전자 배치를 나타낸 것이다. 산소 원자가 안정한 원소인 네온과 같은 전자 배치를 하기 위해 얻어야 하는 전자의 개수는?

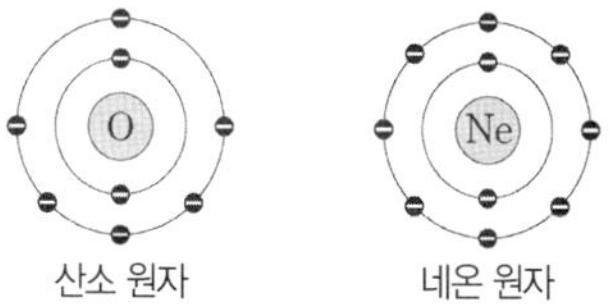

① 1개　② 2개
③ 3개　④ 4개

09 다음 설명의 ㉠에 해당하는 것은?

질산 은($AgNO_3$) 수용액에 구리(Cu) 선을 넣어 두면 구리는 전자를 잃어 구리 이온(Cu^{2+})으로 산화되고, 은 이온(Ag^+)은 전자를 얻어 은(Ag)으로 [㉠] 된다.

① 산화　② 연소
③ 중화　④ 환원

10 수산화 나트륨(NaOH) 수용액은 붉은색 리트머스 종이를 푸른색으로 변하게 하는 성질이 있다. 다음 물질의 수용액 중 이와 같은 성질을 나타내는 것은?

① HCl　② KOH
③ HNO_3　④ H_2SO_4

11 다음 화학 반응식에서 수소 이온(H^+)과 수산화 이온(OH^-)이 반응하는 개수비는?

$$H^+ + OH^- \rightarrow H_2O$$

	H^+		OH^-		H^+		OH^-
①	1	:	1	②	1	:	2
③	2	:	1	④	3	:	2

12 그림은 단백질의 형성 과정을 나타낸 것이다. 단백질을 구성하는 단위체 A는?

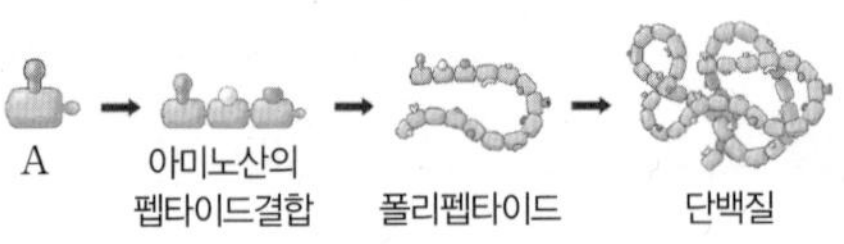

① 녹말 ② 핵산
③ 포도당 ④ 아미노산

13 다음 설명의 ㉠에 해당하는 것은?

> 한 생물종 내에서도 개체마다 유전자가 달라 다양한 형질이 나타난다. 하나의 종에서 나타나는 유전자의 다양한 정도를 [㉠] 이라고 한다.

① 군집 ② 개체군
③ 유전적 다양성 ④ 생태계 다양성

14 다음 중 생물이 생명 유지를 위해 생명체 내에서 물질을 분해하거나 합성하는 모든 화학 반응을 무엇이라고 하는가?

① 삼투 ② 연소
③ 확산 ④ 물질대사

15 그림과 같이 광합성이 일어나는 식물의 세포 소기관은?

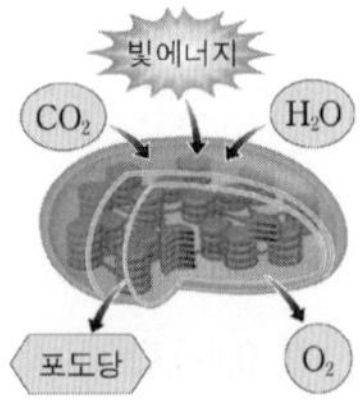

① 핵 ② 엽록체
③ 세포막 ④ 미토콘드리아

16 그림은 세포 내 유전 정보의 흐름을 나타낸 것이다. ㉠과 ㉡에 해당하는 물질은?

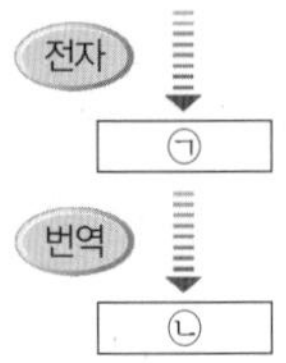

	㉠	㉡		㉠	㉡
①	단백질	단백질	②	단백질	RNA
③	RNA	단백질	④	RNA	RNA

17 다음 설명에 해당하는 것은?

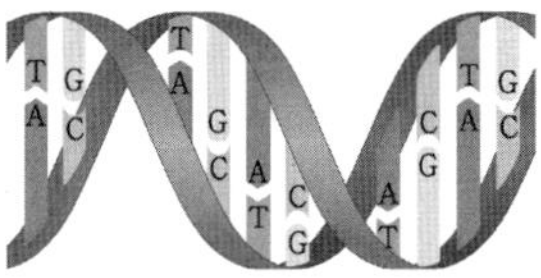

- 이중 나선 구조이다.
- A, G, C, T의 염기 서열로 유전 정보를 저장한다.

① 지방　② 효소　③ 단백질　④ DNA

18 그림은 생태계의 구성 요소 중 생물적 요인을 나타낸 것이다. A에 해당하는 생물은?

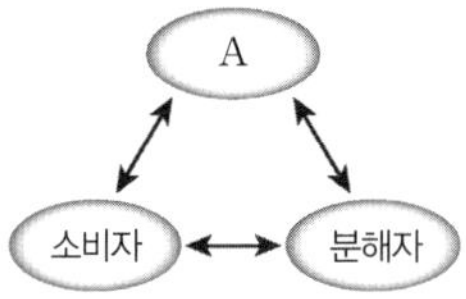

① 벼　② 토끼　③ 독수리　④ 곰팡이

19 그림은 어느 지질 시대의 표준 화석을 나타낸 것이다. 이 생물이 번성하였던 지질 시대는?

① 신생대　② 중생대　③ 고생대　④ 선캄브리아 시대

20 그림은 지구 내부의 층상 구조를 나타낸 것이다. A~D는 각각 지각, 맨틀, 외핵, 내핵 중 하나이다. 액체 상태인 층은?

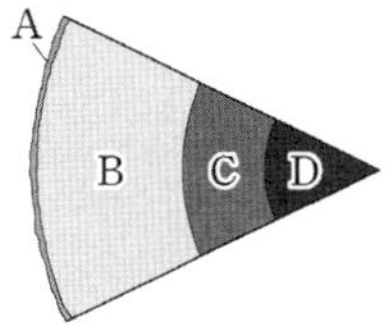

① A　② B　③ C　④ D

21 다음 판의 경계에 발달하는 지형은?

- 발산형 경계이다.
- 맨틀 대류 상승부이다.
- 판이 생성되는 곳이다.

① 해령　② 해구　③ 호상 열도　④ 변환 단층

22 그림은 지구 시스템을 이루는 각 권의 상호 작용을 나타낸 것이다. A~D 중 화산 활동에 의한 화산 가스가 대기 중에 방출되는 것에 해당하는 상호 작용은?

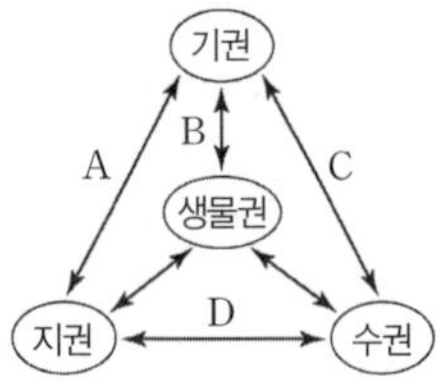

① A ② B
③ C ④ D

23 다음 설명의 ㉠에 해당하는 것은?

> 태평양의 적도 부근에서 부는 무역풍이 몇 년에 한 번씩 약해지면서 남적도 해류의 흐름이 느려져서, 동태평양 적도 해역의 표층 수온이 평상시보다 높아진다. 이러한 현상을 [㉠]라고 한다.

① 사막화 ② 산사태
③ 엘니뇨 ④ 한파

24 그림은 수소 기체 방전관에서 나온 빛의 방출 스펙트럼을 분광기를 이용하여 맨눈으로 관찰한 것을 나타낸 것이다. 이에 대한 설명으로 옳은 것만을 〈보기〉에서 모두 고른 것은?

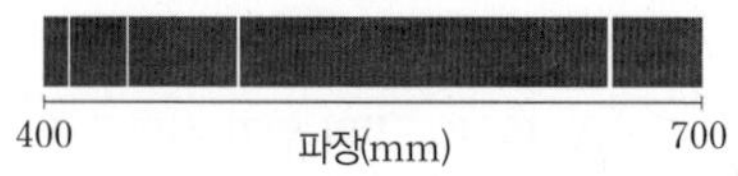

〈보기〉

ㄱ. 선 스펙트럼이다.
ㄴ. 가시광선 영역에 속한다.
ㄷ. 헬륨의 스펙트럼도 같은 위치에 선이 나타난다.

① ㄱ ② ㄷ
③ ㄱ, ㄴ ④ ㄴ, ㄷ

25 그림은 질량이 태양 정도인 별의 중심부에서 핵융합 반응이 모두 끝났을 때의 내부 구조를 나타낸 것이다. ㉠에 해당하는 원소는?

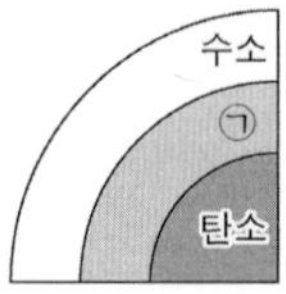

① 헬륨 ② 산소
③ 철 ④ 우라늄

제6교시

한국사

정답 및 해설 379p

01 ㉠에 들어갈 유물로 옳은 것은?

〈신석기 시대 생활 체험하기〉
• 장소 : 서울 강동구 암사동 선사 유적지
• 체험 활동 – 가락바퀴를 이용하여 실 뽑기
– [㉠]

① 상평통보 ② 비파형 동검
③ 빗살무늬 토기 ④ 불국사 3층 석탑

02 ㉠에 들어갈 내용으로 옳은 것은?

〈법흥왕의 업적〉
• 불교 공인
• 금관가야 정복
• [㉠]

① 율령 반포 ② 훈민정음 창제
③ 사심관 제도 실시 ④ 전민변정도감 설치

03 다음 설명에 해당하는 문서는?

일본 도다이사 쇼소인에서 발견된 문서이다. 이 문서에는 서원경(충북 청주)에 속한 촌락을 비롯한 4개 촌락의 인구 수, 토지의 종류와 크기, 소와 말의 수 등이 기록되어 있어 당시의 경제 상황을 알 수 있다.

① 공명첩 ② 시무 28조
③ 영남 만인소 ④ 신라 촌락 문서

04 ㉠에 들어갈 내용으로 옳은 것은?

《삼국 통일 과정》
백제 멸망 → 고구려 멸망 → [㉠] → 삼국 통일

① 귀주 대첩 ② 매소성 전투
③ 봉오동 전투 ④ 한산도 대첩

05 두 학생의 대화 내용에 해당하는 인물은?

① 김구 ② 의천
③ 안중근 ④ 전태일

06 다음 내용이 원인이 되어 일어난 사건은?

• 명성 황후 시해 사건 • 단발령 실시

① 갑신정변 ② 병자호란
③ 을미의병 ④ 무신 정변

2023년 1회

07 ㉠에 들어갈 내용으로 옳은 것은?

> **《수행 평가 계획서》**
> • 주제 : 고려 광종의 정책
> • 조사할 내용 : [㉠], 과거제 등

① 신문지법　　② 노비안검법
③ 치안 유지법　　④ 국가 총동원법

08 다음 사건이 일어난 시기에 대한 설명으로 옳은 것은?

> • 홍경래의 난(1811)
> • 임술 농민 봉기(1862)

① 권문세족이 농장을 확대하였다.
② 세도 가문이 권력을 독점하였다.
③ 진골 귀족들이 왕위 쟁탈전을 벌였다.
④ 일제가 황국 신민화 정책을 추진하였다.

09 ㉠에 들어갈 내용으로 가장 적절한 것은?

> 질문 고려 양인 중 [㉠]에 대해 알려 주세요.
> 답변 ㄴ 과거 응시와 거주 이전에 제한이 있었습니다.
> ㄴ 일반 군현민에 비해 많은 세금을 부담해야 했습니다.

① 노비　　② 향리
③ 하급 장교　　④ 향 · 소 · 부곡민

10 다음에서 설명하는 조선의 교육 기관은?

> • 사림의 주도로 설립되기 시작함.
> • 지방 양반의 권위를 강화하는 역할을 함.
> • 선현에 대한 제사와 학문 연구 및 교육을 담당함.

① 서원　　② 광혜원
③ 우정총국　　④ 경성 제국 대학

11 ㉠에 들어갈 용어로 옳은 것은?

> 조선에서는 사헌부, 사간원, 홍문관의 [㉠]을/를 두어 정사를 비판하고 관리의 비리를 감찰하게 하여 권력의 독점과 부정을 방지하였다.

① 3사　　② 비변사
③ 식목도감　　④ 군국기무처

12 ㉠에 들어갈 내용으로 옳은 것은?

> 1866년 프랑스는 병인박해를 구실로 강화도를 공격하였다. 이에 맞서 양헌수 부대가 정족산성에서 승리하여 프랑스군이 철수하였다. 이 과정에서 조선은 [㉠]

① 쌍성총관부를 탈환하였다.
② 나 · 제 동맹을 결성하였다.
③ 백두산정계비를 건립하였다.
④ 외규장각 도서를 약탈당하였다.

13 다음 질문에 대한 학생의 답으로 옳은 것은?

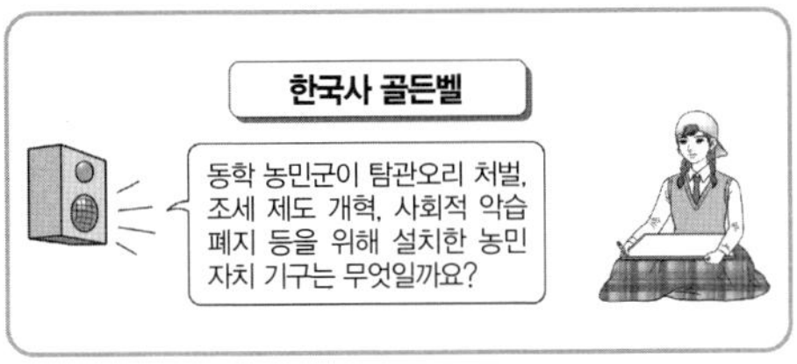

① 집강소　　② 성균관
③ 국문 연구소　　④ 조선 총독부

14 다음에서 설명하는 민족 운동은?

- 준비 과정에서 민족주의 세력과 사회주의 세력이 연대함.
- 1926년 순종의 장례일에 맞추어 시위를 전개함.

① 새마을 운동　　② 서경 천도 운동
③ 6·10 만세 운동　　④ 5·18 민주화 운동

15 ㉠에 들어갈 내용으로 옳은 것은?

한국사 묻고 답하기

질문 1910년대 일제의 무단 통치에 대해 알려 주세요.
└ 답변 교사도 제복을 입고 칼을 차게 했어요.
└ 답변 ㉠

① 골품제를 실시했어요.
② 삼청 교육대를 설치했어요.
③ 사사오입 개헌을 단행했어요.
④ 헌병 경찰 제도를 실시했어요.

16 ㉠에 들어갈 인물로 옳은 것은?

1932년 일제는 훙커우 공원에서 상하이 사변의 승리를 축하하는 기념식을 열었다. 이때 ㉠ 이 폭탄을 던져 일본의 군 장성과 고관들을 처단하였다. 이를 계기로 중국 국민당 정부는 한국 독립운동을 적극 지원하게 되었다.

① 일연　　② 김유신
③ 윤봉길　　④ 정약용

17 다음에서 설명하는 일제의 식민지 지배 정책은?

- 배경 : 제1차 세계 대전 이후 일본에서 쌀값이 폭등함.
- 전개 : 일제가 한국을 식량 공급지화함.
- 결과 : 한국의 식량 사정이 악화되고 농민의 부담이 증가함.

① 대동법　　② 탕평책
③ 의정부 서사제　　④ 산미 증식 계획

18 ㉠에 들어갈 내용으로 옳은 것은?

◈ 역사 인물 카드 ◈

방정환

- 생몰 연도 : 1899년~1931년
- 주요 활동 – 천도교 소년회를 조직함.
  – ㉠

① 현량과를 시행함.
② 「삼국사기」를 저술함.
③ 어린이날 제정을 주도함.
④ 이토 히로부미를 처단함.

19 밑줄 친 ㉠에 해당하는 민주화 운동은?

> 1987년 전두환 대통령의 4 · 13 호헌 조치에 맞서 시민들은 ㉠ 호헌 철폐와 독재 타도를 외치며 전국적으로 시위를 전개하였다. 결국 전두환 정부는 국민의 요구에 굴복하여 대통령 직선제 개헌안을 수용하였다.

① 3 · 1 운동　② 6월 민주 항쟁
③ 국채 보상 운동　④ 금 모으기 운동

20 ㉠에 들어갈 내용으로 옳은 것은?

> 1945년 개최된 [　㉠　]에서 한국의 임시 민주 정부 수립, 이를 위한 미 · 소 공동 위원회 설치, 신탁 통치 실시 등이 결정되었다.

① 신민회
② 화백 회의
③ 조선 물산 장려회
④ 모스크바 3국 외상 회의

21 다음 전쟁의 결과로 옳지 않은 것은?

> 1950년 6월 25일, 북한의 남침으로 발발하였다. 이후 인천 상륙 작전, 1 · 4 후퇴를 거쳐 38도선 일대에서 공방전이 지속되다가 1953년 7월 27일 정전 협정이 체결되었다.

① 강화도 조약이 체결되었다.
② 남북 분단이 고착화되었다.
③ 많은 군인과 민간인이 희생되었다.
④ 이산가족과 전쟁고아가 발생하였다.

22 ㉠에 들어갈 내용으로 옳은 것은?

> 《박정희 정부의 정책》
> – 베트남 파병
> – 7 · 4 남북 공동 성명 발표
> – [　㉠　]

① 별기군 창설
② 유신 헌법 제정
③ 독서삼품과 실시
④ 한 · 일 월드컵 대회 개최

23 다음에서 설명하는 정부는?

> • 삼백 산업 발달
> • 3 · 15 부정 선거 자행

① 이승만 정부　② 노태우 정부
③ 김대중 정부　④ 이명박 정부

24 다음에서 설명하는 군사 조직은?

> • 1940년에 대한민국 임시 정부가 창설함.
> • 총사령관에 지청천, 참모장에 이범석이 취임함.
> • 미국 전략 정보국(OSS)과 협력하여 국내 진공 작전을 계획함.

① 별무반　② 삼별초
③ 장용영　④ 한국 광복군

25 ㉠에 들어갈 내용으로 옳은 것은?

> 《김영삼 정부 시기의 경제 상황》
> – ㉠
> – 경제 협력 개발 기구(OECD) 가입
> – 외환 위기 발생

① 당백전 발행 ② 방곡령 선포
③ 진대법 실시 ④ 금융 실명제 실시

제7교시

도 덕

정답 및 해설 382p

01 다음 설명에 해당하는 윤리학은?

> 도덕적 언어의 의미 분석과 도덕적 추론의 정당성을 검증하기 위한 논리 분석을 주된 목표로 하는 윤리학

① 메타 윤리학 ② 실천 윤리학
③ 신경 윤리학 ④ 기술 윤리학

02 다음에서 소개하는 윤리 사상가는?

◈ 도덕 인물 카드 ◈
- 중국 춘추 시대 사상가
- 도가 사상의 창시자로 무위자연을 강조함.
- 『도덕경』에 그의 사상이 잘 나타남.

① 묵자 ② 노자
③ 순자 ④ 맹자

03 도덕적 탐구에 대한 설명으로 옳지 않은 것은?

① 도덕 판단이나 행위의 정당화에 중점을 둔다.
② 도덕적 사고를 통해 이루어지는 지적 활동이다.
③ 도덕적 탐구에는 도덕적 추론 능력이 필요하다.
④ 도덕적 탐구 과정에서는 정서적 측면을 배제해야 한다.

04 다음 설명에 해당하는 것은?

> - 세상 모든 존재는 서로 의지한다는 불교의 근본 교리
> - 모든 존재와 현상은 여러 가지 원인[因]과 조건[緣], 즉 인연에 의해 생겨남.

① 심재(心齋) ② 연기(緣起)
③ 오륜(五倫) ④ 정명(正名)

05 ㉠에 들어갈 사상은?

㉠
- '최대 다수의 최대 행복'의 원리를 강조함.
- '어떤 규칙이 최대의 유용성을 낳는가?'를 중시함.
- 행위 공리주의의 한계를 극복하기 위해 등장함.

① 의무론 ② 덕 윤리
③ 자연법 윤리 ④ 규칙 공리주의

06 다음에서 설명하는 자연관으로 옳은 것은?

> - 과학적 지식을 활용하여 인간이 자연을 정복해야 한다.
> - 자연은 단순한 기계로서 도덕적 고려 대상에서 제외된다.

① 인간 중심주의 ② 동물 중심주의
③ 생명 중심주의 ④ 생태 중심주의

07 다음 설명에 해당하는 것은?

> 정의롭지 못한 법과 정책을 변화시키려는 목적을 가지고 의도적으로 법을 위반하는 행위

① 공정 무역 ② 시민 불복종
③ 합리적 소비 ④ 주민 투표제

08 다음은 서술형 평가 문제와 답안이다. 밑줄 친 ㉠~㉣ 중 옳지 <u>않은</u> 것은?

> 문제 : 과학 기술자의 사회적 책임에 대해 설명하시오.
>
> 〈답안〉
> 과학 기술자는 ㉠ <u>인류 복지 향상을 위해 사회적 책임을 다해야 한다.</u> ㉡ <u>자신의 연구 결과가 사회에 미칠 영향력을 인식해야 하고,</u> ㉢ <u>자신만의 이익을 위해 연구 결과를 조작해야 한다.</u> 또한 ㉣ <u>연구 활동이 인간 존엄성을 해치지 않는지 항상 성찰해야 한다.</u>

① ㉠ ② ㉡
③ ㉢ ④ ㉣

09 대중문화의 건전한 발전을 위한 자세로 옳은 것은?

① 획일화된 문화 상품을 생산해야 한다.
② 대중문화를 무비판적으로 수용해야 한다.
③ 거대 자본으로 대중문화를 지배해야 한다.
④ 주체적인 자세로 대중문화를 감상해야 한다.

10 평화적인 남북통일 실현을 위해 가져야 할 올바른 자세를 〈보기〉에서 고른 것은?

> 〈보기〉
> ㄱ. 군사비 증강에 집중하여 무력 통일을 도모한다.
> ㄴ. 통일 시기와 과정은 민주적 절차에 따라 추진한다.
> ㄷ. 남북 교류와 협력을 통해 서로 간에 신뢰를 형성한다.
> ㄹ. 통일 기반 조성을 위한 노력보다 체제 통합을 우선한다.

① ㄱ, ㄴ ② ㄱ, ㄹ
③ ㄴ, ㄷ ④ ㄷ, ㄹ

2023년 1회

11 부부 간의 바람직한 윤리적 자세로 옳지 <u>않은</u> 것은?

① 부부는 서로 신의를 지켜야 한다.
② 부부는 동등한 존재임을 인식해야 한다.
③ 부부는 상대방을 존중하고 배려해야 한다.
④ 부부는 고정된 성 역할을 절대시해야 한다.

12 ㉠에 들어갈 내용으로 가장 적절한 것은?

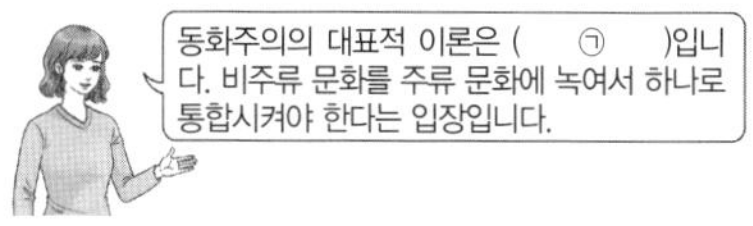

① 용광로 이론 ② 모자이크 이론
③ 샐러드 볼 이론 ④ 국수 대접 이론

13 다음에서 롤스(Rawls, J.)의 관점에만 '✓'를 표시한 학생은?

관점 \ 학생	A	B	C	D
• 분배 절차가 공정하면 분배 결과도 공정하다.		✓		✓
• 재산이 많을수록 기본적 자유를 더 많이 가져야 한다.	✓		✓	
• 사회적 약자에게 경제적 이익을 분배해서는 안 된다.		✓	✓	

① A　② B
③ C　④ D

14 칸트(Kant, I.)의 도덕 법칙에 대한 설명으로 옳은 것을 〈보기〉에서 고른 것은?

〈보기〉
ㄱ. 보편화가 가능해야 한다.
ㄴ. 정언 명령의 형식이어야 한다.
ㄷ. 인간 존엄성과는 무관해야 한다.
ㄹ. 행위의 동기보다 결과를 중시해야 한다.

① ㄱ, ㄴ　② ㄱ, ㄷ
③ ㄴ, ㄹ　④ ㄷ, ㄹ

15 인공 임신 중절에 대한 반대 근거로 적절하지 않은 것은?

① 태아는 생명권을 지닌다.
② 태아는 생명이 있는 인간이다.
③ 태아에 대한 소유권은 임신한 여성에게 있다.
④ 태아는 인간으로 발달할 잠재성을 지니고 있다.

16 다음 중 윤리적 소비를 실천한 학생은?

① 학생 1　② 학생 2
③ 학생 3　④ 학생 4

17 예술에 대한 도덕주의 입장으로 옳은 것을 〈보기〉에서 고른 것은?

〈보기〉
ㄱ. 예술의 자율성만을 강조해야 한다.
ㄴ. 예술에 대한 윤리적 규제가 필요하다.
ㄷ. 미적 가치를 제외한 모든 가치를 부정해야 한다.
ㄹ. 예술의 목적은 도덕적 교훈을 제공하는 것이다.

① ㄱ, ㄴ　② ㄱ, ㄷ
③ ㄴ, ㄹ　④ ㄷ, ㄹ

18 바람직한 의사소통을 위해 갖춰야 할 태도로 옳은 것은?

① 대화의 상대방을 무시하는 태도
② 타인의 주장을 거짓으로 간주하는 태도
③ 진실한 마음으로 상대를 속이지 않는 태도
④ 자신의 오류 가능성을 인정하지 않는 태도

19 전문직 종사자가 지녀야 할 윤리적 자세로 옳은 것은?

① 높은 수준의 직업적 양심과 책임 의식을 지녀야 한다.
② 직무의 공공성보다는 개인적 이익만을 중시해야 한다.
③ 전문성 함양보다 독점적 지위 보장을 우선시해야 한다.
④ 전문 지식을 통해 얻은 뇌물은 정당함을 알아야 한다.

20 교사의 질문에 대한 대답으로 적절하지 않은 것은?

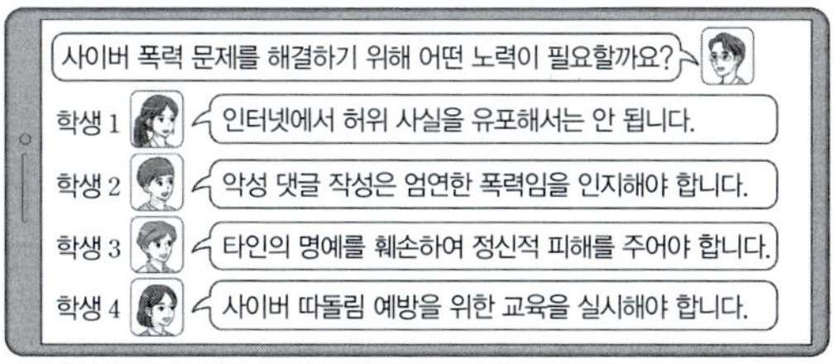

① 학생 1　② 학생 2
③ 학생 3　④ 학생 4

21 다음 설명에 해당하는 형벌에 대한 관점은?

> 형벌의 목적은 범죄 예방을 통해 사회 전체의 이익을 증대시키는 것이다.

① 국수주의　② 공리주의
③ 이기주의　④ 신비주의

22 다음 설명에 해당하는 개념은?

> • 의미 : 자신의 인간관, 가치관, 세계관 등을 전체적으로 검토하고 반성하는 과정
> • 방법 : 증자의 일일삼성(一日三省), 이황의 경(敬) 등

① 인종 차별　② 부패 의식
③ 윤리적 성찰　④ 유전자 조작

23 ㉠, ㉡에 들어갈 사랑과 성에 대한 관점으로 옳은 것은?

(㉠)	결혼이라는 합법적 테두리 내에서 이루어진 성적 관계만이 정당하다.
(㉡)	타인에게 피해를 주지 않고 성인이 자발적으로 동의한다면 사랑 없는 성적 관계도 가능하다.

	㉠	㉡
①	중도주의	보수주의
②	보수주의	자유주의
③	자유주의	중도주의
④	보수주의	중도주의

24 기후 변화에 따른 문제점이 아닌 것은?

① 생태계 교란

② 새로운 질병의 유행

③ 자연재해의 증가

④ 인류의 안전한 삶 보장

25 다음 내용에 해당하는 국제 관계에 대한 입장은?

> • 국가는 이성적 존재이기 때문에 국제 분쟁은 국제법, 국제기구 등 제도의 개선으로 해결할 수 있다고 봄.
> • 대표적 사상가 : 칸트

① 이상주의　② 제국주의

③ 현실주의　④ 지역주의

2023년도

제2회

제1교시 국 어
제2교시 수 학
제3교시 영 어
제4교시 사 회
제5교시 과 학
제6교시 한국사
제7교시 도 덕

제1교시

국 어

정답 및 해설 386p

01 다음 대화에 나타난 특징으로 가장 적절한 것은?

1) 이데마(edema) : 부종, 몸이 붓는 증상
2) 만니톨(mannitol) : 부종의 치료에 이용되는 약제
3) 엔시드(ensid) : 진통제, 통증 완화제

① 신조어를 사용하고 있다.
② 전문어를 사용하고 있다.
③ 지역 방언을 사용하고 있다.
④ 관용 표현을 사용하고 있다.

02 수정 후에 반영된 언어 예절에 대한 설명으로 가장 적절한 것은?

[수정 전] 선생님께서 주신 자료가 너무 어려워서 그러는데, 혹시 쉬운 자료가 있을까요?

⬇

[수정 후] 선생님께서 주신 자료를 제가 잘 이해하지 못해서 그러는데, 혹시 쉬운 자료가 있을까요?

① 상대를 칭찬하며 말한다.
② 자신의 탓으로 돌려 말한다.
③ 상대의 의견에 동의하며 말한다.
④ 자신의 능력을 과시하며 말한다.

03 다음을 참고할 때 음운 변동에 관한 설명으로 적절한 것은?

■ 자음 체계표(일부) ■

조음 위치 / 조음 방법	두 입술	윗잇몸	여린입천장
파열음	ㅂ	ㄷ	ㄱ
비음	ㅁ	ㄴ	ㅇ
유음		ㄹ	

① 심리[심니] : 앞 자음 'ㅁ'이 뒤 자음 'ㄹ'과 조음 방법이 같아짐.
② 종로[종노] : 앞 자음 'ㅇ'이 뒤 자음 'ㄹ'과 조음 위치가 같아짐.
③ 신라[실라] : 앞 자음 'ㄴ'이 뒤 자음 'ㄹ'과 조음 방법이 같아짐.
④ 국물[궁물] : 앞 자음 'ㄱ'이 뒤 자음 'ㅁ'과 조음 위치가 같아짐.

04 다음 한글 맞춤법 규정을 잘못 적용한 것은?

■ 한글 맞춤법 ■
[제15항] 용언의 어간과 어미는 구별하여 적는다.
[붙임 1] 두 개의 용언이 어울려 한 개의 용언이 될 적에, 앞말의 본뜻이 유지되고 있는 것은 그 원형을 밝히어 적고, 그 본뜻에서 멀어진 것은 밝히어 적지 아니한다.

① 인구가 늘어나다　② 갯벌이 드러나다
③ 집으로 돌아가다　④ 단추가 떠러지다

05 다음을 참고할 때 〈보기〉의 ㉠에 들어갈 말로 가장 적절한 것은?

> 다른 사람의 말을 직접 인용할 때는 인용할 내용에 큰따옴표가 붙고 조사 '라고'가 사용된다. 간접 인용할 때는 인용할 내용에 조사 '고'가 붙고, 경우에 따라 인용문의 인칭 대명사, 종결 어미가 바뀐다.

〈보기〉

직접 인용 표현 친구가 나에게 "너의 취미가 뭐야?"라고 물었다.

↓

간접 인용 표현 친구가 나에게 (㉠) 물었다.

① 나의 취미가 뭐냐고
② 그의 취미가 뭐냐고
③ 나의 취미가 뭐냐라고
④ 그의 취미가 뭐냐라고

06 ㉠에 들어갈 내용으로 가장 적절한 것은?

주제 : 의약품 개발을 위한 동물 실험 반대

Ⅰ. 서론 : 동물 실험에 대한 문제 제기
Ⅱ. 본론 : 동물 실험을 반대하는 근거
 1. 동물 실험은 비윤리적이라는 점에서 문제가 있다.
 2. 동물 실험 결과를 인간에게 그대로 적용할 수 없다.
 3. ㉠
Ⅲ. 결론: 동물 실험이 금지되어야 함을 강조

① 동물 실험을 대체할 실험 방안이 있다.
② 동물 실험이 인간에게 가져다주는 이익이 크다.
③ 동물 실험이 동물 학대를 의미하는 것은 아니다.
④ 동물 실험으로 의약품 개발 비용을 절감할 수 있다.

07 ㉠~㉣을 고쳐 쓴 것으로 적절하지 않은 것은?

> 메모는 기억을 ㉠ 유지되는 가장 좋은 방법이다. ㉡ 충분한 수면은 기억력 향상에 도움을 준다. 여러 가지 생각이 동시에 떠오르거나 기발한 생각이 스쳐 갈 때 이를 메모해 두면 유용하다. 과거에는 메모가 필요한 순간에 메모지나 필기구가 ㉢ 없더라도 불편한 경우가 종종 있었다. ㉣ 그리고 지금은 휴대 전화의 기능을 활용하여 전보다 쉽게 메모할 수 있게 되었다.

① ㉠ : '기억을'과 호응하도록 '유지하는'으로 수정한다.
② ㉡ : 통일성을 해치는 문장이므로 삭제한다.
③ ㉢ : 문맥을 고려하여 '없어서'로 고친다.
④ ㉣ : 잘못된 접속어를 사용했으므로 '따라서'로 바꾼다.

08 ㉠~㉣에 나타난 중세 국어의 특징으로 적절하지 <u>않은</u> 것은?

> 불·휘 ㉠ <u>기·픈</u> 남·ᄀᆞᆫ ㉡ <u>ᄇᆞᄅᆞ·매</u> 아·니:뮐·ᄊᆡ
> 곶:됴·코 여·름·하ᄂᆞ·니
> :ᄉᆡ·미 기·픈 ㉢ <u>·므·른</u>·ᄀᆞᄆᆞ·래 아·니그·
> 츨·ᄊᆡ
> ㉣ <u>:내·히</u> 이·러 바·ᄅᆞ·래·가ᄂᆞ·니
>
> –「용비어천가」 제2장 –

① ㉠ : 소리 나는 대로 표기하고 있다.

② ㉡ : 현재 쓰이지 않는 모음이 있었다.

③ ㉢ : 모음 조화를 지키고 있다.

④ ㉣ : 주격 조사 '히'가 사용되었다.

[09~11] 다음 글을 읽고 물음에 답하시오.

> 나 보기가 역겨워
> 가실 때에는
> 말없이 고이 보내 드리우리다.
>
> 영변(寧邊)에 약산(藥山)
> 진달래꽃
> 아름 따다 가실 길에 뿌리우리다.
>
> 가시는 걸음걸음
> 놓인 그 꽃을
> ㉠ <u>사뿐히 즈려밟고 가시옵소서.</u>
>
> 나 보기가 역겨워
> 가실 때에는
> 죽어도 아니 눈물 흘리우리다.
>
> – 김소월, 「진달래꽃」 –

09 윗글의 표현상 특징으로 적절하지 <u>않은</u> 것은?

① 설의법을 사용하여 주제 의식을 강조하고 있다.

② 유사한 종결 어미를 반복해 리듬감을 형성하고 있다.

③ 반어적 표현을 활용하여 화자의 감정을 강조하고 있다.

④ 수미상관 구조를 통해 형태적 안정감을 형성하고 있다.

10 ㉠에 나타난 화자의 정서로 가장 적절한 것은?

① 고향에 대한 그리움

② 무기력한 삶에 대한 후회

③ 임을 향한 헌신적인 사랑

④ 정처 없이 떠도는 삶의 비애

11 윗글과 〈보기〉에 공통으로 나타나는 우리나라 시가 문학의 특징으로 가장 적절한 것은?

〈보기〉

> 아리랑 아리랑 아라리요 / 아리랑 고개로 넘어간다
> 나를 버리고 가시는 임은 / 십 리도 못 가서 발병 난다
>
> – 경기 민요 「아리랑」 –

① 3음보 율격을 지닌다.

② 자연 친화적 태도를 보인다.

③ 절기에 따른 풍속을 노래한다.

④ 마지막 구절 첫머리에 감탄사를 쓴다.

[12～13] 다음 글을 읽고 물음에 답하시오.

> 십 년을 경영하여 초려 삼간 지어 내니
> 나 한 간 달 한 간에 청풍 한 간 맛져 두고
> [강산]은 들일 듸 업스니 둘러 두고 보리라
>
> – 송순 –

12 윗글의 화자에 대한 설명으로 가장 적절한 것은?

① 세속적 삶을 지향하고 있다.
② 멀리 있는 임금을 걱정하고 있다.
③ 자연 속에서 소박하게 살고 있다.
④ 후학 양성에 대한 포부를 밝히고 있다.

13 ㉠~㉣ 중 윗글의 [강산]과 의미가 가장 유사한 것은?

> ㉠ 잔 들고 혼자 앉아 먼 ㉡ 뫼를 바라보니
> 그리던 ㉢ 님이 오다 반가움이 이러하랴
> ㉣ 말씀도 웃음도 아녀도 못내 좋아하노라
>
> – 윤선도, 「만흥」 –

① ㉠　　② ㉡
③ ㉢　　④ ㉣

[14～16] 다음 글을 읽고 물음에 답하시오.

"김병국 부친 되십니다."

중위가 나를 소개했다. 그리고 덧붙여, 내가 예편된 대위 출신으로 육이오 전쟁에 참전한 상이용사라고 말했다.

"그렇습니까. 반갑습니다. 저는 윤영구라 합니다. 앉으시지요."

윤 소령이 나를 회의용 책상으로 안내해 간이 철제 의자를 권했다. ㉠ 그는 호인다운 인상에 목소리가 시원시원하여, 중위의, 파견 대장은 인간적이란 말에 한결 신뢰감을 주었다.

"불비한 자식을 둬서 죄, 죄송합니다. 자식 놈과 얘기해 보셨다면 아, 알겠지만 천성이 착한 놈입니다."

의자에 앉으며 내가 말했다.

"어젯밤 마침 제가 부대에서 숙식할 일이 있어 장시간 ㉡ 그 친구와 얘기를 나눠 봤지요. 똑똑한 젊은이더군요."

"요즘 제 딴에는 뭐 조류와 환경 오염 실태를 여, 연구한답시고……. 모르긴 하지만 그 일 때문에 시, 심려를 끼치지 않았나 하는데요?"

"그렇습니다. 그러나 자제분은 군 통제 구역 출입이 어떤 처벌을 받는지 알 텐데도 무모한 행동을 했어요. 설령 하는 일이 정당하다면 사전에 부대 양해나 협조부터 요청해야지요."

(중략)

[A] 윤 소령은 당번병을 불러 김병국 군을 데려오라고 말했다.
한참 뒤, 사병과 함께 병국이 파견 대장실로 들어왔다. 땟국 앉은 꾀죄죄한 그의 몰골이 중병 환자 같았다. 점퍼와 검정 바지도 펄투성이여서 하수도 공사를 하다 나온 듯했다. 병국은 움푹 꺼진 동태눈으로 나를 보았다.

"㉢ 이 녀석아, 넌 도대체 어, 어떻게 돼먹은 놈이냐! 통금 시간에 허가증 없이 해안 일대에 모, 못 다니는 줄 뻔히 알면서."

내가 노기를 띠고 아들에게 소리쳤다.

"본의는 아니었어요. 사흘 사이 동진강 하구 삼각주에서 갑자기 새들이 집단으로 죽기에 그 이유를 좀 알아보려던 게……."

병국이 머리를 떨구었다.

"그래도 변명은!"

"고정하십시오. 자제분 의도나 진심은 충분히 파악했으니깐요."

윤 소령이 말했다.
병국은 간밤에 쓴 진술서에 손도장을 찍고, 각서 한 장을 썼다. 내가 그 각서에 연대 보증을 섬으로써 우리 부자가 파견대 정문을 나서기는 정오가 가까울 무렵이었다. 부대에서 나올 때 집으로 찾아왔던 중위가 병국이 사물을 인계했다. 닭털 침낭과 등산 배낭, 이인용 천막, 그리고 걸레 조각처럼 늘어진 바다오리와 꼬마물떼새 시신이 각 열 구씩이었다.
"죽은 새는 뭘 하게?"
웅포리 쪽으로 걸으며 내가 물었다.
"해부를 해서 사인을 캐 보려구요."
"폐, 폐수 탓일까?"
"글쎄요……."
"㉣ 너도 시장할 테니 아바이집으로 가서 저, 점심 요기나 하자."
나는 웅포리 정 마담을 만나 이잣돈을 받아 오라던 아내 말을 떠올렸다. 병국이는 식사 따위에 관심이 없어 보였다.
"아버지, 아무래도 새를 독살하는 치들이 있는 것 같아요."
"그걸 어떻게 아니?"
"갑자기 떼죽음당하는 게 이상하잖아요? 물론 전에도 새나 물고기가 떼죽음하는 경우가 있었지만, 이번은 뭔가 다른 것 같아요."
"물 탓이야. 이제 동진강은 강물이 아니고 도, 독물이야. 조만간 이곳에서 새떼가 자취를 감추고 말 게야."

– 김원일, 「도요새에 관한 명상」 –

14 윗글을 읽고 이해한 것으로 가장 적절한 것은?

① '나'는 '병국'의 일에 무관심하다.
② '병국'은 '윤 소령'의 입장을 동정한다.
③ '나'는 '윤 소령'의 행동에 실망감을 느낀다.
④ '병국'은 새들의 떼죽음에 의혹을 품고 있다.

15 [A]에 대한 설명으로 가장 적절한 것은?

① 과거 회상을 통해 사건의 원인을 밝히고 있다.
② 외양 묘사를 통해 인물의 처지를 보여 주고 있다.
③ 이국적 소재를 활용하여 인물의 상황을 강조하고 있다.
④ 장면의 빈번한 전환으로 갈등의 심화를 보여 주고 있다.

16 ㉠~㉣ 중 가리키는 대상이 다른 것은?

① ㉠ ② ㉡
③ ㉢ ④ ㉣

[17~19] 다음 글을 읽고 물음에 답하시오.

[앞부분 줄거리] 명나라 때 홍무와 부인 양씨는 뒤늦게 계월을 낳아, 남자 옷을 입혀 기른다. 난을 피하다가 부모와 헤어진 계월을 여공이 구해 평국이라는 이름을 지어 주고, 아들 보국과 함께 곽 도사에게 수학하게 한다. 평국은 보국과 함께 과거에 급제하고, 서달의 난이 일어나자 출전하여 공을 세운다. 그 후 평국은 병이 들어 어의에게 진맥을 받고 난 뒤 여자임이 밝혀진다.

계월이 천자께 ㉠ 상소를 올리자 임금께서 보셨는데 상소의 내용은 다음과 같았다.
'한림학사 겸 대원수 좌승상 청주후 평국은 머리를 조아려 백 번 절하고 아뢰옵나이다. 신첩이 다섯 살이 되기 전에 장사랑의 난에 부모를 잃었사옵니다. 그리고 도적 맹길의 환을 만나 물속의 외로운 넋이 될 뻔한 것을 여공의 덕으로 살아났사옵니다. 오직 한 가지 생각을 했으니, 곧 여자의 행실을 해서는 규중에서 늙어 부모의 해골을 찾지 못할 것이라는 점입니다. 그래서 여자의 행실을 버리고 남자의 옷을 입어 황상을 속이옵고 조정에 들었사오니 신첩의 죄는 만 번을 죽어도 아깝지 않습니다. 이에 감히 아뢰어 죄를 기다리옵고 내려 주셨던 유지(諭旨)[1]와 인수(印綬)[2]를 올리옵나이다. 임금을 속인 죄를 물어 신첩을 속히 처참하옵소서.'

천자께서 글을 보시고 용상(龍床)을 치며 말씀하셨다.

"평국을 누가 여자로 보았으리오? 고금에 없는 일이로다. 천하가 비록 넓으나 문무(文武)를 다 갖추어 갈충보국(竭忠報國)[3]하고, 충성과 효도를 다 하며 조정 밖으로 나가서는 장수가 되고 들어와서는 재상이 될 만한 재주를 가진 이는 남자 중에도 없을 것이로다. 평국이 비록 여자지만 그 벼슬을 어찌 거두겠는가?"

[중간 줄거리] 천자의 중매로 계월과 보국은 혼인을 하게 된다. 혼인 후 계월은 규중에서 지내다가 오랑캐를 진압하라는 천자의 명을 받는다.

평국이 엎드려 아뢰었다.

"신첩이 외람되게 폐하를 속이고 공후의 작록을 받아 영화로이 지낸 것도 황공했사온데 폐하께서는 죄를 용서해 주시고 신첩을 매우 사랑하셨사옵니다. 신첩이 비록 어리석으나 힘을 다해 성은을 만분의 일이나 갚으려 하오니 폐하께서는 근심하지 마옵소서."

천자께서 이에 크게 기뻐하시고 즉시 수많은 군사와 말을 징발해 주셨다. 그리고 벼슬을 높여 평국을 대원수로 삼으시니 원수가 사은숙배(謝恩肅拜)하고 위의를 갖추어 친히 붓을 잡아 보국에게 전령(傳令)을 내렸다.

"적병의 형세가 급하니 중군장은 급히 대령하여 군령을 어기지 마라."

보국이 전령을 보고 분함을 이기지 못해 부모에게 말했다.

"계월이 또 소자를 중군장으로 부리려 하오니 이런 일이 어디에 있사옵니까?"

여공이 말했다.

"전날 내가 너에게 무엇이라 일렀더냐? 계월이를 괄시하다가 이런 일을 당했으니 어찌 계월이가 그르다고 하겠느냐? 나랏일이 더할 수 없이 중요하니 어쩔 수 없구나."

– 작자 미상, 「홍계월전」 –

1) 유지(諭旨) : 임금이 신하에게 내리던 글
2) 인수(印綬) : 벼슬에 임명될 때 임금에게 받는 도장을 몸에 차기 위한 끈
3) 갈충보국(竭忠報國) : 충성을 다해 나라의 은혜를 갚음.

17 윗글에 대한 설명으로 가장 적절한 것은?

① 인물의 말을 통해 대상을 평가하고 있다.
② 다른 사물에 빗대어 대상을 비판하고 있다.
③ 계절의 변화를 통해 비극적 상황을 강조하고 있다.
④ 꿈과 현실을 교차하여 인물의 과거를 보여 주고 있다.

18 윗글의 인물에 대한 설명으로 가장 적절한 것은?

① 천자는 '여공'을 중군장으로 삼고자 한다.
② '평국'은 천자로부터 능력을 인정받고 있다.
③ '보국'은 대원수인 '계월'의 권위를 인정하고 있다.
④ '여공'은 '계월'이 아닌 '보국'의 편을 들어 주고 있다.

19 ㉠의 중심 내용으로 가장 적절한 것은?

① 자신의 혼인을 부탁하고 있다.
② 천자를 속인 죄에 대해 벌을 청하고 있다.
③ 벼슬을 거두지 말아 달라고 간청하고 있다.
④ 여성에 대한 차별을 없애 달라고 요구하고 있다.

[20～22] 다음 글을 읽고 물음에 답하시오.

부탄의 마을 치몽은 한눈에 봐도 가난한 마을이다. 전기가 들어오지 않는 마을답게 변변한 세간도 없다. 그러나 매 순간 몸과 마음을 다해 손님을 접대한다. 활쏘기를 구경하려고 걸음을 멈추면 집으로 뛰어 들어가 돗자리를 꺼내 온다. 논두렁 길을 걷다 보면 어린 소년이 뛰어와 옷 속에 품은 달걀을 수줍게 내민다. 이 동네 사람들은 행복해 보일 뿐만 아니라 우리를 행복하게 해 주기 위해서는 무엇이든 할 준비가 되어 있는 것 같았다. 가진 게 별로 없는데도 아무렇지 않아 보였으며 빈한한 살림마저도 기꺼이 나누며 살아가는 듯했다.

또한 치몽에서는 늘 몸을 움직여야만 한다. 집 바깥에 있는 화장실에 가기 위해서도, 공동 수돗가에서 물을 받기 위해서도 움직여야만 한다. 빨래는 당연히 손으로 해야 하고, 쌀도 키로 골라야 하며, 곡물은 맷돌을 돌려 갈아야 한다. 난방이 되지 않아 실내에서는 옷을 두껍게 입어야만 하며, 생활에 필요한 모든 것은 몸을 써야만 얻을 수 있다. 그런데 그 불편함이 이상하게도 살아 있음을 실감케 한다. 일상의 모든 자질구레한 일에 몸을 써야만 하는 이 나라 사람들에게 부탄 정부가 2005년에 노골적으로 물었다. "당신은 행복합니까?"라고. 그 질문에 단지 3.3퍼센트만이 행복하지 않다고 대답했다고 한다. 이들의 이러한 모습을 보면 몸이 편한 것과 행복은 별 상관이 없는 것 같다는 생각이 들곤 한다.

㉠ <u>이 나라에서의 삶</u>은 그야말로 사는 것이다. 텔레비전으로 보고, 인터넷으로 검색하고, 카메라로 찍는 삶이 아니라 몸을 움직여 직접 만들고 경험하는 삶이다. 그러다 보니 부탄에서 일과 놀이는 [㉡]으로 연결되어 있다. 그들은 노는 듯 일하고 일하듯 논다. 진정한 호모 루덴스[1]다. 이런 그들에게 놀이는 돈을 지불해야 얻을 수 있는 상품이 아니다. 이 나라 사람들은 아직 노동하기 위해 살지는 않는다.

– 김남희, 「왜 당신의 시간을 즐기지 않나요」 –

1) 호모 루덴스(Homo ludens) : '노는 인간' 또는 '유희하는 인간'이라는 뜻으로 역사학자 하위징아(Huizinga, J.)가 제창한 개념

20 윗글의 서술상 특징으로 적절한 것을 〈보기〉에서 고른 것은?

〈보기〉
ㄱ. 구체적인 예를 들고 있다.
ㄴ. 비슷한 상황을 열거하고 있다.
ㄷ. 상대의 주장을 반박하고 있다.
ㄹ. 새로운 이론을 제시하고 있다.

① ㄱ, ㄴ　② ㄱ, ㄷ
③ ㄴ, ㄹ　④ ㄷ, ㄹ

21 ㉠과 가장 거리가 <u>먼</u> 것은?

① 불편해도 살아 있음을 느끼는 삶
② 대중 매체를 통해 놀이를 즐기는 삶
③ 몸을 움직여 직접 만들고 경험하는 삶
④ 가진 것이 별로 없어도 나누며 사는 삶

22 ㉡에 들어갈 말로 가장 적절한 것은?

① 대립적　② 일시적
③ 유기적　④ 수동적

[23~25] 다음 글을 읽고 물음에 답하시오.

라면이 국수나 우동과 다른 점은 면을 한 번 튀겨서 익혔다는 것이다. 그래서 끓이지 않고도 먹을 수 있고, 끓여서 먹더라도 금방 익혀 먹을 수 있다. 심지어 컵라면은 지속적으로 끓일 필요도 없고 단지 끓는 물을 붓기만 해도 먹을 수 있다. 그런데 왜 하필 3분을 기다려야 하는 걸까? 컵라면을 먹을 때마다 3분이 얼마나 긴 시간인지를 새삼 깨닫는다.

컵라면의 면발은 봉지 라면에 비해 더 가늘거나 납작하다. 면발의 표면적을 넓혀 뜨거운 물에 더 많이 닿게 하기 위해서다. 그리고 컵라면의 면을 꺼내 보면 ㉠ <u>위쪽은 면이 꽉 짜여 빽빽하지만, 아래쪽은 면이 성글게 엉켜 있다.</u> 이는 중량을 줄이기 위해서가 아니고 따뜻한 물은 위로, 차가운 물은 아래로 내려가는 대류 현상 때문이다. 컵라면 용기에 물을 부으면 위쪽 보다는 아래쪽이 덜 식는다. 따라서 뜨거운 물이 위로 올라가려고 하는데 이때 면이 아래쪽부터 빽빽하게 들어차 있으면 물의 대류 현상에 방해가 된다. 위아래의 밀집도가 다른 컵라면의 면발 형태는 뜨거운 물의 대류 현상을 원활하게 하여 물을 계속 끓이지 않아도 면이 고르게 익도록 하는 과학의 산물이다.

컵라면 면발에는 화학적 비밀도 있다. 봉지 라면과 비교했을 때 컵라면 면발에는 밀가루 그 자체보다 정제된 전분이 더 많이 들어가 있다. 라면은 밀가루로 만든 면을 기름에 튀겨 전분을 알파화[1)]한 것이다. 하지만 밀가루에는 전분 외에 단백질을 포함한 다른 성분도 들어 있다. 면에 이런 성분을 빼고 순수한 전분의 비율을 높이면 그만큼 알파화가 많이 일어나므로, 뜨거운 물을 부었을 때 복원되는 시간도 빨라진다. 전분을 많이 넣을수록 면이 불어나는 시간이 빨라져 더 빨리 먹을 수 있게 되는 것이다. 하지만 전분이 너무 많이 들어가면 면발이 익는 시간이 빨라지는 만큼 불어 터지는 속도도 빨라져 컵라면을 다 먹기도 전에 곤죽이 되고 만다.

– 이은희, 「라면의 과학」 –

1) 알파화 : 물과 열을 가해 전분을 익혀 먹기 쉽게 만드는 과정이나 상태

23 윗글에 반영된 글쓰기 계획으로 적절하지 <u>않은</u> 것은?

① 과학 용어를 사용하여 설명해야지.
② 대상과 관련된 경험을 제시해야지.
③ 다른 대상과 대조하여 설명해야지.
④ 구체적인 통계 자료를 활용해야지.

24 윗글을 통해 알 수 있는 내용으로 가장 적절한 것은?

① 컵라면의 면발은 단백질과 전분으로만 이루어져 있다.
② 국수나 우동의 면발은 모두 한 번 튀겨서 익힌 것이다.
③ 면발이 납작해지면 뜨거운 물에 닿는 표면적이 넓어진다.
④ 면에 전분 외에 다른 성분의 비율을 높이면 알파화가 많이 일어난다.

25 ㉠의 이유로 가장 적절한 것은?

① 대류 현상을 방해하기 위해서
② 전분의 비율을 낮추기 위해서
③ 컵라면의 중량을 줄이기 위해서
④ 면이 고르게 익도록 하기 위해서

제2교시

수 학

정답 및 해설 390p

01 두 다항식 $A=2x^2+x$, $B=x^2-1$에 대하여 $A+2B$는?

① $4x^2+x+2$ ② $4x^2-x+2$
③ $4x^2+x-2$ ④ $4x^2-x-2$

02 등식 $(x-2)^2=x^2-4x+a$가 x에 대한 항등식일 때, 상수 a의 값은?

① 2 ② 4
③ 6 ④ 8

03 다항식 x^3-3x+7을 $x-1$로 나누었을 때, 나머지는?

① 5 ② 6
③ 7 ④ 8

04 다항식 $x^3+9x^2+27x+27$을 인수분해한 식이 $(x+a)^3$일 때, 상수 a의 값은?

① 1 ② 2
③ 3 ④ 4

05 $i(2+i)=a+2i$일 때, 실수 a의 값은? (단, $i=\sqrt{-1}$)

① -3 ② -1
③ 1 ④ 3

06 두 수 2, 4를 근으로 하고 x^2의 계수가 1인 이차방정식이 $x^2-6x+a=0$일 때, 상수 a의 값은?

① 2 ② 4
③ 6 ④ 8

07 $0\le x\le 3$일 때, 이차함수 $y=-x^2+4x+1$의 최댓값은?

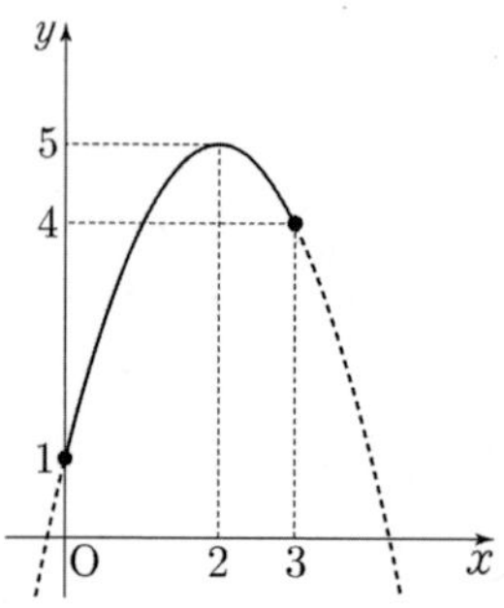

① 2 ② 3
③ 4 ④ 5

08 사차방정식 $x^4-3x^2+a=0$의 한 근이 2일 때, 상수 a의 값은?

① -4　　② -1
③ 2　　④ 5

09 연립방정식 $\begin{cases} x+2y=10 \\ x^2+y^2=a \end{cases}$의 해가 $x=2$, $y=b$일 때, 두 상수 a, b에 대하여 $a+b$의 값은?

① 15　　② 18
③ 21　　④ 24

10 이차부등식 $(x+1)(x-4)\le 0$의 해는?

① $x\ge -1$　　② $x\le 4$
③ $-1\le x\le 4$　　④ $x\le -1$ 또는 $x\ge 4$

11 좌표평면 위의 두 점 $\mathrm{A}(-1, 1)$, $\mathrm{B}(2, 4)$에 대하여 선분 AB를 $1:2$로 내분하는 점의 좌표는?

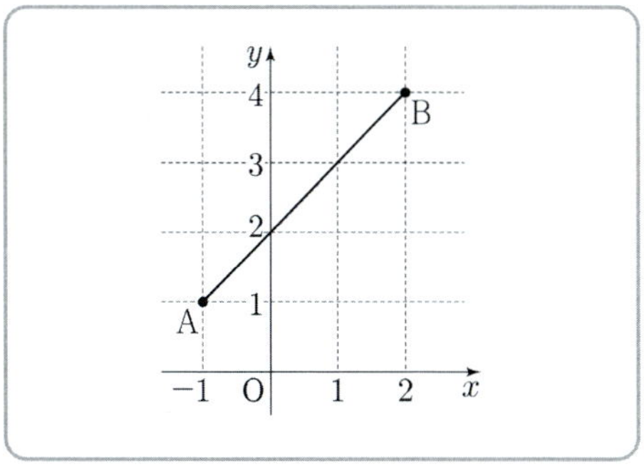

① $(-2, 0)$　　② $(0, -2)$
③ $(0, 2)$　　④ $(2, 0)$

12 직선 $y=x+2$에 수직이고, 점 $(4, 0)$을 지나는 직선의 방정식은?

① $y=-x+3$　　② $y=-x+4$
③ $y=x-3$　　④ $y=x-4$

13 중심의 좌표가 $(3, 1)$이고 x축에 접하는 원의 방정식은?

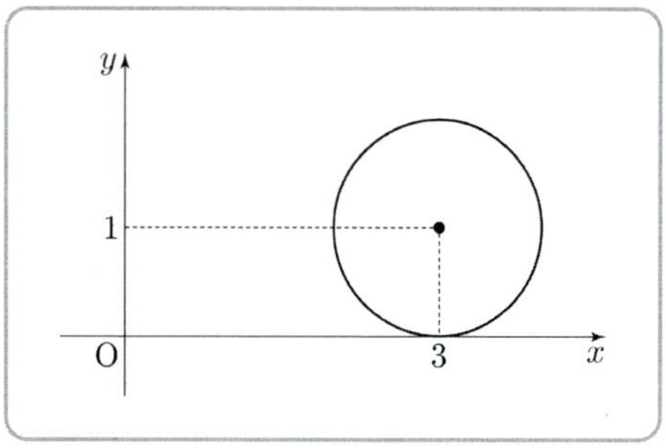

① $(x-3)^2+(y-1)^2=1$
② $(x-3)^2+(y-1)^2=9$
③ $(x-1)^2+(y-3)^2=1$
④ $(x-1)^2+(y-3)^2=9$

14 좌표평면 위의 점 $(2, 3)$을 직선 $y=x$에 대하여 대칭이동한 점의 좌표는?

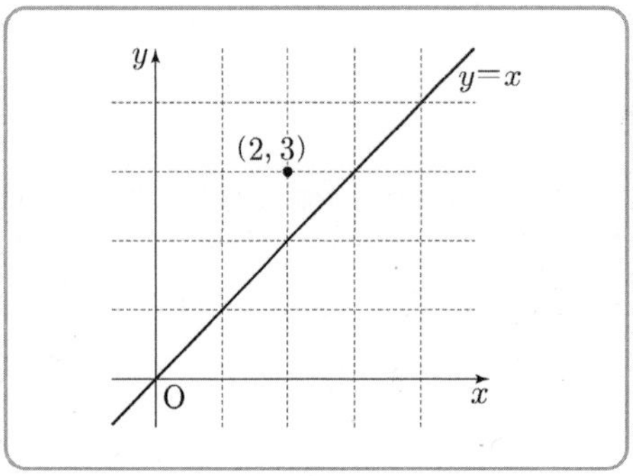

① $(-2, -3)$　② $(-2, 3)$
③ $(3, -2)$　④ $(3, 2)$

15 두 집합 $A=\{1, 3, 6\}$, $B=\{3, 5, 6\}$에 대하여 $A\cap B$는?

① $\{1, 3\}$　② $\{1, 5\}$
③ $\{3, 6\}$　④ $\{5, 6\}$

16 전체집합이 $U=\{1, 2, 3, 4, 5, 6\}$일 때, 다음 조건의 진리집합은?

> x는 짝수이다.

① $\{1, 3, 5\}$　② $\{2, 4, 6\}$
③ $\{3, 4, 5\}$　④ $\{4, 5, 6\}$

17 함수 $f: X\to Y$가 그림과 같을 때, $f^{-1}(c)$의 값은? (단, f^{-1}는 f의 역함수이다.)

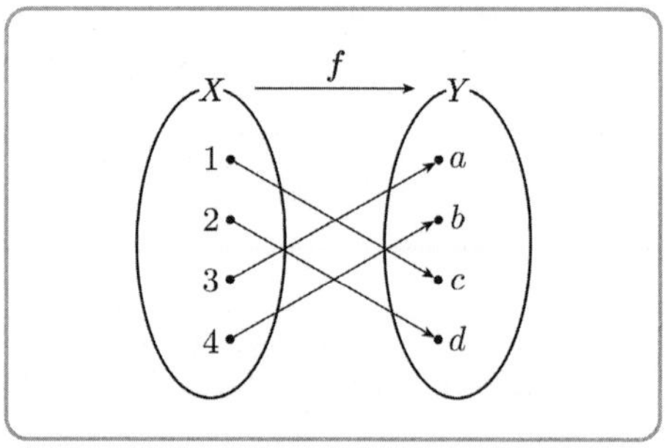

① 1　② 2
③ 3　④ 4

18 무리함수 $y=\sqrt{x-a}+b$의 그래프는 무리함수 $y=\sqrt{x}$의 그래프를 x축의 방향으로 1만큼, y축의 방향으로 4만큼 평행이동한 것이다. 두 상수 a, b에 대하여 $a+b$의 값은?

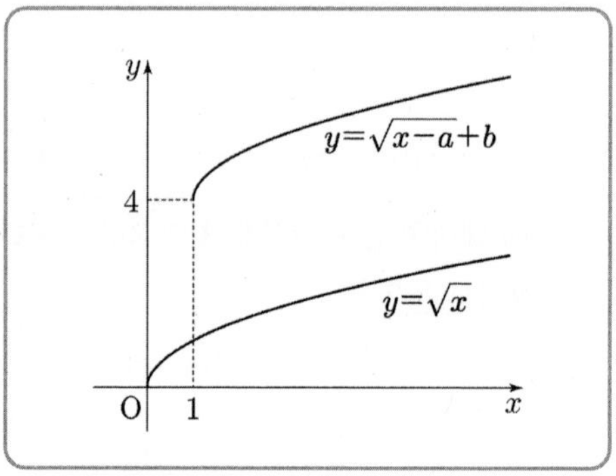

① 4　② 5
③ 6　④ 7

19 그림과 같이 등산로의 입구에서 쉼터까지 가는 길은 4가지, 쉼터에서 전망대까지 가는 길은 2가지가 있다. 입구에서 쉼터를 거쳐 전망대까지 길을 따라 가는 경우의 수는? (단, 같은 지점은 두 번 이상 지나지 않는다.)

① 5　　② 6
③ 7　　④ 8

20 그림과 같이 6종류의 과일이 있다. 이 중에서 서로 다른 2종류의 과일을 선택하는 경우의 수는?

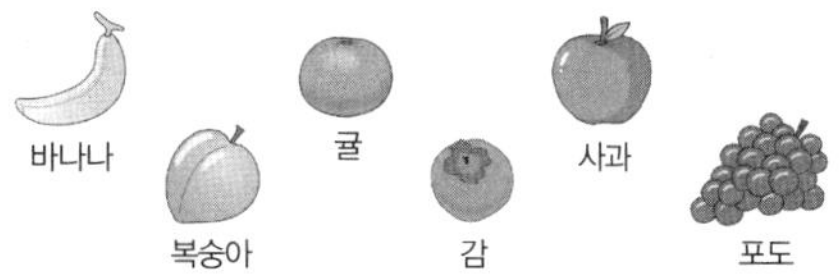

① 15　　② 18
③ 21　　④ 24

2023년 2회

제3교시

영 어

정답 및 해설 392p

[01~03] 다음 밑줄 친 부분의 뜻으로 가장 적절한 것을 고르시오.

01

Reading books is a great way to gain knowledge.

① 균형　② 목표
③ 우정　④ 지식

02

She is never going to give up her dream even if she meets difficulties.

① 서두르다　② 자랑하다
③ 포기하다　④ 화해하다

03

Many animals like to play with toys. For example, dogs enjoy playing with balls.

① 갑자기　② 반면에
③ 예를 들면　④ 결론적으로

04 다음 밑줄 친 두 단어의 의미 관계와 다른 것은?

Spring is my favorite season because of the beautiful flowers and warm weather.

① apple – fruit
② nurse – job
③ triangle – shape
④ shoulder – country

05 다음 광고문에서 언급되지 않은 것은?

Cheese Fair

- Date : September 10th (Sunday), 2023
- Activities :
  - Tasting various kinds of cheese
  - Baking cheese cakes
- Entrance Fee : 10,000 won

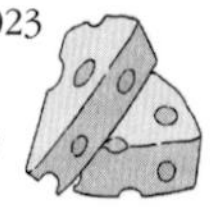

① 날짜　② 장소
③ 활동 내용　④ 입장료

[06~08] 다음 빈칸에 공통으로 들어갈 말로 가장 적절한 것을 고르시오.

06

• Are you ready to ______ your project to the class?
• Stop worrying about the past and live in the ______.

① grow ② lose
③ forget ④ present

07

• John, ______ many countries are there in Asia?
• He doesn't know ______ far it is from here.

① how ② when
③ where ④ which

08

• He needs to focus ______ studying instead of playing games.
• Bring a jacket which is easy to put ______ and take off.

① as ② of
③ on ④ like

09 다음 대화에서 밑줄 친 표현의 의미로 가장 적절한 것은?

A : How would you describe your personality, Sumi?
B : I tend to be cautious. I try to follow the saying, "Look before you leap."
A : Oh, you think carefully before you do something.

① 많으면 많을수록 좋다.
② 남이 가진 것이 더 좋아 보인다.
③ 행동하기 전에 신중하게 생각해라.
④ 오늘 할 일을 내일로 미루지 마라.

10 다음 대화에서 알 수 있는 A의 심정으로 가장 적절한 것은?

A : I'd like to return these headphones.
B : Why? Is there a problem?
A : I'm not satisfied with the sound. It's not loud enough.

① 감사 ② 불만
③ 안도 ④ 행복

11 다음 대화가 이루어지는 장소로 가장 적절한 것은?

> A : There are so many people in this restaurant!
> B : Right. This place is well known for its pizza.
> A : Yeah. Let's order some.

① 식당 ② 은행
③ 문구점 ④ 소방서

12 다음 글에서 밑줄 친 it이 가리키는 것으로 가장 적절한 것은?

> These days I'm reading a book, *Greek and Roman Myths*. The book is so interesting and encourages imagination. Moreover, <u>it</u> gives me more understanding about western arts because the myths are a source of western culture.

① book ② pencil
③ language ④ password

[13~14] 다음 대화의 빈칸에 들어갈 말로 가장 적절한 것을 고르시오.

13

> A : ______________________________, cycling or walking?
> B : I like cycling rather than walking.
> A : Why do you like it?
> B : Because I think cycling burns more calories.

① Where can I rent a car
② When does the show start
③ Why do you want to learn English
④ Which type of exercise do you prefer

14

> A : How can we show respect to others?
> B : I believe we should ____________ ____________.
> A : That's why you are a good listener.

① watch a movie
② exchange this bag
③ turn left at the next street
④ listen carefully when others speak

15 다음 대화의 주제로 가장 적절한 것은?

A : Whenever I see koalas in trees, I wonder why they hug trees like that.
B : Koalas hug trees to cool themselves down.
A : Oh, that makes sense. Australia has a very hot climate.

① 코알라의 사회성
② 코알라 연구의 어려움
③ 코알라가 나무를 껴안고 있는 이유
④ 코알라처럼 나뭇잎을 먹는 동물들의 종류

16 다음 글을 쓴 목적으로 가장 적절한 것은?

I'm writing this e-mail to confirm my reservation. I booked a family room at your hotel for two nights. We're two adults and one child. We will arrive in the afternoon on December 22nd. I look forward to your reply.

① 확인하려고 ② 안내하려고
③ 소개하려고 ④ 홍보하려고

17 다음 경기 안내문의 내용과 일치하지 않는 것은?

Tennis Competition

- Only beginners can participate.
- We will start at 10:00 a.m. and finish at 5:00 p.m.
- Lunch will not be served.
- If it rains, the competition will be canceled.

① 초보자만 참여할 수 있다.
② 오전 10시에 시작해서 오후 5시에 끝난다.
③ 점심은 제공되지 않는다.
④ 비가 와도 경기는 진행된다.

18 다음 Santa Fun Run에 대한 설명과 일치하지 않는 것은?

The Santa Fun Run is held every December. Participants wear Santa costumes and run 5km. They run to raise money for sick children. You can see Santas of all ages walking and running around.

① 매년 12월에 열린다.
② 참가자들은 산타 복장을 입는다.
③ 멸종 위기 동물을 돕기 위해 모금을 한다.
④ 모든 연령대의 산타를 볼 수 있다.

19 다음 글의 주제로 가장 적절한 것은?

Do you suffer from feelings of loneliness? In such cases, it may be helpful to share your feelings with a parent, a teacher or a counselor. It is also important for you to take positive actions to overcome your negative feelings.

① 인터넷의 역할
② 여름 피서지 추천
③ 외로움에 대처하는 방법
④ 청소년의 다양한 취미 활동 소개

[20~21] 다음 글의 빈칸에 들어갈 말로 가장 적절한 것을 고르시오.

20

For most people, the best ______ for sleeping is on your back. If you sleep on your back, you will have less neck and back pain. That's because your neck and spine will be straight when you are sleeping.

① letter ② position
③ emotion ④ population

21

Here are several steps to ______ your problems. First, you need to find various solutions by gathering all the necessary information. Second, choose the best possible solution and then put it into action. At the end, evaluate the result. I'm sure these steps will help you.

① solve ② dance
③ donate ④ promise

22 글의 흐름으로 보아 다음 문장이 들어가기에 가장 적절한 곳은?

Instead, we start with a casual conversation about less serious things like the weather or traffic.

When you first meet someone, how do you start a conversation? (①) We don't usually tell each other our life stories at the beginning. (②) This casual conversation is referred to as small talk. (③) It helps us feel comfortable and get to know each other better. (④) It's a good way to break the ice.

23 다음 글의 바로 뒤에 이어질 내용으로 가장 적절한 것은?

> English proverbs may seem strange to non-native speakers and can be very hard for them to learn and remember. One strategy for remembering English proverbs more easily is to learn about their origins. Let's look at some examples.

① 꽃말의 어원에 관한 예시
② 영어 속담의 기원에 관한 예시
③ 긍정적인 마음가짐에 대한 예시
④ 친환경적인 생활 습관에 대한 예시

[24～25] 다음 글을 읽고 물음에 답하시오.

> A book review is a reader's opinion about a book. When you write a review, begin with a brief summary or description of the book. Then state your ________ of it, whether you liked it or not and why.

24 윗글의 빈칸에 들어갈 말로 가장 적절한 것은?

① flight ② opinion
③ gesture ④ architecture

25 윗글의 주제로 가장 적절한 것은?

① 창의력의 중요성
② 진로 탐색의 필요성
③ 온라인 수업의 장점
④ 독서 감상문 쓰는 법

제4교시

사 회

정답 및 해설 397p

01 다음에서 강조하는 행복한 삶을 실현하기 위한 조건으로 가장 적절한 것은?

> 남을 돕고 남과 더불어 살아가려는 노력은 다른 사람을 행복하게 만들 뿐만 아니라 자신에게도 진정한 행복감을 가져다준다. 내적으로 성찰하고 옳은 일을 실천하는 것을 통해 개인은 만족감과 행복감을 얻을 수 있다.

① 경제 성장　② 기업가 정신
③ 도덕적 실천　④ 낙후된 주거 환경

02 ㉠에 들어갈 내용으로 옳은 것은?

> 우리나라가 시행하고 있는 (　㉠　)로 사회 보험과 공공 부조, 사회 서비스를 들 수 있다. 이러한 제도의 시행을 통해 사회 계층의 양극화를 완화하고 인간의 존엄성을 보장할 수 있다.

① 선거 제도
② 권력 분립 제도
③ 사회 복지 제도
④ 헌법 소원 심판 제도

03 ㉠에 들어갈 내용으로 가장 적절한 것은?

> 학습 주제 : (　㉠　)의 의미와 목적
> • 의미 : 국민의 기본권을 제한하거나 국민에게 의무를 부과할 때에는 의회에서 제정된 법률에 근거해야 함.
> • 목적 : 통치자의 자의적 지배 방지, 국민의 자유와 권리 보장

① 법치주의　② 인권 침해
③ 준법 의식　④ 시민 불복종

04 다음에서 설명하는 자산 관리의 원칙은?

> 모든 금융 상품은 정도의 차이가 있을 뿐 원금을 보전하는 데 위험이 따른다. 따라서 금융 상품을 선택할 때에는 투자한 자산의 가치가 온전하게 보전될 수 있는 가능성의 정도를 고려해야 한다.

① 공익성　② 안전성
③ 접근성　④ 정당성

05 문화 변동의 내재적 요인으로 옳은 것을 〈보기〉에서 고른 것은?

〈보기〉

ㄱ. 발견	ㄷ. 문화 동화
ㄴ. 발명	ㄹ. 문화 전파

① ㄱ, ㄴ ② ㄱ, ㄹ
③ ㄴ, ㄷ ④ ㄷ, ㄹ

06 사회적 소수자에 대한 설명으로 가장 적절한 것은?

① 사회에서 항상 평등하게 대우받는다.
② 인종이라는 단일 기준에 의해 규정된다.
③ 우리 사회에서 장애인, 이주 외국인만 해당된다.
④ 자신들이 차별받는 집단의 구성원이라는 인식이 존재한다.

07 다음에서 설명하는 근로자의 권리는?

> 근로자들이 근로 조건의 향상을 위하여 자주적으로 노동조합이나 그 밖의 단결체를 조직·운영하거나 그에 가입하여 활동할 수 있는 권리이다.

① 단결권 ② 선거권
③ 청구권 ④ 환경권

08 시장 실패의 사례로 적절하지 않은 것은?

① 불완전 경쟁
② 보편 윤리 확산
③ 외부 효과 발생
④ 공공재의 공급 부족

09 ㉠에 들어갈 내용으로 가장 적절한 것은?

> 자문화 중심주의는 자기 문화를 기준으로 다른 문화를 부정적으로 평가하고, 문화 사대주의는 다른 문화를 우월한 것으로 믿고 자기 문화를 낮게 평가한다. 즉, 자문화 중심주의와 문화 사대주의는 문화의 상대성을 인정하지 않고 (㉠   )는 공통점이 있다.

① 다양한 문화의 공존을 추구한다.
② 문화의 우열을 가릴 수 없다고 본다.
③ 특정 문화를 기준으로 다른 문화를 평가한다.
④ 각 문화가 해당 사회의 맥락에서 갖는 고유한 의미를 존중한다.

10 다음 헌법 조항의 의의로 가장 적절한 것은?

> **헌법 제37조** ② 국민의 모든 자유와 권리는 국가 안전 보장·질서 유지 또는 공공복리를 위하여 필요한 경우에 한하여 법률로써 제한할 수 있으며, 제한하는 경우에도 자유와 권리의 본질적인 내용을 침해할 수 없다.

① 대도시권 형성 ② 직업 분화 촉진
③ 윤리적 소비 실천 ④ 국민의 기본권 보장

11 ㉠에 들어갈 내용으로 가장 적절한 것은?

> □□신문　○○○○년 ○월 ○일
>
> **세계화, 어떻게 바라보아야 할까**
>
> 세계화에 따라 자유 무역이 확대되면서 높은 기술력과 자본을 가진 선진국과 상대적으로 경쟁력을 갖추지 못한 개발 도상국 간의 경제적 차이로 국가 간 (㉠)이/가 초래될 수 있다.

① 사생활 침해　② 인터넷 중독
③ 빈부 격차 심화　④ 문화 다양성 보장

12 다음 설명에 해당하는 것은?

> • 국제 사회의 행위 주체에 해당함.
> • 대표적인 예로 주권 국가들을 구성원으로 하는 국제 연합(UN), 세계 무역 기구(WTO)가 있음.

① 국가　② 다국적 기업
③ 자유 무역 협정　④ 정부 간 국제기구

13 다음 설명에 해당하는 것은?

> • 의미 : 새로운 정보 기술에 접근할 수 있는 능력을 보유한 자와 그렇지 못한 자 사이에 발생하는 경제적 · 사회적 격차
> • 해결 방안 : 정보 소외 계층에게 장비와 소프트웨어 제공 및 정보 활용 교육 실시

① 정보 격차　② 규모의 경제
③ 문화의 획일화　④ 지역 이기주의

14 건조 기후 지역의 전통 생활 모습으로 옳은 것을 〈보기〉에서 고른 것은?

> 〈보기〉
>
> ㄱ. 순록 유목
> ㄴ. 고상식 가옥
> ㄷ. 오아시스 농업
> ㄹ. 지붕이 평평한 흙벽돌집

① ㄱ, ㄴ　② ㄱ, ㄷ
③ ㄴ, ㄹ　④ ㄷ, ㄹ

15 다음에서 설명하는 자연재해는?

> 주로 여름철 장마와 태풍의 영향으로 집중 호우 시 발생한다. 피해를 줄이기 위해서 제방 건설, 댐과 저수지 건설, 삼림 조성 등의 대책을 수립하고 시행해야 한다. 또한 예보와 경보 체계를 구축하고 지속적인 하천 관리가 필요하다.

① 가뭄　② 지진
③ 홍수　④ 화산

16 다음 설명에 해당하는 용어로 가장 적절한 것은?

> • 한 국가 내에서 도시에 거주하는 사람들과 도시 수가 증가하면서 도시적 생활 양식과 도시 경관이 확대되는 현상
> • 영향 : 인공 건축물 증가, 지표의 포장 면적 증가

① 도시화　② 남초 현상
③ 유리 천장　④ 지리적 표시제

17 다음에서 설명하는 용어로 가장 적절한 것은?

> 인간이 만든 시설물에 의해 야생 동물들의 서식지가 분리되는 것을 막기 위해 인공적으로 만든 길

① 열섬 ② 생태 통로
③ 외래 하천 ④ 업사이클링

18 힌두교에 대한 설명으로 옳은 것을 〈보기〉에서 고른 것은?

〈보기〉

ㄱ. 메카를 성지로 한다.
ㄴ. 인도의 주요 종교이다.
ㄷ. 무함마드를 유일신으로 믿는다.
ㄹ. 소를 신성시하여 소고기 식용을 금기시한다.

① ㄱ, ㄷ ② ㄱ, ㄹ
③ ㄴ, ㄷ ④ ㄴ, ㄹ

19 다음 설명에 해당하는 것은?

> 석유 자원의 수출을 통하여 자국의 경제적 이익을 추구하기 위해 결성된 것으로, 원유의 생산량과 공급량을 조절함으로써 세계 경제에 큰 영향을 끼치고 있다.

① 브렉시트(Brexit)
② 공적 개발 원조(ODA)
③ 국제 통화 기금(IMF)
④ 석유 수출국 기구(OPEC)

20 다음 설명에 해당하는 지역으로 옳은 것은?

> 중국의 남쪽에 위치한 바다로, 중국, 타이완, 베트남, 필리핀, 말레이시아 및 브루나이 등 여섯 나라로 둘러싸인 해역을 말한다. 다량의 원유와 천연가스가 매장되어 있는 것으로 추정되고 있어 영유권 갈등이 발생하고 있다.

① 북극해 ② 남중국해
③ 카스피해 ④ 쿠릴 열도

21 다음에서 설명하는 문화권을 지도의 A~D에서 고른 것은?

> 사하라 사막 이남의 중 · 남부 아프리카 일대로, 열대 기후 지역이 넓게 분포한다. 토속 종교의 영향이 남아 있으며, 부족 단위의 공동체 생활을 하는 주민이 많다.

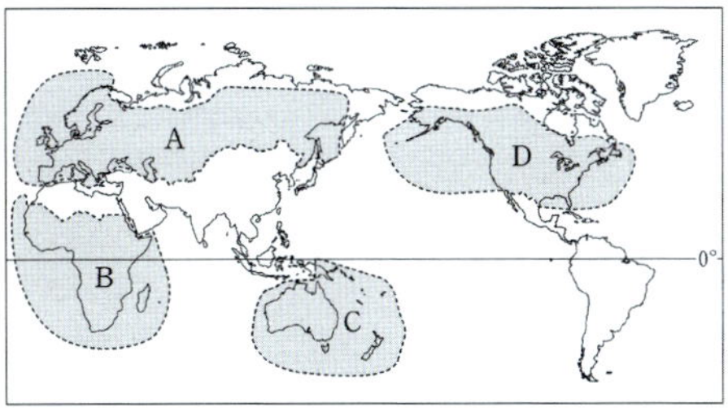

① A ② B
③ C ④ D

22 다음에서 설명하는 용어로 가장 적절한 것은?

- 의미 : 느림의 삶을 추구하는 국제 도시 브랜드
- 지정 조건 : 지역의 정체성을 드러낼 수 있는 유·무형의 자산 필요

① 슬로시티 ② 플랜테이션
③ 환경 파시즘 ④ 차티스트 운동

23 고령화에 대한 대책으로 적절한 것을 〈보기〉에서 고른 것은?

〈보기〉

ㄱ. 의무 투표제 시행
ㄴ. 노인 복지 시설 확충
ㄷ. 노인 연금 제도 확대
ㄹ. 산아 제한 정책 시행

① ㄱ, ㄴ ② ㄱ, ㄹ
③ ㄴ, ㄷ ④ ㄷ, ㄹ

24 ㉠에 들어갈 용어로 옳은 것은?

- 개념 : (㉠)
- 의미 : 개발 도상국에서 생산하는 제품에 정당한 가격을 지급하여 생산자가 경제적으로 자립할 수 있도록 해 주는 무역 방식

① 과점 ② 독점
③ 공정 무역 ④ 거점 개발

25 다음 설명에 해당하는 것은?

정부가 사업장을 대상으로 온실가스 배출 허용량을 정해 주고, 할당 범위 내에서 여분 또는 부족분에 대한 사업장 간 거래를 허용하는 제도이다.

① 전자 상거래
② 쓰레기 종량제
③ 빈 병 보증금제
④ 온실가스 배출권 거래제

제5교시

과 학

정답 및 해설 401p

01 다음 중 밀물과 썰물에 의한 해수면의 높이차인 조차를 이용하여 전기 에너지를 생산하는 발전 방식은?

① 핵발전 ② 조력 발전
③ 풍력 발전 ④ 화력 발전

02 그림과 같이 물체에 한 방향으로 10N의 힘이 5초 동안 작용했을 때 이 힘에 의해 물체가 받은 충격량의 크기는?

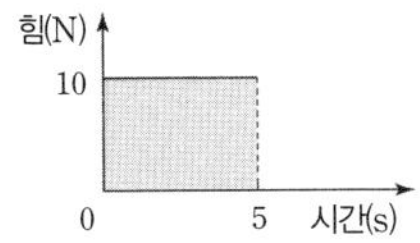

① 12N·s ② 30N·s
③ 50N·s ④ 80N·s

03 그림과 같이 막대자석을 코일 속에 넣었다 뺐다 하면 코일의 도선에 전류가 유도되어 검류계의 바늘이 움직인다. 이 현상은?

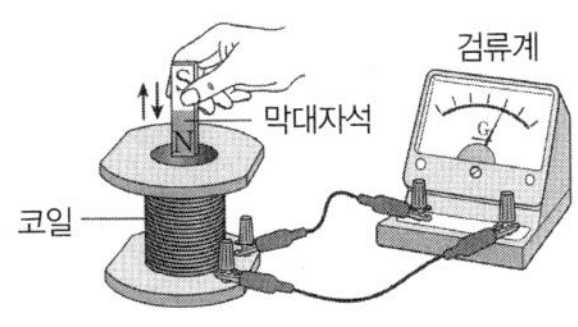

① 대류 ② 삼투
③ 초전도 ④ 전자기 유도

04 그림과 같이 공이 자유 낙하 하는 동안 시간에 따른 속력의 그래프로 옳은 것은? (단, 공기 저항은 무시한다.)

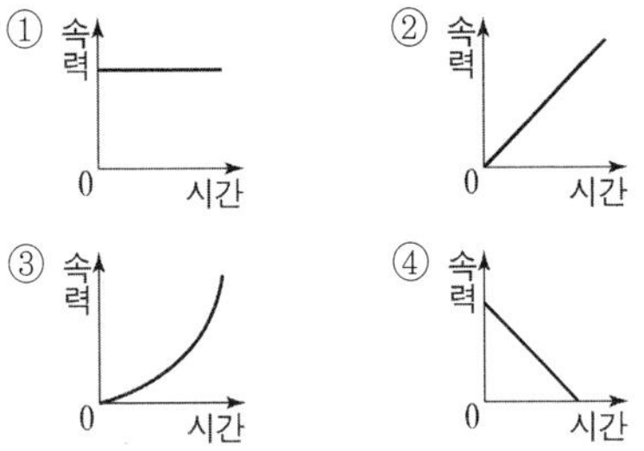

05 그림은 고열원에서 1000J의 열에너지를 흡수하여 일 W를 하고 저열원으로 600J의 열에너지를 방출하는 열기관의 1회 순환 과정을 나타낸 것이다. 이 열기관의 열효율은?

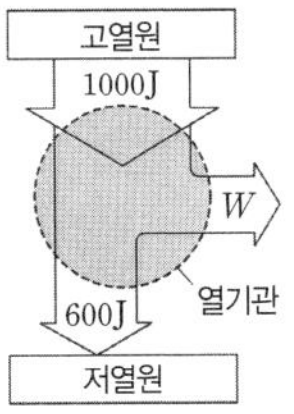

① 20% ② 40%
③ 80% ④ 100%

06 신재생 에너지에 대한 설명으로 옳은 것만을 〈보기〉에서 모두 고른 것은?

〈보기〉

ㄱ. 화석 연료보다 친환경적이다.
ㄴ. 태양광 에너지는 신재생 에너지의 한 종류이다.
ㄷ. 인류 문명의 지속 가능한 발전을 위해 신재생 에너지 개발이 필요하다.

① ㄱ, ㄴ ② ㄱ, ㄷ
③ ㄴ, ㄷ ④ ㄱ, ㄴ, ㄷ

07 다음 원자의 전자 배치 중 원자가 전자가 4개인 것은?

①
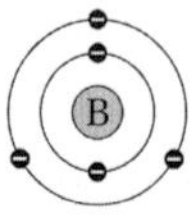

②
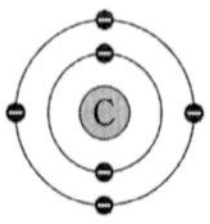

③
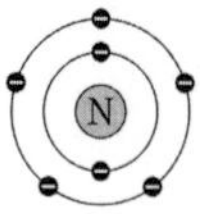

④
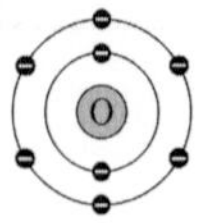

08 다음 중 그림과 같이 양이온과 음이온의 정전기적 인력에 의해 형성된 이온 결합 물질은?

① 철(Fe) ② 구리(Cu)
③ 마그네슘(Mg) ④ 염화 나트륨(NaCl)

09 그림은 주기율표의 일부를 나타낸 것이다. 임의의 원소 A~D 중 원자 번호가 가장 큰 것은?

주기 \ 족	1	2	17	18
1	A			
2		B	C	
3				D

① A ② B
③ C ④ D

10 그림은 메테인(CH_4)의 분자 구조 모형을 나타낸 것이다. 메테인을 구성하는 탄소(C) 원자와 수소(H) 원자의 개수비는?

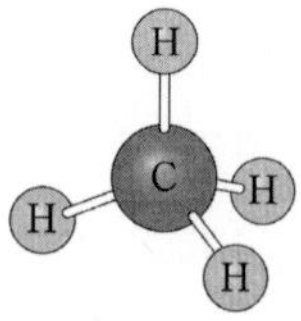

	C	H		C	H
①	1	: 2	②	1	: 3
③	1	: 4	④	2	: 3

11 다음은 철의 제련 과정에서 일어나는 산화 환원 반응의 화학 반응식이다. 이 반응에서 산소를 잃어 환원되는 반응 물질은?

$$Fe_2O_3 + 3CO \longrightarrow 2Fe + 3CO_2$$

산화 철(III) 일산화 탄소 철 이산화 탄소

① Fe_2O_3　② CO
③ Fe　④ CO_2

12 그림은 묽은 염산(**HCl**)과 수산화 나트륨(**NaOH**) 수용액의 중화 반응 모형을 나타낸 것이다. 이온 ㉠은?

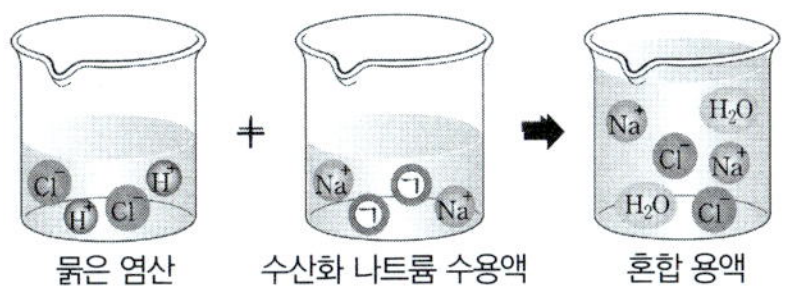

① OH^-　② Br^-
③ Cl^-　④ F^-

13 다음 중 세포에서 유전 정보를 저장하거나 전달하는 물질은?

① 물　② 지질
③ 핵산　④ 탄수화물

14 그림은 어떤 동물 세포의 구조를 나타낸 것이다. **A~D** 중 세포 호흡이 일어나 생명 활동에 필요한 에너지를 생산하는 세포 소기관은?

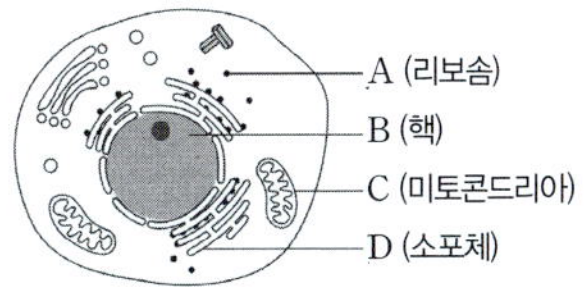

① A　② B
③ C　④ D

15 다음은 세포막을 경계로 물질이 이동하는 방법을 설명한 것이다. ㉠에 해당하는 것은?

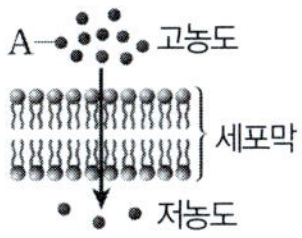

• 물질 A는 세포막을 통해 농도가 높은 쪽에서 낮은 쪽으로 [㉠] 된다.

① 확산　② 합성
③ 이화　④ 복제

16 그림은 과산화 수소의 분해 반응에서 효소인 카탈레이스가 있을 때와 없을 때의 에너지 변화를 나타낸 것이다. 이 반응에서 효소가 있을 때의 활성화 에너지는?

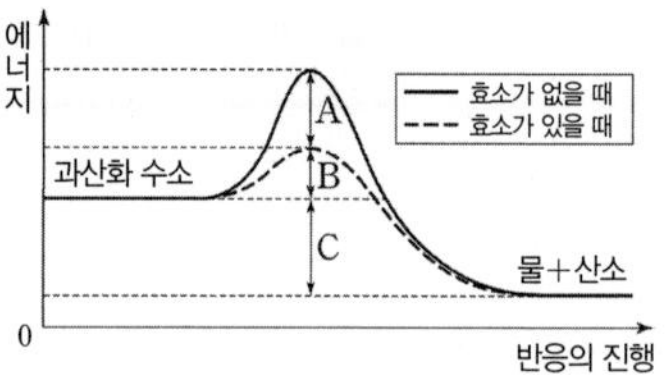

① A ② B
③ A + B ④ B + C

17 그림은 세포 내 유전 정보의 흐름 중 일부를 나타낸 것이다. 과정 (가)와 염기 ㉠은?

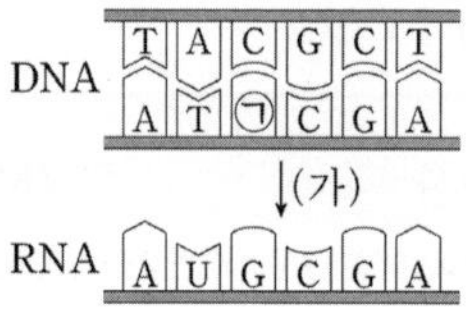

	(가)	㉠		(가)	㉠
①	전사	A	②	전사	G
③	번역	C	④	번역	T

18 그림은 생태계 평형이 유지되고 있는 생태계에서의 먹이 그물을 나타낸 것이다. 이 먹이 그물에서 개체 수가 가장 많은 생물은?

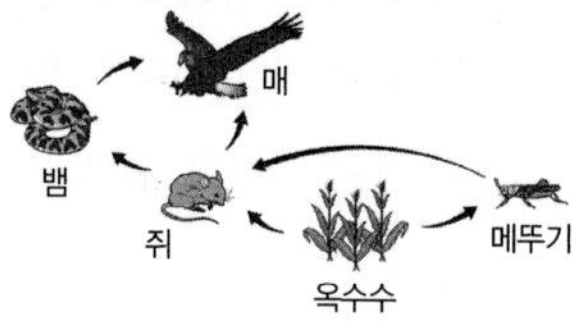

① 뱀 ② 쥐
③ 메뚜기 ④ 옥수수

19 다음 설명의 ㉠에 해당하는 것은?

> ㉠ 은 생태계 내에 존재하는 생물의 다양한 정도를 의미하며 유전적 다양성, 종 다양성, 생태계 다양성을 포함한다.

① 초원 ② 개체군
③ 외래종 ④ 생물 다양성

20 그림은 빅뱅 우주론을 모형으로 나타낸 것이다. 빅뱅 이후 시간의 흐름에 따라 증가하는 물리량으로 옳은 것만을 〈보기〉에서 모두 고른 것은?

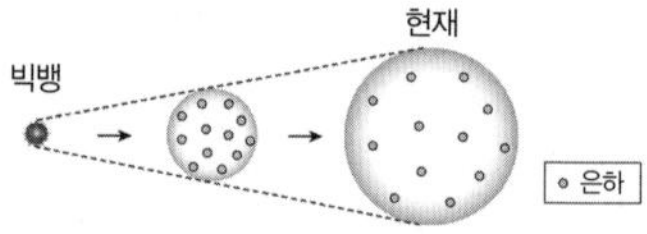

〈보기〉
ㄱ. 우주의 크기 ㄴ. 우주의 평균 밀도
ㄷ. 우주의 평균 온도

① ㄱ ② ㄷ
③ ㄱ, ㄴ ④ ㄴ, ㄷ

21 다음 중 지구에서 온실 효과를 일으키는 기체가 아닌 것은?

① 헬륨 ② 메테인
③ 수증기 ④ 이산화 탄소

22 그림은 질량이 서로 다른 2개의 별 중심부에서 모든 핵융합반응이 끝난 직후 내부 구조의 일부를 각각 나타낸 것이다. 지점 A~D 중 가장 무거운 원소가 생성된 곳은?

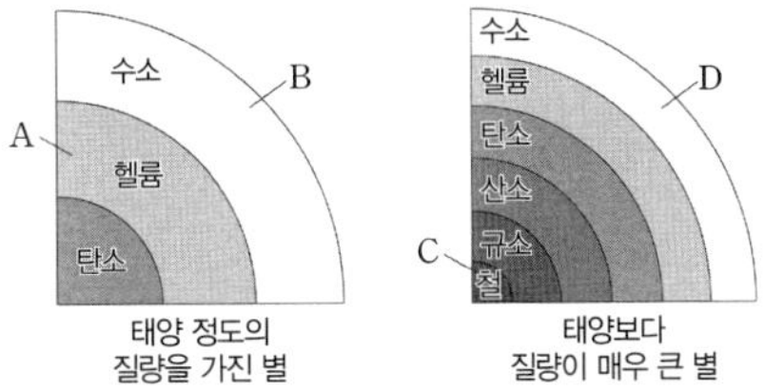

① A ② B
③ C ④ D

23 다음 설명에 해당하는 지형은?

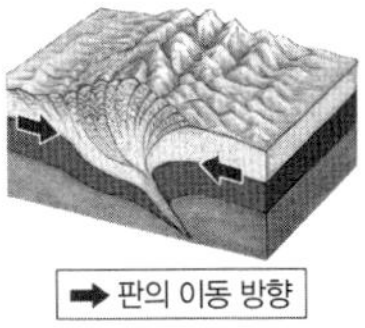

- 두 판이 충돌하면서 높이 솟아올라 형성된 거대한 산맥이다.
- 수렴형 경계가 존재하는 지역에서 발달할 수 있다.

① 해령 ② 열곡
③ 습곡 산맥 ④ 변환 단층

24 다음 중 대기 중의 이산화 탄소가 바닷물에 녹아 들어가는 과정에서 상호 작용하는 지구 시스템의 구성 요소는?

① 기권과 수권 ② 지권과 수권
③ 기권과 생물권 ④ 지권과 생물권

25 다음 설명에 해당하는 지질 시대는?

- 지질 시대 중 기간이 가장 짧다.
- 매머드와 같은 포유류가 매우 번성하였고 인류의 조상이 출현하였다.

① 선캄브리아 시대 ② 고생대
③ 중생대 ④ 신생대

제6교시

한국사

정답 및 해설 404p

01 다음 설명에 해당하는 시대는?

- 빈부의 차이와 계급의 분화가 발생함.
- 대표적인 유물은 비파형 동검임.
- 우리 역사 최초의 국가인 고조선이 건국됨.

① 구석기 시대 ② 신석기 시대
③ 청동기 시대 ④ 철기 시대

02 ㉠에 들어갈 신라의 왕으로 옳은 것은?

〈 ㉠ 의 정책 〉
- 국학 설립
- 9주 5소경 체제 정비
- 관료전 지급 및 녹읍 폐지

① 신문왕 ② 장수왕
③ 근초고왕 ④ 광개토 대왕

03 다음에서 설명하는 역사서는?

- 김부식이 왕명을 받아 편찬함.
- 현존하는 우리나라 역사서 중 가장 오래됨.

① 경국대전 ② 삼국사기
③ 조선책략 ④ 팔만대장경

04 ㉠에 들어갈 정책으로 옳은 것은?

〈공민왕의 반원 정책〉
- 친원 세력 제거
- 정동행성 이문소 폐지
- ㉠

① 장용영 설치 ② 금관가야 정복
③ 쌍성총관부 공격 ④ 치안 유지법 제정

05 다음에서 설명하는 제도는?

조선은 이상적인 유교 정치 구현을 위해 노력하였다. 특히 세종은 왕권과 신권의 조화를 추구하여 군사 업무, 특정 인사 등을 제외한 대부분의 일들을 의정부에서 논의하여 보고하도록 하였다.

① 골품제 ② 6조 직계제
③ 헌병 경찰제 ④ 의정부 서사제

06 다음에서 설명하는 근대적 교육 기관은?

개항 이후 근대적 교육의 필요성이 확대되었다. 이에 1883년 근대 학문과 외국어를 가르치는 최초의 근대적 교육 기관이 함경도 덕원 주민들에 의해 세워졌다.

① 태학 ② 국자감
③ 성균관 ④ 원산 학사

07 ㉠에 들어갈 내용으로 옳은 것은?

> 한국사 용어 검색 [㉠]
>
> 검색 결과
>
> 조선 후기 순조, 헌종, 철종 3대 60여 년 동안 왕의 외척 가문인 안동 김씨, 풍양 조씨 등의 소수 가문이 권력을 장악한 정치 형태이다.

① 도병마사　　② 세도 정치
③ 무신 정권　　④ 동북 공정

08 밑줄 친 '운동'에 해당하는 것은?

> 일본의 차관이 도입되면서 대한 제국의 빚은 1,300만 원에 이르게 되었다. 이에 1907년 대구에서 성금을 모아 빚을 갚자는 <u>운동</u>이 시작되었고, 대한매일신보 등 언론사가 후원하면서 전국으로 확산되었다.

① 형평 운동　　② 북벌 운동
③ 국채 보상 운동　　④ 서경 천도 운동

09 ㉠에 들어갈 내용으로 옳은 것은?

> 일본은 [㉠] 체결에 따라 대한 제국의 외교권을 빼앗고 통감부를 설치하였다. 초대 통감으로 부임한 이토히로부미는 대한 제국의 내정 전반을 간섭하기 시작하였다.

① 을사늑약　　② 헌의 6조
③ 남북 협상　　④ 간도 협약

10 을미개혁의 내용으로 옳은 것을 〈보기〉에서 고른 것은?

〈보기〉

ㄱ. 단발령 시행　　ㄷ. 노비안검법 실시
ㄴ. 태양력 사용　　ㄹ. 독서삼품과 실시

① ㄱ, ㄴ　　② ㄱ, ㄹ
③ ㄴ, ㄷ　　④ ㄷ, ㄹ

11 ㉠에 들어갈 인물로 옳은 것은?

> 【수행 평가 계획서】
>
> • 주제 : [㉠]의 통상 수교 거부 정책
> • 조사할 내용: 병인양요, 신미양요, 척화비

① 서희　　② 안향
③ 정약용　　④ 흥선 대원군

12 ㉠에 들어갈 내용으로 옳은 것은?

① 아관 파천　　② 위화도 회군
③ 국내 진공 작전　　④ 3 · 15 부정 선거

13 밑줄 친 '기구'에 해당하는 것은?

> 1880년대 조선 정부는 개화 정책을 총괄하기 위한 기구를 설치하였다. 그 아래에 실무를 담당하는 12사를 두어 외교, 통상, 재정 등의 업무를 맡게 하였다. 또한 군사 제도를 개편하고 신식 군대인 별기군을 창설하였다.

① 집현전　② 교정도감
③ 통리기무아문　④ 동양 척식 주식회사

14 ㉠에 들어갈 내용으로 옳은 것은?

> 1910년대 일제는 한국의 산업 성장을 방해하기 위한 정책을 실시하였다. 특히 회사를 설립할 때는 조선 총독의 허가를 받도록 하는 [㉠]을 공포하여 한국인의 회사 설립을 억제하려 하였다.

① 회사령　② 균역법
③ 공명첩　④ 대동법

15 다음에서 설명하는 무장 독립 투쟁은?

> 1920년 김좌진이 이끄는 북로 군정서와 홍범도의 대한 독립군을 중심으로 한 독립군 연합 부대는 백운평과 어랑촌 등지에서 일본군을 크게 격파하였다.

① 병자호란　② 청산리 대첩
③ 한산도 대첩　④ 황토현 전투

16 다음 질문에 대한 답으로 옳은 것은?

> 민족 자결주의와 2·8 독립 선언의 영향을 받아 1919년에 일어난 일제 강점기 최대의 민족 운동은 무엇일까요?

① 3·1 운동　② 제주 4·3 사건
③ 금 모으기 운동　④ 부·마 민주 항쟁

17 다음에서 설명하는 민족 운동은?

> 일제는 한국인에게 고등 교육의 기회를 거의 주지 않았다. 이에 이상재를 중심으로 고등 교육 기관을 설립하자는 취지 아래, '한민족 1천만이 한 사람이 1원씩'이라는 구호를 내세우며 모금 운동을 펼쳤다.

① 만민 공동회
② 서울 진공 작전
③ 토지 조사 사업
④ 민립 대학 설립 운동

18 ㉠에 들어갈 내용으로 옳은 것은?

> 【모스크바 3국 외상 회의 결정 내용 요약문】
> 1. 한국의 독립을 위하여 임시 민주 정부를 수립한다.
> 2. 임시 정부 수립을 위하여 미국과 소련은 [㉠]를 설치하고 한국의 정당 및 사회단체와 협의한다.

① 신간회　② 조선 형평사
③ 국민 대표 회의　④ 미·소 공동 위원회

19 다음에서 설명하는 일제의 식민 지배 방식은?

> 일제는 침략 전쟁을 확대하면서 한국인을 전쟁에 동원하고자 하였다. 이에 황국 신민 서사 암송, 궁성 요배, 신사 참배를 강요하고 한국인의 성과 이름도 일본식으로 바꾸게 하였다.

① 호포제　② 금융 실명제
③ 민족 말살 통치　④ 4 · 13 호헌 조치

20 다음에서 설명하는 인물은?

◈ 한국사 인물 카드 ◈

- 생몰 연도 : 1876년~1949년
- 주요 활동 – 한인 애국단 조직
  – 대한민국 임시 정부 주석 역임
- 주요 저서 : 『백범일지』

① 궁예　② 김구
③ 박제가　④ 연개소문

21 ㉠에 들어갈 내용으로 옳은 것은?

> 일제의 식민 지배에 협력했던 민족 반역자를 청산하는 것은 민족정기를 바로잡기 위해 필요한 일이었다. 이에 1948년 제헌 국회는 국민적 여론과 제헌 헌법에 따라 [㉠]을/를 제정하였다.

① 시무 28조　② 미쓰야 협정
③ 남북 기본 합의서　④ 반민족 행위 처벌법

22 다음에서 설명하는 사건은?

① 갑신정변　② 교조 신원 운동
③ 물산 장려 운동　④ 5 · 18 민주화 운동

23 ㉠에 들어갈 전쟁으로 옳은 것은?

〈 [㉠] 의 전개 과정〉

북한군의 남침
↓
인천 상륙 작전
↓
1 · 4 후퇴
↓
정전 협정

① 임진왜란　② 귀주 대첩
③ 6 · 25 전쟁　④ 쌍성보 전투

24 박정희 정부 시기에 있었던 사실로 옳은 것을 〈보기〉에서 고른 것은?

〈보기〉

ㄱ. 베트남 파병　ㄷ. 유신 헌법 제정
ㄴ. 전주 화약 체결　ㄹ. 서울 올림픽 개최

① ㄱ, ㄴ　② ㄱ, ㄷ
③ ㄴ, ㄹ　④ ㄷ, ㄹ

25 ㉠에 들어갈 지역으로 옳은 것은?

> • 1905년 러 · 일 전쟁 중에 일본은 [㉠]를 자국의 영토로 불법 편입하였다.
> • 연합국 최고 사령관 각서 제677호에 [㉠]가 한국 영토로 표기되어 있다.

① 독도 ② 강화도
③ 제주도 ④ 거문도

제7교시

도 덕

정답 및 해설 408p

01 다음 설명에 해당하는 윤리학은?

> 인간이 어떻게 행위를 해야 하는가에 대한 보편적 원리의 정립을 주된 목표로 하는 윤리학

① 진화 윤리학 ② 기술 윤리학
③ 규범 윤리학 ④ 메타 윤리학

02 다음 설명에 해당하는 이상적 인간은?

> 유교에서 제시한 도덕적 수양과 사회적 실천을 통해 이상적 인격에 도달한 사람

① 군자 ② 보살
③ 진인 ④ 철인

03 ㉠에 들어갈 용어는?

㉠
- 가상 공간에서 타인에게 정신적, 물질적 피해를 주는 행위
- 익명성을 악용한 비윤리적 행위로 심각한 문제가 되고 있음.
- 유형 : 악성 댓글, 허위 사실 유포, 해킹 등

① 기후 정의 ② 절대 빈곤
③ 사이버 폭력 ④ 윤리적 소비

04 윤리적 성찰의 방법으로 적절하지 <u>않은</u> 것은?

① 언행을 신중하게 하고 몸가짐을 바르게 한다.
② 다른 사람을 돕는 데 진심을 다했는지 살핀다.
③ 자신의 생각이나 상식을 반성적으로 검토한다.
④ 권위가 있는 이론은 비판 없이 무조건 수용한다.

05 다음 설명에 해당하는 윤리적 관점은?

> • 아리스토텔레스의 사상적 전통을 따라 도덕 법칙이나 원리보다 행위자의 품성과 덕성을 중시함.
> • 행위자의 성품을 먼저 평가하고, 이를 근거로 행위의 옳고 그름을 판단해야 한다고 보는 관점임.

① 덕 윤리 ② 담론 윤리
③ 의무론 윤리 ④ 공리주의 윤리

06 다음은 서술형 평가 문제와 답안이다. 밑줄 친 ㉠~㉣ 중 옳지 않은 것은?

> 문제 : 정보의 생산자들이 지녀야 할 윤리적 자세에 대해 서술하시오.
>
> 〈답안〉
> 정보 생산자들은 ㉠ 사실 그대로 전달하는 진실한 태도를 지녀야 한다. ㉡ 정보를 자의적으로 해석하거나 왜곡하지 않아야 하고, ㉢ 관련된 내용에 대한 객관성과 공정성을 추구해야 한다. 또한 ㉣ 개인의 사생활, 인격권을 침해해서라도 알 권리만을 우선해야 한다.

① ㉠　② ㉡
③ ㉢　④ ㉣

07 가족 간의 바람직한 윤리적 자세로 적절하지 않은 것은?

① 형제자매는 서로 우애 있게 지내야 한다.
② 부모와 자녀는 상호 간에 사랑을 실천해야 한다.
③ 가족 구성원 간에 신뢰를 회복하도록 노력해야 한다.
④ 전통 가족 윤리는 시대정신에 맞더라도 거부해야 한다.

08 ㉠에 들어갈 용어로 가장 적절한 것은?

> 싱어(Singer, P.)는 (㉠)을 갖고 있는 동물의 이익도 평등하게 고려되어야 한다고 주장한다.

① 정보 처리 능력　② 쾌고 감수 능력
③ 도덕적 탐구 능력　④ 비판적 사고 능력

09 다음에서 소개하는 윤리 사상가는?

> ◈ 도덕 인물 카드 ◈
> • 고대 그리스의 철학자
> • 소크라테스의 제자로 이데아론을 주장함.
> • 대표 저서: 『국가』

① 로크　② 베이컨
③ 플라톤　④ 엘리아데

10 다음 설명에 해당하는 것은?

> • 남녀 모두의 인권을 동등하게 보장함.
> • 성별에 따라 서로 차별하지 않고 동등하게 대우함.

① 성폭력　② 양성평등
③ 인종 차별　④ 지역 갈등

11 다음 설명에 해당하는 개념은?

> • 의미 : 행위의 결과와 상관없이 행위 자체가 옳기 때문에 무조건 수행해야 하는 도덕적 명령
> • 예 : "네 의지의 준칙이 언제나 동시에 보편적 입법의 원리가 되도록 행위하라."

① 가치 전도　② 정언 명령
③ 책임 전가　④ 가언 명령

12 (가), (나)에 들어갈 내용으로 적절하지 않은 것은?

주제 : 안락사를 허용해야 하는가?

찬성 논거	반대 논거
(가)	(나)
⋮	⋮

① (가) : 인간답게 죽을 권리는 없다.
② (가) : 경제적 고통을 덜어 줄 수 있다.
③ (나) : 사회에 생명 경시 풍조가 확산된다.
④ (나) : 죽음은 인간이 선택할 수 있는 대상이 아니다.

13 다음 설명에 해당하는 직업 윤리 의식은?

공직자뿐만 아니라 직업 생활의 전반에서 중요한 의식으로 성품과 품행이 맑고 깨끗하여 탐욕을 부리지 않는 것을 의미한다.

① 경쟁 의식 ② 패배 의식
③ 청렴 의식 ④ 특권 의식

14 다음에서 설명하는 윤리에 대한 관점은?

- 보편적으로 타당한 도덕 원칙은 없다고 봄.
- 윤리를 문화의 산물로 보고, 각 사회마다 마땅히 따라야 할 규범이 다를 수 있다고 봄.

① 윤리적 상대주의 ② 윤리적 이기주의
③ 윤리적 절대주의 ④ 윤리적 의무주의

15 다음에서 바람직한 문화적 정체성을 유지하기 위한 관점에만 '√'를 표시한 학생은?

관점 \ 학생	A	B	C	D
• 자신의 주관이나 문학적 정체성을 버린다.	√	√		√
• 사회 질서를 파괴하지 않는 범위에서 관용을 베푼다.	√		√	√
• 문화의 다양성을 수용하면서도 보편적 규범을 따른다.		√	√	√

① A ② B
③ C ④ D

16 다음 내용과 관련된 사상은?

- 불교에서 서로 다른 종파들 간 대립과 갈등을 더 높은 차원에서 극복하고자 함.
- 특수하고 상대적인 각자의 입장에서 벗어나 대승적으로 융합해야 함을 강조함.

① 묵자의 겸애 사상 ② 공자의 덕치 사상
③ 노자의 무위 사상 ④ 원효의 화쟁 사상

17 부정부패 행위가 사회에 미치는 영향을 〈보기〉에서 고른 것은?

〈보기〉

ㄱ. 국외 자본의 국내 투자가 활발해진다.
ㄴ. 개인의 권리가 부당하게 침해받을 수 있다.
ㄷ. 사회적 비용의 낭비로 사회 발전을 저해할 수 있다.
ㄹ. 국민 간 위화감을 완화하여 사회 통합을 용이하게 한다.

① ㄱ, ㄴ　　② ㄱ, ㄹ
③ ㄴ, ㄷ　　④ ㄷ, ㄹ

18 그림의 내용과 같은 주장을 한 사상가는?

① 홉스　　② 노직
③ 벤담　　④ 왈처

19 유전자 치료에 대한 찬성 근거로 가장 적절한 것은?

① 유전적 질병으로 인한 고통을 해소한다.
② 인간의 유전적 다양성이 상실될 수 있다.
③ 의학적으로 불확실하고 임상적으로 위험하다.
④ 유전 정보 활용으로 사생활 침해 문제가 발생한다.

20 ㉠에 들어갈 용어는?

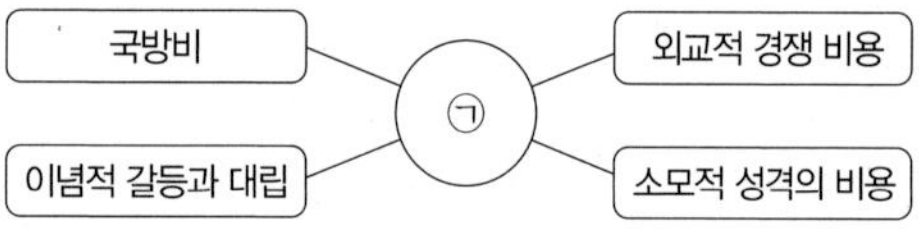

① 기본 소득　　② 분단 비용
③ 과시 소비　　④ 통일 편익

21 다음 설명에 해당하는 것은?

차별받아 온 사람들에게 고용이나 교육 등 다양한 측면에서 직간접적으로 혜택을 제공함으로써 사회적 이익의 공정한 분배를 실현하려는 제도

① 청탁 금지법
② 생물 다양성 협약
③ 지속 가능한 개발
④ 소수자 우대 정책

22 다음 대화에서 학생이 주장하는 국제 관계에 대한 관점은?

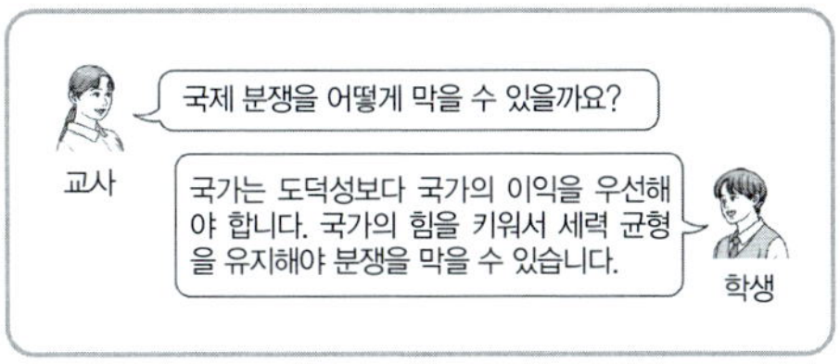

① 현실주의　　② 구성주의
③ 이상주의　　④ 도덕주의

23 시민 불복종의 특징으로 볼 수 <u>없는</u> 것은?

① 폭력을 사용해서는 안 된다.
② 최후의 수단이 되어야 한다.
③ 공개적인 활동을 통해 공동선을 지향해야 한다.
④ 기존 사회 질서와 헌법 체계 전체를 부정해야 한다.

24 ㉠에 들어갈 용어로 가장 적절한 것은?

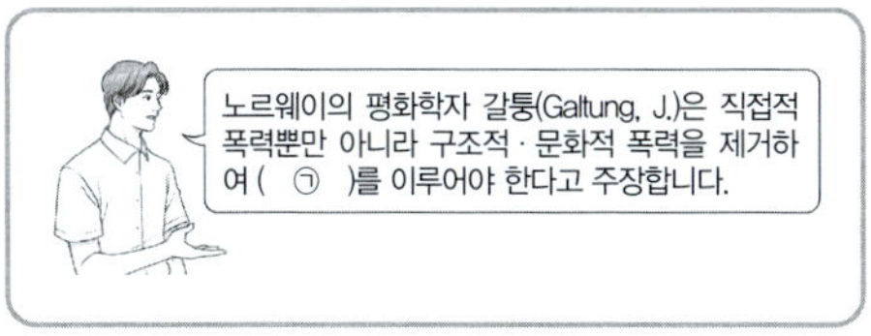

① 일시적 평화　　② 적극적 평화
③ 소극적 평화　　④ 특수적 평화

25 다음에서 설명하는 자연을 바라보는 관점은?

- 무생물을 포함한 생태계 전체를 도덕적 고려의 대상으로 보는 입장
- 생태계 전체의 선을 위하여 개별 구성원을 희생시킬 수 있다는 한계를 지님.

① 인간 중심주의　　② 동물 중심주의
③ 생명 중심주의　　④ 생태 중심주의

정답 및 해설

2025년도

제1회

제1교시 국 어

제2교시 수 학

제3교시 영 어

제4교시 사 회

제5교시 과 학

제6교시 한국사

제7교시 도 덕

제1교시

국 어

정답 및 해설

정답

01 ③	02 ②	03 ②	04 ③	05 ②
06 ③	07 ③	08 ②	09 ②	10 ④
11 ①	12 ②	13 ④	14 ①	15 ①
16 ③	17 ③	18 ④	19 ④	20 ①
21 ④	22 ①	23 ④	24 ④	25 ①

해설

01 같이 떠들어도 자기만 늘 혼나서 속상하다는 민서의 말에 준희가 평소에 네가 너무 떠들어서 혼나는 게 당연하다며 핀잔을 주고 있다. 이는 상대방의 기분을 고려하지 않은 말하기의 문제점이라고 볼 수 있다.

02 티셔츠에 문구를 새기는 데 3,000원의 비용이 추가된다는 사장님의 말에, 손님이 스무 벌 이상 구입하겠다는 조건을 제시하며 문구 새기는 비용을 할인 받을 수 있는지의 여부를 묻고 있다. 이는 조건을 제시하며 자신의 요구를 전달하는 말하기 방법에 해당한다.

03 표준 발음법 제12항의 규정에 따라 'ㅎ(ㄶ, ㅀ)' 뒤에 'ㄱ, ㄷ, ㅈ'이 결합되는 경우 뒤 음절 첫소리와 합쳐져 [ㅋ, ㅌ, ㅊ]으로 발음된다. 그런데 ②의 '괜찮은'은 받침 'ㄶ' 다음에 'ㅇ'이 결합됨으로 이 규정이 적용되지 않는다. 즉, '괜찮은'은 받침 'ㄶ'에서 'ㅎ'이 탈락되고 'ㄴ'이 연음되어 [괜차는]으로 발음된다.

① **하얗게[하야케]** : 받침 'ㅎ' 뒤에 'ㄱ'이 결합되어 [ㅋ]으로 발음된다.

③ **닳도록[달토록]** : 받침 'ㅀ' 뒤에 'ㄷ'이 결합되어 [ㅌ]으로 발음된다.

④ **싫지만[실치만]** : 받침 'ㅀ' 뒤에 'ㅈ'이 결합되어 [ㅊ]으로 발음된다.

04 ③의 '먹어 버렸다'는 먹는 동작이 이미 완료되었음을 의미하는 '완료상'에 해당한다. '완료상'은 동작이 과거부터 현재까지 이어져 완결되었음을 나타낸다. ①의 '시들어 간다', ②의 '하는 중이다', ④의 '듣고 있다'는 모두 어떤 동작이 시간의 흐름 속에서 계속 이어지고 있는 '진행상'에 해당한다.

05 '봬었다' → '뵈었다'

'봬었다'는 '뵈다'가 기본형이므로 과거 시제 선어말 어미 '–었'이 결합되어 '봬었다'가 아니라 '뵈었다'로 써야 옳다.

① '닫혔다'는 '닫히었다'의 준말로, 피동 접미사 '–히'를 붙여 만든 피동 표현이다.

③ '붙였다'는 '붙이었다'의 준말로, 피동 접미사 '–이'를 붙여 만든 피동 표현이다.

④ '늘었다'는 기본형 '늘다'에 과거 시제 선어말 어미 '–었'이 결합된 표현이다.

06 ⓒ의 '·므·른'은 끊어 적기가 아니라 이어 적기로 표기한 것이다. '·므·른'을 끊어 적기로 표현하면 '·믈·은'으로 표기된다.

㉠ 'ᄇᆞᄅᆞ · 매'의 'ᄇᆞᄅᆞ'에서 현재는 쓰이지 않지만 중세 국어에서 사용되었던 'ㆍ'(아래 아)가 사용되었다.

㉡ ':싀 · 미'는 글자 왼쪽에 방점을 사용하여 성조(소리의 고저)를 표시하였는데, ':'는 '상성'으로 낮았다가 높아지는 소리이고 '·'는 거성으로 성조 중 가장 높은 소리에 해당한다.

㉣ '바 · ᄅᆞ · 래'에는 '바다'를 뜻하는 '바ᄅᆞᆯ' 다음에 부사격 조사 '–애'가 결합되어 양성 모음끼리 모음조화가 이루어진 것이다. '바ᄅᆞᆯ'의 'ㆍ'와 '–애'의 '–아'는 모두 양성 모음에 해당한다.

[07~08]

07 보행 중 휴대 전화를 사용할 경우 돌발 상황에 대처하는 능력이 떨어진다는 내용은 (나)의 초고에 제시되어 있지 않다. 그러므로 (가)의 ⓒ에 제시된 내용은 (나)에 반영되어 있지 않다.

① (나)에서 보행 중 휴대 전화 사용은 보행자의 안전과 건강에 위협이 될 수 있다며, (가)의 ㉠에서 제시한 보행 중 휴대 전화 사용에 대한 문제 제기를 반영하고 있다.

② (나)에서 휴대 전화 사용으로 인한 보행 중 교통사고가 최근 4년간 437건에서 848건으로 약 2배가량 증가했다며, (가)의 ㉡에서 제시한 보행 중 교통사고 증가 현황을 반영하고 있다.

④ (나)에서 보행 중 휴대 전화의 사용으로 목과 허리의 디스크 발병률이 높아진다며, (가)의 ㉣에서 제시한 보행 중 휴대 전화 사용이 건강에 미치는 악영향을 반영하고 있다.

08 보행 중 휴대 전화의 사용이 교통사고의 증가율을 높인다는 내용에 건강에 악영향을 미친다는 내용이 첨가되므로 ⓑ에 첨가의 접속어 '또'를 사용한 것은 적절하다('또'를 '뿐만 아니라'로 바꾸어 쓸 수 있음). '그러나'는 앞뒤의 내용이 상반될 때 사용하는 역접의 접속어이므로 '또'를 '그러나'로 바꾸는 것은 적절하지 않다

① ⓐ의 '숙인채'에서 '채'는 의존 명사이므로 '숙인∨채'처럼 띄어 써야 옳다.

③ 제시문은 보행 중 휴대 전화 사용에 따른 문제점을 서술하고 있으므로, 운전자의 안전띠 착용과는 글의 연관성이 떨어진다. 따라서 ⓒ는 글의 통일성을 해치는 문장이므로 삭제하는 것이 옳다.

④ ⓓ의 '대책을'에서 '대책'은 서술어 '마련되어야 한다'의 주어에 해당하므로 목적격 조사 '을'을 주격 조사 '이'를 사용하여 '대책이'로 수정해야 옳다.

[09~10]

정철, 「속미인곡」

- **갈래** : 양반 가사, 서정 가사, 정격 가사
- **성격** : 여성적, 서정적, 연모적
- **제재** : 연모의 정
- **주제** : 임에 대한 그리움과 슬픔, 연군지정
- **특징**
  - 여성의 목소리에 의탁해 임(임금)에 대한 애절한 그리움과 충절을 표현함.
  - 두 여인이 대화를 나누는 형식으로 전개됨.
  - 순우리말을 효과적으로 사용함.
  - 다양한 비유와 상징적 기법을 통해 정서를 효과적으로 드러냄.

09 위 작품에서는 같은 내용으로 반복되는 동일한 후렴구가 나타나 있지 않다. 후렴구의 사용은 고려 가요나 민요 등에서 찾아볼 수 있다.

① '하늘을 원망하며 사람을 탓하겠는가'에서 임을 탓하지 않겠다는 설의적 표현이 드러나 있다. 설의법은 누구나 다 아는 사실을 의문 형식으로 제시하여 독자가 스스로 결론을 내게 하는 표현법이다.

③ 4번 끊어 읽는 4음보의 율격이 드러나고 있다.

저기 가는/저 각시/본 듯도/하구나 천상/백옥경을/어찌하여/이별하고 해 다 져/저문 날에/누굴 보러/가시는가

④ 두 여인이 대화하는 형식을 통해 임금을 그리워하는 연군지정을 표현하고 있다.

10 ⓔ의 '기나긴 밤에 잠은 어찌 주무시나'에서 느낄 수 있는 시적 정서는 임에 대한 원망이 아니라 임에 대한 걱정과 염려이다.

[11~13]

이청춘, 「흰 철쭉」

- **갈래** : 현대 소설
- **성격** : 서정적, 회고적, 상징적
- **시점** : 1인칭 관찰자 시점
- **제재** : 흰 철쭉
- **주제** : 삶의 터전과 고향에 대한 그리움
- **특징**
  - 과거의 회상을 중심으로 서정적이고 회상적인 분위기를 형성함.
  - 고향에 대한 그리움을 위로하는 상징적 소재로 흰 철쭉이 활용됨.
  - 급격한 지가 상승과 개발이라는 외부적 변화가 개인의 삶에 미치는 영향을 섬세하게 그려냄.
  - 구수한 사투리와 함께 자신의 경험을 진솔하게 표현함.

11 두 번째 문단의 '아주머니는 금세 눈치를 알아채고 ~ 흩어져 떠나갔다는 것이었다.'에서 나물 장수 아주머니의 사연을 요약적으로 진술하고 있음을 알 수 있다.

② 해당 작품은 '나'가 작품 속 등장인물이 되어 주인공의 이야기를 전달하는 1인칭 관찰자 시점이다. 작품 밖 인물의 시각에서 사건을 서술하는 것은 3인칭 시점에 해당한다.

③ 장면 전환이나 인물 간 갈등을 표현한 부분은 찾을 수 없다.

④ 편지 형식을 활용하여 인물의 심리를 표현하고 있지는 않다.

12 철쭉을 심고 간 해에 8 · 15 해방을 맞게 됐고, 이어 서로 간에 소식이 끊겼다는 말에서 친정집과 소식조차 끊긴 상황임을 알 수 있다. 그러므로 '아주머니는 해방을 계기로 친정집으로 이사 갔다.'는 ②의 설명은 적절하지 않다.

① 아주머니가 황해도 안악 마을의 한 농촌 마을에서 갓 스물에 이곳으로 출가를 해 왔다는 내용에서 아주머니의 친정집은 황해도에 있었음을 알 수 있다.

③ 온 동네가 마치 횡재라도 만난 듯 다투어 집과 땅을 팔고 너나없이 사방으로 흩어져 떠나갔다는 내용에서 동네 사람들이 땅값이 올라 집을 팔고 사방으로 떠났음을 알 수 있다.

④ 아주머니네가 이미 집값으로 받은 돈을 이 일 저 일로 거의 다 축내 버리고 아들 내외와 성남 변두리에 셋방 한 칸을 얻어 산다는 내용에서 아주머니네는 결국 집값으로 받

은 돈을 거의 다 축내 버렸음을 알 수 있다.

13 철쭉이라도 해마다 흰 꽃을 피워 주어 아주머니는 그것으로 이 30여 년을 고향 식구들 대하듯 마음을 달래 왔다는 내용에서 ㉠의 '철쭉'이 고향 식구에 대한 그리움을 달래 주는 자연물임을 알 수 있다.

[14~16]

신경림, 「목계장터」
- **갈래** : 서정시, 자유시
- **성격** : 상징적, 관념적, 비유적
- **제재** : 민중들의 삶
- **주제** : 떠돌이 삶의 애환과 갈등
- **특징**
  - 민요조의 4음보
  - 의인법을 사용하여 시상을 전개함
  - 정착과 방랑의 대립 구조를 취함
  - 향토적 시어를 사용하여 토속적인 분위기를 자아냄
  - 1인칭 화자가 독백적 어조로 내적 갈등을 담담히 표현함
  - 구어체 어미를 반복적으로 사용하여 운율을 형성함

14 해당 작품에서 반어적 표현이 나타나 있지 않다. 반어적 표현은 표현된 말과 실제 의미가 정반대일 때 사용하는 수사법이다.(예 죽어도 아니 눈물 흘리오리다.)

② '하고', '하네', '-라네' 등의 종결 어미를 반복하여 운율을 형성하고 있다.

③ '토방 툇마루'라는 향토적 소재를 통해 토속적 분위기를 드러내고 있다.

④ 1, 2행과 15, 16행이 동일 어구로 반복되는 수미상관 구조를 통해 형태적 안정감을 조성하고 있다.

15 '산서리'와 '물여울'은 고난이나 시련을 의미하는 상징어이다. 이를 통해 화자가 처한 고달픈 현실을 드러내고 있다.

16 ㉢의 '토방'은 토속적 분위기를 자아내는 향토적 소재로 사용되었을 뿐, 장돌뱅이의 떠도는 삶의 속성인 '방랑'의 의미를 표현하고 있지는 않다.

㉠ · ㉡ · ㉣ '구름', '방물장수', '떠돌이'는 모두 '방랑'의 의미로 장돌뱅이의 떠도는 삶을 상징한다.

[17~19]

작자 미상, 「구렁덩덩신선비」
- **갈래** : 설화(민담)
- **성격** : 교훈적, 상징적, 비현실적
- **주제** : 부부 사이의 사랑과 역경의 극복
- **특징**
  - 전통적인 민속 가치관인 권선징악과 인과응보가 반영됨
  - 동물 변신 모티브가 나타남
  - 잃어버린 남편 찾기의 이야기 구조를 지님

17 노파가 풀숲에서 주은 알을 먹고 구렁이를 낳은 것이나 구렁이가 허물을 벗고 멋진 선비가 된 것 등에서 비현실적인 요소가 제시되어 있다.

① 설화는 이야기가 주된 구조이며 시가 삽입되어 있지는 않다.

② '어느 마을'이라고 불특정한 장소를 작품의 배경으로 하고 있으나, 구체적인 지명이 언급되어 있지는 않다.

④ 시간의 흐름에 따른 순차적 구성으로 사건이 전개되고 있다.

18 장자네 막내딸은 중의 옷차림을 하고서 농부 대신 논을 갈아주고, 까치한테 벌레를 잡아 주고, 할머니의 빨래를 대신 해주고 길을 물어가며 남편을 찾는다. 그러므로 막내딸이 남편을 찾기 위해 농부 대신 논을 갈아 준 것은 남편을 찾아가는 과정에서 겪은 일임을 알 수 있다.

① · ② 장자네 막내딸과 노파가 낳은 구렁이가 결혼하기 전의 일이다.

③ 결혼 후 남편이 떠나기 전의 일이다.

19 ㉠의 '아기', ㉡의 '구렁덩덩신선비', ㉢의 '구렁이'는 모두 노파가 낳은 구렁이를 의미한다. ㉣의 '아이'는 장자네 막내딸이 남편을 찾아 나선 길에 만난 '새 쫓는 아이'로 그 대상이 다르다.

[20~22]

20 두 번째 문단에서 '하나의 도시에 여러 지점을 선정하고 그 지점과 그 지점 주변에 위치한 학교, 식당, 상가 등 생활 편의 시설의 거리를 측정하여 해당 지점의 보행 환경에 대한 점수를 산출한다.'는 내용을 통해 제시문이 보행 환경을 점수화하는 방법을 설명하고 있음을 알 수 있다.

21 '미국의 한 민간 기업'에서 제공하는 보행 환경 점수는 도시

계획을 수립하려는 시 정부뿐만 아니라 각종 언론, 학계, 부동산 업계 등 다양한 분야에서 활용된다고 제시문의 마지막 문장에 서술되어 있다.

① · ② 제시문의 두 번째 문장에서 '자동차를 생활필수품으로 여기는 미국에서조차 ~ 보행자 중심으로 변화시키는 추세이다.'라는 내용을 통해 이를 확인할 수 있다.

③ 제시문의 네 번째 문장에서 '미국의 공공 기관과 민간에서는 지역의 보행 환경에 관한 데이터를 수집하여 사용자에게 다양한 정보를 제공한다.'는 내용을 통해 이를 확인할 수 있다.

22 ㉠의 '주목'은 '관심을 가지고 주의 깊게 살핌. 또는 그 시선.'을 의미한다. '사물의 존재 의의나 가치를 알아주지 아니함.'을 뜻하는 단어는 '무시'이다.

[23~25]

23 제시문의 마지막 문장에 '폐암과 간암이 늦게 발견되는 것도 폐와 간에 통점이 거의 없기 때문이다.'라고 서술되어 있다. 그러므로 '폐와 간에는 통점이 없기 때문에 폐암과 간암은 일찍 발견된다.'는 ④의 설명은 제시문의 내용과 일치하지 않는다.

① 첫 번째 문단에서 통점이 자극을 받아 통각 신경을 통해 통증 신호가 뇌로 전달될 때 통증을 느낀다는 설명을 통해 통증 신호는 통각 신경을 통해 뇌로 전달됨을 알 수 있다.

② 두 번째 문단에서 인체의 부위가 손상되면 세로토닌, 히스타민 등의 통각 유발 물질이 만들어진다는 설명을 통해 인체의 부위가 손상되면 통각 유발 물질이 만들어짐을 알 수 있다.

③ 네 번째 문단에서 피부에는 1제곱센티미터당 약 200개의 통점이 있다는 설명을 통해 이를 확인할 수 있다.

24 세 번째 문단에서 통증 신호를 뇌로 전달하는 통각 신경은 다른 감각 신경에 비해 매우 가늘어 신호를 느리게 전달한다고 서술되어 있다. 그러므로 압정이 발바닥에 깊이 들어간 다음에야 아픔을 느끼게 되는 ㉠의 이유는 통각 신경이 신호를 느리게 전달하기 때문이다.

25 피부에는 많은 수의 통점이 배치되어 아픈 부위를 보다 정확하게 알 수 있다는 내용 다음에 내장 기관에는 통점이 1제곱센티미터당 4개에 불과해 아픈 부위를 정확히 알기 어렵다는 상반된 내용이 제시되어 있다. 그러므로 빈칸 ㉮에는 뒤에 오는 말이 앞의 내용과 상반됨을 나타내는 말인 '반면'이 들어갈 말로 가장 적절하다.

② **비록** : 아무리 그러하더라도

③ **혹시** : 그러할 리는 없지만 만일에

④ **왜냐하면** : 왜 그러냐 하면(앞 내용에 대한 원인이나 이유를 뒤 내용에서 말할 때 쓰여 앞뒤 문장을 이어 주는 말)

제2교시

수 학

정답 및 해설

정답

01 ③	02 ①	03 ①	04 ③	05 ②
06 ①	07 ④	08 ④	09 ④	10 ①
11 ②	12 ④	13 ③	14 ④	15 ②
16 ③	17 ①	18 ①	19 ②	20 ②

해설

01

$A+B=(2x^2+3x)+(ax^2+x)$

$=(2x^2+ax^2)+(3x+x)$

$=(2+a)x^2+4x$

$A+B=bx$이므로 $(2+a)x^2+4x=bx$

항등식일 때, 양변의 동류항의 계수는 같으므로

$2+a=0$에서 $a=-2$

$4x=bx$에서 $b=4$

그러므로 $a+b=(-2)+4=2$

02

> 다항식 $f(x)$가 $x-a$로 나누어떨어질 때
> $\Rightarrow f(a)=0$

주어진 다항식을 $f(x)$라 놓으면

$f(x)=x^3+ax^2-4$

나머지 정리에 의해

다항식 $f(x)$가 $x-1$로 나누어떨어질 때 $f(1)=0$

$f(1)$을 주어진 다항식에 대입하면

$f(1)=(1\times1^3)+(a\times1^2)-4=0$

$f(1)=1+a-4=0$

$\therefore a=3$

03

> $a^3+b^3=(a+b)(a^2-ab+b^2)$

$x^3+8=x^3+2^3$

인수분해 공식에 따라

$x^3+2^3=(x+2)(x^2-2x+4)$

다항식 x^3+2^3을 인수분해한 식이

$(x+2)(x^2+ax+4)$라고 하였으므로,

$(x^2+ax+4)=(x^2-2x+4)$

$\therefore a=-2$

04

복소수 $a+2i$의 켤레복소수는 $a-2i$이므로

$z+\overline{z}=6$에서 $(a+2i)+(a-2i)=6$

$2a=6$

$\therefore a=3$

05

이차방정식 $x^2+ax+4=0$이 서로 다른 두 실근을 가지려면 판별식 $D>0$이므로, $D=b^2-4ac>0$에서

$a^2-4\times1\times4>0$

$a^2-16>0$, $a^2-4^2>0$

$(a+4)(a-4)>0$

$a<-4$ 또는 $a>4$

$a>4$에서 자연수 a는 4보다 큰 수이므로

자연수 a의 최솟값은 5이다.

> **TIP 이차방정식의 판별식**
>
> 이차방정식 $ax^2+bx+c=0$에서
> - $D=b^2-4ac>0$: 서로 다른 두 실근
> - $D=b^2-4ac=0$: 중근
> - $D=b^2-4ac<0$: 서로 다른 두 허근

06

> $x^2-(\alpha+\beta)x+\alpha\beta=0$
> $\Rightarrow x^2-$(두 근의 합)$x+$(두 근의 곱)$=0$

x^2의 계수가 1인 이차방정식 $x^2-4x+a=0$에서

상수 a는 두 근의 곱이다.

두 근이 $2+\sqrt{2}$, $2-\sqrt{2}$라고 하였으므로,

$a=(2+\sqrt{2})(2-\sqrt{2})$

$a=2^2-(\sqrt{2})^2=4-2$

$\therefore a=2$

07

주어진 범위의 그래프에서

$x=-1$일 때, $y=(x-1)^2+2$에서

$y=(-1-1)^2+2=4+2=6$

그러므로 $x=-1$일 때 → 최댓값 6

$x=1$일 때, $y=(x-1)^2+2$에서

$y=(1-1)^2+2=0+2=2$

그러므로 $x=1$일 때 → 최솟값 2

따라서 이차함수 $y=(x-1)^2+2$의 최솟값은 2이다.

08 $\begin{cases} x - 2y = 0 & \cdots ㉠ \\ x^2 + 2y^2 = a & \cdots ㉡ \end{cases}$

$x = 2,\ y = b$를 ㉠에 대입하면

$2 - 2b = 0 \ \therefore b = 1$

$x = 2,\ y = 1$을 ㉡에 대입하면

$x^2 + 2y^2 = 2^2 + 2 \times 1^2 = a \ \therefore a = 6$

따라서 $a + b = 6 + 1 = 7$

09

> 판별식 $D > 0$일 때, $f(x) > 0$의 해
> $(x - \alpha)(x - \beta) > 0 \Rightarrow x < \alpha$ 또는 $x > \beta$

이차부등식 $(x - 1)(x - 3) > 0$의 해는

$\alpha = 1,\ \beta = 3$이므로

$x < 1$ 또는 $x > 3$

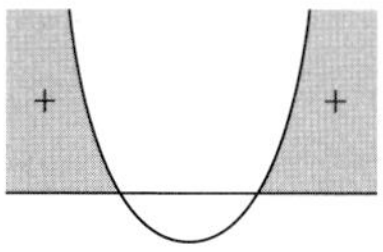

10

> 좌표평면 위의 두 점 $A(x_1, y_1)$, $B(x_2, y_2)$에 대하여
> $\overline{AB}$를 $m : n(m > 0, n > 0)$으로 내분하는 점 P의 좌표
> $\Rightarrow P\left(\dfrac{mx_2 + nx_1}{m + n}, \dfrac{my_2 + ny_1}{m + n}\right)$

좌표평면 위의 두 점 $A(-3, 5)$, $B(6, -1)$에 대하여

선분 AB를 $1 : 2$로 내분하는 점 P의 좌표는

$P\left(\dfrac{mx_2 + nx_1}{m + n}, \dfrac{my_2 + ny_1}{m + n}\right)$에서

$P\left(\dfrac{1 \times 6 + 2 \times (-3)}{1 + 2}, \dfrac{1 \times (-1) + 2 \times 5}{1 + 2}\right) = \left(\dfrac{0}{3}, \dfrac{9}{3}\right)$

$\therefore P(0, 3)$

11

> 원점과 직선 $ax + by + c = 0$ 사이의 거리
> $\Rightarrow \dfrac{|c|}{\sqrt{a^2 + b^2}}$

원점과 직선 $3x + 4y - 12 = 0$ 사이의 거리는

$\dfrac{|c|}{\sqrt{a^2 + b^2}}$에서

$\dfrac{|-12|}{\sqrt{3^2 + 4^2}} = \dfrac{12}{\sqrt{25}} = \dfrac{12}{5}$

12 원점을 중심으로 하는 원의 방정식은 $x^2 + y^2 = r^2$이므로,

원 $x^2 + y^2 = 9$는 $x^2 + y^2 = 3^2$에서 반지름이 3인 원이다.

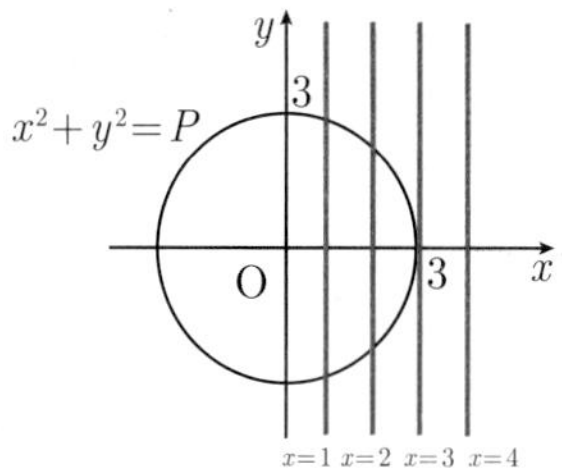

직선 $x = a(a < 5)$에서

$x = 1, 2$일 때 원과 서로 다른 두 점에서 만난다.

$x = 3$일 때 원에 접한다.

$x = 4$일 때 원과 만나지 않는다.

그러므로 직선 $x = a$와 원 $x^2 + y^2 = 9$가 만나지 않을 때, 자연수 a의 값은 4이다.

13

> 원 $(x - a)^2 + (y - b)^2 = r^2$을 x축에 대하여 대칭이동한 도형의 방정식
> $\Rightarrow (x - a)^2 + (y + b)^2 = r^2$

원 $(x - a)^2 + (y - b)^2 = r^2$을 x축에 대하여 대칭이동한 도형의 방정식은 $(x - a)^2 + (y + b)^2 = r^2$이므로,

원 $(x - 2)^2 + (y - 1)^2 = 1$를 x축에 대하여 대칭이동한 도형의 방정식은 y의 부호만 바꾸면 된다.

따라서 $(x - 2)^2 + (y + 1)^2 = 1$이다.

14 두 집합 $A = \{1, 3, 5, 7, 9\}$, $B = \{3, 4, 5, 6\}$에 대하여

$(A \cup B) = \{1, 3, 4, 5, 6, 7, 9\}$

$(A \cap B) = \{3, 5\}$

그러므로 $n(A \cup B) + n(A \cap B) = 7 + 2 = 9$

15

> 두 조건 p, q에 대하여 q가 p이기 위한 필요조건
> (또는 p는 q이기 위한 충분조건)
> $\Rightarrow P \subset Q$

두 조건 '$p : x - 3 = 0$', '$q : x^2 - ax - 3 = 0$'에 대하여 q가 p이기 위한 필요조건은 $P \subset Q$일 때이다.

p에서 $x - 3 = 0$이므로 $x = 3$

q가 p이기 위한 필요조건이라고 했으므로,

$x = 3$을 q의 $x^2 - ax - 3 = 0$에 대입하면

$9 - 3a - 3 = 0,\ 6 - 3a = 0$

$\therefore a = 2$

16

> $(g \circ f)(x) = g(f(x))$

합성함수의 성질에 따라 $(g \circ f)(1) = g(f(1))$

$f(x) = 3x - 1$에서 $f(1) = 3 \times 1 - 1 = 2$

$\therefore (g \circ f)(1) = g(2)$

$g(x) = -2x + 5$에서 $g(2) = (-2) \times 2 + 5 = 1$

$\therefore (g \circ f)(1) = 1$

17

> 역함수의 성질: $f^{-1}(a) = b$이면 $f(b) = a$

주어진 함수 $f : X \longrightarrow Y$에서 $f(1) = 4$

역함수의 성질에 따라 $f^{-1}(a) = b$이면 $f(b) = a$

$\therefore f^{-1}(4) = 1$

18

> 유리함수 $y = \frac{k}{x-p} + q(k \neq 0)$의 그래프
> $\Rightarrow y = \frac{k}{x}$의 그래프를 x축의 방향으로 p만큼,
> y축의 방향으로 q만큼 평행이동한 그래프

유리함수 $y = \frac{1}{x}$의 그래프를 x축의 방향으로 1만큼,
y축의 방향으로 b만큼 평행이동한 그래프는

$y = \frac{1}{x-1} + b$이다.

$y = \frac{1}{x+a} + 2$에서 $\frac{1}{x+a} + 2 = \frac{1}{x-1} + b$

$a = -1$, $b = 2$

$\therefore a - b = (-1) - 2 = -3$

19

숫자 1, 2, 3, 4, 5가 각각 적힌 카드 5장 중에서 2장을 동시에 뽑을 때, 카드에 적힌 수의 합이 3의 배수가 되는 경우는 3, 6, 9일 때이다.

(i) 3인 경우: (1, 2)

(ii) 6인 경우: (1, 5), (2, 4) → **3번 카드를 2장 동시에 뽑을 수 없으므로 (3, 3)은 제외**

(iii) 9인 경우: (4, 5)

그러므로 카드에 적힌 수의 합이 3의 배수인 경우의 수는
(i) 1가지+(ii) 2가지+(iii) 1가지 = 4(가지)이다.

20

> 서로 다른 n개에서 r개를 택하는 조합의 수 ⇒ ${}_nC_r$

아이스크림 위에 올릴 5종류의 토핑 중에서 서로 다른 4종류의 토핑을 선택하는 경우의 수는 순서를 생각하지 않고 택하는 조합의 수와 같다. 그러므로 구하는 경우의 수는

${}_5C_4 = \frac{5 \times 4 \times 3 \times 2}{4 \times 3 \times 2 \times 1} = \frac{120}{24} = 5$(가지)

제3교시

영 어

정답 및 해설

정답

01 ①	02 ③	03 ③	04 ④	05 ③
06 ②	07 ②	08 ③	09 ④	10 ①
11 ①	12 ②	13 ③	14 ②	15 ④
16 ①	17 ④	18 ④	19 ①	20 ②
21 ④	22 ④	23 ①	24 ④	25 ③

해설

01 **해설** experience는 '경험'이라는 뜻이다.

① 분업 division

③ 설명 explanation

④ 흥미 interest

해석 지난 겨울 어린 아이들에게 한국어를 가르치는 것은 흥미로운 경험이었다.

어휘 kid 아이, 청소년

experience 경험, 경력

02 **해설** take part in은 '~에 참여하다'라는 뜻이다.

해석 학생들이 단체 활동에 참여하도록 권장받았다.

어휘 encourage 권장하다, 장려하다

take part in ~에 참여하다, 참가하다

activity 활동, 움직임

03 **해설** despite는 '~에도 불구하고'라는 뜻의 전치사로 사용되었다.

① 제외하고 except for

② 왜냐하면 because of

④ 예를 들면 for example

해석 그녀는 물을 두려워함에도 불구하고 수영을 하러 갔다.

어휘 despite ~에도 불구하고(= in spite of)

fear of ~을 무서워하는, 두려워하는

04 **해설** 주어진 문장에서 밑줄 친 'dark(어두운)'와 'bright(밝은)'는 반의어 관계이다. 마찬가지로 ①, ②, ③은 모두 반의어 관계이나, ④의 'correct(정확한)'와 'right(올바른)'는 유의어 관계이다.

① 두꺼운 – 얇은

② 가난한 – 부유한

③ 약한 –강한

해석 거리는 어두웠지만 교회는 밝았다.

어휘 while ~인 데 반하여

05 **해설** ① 날짜 : 4월 15일부터 16일까지

② 장소 : 스프링 파크

③ 주차료 : 알 수 없음

④ 활동 내용 : (딸기) 따기, 먹기 대회, 잼 만들기

해석

딸기 축제
• 날짜 : 4월 15일부터 16일까지
• 장소 : 스프링 파크
• 활동 내용 : (딸기) 따기, 먹기 대회, 잼 만들기
와서 즐기세요!

어휘 festival 축제

location 위치, 장소

activity 활동, 움직임

06 **해설** 첫 번째 문장에서 'touch'는 동사로 '만지다, 건드리다'라는 뜻으로 사용되었고, 두 번째 문장에서 'touch'는 명사로 숙어 'keep in touch'를 구성하여 '연락'이라는 의미로 사용되었다.

① 달리다

③ 보도하다

④ 증가하다

해석 • 벽에 걸린 그림을 만지지 마세요.

• 고등학교를 졸업한 후에도 계속 연락하자.

어휘 paintings 그림

keep in touch

graduate from

07 **해설** 첫 번째 문장에서는 '누가'에 해당하는 의문대명사 'who'가 들어가야 하며, 두 번째 문장에서는 앞의 선행사 'the man'을 수식하는 관계명사 'who'가 들어가야 한다.

해석 • 엄마가 누가 집을 청소했는지 내게 물었다.

• 그는 이 기계를 발명한 사람이다.

어휘 clean 닦다, 청소하다
invent 발명하다
machine 기계, 기구

08 **해설** 첫 번째 문장에서는 '떠올리다, 생각해내다'라는 의미의 숙어 'come up with'가 와야 하고, 두 번째 문장에서는 '~에 동의하다'라는 의미의 숙어 'agree with'가 와야 한다. 그러므로 빈칸에 공통으로 들어갈 전치사는 'with'이다.

해석 • 드디어 그는 멋진 아이디어를 떠올렸다.
• Henry, 나는 네게 전적으로 동의해.

어휘 totally 완전히, 전적으로

09 **해설** 저 쪽에 있는 남자가 수상해 보인다는 A의 말에 B가 그의 이웃이라며 아주 친절한 사람이라고 설명해 주고 있다. 그러므로 밑줄 친 'Don't judge a book by its cover. (표지만 보고 책을 판단하지 마라.)'는 '겉모습만으로 사람을 판단해서는 안 된다.'는 의미로 적절하다.

해석 A : 저 쪽에 있는 남자 수상해 보여.
B : 그 사람은 우리 이웃인 David야. 내가 아는 가장 친절한 사람 중 한 명이야.
A : 정말? 난 전혀 몰랐어.
B : 알다시피, <u>겉모습만으로 사람을 판단해서는 안 돼.</u>

어휘 strange 이상한, 수상한
neighbor 이웃
judge 판단하다

10 **해설** 지난밤 경기에 왜 가지 않았냐는 A의 물음에 B가 숙제가 많아서 가지 못했고 자기도 가고 싶었다고 말하고 있다. 그러므로 위의 대화 내용에서 알 수 있는 B의 심정은 '아쉬움'이다.

해석 A : 지난밤에 왜 그 경기에 가지 않았니?
B : 숙제가 너무 많아서.
A : 정말 멋진 경기를 놓쳤구나.
B : 나도 갈 수 있었으면 좋았을 텐데.

어휘 miss 놓치다

11 **해설** 과학 책이 어디에 있으며 몇 권의 책을 빌릴 수 있냐는 A의 물음에 B가 그 책의 위치와 빌릴 수 있는 책의 수량을 안내하고 있다. 그러므로 대화가 이루어진 장소는 도서관임을 추측할 수 있다.

해석 A : 과학 책은 어디서 찾을 수 있나요?
B : 아, 2층에 있습니다.
A : 감사합니다. 책을 몇 권이나 빌릴 수 있나요?
B : 한 번에 7권의 책을 가져갈 수 있습니다.

어휘 floor 층, 바닥
borrow 빌리다
take out 가지고 나가다
at a time 한 번에

12 **해설** 제시문의 첫 번째와 두 번째 문장에서 스트레스를 풀고 건강한 생활을 유지하는 방법으로 요가를 소개하고 있고, 세 번째 문장에서 그것은 정신과 육체의 조화를 이루는데 초점을 맞춘다고 설명하고 있다. 그러므로 지시대명사 'It'이 가리키는 것은 '요가(Yoga)'이다.
① 시험
③ 요리
④ 마라톤

해석 사람들이 스트레스를 풀고 건강한 생활을 유지하는 방법은 다양하다. 요가도 그 중 하나이다. 그것은 정신과 육체의 조화를 이루는 데 초점을 맞춘다. 이것은 내면의 평화로 이어지고 스트레스를 해소할 수 있다. 건강을 위해 이것을 시도해 보는 건 어떨까요?

어휘 various 다양한, 여러 가지의
let go of ~을 놓다, 풀다
maintain 지탱하다, 유지하다
Yoga 요가
focus on ~에 초점을 맞추다
lead to ~로 이어지다
inner 내부의, 내면의
relieve 줄이다, 해소하다

13 **해설** 영화를 보러 가자는 A의 말에 B가 좋다며, 공포 영화만 아니면 상관없다고 말하고 있다. 그러므로 빈칸에는 ③의 'What kind of movie do you want to see(어떤 종류의 영화를 보고 싶은데)'가 들어갈 말로 가장 적절하다.
① 부탁 하나만 들어줘
② 저 쪽에 있는 저 건물은 얼마나 높니
④ 극장으로 가는 길 좀 알려 줘

해석 A : 영화 보러 가자.
B : 그래. <u>어떤 종류의 영화를 보고 싶은데?</u>
A : 상관없어. 공포 영화만 아니면.
B : 로맨틱 코미디는 어때?
A : 좋지.

어휘 I don't care 상관없어
anything but ~이 결코 아닌
sounds good 좋지, 좋은 생각이야
favor 호의, 부탁

14 **해설** A가 해외에 가본 적이 있냐고 묻고 있으므로, B의 대답은 가본 적이 있는 나라를 답하면 된다. 그러므로 빈칸에는 ②의 'Yes, I have been to Vietnam twice(응, 베트남에 두 번 다녀왔어)'가 들어갈 말로 가장 적절하다.

① 아니, 나는 채소를 더 좋아해

③ 학교에서는 교복을 입어야 해

④ 항상 안전벨트를 매는 것은 중요해

해석 A : 해외에 가본 적 있니?

B : 응, 베트남에 두 번 다녀왔어.

어휘 abroad 해외에

vegetable 야채, 채소

Vietnam 베트남

fasten 매다, 고정시키다

at all times 항상, 줄곧

15 **해설** 강한 햇빛의 위험성에 대해 묻는 A의 질문에 B가 심한 화상을 입을 수 있다고 하였고, A가 이에 호응하며 피부암도 유발할 수 있다고 하였다. 그러므로 ④의 '강한 햇빛이 피부에 미치는 악영향'이 위 대화의 주제로 가장 적절하다.

해석 A : 강한 햇빛의 위험성에 대해 들어 보았니?

B : 응, 사람들은 강한 햇빛에 노출되면 심한 화상을 입을 수 있어.

A : 맞아. 또한 피부암을 유발할 수도 있어.

어휘 danger 위험

severe 심한, 엄한

sunburn 햇볕으로 입은 화상

expose to ~에 드러내다, 노출시키다

exactly 정확히, 꼭, 맞아

skin cancer 피부암

16 **해설** 글쓴이는 웹사이트에서 주문하여 받은 셔츠의 사이즈가 틀린 것을 발견하고 이를 교환하는 방법을 알려달라고 부탁하고 있다. 그러므로 ①의 '교환 문의'가 제시문의 목적으로 가장 적절하다.

해석 지난 주말 귀사의 웹사이트에서 큰 사이즈로 셔츠 몇 벌을 주문했습니다. 어제 물품을 받았는데, 틀린 사이즈로 보낸 것을 알게 되었습니다. 이 상품들을 교환하는 방법을 알려주세요. 답변을 기다리겠습니다. 감사합니다.

어휘 several 몇의, 각각의

package 물품, 포장물

wrong 틀린, 잘못된

exchange 바꾸다, 교환하다

item 물품, 상품

response 응답, 대답

17 **해설** 안내문에 '음식 반입 금지(No food allowed)'라고 하였으므로, '행사 중 음식을 먹을 수 있다.'는 ④의 설명은 안내문의 내용과 일치하지 않는다.

해석

이달의 작가

작가와 여러분의 생각을 공유하세요!

- 금요일 오후 6시 빈센트 홀
- 작가와 사진 찍기
- 작가의 서명 받기
- 음식 반입 금지

질문사항은 talkshow@bookstore.com으로 보내주세요.

어휘 author 작가

share 공유하다, 나누다

take a picture 사진을 찍다

signature 서명

allow 허락하다, 들어오게 하다

18 **해설** 제시문의 다섯 번째 문장에서 다행히도 그녀가 마지막 밤에 많은 별들을 볼 수 있었다고 설명하고 있다. 그러므로 '마지막 날 밤에 별들을 볼 수 없었다.'는 ④의 설명은 제시문의 내용과 일치하지 않는다.

해석 Isabella는 호주로 휴가를 갔다. 그녀는 매일 밤 별들을 볼 수 있을 것으로 기대했다. 하지만 비가 많이 와서 이틀 동안 호텔에 머물렀다. 그녀는 지루한 텔레비전 쇼만 보았다. 다행히도 그녀는 마지막 밤에 마침내 많은 별들을 볼 수 있었다. 꿈이 이루어진 것 같았다.

어휘 on vacation 휴가차, 휴가로

expect 기대하다, 예상하다

remain 남다, 머무르다

boring 지루한, 재미없는

come true 이루어지다, 실현되다

19 **해설** 제시문은 부산행 열차가 취소되어 열차표를 환불하는 방법을 승객에게 안내하는 방송 내용이다. 그러므로 ①의 '열차 취소로 인한 환불 안내'가 제시문의 주제로 가장 적절하다.

해석 승객 여러분께 알려드립니다. 부산행 열차가 취소되어, 전액 환불해 드릴 예정입니다. 열차표를 안내 데스크로 가져오시거나, 웹사이트를 방문하여 신청서를 제출해 주시기 바랍니다. 불편을 드려 죄송합니다.

어휘 attention (안내 방송에서) 알립니다, 주목하세요

passenger 승객

cancel 취소하다
refund 환불하다
information desk 안내 데스크
submit 제출하다
application form 신청서
apologize 사과하다
inconvenience 불편

20 **해설** 제시문에서 우주여행에 선택받은 탐험가들로, 우주의 혹독한 환경을 견디기 위해 가혹한 조건에서 훈련을 받고 예상치 못한 상황에서도 침착함을 유지하는 훈련을 받는 사람이 누구인지를 묻고 있다. 그러므로 빈칸에 들어갈 말로는 'astronauts(우주비행사)'가 가장 적절하다.
① 댄서
③ 전달자
④ 심리학자

해석 우주비행사는 누구인가? 그들은 우주여행에 선택받은 탐험가들이다. 그들은 우주의 혹독한 환경을 견디기 위해 가혹한 조건에서 훈련을 받는다. 예상치 못한 상황에서 침착함을 유지하는 것도 또한 훈련의 중요한 일부이다.

어휘 astronaut 우주비행사
explorer 탐험가
outer space 우주
harsh 가혹한, 혹독한
endure 참다, 견디다
severe 심한, 혹독한
environment 환경
stay 머무르다, 계속 있다
calm 침착한, 평온한
unexpected 예상치 못한, 예상 밖의
situation 상황, 처지
communicator 전달자, 통보자
psychologist 심리학자

21 **해설** 제시문은 질문에 대한 답을 바로 얻을 수 있고, 방대한 양의 정보를 빠르게 요약할 수 있다는 인공지능(AI)의 두 가지 장점에 대해 설명하고 있다. 그러므로 빈칸에 들어갈 말로는 'advantages(장점)'가 가장 적절하다.
① 손해
② 실수
③ 투쟁

해석 인공지능(AI)은 매우 유용한 기술이다. AI를 이용하면 두 가지 장점이 있다. 첫째, 질문에 대한 답을 바로 얻을 수 있다. 또한 AI는 방대한 양의 정보를 빠르게 요약할 수 있다. 이는 이용자가 요점을 더 쉽게 이해하는 데 도움을 준다.

어휘 Artificial Intelligence(AI) 인공지능
helpful 도움이 되는, 유용한
summary 요약, 개요
huge 거대한, 방대한
amount of 상당한 양의, 많은 양의
rapidly 빠르게, 신속하게
main point 요점
damage 손상, 손해
mistake 잘못, 실수
struggle 투쟁, 분투
advantage 장점, 이점

22 **해설** 제시문은 연설을 잘 하기 위한 두 가지 조건을 제시하고 있는데, 첫째는 연설의 메시지를 이해하는 것이고, 둘째는 시간을 효과적으로 관리하는 것이다. 주어진 문장이 시간을 많이 썼을 때 나타나는 문제점에 대해 설명하고 있으므로, 주어진 문장은 둘째 조건 이후인 ④에 들어가는 것이 가장 적절하다.

해석

너무 많은 시간을 쓰는 것은 준비가 안 되어 있고 체계적이지 못한 것으로 여기지기 때문이다.

연설을 더 잘하기 위해 기억해야 할 두 가지가 있다. (①) 우선, 자신이 무슨 말을 하려고 하는지 알아야 한다. (②) 연설의 메시지를 이해하는 것은 단순히 원고를 암기하는 것보다 더 중요하다. (③) 둘째, 연설의 성공을 위해 시간을 효과적으로 관리하는 것이 중요하다. (④)

어휘 consider 여기다, 고려하다
unprepared 준비가 안 된, 미비한
spend 쓰다, 보내다
unorganized 계획이 잘못된, 체계적이지 못한
first of all 무엇보다도, 우선
intend to ~하려고 생각하다, ~할 작정이다
memorizing 암기
script 대본, 원고
effectively 효과적으로

23 **해설** 제시문의 후반부에서 밤늦게 먹는 것은 몸에 좋지 않으며 그 이유가 크게 세 가지라고 다음에 이어질 내용을 밝히고 있다. 그러므로 ①의 '야식이 건강에 해로운 이유'가 제시문 다음에 이어질 글의 내용으로 가장 적절하다.

해석 요즘은 많은 식당에서 음식을 배달한다. 몇몇 식당은 자정이 넘어서도 영업을 한다. 이러한 이유로 배가 고프면 밤에 음식을 쉽게 주문할 수 있다. 하지만 밤늦게 먹는 것은 몸에 좋지 않다. 그 이유는 크게 세 가지이다.

어휘 these days 요즘, 요새
deliver 배달하다
for this reason 이런 이유로
be good for ~에 좋다
main 가장 큰, 주요한

[24-25]

해석 태권도는 전 세계적으로 인기가 높다. 사람들이 태권도에 매력을 느끼는 것은 무엇 때문인가? 사람들은 가령 유연성을 키우는 것처럼 신체 능력을 향상시킨다. 또한 규칙적으로 그것을 연습함으로써 자제력을 배울 수 있다. 이러한 이유로 지금은 태권도가 국제적으로 향유된다.

어휘 attract 마음을 끌다, 매력을 느끼다
improve 개선하다, 향상시키다
physical ability 신체 능력
such as 가령, 예컨대
increase 늘다, 증가하다
flexibility 유연성
in addition 게다가, 또한
self-control 자제력
on a regular basis 정기적으로, 꼬박꼬박
internationally 국제적으로
remove 제거하다, 없애다
arrest 체포하다

24 **해설** 제시문에 따르면 태권도가 국제적으로 인기가 있는 이유는 그것을 규칙적으로 연습함으로써 육체적으로는 신체 능력을 향상시키고 정신적으로는 자제력을 배울 수 있기 때문이다. 그러므로 빈칸에는 ④의 'practicing(연습하기)'이 들어갈 말로 가장 적절하다.
① 청소하기
② 제거하기
③ 체포하기

25 **해설** 제시문에서 사람들이 신체 능력을 향상시키고 자제력을 배울 수 있기 때문에 태권도가 국제적으로 인기가 높다고 그 이유를 설명하고 있다. 그러므로 ③의 '태권도가 인기 있는 이유'가 제시문의 주제로 가장 적절하다.

제4교시 사 회

정답 및 해설

정답

01 ③	02 ②	03 ②	04 ④	05 ②
06 ①	07 ②	08 ①	09 ②	10 ④
11 ③	12 ④	13 ②	14 ④	15 ④
16 ④	17 ③	18 ③	19 ②	20 ①
21 ④	22 ①	23 ②	24 ③	25 ④

해설

01 시대적 배경과 맥락을 토대로 과거, 현재, 미래의 상호 연관성을 살펴보는 관점은 시간적 관점에 해당한다.

① **공간적 관점** : 사회 현상을 위치와 장소, 지역 및 공간적 상호 작용에 중점을 두고 살펴보는 관점

② **생태적 관점** : 인간과 환경이 서로에게 미치는 상호 작용과 균형에 중점을 두고 사회 현상을 살펴보는 관점

④ **윤리적 관점** : 도덕적 가치, 윤리 규범 등을 바탕으로 사회 현상을 해석하고 바람직한 삶의 모습을 살펴보는 관점

02 기온의 일교차가 크고 강수량이 매우 적으며, 햇볕과 모래바람이 강한 초원과 사막이 분포하는 지역의 기후는 건조 기후이다.

① **열대 기후** : 적도 인근의 연중 고온다습하고 강수량이 2,000mm 이상인 열대 우림 및 사바나 기후

③ **온대 기후** : 사계절이 뚜렷하고 기후가 온난하며, 강수량도 적당하여 사람이 살기에 적당한 기후

④ **냉대 기후** : 러시아와 미국의 알래스카 등 겨울이 길고 추우며 침엽수림이 발달한 지역의 기후

03 황폐화된 숲을 복원하려는 사업, 자연을 있는 그대로 보전하려는 국립 공원 정책, 태양열 주택을 만들어 자연과 어울리는 주거 환경을 조성하는 사업과 관련된 자연관은 생태 중심주의이다. 생태 중심주의는 인간을 자연의 일부분으로 간주하고 인간을 포함한 자연 전체의 균형과 안정을 중시하는 관점이다.

① **개인주의** : 국가와 사회보다 개인의 이익과 가치를 우선시하는 태도

③ **인간 중심주의** : 인간을 가장 가치 있는 존재로 여기고, 인간과 자연의 관계에서 인간의 이익이나 행복을 먼저 고려하는 관점

④ **자원 민족주의** : 자원 보유국이 자원을 무기로 삼아 이익을 극대화하려는 태도

04 화석에너지는 수천만 년 전 식물이나 동물의 유해가 땅속에서 오랜 시간 열과 압력을 받아 화학적으로 변해 만들어진 석탄, 석유, 천연가스 등의 에너지원을 말한다. 화석에너지는 이산화탄소를 배출하여 지구 온난화의 원인이 되기 때문에 화석에너지의 사용 확대는 환경 문제 해결을 위한 노력으로 적절하지 않다.

05 ㄱ. 도시화로 인해 상업 시설, 인공 건축물, 지표의 포장 면적 등은 증가하나 농경지와 녹지 면적 등은 감소하였다.

ㄷ. 산업화 사회는 자본과 노동에 의한 제품의 생산을 중심으로 사회나 경제가 운영되고 발전되어 가는 사회로, 도시화가 촉진되고 직업의 다양성과 전문화가 증가하는 변화를 가져왔다.

ㄴ. 공동체적 가치관이 확산되었다. → 개인주의적 가치관이 확산되었다.

ㄹ. 거주 공간이 촌락 중심으로 바뀌었다. → 거주 공간이 도시 중심으로 바뀌었다.

06 이윤 극대화를 목적으로 재화와 서비스의 공급자이자, 생산요소의 수요자인 경제 주체는 기업이다.

> TIP **경제의 3대 주체**
> - **가계** : 주로 재화와 서비스를 소비하는 주체로서 생산 활동에 참여하여 얻은 소득으로 소비 활동을 한다.
> - **기업** : 소비자에게 필요한 재화와 서비스를 생산하며 이를 운반, 판매하여 이윤을 얻는 생산 활동의 주체이다.
> - **정부** : 세금을 바탕으로 공공재와 사회 간접 자본을 생산하여 공급하며, 이를 운영하는 과정에서 재화와 서비스를 소비한다.

07 지역 주민을 직접 만나 설문 조사 및 면담을 실시하는 것은 지역의 공간 변화를 살펴보기 위한 지역 조사 단계 중 야외 조사 단계에서 수행하는 활동 사항이다.

① 조사 주제와 지역을 선정한다. → 조사 계획 수립 단계

③ 지리 정보를 목적에 따라 그래프와 통계표로 표현한다. →

지역 정보 분석하기 단계

④ 수집한 자료를 종합하여 지역의 발전 방안을 제시한다. → 보고서 작성 단계

08 헌법이 보장하는 기본권 중 자유권은 개인이 국가나 타인으로부터 간섭이나 침해를 받지 않고 자유로운 생활을 영위할 권리를 말한다. 즉, 국가 권력으로부터 간섭받지 않을 권리가 이에 해당한다.

② 국가의 의사 결정 과정에 참여할 수 있는 권리이다. → 참정권

③ 침해당한 기본권의 구제를 청구할 수 있는 권리이다. → 청구권

④ 국가에 인간다운 생활의 보장을 요구할 수 있는 권리이다. → 사회권

09 ㄱ. 청소년도 임금, 근로시간, 휴일, 업무내용 등 근로조건을 명시한 근로 계약서를 반드시 작성 · 교부해야 한다.

ㄷ. 청소년은 유흥주점, 단란주점, 비디오방, 노래방, 숙박업 등 유해 · 위험 업종에는 취업할 수 없다.

ㄴ. 최저 임금의 적용을 받을 수 없다. → 청소년도 최저 임금의 적용을 받을 수 있다.

ㄹ. 임금은 부모 또는 법정 대리인에게 지급해야만 한다. → 임금은 본인에게 지급해야 한다.

TIP 청소년들의 노동권 보장을 위한 10계명

1. 만 15세 이상만 근로 가능
2. 청소년의 부모님 동의 필수
3. 근로계약서 작성 및 교부
4. 성인과 같은 최저시급 보장
5. 하루 7시간, 주 40시간 이하 근무
6. 야간 · 휴일 근무 때 50% 가산 임금
7. 주 15시간 이상 근무 시 주 1회 유급 휴일
8. 위험업무, 유해업종 불가
9. 산재보험법, 근로기준법 적용
10. 체불임금 등 국번없이 1350 상담

10 무한한 인간의 욕구에 비해 자원이 상대적으로 부족한 상태를 자원의 '희소성'이라고 한다.

TIP 자원의 특성

- **희소성** : 무한한 인간의 욕구에 비해 자원은 유한함
- **유한성** : 매장량이 한정되어 고갈 위험이 있음
- **편재성** : 일부 지역에 치우쳐 분포하며, 생산자와 소비자가 일치하지 않음
- **가변성** : 자원의 가치는 시대와 장소, 경제 상황, 기술 발달 등에 따라 달라짐

11 정보화는 정보가 중심이 되어 가치를 만들어 내는 사회경제로, 온라인 상점을 통한 물건의 구매가 증가하고 재택근무와 화상 회의를 통한 업무가 활성화 되는 변화를 가져왔다.

ㄱ. 가상 공간을 통한 정보 교류의 감소(→ 증가)

ㄷ. 원격 교육과 전자 행정 서비스의 축소(→ 확대)

12 1970년대 석유 파동으로 인한 스태그플레이션이 발생하자 정부의 과도한 시장 개입으로 정부 실패 및 재정 악화가 발생한 것으로 보고 이를 극복하기 위해 20세기 후반 신자유주의 경제 체제가 등장하였다.

① **중상주의** : 16~18세기 유럽에서 국가가 경제를 적극적으로 통제하고, 수출을 늘리며 수입을 억제해 무역 흑자를 통해 국가의 부를 증대시키려는 정책과 사상을 의미한다.

② **자유방임주의** : 개인의 경제활동의 자유를 최대한 보장하고, 이에 대한 국가의 간섭을 가능한 한 배제하려는 경제 사상 및 정책이다.

③ **수정 자본주의** : 대공황을 계기로 1930년대에 등장한 수정 자본주의는 국가가 민간 경제에 개입하여 문제를 해결해야 한다는 주장이다. 미국은 수정 자본주의에 입각한 뉴딜 정책을 통해 대공황을 극복하였다.

13 한 나라가 다른 나라보다 더 적은 기회 비용으로 상품을 생산할 수 있는 능력은 비교 우위이다. 즉, 국제 무역에서 한 나라가 생산하는 특정한 상품이 상대국과의 모든 교류 상품들에 비해 더 낮은 비용으로 생산되어 생산 효율성 면에서 우위를 차지하는 것을 말한다.

① **담합** : 이윤을 올리기 위해 판매자 간에 재화 또는 서비스의 가격이나 생산 수량, 거래 조건 등을 제한하는 것

③ **외부 효과** : 경제 주체의 경제 활동이 다른 경제 주체에게 의도하지 않은 이익을 주거나 의도하지 않게 피해를 주는데도 이에 대해 아무런 경제적 대가를 치르거나 받지 않는 것

④ **인플레이션** : 화폐가치가 하락하여 물가가 전반적 · 지속적으로 상승하는 경제 현상

14 주식은 주식회사가 사업 자금 조달을 위해 발행하는 증서로, 투자자는 시세차익과 배당수익을 통해 이익을 실현할 수 있다.

① 채권은 정부나 공공 기관에서 발행할 수 있다.

② 예금은 원금 손실의 위험성이 가장 낮은 상품이다.

③ 자금 조달을 목적으로 회사가 발행하는 증권은 주식이다.

15 국민 기초 생활 보장 제도는 저소득층의 최저생활을 보장하고 자립을 돕기 위해 국가가 생계, 의료, 주거, 교육 등 기본적인 생활을 지원하는 복지제도이다.

① **국민연금** : 정부가 직접 운영하는 공적 연금 제도로, 국민 개개인이 소득 활동을 할 때 납부한 보험료를 기반으로 하여 나이가 들거나, 갑작스런 사고나 질병으로 사망 또는 장애를 입어 소득활동이 중단된 경우 본인이나 유족에게 연금을 지급함으로써 기본 생활을 유지할 수 있도록 하는 연금제도를 말한다.
② **고용 보험** : 근로자가 실직한 경우에 생활안정을 위하여 일정기간 동안 급여를 지급하는 실업급여사업과 함께 구직자에 대한 직업능력개발 · 향상 및 적극적인 취업알선을 통한 재취업의 촉진과 실업예방을 위하여 고용안정사업 및 직업능력개발사업 등의 실시를 목적으로 하는 사회보험의 하나이다.
③ **국민 건강 보험** : 질병이나 부상으로 인해 발생한 고액의 진료비로 가계에 과도한 부담이 되는 것을 방지하기 위하여, 국민들이 평소에 보험료를 내고 보험자인 국민건강보험공단이 이를 관리 · 운영하다가 필요시 보험급여를 제공함으로써 국민 상호간 위험을 분담하고 필요한 의료서비스를 받을 수 있도록 하는 사회보장제도이다.

16 오세아니아 문화권은 오스트레일리아와 뉴질랜드 및 태평양 제도의 문화권으로, 영국계 중심의 유럽인들의 이주로 개신교를 신봉하고 영어를 사용한다. 지리적으로 다른 대륙들과 떨어져 있으며 인구가 적은 편이다.
① **북극 문화권** : 유라시아와 북아메리카의 북극해 연안 툰드라 지역에 형성된 문화권으로, 유라시아 대륙의 라프 족과 사모예드 족은 순록을 유목하며, 아메리카의 이누이트(에스키모) 족은 어로와 물개잡이를 하였으나 최근에는 근대문명의 유입이 계속되어 전통적 생활양식을 상실하고 점차 유럽 문화에 흡수되고 있다.
② **아메리카 문화권** : 광활한 국토와 다양한 기후대, 그리고 유럽 식민지배의 영향으로 영어와 에스파냐어 사용이 두드러지며, 다인종 · 다문화 사회와 개인주의, 실용주의적 성향이 특징이다. 미국과 캐나다를 중심으로 하는 앵글로 아메리카와 멕시코 이남의 라틴 아메리카 문화권으로 나뉜다.
③ **아프리카 문화권** : 사하라 사막 이남의 중 · 남부 아프리카 일대로, 열대 기후 지역에 속한다. 다양한 부족이 분포하고 부족 단위의 공동체 문화와 토속 신앙이 발달하였다.

17 힌두교는 수많은 신들을 섬기는 인도의 대표적 종교로, 소를 신성시하여 소고기를 먹지 않는다. 또한 힌두교인들은 갠지스강을 성스러운 강으로 여겨 죄를 씻기 위해 이곳에 모인다.
① 유일신을 믿는다. → 크리스트교, 이슬람교 등
② 메카를 성지로 한다. → 이슬람교
④ 대표적인 종교 경관으로는 십자가를 세운 예배당이 있다. → 크리스트교

18 ㉠ **문화 융합** : 기존의 문화 요소와 새로 전파된 다른 사회의 문화 요소의 상호 작용으로 이전의 두 문화 요소와는 다른 새로운 제3의 문화가 나타나는 현상
㉡ **문화 동화** : 다른 사회의 문화 요소가 전파되었을 때 기존의 문화 요소가 전파된 문화 요소에 흡수되어 소멸되는 현상
• **문화 병존** : 둘 이상의 문화가 각자의 고유한 성질을 간직한 채 함께 존재하는 현상

19 대화 속 '을'의 태도는 각 문화의 다양성을 인정하고, 문화가 가진 독특한 환경과 역사적 · 사회적 상황에서 다른 문화를 바라보고 있으므로 '문화 상대주의'에 해당한다.
① **문화 사대주의** : 다른 문화를 더 좋은 것으로 생각하고 자신의 문화를 과소평가하거나 무시하는 태도
③ **문화 제국주의** : 경제적 · 군사적으로 우월한 국가가 다른 국가에 자신의 문화를 강요하여 적용시키는 태도
④ **자문화 중심주의** : 자기 문화만을 가장 우수한 것으로 생각하고 다른 문화를 무시하거나 부정하는 태도

20 다문화 사회에서 소수 문화를 배척하는 것은 갈등의 심화와 사회 통합의 저해로 이어질 수 있으므로, 소수 문화라도 이해하고 존중하는 태도가 필요하다.

21 제시문은 브랜드 개발을 통한 '지역화' 전략에 대한 설명이다. 특정 지역이 그 지역의 고유한 전통이나 특성을 살려 세계적인 가치를 갖는 현상을 지역화라 하며, 지리적 표시제, 장소 마케팅, 지역 브랜드화 등이 대표적 사례이다.
① **도시화** : 도시 인구 비율이 증가하고 주민의 생활양식이 도시적으로 변화하는 현상
② **산업화** : 농업 중심의 사회가 공업 중심의 사회로 변하는 현상
③ **정보화** : 정보를 생산 · 유통 · 활용하여 사회 각 분야의 활동을 가능하게 하거나 그 효율화를 도모하는 활동

22 국제 사회를 구성하는 가장 기본적인 행위 주체로, 일정한 영역과 국민을 바탕으로 주권을 가진 집단은 국가이다.
② **국제 연합(UN)** : 전쟁을 방지하고 평화를 유지하며 정치, 경제, 사회, 문화 등 모든 분야에서 국제협력을 증진시키는 역할을 하는 국제기구
③ **다국적 기업** : 생산비 절감, 해외 시장의 확대, 무역 규제 완화를 위해 다른 나라에 생산 공장을 건설하거나 지사를

설립 · 운영하는 기업

④ **비정부 기구(NGO)** : 국제 사회의 보편적 가치와 관련된 다양한 활동을 하는 국제 사회의 행위 주체 예 그린피스, 국경 없는 의사회, 유니세프 등

23 B(이스라엘-팔레스타인) 지역은 이스라엘과 팔레스타인 간에 발생한 종교 및 민족 간 갈등으로 인한 분쟁 지역이다.

① **A(아일랜드)** : 구교(가톨릭교)와 신교(개신교)의 종교 분쟁 지역

③ **C(카슈미르)** : 인도(힌두교)와 파키스탄(이슬람교) 간의 종교 분쟁 지역

④ **D(수단-남수단)** : 수단과 남수단의 국경 분쟁 지역

24 출생률이 사망률을 초과하고 의료 기술의 발달로 평균 수명이 연장되면서 일정한 지역에 사는 인구의 수가 지나치게 많아지는 현상을 '인구 과잉'이라고 한다. 인구 과잉은 식량 및 자원의 부족과 빈곤의 확산 등 다양한 사회적 · 경제적 문제를 야기한다.

① **고령화** : 총인구 가운데 65세 이상 노인 인구의 비율이 증가하는 현상

② **저출산** : 합계 출산율이 인구 대체가 가능한 수준(평균 2.1명)을 밑도는 현상

④ **초고령 사회** : 총인구 가운데 65세 이상의 인구가 전체 인구의 20% 이상인 경우

25 냉동 액화 기술의 발달과 수송선의 개발로 소비량이 증가하고 있는 자원은 천연가스이다. 천연가스는 가정용 및 산업용 연료로 사용되는 비율이 높으며, 다른 화석 연료에 비해 연소 시 대기 오염 물질의 배출량이 적은 편이다.

① **석유** : 오늘날 가장 많이 사용되는 중요 에너지 자원으로, 자동차 등의 운송수단의 확산으로 수요가 급증하였다.

② **석탄** : 18세기 산업 혁명기에 증기기관의 연료와 제철 공업의 원료로 이용된 에너지 자원이다.

③ **원자력** : 우라늄의 원자핵이 핵분열을 일으킬 때 방출되는 에너지 자원으로 제3의 불이라고 불린다.

제5교시

과 학

정답 및 해설

정답

01 ②	02 ③	03 ③	04 ③	05 ①
06 ③	07 ①	08 ①	09 ④	10 ④
11 ②	12 ②	13 ③	14 ①	15 ④
16 ③	17 ④	18 ②	19 ①	20 ④
21 ②	22 ②	23 ③	24 ②	25 ④

해설

01 수소 연료 전지에서 다음과 같은 기체 반응식을 유도할 수 있다.

$2H_2$(수소) + O_2(산소) → $2H_2O$(물)

즉, 수소 분자 2개와 산소 분자 1개가 반응하여 물 분자 2개를 만든다. 그러므로 ㉠에 해당하는 기체는 산소(O_2)이다.

02 어떤 열기관이 고열원에서 100 J의 열에너지를 공급받아 외부에 25 J의 일을 할 때, 이 열기관에서 저열원으로 방출한 열에너지는 다음과 같다.

(공급) 고열원	−	열기관이 한 일의 양	⇒	(방출) 저열원
100 J	−	25 J	=	75 J

03 코일 속에 자석을 넣을 때(ㄱ)와 뺄 때(ㄴ) 코일의 도선에 전류가 유도되어 검류계의 바늘이 움직인다. 이것은 전자기 유도 현상 때문인데, 전자기 유도는 도체의 주변에서 자기장을 변화시켰을 때 전압이 유도되어 전류가 흐르는 현상이다.

04 자유 낙하 운동을 하는 물체가 중력만을 받아 10㎧의 속력으로 떨어질 때, 도표에 표시된 것처럼 동일한 시각에 A의 위치는 6이고 B의 위치는 18이다. 그러므로 수평 방향의 속력은 B가 A의 3배에 해당한다고 볼 수 있다.

05 전력 = 전압 × 전류

송전선의 저항 때문에 송전선에서 열이 발생하여 전력 손실이 발생하며, 이를 줄이기 위해 송전 전압을 높인다. 송전 전압을 높이면 전압과 전류는 반비례 관계이므로 전류의 세기는 감소한다. 즉, 송전 전압을 높이면 전류의 세기와 손실 전력은 감소한다.

06 충격량 = 운동량의 변화량(나중 운동량 − 처음 운동량)

충격량은 물체의 운동을 변화시키는 물리량으로 운동량의 변화량과 같다. 처음 운동량은 1㎏ × 2㎧ = 2㎏ · ㎧이고, 물체가 벽과 충돌한 후의 운동량은 반대 방향으로 움직였으므로 − (1㎏ × 1㎧) = −1㎏ · ㎧이다.

즉, 충격량 = 나중 운동량 − 처음 운동량이므로

(−1N · s) − 2N · s = −3N · s

충격량의 크기는 방향과는 상관없으므로 3N · s이다.

07 어떤 물질에 BTB 지시약을 넣었을 때 노란색이 나타나는 물질은 산성 용액인 H_2SO_4이다. NaOH, KOH, $Ca(OH)_2$은 모두 염기성 용액으로 파란색이 나타난다.

① H_2SO4(황산) → 노란색

② NaOH(수산화나트륨)
③ KOH(수산화칼륨)
④ $Ca(OH)_2$(수산화칼슘) } 파란색

08 ㄱ. A와 B는 주기율표에서 보는 것처럼 2주기에 해당하므로 같은 주기의 원소들이다.

ㄴ. 원자 번호는 B가 A보다 크다.

ㄷ. A의 원자가 전자의 수는 6이고, B의 원자가 전자의 수는 7이므로 같지 않다. 일반적으로 주기율표에서 〈족〉의 1의 자리의 수는 원자가 전자의 수를 가리킨다.

09 물 분자(H_2O)는 수소 원자와 산소 원자가 공유 결합 상태로 배치되어 있다. 물 분자에서 산소 원자의 가장 바깥 전자 껍질에 들어 있는 전자를 원자가 전자라고 하며 그 개수는 그림에서 알 수 있듯이 8개이다.

10 특정 온도 이하에서 전기 저항이 0이 되는 물질을 초전도체라 한다. 초전도 현상이 나타날 때 외부 자기장에 반자성을 띠는 마이스너 효과가 나타나 자석 위에 뜰 수 있다. 이러한 성질을 이용하여 초전도체를 자기 부상 열차에 활용할 수 있다.

11 황산 구리(Ⅱ) 수용액에 아연판을 넣었을 때, Cu(구리)가 전자 2개를 얻었으므로 환원되는 것은 Cu^{2+}이다.

TIP 산화 환원 반응
- **산화** : 물질이 산소를 얻거나 전자를 잃는 반응
- **환원** : 물질이 산소를 잃거나 전자를 얻는 반응

12

$$H^+ + OH^- \rightarrow H_2O$$

중화 반응은 산과 염기가 반응하여 물과 염이 만들어지는 반응으로, 이때 중화열이 발생한다. 묽은 염산(HCl)의 수소 이온(H^+)과 수산화나트륨(NaOH)의 염화 이온(OH^-)이 반응하여 물(H_2O)이 만들어지므로 중화 반응에 해당하고, 따라서 H^+와 OH^-의 수가 많을수록 열이 많이 발생한다.

13 효소와 호르몬의 주성분은 단백질로 단위체인 아미노산이 펩타이드 결합으로 연결되어 있다. 단백질은 근육과 항체, 세포의 원형질을 구성하는 생명체의 주성분이다.

① **지질** : 기본 단위는 지방산, 글리세롤이며 에너지원으로 이용되거나 세포막의 성분이 됨

② **핵산** : 생명체의 유전 정보를 가지고 있는 생물체의 유전 물질

④ **탄수화물** : 우리 몸속에서 가장 먼저 쓰이는 주 에너지원으로, 포도당, 녹말 등이 이에 해당됨

14 세포의 생명 활동을 조절하며, 생명체를 이루는 유전 정보가 저장되어 있는 세포 소기관은 A(핵)이다. 핵에는 유전 물질인 DNA가 있어 세포의 구조와 기능을 결정한다.

② B(**리보솜**) : 작은 알갱이 모양의 세포 소기관으로 단백질을 합성함

③ C(**소포체**) : 리보솜에서 합성한 단백질을 골지체나 세포의 다른 곳으로 운반함

④ D(**세포막**) : 세포의 안과 밖을 구분하는 얇고 유연한 구조로, 주로 단백질과 지질로 이루어짐

15 효소는 생명체에서 화학 반응을 촉진하는 생체 촉매로, 반응이 끝난 효소의 구조는 반응 전과 동일하다.

① 물질대사는 생물이 생명 유지를 위해 생명체 내에서 일어나는 모든 화학 반응으로, 이러한 물질대사를 효소가 촉진한다.

② 효소는 기질 특이성이 있어 특정한 반응물에만 작용한다.

③ 효소는 반응물과의 화학 반응 후 생성물과 분리된다.

16 ㉠ G → C

DNA의 유전 정보를 RNA로 전달하는 과정은 전사이다. DNA의 유전 정보가 RNA로 전사될 때 DNA의 염기 G는 상보적 염기 관계에 있는 RNA의 C로 전사된다.

TIP 상보적 염기 관계

DNA → RNA
A → U
G → C
C → G
T → A

17 일정 지역에 서식하는 생물종의 다양한 정도를 종 다양성이라고 한다. 서식하는 생물종이 많고 그 분포가 고르게 나타날수록 종 다양성은 높다. 따라서 생물종이 다섯 종으로 (가)와 더불어 가장 많지만, 그 분포가 가장 고르게 나타나기 때문에 (라)가 종 다양성이 가장 높다.

18 ㉠ 일정한 지역에 사는 같은 종의 개체들로 이루어진 무리 → 개체군

㉡ 한 지역에 있는 여러 생물 종의 무리 → 군집

- **생물량** : 특정 시점에 일정한 공간이나 집단 내에 존재하는 생물체의 총량

19 식물은 생산자에 해당하므로, 풀은 생산자이다.

② 초식동물은 1차 소비자에 해당하므로, 토끼는 1차 소비자이다.

③ 올빼미는 참새 대신 들쥐를 먹이로 대체할 수 있으므로, 참새가 사라지더라도 올빼미가 사라지는 것은 아니다.

④ 2차 소비자이자 육식 동물인 매가 사라지면 1차 소비자이자 초식 동물인 들쥐의 개체수는 일시적으로 증가한다.

20

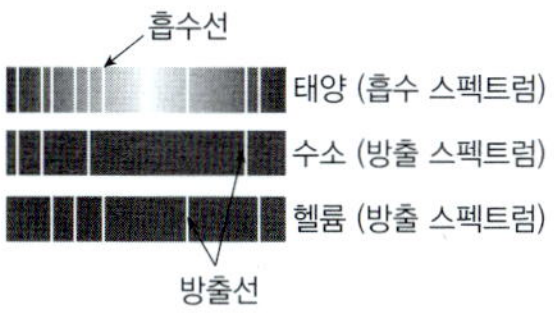

ㄱ. 태양의 스펙트럼 내에는 수소 스펙트럼과 헬륨 스펙트럼에 내에 위치한 방출선을 모두 포함하고 있으므로, 태양은 수소와 헬륨을 포함하고 있다고 분석할 수 있다.

ㄷ. 태양의 스펙트럼 내에는 다양한 흡수선이 위치하므로, 태양의 대기는 다양한 원소로 구성되어 있다고 분석할 수 있다.

ㄴ. 헬륨 스펙트럼은 방출 스펙트럼에 해당하므로, 흡수선이 나타나지 않는다.

21 지하수가 작용한 곳은 수권이고, 석회 동굴이 만들어진 곳은 지권에 해당한다. 그러므로 석회암 지대에서 지하수의 작용으로 석회 동굴이 만들어진 것은 수권과 지권의 상호 작용인 B에 해당한다.

22 ㉠ 태풍 → 태양 에너지

태풍은 강한 바람과 많은 비를 동반하여 피해를 주는 열대 저기압으로, '태양 에너지'를 에너지원으로 한다.

㉡ 지진 → 지구 내부 에너지

지진은 지구 내부의 에너지가 지표로 나와 땅이 갈라지며 흔들리는 현상이므로, '지구 내부 에너지'를 에너지원으로 한다.

23 판(암석권)은 지각과 상부 맨틀의 일부를 포함한 약 100km 두께의 단단한 암석층을 말한다. 따라서 지구 내부 구조의 A~D 중 판을 가리키는 구간은 C(A+B)이다.

① A → 지각

② B → 상부 맨틀 } 맨틀

④ D → 하부 맨틀 } 맨틀

24 사막화는 오랜 가뭄 또한 인간의 과도한 개발로 인해 토양이 황폐화 되고 토지가 사막으로 변해가는 현상을 말한다. 그러므로 ㉠에 들어갈 말은 '사막화'이다.

① **라니냐** : '여자 아이'를 의미하는 스페인어로, 무역풍이 강해지면서 적도 부근 동태평양의 표층 수온이 평상시보다 낮은 상태가 지속되는 현상

③ **엘니뇨** : '남자 아이'를 의미하는 스페인어로, 무역풍이 약해지면서 적도 부근 동태평양의 표층 수온이 평상시보다 높은 상태가 지속되는 현상

④ **화산 활동** : 지하 깊은 곳에서 있던 마그마가 지각의 갈라진 틈을 뚫고 분출하는 현상

25 삼엽층이 번성한 시기는 고생대이다. 이 시기에는 대기권에 오존층이 형성되면서 바다에서 생활하던 생물들이 육상으로 진출하였다. 삼엽충 외에 필석, 갑주어, 양치식물 등이 번성하였다.

① 공룡 → 중생대 생물

② 매머드 → 신생대 생물

③ 속씨식물 → 신생대 생물

TIP 지질 시대의 구분

- **선캄브리아 시대** : 지질시대의 약 85%를 차지하는 가장 긴 시대이며 이 당시의 생물들은 모두 바다에서 살았다. 세포생물, 해조류, 스트로마톨라이트 등의 생물이 있다.
- **고생대** : 대기권에 오존층이 형성되면서 바다에서 생활하던 생물들이 육상으로 진출하였다. 삼엽충 외에 필석, 갑주어, 양치식물 등이 번성하였다.
- **중생대** : 대체로 기후가 온난하였으며, 공룡 외에 암모나이트, 파충류, 겉씨식물 등의 생물이 번성하였다.
- **신생대** : 4번의 빙하기, 3번의 간빙기가 있었다. 포유류가 크게 번성하여 포유류의 시대라고 부른다. 인류가 출현하였고, 화폐석, 매머드, 속씨식물 등의 생물이 있다.

제6교시

한국사

정답 및 해설

정답

01 ①	02 ④	03 ①	04 ②	05 ④
06 ②	07 ①	08 ①	09 ③	10 ②
11 ②	12 ③	13 ②	14 ④	15 ③
16 ④	17 ②	18 ④	19 ①	20 ④
21 ②	22 ③	23 ④	24 ③	25 ④

해설

01 비파형 동검은 금속 도구를 사용하기 시작한 청동기 시대의 대표적인 유물이다. 청동기 시대에는 지배층의 무덤으로 고인돌을 만들어 당시 계급의 분화 및 지배층의 권력을 반영하였다.

② 칠지도 → 백제
③ 혼천의 → 조선 시대
④ 팔만대장경 → 고려 시대

02 장수왕은 고구려 광개토 대왕의 아들로 수도를 평양으로 천도하여 남진 정책을 추진하였다. 또한 백제의 수도인 한성을 함락하고 한강 유역을 차지하였다.

① 광종 → 고려 제4대 왕
② 정조 → 조선 제22대 왕
③ 문무왕 → 신라 제30대 왕

03 통일 신라의 신문왕은 국학을 설립하고, 9주 5소경 체제를 정비하였다. 또한 관리들에게 관료전을 지급하고 귀족의 경제 기반이었던 녹읍을 폐지하였다.

② 별기군 창설 → 조선 후기 고종
③ 장용영 설치 → 조선 정조
④ 『경국대전』 완성 → 조선 성종

04 고려 제11대 왕인 문종의 넷째 아들로 해동 천태종을 창시하고, 교종을 중심으로 선종을 통합하려 한 인물은 대각국사 의천이다.

① **김구** : 대한민국 임시 정부를 이끈 독립 운동가로, 한인 애국단을 조직하였고 남한만의 단독 선거에 반대하여 남북 협상에 참여하였다.

③ **신채호** : 민족주의 사학자로서 만주와 부여족 중심의 고대사를 서술한 독사신론을 발표하였고, 민중의 직접 혁명을 주장한 조선 혁명 선언을 작성하였다. 또한 조선상고사에서 역사를 아(我)와 비아(非我)의 투쟁의 기록으로 정의하였다.

④ **이차돈** : 신라 법흥왕 때 불교를 전파하기 위해 스스로 순교한 불교인으로, 법흥왕은 이차돈의 순교 후 불교를 공인하였다.

05 고려 성종 때 송과의 관계 단절을 빌미로 거란이 침입하자 서희는 소손녕과 외교 담판을 벌여 압록강 일대의 강동 6주를 확보하였다. 그러므로 ㉠에 들어갈 말은 '강동 6주'이다.

06 조선 중종 때 조광조는 천거제의 일종인 현량과를 실시하여 신진 사림을 등용하고자 하였다.

① 당백전 발행 → 흥선 대원군
③ 산미 증식 계획 추진 → 일제 강점기
④ 정동행성 이문소 폐지 → 고려 공민왕

TIP 조광조의 개혁 정치

- **현량과(천거과) 실시** : 천거제의 일종인 현량과를 통해 사림을 대거 등용
- **위훈 삭제** : 중종 반정의 공신 대다수가 거짓 공훈으로 공신에 올랐다 하여 그들의 관직을 박탈하려 하였으나, 훈구 세력의 불만으로 기묘사화가 발생
- 도학 정치를 위한 성학군주론 주장
- 공납제의 폐단을 지적하고 대공수미법 주장
- 균전론을 내세워 토지소유의 조정(분배)과 1/10세를 제시
- 향촌 자치를 위해 향약의 전국적 시행을 추진
- **불교 · 도교 행사 금지** : 승과제도 및 소격서 폐지
- 주자가례를 장려하고 유교 윤리 · 의례의 보급을 추진
- 소학의 교육과 보급운동 전개
- 언문청을 설치하여 한글 보급
- 유향소 철폐 주장

07 토산물로 내던 공물을 쌀, 옷감, 동전 등으로 납부하도록 한 제도는 조선 광해군 때 처음 시행된 대동법이다. 대동법의 시행으로 집집마다 내던 세금을 토지 면적에 따라 차등 납부하였다.

② **방곡령** : 일본으로의 지나친 곡물 반출을 막기 위해 함경도 관찰사 조병식이 선포한 곡물의 외부 유출 금지령
③ **전시과** : 고려 경종 때 관리에게 전지(농작물을 수확할 수 있는 논이나 밭)와 시지(땔감을 얻을 수 있는 임야)를 차등 지급한 토지 제도
④ **치안 유지법** : 일제 강점기 때 공산주의 및 무정부주의 운동을 탄압하기 위해 제정한다고 했으나 사실상 독립 운동에 대한 전반적 탄압을 위해 만들어진 법

08 ㄱ. **척화비 건립** : 병인양요와 신미양요의 결과 흥선 대원군은 종로를 비롯한 전국 각지에 척화비를 건립하고 통상 수교를 거부하였다.
ㄴ. **호포제 시행** : 흥선 대원군은 호포제를 시행하여 양반과 상민의 구분 없이 집집마다 군포를 내도록 하였다.
ㄷ. 회사령 폐지 → 일제 강점기
ㄹ. 훈민정음 창제 → 조선 세종

09 조선이 일본과 맺은 최초의 근대적 조약이자 불평등 조약은 강화도 조약으로, 부산 외 인천, 원산 항구의 개항과 조선 연해에 대한 측량권 및 영사 재판권을 허용하는 내용이 포함되어 있다.
① **톈진 조약** : 갑신정변 후 조선에 군대 파병 시 사전 통보를 내용으로 일본과 청이 맺은 조약이다.
② **훈요 10조** : 고려 태조 왕건은 자신의 사후 후대 왕들이 지켜야 할 정책 방향을 제시한 훈요 10조를 남겼다.
④ **한·미 상호 방위 조약** : 6·25 전쟁 이후 한반도에서 무력 충돌이 일어날 경우 유엔의 결정 없이 미국이 즉각 개입할 수 있도록 한 방위 조약이다.

10 농민군이 전주성을 점령한 후 정부와 전주 화약을 체결하고 폐정 개혁을 약속받은 사건은 동학 농민 운동이다.
① **예송 논쟁** : 조선 현종 때 자의 대비의 복상 문제를 둘러싸고 서인과 남인 사이에 두 차례에 걸쳐 예송이 전개되었다.
③ **물산 장려 운동** : 일제 강점기인 1920년대에 국산품을 사용하여 우리 민족 경제의 자립을 이루고자 한 운동이다.
④ **원종과 애노의 난** : 신라 하대 진성여왕 때 원종과 애노가 가혹한 세금 수탈에 반발하여 사벌주(상주)에서 일으킨 난이다.

11 독립 협회는 서재필이 창립한 한국 최초의 근대적 사회 정치 단체로, 독립문 및 독립관을 건립하고 강연회 및 토론회를 개최하였다. 또한 우리나라 최초의 근대적 민중 대회인 만민 공동회를 개최하였다.
① **탕평책 실시** : 조선 영조와 정조는 붕당 간 정쟁의 폐단을 막고 정국을 안정시키고자 탕평책을 실시하였다.
③ **수선사 결사 조직** : 고려 무신 집권기 때 보조국사 지눌이 세속화된 불교를 개혁하기 위해 수선사를 중심으로 결사 운동을 전개하였다.
④ **22담로에 왕족 파견** : 백제 무령왕은 지방 통제를 강화하기 위해 지방의 주요 지점에 22담로를 두고 왕족을 파견하였다.

TIP **독립 협회의 활동**

- **이권 수호 운동** : 러시아의 절영도 조차 요구 규탄, 한·러 은행 폐쇄
- **독립 기념물의 건립** : 자주 독립의 상징인 독립문을 세우고, 모화관을 독립관으로 개수
- **민중의 계도** : 강연회·토론회 개최, 독립신문의 발간 등을 통해 근대적 지식과 국권·민권 사상을 고취
- **만민 공동회 개최** : 우리나라 최초의 근대적 민중 대회
- **관민 공동회 개최** : 만민 공동회의 규탄을 받던 보수 정부가 무너지고 개혁파 박정양이 정권을 장악하자, 정부 관료와 각계각층의 시민 등 만여 명이 참여하여 개최
- **의회 설립 추진** : 의회식 중추원 신관제를 반포하여 최초로 국회 설립 단계까지 진행
- **헌의 6조** : 헌의 6조를 결의하고 국왕의 재가를 받음

12 일본은 1930년대 침략 전쟁을 확대하면서 한국인을 일본인으로 동화시키는 민족 말살 정책을 시행하였는데, 이 시기에 일본은 황국 신민화 정책의 일환으로 한국인에게 황국 신민 서사를 암송하도록 강요하였다.
① 당으로 유학을 떠나는 승려 → 통일 신라 시대
② 유신 체제에 저항하는 시민 → 박정희 정부
④ 몽골과의 강화를 반대하는 삼별초 → 고려 중기

13 명성 황후가 시해된 을미사변과 단발령의 시행이 원인이 되어 유인석, 이소응 등의 유생층이 일으킨 최초의 항일 의병은 을미의병이다.
① **병자호란** : 조선이 청의 군신 관계 요구를 거절하자 청이 조선을 침략한 전쟁으로, 인조는 남한산성에서 항전하다 결국 삼전도에서 굴욕적인 강화를 맺었다.
③ **무신 정변** : 고려 시대 때 정중부, 이의방 등의 무신들이 문벌 귀족들을 제거하고 정권을 장악한 사건이다.
④ **브나로드 운동** : 일제 강점기 때 문맹 퇴치와 농촌 계몽을 목적으로 동아일보사에서 러시아어로 '민중 속으로'라는 의미인 브나로드(Vnarod) 운동을 전개하였다.

14 1923년에 경남 진주에서 조직된 조선 형평사는 백정에 대한 사회적 차별 철폐를 주장하며 형평 운동을 전개하였다.

① **별무반** : 고려 숙종 때 윤관은 신기군, 신보군, 항마군으로 조직된 별무반을 편성하여 여진족의 침입에 대비하였다.

② **신민회** : 안창호, 양기탁 등이 국권 회복과 공화 정체의 근대 국가 건설을 목표로 설립한 비밀 결사 단체로, 실력 양성을 도모하고 국외 독립운동 기지를 건설하였다.

③ **화랑도** : 씨족 공동체의 전통을 가진 신라의 청소년 집단으로, 진흥왕 때 정복 활동을 강화하기 위해 국가 조직으로 운영되었다.

15 조선어 학회는 이윤재, 최현배 등이 조선어 연구회를 계승하여 조직한 국어 연구 단체로, 한글 맞춤법 통일안과 표준어를 제정하고 우리말 큰사전 편찬을 시도하였다.

① **근우회** : 광복 운동의 후원과 여성 지위 향상을 목적으로 조직된 항일 여성 단체이다.

② **수신사** : 강화도 조약 이후 일본에 파견된 외교 사절단으로 1차에는 김기수, 2차에는 김홍집이 파견되었다.

④ **신흥 무관 학교** : 신민회가 서간도 삼원보에 설립한 신흥 강습소가 발전한 것으로, 독립군 양성 학교이다.

16 나주역에서 발생한 한 · 일 학생 간의 충돌을 일본 경찰이 편파적으로 처리하여 광주 학생 항일 운동이 전개되자 신간회 중앙 본부가 진상 조사단을 파견하였다.

① **임술 농민 봉기** : 조선 철종 때 삼정의 문란과 백낙신의 탐학으로 진주 농민들이 봉기한 민란이다.

② **제주 4 · 3 사건** : 제주도에서 남한만의 단독 선거에 반대하는 세력을 진압한다는 명분하에 무고한 사람들이 희생된 사건이다.

③ **7 · 4 남북 공동 성명** : 박정희 정부 때에 7 · 4 남북 공동 성명을 발표하여 '자주, 평화, 민족 대단결'의 민족 통일 3대 원칙을 제시하였다.

17 박정희 정부가 1970년부터 농가 소득을 높이고, 낙후된 농촌을 근대화하여 도시와 농촌을 균형 있게 발전시키고자 실시한 운동은 새마을 운동이다. 새마을 운동은 농촌 근대화를 표방한 범국민적 지역 사회 개발 운동이다.

① **3 · 1 운동** : 고종의 인산일에 민족 대표 33인의 이름으로 독립 선언서를 발표함으로써 전개된 일제 강점기 최대의 민족 운동

③ **교조 신원 운동** : 처형된 동학의 창시자 최제우의 억울함을 풀고 동학에 대한 탄압을 중지해달라는 동학교도들의 운동

④ **금 모으기 운동** : 김대중 정부 때 IMF의 외환 위기 극복을 위해 전 국민이 참여한 금 모으기 운동

18

대한민국 임시 정부 수립(1919년) → 국민 대표 회의 개최(1923년) → 한국 광복군 창설(1940년)

국민 대표 회의는 1923년에 대한민국 임시 정부가 앞으로 나아갈 방향을 결정하기 위해 중국 상하이에서 개최된 독립운동 계파간의 회의이다.

① 규장각 설치 → 조선 정조

② 서경 천도 운동 → 고려 중기, 묘청 vs 김부식

③ 쌍성총관부 공격 → 고려 공민왕

19 일본이 「태정관 지령」으로 조선의 영토로 인정한 섬은 독도이다. 또한 대한 제국은 「칙령 제41호」를 공포하여 독도가 우리 영토임을 명백하게 밝히고 있다.

20 북한군의 남침으로 6 · 25 전쟁이 발발하자 맥아더 장군의 인천 상륙 작전을 계기로 국군과 유엔군은 전세를 역전시키고 서울을 수복하였으나, 중공군의 개입으로 1 · 4 후퇴한 후 정전 협정이 체결되었다. 그러므로 ㉠에 해당하는 것은 '인천 상륙 작전'이다.

① **귀주 대첩** : 10만 대군의 소배압이 이끄는 거란의 3차 침입에 맞서 강감찬이 귀주에서 거란을 격퇴한 전투

② **명량 대첩** : 정유재란 당시 이순신이 명량의 울돌목에서 13척의 배로 왜의 수군을 대파한 전투

③ **안시성 전투** : 당 태종이 연개소문의 정변을 빌미로 고구려를 공격하자 양만춘이 안시성에서 당군을 물리친 전투

TIP 6 · 25 전쟁의 경과

전쟁 발발(1950. 6. 25) → 서울 함락(1950. 6. 28) → 한강 대교 폭파(1950. 6. 28) → 낙동강 전선으로 후퇴(1950. 7) → 인천 상륙 작전(1950. 9. 15) → 서울 탈환(1950. 9. 28) → 중공군 개입(1950. 10. 25) → 압록강 초산까지 전진(1950. 10. 26) → 서울 철수(1951. 1. 4) → 서울 재수복(1951. 3. 14) → 휴전 제의(1951. 6. 23) → 휴전 협정 체결(1953. 7. 27)

21 1960년에 자유당과 이승만 정부가 이기붕을 부통령에 당선시키고자 저지른 3 · 15 부정 선거를 계기로 4 · 19 혁명이 발발하였고, 그 결과 이승만 대통령이 하야하였다.

① **아관 파천** : 명성황후가 시해된 을미사변 이후 신변에 위협을 느낀 고종이 약 1년간 조선의 왕궁을 떠나 러시아 공사관에 옮겨 거처한 사건

③ **카이로 회담** : 제2차 세계 대전 중 이집트의 카이로에서 미국 · 영국 · 중국의 3국 수뇌가 일본에 대한 공동 대응과 한국의 독립을 논의한 회담

④ **홍경래의 난** : 조선 후기 세도 정치기에 수탈과 서북민에

대한 지역 차별에 반발하여 홍경래가 일으킨 난

22 봉오동 전투는 홍범도의 대한 독립군, 최진동의 군무 도독부 군 등의 연합군이 중국 지린성의 봉오동에서 간도 지역을 기습한 일본군을 상대로 승리한 전투이다.

① **3포 왜란** : 중종 때 조선 정부의 통제에 반발하여 부산포 · 제포 · 염포의 3포에 거주하고 있던 왜인들이 대마도의 지원을 받아 일으킨 왜란

② **기벌포 전투** : 신라 수군이 금강 하구의 기벌포에서 당의 수군을 격퇴하고 나 · 당 전쟁에서 최종 승리한 전투

④ **위화도 회군** : 명나라의 요동을 공략하기 위해 출정했던 이성계가 4불가론을 들어 위화도에서 회군한 사건

23 노태우 정부 때에 남북한이 화해 및 불가침, 교류협력 등에 관해 공동 합의한 기본 문서인 남북 기본 합의서를 발표하였다.

① 금융 실명제를 시행함 → 김영삼 정부

금융 실명제 : 금융 거래의 투명성을 확보하고자 김영삼 정부 때 대통령 긴급 명령으로 전격 시행된 금융 제도

② 남면북양 정책을 실시함 → 일제 강점기

남면북양 정책 : 일제가 경제적 수탈의 일환으로 남부에서는 면화, 북부에서는 면양 사육을 장려한 정책

③ 친명 배금 정책을 추진함 → 조선 인조

친명 배금 정책 : 명을 가까이 하고 금을 배척하는 조선 인조의 정책으로, 정묘호란과 병자호란의 발발 원인이 됨

TIP **노태우 정부의 통일 정책**

- **7 · 7선언(1988)** : 북한을 적대의 대상이 아니라 상호 신뢰 · 화해 · 협력을 바탕으로 공동 번영을 추구하는 민족 공동체 일원으로 인식
- **한민족 공동체 통일 방안(1989)** : 자주 · 평화 · 민주의 원칙 아래 제시
- **남북 고위급 회담, 남북한 유엔 동시 가입(1991)** : 제46차 유엔 총회에서 남북한이 각각 별개의 의석을 가진 회원국으로 유엔에 가입
- **남북 기본 합의서 채택(1991) · 발효(1992)** : 상호 화해와 불가침, 교류 및 협력 확대 등을 규정
- **한반도 비핵화 공동 선언 채택(1991) · 발효(1992)** : 핵무기의 보유나 사용금지 등을 규정

24 한인 애국단 소속의 윤봉길은 상하이 훙커우 공원에서 열린 일본군 축하 기념식에서 폭탄을 투척하여 일본군 장성 등을 처단하였고, 이를 계기로 중국 국민당 정부가 대한민국 임시 정부의 독립운동을 적극 지원하였다.

① **김홍집** : 조선 말기 개화 정책을 추진했던 정치가로 친일 내각을 구성하고 갑오개혁과 을미개혁을 추진하였다.

② **방정환** : 어린이 운동 단체인 색동회를 결성하였으며, 천도교의 후원으로 천도교 소년회를 조직하고 어린이날을 제정하는 등 소년 운동을 전개하였다.

④ **전태일** : 서울 동대문 평화시장에서 노동환경 개선과 근로기준법 준수를 외치며 분신한 노동 운동가이다.

25 직선제 요구를 거부하는 전두환 대통령의 4 · 13 호헌 조치에 맞서 시민들이 호헌 철폐와 독재 타도를 외치며 전국적으로 벌인 시위는 6월 민주 항쟁이다. 그 결과 집권당의 대통령 후보인 노태우가 6 · 29 선언을 통해 5년 단임의 대통령 직선제 개헌안을 수용하였다.

① **만적의 난** : 고려 무신 집권기에 최충헌의 노비 만적이 중심이 되어 일으킨 노비 해방운동

② **5 · 10 총선거** : 제헌국회의 국회의원들을 선출하기 위한 우리나라 역사상 최초의 민주적 보통 선거

③ **국채 보상 운동** : 일본에 진 빚을 국민들의 모금으로 갚기 위해 전개된 경제적 구국 운동

제7교시 도 덕

정답 및 해설

정답

01 ④	02 ④	03 ④	04 ①	05 ②
06 ③	07 ③	08 ④	09 ④	10 ③
11 ①	12 ②	13 ②	14 ③	15 ①
16 ①	17 ④	18 ②	19 ②	20 ④
21 ①	22 ①	23 ③	24 ②	25 ①

해설

01 기후 변화와 관련된 윤리적 해결책이나 지속 가능한 발전을 위해 인간과 자연이 어떻게 공존할 수 있는지의 주제를 다루는 실천 윤리 분야는 환경 윤리이다.

① **문화 윤리** : 예술과 대중문화 윤리, 의식주와 윤리적 소비 문제, 다문화 사회의 윤리 등 문화와 관련된 윤리 문제를 다룸

② **정보 윤리** : 정보의 생산, 조직, 유통, 활용 과정에서 발생하는 개인정보 보호, 저작권, 정보격차, 사이버 폭력 등의 윤리 문제를 다룸

③ **직업 윤리** : 자신이 맡은 직업에서 지켜야 하는 행동 기준과 규범

02 도가의 대표 사상가인 노자의 사상을 계승하고 도(道)의 관점에서 만물의 평등한 가치를 강조한 윤리 사상가는 장자이다. 장자는 제물(齊物)의 경지에 이르는 방법으로 좌망(坐忘)과 심재(心齋)를 제시하였다.

① **맹자** : 성선설을 주장하며 왕도 정치를 강조함

② **묵자** : 유교의 차별적 사랑을 비판하며 무차별적 사랑을 강조함

③ **순자** : 성악설을 주장하며 예치를 강조함

> TIP **장자 : 제물(齊物)의 경지에 이르는 방법**
>
> • **좌망(坐忘)** : 조용히 앉아서 잡념을 버리고 무아의 경지에 들어감
>
> • **심재(心齋)** : 마음을 비워서 깨끗이 함

03 도덕적 탐구는 도덕 원리와 사실 판단을 바탕으로 도덕적 판단을 이루어 가는 과정을 의미하는 데, 이 때 토론, 비판적 사고, 합리적 추론 등의 방법이 사용된다.

ㄴ. **독단적 사고** : 남의 의견을 듣지 않고 오직 자기 혼자만의 판단으로 결정을 내리는 태도로, 도덕적 탐구의 방법으로 적절하지 않다.

04 환경 영향 평가 제도는 각종 개발 사업이 시행되기 전에 환경에 미치게 될 영향을 예측하고 평가하여 환경 오염을 줄이려는 방안을 마련하는 제도로, 소수자 우대 정책과는 관련이 없다.

②·③·④ 여성 고용 할당 제도, 농어촌 특별 전형 제도, 장애인 의무 고용 제도는 사회적 약자에 대해 사회적 이익의 공정한 분배를 실현하려는 소수자 우대 정책으로 적절하다.

05 의무론적 접근은 도덕성을 판단할 때 행위의 결과보다 동기와 의무 의식을 강조하는 접근 방법으로, 행위의 옳고 그름은 결과와 상관없이 선의지에 근거하여 행위할 때에만 그 행위가 도덕적 가치를 지닌다고 본다.

① **계약론적 접근** : 계약 당사자 간의 이성적 합의의 산물인 사회 계약이 도덕적 행위의 판단 근거가 된다고 보는 윤리적 접근 방법

③ **공리주의적 접근** : 쾌락이나 행복을 증진하는 유용성에 따라 행위의 옳고 그름을 판단하는 윤리적 접근 방법

④ **심미주의적 접근** : 미적 가치의 추구를 도덕적 판단의 근거로 보는 윤리적 접근 방법

06 통일 편익은 남북한이 통일로 인하여 얻게 되는 모든 이익을 의미한다. 따라서 통일 편익이 통일 비용보다 크다는 논지는 남북한의 통일로 인한 긍정적 효과에 해당하므로 찬성 논거에 해당한다.

① 우리 민족의 동질성을 회복할 수 있다는 논지는 남북한의 통일로 인한 긍정적 효과에 해당하므로 찬성 논거로 적절하다.

② 남북한의 통일이 지구촌의 평화 실현에 기여할 수 있다는 논지는 남북한의 통일로 인한 긍정적 효과에 해당하므로 찬성 논거로 적절하다.

④ 통일 과정에서 정치적 혼란이 초래될 수 있다는 논지는 남북한의 통일 과정에서 유발될 수 있는 부정적 측면에 해당되므로 반대 논거로 적절하다.

07 행동이 맑고 탐욕을 부리지 않는 상태로, 눈앞의 이익보다는 옳음을 중시하는 자세는 청렴이다. 청렴은 공직자에게 특히 강조되는 바람직한 직업 윤리 의식이다.

① **부정** : 올바르지 아니하거나 옳지 못함

② **소외** : 어떤 무리에서 기피하여 따돌리거나 멀리함

④ **편견** : 공정하지 못하고 한쪽으로 치우친 생각

08 롤스는 해외 원조를 단순한 자선이 아니라 의무로 보았으며, 불리한 여건으로 인해 고통 받는 사회를 질서 정연한 사회가 되도록 돕는 것을 그 목적으로 보았다.

09 국제 관계에서 국가는 자국의 이익만을 추구하며, 국가 간의 힘의 논리를 강조한다고 보는 관점은 현실주의이다. 현실주의에서 평화는 힘의 균형을 통해 전쟁을 예방 또는 억지하는 것이라고 본다.

TIP 국제 관계를 바라보는 관점

- **현실주의** : 무정부 상태의 국제 관계를 국익과 세력 균형의 관점에서 보는 입장으로, 국가의 힘을 키워서 세력 균형을 유지해야 분쟁을 막을 수 있다고 보는 관점
- **이상주의** : 국가는 이성적 존재이기 때문에 국제 분쟁은 국제법, 국제기구 등 제도의 개선으로 해결할 수 있다고 보는 관점
- **구성주의** : 국가 간 긍정적인 상호 작용을 통해 분쟁을 해결할 수 있다고 보는 관점

10 태아에 대한 소유권이 임신한 여성에게 있다는 주장은 인공 임신 중절에 대한 찬성의 논거이다. 즉, 태아는 여성의 신체 일부이며, 여성은 자신의 신체에 대해 선택할 권리가 있다고 말한 〈학생 3〉의 논지는 인공 임신 중절의 찬성 논거에 해당한다.

TIP 인공 임신 중절의 윤리적 쟁점

찬성 (선택 옹호주의)	• 태아는 인간이 아님 • 여성은 자기 몸에 대한 소유권을 지니며 태아도 여성의 몸의 일부임 • 여성은 자신의 삶을 자율적으로 결정할 수 있음 • 여성은 자기방어와 정당방위의 권리를 지니기 때문에 일정 조건하에서는 낙태할 권리를 지님
반대 (생명 옹호주의)	• 모든 인간 생명은 존엄하고, 태아 역시 인간이므로 보호해야 함 • 잘못이 없는 인간을 해치는 것은 도덕적으로 옳지 않은 일인데 태아는 잘못이 없는 인간임 • 태아는 인간으로 성장할 잠재성을 가지므로 인간으로서 지위를 갖고 있음

11 부모가 자녀를 독립된 인격체로 존중하며(ㄱ), 가족 구성원들 간에 서로에 대한 배려가 필요한 것(ㄴ)은 가족 간에 지켜야 할 바람직한 자세이다.

ㄷ. 부모는 자녀의 미래를 일방적으로 결정해야 한다.

→ 부모는 자녀의 의사를 존중하여 자녀가 자신의 미래를 결정할 수 있도록 도와야 한다.

ㄹ. 가족 간의 갈등이 발생하면 대화를 회피해야 한다.

→ 가족 간의 갈등이 발생하면 대화를 통해 적극적으로 해결하도록 노력해야 한다.

12 윤리적 소비는 소비자가 상품이나 서비스 등을 구매할 때 윤리적인 가치판단에 따라 의식적인 선택을 하는 것이므로, 노동자의 인권을 침해한 기업의 제품을 소비하는 것은 윤리적 소비를 실천하기 위한 방법으로 볼 수 없다.

①·③·④ 동물 복지 인증을 받은 상품의 구매, 공정 무역 상품의 구매, 친환경적인 소비는 모두 윤리적 소비에 해당한다.

13 종교 간 갈등을 극복하기 위해서는 종교의 자유를 인정하고 타 종교에 대해 관용의 태도를 가져야 한다. 또한 종교 간에 적극적으로 대화하고 협력해야 한다.

① **강요** : 억지로 또는 강제로 요구함

③ **집착** : 어떤 것에 늘 마음이 쏠려 잊지 못하고 매달림

④ **차별** : 둘 이상의 대상을 각각 등급이나 수준 따위로 차이를 두어서 구별함

14 프롬(Fromm, E.)이 주장한 '진정한 사랑'은 존경, 책임, 이해, 보호를 4요소로 하므로, 보호와 이해의 요소를 포함하느냐는 첫 번째 질문에 〈예〉로 답해야 한다.

TIP 프롬 : 사랑의 4요소

- **존경** : 사랑하는 사람을 있는 그대로 받아들이며 존경하는 것
- **책임** : 사랑하는 사람의 요구를 배려하면서 자신의 행동에 책임을 지는 것
- **이해** : 사랑하는 사람을 올바로 이해하는 것
- **보호** : 사랑하는 사람을 보살피고 돌보는 것

15 고치기 어려운 희귀 난치병의 치료는 과학 기술의 발달에 따른 긍정적 측면에 해당한다.

②·③·④ 사생활 침해, 환경 오염 발생, 생명의 존엄성 훼손은 모두 과학 기술의 발달에 따른 윤리적 문제로 부정적 측면에 해당한다.

16 정보 공유를 강조하는 입장은 모든 저작물이 인류가 생산한 정보와 지식을 활용하여 구성된 공공재이며 정보를 공유할 때 정보의 질적인 발전이 가능하다고 본다. 그런 의미에서 정보 공유는 정보 격차에 따른 불평등을 해소할 수 있으며, 정보가 공공의 이익을 위해서 사용되어야 한다고 본다.

- 정보 격차에 따른 불평등을 해소할 수 있는가? → 예
- 정보는 공공의 이익을 위해서 사용되어야 하는가? → 예

17 시민의 정치 참여는 약자와 소수자의 권리를 보호하고 불평등 해소 등 정의로운 사회를 만드는 데 필수적이다. 따라서 일부 특권층의 이익만을 극대화하는 것은 시민의 정치 참여 이유로 적절하지 않다.

18 지역에서 생산된 먹거리를 그 지역에서 소비하는 것으로, 장거리 운송을 거치지 않은 안전하고 건강한 지역 농산물을 구매하려는 운동은 로컬푸드 운동이다.

① **불매 운동** : 특정 제품이나 기업, 국가에 대한 사회적 · 정치적 항의의 수단으로, 소비자들이 해당 제품이나 서비스를 구매하지 않음으로써 의사를 표현하는 집단 행동

③ **양성평등 운동** : 성별에 따라 서로 차별하지 않고 남녀 모두의 인권을 동등하게 보장할 것을 요구하는 운동

④ **시민 불복종 운동** : 정의롭지 못한 법이나 정부 정책을 변혁시키려는 목적으로 행하는 의도적인 위법 행위

19 "너의 행위의 결과가 미래에도 인류의 존속 가능성을 파괴하지 않도록 행위하라."며 인간과 자연, 미래 세대에 대한 책임 윤리를 강조한 사상가는 요나스이다.

① **베이컨** : 관찰과 실험을 통한 귀납적 방법론을 체계적으로 제시한 경험론의 창시자

③ **플라톤** : 소크라테스의 제자로 이데아론을 주장한 고대 그리스의 철학자

④ **베카리아** : 최초로 근현대적 개념의 죄형법정주의를 창시하고 형법 사상의 기초를 마련하여 근대 형법의 아버지라고 불리는 이탈리아 법학자

20 다문화 사회에서 동화주의는 이주민의 문화와 같은 소수 문화를 주류 문화에 적응시키고 통합하려는 태도이므로, 소수 문화를 주류 문화에 통합한다는 〈학생 4〉의 대답이 동화주의에 해당한다.

① 〈학생 1〉 동화주의의 대표적 이론은 용광로 이론이며, 샐러드 볼 이론은 다문화주의의 대표적 이론이다.

② 〈학생 2〉 다양한 문화를 평등하게 인정하는 것은 다문화주의에 해당한다.

③ 〈학생 3〉 동화주의는 이주민 문화의 고유성을 보존하지 않는다.

21 • 자연을 전일론적 관점에서 바라본다. → 생태 중심주의
생태 중심주의는 자연을 인간, 동식물, 환경 등 다양한 구성원이 유기적으로 엮여 생태계 전체가 하나의 생명공동체를 이루는 전일론적 관점에서 바라본다.

• 인간은 자연보다 우월한 지위를 지닌다. → 인간 중심주의
인간을 자연보다 우월한 지위를 지니는 존재로 보는 것은 인간 중심주의 관점에 해당한다.

• 생태계 전체는 도덕적 고려의 범위에 포함된다. → 생태 중심주의
생태 중심주의는 무생물을 포함한 생태계 전체를 도덕적 고려의 대상으로 본다.

22 예술 지상주의는 예술의 자율성을 옹호하는 '순수 예술론'을 지지하며, 예술을 위한 예술을 주장한다.

ㄷ · ㄹ → 예술 도덕주의

TIP 예술과 윤리의 관계

예술 지상주의	• 예술은 예술 그 자체나 미적 가치를 추구해야 한다. • 예술을 윤리적 가치의 기준으로 판단하는 것은 잘못된 태도라 주장한다. • 예술의 자율성을 옹호하는 '순수 예술론'을 지지하며, 예술을 위한 예술을 주장한다.
예술 도덕주의	• 예술은 도덕적 가치를 실현하는 데 기여해야 한다. • 예술은 도덕적 교훈이나 모범을 제공해야 한다. • 도덕적 가치가 미적 가치보다 우위에 있으므로, 예술에 대한 윤리적 규제가 필요하다고 본다. • 예술의 목적은 도덕적 교훈을 제공하는 것으로 예술의 사회성을 강조한다.

23 공자는 '임금은 임금다워야 하며, 아버지는 아버지다워야 한다.'라고 주장하면서 사회 구성원 각자가 자신의 위치에 걸맞은 역할을 충실히 수행해야 한다는 '정명(正名)'을 강조하였다.

① **겸애(兼愛)** : 가리지 않고 모든 사람을 똑같이 두루 사랑함

② **무위(無爲)** : 자연에 따라 행하고 인위를 가하지 않는 것

④ **해탈(解脫)** : 번뇌의 얽매임에서 풀리고 미혹의 괴로움에서 벗어남

24 동물 중심주의는 동물을 인간을 위한 수단으로 여기는 것에 반대하고 동물의 복지와 권리의 향상을 강조하는 자연관이다. 동물 실험으로 의료 기술을 발전시킬 수 있다는 ④의 설명은 동물 실험을 찬성하는 논거로, 인간 중심주의 자연관에 해당한다.

25 갈퉁이 주장한 평화는 적극적 평화로 직접적 폭력뿐 아니라 문화적 폭력과 구조적 폭력까지 모두 제거된 평화를 말한다. 갈퉁의 대표 저서로 『평화적 수단에 의한 평화』가 있다.

② **데카르트** : 정신과 물질의 철저한 이원론, 기계론적 자연관 등에 의해서 근대과학의 이론적 틀을 최초로 확립한 사상가

③ **소크라테스** : 철학의 아버지로 불리는 고대 그리스의 철학자

④ **아리스토텔레스** : 현재의 서양 철학의 근본을 이루는 데 이바지한 고대 그리스의 철학자

정답 및 해설

2025년도

제2회

제1교시 국 어

제2교시 수 학

제3교시 영 어

제4교시 사 회

제5교시 과 학

제6교시 한국사

제7교시 도 덕

제1교시

국 어

정답 및 해설

정답

01 ①	02 ②	03 ③	04 ③	05 ②
06 ①	07 ①	08 ②	09 ②	10 ②
11 ①	12 ②	13 ④	14 ③	15 ④
16 ①	17 ④	18 ④	19 ③	20 ①
21 ③	22 ③	23 ②	24 ④	25 ④

해설

01 '내일 이모랑 할머니 선물을 사러 가자.'는 형의 말은 동생이 반문한 것처럼 이모와 함께 할머니 선물을 사러 가는 건지, 아니면 이모 선물과 할머니 선물을 사러 가는 건지 두 가지 의미로 해석될 수 있다. 이처럼 중의적 표현은 의미가 여러 가지로 해석되어 의사소통에 혼동을 주므로, 지양해야 할 말하기 표현법이다.

02 이번 주말에 영화를 보러 가자는 언니의 제안에 동생이 주말에 친구들과 발표 준비를 해야 해서 갈 수 없다고 구체적인 이유를 들어 거절하고 있다. 그러므로 '동생'의 말하기 방법은 구체적인 이유를 제시하며 제안을 거절하고 있는 것이다.

[03~04]

03 ⓒ의 '지역의 역사 알기 프로그램 참여'는 Ⅱ의 본론에 해당하는 '공정 여행의 실천 방법'과 아무런 연관성이 없으므로 (나)에 반영되어 있지 않다.

㉠ 공정 여행이 주목받게 된 배경 → (나)의 첫 번째 문단
사람들이 여행을 하는 과정에서 자연이 훼손되기도 하고 여행지 주민에게 수익이 거의 돌아가지 않는 문제가 발생하며, 이것이 공정 여행이 주목받게 된 배경이라며 (나)의 첫 번째 문단에 반영되어 있다.

㉡ 탄소 배출량이 적은 교통수단 이용 → (나)의 두 번째 문단
자전거를 이용하거나 도보로 이동하면 탄소 배출량을 줄일 수 있다며, (나)의 두 번째 문단에 '탄소 배출량이 적은 교통수단의 이용'이 반영되어 있다.

㉣ 공정 여행의 의의 → (나)의 네 번째 문단
공정 여행은 다소 느리고 불편할 수 있지만, 환경을 보호하고 지역 경제를 활성화하는 데 기여한다며, (나)의 네 번째 문단에 '공정 여행의 의의'가 반영되어 있다.

04 ⓒ의 '그러나'는 앞의 내용과 뒤의 내용이 상반될 때 쓰는 접속 부사이다. 그런데 해당 문장은 앞뒤의 내용이 인과 관계에 해당하므로, 글의 흐름상 '그러나'를 '그래야'로 바꾸는 것이 적절하다.

ⓐ : '훼손하기도'는 사물인 '자연이'가 주어이므로, 이에 호응하도록 수동태 형태인 '훼손되기도'로 수정하는 것이 적절하다.

ⓑ : '자가용으로 여행을 할 때는 안전띠를 매야 한다.'는 내용은 탄소 배출량을 줄이는 것과는 아무런 관련이 없으므로, 글의 통일성을 해치는 문장이다. 따라서 삭제하는 것이 적절하다.

ⓓ : '활성화하는데'에서 '데'는 의존 명사(불완전 명사)이므로, 띄어쓰기 규칙에 따라 '활성화하는√데'로 띄어서 쓰는 것이 적절하다.

05 ㄱ. (글을) 쓰- + -어 → 써(○)
'쓰어'는 모음 'ㅡ'로 끝나는 어간이 모음 'ㅓ'로 시작하는 어미와 결합하여 'ㅡ'가 탈락되므로, '써'로 쓰는 것이 적절하다.

ㄹ. (문을) 잠그- + -아 → 잠가(○)
'잠그아'는 모음 'ㅡ'로 끝나는 어간이 모음 'ㅏ'로 시작하는 어미와 결합하여 'ㅡ'가 탈락되므로, '잠가'로 쓰는 것이 적절하다.

ㄷ. (줄을) 서- + -어 → 서(×)
'서어'에서 '서'는 모음 'ㅡ'로 끝나는 어간이 아니므로, 모음 'ㅓ'로 시작하는 어미와 결합하여도 'ㅡ'가 탈락되지 않으므로, '서'로 쓸 수 없다.

ㄴ. (잠을) 자- + -아 → 자(×)
'자아'에서 '자'는 모음 'ㅡ'로 끝나는 어간이 아니므로, 모음 'ㅏ'로 시작하는 어미와 결합하여도 'ㅡ'가 탈락되지 않으므로, '자'로 쓸 수 없다.

06 '깻잎' → 1. (3) 규정
'깻잎'은 고유어 '깨'와 '잎'으로 이루어진 합성어로 [깬닙]으로 발음된다. 즉, 뒷말의 첫소리 모음 'ㅣ' 앞에서 'ㄴㄴ' 소리가 덧나므로 사이시옷을 받치어 적어야 한다. 따라서 위의 한글 맞춤법 규정 중 1. (3)인 ㉠의 규정이 적용되었다.

② '맷돌' → 1. (1) 규정
'맷돌'은 고유어 '매'와 '돌'로 이루어진 합성어로 [매똘]로 발

음된다. 즉, 뒷말의 첫소리가 된소리 [ㄸ]으로 발음되므로 사이시옷을 받치어 적어야 한다. 따라서 위의 한글 맞춤법 규정 중 1. (1)의 규정이 적용되었다.

③ 잇몸 → 1. (2) 규정

'잇몸'은 고유어 '이'와 '몸'으로 이루어진 합성어로 [인몸]으로 발음된다. 즉, 뒷말의 첫소리 'ㄴ, ㅁ' 앞에서 'ㄴ' 소리가 덧나므로 사이시옷을 받치어 적어야 한다. 따라서 위의 한글 맞춤법 규정 중 1. (2)의 규정이 적용되었다.

④ 훗날 → 1.의 규정이 적용되지 않음

'훗날'은 한자어 '후'와 고유어 '날'로 이루어진 합성어이다. 즉, 순우리말로 된 합성어가 아니므로, 1.의 맞춤법 규정이 적용되지 않는다.

07 '아버지께서 신문을 보신다.'는 주격 조사 '께서'와 선어말 어미 '-시-'를 사용하여 주체인 '아버지'를 높이는 주체 높임법이 쓰였다.

② 종결어미 '-ㅂ니다'를 통해 듣는 이를 높이는 상대 높임법이 쓰였다.

③ 자신을 낮추어 상대방을 높이는 겸양의 표현인 '저'와 종결어미 '-ㅂ니다'를 통해 듣은 이를 높이는 상대 높임법이 쓰였다. 또한 객체를 높이는 어휘인 '어르신'과 특수어휘 '뵐(뵙다)'을 통해 객체를 높이는 객체 높임법이 쓰였다.

④ 부사격 조사 '-께'와 특수어휘 '드리다'를 통해 문장의 객체인 '할머니'를 높이는 객체 높임법이 쓰였다.

TIP 높임법

- **주체 높임** : 서술의 주체를 높이는 표현으로, 보통 선어말 어미 '-시-'로 실현
- **객체 높임** : 말하는 이가 문장의 객체를 높이는 표현
- **상대 높임** : 듣는 이를 높이거나 낮추는 높임 표현

08 ㉡의 'ᄆᆞᄎᆞᆷ내'에는 현대 국어에도 있는 자음자인 'ㅁ, ㅊ'이 사용되었으며, 현대 국어에는 없는 모음자인 'ㆍ'(아래 아)가 사용되었다.

㉠ '배'는 모음으로 끝나는 체언 '바' 뒤에 주격 조사 'ㅣ'가 결합되어 '배'가 되었다.

㉢ 'ᄠᅳᆮ들'은 단어의 첫머리에 두 개의 자음(어두자음군)인 'ㅳ'이 사용되었다.

㉣ '노미'는 소리 나는 대로 이어 적기를 한 것으로, 끊어 적기로 표현하면 '놈이'가 된다.

[09~10]

작자 미상, 「가시리」

- **갈래** : 고려 가요
- **성격** : 서정적, 민요적, 애상적
- **제재** : 임과의 이별
- **주제** : 이별의 정한
- **특징**
  - 기승전결의 4단 구성
  - 3 · 3 · 2조의 3음보 율격
  - 동일한 후렴구가 반복됨
  - 순우리말과 소박한 시어를 통해 이별의 감정을 애절하게 묘사함

09 '위 증즐가 대평성ᄃᆡ'라는 동일한 후렴구가 매 연마다 반복되고 있다.

① 익살스러운 말이나 행동으로 해학을 표현한 곳은 보이지 않는다.

③ 3음보의 율격이 주로 드러나고 있다.

④ 공간의 이동에 따른 시상 전개는 보이지 않는다.

10 윗글의 시적 화자는 떠나는 임을 보내고 싶지는 않지만 임이 서운해 할까봐 차마 붙잡지는 못하고, 임이 다시 돌아오기를 기원하며 임과의 이별을 안타까워하고 있다.

[11~13]

양귀자, 「비 오는 날이면 가리봉동에 가야 한다」

- **갈래** : 단편 소설, 연작 소설
- **성격** : 현실적, 비판적, 사실적
- **시점** : 전지적 작가 시점
- **배경** : 1980년대의 부천시 원미동
- **주제** : 서민들의 일상에서 벌어지는 갈등과 화해
- **특징**
  - 실제 공간을 배경으로 등장인물의 삶을 사실적으로 표현함
  - 특정 인물의 시선을 통해 사건을 전개함
  - 공간 이동에 따라 인물의 심리 변화를 묘사함
  - 대화와 행동을 통한 사건의 전개

11 '임 씨'는 공사를 하면서 줄게 된 노임과 재료비 등을 열거하면서 부부에게 공사비를 수정한 이유를 조목조목 설명해 주었다.

② 놀란 것은 그보다 아내 쪽이 더 심했고, 칠만 원이란 소리

가 믿기지 않은 모양이었다는 대목에서 '아내'는 처음보다 공사비가 줄어서 놀라워했음을 알 수 있다.

③ · ④ 임 씨가 아내가 내민 7만 원을 주머니에 쑤셔 넣고 자리에서 일어섰다는 대목에서 '아내'가 '임 씨'에게 수정된 공사비를 주었고, '임 씨'는 공사비를 받은 뒤 자리를 나섰음을 알 수 있다.

12 [A]에서는 '임 씨'와 '그'와의 대화를 통해 공사비를 깎아 준 '임 씨'의 순수하고 진솔한 태도를 엿볼 수 있다.

13 '그'가 일 층 현관까지 내려가 '임 씨'를 배웅하기로 한 것은 처음에는 '임 씨'를 못 미더워 했지만, '임 씨'가 목욕탕은 물론 옥상 공사까지 성실히 해 주고 공사비까지 깎아 준 것에 대한 고마움을 느꼈기 때문이다.

[14~16]

김영랑, 「모란이 피기까지는」
- **갈래** : 자유시, 서정시
- **성격** : 유미적, 낭만적, 탐미적
- **제재** : 모란
- **주제** : 소망이 이루어지기를 기다림
- **특징**
  - 수미상관식 구조를 통해 주제를 강조함
  - 역설과 도치의 표현을 통해 화자의 심정을 드러냄
  - 섬세하고 부드러운 여성적 어조를 사용하여 문학적 아름다움을 표현함

14 시의 첫 부분과 끝 부분에 '모란이 피기까지는 ~ 기둘리고 있을 테요'를 반복함으로써 수미상관을 활용하여 구조적 안정감을 주고, 소망이 이루어지기를 기다리겠다는 화자의 의지를 강조하고 있다.

15 ㉠의 '찬란한 슬픔의 봄'은 찬란하지만 슬픈 봄이라는 모순된 표현 속에서, 모란이 피는 기쁨과 모란이 지는 슬픔이라는 모란의 절대적 가치를 동시에 담아내고 있다.

16 이 시에서 '모란'은 화자가 간절히 기다리는 소망의 대상으로, 모란이 피기까지 삼백 예순 날을 기다리는 모습을 통해 시적 화자가 소망하는 것을 기다리는 삶의 태도를 지녔음을 알 수 있다.

[17~19]

김시습, 「이생규장전」
- **갈래** : 고전 소설, 한문 소설, 전기 소설
- **성격** : 전기적, 비극적, 낭만적, 비현실적
- **배경** : 고려 공민왕 때 개성(송도)
- **시점** : 전지적 작가 시점
- **주제** : 죽음을 초월한 남녀의 애절한 사랑
- **특징**
  - 현실계와 비현실계가 교차하는 이원적 구조를 통해 주제를 효과적으로 나타냄
  - 반복되는 만남과 이별의 점층적 구조를 가짐
  - 적극적이고 주체적인 여성상을 표현함

17 홍건적의 난으로 목숨을 잃은 최 여인이 귀신이 되어 다시 이생 앞에 나타나 부부의 연을 맺고 살아간다는 비현실적인 요소를 활용하여 죽음을 초월한 남녀 간의 애절한 사랑이라는 주제 의식을 강조하고 있다.

18 장례를 지낸 뒤에도 이생은 여인을 추모하고 생각하다가, 병을 얻어 수개월 만에 세상을 떠났다는 내용에서 '이생'은 '여인'과 이별한 후에도 '여인'을 그리워하였음을 알 수 있다.

19 ㉠의 '그대', ㉡의 '나', ㉣의 '낭군'은 모두 '이생'을 가리키나, ㉢의 '저'는 '최 여인'을 가리킨다.

[20~22]

20 제시문은 '통섭(統攝)'이라는 단어의 어원을 밝힌 후 줄기 '통(統)'과 잡다 '섭(攝)'이라는 한자를 합쳐, 큰 줄기를 잡아 다루는 것, 즉 '전체를 도맡아 다스리다.'는 뜻이라고 그 용어의 의미를 풀이하고 있다.

21 '열두 가지 재주에 저녁거리가 간데없다.'는 말은 재주가 여러 방면으로 많은 사람은 한 가지 재주만 가진 사람보다 성공하기 어렵다는 말이다. 즉, '사람은 한 우물만 파야 한다.'는 뜻이다.

① 김칫국부터 마신다. → 해 줄 사람은 생각지도 않는데 미리부터 다 된 일로 알고 행동한다는 말

② 목마른 사람이 우물을 판다. → 간절함이나 절실함을 느끼는 사람이 스스로 문제를 해결하고 행동에 나서게 된다는 의미

④ 미운 아이에게 떡 하나 더 준다. → 미운 사람일수록 잘해 주고 감정을 쌓지 않아야 한다는 의미

22 ㉠ · ㉡ · ㉣이 모두 현대 사회가 요구하는 인재상인데 반하여, ㉢의 '이것저것 조금씩 잘하는 팔방미인'은 깊이 없이 이것저것에 두루두루 관심을 갖는 사람을 의미한다. 제시문에 따르면 현대 사회가 요구하는 인재상은 자신이 잘할 수 있는 것 하나가 확실하게 있되, 다른 전문 분야에도 충분한 소양을 갖춘 사람을 의미한다.

[23~25]

23 (나)와 (다)에서는 한옥에서 통의 원리를 구현하는 방식을 크게 거시 기후와 미시 기후로 나누어 제시하고 있다. (나)에서는 계절 같은 큰 시간 단위인 거시 기후를 기준으로 '바람길'을 내는 한옥의 원리를 설명하고 있고, (다)에서는 각 집의 주변을 둘러싼 개별적 상황에 따라 나타나는 미시 기후를 활용해 마당에 찬 공기주머니를 만드는 한옥의 원리를 설명하고 있다.

24 (라)에서 마당에 불어오는 바람은 중문으로 들어오는 것과 대청 뒤에서 불어오는 것 두 가지가 있다고 하였고, 이 가운데 찬 것이 들어오게 된다고 서술되어 있다. 그러므로 '둘 가운데 찬 것은 대청 뒤에서 부는 바람이다.'라는 문장은 ㉣에 들어가는 것이 가장 적절하다.

25 '통(通)의 원리라 부를 수 있다.'에서 '부르다'는 '이름 지어 부르다' 또는 '일컫다'라는 의미로 사용되었다. 마찬가지로 '사람들은 그를 불운한 천재라고 불렀다.'에서 '불렀다'도 같은 의미로 사용되었다.

① 생일에 친구들을 집으로 불렀다. → '초대하다'의 의미
② 어머니가 아이를 손짓하여 불렀다. → '소리내어 오라고 하다'의 의미
③ 경기장에서 응원가를 힘차게 불렀다. → '노래를 소리내어 부르다'의 의미

제2교시

수 학

정답 및 해설

정답

01 ①	02 ④	03 ②	04 ①	05 ③
06 ③	07 ②	08 ④	09 ②	10 ③
11 ①	12 ④	13 ②	14 ④	15 ③
16 ①	17 ②	18 ②	19 ③	20 ①

해설

01

$A + B = (2x^2 + 5) + (x^2 - 4x)$

$= (2x^2 + x^2) + (-4x + 5)$

$= 3x^2 - 4x + 5$

TIP 다항식의 덧셈과 뺄셈

- 다항식의 덧셈 : 괄호를 먼저 풀고 동류항끼리 모아서 계산한다.
- 다항식의 뺄셈 : 빼는 식의 각 항의 부호를 바꾸어 더한다.

02

항등식일 때, 양변의 동류항의 계수는 같으므로

$ax^2 + x = 4x^2 + bx$에서

$a = 4,\ b = 1$

$\therefore a - b = 3$

03

다항식 $f(x)$를 $x - a$로 나누었을 때의 나머지 $\Rightarrow f(a)$

주어진 다항식을 $f(x)$라 놓으면

$f(x) = x^3 - 2x^2 + 5$

나머지 정리에 의해

다항식 $f(x)$를 $x - 1$로 나눈 나머지는 $f(1)$

$f(1)$을 주어진 다항식에 대입하면

$f(1) = (1 \times 1^3) - (2 \times 1^2) + 5 = 1 - 2 + 5$

$\therefore f(1) = 4$

04

$a^3 - 3a^2b + 3ab^2 - b^3 = (a - b)^3$

인수분해 공식에 따라

$x^3 - 3x^2 + 3x - 1 = (x - 1)^3$

$(x - a)^3 = (x - 1)^3$

$\therefore a = 1$

05

복소수 $3 - 4i$의 켤레복소수는 $3 + 4i$이므로

$a + bi = 3 + 4i$에서 $a = 3,\ b = 4$

$\therefore a + b = 7$

06

이차방정식의 근과 계수의 관계에 의하여 $\alpha\beta = \frac{c}{a}$

그러므로 두 근의 곱은 $\frac{c}{a} = \frac{3}{1} = 3$

① 이차방정식 $x^2 + 2x + 3$에 $x = -4$를 대입하면

$(-4)^2 + 2(-4) + 3 = 16 - 8 + 3 = 11$

즉, 0이 아니므로 $x \neq -4$이다.

② 이차방정식의 근과 계수의 관계에 의하여

$\alpha + \beta = -\frac{b}{a}$, 그러므로 두 근의 합은

$-\frac{b}{a} = -\frac{2}{1} = -2$

④ 이차방정식이 중근을 가지려면 판별식

$D = b^2 - 4ac = 0$이어야 한다.

$D = b^2 - 4ac = 2^2 - 4 \times 1 \times 3 = -8$

$D \neq 0$이므로 주어진 이차방정식은 중근을 갖지 않는다.

07

주어진 범위의 그래프에서

$x = 1$일 때, $y = -x^2 + 6x - 3$에서

$y = -(1^2) + (6 \times 1) - 3 = 2$

그러므로 $x = 1$일 때 → 최솟값 2

$x = 3$일 때, $y = -x^2 + 6x - 3$에서

$y = -(3^2) + (6 \times 3) - 3 = -9 + 18 - 3 = 6$

그러므로 $x = 3$일 때 → 최댓값 6

따라서 이차함수 $y = -x^2 + 6x - 3$의 최솟값은 2이다.

08

$\begin{cases} x + y = 5 \ \cdots ㉠ \\ xy = a \ \cdots ㉡ \end{cases}$

$x = 3,\ y = b$를 ㉠에 대입하면

$x + y = 3 + b = 5 \ \therefore b = 2$

$x = 3,\ y = 2$를 ㉡에 대입하면

$xy = 3 \times 2 = a \ \therefore a = 6$

따라서 $a + b = 6 + 2 = 8$

09

$|x - 1| \leq 4$를 풀면

$-4 \leq x - 1 \leq 4$

$-4 + 1 \leq x - 1 + 1 \leq 4 + 1$

$\therefore -3 \leq x \leq 5$

해를 수직선 위에 나타낸 주어진 그림에서

$a = -3$

TIP 절댓값 기호를 포함한 일차부등식의 풀이

- $|x| < a$ $(a > 0)$의 해 : $-a < x < a$
- $|x| > a$ $(a > 0)$의 해 : $x < -a$ 또는 $x > a$
- $a < |x| < b$ $(0 < a < b)$의 해 : $-b < x < -a$ 또는 $a < x < b$

10

> 수직선 위의 두 점 $A(x_1)$, $B(x_2)$에 대하여 $\overline{AB}$를 $m : n(m > 0,\ n > 0)$으로 내분하는 점 P의 좌표
> $\Rightarrow P\left(\frac{mx_2 + nx_1}{m + n}\right)$

수직선 위의 두 점 $A(1)$, $B(8)$에 대하여 선분 AB를 $4 : 3$로 내분하는 점 P의 좌표는

$P\left(\frac{mx_2 + nx_1}{m + n}\right) = \left(\frac{4 \times 8 + 3 \times 1}{4 + 3}\right) = \left(\frac{35}{7}\right) = 5$

11

> • 두 직선이 서로 수직일 때 기울기의 곱 $\Rightarrow -1$
> • 점 $(x_1,\ y_1)$을 지나고 기울기가 m인 직선의 방정식
> $\Rightarrow y - y_1 = m(x - x_1)$

두 직선이 서로 수직일 때 기울기의 곱은 -1이므로 직선 $y = -x + 2$에 수직인 직선의 기울기는 1

기울기가 1이고 점 $(0, 5)$를 지나는 직선의 방정식은

$y - y_1 = m(x - x_1)$에서

$y - 5 = 1(x - 0)$

$\therefore y = x + 5$

12

> 중심 좌표가 (a, b)이고 x축과 y축에 동시에 접하는 원의 방정식
> $\Rightarrow (x - a)^2 + (y - b)^2 = r^2$

중심 좌표가 $(3, 3)$이고 x축과 y축에 동시에 접하는 원의 방정식은

$(x - a)^2 + (y - b)^2 = r^2$에서

$(x - 3)^2 + (y - 3)^2 = 3^2$

$\therefore (x - 3)^2 + (y - 3)^2 = 9$

13

> 점 (x, y)를 y축에 대하여 대칭이동한 점의 좌표
> $\Rightarrow (-x, y)$

점 $(-1, -4)$를 y축에 대하여 대칭이동한 점의 좌표는 $(-x, y)$에서 $(1, -4)$이다. 즉, x좌표의 부호만 반대가 된다.

14

수학에서 집합은 어떤 명확한 조건을 만족시키는 서로 다른 대상들의 모임이다. ㄴ과 ㄹ은 다음처럼 그 대상이 명확하므로 집합에 해당한다.

ㄴ. 자연수의 모임 : $\{1, 2, 3, 4, 5, \cdots\}$

ㄹ. 10 이상 20 이하인 홀수의 모임 : $\{11, 13, 15, 17, 19\}$

반면, ㄱ의 '큰 수의 모임', ㄷ의 '넓이가 작은 정삼각형의 모임'은 그 대상이 사람에 따라 주관적이고 불명확하므로 집합으로 볼 수 없다.

15

$A = B$이므로 두 집합 A, B의 원소는 모두 같다.

$A = \{2, 4, a + 1\}$, $B = \{a - 3, 4, 6\}$에서

$2 = a - 3$, $a + 1 = 6$

$\therefore a = 5$

16

> 명제 $p \rightarrow q$의 역 $\Rightarrow q \rightarrow p$

명제 $p \rightarrow q$의 역은 $q \rightarrow p$이므로,

명제 '$x = 1$이면 $x^4 = 1$이다.'의 역은

'$x^4 = 1$이면 $x = 1$이다.'이다.

17

> 역함수의 성질 : $f^{-1}(a) = b$이면 $f(b) = a$

주어진 함수 $f : X \longrightarrow Y$에서 $f(2) = a$

역함수의 성질에 따라 $f^{-1}(a) = b$이면 $f(b) = a$

$\therefore f^{-1}(a) = 2$

18

> $y = \sqrt{a(x - m)} + n(a \neq 0)$의 그래프는 $y = \sqrt{ax}$의 그래프를 x축의 방향으로 m만큼, y축의 방향으로 n만큼 평행이동한 그래프이다.

무리함수 $y = \sqrt{x - 3} + b$의 그래프는

무리함수 $y = \sqrt{x}$의 그래프를 x축의 방향으로 3만큼, y축의 방향으로 b만큼 평행이동한 그래프이므로

$a = 3,\ b = 5$이다.

$\therefore a + b = 8$

19

> 서로 다른 n개에서 r개를 택하여 일렬로 나열하는 순열의 수 $\Rightarrow {}_n\mathrm{P}_r$

5개의 직업 체험 프로그램 중에서 서로 다른 2개의 프로그램을 택하여 순서대로 체험하는 경우의 수는 선택한 프로그램의 순서를 생각하며 일렬로 나열한 경우의 수와 같다. 그러므로 구하는 경우의 수는

${}_5\mathrm{P}_2 = 5 \times 4 = 20$(가지)

20

서로 다른 n개에서 r개를 택하는 조합의 수 ⇒ ${}_{n}C_{r}$

4종류의 잡곡 중에서 서로 다른 2종류의 잡곡을 선택하는 경우의 수는 순서를 생각하지 않고 택하는 조합의 수와 같다.

그러므로 구하는 경우의 수는

${}_{4}C_{2} = \frac{4 \times 3}{2 \times 1} = \frac{12}{2} = 6$(가지)

제3교시

영 어

정답 및 해설

정답

01 ②	02 ①	03 ②	04 ③	05 ④
06 ①	07 ②	08 ②	09 ①	10 ①
11 ④	12 ③	13 ④	14 ①	15 ②
16 ③	17 ④	18 ④	19 ③	20 ③
21 ④	22 ③	23 ①	24 ④	25 ①

해설

01 **해설** balance는 '균형'이라는 뜻이다.
① 감정 feeling
③ 모험 adventure
④ 학습 learning
해석 일과 가정 생활 사이에 균형을 찾아야 한다.
어휘 family life 가정 생활

02 **해설** throw away는 '버리다'는 뜻이다.
해석 소풍이 끝난 후에는 쓰레기를 버려주세요.
어휘 throw away 버리다, 없애다
trash 쓰레기

03 **해설** so는 '그래서'라는 뜻의 접속사로 사용되었다.
① 게다가 besides, in addition to
③ 반면에 while, on the other hand
④ 사실상 in fact, as a matter of fact
해석 나는 공부를 열심히 했고, 그래서 그 시험에 합격했다.
어휘 hard 열심히
pass 합격하다, 통과하다

04 **해설** 주어진 문장에서 밑줄 친 'happy(행복한)'와 'sad(슬픈)'는 반의어 관계이다. 마찬가지로 ①, ②, ④는 모두 반의어 관계이나, ③의 'equal(평등한)'와 'same(똑같은)'은 유의어 관계이다.
① 느린 – 빠른
② 넓은 – 좁은
④ 쉬운 – 어려운
해석 선물을 받아서 행복했지만, 그것을 잃어버렸을 때 슬펐다.
어휘 sad 슬픈
lost lose(잃어버리다)의 과거형

05 **해설** ① 행사 날짜 : 8월 16일
② 행사 장소 : 리버사이트 파크
③ 활동 내용 : 진흙 미끄럼틀 타기, 진흙 싸움
④ 참가 연령 : 알 수 없음
해석

신나는 머드 데이
• 날짜 : 8월 16일
• 장소 : 리버사이트 파크
• 활동 내용 : 진흙 미끄럼틀 타기, 진흙 싸움
* 갈아입을 옷을 꼭 가져오세요.

어휘 mud 진흙
fun 재미, 즐거움
activity 활동, 움직임
slide 미끄럼틀, 미끄럼타기
fight 싸움, 전투
make sure to 꼭(반드시) ~ 하다
bring 가져오다
a change of clothes 갈아입을 옷

06 **해설** 첫 번째 문장에서의 'run'은 명사로 '달리기'라는 의미로 사용되었고, 두 번째 문장에서의 'run'은 동사로 '운영하다'는 의미로 사용되었다.
② hand 건네주다
③ will 일 것이다
④ lose 잃어버리다
해석 • 그는 건강을 유지하기 위해 매일 아침 달리기를 한다.
• 그녀는 언젠가 자신의 가게를 운영하고 싶어 한다.
어휘 go for a run 달리다
stay healthy 건강을 유지하다
someday 언제가

07 **해설** 첫 번째 문장에서는 선행사 'the reason'을 수식하는 관계부사 'why'가 들어가야 하며, 두 번째 문장에서는 간접의문문의 형태로 '왜'에 해당하는 의문사 'why'가 들어가야 한다.
해석 • 그가 우는 이유를 그녀에게 말했다.

• 네가 왜 결석했는지 말해 줄래?

어휘 reason 이유, 까닭

cry 울다

absent 결석한, 없는

08 **해설** 첫 번째 문장에서는 '~을 기대하다'라는 의미의 숙어 'look forward to'가 와야 하고, 두 번째 문장에서는 '~하곤 했다'라는 의미의 숙어 'used to'가 와야 한다. 그러므로 빈칸에 공통으로 들어갈 말은 'to'이다.

해석 • 나는 캠핑 가는 것을 정말 기대하고 있다.

• 엄마는 내가 어렸을 때 책을 읽어주곤 하였다.

어휘 look forward to ~ing ~을 기대하다

used to + 동사원형 ~하곤 했다

09 **해설** 실수로 교실 창문을 깨트린 A가 선생님께 사과드렸다고 말한 것에 대해, B가 잘했다고 호응하고 있다. 그러므로 밑줄 친 'Honesty is the best policy.'는 '정직이 최선의 방책이다.'라는 표현으로 적절하다.

해석 A : 나는 실수로 교실 창문을 깨트렸어.

B : 오, 이런! 선생님께 말씀드렸니?

A : 응, 무슨 일이 있었는지 말씀드리고 사과드렸어.

B : 잘했어. 정직이 최선의 방책이야.

어휘 accidentally 우연히, 실수로

happen 일어나다, 발생하다

apologize 사과하다

honesty 정직

policy 정책, 방책

10 **해설** A가 글짓기 대회에서 우승해서 믿기지 않을 만큼 기쁘다고 말하자, B가 그럴 자격이 있다며 A를 축하해 주고 있다. 그러므로 위의 대화 내용에서 알 수 있는 A의 심정은 '기쁨'이다.

해석 A : 방금 내가 글짓기 대회에서 우승했다는 소식을 들었어.

B : 잘했어. 네가 할 줄 알았어.

A : 아직도 믿기지가 않아. 너무 기뻐

B : 넌 그럴 자격이 있어. 정말 열심히 했잖아.

어휘 writing contest 글짓기 대회, 백일장

delighted 아주 기뻐[즐거워] 하는

deserve ~을 받을 만하다, ~할 자격이 있다.

11 **해설** A가 치즈 피자와 콜라를 주문하고 B가 이에 응하며 카드로 지불할 총 금액을 말하고 있다. 그러므로 대화가 이루어진 장소는 음식점임을 추측할 수 있다.

해석 A : 안녕하세요, 치즈 피자와 콜라 한 잔 주세요?

B : 네. 더 필요한 거 있으세요?

A : 아니요. 그게 다예요. 신용카드를 받나요?

B : 물론이죠. 총 9달러입니다.

어휘 a slice of 한 조각의

anything else 그밖에, 다른

accept 받아 주다, 수락하다

12 **해설** 제시문은 화자가 정글 월드라는 프로그램을 소개하면서, 그것이 9월 한 달 동안 열릴 예정이라고 안내하고 있다. 그러므로 지시대명사 'It'이 가리키는 것은 정글 월드라는 '프로그램(program)'이다.

① 식물

② 동물

④ 방문객

해석 정글 월드가 돌아왔습니다! 이 프로그램을 발표하게 되어 매우 기쁩니다. 그것은 9월 한 달 동안 열릴 예정입니다. 이 프로그램에서, 방문객은 정글에 서식하는 다양한 동물과 식물들을 경험할 수 있습니다.

어휘 jungle 정글

announce 발표하다, 알리다

be held 개최되다, 열리다

visitor 방문객, 손님

experience 경험

various 다양한, 여러 가지의

13 **해설** 여동생의 생일 선물로 산 모자에 대한 A의 물음에, B가 멋지다며 동생이 마음에 들어 할 거라고 답하고 있다. 그러므로 빈칸에는 ④의 'What do you think of it(어떻게 생각해)'가 들어갈 말로 가장 적절하다.

① 어디에 사니

② 왜 그것을 샀니

③ 생일이 언제니

해석 A : 내일은 여동생 생일이야.

B : 선물은 샀니?

A : 응. 이 모자를 샀어. 어떻게 생각해?

B : 와, 정말 멋진데. 그녀가 마음에 들어 할 거야.

어휘 present 선물

what do you think of~? ~에 대해 어떻게 생각해?

14 **해설** A가 우산을 어디에 두었냐고 묻고 있으므로, B의 대답은 우산을 둔 장소를 답하면 된다. 그러므로 빈칸에는 ①의 'I think I left it on the bus(버스에 두고 내린 거 같아)'가 들어갈 말로 가장 적절하다.

② 그가 그것을 좋아한 이유를 설명할 수 있어.
③ 친구가 점심 만드는 것을 도왔어.
④ 어제 새 옷을 샀어.

해석 A : 우산을 어디에 두었니?
B : 버스에 두고 내린 거 같아.

어휘 leave
umbrella 우산
explain 설명하다

15 **해설** 만화책 만드는 방법을 알려달라는 A의 물음에 B가 먼저 주제를 정한 다음 짤막한 이야기를 쓰고, 그 이후에 그림을 그리라고 알려주고 있다. 그러므로 ②의 '만화책을 만드는 방법'이 위 대화문의 주제로 가장 적절하다.

해석 A : 만화책 만드는 방법을 알려줄래?
B : 먼저 주제를 정한 다음 짤막한 이야기를 쓰면 돼.
A : 알았어. 그 후에 그림을 그리니?
B : 맞아.

어휘 comic book 만화책
topic 주제
draw 그리다
afterward 후에, 나중에

16 **해설** 제시문은 글쓰기 동아리에서 매주 워크숍을 개최하고 있으므로, 좀 더 자신감 있는 작가가 되고 싶다면 목요일에 205호실로 오라고 안내하고 있다. 그러므로 ③의 '참가자를 모집하려고'가 제시문의 목적으로 가장 적절하다.

해석 교내 글쓰기 동아리에서는 학생들의 글쓰기 능력 향상을 돕기 위해 매주 워크숍을 개최하고 있습니다. 매주 만나서 아이디어를 공유하고, 피드백을 주며, 함께 연습할 예정입니다. 좀 더 자신감 있는 작가가 되고 싶다면, 목요일에 205호실로 오세요.

어휘 writing club 글쓰기 동아리
weekly 매주의
workshop 워크숍
improve 향상시키다, 개선하다
skill 기술, 능력
share 나누다, 공유하다
feedback 피드백
practice 실행하다, 연습하다
confident 자신감 있는, 확신하는

17 **해설** 음료는 수영장에서 판매한다고 안내문의 맨 마지막 문장에 표시되어 있다. 그러므로 '음료는 판매하지 않는다.'는 ④의 설명은 안내문의 내용과 일치하지 않는다.

해석

수영장 정보
• 장소 : 9층
• 운영 시간 : 오전 6시 ~ 오후 10시
• 모든 호텔 투숙객 무료
• 수영 모자를 반드시 착용할 것
* 음료는 수영장에서 구매할 수 있습니다.

어휘 information 정보
location 위치, 장소
floor 층, 바닥
operating hours 운영 시간
free 공짜의, 무료의
wear 입다, 착용하다
purchase 구입하다

18 **해설** 제시문의 마지막 문장에서 시장은 일요일마다 오전 8시부터 오후 8시까지 열린다고 설명하고 있다. 그러므로 '일요일은 휴무일이다.'라는 ④의 설명은 제시문의 내용과 일치하지 않는다.

해석 프렌들리 마켓은 시청 근처에서 열립니다. 그곳에서 신선한 채소, 유기농 간식, 수제품을 구입할 수 있습니다. 시장에 오시면 누구나 무료 페이스 페인팅을 받을 수 있습니다. 시장은 일요일마다 오전 8시부터 오후 8시까지 열립니다.

어휘 City Hall 시청
fresh vegetables 신선한 채소
organic snacks 유기농 간식
handmade goods 수제품
free 공짜의, 무료의
be held 개최되다

19 **해설** 제시문은 심호흡하기, 10까지 세기, 믿을만한 사람과 대화하기 등 분노를 조절하는 몇 가지 팁을 제시하고 있다. 그러므로 ③의 '분노를 조절하는 방법'이 제시문의 주제로 가장 적절하다.

해석 분노를 조절할 수 없다고 느낀 적이 있나요? 여기 몇 가지 팁이 있습니다. 첫째, 속상할 때 심호흡을 하세요. 이것은 마음을 진정시키는 데 도움이 됩니다. 둘째, 반응하기 전에 10까지 세어 보세요. 침착하게 생각하고 응답할 시간을 줍니다. 믿을만한 사람과 대화하는 것도 또한 도움이 됩니다.

어휘 anger 화, 분노
tip 팁, 조언, 정보
take a deep breath 심호흡을 하다

upset 속상함, 혼란
calm 조용한, 침착한
reacting 반응하는
respond 응답하다, 대답하다
calmly 조용하게, 침착하게
trust 믿다, 신뢰하다

20 **해설** 제시문에 따르면 더 이상 입지 않는 청바지를 가방이나 지갑으로 바꾸면 청바지를 버리지 않아도 되므로 쓰레기를 줄일 수 있다. 즉, 중고품을 다른 용도로 재사용하면 쓰레기를 줄일 수 있는 것이므로, 빈칸에 들어갈 말로는 'reduce(줄이다)'가 가장 적절하다.
① 주문하다
② 가르치다
④ 처벌하다

해석 업사이클링은 오래된 물건을 새롭고 유용한 것으로 바꿀 수 있다. 중고품을 다른 용도로 재사용하면 쓰레기를 줄일 수 있다. 예를 들어, 더 이상 입지 않는 청바지를 가방이나 지갑으로 바꿀 수 있다. 업사이클링을 통해 필요 없는 물건에 가치를 더할 수 있다.

어휘 upcycling 업사이클링(재활용품을 이용하여 기존의 제품보다 품질이나 가치가 더 높은 새 제품을 만드는 과정)
turn A into B A를 B로 바꾸다[변경하다]
old items 오래된 물건
reuse 재사용하다
used objects 중고품, 중고 물품
different 다른, 별개의
purpose 목적, 용도
trash 쓰레기
transform 변형시키다, 완전히 바꿔 놓다
wallet 지갑
value 가치, 평가
unwanted 원치 않는, 필요 없는
reduce 줄이다
punish 처벌하다

21 **해설** 제시문에 따르면 많은 국가들이 매년 출생아 수가 줄어드는 저출산 문제에 직면해 있고, 이를 해결하기 위해 출산율을 높이는 데 도움이 되는 정책들을 개발하고 있다고 하였다. 그러므로 빈칸에 들어갈 말로는 'develop(개발하다)'가 가장 적절하다.
① 베다
② 멈추다
③ 잊다

해석 많은 국가들이 저출산 문제에 직면해 있다. 매년 출생아 수가 줄어들고 있다. 이는 향후 노동 인구 감소로 이어질 수 있다. 따라서 각국은 출산율을 높이는 데 도움이 되는 정책들을 <u>개발하기</u> 위해 노력하고 있다.

어휘 be facing with ~에 직면하다
low birth rate 저출산(율)
lead to ~로 이어지다
working population 노동 인구
policy 방책, 정책
increase 늘이다, 증가시키다
birth rate 출생률
develop 개발하다
forget 잊다, 잊어버리다

22 **해설** 주어진 문장에서 'There(그곳)'는 ③ 앞의 문장에 쓰인 'the ocean(바다)'를 가리키며, 'this waste(이 쓰레기)'는 'plastic waste(플라스틱 쓰레기)를 가리킨다. 또한 ③ 뒤의 문장에 쓰인 'these animals(이 동물들)'는 주어진 문장의 'some sea animals(몇몇 바다 동물들)'을 가리킨다. 그러므로 주어진 문장은 글의 흐름상 ③에 들어가는 것이 가장 적절하다.

해석 그곳에서는 몇몇 바다 동물들이 이 쓰레기를 먹는다.
플라스틱은 유용한 물질이지만 환경에 해로울 수 있다. (①) 플라스틱 쓰레기는 분해되는 데 수십 년이 걸려서, 지구에 오랫동안 남아 있다. (②) 게다가 플라스틱 쓰레기는 종종 바다로 떠밀려 간다. (③) 결국 이러한 동물들이 우리의 저녁 식탁에 오를 수도 있다. (④)

어휘 material 재료, 물질
harmful 해로운
environment 환경
take decades to ~하는 데 수십 년이 걸리다
break down 분해되다
stay 남다, 머무르다
wash out 물에 씻기다, 떠밀려 가다
eventually 결국, 마침내
end up 결국 ~하게 되다

23 **해설** 제시문의 마지막 문장에서 마라톤을 달릴 때 사람들이 입을 수 있는 부상의 유형에는 몇 가지가 있다며 새로운 화제를 제시하고 있다. 그러므로 ①의 '마라톤으로 인한 부상의 유형'이 제시문 다음에 이어질 글의 내용으로 가장 적절하다.

해석 마라톤은 매년 수천 명의 육상 선수들을 끌어들이는 흥미로운 대회이다. 육상 선수들은 경주를 준비하기 위

해 몇 달 동안 훈련을 한다. 마라톤에 참가하는 것은 체력을 향상시킬 뿐만 아니라 성취감도 줄 수 있다. 하지만 마라톤을 달릴 때 사람들이 입을 수 있는 부상의 유형에는 몇 가지가 있다.

어휘 marathon 마라톤
attract 마음을 끌다, 끌어들이다
prepare for ~을 준비하다
participate in ~에 참가하다
not only A but also B A 뿐만 아니라 B도
provide 제공하다, 주다
a sense of accomplishment 성취감
several 몇몇의
injury 부상, 상처

[24-25]

해석 누구나 종종 스트레스를 느끼는데, 생활이 바쁠 때 특히 그렇다. 그러나 너무 심한 스트레스는 불면증이나 불안과 같은 다양한 문제로 이어질 수 있다. 스트레스가 생활에 피해를 주는 것을 막기 위해서, 스트레스를 잘 관리해야 한다. 스트레스 관리는 현대 세계에서 행복의 열쇠이다.

어휘 especially 특히
various 다양한, 여러 가지의
such as 가령, 이를테면
sleeplessness 불면증
anxiety 불안, 초조
in order to ~하기 위하여
prevent A from B B로부터 A를 막다
harm 해를 끼치다, 피해를 주다
manage 다루다, 관리하다
well-bing 웰빙, 행복
feed 먹이를 주다
raise 올리다, 들다
collect 모으다, 수집하다

24 **해설** 스트레스가 생활에 피해를 주는 것을 막기 위해서 스트레스를 잘 관리해야 한다는 문장은 'prevent A from B(B로부터 A를 막다)' 구문을 사용하여 표현하면 적절하다. 그러므로 빈칸에는 ④의 'prevent(막다)'가 들어갈 말로 가장 적절하다.
① 주다
② 올리다
③ 모으다

25 **해설** 제시문에서 심한 스트레스는 불면증이나 불안과 같은 다양한 문제로 이어질 수 있으므로 스트레스를 잘 관리할 것을 주문하고 있다. 그러므로 ①의 '스트레스 관리의 중요성'이 제시문의 주제로 가장 적절하다.

제4교시

사 회

정답 및 해설

정답

01 ①	02 ①	03 ③	04 ②	05 ③
06 ③	07 ①	08 ①	09 ④	10 ④
11 ①	12 ②	13 ③	14 ④	15 ④
16 ②	17 ②	18 ④	19 ②	20 ①
21 ③	22 ③	23 ③	24 ①	25 ②

해설

01 ㉠ **민주주의** : 시민이 주권을 가지고 국가를 스스로 다스려야 한다는 이념

㉡ **정주 환경** : 인간이 정착하여 살아가고 있는 지역의 주거지와 그 주변 생활 환경

- **도덕적 실천** : 내적으로 성찰하고 옳은 일을 실천하는 것을 통해 개인의 만족감과 행복감을 얻는 것
- **경제적 안정** : 기본적인 생계와 더불어 사회 · 문화적 욕구까지 충족할 수 있는 소득의 안정성

TIP **행복한 삶을 실현하기 위한 조건**

- 정주 환경
- 경제적 안정
- 시민 참여가 활성화되는 민주주의의 실현
- 도덕적 실천과 성찰하는 삶

02 열대 기후는 적도 인근의 연중 고온다습하고 강수량이 2,000mm 이상인 열대 우림 및 사바나 기후를 말한다. 개방적이고 지붕의 경사가 급한 고상 가옥이 특징이며, 카사바나 얌 등을 재배하는 이동식 화전 농업이 발달하였다.

② **온대 기후** : 사계절이 뚜렷하고 기후가 온난하며, 강수량도 적당하여 사람이 살기에 적당한 기후

③ **냉대 기후** : 러시아와 미국의 알래스카 등 겨울이 길고 추우며 침엽수림이 발달한 지역의 기후

④ **한대 기후** : 겨울이 길고 몹시 추운 북극해 연안의 툰드라나 빙설 지역의 기후

03 햄버거용 소고기 생산을 위한 열대림을 파괴하고 인공 구조물과 제방 건설로 인한 해안 침식과 자연 경관을 훼손하는 결과를 초래한 자연관은 인간 중심주의에 해당한다. 인간 중심주의는 인간을 가장 가치 있는 존재로 여기고, 인간과 자연의 관계에서 인간의 이익이나 행복을 먼저 고려하는 자연관이다.

① **동물 중심주의** : 동물을 인간을 위한 수단으로 여기는 것에 반대하고 동물의 복지와 권리의 향상을 강조하는 자연관

② **생태 중심주의** : 인간을 자연의 일부분으로 간주하고 인간을 포함한 자연 전체의 균형과 안정을 중시하는 자연관

④ **자원 민족주의** : 자원 보유국이 자원을 무기로 삼아 이익을 극대화하려는 태도

04 ㉠ **사막화** : 극심한 가뭄과 과도한 경작으로 토양이 황폐화되고 사막으로 변화는 현상

㉡ **몬트리올 의정서** : 1987년 캐나다에서 체결된 오존층 파괴물질의 규제에 관한 국제협약

- **람사르 협약** : 물새 서식지로 중요한 습지의 보전과 현명한 이용을 위해 국제적으로 체결된 협약
- **해양 오염** : 바다에 화학물질, 미세플라스틱, 기름, 중금속 등 다양한 오염물질이 유입되어 해양 생태계와 인간 건강에 심각한 피해를 주는 현상

05 산업화는 농업 중심 사회가 공업 · 서비스업 중심 사회로 변화하는 현상으로, 직업이 세분화 되고 생산력 및 생활 수준 등이 향상되는 결과를 가져왔다.

① **공동화** : 도시의 중심부에서 상주 인구가 줄고, 외곽이나 주변 지역으로 인구가 이동해 도심이 텅 비는 현상

② **교외화** : 도시의 인구나 기능, 시설 등이 대도시 주변 지역으로 확산되는 현상

④ **지역화** : 특정 지역이 그 지역의 고유한 전통이나 특성을 살려 세계적인 가치를 갖는 현상

06 사이버 범죄는 컴퓨터 등을 악용하여 가상 공간에서 행해지는 모든 범죄를 일컫는 것으로 해킹, 스미싱(문자 결제 사기) 등이 이에 해당한다.

① **빨대 효과** : 대도시가 주변 중소 도시의 인구나 경제력을 흡수하는 대도시 집중 현상

② **문화 획일화** : 세계화와 대중문화의 확산으로 전 세계적으로 문화가 유사해지는 현상

④ **윤리적 소비** : 윤리적 가치 판단에 따라 상품이나 서비스를 구매하고 사용하는 것을 중시하는 소비

07 조사 주제와 지역을 선정하고 조사 주제에 적합한 조사 내용을 계획하는 단계는 조사 계획의 수립 단계에 해당한다.

② **지역 정보의 수집 단계** : 실내 조사와 야외 조사 등을 통해 지역 정보를 수집하는 단계

③ **지역 정보의 분석 단계** : 수집한 지역 정보를 목적에 따라 그래프와 통계표로 표현하여 분석하는 단계

④ **보고서 작성 단계** : 수집한 자료를 종합하여 분석한 후 지역의 발전 방안을 제시하는 단계

08 모든 사회 구성원이 최소한의 인간다운 생활 보장을 국가에 적극적으로 요구할 수 있는 권리는 사회권이다.

② **자유권** : 개인이 국가나 타인으로부터 간섭이나 침해를 받지 않고 자유로운 생활을 영위할 권리

③ **참정권** : 국가의 의사 결정에 참여할 수 있는 권리

④ **평등권** : 모든 국민이 법 앞에 평등하고, 성별 · 종교 또는 사회적 신분 등을 이유로 차별을 받지 않을 권리

09 헌법에 보장된 국민의 기본권을 국가 기관이 부당하게 침해하는지의 여부를 헌법 재판소에서 심판하는 것은 헌법 소원 심판이다.

① **권력 분립** : 국가 권력을 입법권, 행정권, 사법권으로 각각 분리하여 국가의 권력 남용을 막고 국민의 기본권을 보장하는 민주주의의 핵심 원리

② **민사 재판** : 국민의 일상생활에서 발생하는 재산적 권리나 법률관계 분쟁을 해결하기 위해 법원이 진행하는 재판 절차

③ **시장 경제** : 시장에서 자유 경쟁을 통해 상품의 생산 · 교환 · 분배 · 소비의 모든 경제 활동이 이루어지는 경제 체제

10 시민 불복종은 정의롭지 못한 법이나 정부 정책을 변혁시키려는 목적으로 행하는 의도적인 위법 행위이다. 「소금법」 폐지를 위한 간디의 소금 행진이 이에 해당한다.

① **뉴딜 정책** : 미국의 루스벨트 대통령이 경제 공황에 대처하기 위하여 시행한 경제 부흥 정책

② **석유 파동** : 1970년대에 두 차례에 걸쳐 발생한 석유 공급 부족과 가격 폭등으로 세계 경제가 큰 혼란과 어려움을 겪은 사건

③ **주민 소환** : 주민들이 지방의 선출직 지방공직자에 대해 소환 투표를 실시하여 그 결과에 따라 임기종료 전에 해직시키는 제도

11 아프리카 중남부 지역 주민들이 지속된 가뭄과 내전으로 인해 식량난과 영양실조를 겪는 등 기아 지수가 심각 혹은 위험 단계에 있다. 이는 최소한의 인간다운 삶을 영위하는 데 필요한 물적 자원이 부족한 상태인 빈곤 문제에 해당한다.

② **고령화** : 총인구 가운데 65세 이상 노인 인구의 비율이 증가하는 현상

③ **성차별** : 현 시대에 여성 또는 남성을 동등하게 여기지 않고 한 성이 다른 성을 차별하는 행위

④ **종교 박해** : 신앙을 이유로 개인이나 집단을 차별 · 억압하는 행위

TIP **빈곤의 유형**

- **절대적 빈곤** : 음식, 물, 위생시설, 옷, 주거 등 기초적인 생활 필수품이 부족한 상태
- **상대적 빈곤** : 한 사회의 평균 소득 수준과 비교해 소득이 낮은 상태

12 어떤 것을 선택함으로써 포기한 것들 가운데 가장 가치 있는 것을 기회비용이라고 한다.

① **고정 비용** : 생산량이나 매출과 무관하게 일정 기간마다 반복적으로 지출되는 비용

③ **매몰 비용** : 이미 지출되어 회수가 불가능한 비용

④ **평균 비용** : 어떤 재화 한 단위를 생산하는 데 평균적으로 드는 비용

13 경제학자 슘페터(Schumpeter, J.A.)가 강조한 개념인 기업가 정신은 경영자가 이윤 창출을 위해 위험과 불확실성을 무릅쓰고 모험적이며 창의적인 정신을 발휘하는 것을 의미한다.

① **무임승차** : 자원이나 공공재로 이익을 보는 사람이 대가를 지불하지 않을 때, 해당 재화나 서비스의 공급이 줄어드는 현상

② **인플레이션** : 화폐가치가 하락하여 물가가 전반적 · 지속적으로 상승하는 경제 현상

④ **소비자 주권** : 소비자가 단순히 소비만 하는 수동적 역할에서 재화의 생산 및 서비스까지 결정하는 권한

14 세계 무역 기구(WTO)는 국제 무역에 관한 규정과 협정을 관리하고, 무역 분쟁을 해결하기 위해 설립된 국제기구이다.

① **유네스코(UNESCO)** : 세계 문화유산을 선정하고 보존하는 국제기구로, 많은 중세 건축물을 다루며, 전 세계의 교육, 과학, 문화 보급과 교류를 위해 설립된 유엔의 전문 기구

② **국제 사면 위원회(AI)** : 정치적 · 종교적 신념 등으로 부당하게 투옥된 양심수와 정치범의 석방, 고문 및 사형제도 반대, 인권침해 고발 등 인권 옹호 활동을 전 세계적으로

전개하는 국제 비정부 기구
③ **세계 보건 기구(WHO)** : 보건 · 위생 분야의 국제적인 협력을 위하여 설립한 UN 전문기구

15 정부나 기업 등이 미래에 일정한 이자를 지급할 것을 약속하고 투자자로부터 돈을 빌린 후 제공하는 증서는 채권이다.
① **세금** : 국가나 지방자치단체가 공공경비에 사용하기 위해 법률에 따라 국민에게 강제적으로 징수하는 금전 또는 재화
② **연금** : 경제 활동을 통해 소득을 벌기 힘든 노후 생활을 위해 경제 활동기간 동안 벌어들인 소득의 일부를 적립하는 제도
③ **주식** : 주식회사가 사업 자금 조달을 위해 발행하는 증서

16 국가가 국민의 사회적 위험을 사전에 대비하고자 마련한 사회 보장 제도는 사회 보험으로, 국민 연금과 국민 건강 보험 등이 대표적이다.
① **공공 부조** : 국가가 생활 유지 능력이 없거나 생활이 어려운 국민의 최저 생활을 보장하고 자립을 지원하는 제도
③ **의료 급여** : 저소득 계층의 의료비 부담을 국가가 지원하는 제도
④ **사회 서비스** : 도움이 필요한 국민에게 노인 돌봄, 장애인 활동 지원, 가사 · 간병 방문 지원 등 비금전적인 서비스를 제공하는 제도

17 이슬람교는 무함마드가 창시한 종교로 알라를 유일신으로 믿는다. 술과 돼지고기 먹는 것을 금기시하며, 성지는 메카이고 예배당은 모스크라 불린다.

18 리오그란데강 북쪽 지역으로, 미국, 캐나다 중심의 세계 최대 경제 지역은 D(앵글로아메리카 문화권)이다. 주로 영어를 사용하고 크리스트교의 비율이 높은 편이다.
① **A(아프리카 문화권)** : 사하라 사막 이남의 중 · 남부 아프리카 일대로, 열대 기후 지역에 속한다. 다양한 부족이 분포하고 부족 단위의 공동체 문화와 토속 신앙이 발달하였다.
② **B(동아시아 문화권)** : 고대 중국의 문화에 기반을 둔 문화권으로, 중국의 한나라를 거쳐 당나라에 이르러 완성된 중국, 한국, 일본, 등의 문화권을 말한다. 이들 지역은 유교와 불교, 한자, 율령 체제 같은 문화적 공통점을 갖고 있다.
③ **C(오세아니아 문화권)** : 오스트레일리아와 뉴질랜드 및 태평양 제도의 문화권으로, 영국계 중심의 유럽인들의 이주로 개신교를 신봉하고 영어를 사용한다.

19 ㉠ **발명** : 이전에 없던 문화 요소와 원리를 새롭게 만들어 내는 것
㉡ **발견** : 이미 존재하고 있었으나 알려지지 않은 문화 요소나 원리를 찾아내는 것
• **문화 병존** : 둘 이상의 문화가 각자의 고유한 성질을 간직한 채 함께 존재하는 현상
• **문화 동화** : 다른 사회의 문화 요소가 전파되었을 때 기존의 문화 요소가 전파된 문화 요소에 흡수되어 소멸되는 현상
• **문화 융합** : 기존의 문화 요소와 새로 전파된 다른 사회의 문화 요소의 상호 작용으로 이전의 두 문화 요소와는 다른 새로운 제3의 문화가 나타나는 현상

20 다른 문화를 우월한 것으로 여기고 우리 문화를 무시하는 태도는 문화 사대주의이다.
② **문화 상대주의** : 각 문화의 다양성을 인정하고, 문화가 가진 독특한 환경과 역사적 · 사회적 상황에서 다른 문화를 바라보는 태도
③ **문화 제국주의** : 경제적 · 군사적으로 우월한 국가가 다른 국가에 자신의 문화를 강요하여 적용시키는 태도
④ **자문화 중심주의** : 자기 문화만을 가장 우수한 것으로 생각하고 다른 문화를 무시하거나 부정하는 태도

21 다국적 기업의 본사와 국제 금융 기관 등이 집중된 세계적인 중심지는 세계 도시이다. 뉴욕, 런던, 도쿄 등이 대표적인 세계 도시이다.
① **가상 공간** : 현실 세계가 아닌 컴퓨터, 인터넷 등으로 만들어진 가상의 공간이자 상호 연결된 디지털 공간
② **생태 도시** : 사람과 자연 혹은 환경이 조화되며 공생할 수 있는 도시의 체계를 갖춘 도시 예 브라질의 쿠리치바, 스웨덴의 예테보리
④ **점이 지대** : 서로 다른 지리적 특성을 가진 두 지역 사이에서 중간적인 현상을 나타내는 지역 예 산록 지역

22 러시아, 카자흐스탄, 투르크메니스탄, 이란, 아제르바이잔 등 5개 국가에 인접하고 있으며, 풍부하게 매장된 석유와 천연가스를 확보하기 위한 영유권 분쟁이 벌어지고 있는 지역은 카스피해이다.
① **북극해** : 지구 온난화로 북극해의 빙하가 녹아 개발 가능성이 높아지면서 미국, 러시아, 캐나다 등이 석유와 천연가스 지대를 두고 분쟁이 심화된 지역
② **카슈미르** : 인도(힌두교)와 파키스탄(이슬람교) 간의 종교 분쟁 지역

④ **팔레스타인** : 이스라엘과 팔레스타인 간에 발생한 종교 및 민족 간 갈등으로 인한 분쟁 지역

23 그린피스(Greenpeace), 국경 없는 의사회(MSF)는 국제 사회의 보편적 가치와 관련된 다양한 활동을 하는 대표적인 국제 비정부 기구(NGO)이다.

① **국가** : 일정한 영토와 구성원 그리고 주권에 의한 하나의 통치조직을 가지고 있는 사회집단

② **기업** : 소비자에게 필요한 재화와 서비스를 생산하며 이를 운반, 판매하여 이윤을 얻는 생산 활동의 주체

④ **정부 간 국제기구** : 국가들 사이의 이해관계를 조정하거나 국가 간 분쟁을 중재하는 국제 사회의 행위 주체 예 유럽 연합(EU), 세계 무역 기구(WTO), 경제 협력 개발 기구(OECD) 등

TIP **국제 비정부 기구(NGO)**

- **그린피스(Greenpeace)** : 지구의 환경을 보존하고 세계 평화를 증진시키는 활동을 벌이는 대표적인 국제 비정부 기구
- **국경 없는 의사회(MSF)** : 의료 지원의 부족, 무력 분쟁, 전염병, 자연재해 등으로 인해 생존의 위협에 처한 사람들을 위해 긴급구호 활동을 펼치는 국제 비정부 기구

24 개인이나 집단이 더 나은 경제적 기회, 일자리, 생활환경을 찾아 거주지를 바꾸는 인구 이동 현상은 경제적 이동에 해당한다.

② **기후적 이동** : 기후 변화로 인해 사람들이 거주지를 떠나 다른 지역으로 이주하는 현상

③ **정치적 이동** : 정치적 신념, 정당 지지, 정책 선호 등의 이유로 입장이 바뀌어 발생하는 인구 이동

④ **종교적 이동** : 종교적 신념이나 박해, 차별 등 종교적 이유로 인해 발생하는 인구 이동

25 18세기 산업 혁명 시기에 증기 기관의 연료로 사용되었고, 오늘날 주로 제철 공업이나 화력 발전의 연료로 사용되는 자원은 석탄이다.

① **석유** : 오늘날 가장 많이 사용되는 중요 에너지 자원으로, 자동차 등의 운송수단의 확산으로 수요가 급증하였다.

③ **원자력** : 우라늄의 원자핵이 핵분열을 일으킬 때 방출되는 에너지 자원으로 제3의 불이라고 불린다.

④ **천연가스** : 에너지 효율이 좋고 오염물질이 적은 에너지 자원으로, 오늘날 액화 기술의 발달로 생산량과 소비량이 증가하고 있다.

TIP **주요 에너지 자원의 특징**

석탄	• 산업 혁명 이후 증기 기관 연료와 제철 공업 원료로 이용 • 생산지에서 소비하는 경우가 많아 국제적 이동 적음
석유	• 현대 사회 생활 전반에서 가장 중요한 자원 • 자원의 편재성이 매우 큰 편 • 생산지와 소비지의 불일치로 국제적 이동량이 많음
천연가스	• 에너지 효율이 좋고 오염물질이 적음 • 액화 기술의 발달로 생산량과 소비량 증가

제5교시

과 학

정답 및 해설

정답

01 ③	02 ④	03 ③	04 ①	05 ①
06 ①	07 ③	08 ④	09 ②	10 ④
11 ①	12 ③	13 ②	14 ③	15 ④
16 ②	17 ④	18 ④	19 ②	20 ③
21 ①	22 ②	23 ③	24 ③	25 ④

해설

01 바람의 운동 에너지를 이용하여 전기 에너지를 생산하는 발전 방식은 풍력 발전이다. 풍력 발전은 바람의 방향과 세기에 따라 전력 생산량이 일정하지 않은 단점이 있다.

① **수력 발전** : 물의 낙차를 이용하여 전기를 생산하는 발전 방식

② **조력 발전** : 밀물과 썰물의 해수면 수위 차를 이용하여 발전하는 방식

④ **태양광 발전** : 태양 전지의 광전효과를 이용하여 태양의 빛에너지를 전기 에너지로 직접 전환하는 발전 방식

02 코일 근처에서 자석을 움직이면 코일에 전류가 유도되는데 이러한 현상을 전자기 유도라고 한다. 전자기 유도는 도체의 주변에서 자기장을 변화시켰을 때 전압이 유도되어 전류가 흐르는 현상이다.

① **연료 전지** : 수소와 산소의 화학 반응으로 생성된 화학 에너지를 전기 에너지로 바꾸는 장치

② **태양 전지** : 태양의 빛 에너지를 이용해서 전기를 만들어 내는 장치

③ **화학 전지** : 화학 반응을 통해 전기 에너지를 발생시키는 장치

03 고온 · 고압인 태양의 중심부에서는 수소 원자핵이 융합하는 수소 핵융합 반응으로 헬륨이 생성된다. 즉, 수소 핵융합 반응으로 4개의 수소(㉠) 원자핵이 융합하여 1개(㉡)의 헬륨 원자핵이 생성되는 동안 줄어든 질량이 에너지로 전환된다.

04 열효율은 열기관에 공급한 에너지 중 일로 전환된 비율을 말한다. 고열원에서 100J의 열에너지를 공급받아 외부에 20J의 일을 하고 저열원으로 80J의 열에너지를 방출하였으므로,

열효율(%)$=\frac{20J}{100J}\times100=20$(%)

05

운동량 = 질량 × 속도

A의 운동량 : $2kg \times 3m/s = 6N\cdot s$

B의 운동량 : $1kg \times 2m/s = 2N\cdot s$

그러므로 A의 운동량의 크기는 B의 3배이다.

06 공유 결합은 비금속 원소들이 원자들 사이에서 전자쌍을 공유하며 형성되는 화학 결합으로 물(H_2O)이 대표적이다. 물 분자(H_2O)는 수소 원자와 산소 원자가 공유 결합 상태로 배치되어 있다.

② 염화 칼슘($CaCl_2$) → 이온 결합

③ 염화 나트륨($NaCl$) → 이온 결합

④ 산화 마그네슘(MgO) → 이온 결합

TIP **공유 결합과 이온 결합**

- **공유 결합** : 비금속 원소들이 원자들 사이에서 전자쌍을 공유하며 형성되는 화학 결합
- **이온 결합** : 금속 원소의 양이온과 비금속 원소의 음이온의 전기적 인력으로 형성되는 화학 결합

07 ㄱ. 수평 방향으로 던진 공은 등속 운동을 하므로 그 속력은 일정하다.

ㄷ. 연직 방향으로 떨어질 때 공에 작용하는 힘의 크기는 중력가속도이므로, 연직 아래 방향으로 중력이 작용한다고 볼 수 있다.

ㄴ. 연직 방향의 속력은 일정하다. → 공의 연직 방향으로 떨어지는 물체는 중력 가속도의 속도로 자유낙하 운동을 하므로 일정하게 속력이 증가한다.

08 ㄴ. 염소 원자(Cl)는 주기율표에서 3주기 원소에 해당한다.

ㄷ. 염소 원자(Cl)의 가장 바깥 전자 껍질에 들어 있는 전자를 원자가 전자라고 하며, 그 개수는 그림에서 알 수 있듯이 7개이다.

ㄱ. 금속 원소이다. → 염소 원자(Cl)는 비금속 원소이다.

09 반응 물질 중 3CO(일산화 탄소)는 산소를 얻어 $3CO_2$(이산화 탄소)가 되었으므로 산화에 해당한다. 화학 반응식에서 화살표를 기준으로 왼쪽에 있는 물질은 반응 물질, 오른쪽에 있는 물질은 생성 물질이다.

TIP **산화 환원 반응**

- **산화** : 물질이 산소를 얻거나 전자를 잃는 반응
- **환원** : 물질이 산소를 잃거나 전자를 얻는 반응

10

$$NaOH \rightarrow Na^{+} + OH^{-}$$
$$Ca(OH)_2 \rightarrow Ca^{2+} + 2OH^{-}$$

수산화 나트륨(NaOH)과 수산화 칼슘($Ca(OH)_2$)은 모두 물에 녹아 수산화 이온(OH^{-})을 내놓는 염기성 물질이다.

11 중화 반응은 산과 염기가 반응하여 물과 염이 만들어지는 반응이다. 수산화 칼륨(KOH)은 염기성 물질에 해당하므로, ㉠에 들어갈 물질은 산성 물질이어야 한다. 그러므로 ①의 염산(HCl)이 적절하다.

② NaOH(수산화 나트륨) → 염기성 물질
③ Ca(OH)2(수산화 칼슘) → 염기성 물질
④ Mg(OH)2(수산화 마그네슘) → 염기성 물질

12 탄소 나노 튜브는 그래핀이 튜브 형태로 결합된 구조로, 구리보다 열전도율이 뛰어나다. 탄소 나노 튜브는 탄소 6개로 이루어진 육각형들이 서로 연결되어 관 모양을 이루고 있는 신소재이다.

① 열전도성이 없다. → 구리보다 열전도율이 뛰어나다.
② 산소 원자로 이루어져 있다. → 탄소 원자로 이루어져 있다.
④ 구성 원자들이 정사면체 구조를 이룬다. → 육각형 벌집 모양의 구조를 이룬다.

13 DNA의 유전 정보를 RNA로 전달하는 과정은 전사이다. DNA의 유전 정보가 RNA로 전사될 때 DNA의 염기는 상보적 염기 관계에 있는 RNA로 전사된다. 주어진 그림에서 T → A, A → U로 전사되므로, ㉠에 해당하는 염기는 T, ㉡에 해당하는 염기는 U이다.

TIP **상보적 염기 관계**

DNA → RNA
A → U
G → C
C → G
T → A

14 DNA는 두 가닥의 폴리뉴클레오타이드가 나선형으로 꼬여 있는 이중 나선 구조로, 아데닌(A), 구아닌(G), 사이토신(C), 타이민(T)의 염기 서열로 유전 정보를 저장한다.

ㄷ. DNA를 구성하는 단위체는 뉴클레오타이드이며, 아미노산은 단백질을 구성하는 단위체이다.

15 물질이 높은 농도에서 낮은 농도로 이동하는 현상은 확산인데, 포도당이 세포막을 통해 이동하는 현상은 확산에 해당한다. 세포막은 인지질 2중층과 막단백질로 구성되어 있는데, 산소는 인지질 2중층을 직접 통과하고 포도당은 막단백질을 통해 이동한다.

TIP **확산과 삼투**

- **확산** : 물질이 높은 농도에서 낮은 농도로 이동하는 현상
- **삼투** : 농도가 낮은 용액에서 높은 용액으로 용매가 이동하는 현상

16 생명체 내에서 촉매 역할을 하는 물질은 효소로, 반응의 활성화 에너지를 낮추어 화학 반응이 빠르게 일어나도록 한다.

① **녹말** : 탄수화물의 일종으로, 여러 개의 포도당이 글루코시드 결합으로 결합된 다당류
③ **포도당** : 단맛이 있고 물에 잘 녹으며 환원성이 있는 단당류의 하나
④ **셀룰로스** : 고등식물 세포벽의 주성분으로 목질부의 대부분을 차지하는 다당류로 섬유소

17 생태계에서 참나무의 열매를 먹고 사는 다람쥐는 초식동물로, 1차 소비자에 해당한다.

①·② 빛·온도 → 비생물적인 환경 요소
③ 참나무 → 생산자

18 생태 피라미드에서 에너지, 개체 수, 생물량 모두 생산자(D) → 1차 소비자(C) → 2차 소비자(B) → 3차 소비자(A) 순서를 따라 감소한다. 그러므로 생태 피라미드에서 개체 수가 가장 많은 단계는 D(생산자)이다.

19 대기와 물이 순환하고 다양한 날씨 변화가 일어나는 것과 관련된 지구 시스템의 주된 에너지원은 태양 에너지이다.

① **조력 에너지** : 밀물과 썰물에 의한 해수면의 높이 차에서 나오는 에너지
③ **바이오 에너지** : 나무, 고구마, 사탕수수, 종이, 음식물 쓰레기 등의 유기물을 이용하여 만든 연료로부터 나오는 에너지
④ **지구 내부 에너지** : 지구 중심에서 흘러나오는 열 또는 방

사성 원소가 붕괴할 때 방출되는 열에너지 등 지구 내부의 물질로부터 나오는 에너지

20 해양에서 암모나이트가 번성하고, 공룡의 시대로 불릴 정도로 다양한 공룡이 번성한 지질 시대는 중생대이다.

① **선캄브리아 시대** : 지질시대의 약 85%를 차지하는 가장 긴 시대이며 이 당시의 생물들은 모두 바다에서 살았다. 세포생물, 해조류, 스트로마톨라이트 등의 생물이 있다.

② **고생대** : 대기권에 오존층이 형성되면서 바다에서 생활하던 생물들이 육상으로 진출하였다. 삼엽충, 필석, 갑주어, 양치식물 등이 번성하였다.

④ **신생대** : 4번의 빙하기, 3번의 간빙기가 있었다. 포유류가 크게 번성하여 포유류의 시대라고 부른다. 인류가 출현하였고, 화폐석, 매머드, 속씨식물 등의 생물이 있다.

21 A는 암석으로 이루어진 지구의 겉 부분인 지각으로 고체 상태이다.

② B는 지구 내부의 지각과 외핵 사이에 존재하는 맨틀로 고체 상태이다.

③ 지권 전체 부피의 대부분을 차지하는 것은 B(맨틀)이다.

④ B(맨틀)의 대류에 의해 판이 이동한다.

22 수권의 해수는 수온의 연직 분포에 따라 몇 개의 층으로 구분되는데, 해수가 바람에 의해 잘 혼합되어 깊이에 따른 수온 변화가 거의 없는 층은 혼합층이다.

TIP 해수의 층상 구조

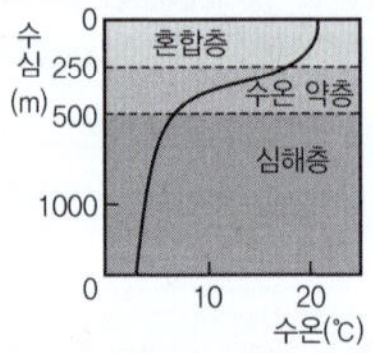

- **혼합층** : 해양의 표층에서 흡수된 태양 복사에너지가 바람에 의한 혼합작용으로 깊이에 따른 수온이 일정한 층
- **수온약층** : 수온이 높은 혼합층과 수온이 낮은 심해층 사이에서 수온이 급격이 낮아지는 층
- **심해층** : 수온약층의 아래에 깊이에 따른 수온의 변화가 거의 없는 층

23 두 판이 반대 반향으로 어긋나는 보존형 경계에서 볼 수 있는 단층 유형은 변환 단층이다. 산안드레아스 단층이 대표적인 변환 단층의 예이다.

① **해구** : 수렴형 경계에서 발생하는 해저 지형으로, 심해저에서 움푹 들어간 길고 좁은 부분

② **해령** : 대양에 위치한 큰 해저 산맥

④ **습곡 산맥** : 수렴형 경계에서 발생하는 지형으로, 두 판이 충돌하면서 높이 솟아올라 형성된 산맥

24 생물 대멸종은 지구상에서 생물종의 다양성이 짧은 시간 동안 광범위한 지역에서 감소하는 것을 말한다. 그림에서 알 수 있는 것처럼 단시간 내에 생물 과의 수가 급격하게 감소하고 있는 C는 제3차 대멸종 시기(페름기)로, 지구 역사상 가장 큰 규모의 멸종이 일어난 시기이다.

25 ㉠ **사막화** : 자연적인 원인과 인위적인 원인에 의해 건조한 기후가 장기간 지속되면서 토지가 황폐해지는 현상

㉡ **엘니뇨** : 무역풍이 약해지면서 적도 부근 동태평양의 표층 수온이 평상시보다 높은 상태가 지속되는 현상

- **장마** : 동아시아에서 주로 여름철에 습한 공기가 전선을 형성하며 남북으로 오르내리면서 많은 비를 내리는 현상
- **황사** : 봄철에 중국 내륙에서 발생한 흙먼지와 모래먼지가 편서풍을 타고 이동하는 현상

제6교시

한국사

정답 및 해설

정답

01 ③	02 ③	03 ②	04 ①	05 ②
06 ②	07 ①	08 ②	09 ①	10 ④
11 ③	12 ③	13 ④	14 ③	15 ①
16 ②	17 ②	18 ④	19 ①	20 ③
21 ③	22 ②	23 ④	24 ④	25 ②

해설

01 농경과 목축이 시작되고 정착 생활을 하던 시기는 신석기 시대이다. 신석기 시대에는 가락바퀴를 이용하여 실을 뽑거나, 빗살무늬 토기를 이용하여 음식을 조리하고 저장하였다.

① 상감 청자 → 고려

② 호우명 그릇 → 신라

④ 불국사 3층 석탑 → 통일 신라

02 일연이 민간에서 전승되는 자료를 수집하여 지은 책은 삼국유사로 단군 신화, 전설, 향가, 불교 관련 내용 등이 수록되어 있다.

① **동의보감** : 허준이 전통 의학을 집대성하여 편찬한 의학서

② **목민심서** : 정약용이 지방 행정의 개혁 및 지방관(목민관)의 도리에 대하여 쓴 책

④ **조선책략** : 청나라 황준헌이 저술한 조선의 외교문제를 다룬 외교 방략서

TIP 삼국유사

시기	원 간섭기인 충렬왕 11년(1285)
저자	승려 일연
사관	불교적 · 자주적 · 신이적
체제	기사본말체, 총 9권
내용	• 단군~고려 말 충렬왕 때까지 기록, 신라 관계 기록이 다수 수록됨 • 단군 조선과 가야 등의 기록, 수많은 민간전승과 불교 설화 및 향가 등 수록

03 고대 국가의 발전 과정 중 5세기는 고구려의 전성기에 해당한다. 이 시기에 고구려 장수왕은 수도를 평양으로 천도하고 남진 정책을 추진하였다.

① 광해군이 대동법을 시행하였다. → 조선 시대

③ 정조가 탕평 정책을 실시하였다. → 조선 시대

④ 공민왕이 반원 정책을 추진하였다. → 고려 시대

04 조선 영조 때 농민이 부담하는 군포를 1필로 줄이는 대신 부족한 재정 수입은 결작, 선무군관포 등으로 보충하게 한 제도는 균역법이다.

② **삼림령** : 일제강점기 때 조선의 임야를 국유임야로 강제 편입시켜 경제적 약탈을 목적으로 일본이 제정한 법령

③ **합영법** : 북한이 외국과의 경제 · 기술 교류 및 합작투자를 목적으로 제정한 법률

④ **신문지법** : 일제강점기 때 독립운동을 후원하는 신문사를 규제하고 민족 언론을 탄압할 목적으로 제정한 법률

05 ㄱ. **과거제 시행** : 고려 광종은 인재를 등용하기 위해 한림학사 쌍기의 건의로 과거 제도를 시행하였다.

ㄹ. **노비안검법 실시** : 고려 광종은 노비안검법을 시행하여 양인이었다가 불법으로 노비가 된 자를 조사하여 해방시켜 줌으로써 호족과 공신 세력을 견제하였다.

ㄷ. 훈민정음 창제 → 조선 세종

ㄴ. 척화비 건립 → 조선 흥선 대원군

06 불교의 대중화에 힘쓰고 화쟁 사상을 주장하였으며, 『대승기신론소』를 저술한 인물은 신라의 승려 원효이다.

① **김구** : 대한민국 임시 정부를 이끈 독립 운동가로, 한인 애국단을 조직하였고 남한만의 단독 선거에 반대하여 남북 협상에 참여하였다.

③ **김옥균** : 조선 말기의 개화사상가로, 우정총국 축하연에서 갑신정변을 일으키고 개화당 정부를 수립하였다.

④ **전태일** : 서울 동대문 평화시장에서 노동환경 개선과 근로기준법 준수를 외치며 분신한 노동 운동가이다.

07 1905년 제2차 한 · 일 협약의 체결로 대한 제국의 외교권이 박탈되자 최익현 등의 유생뿐만 아니라 평민 출신 의병장인 신돌석 등이 을사의병을 일으켰다.

② **아관 파천** : 명성황후가 시해된 을미사변 이후 신변에 위협을 느낀 고종이 약 1년간 조선의 왕궁을 떠나 러시아 공사관에 옮겨 거처한 사건

③ **새마을 운동** : 박정희 정부 때의 농촌 근대화를 표방한 범국민적 지역 사회 개발 운동

④ **김흠돌의 난** : 통일 신라 신문왕의 장인인 김흠돌이 진골 귀족과 왕권 사이의 갈등으로 일으킨 난이다.

08 한산도 대첩은 임진왜란 때 이순신 장군이 한산도 앞바다에서 학익진 전법을 이용하여 왜군을 격퇴한 전투이고, 진주 대첩은 임진왜란 때 진주 목사 김시민이 진주성에서 항전한 전투이다. 그러므로 ㉠에 들어갈 사건은 '임진왜란'이다.

① **을미사변** : 명성황후가 친러파와 연결하여 일본을 견제하려 하자 일본군이 경복궁을 침범하고 명성황후를 시해한 사건

③ **살수 대첩** : 고구려를 침략한 수 나라 군대를 을지문덕이 살수에서 크게 격파한 전투

④ **청산리 전투** : 김좌진의 북로 군정서와 홍범도의 대한 독립군의 연합 부대가 간도의 청산리에서 일본군을 크게 격파한 전투

09 1866년에 흥선 대원군의 천주교 박해를 구실로 프랑스 군대가 강화도를 침입하자, 양헌수가 이끄는 조선군이 정족산성에서 프랑스군을 물리친 것은 병인양요 때의 일이다.

② **정읍 발언** : 제1차 미 · 소 공동 위원회가 결렬된 후 이승만이 남한만의 단독 정부 수립을 주장한 발언

③ **만적의 난** : 고려 무신 집권기에 최충헌의 노비 만적이 중심이 되어 일으킨 노비 해방운동

④ **매소성 전투** : 나 · 당 전쟁 중 신라군이 매소성에서 20만의 당군을 격파하여 당나라 세력을 몰아내는 데 결정적인 계기를 마련한 전투

10 강화도 조약 체결 이후 개화 정책의 일환으로 국방력 강화를 위해 창설한 신식 군대는 별기군이다. 별기군은 1881년에 설립된 조선 최초의 신식 군대이다.

① 동북 9성을 쌓았다. → 윤관 : 별무반

② 경복궁을 중건하였다. → 흥선 대원군

③ 강동 6주를 설치하였다. → 서희 : 외교담판

11 농민군이 황토현과 황룡촌 전투에서 승리한 후 전주성을 점령하고 정부와 전주 화약을 체결한 사건은 동학 농민 운동이다. 이후 농민군은 전라도 50여 개 군현에 집강소를 설치하고 폐정 개혁을 실천하였다.

① **나 · 당 전쟁** : 나 · 당 연합군에 의해 고구려와 백제가 멸망한 후 신라가 매초성과 기벌포 전투에서 당나라 세력을 몰아내고 삼국 통일을 이룩하였다.

② **한 · 일 협정** : 박정희 정부 때 일본과의 국교 정상화를 위해 체결한 조약이다.

④ **광주 학생 항일 운동** : 광주에서 발생한 한 · 일 학생 간의 충돌을 일본 경찰이 편파적으로 처리하여 광주 학생 항일 운동이 촉발되었다.

12 1910년대는 일제의 무단 통치기로, 일제는 조선에서 회사를 설립할 경우 조선 총독부의 허가를 받도록 규정한 회사령을 공포하여 한국인의 회사 설립을 억제하였다.

① **영정법** : 조선 인조 때 전세를 풍흉에 관계없이 1결당 미곡 4두로 고정한 토지 제도

② **호포제** : 흥선 대원군이 실시한 군역 제도로, 양반과 상민의 구분 없이 집집마다 군포를 내도록 한 세금 제도

④ **유신 헌법** : 1972년 박정희 정부가 영구 집권을 위해 공포한 헌법

TIP 무단 통치기의 일제 정책

- **헌병 경찰제** : 헌병이 경찰 업무 대행
- **조선 태형령** : 조선인에 대한 태형 처벌
- **토지 조사 사업** : 토지 약탈 및 식민지화에 필요한 재정 수입원 마련
- **회사령** : 회사 설립 허가제를 통한 민족 기업의 성장 억제

13 국민들이 성금을 모아 대한 제국의 국채 1,300만원을 갚고 국권을 회복하고자 대구에서 시작된 운동은 국채 보상 운동이다.

① **형평 운동** : 갑오개혁으로 신분이 해방된 뒤에도 오랜 관습 속에 차별을 받던 백정들이 일으킨 신분 해방 운동

② **브나로드 운동** : 일제 강점기 때 문맹 퇴치를 목적으로 동아일보사에서 전개한 농촌 계몽 운동

③ **백제 부흥 운동** : 백제가 나 · 당 연합군에 의해 멸망한 후 백제 유민들이 나라를 되찾기 위해 벌인 부흥 운동

14 1928년 라이징 선 석유 회사의 일본인 감독이 한국인 노동자를 구타하여 일어난 사건은 원산 총파업이다. 원산 총파업은 국내는 물론 국외 노동 단체까지 지지를 보내왔지만 일제의 탄압으로 실패하였다.

① **광무개혁** : 아관파천 후 환궁한 고종이 국호를 대한제국으로 고치고 구본신참에 입각하여 단행한 개혁

② **귀주 대첩** : 10만 대군의 소배압이 이끄는 거란의 3차 침입에 맞서 강감찬이 귀주에서 거란을 격퇴한 전투

④ **위화도 회군** : 명나라의 요동을 공략하기 위해 출정했던 이성계가 4불가론을 들어 위화도에서 회군한 사건

15 1896년 서재필이 정부의 지원을 받아 창간한 것은 독립신문이다. 독립신문은 한글판과 영문판으로 발행하여 국민을 계몽하고 국내 사정을 외국인에게도 알리려고 하였다.

② **경국대전** : 세조 대에 편찬을 시작하여 성종 대에 완성 및 반포된 조선 시대의 기본 법전

③ **삼국사기** : 고려 인종 때 김부식이 왕명을 받아 편찬한 현존하는 우리나라의 가장 오래된 역사서

④ **독서삼품과** : 통일 신라 원성왕이 인재 등용을 위해 시행한 관인 선발 제도

16 1920년 평양에서 조만식 등의 주도로 시작된 물산 장려 운동은 '내 살림 내 것으로', '조선 사람 조선 것' 등의 구호를 앞세우며 민족 산업의 보호와 육성을 위해 토산품 애용, 근검저축 등을 주장하였다.

① **교조 신원 운동** : 처형된 동학의 창시자 최제우의 억울함을 풀고 동학에 대한 탄압을 중지해달라는 동학교도들의 운동

③ **6 · 10 만세 운동** : 일제의 수탈과 식민지 교육에 대한 반발로, 순종의 장례일에 학생들이 주도한 만세 시위 운동

④ **고구려 부흥 운동** : 고구려가 나 · 당 연합군에 의해 멸망한 후 고구려 유민들이 나라를 되찾기 위해 벌인 부흥 운동

17 3 · 1 운동으로 일제의 통치 방식이 '문화 통치'로 바뀌었고, 중국 상하이에 대한민국 임시 정부가 수립되는 계기가 되었다.

① 임진왜란을 계기로 비변사의 기능이 확대되었다.

③ 원 간섭기에 도병마사가 도평의사사로 개편되었다.

④ 통일 신라 신문왕 때 왕권을 강화하고 귀족을 견제하기 위해 관료전이 지급되고 녹읍이 폐지되었다.

18 중 · 일 전쟁을 일으킨 일제가 1938년에 전쟁 수행을 위하여 제정한 법은 국가 총동원법이다. 이후 일제는 이 법에 근거하여 국민 징용령 등 각종 통제 법령을 공포하고, 전시 동원 체제를 강화하였다.

① **과전법** : 고려 말 공민왕 때 경기 지방 관리에게 등급에 따라 수조권(토지로부터 조세를 거둘 수 있는 권리)을 지급했던 토지 제도

② **진대법** : 고구려 고국천왕 때 을파소의 건의로 시행된 춘대추납의 빈민 구휼 제도

③ **노비종모법** : 조선 시대에 양인 남자와 천인(노비) 여자 사이에서 태어난 자녀의 신분이 어머니를 따라 노비가 되도록 한 제도

19 안용복이 일본에 건너가 조선의 영토임을 확인한 지역은 독도이다. 대한 제국은 「칙령 제41호」를 통해 독도를 울도군의 관할로 두었다.

20 1943년 이집트의 카이로에서 미국 · 영국 · 중국의 3국 수뇌가 제2차 세계 대전의 전후 처리와 한국의 독립을 약속한 회담은 카이로 회담이다.

① **한성 조약** : 갑신정변의 사후 처리와 보상을 위해 일본과 체결한 조약

② **화백 회의** : 국가의 중대사를 만장일치로 결정한 신라의 귀족 회의 기구

④ **남북 적십자 회담** : 남북 이산가족 문제 해결과 인도적 교류 증진을 위해 남북한 적십자사 대표가 만나 논의하는 공식 회담

21 1950년 북한군의 남침으로 6 · 25 전쟁이 발발하자 맥아더 장군의 인천 상륙 작전을 계기로 국군과 유엔군은 전세를 역전시키고 서울을 수복하였으나, 중공군의 개입으로 1 · 4 후퇴한 후 1953년 정전 협정이 체결되었다.

① **신미양요** : 미국이 제너럴 셔먼호 사건에 대한 항의와 조선의 강제 개항을 목적으로 강화도를 침공한 사건

② **정묘호란** : 조선 인조 때 친명배금 정책을 빌미로 후금(청)이 조선을 침입해 일어난 전쟁

④ **봉오동 전투** : 홍범도의 대한 독립군이 중국 지린성의 봉오동에서 간도 지역을 기습한 일본군을 상대로 승리한 전투

22 친일파의 반민족 행위를 처벌하기 위해 1948년 제헌국회에서 반민족 행위 처벌법을 제정하고, 반민족 행위자 조사 및 처벌을 위한 기구인 반민족 행위 특별 조사 위원회(반민 특위)를 설치하였다.

① 고령 예종 때 관학 진흥을 목적으로 국자감을 설치하였다.

③ 조선 중종 때 조광조는 천거제의 일종인 현량과를 실시하여 신진 사림을 등용하고자 하였다.

④ 김원봉이 중국 국민당 정부의 지원을 받아 중국 관내에서 결성된 최초의 한인 무장 부대인 조선 의용대를 조직하였다.

23 박정희 정부가 1967년부터 1971년까지 기간산업을 육성하여 산업 구조를 개편하고 사회 간접 자본의 확충에 주력한 것은 제2차 경제 개발 3개년 계획 때의 일이다. 이 시기에 경부 고속 도로가 개통되고 포항 제철 건설이 시작되어 경제가 급속히 성장하였다.

① **만민 공동회** : 독립 협회가 개최한 우리나라 최초의 근대

적 민중 대회

② **산미 증식 계획** : 일본이 식민지 조선을 식량 및 원료 공급지로 만들기 위해 실시한 농업 정책

③ **제1차 미 · 소 공동 위원회** : 모스크바 3국 외상 회의의 합의에 따라 한국의 임시정부 수립을 원조할 목적으로 설치된 미 · 소 공동 협의체

24 1980년 신군부의 계엄령 확대와 휴교령에 반대하여 광주에서 일어난 시위는 5 · 18 민주화 운동이다. 이 운동 당시 광주의 학생과 시민들은 '광주시민 궐기문'을 발표하고 격렬하게 저항하였다.

① **예송 논쟁** : 조선 현종 때 자의 대비의 복상 문제를 둘러싸고 서인과 남인 사이에 두 차례에 걸쳐 전개된 예절에 관한 논쟁

② **기벌포 전투** : 신라 수군이 금강 하구의 기벌포에서 당의 수군을 격퇴하고 나 · 당 전쟁에서 최종 승리한 전투

③ **홍경래의 난** : 조선 후기 세도 정치기에 수탈과 서북민에 대한 지역 차별에 반발하여 홍경래가 일으킨 난

25 분단 이후 처음으로 남북 정상 회담이 개최되었고, 외환 위기 극복을 위해 금 모으기 운동이 전개된 것은 김대중 정부 때의 일이다.

TIP **김대중 정부(국민의 정부, 1998.3 ~ 2003.2)**

- **베를린 선언** : 남북 경협, 냉전 종식과 평화 공존, 남북한 당국 간 대화 추진
- **남북 정상 회담 개최** : 평양에서 최초로 남북 정상 회담 개최
- **6 · 15 남북 공동 선언** : 1국가 2체제 통일 방안 수용, 이산가족 방문단의 교환, 협력과 교류의 활성화 등
- 금강산 관광 시작
- 경의선 철도 연결 사업 착공
- 남북한의 교류 협력을 위한 개성 공업 지구 조성에 합의
- 금 모으기 운동, 노사정 위원회 구성
- 중학교 의무 교육 실시, 만 5세 유아에 대한 무상 교육 · 보육 등 추진
- 민주주의와 인권, 한반도 긴장 완화에 기여한 공로로 노벨 평화상 수상

제7교시 도 덕

정답 및 해설

정답

01 ①	02 ②	03 ③	04 ③	05 ②
06 ③	07 ①	08 ④	09 ①	10 ③
11 ④	12 ④	13 ①	14 ①	15 ③
16 ③	17 ②	18 ④	19 ②	20 ④
21 ①	22 ②	23 ②	24 ③	25 ④

해설

01 정보의 생산, 조직, 유통, 활용 과정에서 발생하는 사생활 침해, 저작권 침해, 사이버 폭력, 해킹과 바이러스 유포 등의 문제를 다루는 실천 윤리 분야는 정보 윤리이다.

② **생명 윤리** : 생명 과학 기술의 발달에 따라 기존의 윤리학으로 대처할 수 없는 유전자 조작, 복제 등과 관련된 실천 윤리 분야

③ **평화 윤리** : 분쟁과 다툼이 없이 서로 이해하고 우호적이며 조화를 이루는데 필요한 실천 윤리 분야

④ **환경 윤리** : 인간과 자연환경 간의 도덕적 관계와 책임을 체계적으로 탐구하는 실천 윤리 분야

02 대승 불교가 제시한 이상적인 인간으로, 위로는 진리를 구하고 아래로는 중생을 구제하여 자비를 실천하는 사람을 '보살'이라 일컫는다. 보살은 불교의 이상적 인간상으로, 중생을 깨달음의 세계로 인도하는 구도자이다.

① **군자** : 유교의 공자가 이상적 인간상으로 제시한 성품이 어질고 학식이 높은 지성인

③ **진인** : 도가의 이상적 인간상으로, 도를 깨쳐 깊은 진리를 깨달은 사람

④ **대장부** : 맹자의 대장부론에서 제시된 남자다운 남자

03 도덕 언어의 논리적 타당성과 의미 분석을 주된 목표로 하는 윤리학은 메타 윤리학이다.

① **기술 윤리학** : 도덕 현상과 문제를 명확하게 기술하고, 기술된 현상들 간의 인과 관계를 설명하는 윤리학

② **규범 윤리학** : 도덕적 행위의 근거가 되는 보편적 원리의 정립을 주된 목표로 하는 윤리학

④ **신경 윤리학** : 과학적 측정 방법을 통해 이성과 정서의 역할이 무엇인지 등을 입증하는 윤리학

04 유교에서는 모두가 더불어 잘 사는 사회인 대동 사회를 이상 사회로, 성인(聖人)과 군자를 이상적 인간상으로 제시한다.

ㄱ. 좌망, 심재의 수양 방법을 강조한다. → 도가

ㄷ. 누구나 불성(佛性)을 지니고 태어난다고 본다. → 불교

05 의무론을 대표하는 윤리 사상가는 칸트로, 도덕 법칙은 정언 명령의 형식으로 제시된다고 주장하였다. 또한 선의지에서 비롯된 행위만이 도덕적 가치를 지닌다고 보았다.

① **밀** : 쾌락의 질적 차이를 주장한 공리주의 사상가

③ **홉스** : 이기적 존재인 인간이 자신의 생명과 재산을 보호하기 위해 국가를 만들었다고 주장한 사회계약론자

④ **테일러** : 현대 다문화주의 사상의 기초를 다진 철학자

06 군사적 안보는 북한의 군사적 위협으로부터 우리나라의 생존과 안전을 지키기 위해 필수적인 것이고, 남북한 대화는 한반도의 긴장 완화와 평화 정착을 위해 반드시 필요한 것이다. 따라서 〈학생 3〉의 대답은 평화 통일을 위한 노력으로 적절하지 않다.

07 취득 및 양도의 과정에서 부정의로 인해 현재의 소유 상태가 발생한 것을 바로잡아야 한다는 정의의 원칙은 '교정의 원칙'이다. 교정의 원칙은 과거의 부정의한 소유 취득이나 이전을 바로잡기 위한 원칙이다.

② **이전의 원칙** : 현재의 소유자가 자발적 거래를 통해 소유물을 정당하게 이전받았다면 그 소유를 인정해야 한다는 원칙 → 노직의 정의의 원칙

③ **자유의 원칙** : 모든 사람은 기본적인 자유에서 평등한 권리를 지녀야 한다는 평등한 자유의 원칙 → 롤스의 정의의 원칙

④ **차등의 원칙** : 사회적 · 경제적 불평등은 허용되지만, 최소 수혜자에게 최대의 이익을 보장해야 한다는 원칙 → 롤스의 정의의 원칙

08 도덕 판단에 있어 돌봄, 공감, 책임, 타인과의 관계 등을 중시하며, 상황과 특수성을 고려한 윤리적 판단을 강조하는 개념은 배려 윤리이다. 배려 윤리는 길리건(Gilligan, C.), 나딩스(Noddings, N.) 등에 의해 주장되었다.

① **의무론** : 언제 어디서나 우리가 따라야 할 보편타당한 법

칙이 존재하며, 우리의 행위가 이 법칙을 따르면 옳고 따르지 않으면 그르다고 판단한다.

② **덕 윤리** : 윤리적으로 옳고 선한 결정을 하려면 유덕한 품성을 길러야 한다는 주장이다.

③ **공리주의** : '최대 다수의 최대 행복'을 추구함으로써 개인의 쾌락과 사회 전체의 행복을 조화시키려는 사상이다.

09 시민 불복종은 정의롭지 못한 법이나 정부 정책을 변혁시키려는 목적으로 행하는 의도적인 위법 행위로, 공개적으로 실시되어야 하며 합법적인 수단과 노력 후에 최후의 수단으로 채택되어야 한다..

ㄷ. 법 체계 전체에 항거해야 한다. → 정의롭지 못한 법에 대해서만 실행해야 한다.

ㄹ. 사적 이익 추구만을 목적으로 해야 한다. → 공공의 이익을 위해 실시되어야 한다.

TIP 시민 불복종의 정당화 조건

- **행위 목적의 정당성** : 공공의 이익을 위해 실시되어야 한다.
- **비폭력성** : 파괴적인 방법을 자제하고 평화적인 방법을 사용한다.
- **처벌의 감수** : 부당한 법을 어김으로써 받게 되는 처벌을 감수한다.
- **최후의 수단** : 합법적인 수단과 노력 후에 마지막 수단으로 채택된다.
- **양심적 행위** : 비록 위법일지라도 양심적이고 도덕적인 동기를 지니고 있어야 한다.

10 슈바이처(Schweitzer, A.), 테일러(Taylor, P.) 등이 주장한, 모든 생명체가 도덕적 지위를 지닌다는 자연관은 생명 중심주의이다.

① **인간 중심주의** : 인간을 가장 가치 있는 존재로 여기고, 인간과 자연의 관계에서 인간의 이익이나 행복을 먼저 고려하는 자연관

② **동물 중심주의** : 동물을 인간을 위한 수단으로 여기는 것에 반대하고, 동물의 복지와 권리의 향상을 강조하는 자연관

④ **생태 중심주의** : 인간을 자연의 일부분으로 간주하고, 인간을 포함한 자연 전체의 균형과 안정을 중시하는 자연관

11 '장기적인 연명 치료로 인한 가족의 부담을 줄일 수 있다.'는 설명은 뇌사를 죽음으로 인정해야 한다는 찬성의 입장에 해당한다.

12 성 자체를 매매하거나 소비 욕구를 자극하는 데 이용하는 등 성을 상업적 수단으로 취급하는 행위는 '성 상품화'이다.

① **성교육** : 성(性)에 대한 올바른 인식과 학습을 위해 시행되는 교육

② **성 역할** : 실제 성별이나 젠더에 따라 사회적으로 적합하다고 여겨지는 행동과 태도

③ **양성평등** : 성별에 따라 서로 차별하지 않고 남녀 모두의 인권을 동등하게 보장하는 것

13 레건(Regan, T.)은 칸트의 의무론에 기초하여 동물 권리론을 주장한 미국의 철학자로, 일부 동물은 자신의 삶을 영위할 수 있는 능력, 즉 믿음, 욕구, 자각 등을 가진 삶의 주체이므로 인간처럼 본래적 가치를 지닌다고 하였다. 여기서 '삶의 주체'란 믿음, 기억, 자기 인식 등의 복합적인 정신적 능력을 가진 존재를 의미한다.

14
- 모든 쾌락은 양적으로 계산할 수 있는가? → 벤담은 쾌락의 양을 계산할 수 있다고 보았다(양적 공리주의).
- 최대 다수의 최대 행복의 원리를 따라야 하는가? → 벤담은 '최대 다수의 최대 행복'의 원리를 도덕과 정책 판단의 기준으로 삼았다.

15 하버마스는 소통과 담론의 윤리로 대화 당사자들이 자유롭고 평등하게 참여할 것을 주문하였다.

- 자유로운 비판을 허용해야 하는가? → 예
- 대화에의 참여는 평등해야 하는가? → 예
- 의사소통의 과정은 합리적이어야 하는가? → 예

16 자신의 인간관, 가치관, 세계관 등을 전체적으로 검토하고 반성하는 과정이 '윤리적 성찰'이다. 유행이나 사회적 분위기에 동조하며 살아가는 것은 윤리적 성찰에 해당하지 않는다.

17 장자는 죽음을 기(氣)가 흩어지는 것으로, 사계절의 운행과 같은 자연적이고 필연적인 과정으로 이해하고 있다.

- 자신이 쌓은 업에 따라 윤회하는 과정이다. → 불교: 윤회 사상
- 영원불변한 이데아의 세계로 들어가는 과정이다. → 플라톤

18 **(가) 현실주의** : 국가는 자국의 이익을 추구하고 국제 관계는 국가 간 힘의 논리에 따라 움직인다.

(나) 이상주의 : 국제법이나 국제 규범으로 제도를 개선하여 국제 평화를 실현할 수 있다.

19 다양한 채소와 과일이 그 특성을 유지하며 저마다의 맛을 내듯이 다양한 문화가 대등하게 조화를 이루어야 한다는 다문화주의 이론은 '샐러드 볼 모형'이다.

① **동화주의** : 이주민의 문화와 같은 소수 문화를 주류 문화에 적응시키고 통합하려는 태도

③ **국수 대접 모형** : 국수가 주된 역할을 하고 고명이 부수적인 역할을 하여 맛을 내듯이, 주류 문화와 비주류 문화가 공존해야 한다고 보는 입장

④ **자문화 중심주의** : 자기 문화만을 가장 우수한 것으로 생각하고 다른 문화를 무시하거나 부정하는 태도

20 각자 자신의 이름에 걸맞게 직분을 수행해야 한다는 것은 공자가 강조한 '정명(正名)'에 해당하며, 순자도 공자의 정명론을 계승하여 사람들이 자기 직분을 충실히 수행한다면 천하가 태평해진다고 하였다. 이는 모두 직업을 통한 '사회적 역할 분담'을 강조하고 있다.

① **무위자연** : 사람의 힘을 더하지 않은 그대로의 자연 또는 그런 이상적인 경지를 의미하는 도가 사상

② **역성혁명** : 제왕이 부덕하여 민심을 잃으면, 덕이 있는 다른 사람이 천명을 받아 왕조를 바꾸고 새로운 왕조를 세워도 좋다고 하는 유교 사상

③ **민주주의 실현** : 국민이 국가의 주권을 행사하고, 정치에 적극적으로 참여하여 자유와 평등을 실현하는 제도적 · 사회적 조건을 갖추는 것

21 사회 갈등은 개인이나 집단 간의 이해관계, 가치관, 목표 등이 달라서 발생하는 대립과 충돌이다. 갈등은 부정적일 수도 있지만, 사회 발전을 위한 변화의 동기가 될 수도 있다. 그러므로 갈등을 나쁜 것으로 여기고 무조건 회피하는 것은 사회 갈등을 해결하기 위한 바람직한 자세가 아니다.

22 사회 계약에 기초하여 살인자를 정당한 사회 구성원이 아니라고 간주하고, 사회 방위론의 입장에서 사형제를 찬성한 사상가는 루소이다.

① **갈퉁** : 평화는 반드시 평화적 수단으로 이루어져야 한다고 강조한 평화학의 창시자

③ **요나스** : 인간과 자연, 미래 세대에 대한 책임 윤리를 강조한 생태주의 철학자

④ **베카리아** : 최초로 근현대적 개념의 죄형법정주의를 창시하고 형법 사상의 기초를 마련하여 근대 형법의 아버지라고 불리는 이탈리아 법학자

23 예술과 도덕의 관계에 대해 예술은 도덕과 깊은 관련이 있다고 보는 입장은 예술 도덕주의이다. 예술 도덕주의의 관점에서 예술은 올바른 품성 함양에 도움이 되어야 한다고 본다.

①·③·④ 예술 지상주의, 즉 심미주의 입장에서 보는 관점에 해당한다.

24 소비자가 도덕적 신념과 가치 판단에 따라 환경, 인권 등 각종 사회 문제에 접근하여 상품을 소비하는 행위는 '윤리적 소비'에 해당한다.

① **과시적 소비** : 부를 과시하는 것을 의식하면서 행하는 소비

② **충동적 소비** : 일시적인 욕구에 의해 아무런 계획 없이 하는 소비

④ **합리적 소비** : 자신의 경제력 내에서 가장 큰 만족을 추구하는 소비

25 현대의 환경 문제는 일시적으로 발생하는 것이 아니라 장기적으로 발생되고, 되돌릴 수 없는 비가역성을 띠기 때문에 쉽게 회복될 수 없는 것이 특징이다. 대표적으로 지구 온난화, 오존층 파괴, 생물 다양성 감소 등은 한 번 발생하면 장기적으로 지속된다.

정답 및 해설

2024년도

제1회

제1교시 국 어
제2교시 수 학
제3교시 영 어
제4교시 사 회
제5교시 과 학
제6교시 한국사
제7교시 도 덕

제1교시

국 어

정답 및 해설

정답

01 ①	02 ①	03 ④	04 ③	05 ④
06 ②	07 ③	08 ②	09 ②	10 ①
11 ①	12 ③	13 ②	14 ④	15 ④
16 ②	17 ①	18 ③	19 ①	20 ①
21 ④	22 ④	23 ②	24 ③	25 ③

해설

01 '그렇군요. 저도 그렇게 생각해요.'는 상대방의 말에 동의한다는 의미의 언어적 표현에 해당한다. 그러므로 상대방의 말에 동의할 때 적합한 비언어적 표현은 ①의 '고개를 끄덕이며'이다.

② '무섭게 인상 쓰며'는 화를 낼 때 사용되는 비언어적 표현에 해당한다.

③ '양손을 내저으며'는 거절할 때 사용되는 비언어적 표현에 해당한다.

④ '차갑게 등을 돌리며'는 부정과 냉대의 의미로 사용되는 비언어적 표현에 해당한다.

02 직원의 말 중 '웨이팅', '셰프', '시그니처 메뉴', '웨이팅 룸', '에스코트' 등 지나치게 많은 외국어를 남용함으로써 말하는 사람의 전달력과 듣는 사람의 이해력을 떨어뜨릴 수 있다. 그러므로 다음과 같이 우리말로 순화시켜 말하면 좋다.

> **직원** : 죄송합니다. 30분 정도 웨이팅하셔야 해요. 오늘 메뉴가 저희 셰프님 시그니처 메뉴라서요. 괜찮으시면 왼쪽 웨이팅 룸으로 에스코트해 드릴까요?

⬇

> **직원** : 죄송합니다. 30분 정도 기다리셔야 해요. 오늘 메뉴가 저희 주방장님의 가장 인기 있는 대표 메뉴라서요. 괜찮으시면 왼쪽 대기실로 안내해 드릴까요?

03 표준 발음법 제23항은 된소리되기에 관한 규정으로, 받침 'ㄱ(ㄲ, ㅋ, ㄳ, ㄺ), ㄷ(ㅅ, ㅆ, ㅈ, ㅊ, ㅌ), ㅂ(ㅍ, ㄼ, ㄿ, ㅄ)' 뒤에 연결되는 'ㄱ, ㄷ, ㅂ, ㅅ, ㅈ'은 된소리로 발음한다. 그런데 ④의 '볶음'은 받침 'ㄲ' 다음에 'ㅇ'이 연결되므로, 된소리되기 규정이 적용되지 않고 연음되어 [보끔]으로 발음된다.

① **굳다[굳따]** : 받침 'ㄷ' 뒤에 연결되는 'ㄷ'이 된소리되기 규정에 따라 'ㄸ'으로 발음된다.

② **낙지[낙찌]** : 받침 'ㄱ' 뒤에 연결되는 'ㅈ'이 된소리되기 규정에 따라 'ㅉ'으로 발음된다.

③ **답사[답싸]** : 받침 'ㅂ' 뒤에 연결되는 'ㅅ'이 된소리되기 규정에 따라 'ㅆ'으로 발음된다.

04 '선생님께 먼저 과일을 드리시게.'에서 '드리시게'는 종결어미 '–게'로 끝났으므로 격식체 중 '하게체'에 해당한다.

① 하십시오체 → **해요체**

'드셨어요'는 종결어미 '–요'로 끝났으므로, '하십시오체'가 아니라 비격식체 중 '해요체'에 해당한다.

② 하오체 → **해체**

'가신대'는 종결어미 '–대'로 끝났으므로, '하오체'가 아니라 비격식체 중 '해체'에 해당한다.

④ 해요체 → **하십시오체**

'다녀왔습니다'는 종결어미 '–습니다'로 끝났으므로, '해요체'가 아니라 격식체 중 '하십시오체'에 해당한다.

05 ㉣의 '붉어져'는 '빛깔이 점점 붉게 되어 가다'라는 의미이다. 그러므로 주어진 문장의 문맥상 '붉어져'를 '어떤 사물이나 현상이 두드러지게 커지거나 갑자기 생겨나다'의 의미인 ④의 '불거져'로 고쳐 쓴 것은 적절하다.

㉠의 '며칠', ㉡의 '닫힐', ㉢의 '금세'는 한글 맞춤법에 따라 옳게 사용되었다.

06 (나)의 '모시는 글'에는 축제가 시작되는 날짜와 축제가 벌어지는 장소가 드러나 있지 않다. 그러므로 ㉡(축제 날짜 및 장소를 밝힘.)은 (나)에 반영되어 있지 않다.

㉠ (나)의 '모시는 글'은 첫 번째 문장에서 '완연한 봄'이라며 계절을 소재로 글을 시작하고 있다.

㉢ (나)의 '모시는 글'은 두 번째 문장에서 '다채로운 행사가 가득한 축제'라며 다채로운 행사가 준비되어 있음을 강조하고 있다.

㉣ (나)의 '모시는 글'은 세 번째 문장에서 '작은 기념품도 증정할 예정'이라며 방문객에게는 작은 기념품을 증정함을 알리고 있다.

07 '활짝 핀 봄꽃처럼'에서 비유법을 활용하고 있고, '함께 즐겨 봅시다.'라며 청유형 문장을 통해 참여를 촉구하고 있다.

① '우리 사이의 오작교'에서 비유법을 활용하고 있으나, 청유형 문장을 사용하고 있지는 않다.

② '만들어 봅시다'에서 청유형 문장을 사용하고 있으나, 비유법을 활용하고 있지는 않다.

④ '봄바람이 꽃망울을 열 듯'에서 비유법을 활용하고 있으나, 청유형 문장을 사용하고 있지는 않다.

08 두음 법칙은 'ㄴ', 'ㄹ'이 단어의 첫머리에서 발음되는 것을 꺼려 다른 소리로 발음되는 현상으로, ⓒ의 '니르고져'에 두음 법칙을 적용하면 '이르고져'로 표기되어야 한다. 그러므로 ⓒ은 두음 법칙을 지켜서 표기한 것이 아니다.

① ㉠에서 '말ᄊᆞ미'에 훈민정음 문자의 홀소리 중 하나인 'ㆍ(아래 아)'가 사용되었다.

③ ⓒ에서 'ㆍ', ':' 등을 사용하여 소리의 높낮이를 나타내는 성조를 방점으로 표시하였다.

④ ⓔ의 'ᄠᅳ들'은 앞말의 받침을 그대로 이어서 쓴 이어 적기로 표기한 것이다. 이를 끊어 적기로 표기하면 'ᄠᅳᆮ을'이 된다.

[09-10]

이조년, 「이화에 월백하고」
- **갈래** : 평시조, 단시조
- **성격** : 애상적, 감각적, 다정가
- **제재** : 배꽃
- **주제** : 봄밤에 느끼는 애상적인 정서
- **특징**
  - 백색 이미지, 시각적 심상과 청각적 심상의 조화를 통한 감각적 표현이 뛰어남
  - 자연의 아름다움을 묘사하며 화자의 내면 감정을 자연스럽게 녹여냄
  - '이화', '월백', '은한', '삼경', '자규' 등의 이미지를 사용하여 독자가 그 장면을 생생하게 그릴 수 있도록 함
  - 한문투의 고전적 표현을 사용하여 작품의 성격과 전통미를 부각함

09 위 작품에는 같은 내용으로 반복되는 후렴구가 나타나 있지 않다. 후렴구의 사용은 고려 가요나 민요 등에서 찾아볼 수 있다.

① 4번 끊어 읽는 4음보의 율격이 드러나고 있다.

> 이화(梨花)에/월백(月白)하고/은한(銀漢)이/삼경(三更)인 제
> 일지/춘심(一枝春心)을/자규(子規)야/알랴마는
> 다정(多情)도/병인 양하여/잠 못 들어/하노라.

③ '월백(月白)'에서 흰색의 색채 이미지를 사용하여 배꽃에 비친 환한 달빛의 아름다움을 시각적으로 표현하고 있다.

④ 초장, 중장, 종장의 3행으로 이루어진 평시조이다.

10 위 작품은 봄밤에 느끼는 화자의 애상적 정서를 시각과 청각의 심상을 활용하여 잘 표현해낸 서정성이 매우 뛰어난 작품이다.

[11-13]

성석제, 「황만근은 이렇게 말했다」
- **갈래** : 단편 소설, 농촌 소설
- **성격** : 풍자적, 해학적, 비극적
- **배경** : 시간 – 1990년대 말 / 장소 – 경상도 농촌 마을
- **시점** : 전지적 작가 시점
- **제재** : 농사꾼 황만근의 삶
- **주제** : ① 황만근의 덕성과 훌륭한 삶에 대한 예찬
  ② 부채로 얼룩진 농촌 현실과 각박한 인심에 대한 비판
- **특징**
  - 바보형의 우직한 인물을 통해 이기적인 세태를 비판함
  - '묘비명' 형식의 글을 덧붙여 주인공 황만근의 삶을 평가함
  - 사투리를 사용한 향토성과 인물의 언행을 통한 해학성을 드러냄

11 이장과 민 씨 사이에서 황만근 씨만 경운기를 끌고 농민 궐기 대회에 참가한 것에 대해 설전이 벌어지고 있다. 즉, 대화를 통해 인물 간의 갈등이 드러나고 있음을 알 수 있다.

② 위 작품은 3인칭의 전지적 작가 시점으로, 서술자가 직접 경험한 사실을 객관적으로 제시하는 1인칭 시점은 나타나 있지 않다.

③ 대화를 통한 인물 간의 갈등을 보여주고 있으나, 자연물에 인격을 부여하여 인물의 심리를 보여주고 있지는 않다.

④ 현재 일어난 사건을 중심으로 인물 간의 갈등을 대화를 통해 보여주고 있다. 과거와 현재가 교차되거나 인물의 성격 변화는 나타나 있지 않다.

12 ㄴ. 이장이 민 씨에게 '도시에서 쫄딱 망해 가이고 귀농을 했시모~'라고 말한 대목에서 민 씨가 도시에서 농촌으로 귀농한 사람임을 알 수 있다.

ㄹ. 이장이 동민한테 농가 부채 탕감 촉구 전국 농민 총궐기

대회에 참석할 것을 독려한 것을 보면, 농촌 사회의 부채 문제 때문에 궐기 대회가 열렸음을 알 수 있다.

13 ㉡의 '바쁜 사람'은 이장 자신을 지칭하고 나머지 ㉠의 '만그이', ㉢의 '경운기 타고 간 사람', ㉣의 '나이 오십 다 된 기'는 모두 황만근을 지칭한다.

[14-16]

박지원, 「아, 참 좋은 울음터로구나!」
- **갈래** : 고전 수필, 한문 수필, 기행문
- **성격** : 논리적, 설득적, 사색적, 교훈적
- **제재** : 광활한 요동 벌판
- **주제** : 광활한 요동 벌판에 다다라 느낀 새로운 세계를 만난 기쁨
- **특징**
  - 문답 형식으로 구성되어 있음
  - 작가의 창의적 발상이 돋보임
  - 적절한 비유와 구체적인 예를 통해 실감나게 묘사함
  - 자기 고백적으로 요동 벌판을 보고 느낀 감정을 솔직하게 드러냄

14 요동 벌판이라고 하는 특정 장소에 대한 글쓴이의 감정을 솔직하게 드러내고 있으나, 특정 계절에 대한 글쓴이의 인식 변화를 보여주고 있지는 않다.

① 슬플 때만 우는 것이 아니라 모든 감정이 극에 달할 때도 울음이 터져 나온다며 우는 행동에 대한 통념을 반박하고 있다.

② 오직 슬플 때만 우는 것이 아니라 기쁨이 사무칠 때도 울고, 노여움이 사무칠 때도 울며, 사랑이 사무칠 때도 울고, 욕심이 사무칠 때도 운다며 우는 행동과 관련한 내용을 열거하며 설명하고 있다.

③ 광활한 요동 벌판에 다다라 느낀 새로운 세계에 대한 기쁨을 '통곡할 만한 곳'이라며 울음에 대한 글쓴이의 창의적이고 개성적 사고를 드러내고 있다.

15 ㉮의 '지극한 정(情)이 발현되어 나오는 것'은 사람의 지극한 감정이 겉으로 드러나는 것을 의미한다. ㉣에서 참다못한 가생이 울 곳을 찾지 못하다 결국 임금이 있는 선실을 향해 길게 울부짖은 것은 가생의 지극한 감정이 겉으로 드러난 것이므로, ㉮와 일맥상통한다고 볼 수 있다. ㉠, ㉡, ㉢은 모두 지극한 감정이 겉으로 드러난 것이 아니다.

16 사람의 칠정 중 오직 슬플 때만 우는 것이 아니라 기쁨이 사무칠 때도 울고, 노여움이 사무칠 때도 울며, 사랑이 사무칠 때도 울고, 욕심이 사무칠 때도 울게 되므로 인간의 칠정이 사무치면 울음과 연결될 수 있다고 할 수 있다.

① 근심으로 답답한 걸 풀어 버리는 데에는 소리보다 더 효과가 빠른 게 없다고 하였으므로, 근심을 풀기 위해 울수록 근심은 더 커지는 것이 아니라 해소된다.

③ 지극한 정이 발현된 저절로 이치에 딱 맞는 울음이나 웃음은 다르지 않다고 하였으므로, 웃음과 울음은 원인이 되는 감정이 같을 수 있다.

④ 지극한 정이 발현되어 나오는 것이 울음이므로, 감정의 극치를 경험한 사람은 울음을 참는 것이 아니라 발현하는 것이다.

[17-19]

김춘수, 「꽃」
- **갈래** : 자유시, 서정시
- **성격** : 상징적, 관념적
- **제재** : 꽃
- **주제** : 존재의 본질 구현과 의미 있는 관계 형성에 대한 소망
- **특징**
  - 인식론과 존재론이라는 철학적 사고방식이 작품의 바탕을 이룸
  - '꽃'이라는 구체적 대상을 통해 추상적이고 관념적인 의미를 전달함
  - 인식의 주체를 '나'에서 '우리'로 확장하고, 존재에 대한 의미를 확장함

17 '되고 싶다'는 유사한 시구의 반복을 통하여 운율을 형성하며 화자의 소망을 강조하고 있다.

② '꽃'을 통해 의미 있는 존재가 되고 싶은 화자의 소망은 드러나 있으나, 실제 의미와 반대되는 반어적 표현의 사용은 나타나 있지 않다.

③ '되고 싶다'며 화자의 소망을 드러내고 있으나, '-ㅁ', '-기' 등의 명사형 종결 어미를 사용하여 화자의 단호한 의지를 강조한 곳은 없다.

④ '빛깔과 향기'에서 시각적 이미지와 후각적 이미지가 나타나 있으나, 촉각적 이미지를 활용한 곳은 없다.

18 위 작품의 마지막 연에서 '나'와 '너'는 개별적인 존재가 아니라 '우리'라고 하는 관계 형성을 통해 의미 있는 존재가 되고 싶음을 강조하고 있다. 즉, 타인과의 진정한 관계를 맺는 것이 화자가 추구하는 삶의 모습임을 엿볼 수 있다.

19 ㉠의 '그의 이름'은 인식의 대상으로, 〈보기〉에서 '구슬'에 대응된다. '꿰기 전'은 의미 있는 존재로 인식되기 이전이므로 '불러 주기 전'에 대응된다.

② ㉡의 '몸짓'은 아직 인식되기 이전의 무의미한 존재로, 〈보기〉의 '돌멩이'에 대응된다.

③ ㉢의 '불러 주었을 때'는 대상을 인식하고 의미를 부여하는 때로, 〈보기〉의 '엮어 주었을 때'에 대응된다.

④ ㉣의 '꽃'은 의미 있는 존재로, 〈보기〉의 '보배'에 대응된다.

[20-22]

20 우리나라의 연평균 기온과 일교차 등의 구체적인 사례를 통해 평균을 대푯값으로 삼았을 경우 사실을 잘못 이해할 수 있는 오인의 문제점을 지적하고 있다.

21 제시문의 마지막 문단에서 현대 사회가 점점 더 많은 변수들에 의해 다변화되는 양상을 보이고 있기 때문에, 평균이 대푯값으로 잘못 사용되면 사실을 정확하게 판단하지 못하게 만들 가능성이 매우 높다고 하였다. 그러므로 ㉮의 이유는 ④의 '평균이 다양한 특성을 반영하지 못하는 경우가 있어서'이다.

22 ㉣의 '다변화'는 '일의 방법이나 모양이 다양하고 복잡해짐. 또는 그렇게 만듦'을 뜻한다. '하나로 됨. 또는 그렇게 만듦.'을 의미하는 단어는 '단일화'이다.

[23-25]

23 ㉠의 앞 문장에서는 책을 쉽게 찾으려면 먼저 컴퓨터로 검색해야 한다고 했으나, ㉠의 뒤 문장에서는 컴퓨터가 청구 기호를 알려줄 뿐 책을 직접 찾아주지는 않는다고 하였다. 그러므로 ㉠에는 앞의 내용과 상반되는 내용을 이끌 때 쓰는 역접의 접속 부사 '그런데'가 들어갈 말로 가장 적절하다.

24 제시문의 두 번째 문단에서 맨 위층에 있는 책일수록 분류 기호가 낮고 아래로 갈수록 커진다고 하였다. 그러므로 같은 책장의 아래층에 있는 책이 위층에 있는 책보다 분류 기호가 낮다는 ③의 설명은 적절하지 못하다.

① 제시문의 마지막 문장에서 때로는 책이 나온 해를 표현하기 위해 '2011' 같은 연도를 붙이기도 한다고 하였으므로, 책이 나온 연도를 청구 기호에 붙인다는 설명은 적절하다.

② 제시문의 네 번째 문단에서 청구 기호 앞에 한글이나 영어 알파벳이 붙은 것을 '별치 기호'라고 하며, 이는 책의 특성이나 이용 목적에 따라 별도의 장소에 책을 보관한다는 뜻이라고 하였다. 그러므로 별치 기호가 있으면 별도의 장소에서 찾아야 한다는 설명은 적절하다.

④ 제시문의 세 번째 문단에서 모든 숫자가 같다면 도서 기호의 문자는 국어사전에서처럼 'ㄱ, ㄴ, ㄷ……' 또는 'ㅏ, ㅐ, ㅑ, ㅒ……' 순으로 비교하면 된다고 하였다. 그러므로 도서 기호는 국어사전에서처럼 자음 또는 모음 순으로 비교하면 된다는 설명은 적절하다.

25 〈보기〉의 〈청구 기호〉에서 분류 기호가 '315.741'이므로 해당 도서는 '315.74'와 '315.742' 사이에 위치해야 한다. 다음으로 도서 기호를 비교해 보면 해당 도서가 'ㅂ123ㅌ'이므로, 국어사전에서처럼 자음 또는 모음 순으로 비교하면 'ㅁ203ㅈ' 다음에 위치해야 한다. 그러므로 해당 도서는 ③에 꽂는 것이 가장 적절하다.

제2교시

수 학

정답 및 해설

정답

01 ④	02 ②	03 ③	04 ③	05 ①
06 ④	07 ①	08 ③	09 ②	10 ③
11 ①	12 ④	13 ②	14 ①	15 ②
16 ②	17 ①	18 ③	19 ①	20 ④

해설

01 $A+B=(3x^2+x)+(x^2+3x)$

$=(3x^2+x^2)+(x+3x)$

$=4x^2+4x$

TIP 다항식의 덧셈과 뺄셈

- **다항식의 덧셈** : 괄호를 먼저 풀고 동류항끼리 모아서 계산한다.
- **다항식의 뺄셈** : 빼는 식의 각 항의 부호를 바꾸어 더한다.

02 항등식일 때, 양변의 동류항의 계수는 같으므로

$x^2+x+3=x^2+ax+b$에서

$a=1,\ b=3$

$\therefore\ a+b=4$

03

> 다항식 $f(x)$를 $x-a$로 나누었을 때의 나머지 $\Rightarrow f(a)$

주어진 다항식을 $f(x)$라 놓으면

$f(x)=x^3+2x^2+2$

나머지 정리에 의해

다항식 $f(x)$를 $x-1$로 나눈 나머지는 $f(1)$

$f(1)$을 주어진 다항식에 대입하면

$f(1)=(1\times1^3)+(2\times1^2)+2=1+2+2$

$\therefore f(1)=5$

04

> $a^3+3a^2b+3ab^2+b^3=(a+b)^3$

인수분해 공식에 따라

$x^3+3x^2+3x+1=(x+1)^3$

$(x+a)^3=(x+1)^3$

$\therefore\ a=1$

05 복소수 $4+3i$의 켤레복소수는 $4-3i$이므로

$a+bi=4-3i$에서 $a=4,\ b=-3$

$\therefore a+b=1$

06

> $x^2-(\alpha+\beta)x+\alpha\beta=0$
> $\Rightarrow x^2-($두 근의 합$)x+($두 근의 곱$)=0$

x^2의 계수가 1인 이차방정식 $x^2-ax+3=0$에서 상수 a는 두 근의 합이다.

두 수 1, 3을 근으로 한다고 하였으므로,

$a=1+3=4$

07 주어진 범위의 그래프에서

$x=1$일 때 → 최댓값 6

$x=-1$일 때 → 최솟값 -2

그러므로 이차함수 $y=x^2+4x+1$의 최솟값은 -2이다.

08 사차방정식 $x^4+2x-a=0$의 한 근이 1이라고 했으므로,

$f(1)=0$

$x^4+2x-a=0$에 $x=1$을 대입하면

$1^4+2\times1-a=0,\ 1+2-a=0$

$\therefore\ a=3$

09 $\begin{cases}2x+y=8 \cdots ㉠\\ x^2-y^2=a \cdots ㉡\end{cases}$

$x=3,\ y=b$를 ㉠에 대입하면

$2\times3+b=6+b=8\quad \therefore\ b=2$

$x=3,\ y=2$를 ㉡에 대입하면

$x^2-y^2=3^2-2^2=a\quad \therefore\ a=5$

따라서 $a+b=5+2=7$

10

> 판별식 $D>0$일 때, $f(x)\le0$의 해
> $\Rightarrow \alpha\le x\le\beta$

이차부등식 $(x-2)(x-4)\le0$의 해는

$\alpha=2,\ \beta=4$이므로

$2\le x\le4$

11

> 수직선 위의 두 점 $A(x_1)$, $B(x_2)$에 대하여
> $\overline{AB}$를 $m:n(m>0, n>0)$으로 내분하는
> 점 P의 좌표
> $\Rightarrow P\left(\frac{mx_2+nx_1}{m+n}\right)$

수직선 위의 두 점 $A(1)$, $B(6)$에 대하여
선분 AB를 $2:3$로 내분하는 점 P의 좌표는
$P\left(\frac{mx_2+nx_1}{m+n}\right)=\left(\frac{2\times6+3\times1}{2+3}\right)=\left(\frac{15}{5}\right)=3$

12

> • 두 직선이 서로 평행할 때 ⇒ 기울기는 같다.

두 직선이 평행할 때 두 직선의 기울기는 같으므로,
$y=x-3$에서 구하는 직선의 기울기는 1이다.
또, 구하는 직선이 $(0, 4)$를 지나므로 y절편은 4이다.
그러므로 구하는 직선의 방정식은 $y=x+4$이다.

13

> 중심 좌표가 (a, b)이고 x축과 y축에 동시에 접하는
> 원의 방정식
> $\Rightarrow (x-a)^2+(y-b)^2=r^2$

중심 좌표가 $(-2, 2)$이고 x축과 y축에 동시에 접하는 원의 방정식은
$(x-a)^2+(y-b)^2=r^2$에서
$(x+2)^2+(y-2)^2=2^2$
$(x+2)^2+(y-2)^2=4$

14

> 점 (x, y)를 원점에 대하여 대칭이동한 점의 좌표
> $\Rightarrow (-x, -y)$

점 $(3, -2)$을 원점에 대하여 대칭이동한 점의 좌표는 $(-x, -y)$에서 $(-3, 2)$이다. 즉, x, y의 좌표가 부호만 바뀐다.

15

$A=\{1, 2, 3, 4\}$, $B=\{3, 4\}$에서
차집합 $A-B$는 A에만 있는 원소의 집합이므로
$A-B=\{1, 2\}$

16

전체집합 U의 원소 중에서 조건이 참이 되는 모든 원소의 집합을 진리집합이라 한다.
'x는 3의 배수이다.'가 조건이므로,
전체집합 $U=\{1, 2, 3, 4, 5, 6, 7, 8, 9\}$에서 3의 배수인 원소는 3, 6, 9이다.
따라서 조건을 만족하는 진리집합은 $\{3, 6, 9\}$이다.

17

> $(g\circ f)(x)=g(f(x))$

합성함수의 성질에 따라 $(g\circ f)(2)=g(f(2))$
주어진 합성함수의 대응에서 $f(2)=c$
$\therefore (g\circ f)(2)=g(c)$
주어진 합성함수의 대응에서 $g(c)=5$
$\therefore (g\circ f)(2)=5$

18

> 유리함수 $y=\frac{k}{x-p}+q(k\neq0)$의 그래프
> $\Rightarrow y=\frac{k}{x}$의 그래프를 x축의 방향으로 p만큼,
> y축의 방향으로 q만큼 평행이동한 그래프

유리함수 $y=\frac{1}{x-2}+3$의 그래프는 유리함수 $y=\frac{1}{x}$의 그래프를 x축의 방향으로 2만큼, y축의 방향으로 3만큼 평행이동한 그래프이므로 $a=2$, $b=3$이다.
$\therefore a+b=5$

19

> 서로 다른 n개에서 r개를 택하여
> 일렬로 나열하는 순열의 수 ⇒ ${}_nP_r$

입체도형을 그린 4개의 포스터 중에서 서로 다른 2개의 포스터를 택하여 출입문의 상단과 하단에 각각 붙이는 경우의 수는 선택한 포스터의 순서를 생각하며 일렬로 나열한 경우의 수와 같다. 그러므로 구하는 경우의 수는
${}_4P_2=4\times3=12$

20

> 서로 다른 n개에서 r개를 택하는 조합의 수 ⇒ ${}_nC_r$

4가지의 수학 수행 과제 중에서 서로 다른 3종류의 수학 수행 과제를 선택하는 경우의 수는 순서를 생각하지 않고 택하는 조합의 수와 같다. 그러므로 구하는 경우의 수는
${}_4C_3=\frac{4\times3\times2}{3\times2\times1}=\frac{24}{6}=4$

제3교시

영 어

정답 및 해설

정답

01 ②	02 ①	03 ②	04 ④	05 ③
06 ①	07 ①	08 ③	09 ③	10 ①
11 ④	12 ①	13 ②	14 ③	15 ④
16 ③	17 ②	18 ④	19 ④	20 ②
21 ④	22 ③	23 ②	24 ④	25 ③

해설

01 **해설** reservation은 '예약'이라는 뜻이다.
① 변경 change
③ 취소 cancel
④ 칭찬 praise
해석 나는 식당에 전화를 걸어 예약을 할 것이다.
어휘 restaurant 식당
reservation 예약
make a reservation 예약하다

02 **해설** keep in mind는 '명심하다, 기억해 두다'라는 뜻이다.
② 사용하다 make use of
③ 정돈하다 put in order
④ 참여하다 take part in
해석 "느리지만 꾸준한 것이 경주에서 이긴다."는 말을 명심해야 한다.
어휘 need to ~을 할 필요가 있다, ~해야 한다
keep in mind 명심하다, 기억해 두다
steady 꾸준한, 한결같은

03 **해설** 'while'은 '동안에'라는 뜻의 접속사로 사용되었다.
① 대신에 instead of
③ 만약에 if
④ 처음에 at first
해석 운전하는 동안에 휴대폰을 사용하지 마세요.
어휘 while 동안에
cellphone 휴대폰
driving 운전의, 운전 중에

04 **해설** 주어진 문장에서 밑줄 친 'easy(쉬운)'와 'difficult(어려운)'는 반의어 관계이다. 마찬가지로 ①, ②, ③은 모두 반의어 관계이나, ④의 'rapid(신속한)'와 'quick(빠른)'은 유의어 관계이다.
① 무거운 – 가벼운
② 시끄러운 – 조용한
③ 아픈 – 고통 없는
해석 무언가를 하겠다고 말하기는 쉽지만, 실제로 행하기는 어렵다.
어휘 actually 실제로, 정말로

05 **해설** ① 날짜 : 4월 17일, 오후 6시–9시
② 장소 : 아동 병원 로비
③ 출연진 : 알 수 없음
④ 기금 용도 : 아동 병원 기부금
해석

기금 모금 콘서트
• **날짜** : 4월 17일, 오후 6시–9시
• **장소** : 아동 병원 로비
• 가벼운 간식이 제공됩니다.
모든 기금은 아동 병원에 기부됩니다.

어휘 fundraising (기금) 모금
lobby 로비
snack 간식, 간단한 식사
offer 제공하다, 제안하다
fund 기금, 자금
donate 기증하다, 기부하다
Children's Hospital 아동 병원

06 **해설** 첫 번째 문장에서 'hold'는 가방을 '들다'라는 의미로 사용되었고, 두 번째 문장에서 'hold'는 축제를 '개최하다'라는 의미로 사용되었다.
② 좋아하다
③ 만나다
④ 걷다
해석 • 내 가방을 들어줄 수 있니?
• 우리 학교는 다음 달에 음악 축제를 개최할 예정이다.
어휘 festival 축제
next month 다음 달

07 **해설** 첫 번째 문장에서 'if'는 'whether'의 의미인 '~인지 아닌지'의 뜻으로 사용되었고, 두 번째 문장에서 'if'는 가정적 조건을 나타내어 '(만약) ~라면'의 의미로 사용되었다.

해석 • 나는 그가 정직한지 아닌지 모른다.
• 지금 출발하지 않으면 버스를 놓칠 것이다.

어휘 honest 정직한
miss 놓치다, 지나치다
leave 떠나다, 출발하다

08 **해설** 첫 번째 문장에는 '~으로 구성되다'는 의미의 숙어 'consist of'가 와야 하고, 두 번째 문장에는 '~으로 가득하다'라는 의미의 숙어 'be full of'가 와야 한다. 그러므로 빈칸에 공통으로 들어갈 전치사는 'of'이다.

해석 • 인체의 약 60~70%는 물로 구성되어 있다.
• 그 정원은 아름다운 꽃들로 가득하다.

어휘 about 약
consist of ~으로 구성되다
be full of ~으로 가득하다

09 **해설** A가 자신의 어려움을 호소하자, B가 걱정하지 말라며 무슨 일이 있어도 곁에 있다고 말한다. 그러자 A가 네 도움이 자기에게는 전부라며 고마움을 표현하고 있다. 그러므로 밑줄 친 'A friend in need is a friend indeed.'는 '필요할 때 있는 친구가 진정한 친구다.'라는 의미로 적절하다.

해석 A : 나는 지금 너무 힘들어.
B : 걱정하지 마. 무슨 일이 있어도 네 곁에 있을 게.
A : 고마워. 네 도움이 내겐 전부야.
B : 언제든. 필요할 때 있는 친구가 진정한 친구다.

어휘 have a hard time 힘든 시간을 보내다, 고생하다
worry 걱정하다, 근심하다
no matter what 무슨 일이 있어도, 반드시
support 지지, 지원, 도움

10 **해설** B가 약속 시간을 2시로 착각하여 30분 늦게 도착하였고, 이에 대해 A에게 미안하다며 사과하고 있다. 그러므로 위의 대화 내용에서 알 수 있는 B의 심정은 '미안함'이다.

해석 A : 30분 동안 기다렸어. 무슨 일이 있었어?
B : 미안해, 2시에 만나는 줄 알았어.
A : 아니야, 그 시간에 야구 경기가 시작돼, 그래서 우리는 30분 일찍 만나기로 했어.
B : 아, 완전히 잊어버렸어. 기다리게 해서 미안해.

어휘 What happened? 무슨 일이 있었어?
be supposed to ~하기로 되어 있다
totally 완전히, 전적으로
forget 잊다, 잊어버리다

11 **해설** A와 B가 티켓을 받고 좌석을 확인한 후 입장하기 전에 간식을 사려하고 있다. 그러므로 대화가 이루어진 장소는 영화관임을 추측할 수 있다.

해석 A : 티켓은 받았니? 좌석은 어디야?
B : 어디 보자. J11과 J12번이네.
A : 좋네. 들어가기 전에 간식을 좀 사자.
B : 그거 좋은 생각이다.

어휘 let me see 어디 보자
That sounds good 그거 좋은 생각이다

12 **해설** 제시문의 첫 번째 문장에서 꽃은 우리 기분에 긍정적인 영향을 미친다고 하였고, 두 번째 문장에서 그것들을 받은 참가자들은 우울감과 불안감을 덜 느낀다고 말하고 있다. 그러므로 지시대명사 'them'이 가리키는 것은 '꽃(flowers)'이다.
② 기분
③ 참가자
④ 연구

해석 연구에 따르면 꽃은 우리의 기분에 긍정적인 영향을 미치는 것으로 나타났다. 참가자들은 그것들을 받은 후 우울감과 불안감을 덜 느낀다고 말했다. 또한 즐거움과 전반적인 만족감도 더 높았다.

어휘 positive 긍정적인
effect 효과, 효력
mood 기분, 감정
participant 참가자
depressed 우울한, 침울한
anxious 불안해하는, 초조한
receive 받다, 수여하다
enjoyment 즐거움
overall 전반적인, 전체의
satisfaction 만족감

13 **해설** 내일 웅변대회가 있어서 긴장된다는 A의 말에 B가 미안하다고 하고 있고, A가 다시 긴장된다는 말을 되풀이하고 있다. 그러므로 빈칸에는 ②의 'would you say that again(다시 한 번 말해 줄래)'이 들어갈 말로 가장 적절하다.
① 뭘 도와줄까

③ 오늘 날씨는 어때
④ 대회는 어디로 가야 해

해석 A : 웅변대회가 내일이야. 나는 긴장이 돼.
B : 미안한데, 다시 한 번 말해 줄래?
A : 나는 긴장된다고. 내일이 불안해.
B : 아, 알았어. 걱정하지 마. 네가 잘 할 거라고 확신해.

어휘 speech contest 웅변대회
have cold feet 초조해지다, 겁이 나다
be nervous about ~에 긴장하다, 불안해하다

14 **해설** A가 한국에서 가장 맘에 드는 점을 묻고 있으므로, B의 대답은 가장 맘에 드는 것을 답변하면 된다. 그러므로 빈칸에는 ③의 'I like the food delivery service most(음식 배달 서비스가 가장 맘에 들어)'가 들어갈 말로 가장 적절하다.
① 많은 사람들이 그렇게 생각해
② 나는 커피보다 차를 더 좋아하기 때문이야
④ 네가 선택한 모니터가 만족스럽지 않아

해석 A : 한국의 어떤 점이 가장 맘에 드니?
B : 음식 배달 서비스가 가장 맘에 들어.

어휘 lots of 많은
prefer A to B B보다 A를 더 좋아하다
delivery 배달, 전달
be satisfied with ~에 만족하다
monitor 모니터, 화면

15 **해설** A가 허리가 아프다며 B에게 통증을 줄일 수 있는 방법을 물어보자, B가 바닥이 아닌 의자에 앉고 자주 걸으며 부드럽게 스트레칭 할 것을 조언하고 있다. 그러므로 ④의 '허리 통증을 줄이는 방법'이 위 대화문의 주제로 가장 적절하다.

해석 A : 요즘 허리가 많이 아파요.
B : 더 나빠지기 전에 어떤 조치를 해야 합니다.
A : 통증을 줄일 수 있는 방법이 있나요?
B : 음, 바닥이 아닌 의자에 앉으세요. 그리고 자주 걷고 부드럽게 스트레칭하세요.

어휘 lower back 등 아래 부분, 허리
hurt 다치다, 아프다
these days 요즘
get worse 악화되다, 더 나빠지다
tip 조언, 정보, 방법
reduce 줄이다, 감소하다
pain 고통, 아픔
floor 바닥
stretch 뻗다, 펴다, 스트레칭하다
gently 부드럽게, 다정하게

16 **해설** 글쓴이는 스스로에 대한 자신감이 없어서 자신감을 키우는 방법에 대한 해결책을 제시해 달라고 부탁하고 있다. 그러므로 ③의 '조언을 구하려고'가 제시문의 목적으로 가장 적절하다.

해석 스스로에 대한 자신감이 없는 것이 걱정됩니다. 친구들은 항상 그들이 무엇을 하고 있는지 알고 있는 것처럼 보이지만, 저는 제가 옳은 일을 하고 있는지 확신할 수가 없습니다. 저는 자신감을 키우고 싶습니다. 제 문제에 대한 해결책을 제시해 주실 수 있는지 궁금합니다. 도와주시기를 간청합니다.

어휘 be worried about ~에 대해 걱정하다
confidence 자신감
seem to ~처럼 보이다
sure 확신하는, 틀림없는
build 세우다, 키우다
wonder 궁금하다, ~일지 모르겠다
solution 해결책

17 **해설** 초보자만을 위한 수업(lessons for beginners only)이 준비되어 있다고 하였으므로, '상급자를 위한 수업이 준비되어 있다.'는 ②의 설명은 안내문의 내용과 일치하지 않는다.

해석

중앙 배드민턴 센터
개방 시간 : • 월요일부터 금요일까지, 오전 10시부터 오후 9시까지. 제공되는 것 : • 초보자만을 위한 수업 • 하루 최대 4시간 무료 주차 • 적합한 신발과 옷이 필요합니다.

어휘 central 중앙의, 중심의
provide 제공하다, 준비하다
beginner 초보자, 초심자
free parking 무료 주차
for up to 최대 ~까지
proper 적당한, 적절한, 적합한
require 필요하다, 요구하다

18 **해설** 제시문의 마지막 문장에서 요즘에는 아프리카 국가들도 또한 쌀 소비가 증가하고 있다고 밝히고 있으므로, '아프리카 국가에서 소비가 감소하고 있다.'는 ④의 설명은 제시문의 내용과 일치하지 않는다.

해석 쌀은 세계의 주요 작물 중 하나이다. 쌀이 도입되고 재배된 이래로, 쌀은 대부분의 아시아인의 주식이었다.

사실 아시아 국가들은 전 세계에서 쌀을 가장 많이 생산하고 소비한다. 요즘에는 아프리카 국가들도 또한 쌀 소비가 증가하고 있다.

어휘 rice 쌀, 벼
major 주요한, 중대한
crop 작물, 농작물
introduction 도입, 소개
cultivation 경작, 재배
produce 생산하다
consume 소비하다, 먹다
worldwide 세계적인, 전 세계의
increase 증가하다, 늘다
consumption 소비, 소모

19 **해설** 제시문에서 문화적 차이를 배우는 것은 현지인을 더 잘 이해하는 데 도움이 되며, 자신과 자신의 문화를 이해하는 데 또한 도움이 될 수 있다고 하였다. 그러므로 ④의 '문화적 차이를 배우는 것의 유용성'이 제시문의 주제로 가장 적절하다.

해석 외국에 가면 사람, 언어, 관습이 자신과 다른 곳에 있다는 사실을 깨닫는다. 문화적 차이에 대해 배우는 것은 유용한 경험이 될 수 있다. 그것은 현지인을 더 잘 이해하는 데 도움이 될 수 있다. 또한 자신과 자신의 문화를 더 많이 이해하는 데 도움이 될 수 있다.

어휘 abroad 외국에, 해외에
find oneself 깨닫다, 알다
language 언어
custom 관습, 습관
be different from ~과 다르다
own 자신의
cultural 문화의
difference 차이, 다름
useful 유용한, 유능한
experience 경험
local people 지역 주민, 현지인

20 **해설** 제시문에서 프랑스 사람들은 저녁 식사를 오래 하므로 식사를 빨리 끝내려고 하는 것은 무례한 행동으로 해석될 수 있다고 하였다. 따라서 프랑스 사람들은 식사하는 과정을 서두르지 않을 것이므로, 빈칸에 들어갈 말로는 'rush(서두르다)'가 가장 적절하다.
① 즐기다
③ 제공하다
④ 경고하다

해석 프랑스에서는 가족, 친구들과 함께 저녁 식사를 하기 때문에 저녁 식사가 오래 지속된다. 프랑스 사람들은 이 과정을 서두르지 않는다. 저녁 식사를 빨리 끝내려고 하는 것은 무례한 행동의 표시로 해석할 수 있다.

어휘 last 계속되다, 지속되다
process 과정, 처리
quickly 빨리, 곧
interpret 해석하다, 통역하다
sign 징후, 표시, 신호
impolite 무례한, 예의 없는
rush 급히 움직이다, 서두르다
warn 경고하다

21 **해설** 제시문에서 선택에 대해 책임을 지는 것은 결과를 통해 배우는 데 도움을 주므로, 어떤 선택에 대해 남을 탓하지 말고 자신이 책임을 지는 것이 중요하다고 설명하고 있다. 또한 'take responsibility for'는 '~을 책임지다'라는 숙어로 사용되므로, 빈칸에 들어갈 말로는 'responsibility(책임)'가 가장 적절하다.
① 갈등
② 욕망
③ 도움

해석 인생에서 어떤 선택에 대해 책임을 지는 것은 중요하다. 선택의 결과가 원하던 것이 아니더라도, 다른 사람을 탓하면 안 된다. 선택에 대해 책임을 지는 것은 결과를 통해 배우는 데 도움을 준다.

어휘 take responsibility for ~을 책임지다
result 결과, 결실
blame 탓하다, 비난하다
charge 책임, 임무
be in charge of ~을 담당하다, ~을 책임지다
conflict 충돌, 갈등
desire 욕망, 욕구

22 **해설** 주어진 문장에서 'on the other hand'는 '다른 한편으로' 또는 '반면에'라는 뜻으로 글의 앞뒤 내용이 서로 상반될 때 사용된다. ③번 이전에는 온라인 수업의 단점에 대해 설명하다, 그 이후부터 온라인 수업은 언제 어디서나 컴퓨터를 켜기만 하면 공부를 시작할 수 있다고 그 이점에 대해 설명하고 있다. 그러므로 주어진 문장은 ③에 들어가는 것이 가장 적절하다.

해석

다른 한 편으로, 큰 이점이 있다.

온라인 수업을 듣는 것은 좋을 수도 있고 나쁠 수도 있다. (①) 온라인 수업을 들으면, 대면 의사소통 부족에

2024년 1회

대해 걱정할 수도 있다. (②) 수업을 온라인으로 들으면 선생님 및 반 친구들과 돈독한 관계를 만들기 어렵다. (③) 온라인 수업은 언제 어디서나 자유롭게 들을 수 있다. (④) 컴퓨터를 켜기만 하면 공부를 시작할 수 있다.

어휘 on the other hand 다른 한편으로, 반면에
advantage 이점, 장점
take classes 수업을 듣다
worry about ~에 대해 걱정하다
lack 부족, 결핍
face-to-face 마주보는, 대면하는
communication 의사소통
difficult 어려운, 힘든
create 창조하다, 만들다
relationship 관계, 관련성

23 **해설** 제시문의 마지막 문장에서 반려견 산책으로 인한 문제점을 방지하기 위해, 반려견을 산책시킬 때 지침을 따르라고 하였다. 그러므로 ②의 '반려견 산책 시 지켜야 할 사항'이 제시문 다음에 이어질 글의 내용으로 가장 적절하다.

해석 반려견 산책은 공원에서 흔히 볼 수 있는 활동입니다. 하지만 더 많은 사람들이 이렇게 하면서 공원에서 문제가 발생하고 있습니다. 이러한 문제를 방지하기 위해, 반려견을 산책시킬 때 다음 지침을 따르세요.

어휘 common 보통의, 흔한
activity 활동
problem 문제
arise 유발되다, 발생하다
avoid 방지하다, 피하다
issue 주제, 문제
guideline 지침, 지도요강

[24-25]

해석 신발과 양말이 함께 진열되어 있다는 사실을 알고 있습니까? 그것들은 서로 전략적으로 배치된 상품이다. 이미 신발 한 켤레를 구매하기로 결정했다면, 양말 한 켤레 또한 구매하는 것은 어떨까? 매장에 상품을 배치하는 것은 임의적인 것이 아니라는 것을 기억해라. 상품을 배치하는 것은 고객이 쇼핑하는 동안 무의식적으로 고객에게 암시를 주는 것이다.

어휘 notice 알다, 의식하다
item 물품, 품목, 상품
strategically 전략적으로
decide 결심하다, 결정하다
a pair of 한 벌[켤레]
why not? ~하는 게 어때?
placement 설치, 배치
arrange 정리하다, 배열[배치]하다
suggestion 제안, 암시, 시사
customer 고객, 단골
in a way that is not obvious 무의식적으로
obvious 분명한, 확실한
accurate 정확한, 정밀한
positive 긍정적인
random 임의의, 마구잡이의

24 **해설** 신발과 양말을 함께 진열하는 것처럼 매장에서 상품을 배치하는 것은 임의적이 아닌 즉, 전략적이라는 것이다. 그러므로 빈칸에는 ④의 'random(임의적인)'이 들어갈 말로 가장 적절하다.
① 정확한
② 충분한
③ 긍정적인

25 **해설** 제시문에 따르면 매장에 상품을 진열할 때 임의적으로 진열하는 것이 아니라, 고객이 쇼핑하는 동안 필요한 물건을 함께 구매하도록 유도하는 전략이 숨어 있다는 것이다. 그러므로 ③의 '전략적 상품 진열 방식'이 제시문의 주제로 가장 적절하다.

제4교시

사 회

정답 및 해설

정답

01 ①	02 ④	03 ④	04 ②	05 ②
06 ①	07 ②	08 ②	09 ④	10 ②
11 ①	12 ①	13 ③	14 ④	15 ③
16 ③	17 ④	18 ①	19 ①	20 ②
21 ②	22 ④	23 ③	24 ①	25 ③

해설

01 정주 환경은 인간이 정착하여 살아가고 있는 지역의 주거지와 그 주변 생활 환경을 말한다. 질 높은 정주 환경을 위한 조건에는 깨끗한 자연환경, 안락한 주거 환경, 기본적인 위생 시설, 교육과 의료 혜택을 누릴 수 있는 시설 등이 포함된다.

02 ㄷ. 인간이 태어나면서부터 가지는 천부적 권리이다. (O)
ㄹ. 인간이라면 누구나 누릴 수 있는 기본적 권리이다. (O)
ㄱ. 누구나 침범할 수 있는 권리이다. (X) → 누구도 침범할 수 없는 권리이다.
ㄴ. 타인에게 양도할 수 있는 권리이다. (X) → 타인에게 양도할 수 없는 권리이다.

03 국가의 의사 결정 과정에 참여할 수 있는 권리는 참정권으로 선거권, 공무 담임권, 국민 투표권 등이 이에 해당한다.
① **사회권** : 국민이 인간다운 삶을 위하여 필요한 사회적 보장책을 국가에 요구할 수 있는 권리.
② **평등권** : 모든 국민이 법 앞에 평등하고, 성별 · 종교 또는 사회적 신분 등을 이유로 차별을 받지 않을 권리
③ **청구권** : 국가에 대해 일정한 행위를 요구할 수 있는 권리이자 다른 기본권이 침해되었을 때 이를 구제하도록 요구할 수 있는 권리

04 개인이 재산을 자유롭게 획득하고 사용할 수 있는 사유 재산 제도를 바탕으로 하는 경제 체제는 자본주의로, 시장에서의 자유로운 경쟁을 통해 상품의 생산, 교환, 분배, 소비가 이루어진다.
① **법치주의** : 국가가 국민의 자유와 권리를 제한하거나 국민에게 의무를 부과할 때에는 반드시 국민의 대표기관인 의회에서 제정한 법률로써 해야 하고, 행정작용과 사법작용도 법률에 근거를 두어야 한다는 원칙
③ **공동체주의** : 공동체의 가치를 강조하며 개인의 좋은 삶을 공동체와 분리될 수 없는 것으로 보고, 공동선에 대한 의무를 제시하는 정치사상
④ **자문화 중심주의** : 자기 문화만을 가장 우수한 것으로 생각하고 다른 문화를 무시하거나 부정하는 태도

05 헌법 제37조는 국민의 기본권 보장과 관련된 내용으로, 국민의 기본권은 국가 안전보장 · 질서 유지 또는 공공복리를 위하여 필요한 경우에 한하여 법률로써 제한할 수 있으며, 제한하는 경우에도 자유와 권리의 본질적인 내용을 침해할 수 없다.
① **기후 변화** : 지구 온난화처럼 지구의 평균 기온이 점진적으로 상승하면서 전지구적 기후 패턴이 급격하게 변화하는 현상
③ **문화 동화** : 다른 사회의 문화 요소가 전파되었을 때 기존의 문화 요소가 전파된 문화 요소에 흡수되어 소멸되는 현상
④ **비폭력성** : 파괴적인 방법을 자제하고 평화적인 방법으로 변화의 필요성을 주장하는 성향

06 ㉠ 일정 수준의 소득이 있는 개인과 정부, 기업이 보험료를 분담하여 구성원의 사회적 위험에 대비하는 제도는 사회 보험이다. ㉨ 국민 건강 보험
㉡ 저소득 계층이 최소한의 삶을 꾸릴 수 있도록 국가가 전액 지원하여 돕는 제도는 공공 부조이다. ㉨ 국민 기초 생활 보장 제도
• **개인 보험** : 사회 개개인이 각자의 생명 · 재산 · 배상 책임 등에 관한 경제적 보장을 위하여 임의로 이용하는 모든 종류의 보험

07 시장 실패는 시장 기구가 그 기능을 제대로 발휘하지 못하여 시장에서 자원의 배분이 효율적으로 이루어지지 못하는 상태로, 공공재의 공급 부족 문제가 발생한다.

08 편익은 어떤 선택을 함으로써 얻는 이익이나 만족감을 말한다. 편익에는 물질적이고 금전적인 이익뿐만 아니라 즐거움이나 성취감 같은 비금전적인 것도 포함한다.

ㄴ. 경기 침체와 동시에 물가가 상승하는 현상은 스태그플레이션이다.
ㄷ. 대가를 지급하고 난 뒤 회수할 수 없는 비용은 매몰 비용이다.

09 노동조합을 통해 사용자와 자주적으로 교섭할 수 있는 권리는 단체 교섭권이다. 헌법 제33조에도 단결권과 단체 행동권 외에 단체 교섭권이 근로 3권의 하나로 명시되어 있다.
① **문화권** : 공통된 특징을 보이는 어떤 문화가 지리적으로 분포하는 범위
② **자유권** : 개인이 국가나 타인으로부터 간섭이나 침해를 받지 않고 자유로운 생활을 영위할 권리
③ **행복 추구권** : 국민이 인간으로서의 행복을 추구할 수 있는 권리

10 생애 주기별 금융 설계는 특정 생애 주기만을 고려하여 설계하는 것이 아니라, 생애 주기 전체를 고려하여 설계하는 것이 바람직하다.
① 생애 주기별로 소득 수준이 다르므로, 현재의 소득만을 고려하는 것은 바람직하지 않다.
③ 은퇴 후의 노년기를 대비하여 중·장년기에도 소득 중 적절한 저축과 지출의 자금 운용이 필요하다.
④ 생애 주기의 각 단계에 따라 필요한 자금의 크기는 다르다.

11 문화 변동의 내재적 변동 요인으로, 이미 존재하고 있었지만 알려지지 않은 문화 요소를 찾아내는 것은 발견이다.
② **전파** : 문화 변동의 외재적 요인으로, 직접 전파와 간접 전파가 있음
③ **비교 우위** : 국제 무역에서 한 나라가 생산하는 특정한 상품이 상대국과의 모든 교류 상품들에 비해 더 낮은 비용으로 생산되어 생산 효율성 면에서 우위를 차지하는 것
④ **절대 우위** : 국제 무역에서 생산비가 타국에 비해 절대적으로 적은 상품의 생산에 각각 특화하여 교역하면 양국 모두에게 이익이 발생한다는 것

TIP **문화 변동**
문화가 새로운 문화 요소의 등장이나 다른 문화와의 교류·접촉을 통해 상호 작용하면서 변화하는 현상이다.
- **내재적 요인** : 발견, 발명
- **외재적 요인** : 전파(직접 전파, 간접 전파)

12 한 사회에서 부, 권력, 명예 등의 사회적 자원이 개인이나 집단에 차등적으로 분배되어 사회 구성원들이 차지하는 위치가 서열화되어 있는 상태를 사회 불평등이라 한다.
② **소비자 주권** : 소비자가 단순히 소비만 하는 수동적 역할에서 재화의 생산 및 서비스까지 결정하는 권한
③ **문화 상대주의** : 각 문화의 다양성을 인정하고, 문화가 가진 독특한 환경과 역사적·사회적 상황에서 다른 문화를 바라보는 태도
④ **스태그플레이션** : 경기 침체와 동시에 물가가 상승하는 현상

13 분배적 정의를 실현하기 위한 실질적 기준에는 필요, 업적, 능력 등이 있다. 필요에 따른 분배는 각자의 실질적 필요를 충족할 수 있도록 분배해야 한다는 것으로, 사회적 약자를 보호할 수 있고 누구나 필요한 만큼 자신의 몫을 가질 수는 있지만, 모든 사람의 필요를 충족하는 것은 사실 불가능하며 경제적인 효율성이 저하될 수 있다.
① **담합** : 이윤을 올리기 위해 판매자 간에 재화 또는 서비스의 가격이나 생산 수량, 거래 조건 등을 제한하는 것
② **독점** : 오직 한 명의 사람이나 하나의 기업만이 상품이나 서비스를 제공하는 것
④ **특화** : 한 나라의 어떤 산업 또는 수출상품이 상대적으로 큰 비중을 차지하는 상태, 또는 그 부분에서 전문화하는 것

14 겨울이 길고 몹시 추운 북극해 연안의 툰드라나 빙설 지역 등은 한대 기후 지역에 해당한다. 추운 날씨의 영향으로 사냥·어로·순록 유목 등의 전통 산업이 발달하였으며, 주민들은 동물의 가죽이나 털로 만든 두꺼운 옷을 입고 생활한다.
① **열대 기후 지역** : 적도 인근의 연중 고온다습하고 강수량이 2,000mm 이상인 열대 우림 및 사바나 기후 지역
② **건조 기후 지역** : 연강수량이 500mm 미만의 사막과 스텝 기후 지역
③ **온대 기후 지역** : 사계절이 뚜렷하고 기후가 온난하며, 강수량도 적당하여 사람이 살기에 적당한 기후 지역

15 사막화는 오랜 가뭄 또한 인간의 과도한 개발로 인해 토지가 사막으로 변해가는 현상으로, 과도한 목축으로 가축의 수가 늘어나면서 가축들이 초원의 풀을 닥치는 대로 뜯어먹는 것도 사막화의 한 원이이다.

16 인간을 자연보다 우월한 존재로 여기고, 인간의 이익이나 행복을 먼저 고려하는 관점은 인간 중심주의이다. 이는 산업화·도시화 과정에서 발생한 환경 파괴의 주된 요인으로 지적받기도 한다.
① **문화 사대주의** : 다른 문화를 더 좋은 것으로 생각하고 자신의 문화를 과소평가하거나 무시하는 태도
② **생태 중심주의** : 인간을 자연의 일부분으로 간주하고 인간

을 포함한 자연 전체의 균형과 안정을 중시하는 관점
④ **직접 민주주의** : 모든 참정권을 가진 시민이 직접 정치 활동에 참여하는 형태의 민주주의

17 ㉠ 주로 인도에서 신봉하는 다신교로, 소를 신성시하는 종교는 힌두교이다.
㉡ 성지인 메카를 향해 기도하며, 돼지고기와 술을 금기시하는 종교는 이슬람교이다.
• **불교** : 인도의 석가모니가 창시한 후 동양 여러 나라에 전파된 종교

18 합계출산율이 인구 대체가 가능한 수준(평균 2.1명)을 밑도는 현상을 저출산이라 하며, 이를 해결하기 위한 방안에는 보육 시설 확충, 출산 장려금 지원 등이 있다.
ㄴ. 산아 제한 정책은 높은 출산율을 억제하고자 출산율을 계획적으로 조절하는 정책이다.
ㄹ. 개발 제한 구역은 도시 주변의 녹지를 보존하기 위해 지정한 구역으로, 도시의 무질서한 확산을 방지하고 도시 주변 자연환경 및 생태계를 보전하기 위한 것이다.

19 과학 기술의 발달과 더불어 교통 · 통신의 발달은 사람과 물자, 정보의 교류를 확대시키고 시공간적 제약을 완화시켰다.
② 지역 간의 교류가 단절(→ 활성화)되었다.
③ 경제 활동의 범위가 축소(→ 확대)되었다.
④ 다른 지역과의 접근성이 낮아졌다(→ 높아졌다).

20 기업이 성장하며 기업의 본사, 연구소, 공장 등이 각각의 기능을 수행하는 데 적합한 지역을 찾아 지리적으로 분산되는 것을 공간적 분업이라 한다.
① **공정 무역** : 불공정 무역 행위를 규제하고 상품의 전 과정에서 경제 주체들의 이익이 공정하게 분배되도록 하는 무역
③ **탄소 발자국** : 제품 및 서비스의 원료 채취, 생산, 운송 및 유통, 소비, 폐기 등, 전 과정에 걸쳐 발생하는 온실가스의 양을 정량적으로 나타낸 것
④ **지리적 표시제** : 품질이나 명성 등이 드러나는 지역 상품에 대해 지역 생산품임을 표시하는 제도

21 정보화는 정보가 중심이 되어 가치를 만들어 내는 사회경제로, 인간의 생활을 편리하고 풍요롭게 만들어 주었지만 인터넷 중독, 사생활 침해, 사이버 범죄, 정보 격차 등의 문제 또한 발생시켰다.
① **교외화** : 도시의 인구나 기능, 시설 등이 대도시 주변 지역으로 확산되는 현상
③ **님비 현상** : 공공의 이익에는 부합하지만 자신이 속한 지역에는 이롭지 아니한 일을 반대하는 행동
④ **열섬 현상** : 도시의 아스팔트 도로와 콘크리트 구조물로부터 발생하는 도시 내부의 인공 열로 인해 도시 중심부의 기온이 주변 지역보다 높게 나타나는 현상

22 리오그란데강 이남 지역으로, 남부 유럽의 문화가 전파되어 주로 에스파냐어와 포르투갈어를 사용하는 문화권은 D(라틴 아메리카 문화권)이다. 이 문화권의 주된 종교는 가톨릭이며 원주민(인디오)과 아프리카인, 유럽인의 문화가 혼재되어 나타난다.
① **A(북극 문화권)** : 유라시아와 북아메리카의 북극해 연안 툰드라 지역에 형성된 문화권으로, 유라시아 대륙의 라프족과 사모예드 족은 순록을 유목하며, 아메리카의 이누이트(에스키모) 족은 어로와 물개잡이를 하였으나 최근에는 근대 문명의 유입이 계속되어 전통적 생활양식을 상실하고 점차 유럽 문화에 흡수되고 있다.
② **B(아프리카 문화권)** : 사하라 사막 이남의 중 · 남부 아프리카 일대로, 열대 기후 지역에 속한다. 다양한 부족이 분포하고 부족 단위의 공동체 문화와 토속 신앙이 발달하였다.
③ **C(동아시아 문화권)** : 고대 중국의 문화에 기반을 둔 문화권으로, 중국의 한나라를 거쳐 당나라에 이르러 완성된 중국, 한국, 일본, 등의 문화권을 말한다. 이들 지역은 유교와 불교, 한자, 율령 체제 같은 문화적 공통점을 갖고 있다.

23 일정한 지역 안의 인구를 성별, 연령별 등의 기준으로 나누어 분류한 것을 인구 구조라 하며, 이는 해당 지역의 사회 · 경제적 특성을 파악하는 데 유용하다.
① **인구 절벽** : 생애주기에서 소비가 정점에 이르는 연령대인 45~49세의 인구가 줄어들기 시작하는 시점
② **인구 과잉** : 일정한 지역에 사는 인구의 수가 지나치게 많은 상태
④ **인구 이동** : 둘 이상 지역 간에 발생하는 전출과 전입 현상

24 그린피스(Greenpeace), 국경 없는 의사회(MSF)는 국제 사회의 보편적 가치와 관련된 다양한 활동을 하는 대표적인 국제 비정부 기구(NGO)이다.
② 자국의 이익 실현을 최우선으로 하는 기구는 개별 국가들이다.
③ 국제 분쟁 지역에 평화 유지군을 파견하는 기구는 국제연합(UN)이다.
④ 국가를 회원으로 하는 정부 간 국제기구(IGO)에는 UN, 유럽연합, NATO 등이 있다.

TIP 국제 비정부 기구(NGO)

- **그린피스(Greenpeace)** : 지구의 환경을 보존하고 세계 평화를 증진시키는 활동을 벌이는 대표적인 국제 비정부 기구
- **국경 없는 의사회(MSF)** : 의료 지원의 부족, 무력 분쟁, 전염병, 자연재해 등으로 인해 생존의 위협에 처한 사람들을 위해 긴급구호 활동을 펼치는 국제 비정부 기구

25 자원의 특징 중 하나로 언젠가는 고갈된다는 성질을 자원의 유한성이라고 한다.

TIP 자원의 특성

- **희소성** : 무한한 인간의 욕구에 비해 자원은 유한함
- **유한성** : 매장량이 한정되어 고갈 위험이 있음
- **편재성** : 일부 지역에 치우쳐 분포하며, 생산자와 소비자가 일치하지 않음
- **가변성** : 자원의 가치는 시대와 장소, 경제 상황, 기술 발달 등에 따라 달라짐

제5교시

과 학

정답 및 해설

정답

01 ①	02 ③	03 ④	04 ③	05 ③
06 ④	07 ①	08 ④	09 ①	10 ④
11 ③	12 ②	13 ②	14 ③	15 ②
16 ②	17 ①	18 ①	19 ④	20 ④
21 ①	22 ②	23 ④	24 ③	25 ①

해설

01 파도의 상하운동 에너지를 전기 에너지로 전환하는 발전은 파력 발전으로, 파도 상황에 따라 전력 생산량이 일정하지 못한 단점이 있다.

② **화력 발전** : 석탄, 석유, 천연가스 등을 연소시켜 전기를 얻는 발전

③ **원자력 발전** : 우라늄의 원자핵이 핵분열을 일으킬 때 방출되는 에너지를 이용하여 전력을 생산하는 발전

④ **태양광 발전** : 태양의 빛에너지를 광전효과를 이용하여 전기에너지로 바꿔주는 태양전지를 이용한 발전

02 ㄱ. 발전소에서 수력, 화력, 원자력, 태양광 등의 에너지를 이용하여 전기 에너지를 생산한다.

ㄴ. 송전 중에 발생하는 전력 손실을 줄이기 위해 승압 변전소에서 전압을 높였다가 1·2차 변전소에서 전압을 차례대로 낮추고, 주상 변압기를 거쳐 가정에 송전될 때 또 한 번 전압을 낮추므로 ㉠에 해당하는 전압은 22.9 kV보다 작다.

ㄷ. 수송 과정에서 손실되는 전기 에너지는 없다. → 송전선의 저항 때문에 송전선에서 열이 발생하여 전기 에너지의 일부가 손실된다.

03

충격량 = 운동량의 변화량(나중 운동량 − 처음 운동량)

충격량은 물체의 운동을 변화시키는 물리량을 말한다.
충격량은 운동량의 변화량과 같으므로,
운동량의 변화량 = 나중 운동량 − 처음 운동량'에서
A : 5kg · m/s − 2kg · m/s = 3kg · m/s
B : 7kg · m/s − 3kg · m/s = 4kg · m/s
C : 8kg · m/s − 3kg · m/s = 5kg · m/s
D : 10kg · m/s − 4kg · m/s = 6kg · m/s
그러므로 물체 A~D 중 받은 충격량의 크기가 가장 큰 것은 D이다.

04 열기관에서 고열원으로 100J의 열에너지를 공급받아 저열원으로 50J의 열에너지를 방출하였으므로, 열기관이 한 일 W의 양은 고열원 − 저열원 = 100J − 50J = 50J이다.

05 고온 · 고압인 태양의 내부에서 수소 원자핵이 융합하는 수소 핵융합 반응으로 헬륨이 생성된다. 즉, 수소 핵융합 반응으로 4개의 수소 원자핵이 융합하여 1개의 헬륨 원자핵이 생성되는 동안 줄어든 질량이 에너지로 전환된다.

06 자유 낙하 운동을 하는 물체가 중력만을 받아 10m/s의 속력으로 떨어질 때, 낙하하는 방향으로 중력의 힘이 작용하여 물체의 속도가 매초 10m/s씩 증가하므로 D 지점에서 물체의 속도가 가장 빠르다.

07 자석을 코일 속에 넣으면 전자기 유도 현상으로 인해 유도 전류가 발생하는데, 자석의 극을 바꾸면 검류계의 바늘이 반대 방향으로도 움직인다. 그러므로 유도 전류의 방향을 변화시킬 수 있는 요인은 ㄱ의 '자석의 극을 바꾼다.'이다.
ㄴ의 '자석을 더 빠르게 넣는다.'와 ㄷ의 '더 강한 자석을 사용한다.'는 유도 전류의 방향을 변화시키는 요인이 아니라, 유도 전류의 세기를 변화시키는 요인에 해당한다.

08 원자가 전자는 원자의 전자 배치 중 가장 바깥 전자 껍질에 들어 있는 전자로, 주기율표에서 〈족〉의 1의 자리수와 같다. 즉, A와 C는 1개, B는 6개, D는 7개의 원자가 전자를 갖는다. 그러므로 A~D 중 원자가 전자 수가 가장 큰 원소는 D이다.

09

$Na \rightarrow Na^{+}$

나트륨의 이온 생성 과정 모형에서 나트륨 원자(Na)가 1개의 전자를 잃어 양의 나트륨 이온(Na^{+})이 된 것이므로, 나트륨 원자가 잃은 전자의 개수는 1개이다.

10 $Na^{+} + Cl^{-} \rightarrow NaCl$

금속 원소의 양이온과 비금속 원소의 음이온의 정전기적 인력으로 형성되는 화학 결합은 이온 결합이며, 염화 나트륨(NaCl)은 금속 원소의 양이온인 나트륨(Na^{+})과 비금속 원소의 음이온인 염소(Cl^{-})가 결합한 대표적인 이온 결합 물질이다.

TIP 공유 결합과 이온 결합

- **공유 결합** : 비금속 원소들이 원자들 사이에서 전자쌍을 공유하며 형성되는 화학 결합
- **이온 결합** : 금속 원소의 양이온과 비금속 원소의 음이온의 전기적 인력으로 형성되는 화학 결합

11 산성화된 토양에 염기성의 석회 가루를 뿌리는 것은 산과 염기가 반응하여 물과 염이 만들어지는 중화 반응에 해당된다.

① 메탄가스가 산소를 얻어 연소되면 이산화탄소와 물이 되므로 산화 환원 반응에 해당한다.

② 철이 공기 중의 산소를 만나 산화철이 된 것이므로 산화 환원 반응에 해당된다.

④ 사과를 깎아 놓으면 산소와 반응하여 색이 갈변하는 것은 산환 환원 반응에 해당된다.

12

$$HCl \rightarrow H^{+} + Cl^{-}$$
$$H_2SO_4 \rightarrow 2H^{+} + SO_4^{2-}$$

염산(HCl)과 황산(H_2SO_4)은 대표적인 산성 물질인데, 산성 물질은 물에 녹아 수소 이온(H^{+})을 내놓는다.

TIP 산성의 특성

- 이온화하여 수소 이온(H^{+})을 내놓고 전류를 흐르게 한다.
- 금속과 반응하여 수소 기체가 발생한다.
- 탄산칼슘과 반응하여 이산화탄소가 발생한다.
- 신맛이 나는 과일, 식초, 탄산 음료 등이다.

13 단위체인 아미노산이 펩타이드 결합으로 연결된 물질은 단백질이다. 단백질은 근육과 항체, 세포의 원형질, 효소와 호르몬을 구성하는 생명체의 주성분이다.

① **핵산** : 생명체의 유전 정보를 가지고 있는 생물체의 유전물질

③ **포도당** : 단맛이 있고 물에 잘 녹으며 환원성이 있는 단당류의 하나

④ **글리코겐** : 포도당으로 이루어진 다당류로 사람, 동물, 균류, 세균에서 에너지 저장의 한 형태로 작용함

14 사막여우, 붉은여우, 북극여우 순으로 귀가 작고 짧다. 사막여우는 더운 날씨 때문에 열을 몸 밖으로 내보내기 좋게 귀가 큰 반면에, 북극여우는 추운 날씨 때문에 몸 속의 열을 빼앗기지 않기 위해 귀가 작고 짧다. 이것은 생물이 온도라는 환경 요인에 적응하여 진화한 것이다.

15 개체 수 피라미드에서 A는 생산자이고 B는 2차 소비자이다. 생산자는 식물이고, 1차 소비자는 초식동물, 2차 소비자는 육식 동물에 해당하므로, 1차 소비자의 수가 증가하게 되면 생산자인 A의 개체 수는 ㉠ 감소하게 되고, 2차 소비자인 B의 개체 수는 1차 소비자가 증가하므로 역시 ㉡ 증가하게 된다.

16 물질대사는 생물이 생명 유지를 위해 생명체 내에서 일어는 모든 화학 반응으로, 이러한 물질대사에는 효소가 관여한다. 효소는 생명체에서 화학 반응을 촉진하는 생체 촉매로, 효소가 없다면 음식을 먹어도 영양소를 소화 · 흡수할 수 없다.

① **녹말** : 탄수화물의 일종으로, 여러 개의 포도당이 글루코시드 결합으로 결합된 다당류

③ **인지질** : 당지질, 콜레스테롤, 단백질과 함께 생체막의 주요 성분으로 인을 포함하는 지질의 일종

④ **셀룰로스** : 고등식물 세포벽의 주성분으로 목질부의 대부분을 차지하는 다당류로 섬유소

17 DNA는 두 가닥의 폴리뉴클레오타이드가 나선형으로 꼬여있는 이중 나선 구조로, 구아닌(G)과 사이토신(C) 그리고 아데닌(A)과 타이민(T)이 짝을 이루어 배열된다. 그러므로 ㉠에 해당하는 염기는 타이민(T)과 짝을 이루는 아데닌(A)이다.

18 세포막을 경계로 세포 안팎에 농도가 다른 용액이 있을 때, 물 분자가 세포막을 통해 농도가 낮은 곳에서 높은 곳으로 이동하는 현상은 삼투이다.

② **호흡** : 산소를 이용해 영양소를 분해하여 에너지를 얻는 과정

③ **광합성** : 녹색 식물이 빛에너지를 이용해 물과 이산화 탄소를 원료로 포도당과 산소를 만드는 과정

④ **이화 작용** : 에너지를 방출하며 복잡한 분자를 단순한 화합물로 분해하는 작용

19 일정 지역에 서식하는 생물종의 다양한 정도를 종 다양성이라고 한다. 서식하는 생물종이 많고 그 분포가 고르게 나타날수록 종 다양성은 높다.

① **개체** : 모든 기관계가 연결되어 생존의 최소 단위를 구성하는 하나의 생물체

② **군집** : 여러 개체군이 같은 서식지에 지은 무리

③ **개체군** : 일정한 지역에 같은 종의 개체가 지은 무리

20 ㄴ. 대규모의 화산 폭발로 화산구가 형성되고 분출된 화산재가 쌓여 주변의 지형을 변화시킨다.
ㄷ. 화산 활동은 온천을 개발하여 관광 명소를 만들고, 지열을 이용하여 발전을 하는 등 인간 생활을 이롭게 하기도 한다.
ㄱ. 화산 활동은 지하 깊은 곳에 있던 마그마가 지각의 갈라진 틈을 뚫고 분출하는 현상이므로, 태양 에너지에 의해 일어나는 것은 아니다.

21 지각을 구성하는 물질 중 규산염(SiO_4) 광물은 규소(Si) 원자 1개와 산소(O) 원자 4개가 공유 결합한 사면체 구조이다. 따라서 ㉠에 해당하는 원소는 산소이다.

22 해저 지진 활동이 일어난 곳은 지권이고, 지진 해일이 발생한 곳은 수권에 해당한다. 그러므로 해저 지진 활동으로 인해 지진 해일이 발생하는 것은 지권과 수권의 상호 작용인 B에 해당한다.

TIP 지구 시스템

지권	바깥쪽으로부터 지각–맨틀–외핵–내핵으로 구분됨
수권	혼합층–수온 약층–심해층 순으로 깊어지며 해수, 빙하, 지하수, 하천수 등으로 분포됨
기권	대류권–성층권–중간권–열권 순으로 올라감
생물권	지권, 수권, 기권에 걸쳐 분포
외권	기권 바깥의 태양계 천체, 별, 은하 등을 모두 포함

23 화석 연료 등의 사용으로 이산화탄소, 오존 등의 온실 기체의 농도가 크게 증가하여 지구의 평균 기온이 상승하는 현상은 지구 온난화이다.
① **황사** : 봄철에 중국 내륙에서 발생한 흙먼지와 모래먼지가 편서풍을 타고 이동하는 현상
② **사막화** : 오랜 가뭄 또는 인간의 과도한 개발로 인해 토지가 사막으로 변해가는 현상
③ **엘니뇨** : 태평양의 적도 부근에서 부는 무역풍이 몇 년에 한 번씩 약해지면서 남적도 해류의 흐름이 느려져서, 동태평양 적도 해역의 표층 수온이 평상시보다 높아지는 현상

24 C처럼 두 판이 서로 멀어지는 판의 경계를 발산형 경계라 하는데, 이 경계에서는 맨틀 대류의 상승으로 지진과 화산이 잦고 해령이나 열곡대가 발달한다.

25 그림에서 A는 신생대가 곧 시작되는 중생대 말기에 해당하므로, A에서 멸종한 생물은 제5차 대멸종 시기의 생물인 공룡이다.
② 매머드 → 신생대 생물
③ 삼엽충 → 고생대 생물
④ 화폐석 → 신생대 생물

TIP 지질 시대의 구분

- **선캄브리아 시대** : 지질시대의 약 85%를 차지하는 가장 긴 시대이며 이 당시의 생물들은 모두 바다에서 살았다. 세포생물, 해조류, 스트로마톨라이트 등의 생물이 있다.
- **고생대** : 대기권에 오존층이 형성되면서 바다에서 생활하던 생물들이 육상으로 진출하였다. 삼엽충 외에 필석, 갑주어, 양치식물 등이 번성하였다.
- **중생대** : 대체로 기후가 온난하였으며, 공룡 외에 암모나이트, 파충류, 겉씨식물 등의 생물이 번성하였다.
- **신생대** : 4번의 빙하기, 3번의 간빙기가 있었다. 포유류가 크게 번성하여 포유류의 시대라고 부른다. 인류가 출현하였고, 화폐석, 매머드, 속씨식물 등의 생물이 있다.

제6교시

한국사

정답 및 해설

정답

01 ②	02 ①	03 ①	04 ③	05 ②
06 ①	07 ③	08 ④	09 ①	10 ④
11 ④	12 ③	13 ②	14 ③	15 ①
16 ③	17 ①	18 ④	19 ③	20 ④
21 ④	22 ②	23 ③	24 ②	25 ④

해설

01 경기 연천 전곡리에서 발견된 구석기 시대의 대표적인 유물은 뗀석기인 주먹도끼이다. 주먹도끼는 주로 사냥을 하거나 가죽을 벗기는 등의 용도로 사용되었다.

① **해국도지** : 청나라의 위원이 지은 세계 지리서
③ **수월관음도** : 관음보살이 그려진 대표적인 고려 시대의 불화
④ **임신서기석** : 신라의 두 화랑이 유교 경전의 학습과 인격 도야, 국가에 대한 충성 등을 맹세한 비문

02 서희는 거란의 1차 침입 때 소손녕과 외교 담판을 벌여 강동 6주를 확보하였고, 강감찬은 거란의 3차 칩임 때 소배압의 10만 대군에 맞서 귀주에서 거란을 격퇴하였다.

03 고려 무신 집권기 때 세속화된 불교를 개혁하기 위해 정혜쌍수와 돈오점수를 내세우며 수선사를 중심으로 결사 운동을 펼친 인물은 보조국사 지눌이다.

② **원효** : 신라의 승려로 일심과 화쟁 사상을 중심으로 몸소 아미타 신앙을 전개하여 불교의 대중화에 힘썼다.
③ **이순신** : 임진왜란 당시 삼도수군통제사가 되어 조선의 수군을 이끌고 왜구를 무찌른 명장이다.
④ **장수왕** : 고구려 광개토 대왕의 아들로 수도를 평양으로 옮기고 남진 정책을 추진하였으며, 백제의 수도 한성을 함락하였다.

> **TIP 지눌의 불교 사상**
> - **정혜쌍수** : 선정과 지혜를 같이 닦아야 한다는 것으로, 선과 교학이 근본에 있어 둘이 아니라는 사상 체계를 말함
> - **돈오점수** : 인간의 마음이 곧 부처의 마음임을 깨닫고(돈오) 그 뒤에 깨달음을 꾸준히 실천하는 것(점수)을 말함

04 동학 농민 운동은 조선 후기에 발발한 농민 운동으로, 당시 농민군이 서울로 북진하다 공주 우금치 전투에서 관군 및 일본군에 패하여 전봉준이 체포되었다.

① **국학 설치** : 통일 신라 신문왕이 유학 교육을 진흥시키기 위해 교육 기관인 국학을 설치하였다.
② **사비 천도** : 백제 성왕이 웅진(공주)에서 사비(부여)로 천도하고 국호를 남부여로 변경하였다.
④ **고구려 멸망** : 연개소문의 사후 집권층의 내부 분열과 나 · 당 연합군의 협공으로 고구려가 멸망하였다.

> **TIP 동학 농민 운동의 전개**
> 삼례 집회 → 경복궁 상소 → 보은 집회 → 고부민란 → 백산 집결 → 황토현 전투 → 황룡천 전투 → 전주성 점령 → 전주 화약 → 집강소 설치 → 일본군 경복궁 침입 → 청 · 일 전쟁 → 남접과 북접의 연합 → 공주 우금치 전투

05 세도 정치기에는 정치 기강이 문란해져 수령 · 아전들의 부패가 심하였고, 전정 · 군정 · 환곡의 삼정이 문란하여 백성들의 삶이 매우 힘들었다.

① **회사령** : 일제는 조선에서 회사를 설립할 경우 조선 총독부의 허가를 받도록 규정한 회사령을 공포하여 한국인의 회사 설립을 억제하였다.
③ **발췌 개헌** : 이승만 정부와 자유당은 6 · 25 전쟁 중 부산에서 계엄령을 선포한 가운데 대통령 직선제와 양원제의 발췌 개헌안을 통과시켰다.
④ **정읍 발언** : 제1차 미 · 소 공동 위원회가 개최되었으나 결렬되자 이승만에 의해 남한만의 단독 정부 수립을 주장한 정읍 발언이 제기되었다.

06 조선 후기 흥선 대원군은 국가 재정을 좀먹고 백성을 수탈하며 붕당의 온상이던 서원을 일부만 남긴 채 모두 철폐하였다.

② **녹읍 설치** : 녹읍은 신라 때 관리에게 주던 토지로, 신문왕 때 폐지되었다가 경덕왕 때 다시 부활하였다.
③ **교정도감 폐지** : 고려 무신 집권기 때 최충헌에 의해 설치된 교정도감은 무신정권이 소멸되기 전까지 고려 최고의 국정 총괄 기구였다.
④ **동 · 서 대비원 설치** : 고려 정종 때 개경에 동 · 서 대비원을 설치하여 환자 진료 및 빈민 구휼을 담당하였다.

07 김옥균, 박영효, 김윤식, 김홍집 등은 개화파 인물들로 조선 말 갑신정변을 주도하고 개화당 정부를 수립하였으며, 서양의 근대적 제도와 과학 기술을 수용하고자 하였다.

① **호족** : 신라 말 고려 초의 사회변동을 주도적으로 이끈 지방세력

② **무신** : 신하 가운데 무과 출신의 벼슬아치

④ **오경박사** : 백제시대에 역경, 시경, 서경, 예기, 춘추의 다섯 경서에 능통한 사람에게 주었던 관직

08 충남 부여의 능산리 절터에서 발견된 금동 대향로는 백제의 문화유산으로, 불교와 도교의 요소가 복합적으로 표현된 걸작이다.

① **택리지** : 조선 영조 때 이중환이 저술한 인문 지리지

② **상평통보** : 조선 중기 인조 때 발행되었으나 거의 사용되지 못하다가 조선 후기 숙종 때 다시 발행되어 전국적으로 유통된 주화

③ **곤여만국전도** : 천주교의 전도를 위해 중국에 온 이탈리아 선교사 마테오 리치가 제작한 세계지도를 조선에서 모사한 지도

09 선조 이후 왕위에 오른 광해군은 임진왜란 이후 피해 극복을 위해 노력하였고, 명과 후금 사이에서 실리를 취하는 중립 외교를 펼쳤다. 그러나 폭정으로 서인들이 주도한 인조반정 때 폐위되었다.

② 혜공왕 → 신라 제36대 왕

③ 법흥왕 → 신라 제23대 왕

④ 고국천왕 → 고구려 제9대 왕

10 고종이 을사늑약의 불법성을 알리기 위해 네덜란드의 헤이그에서 개최된 만국 평화 회의에 헤이그 특사인 이준, 이상설, 이위종을 파견하였다.

① **중추원** : 고려시대 군사 기밀 및 왕명 출납을 담당한 중앙 관청

② **도병마사** : 중서문하성과 중추원의 고위 관리들이 모여 국가의 중대사를 의논했던 고려 시대 최고의 의사 결정 기구

③ **중서문하성** : 고려시대 국정을 총괄하던 최고의 중앙 정치 기구

11 전남 신안군 암태도에서 지주 문재철의 횡포에 맞서 농민들이 소작료 인상률 저지를 위한 암태도 소작 쟁의가 일어났고, 이는 1920년대 전국의 농민 운동을 자극하였다.

① **6·3 시위** : 박정희 정부 때에 한·일 회담에 따른 굴욕적인 한·일 국교 정상화에 반대하여 전개된 시위

② **이자겸의 난** : 고려 인종 때 왕실 외척인 이자겸이 일으킨 난

③ **강조의 정변** : 고려 목종 때 강조가 김치양을 제거한 후 목종까지 폐하고 대량군(현종)을 즉위시킨 정변

12 대한매일신보는 영국인 베델과 한말의 언론인이자 독립운동가인 양기탁이 공동으로 창간한 신문으로 순 한글, 국한문, 영문의 세 종류로 발행되었다.

① **독사신론** : 신채호는 만주와 부여족 중심의 고대사를 서술한 독사신론을 발표하여 민족주의 사학의 기반을 마련하였다.

② **동경대전** : 최제우가 지은 동학의 경전으로, 최제우 생전에는 간행되지 못하고 제2대 교주인 최시형 때 간행되었다.

④ **조선왕조실록** : 조선 태조 때부터 철종 때까지 472년의 역사를 연대순으로 기록한 편년체 역사서로, 왕의 사후 사초와 시정기 등을 바탕으로 춘추관에서 편찬되었다.

13 3·1 운동을 계기로 일제는 무단 통치로는 한국을 지배하기 어렵다고 판단하여 한글 신문의 발행을 허용하는 등 문화적 제도의 혁신을 내세운 문화 통치를 실시하였다.

① **기인 제도** : 지방 호족의 자제를 중앙에 인질로 둔 고려 태조의 호족 통합 정책

③ **대통령 중심제** : 국가원수인 대통령이 입법부와 독립된 행정적 실권을 가지는 체제

④ **친명 배금 정책** : 명을 가까이 하고 금을 배척하는 조선 인조의 정책으로, 정묘호란과 병자호란의 발발 원인이 됨

14 3·1 운동이 일어나자 천안에 있는 아우내 장터에서 태극기를 나누어주며 독립 만세 운동을 전개한 인물은 유관순 열사이다.

① **김흠돌** : 신라 신문왕의 장인으로 반란을 꾀하다 숙청되었다.

② **나운규** : 일제 강점기 영화인으로, 나운규가 감독한 영화 아리랑이 단성사에서 처음 상영되어 한국 영화를 획기적으로 도약시키는 계기가 되었다.

④ **윤원형** : 문정왕후의 동생으로 을사사화를 통해 권력을 장악한 인종의 외척 세력이다.

15 개항 이후 일본으로 지나치게 곡물이 반출되자 이를 막기 위해 함경도 관찰사 조병식이 방곡령을 선포하여 곡물 유출을 막고자 하였다.

② **봉사 10조** : 고려 무신 집권기 때 최충헌이 사회 개혁책인 봉사 10조를 명종에게 올려 시정 개혁을 건의하였다.

③ **교육 입국 조서** : 갑오개혁 때 고종이 우리나라 근대 교육의 이념을 담아 반포한 교육 관련 문서이다.

④ **좌우 합작 7원칙** : 이승만의 정읍 발언 후 우익 측을 대표

한 김규식과 좌익 측을 대표한 여운형이 좌우 합작 위원회를 구성하고 발표한 7가지 원칙이다.

16 국내 진공 작전은 대한민국 임시 정부의 한국 광복군이 미국 전략 정보국(OSS)과 협력하여 일본과의 정규전을 준비한 작전 계획이다.

① **위화도 회군** : 명나라의 요동을 공략하기 위해 출정했던 이성계가 위화도에서 회군한 사건

② **YH 무역 사건** : 박정희 정부 때 신민당 당사에서 폐업에 항의하는 YH 무역 노동자들의 농성을 강경 진압한 사건

④ **서경 천도 운동** : 고려 인종 때 묘청이 풍수지리설에 근거하여 서경 천도를 주장한 운동

17 모스크바 3국 외상 회의에서 임시 민주 정부 수립과 이를 위한 미·소 공동 위원회의 설치 및 최대 5년간의 신탁 통치 실시 등이 결정되었다.

② **제가 회의** : 국가의 중대사를 결정한 고구려의 귀족 회의체

③ **나·제 동맹** : 고구려 장수왕의 남진 정책에 대비하여 신라 눌지왕과 백제 비유왕이 맺은 동맹

④ **독서삼품과** : 통일 신라 원성왕이 인재 등용을 위해 시행한 관인 선발 제도

18 친일파의 반민족 행위를 처벌하기 위해 1948년 10월 제헌국회에서 반민족 행위자 조사 및 처벌을 위한 기구인 반민족 행위 특별 조사 위원회가 설치되었다.

① **정당성** : 선조성, 중대성과 함께 3성을 이루었던 발해의 국정 총괄 기구

② **식목도감** : 법의 제정이나 각종 시행 규정을 다루고 국가 중요 의식을 관장했던 고려의 회의 기관

③ **건국 준비 위원회** : 8·15 광복 직후 건국 작업을 진행하기 위해 여운형이 중심이 되어 조직된 단체

19 1920년대 물산 장려 운동은 조만식 등이 중심이 되어 평양에서 조선 물산 장려회가 발족되고, '조선 사람 조선 것'이라는 구호 아래 전국으로 확산되었다.

① 5·16 군사정변 이후 군사혁명위원회가 '선 건설 후 통일'을 내세우며 경제발전을 먼저 이룬 다음 남북한 교류와 협력을 통해 통일을 이룩하자고 주장하였다.

② YH 사건으로 부산과 마산에서 유신 철폐와 독재 타도를 외치며 부·마 민주 항쟁이 발발하였고 유신 체제가 붕괴되는 계기가 되었다.

④ 박정희 정부 때에 서울 동대문 평화시장에서 피복공장 재단사로 일하던 노동운동가 전태일이 근로 기준법 준수를 외치며 분신하였다.

20 이승만 정권의 독재와 3·15 부정 선거를 계기로 1960년에 4·19 혁명이 발발하였고, 그 결과 이승만 대통령이 하야하였다.

① **집강소 설치** : 동학 농민군이 일본과 청의 개입으로 정부와 전주 화약을 맺은 후 개혁을 위해 집강소를 설치하였다.

② **기묘사화 발생** : 조선 중종 때 조광조의 급격한 개혁에 대한 반발로 사림 세력이 훈구 세력에 의해 숙청된 사건이다.

③ **노비안검법 실시** : 고려 광종은 노비안검법을 시행하여 양인이었다가 불법으로 노비가 된 자를 조사하여 해방시켜 줌으로써 호족과 공신 세력을 견제하였다.

21 북한군의 남침으로 6·25 전쟁이 발발하자 맥아더 장군의 인천 상륙 작전을 계기로 국군과 유엔군은 전세를 역전시키고 서울을 수복하였으나, 중공군의 개입으로 1·4 후퇴한 후 정전 협정이 체결되었다. 그러므로 ㉠에 들어갈 내용은 '북한군의 남침'이다.

① **자유시 참변** : 1921년 일본군을 피해 자유시로 옮긴 독립군이 소련 적색군에게 무장 해제를 당하고 큰 피해를 입음

② **미쓰야 협정** : 한국 독립군을 탄압하기 위하여 일본 총독부 경무국장 미쓰야와 만주의 군벌 장쭤린이 맺은 조약

③ **별기군 창설** : 1881년에 설립된 조선 최초의 신식 군대

22 김대중 정부 때에 대북 화해 협력 정책인 햇볕 정책이 추진되어 금강산 관광 사업이 시작되었고, 남북 정상 회담이 최초로 개최되어 6·15 남북 공동 선언이 발표되었다.

① **장면 내각** : 4·19 혁명으로 이승만 대통령이 하야한 후 허정 과도 정부가 내각 책임제를 채택하면서 장면 내각이 출범하였다.

③ **노태우 정부** : 1987년 전 국민적인 민주화 시위로 집권당의 대통령 후보인 노태우가 6·29 선언을 통해 5년 단임의 대통령 직선제를 발표하였고, 그해 대통령 선거에 당선되면서 노태우 정부가 출범하였다.

④ **이명박 정부** : 제17대 대통령 선거에서 당선된 이명박이 이끌었던 정부로, 이 시기에 G20 주요 경제국 정상들이 모이는 G20 정상 회의가 서울에서 개최되었다.

23 전두환 등 신군부 세력이 불법적으로 병력을 동원하여 계엄사령관을 비롯한 군의 주요 지휘관들을 몰아내고 군권을 장악한 사건은 12·12 군사 반란이다. 이 사건 이후 통치권을 장악한 전두환이 대통령이 되면서 군사 정권이 시작되었다.

① **3포 왜란** : 중종 때 조선 정부의 통제에 반발하여 부산포·제포·염포의 3포에 거주하고 있던 왜인들이 대마도의 지원을 받아 일으킨 왜란

② **거문도 사건** : 갑신정변 이후 조·러 수호 통상 조약이 체

결되자 영국군이 러시아를 견제하기 위해 거문도를 불법 점령한 사건

④ **임술 농민 봉기** : 조선 철종 때 삼정의 문란과 백낙신의 탐학으로 진주 농민들이 봉기한 민란

24 김대중 정부 때 전 국민이 참여한 금 모으기 운동으로 국제 통화 기금(IMF)의 지원금을 전액 조기 상환하였다.

① **형평 운동** : 갑오개혁으로 신분이 해방된 뒤에도 오랜 관습 속에 차별을 받던 백정들이 일으킨 신분 해방 운동

③ **교조 신원 운동** : 처형된 동학의 창시자 최제우의 억울함을 풀고 동학에 대한 탄압을 중지해달라는 동학교도들의 운동

④ **문자 보급 운동** : 1929년 조선일보가 중심이 되어 우리글인 한글을 보급해 민족의 역량을 키우자는 애국 계몽 운동

25 박정희 정부 때에 경제 개발 5개년 계획이 추진되면서 서울과 부산을 연결하는 경부 고속 국도가 건설되었다.

① **원산 총파업** : 원산 노동 연합회의 소속 노동자와 일반 노동자들이 합세하여 노동 조건 개선을 요구하며 1920년대 최대의 파업 투쟁을 전개하였다.

② **상평창 설치** : 고려 성종 때 물가 조절을 위해 개경과 서경 및 각 12목에 물가 조절 기관인 상평창이 설치되었다.

③ **당백전 발행** : 흥선 대원군은 경복궁 중건에 필요한 재원 마련을 위해 당백전을 발행하였다.

제7교시

도 덕

정답 및 해설

정답

01 ①	02 ④	03 ②	04 ④	05 ④
06 ③	07 ①	08 ③	09 ③	10 ①
11 ④	12 ①	13 ②	14 ④	15 ③
16 ①	17 ②	18 ②	19 ③	20 ②
21 ③	22 ③	23 ①	24 ④	25 ①

해설

01 딜레마란 두 개의 판단 사이에 끼어 어느 쪽도 결정할 수 없는 상태에 빠져 있는 것을 말한다. 윤리적 문제 상황에서 딜레마는 두 가지 이상의 도덕 원칙 사이에 갈등과 충돌이 전개되는 상황을 의미한다.

② **이데아** : 감각 세계의 너머에 있는 모든 사물의 원인이자 본질로, 지각되거나 시간에 의해 변형되거나 사라지는 것이 아니라 경험의 세계를 넘어서서 이루어지는 인식의 최고의 단계

③ **가상 현실** : 컴퓨터 등을 통해서 현실이 아닌데도 실제처럼 보이게 하고 실제처럼 체험할 수 있게 하는 최첨단 기술

④ **정언 명령** : 행위의 결과와 상관없이 행위 자체가 선(善)이기 때문에 무조건 수행해야 하는 도덕적 명령

02 사단(四端), 오륜(五倫), 효제(孝悌), 충서(忠恕)는 모두 유교 사상과 관련이 있다.

- **사단** : 사람의 본성에서 우러나는 네 가지 마음씨
- **오륜** : 유교에서 말하는 사람이 지켜야 할 다섯 가지 도리
- **효제** : 부모에 대한 효도와 형제에 대한 우애
- **충서** : 참된 마음을 바탕으로 다른 사람의 마음을 헤아리는 것

① **도가** : 무위자연을 추구하며 인간의 의지, 욕구와 상관없이 존재하는 자연의 가치와 아름다움을 강조한 사상

② **불교** : 석가모니의 가르침을 따르는 종교

③ **법가** : 법치주의를 내세운 중국의 사상

03 통일, 국제 사회의 분쟁 등은 모두 평화 윤리에서 다루는 주제들이다.

① **성 윤리** : 성적인 문제에 있어서 남녀 사이에 마땅히 지켜야 할 윤리

③ **직업 윤리** : 자신이 맡은 직업에서 지켜야 하는 행동 기준과 규범

④ **생명 윤리** : 생명 과학 기술의 발달에 따라 기존의 윤리학으로 대처할 수 없는 유전자 조작, 복제 등과 관련된 윤리

04 도덕 원리를 모든 사람에게 적용했을 때 나타나는 결과에 문제가 없는지 확인하는 도덕 원리 검사 방법은 '보편화 결과 검사'이다.

① **포섭 검사** : 선택한 도덕 원리를 더 일반적인 상위의 도덕 원리에 포함시켜 판단하는 방법

② **기술 영향 검사** : 급속히 진보 · 발전하는 기술이 주위의 자연환경과 인류사회에 어떤 영향을 끼치는지를 검사하는 방법

③ **사실 판단 검사** : 어떤 사실이 참인지 거짓인지 객관적인 근거를 토대로 판단하는 검사

TIP **도덕 원리 검사 방법**

- **역할 교환 검사** : 도덕 원리가 다른 사람에게 적용되었을 때도 그것에 동의할 수 있는지 확인하는 것으로, 역지사지의 자세를 따르는 것이라 할 수 있다.
- **반증 사례 검사** : 도덕 원리가 적용되지 않는 새로운 사례는 없는지 확인해 보는 것이다.
- **보편화 결과 검사** : 도덕 원리가 모든 사람에게 적용되었을 때 결과적으로 다른 문제가 발생하지는 않는지 확인해 보는 것이다.

05 기술이나 규범의 변화에 빠르게 적응하는 젊은 세대와 상대적으로 그렇지 못한 기성세대 간의 갈등은 세대 갈등이다. 세대 갈등은 서로 다른 연령대 사이에서 발생하는 긴장, 불일치, 오해를 말한다.

① **지역 갈등** : 둘 이상의 지역에서 여러 가지 이해관계가 상충되어 나타나는 갈등

② **남녀 갈등** : 남녀 간의 차별과 불평등으로 인한 갈등

③ **노사 갈등** : 노동자와 기업 간의 노사 문제로 발생하는 갈등

06 바람직한 토론을 위해서는 자기 생각의 오류 가능성을 배제하는 것이 아니라 인정하는 태도가 필요하다.

TIP 바람직한 토론 자세

- 주제와 상관없는 발언은 하지 않는다.
- 상대방의 말을 중간에 끊지 않고, 잘 경청한다.
- 정해진 발언 시간과 토론의 규칙을 잘 지킨다.
- 상대방이 제시하는 근거를 기록하여 타당한지 생각해본다.
- 상대방의 의도를 이해하고, 자신의 의견과 비교하며 듣는다.
- 발언을 할 때에는 높임말을 사용하고, 자신의 의견을 간결하고 명확하게 말한다.

07 이익 평등 고려의 원칙을 근거로 동물 해방론을 주장한 윤리 사상가는 싱어(Singer, P.)이다. 싱어는 또한 원조에 대해 공리주의적 관점에서 모든 사람의 고통을 감소시키고 쾌락을 증진시키는 것이 인류의 의무라고 주장하며 해외 원조의 필요성을 강조하였다.

② **칸트** : 근대 계몽주의를 정점에 올려놓았고 독일 관념철학의 기반을 확립한 철학자

③ **슈바이처** : 아프리카 의료 봉사로 생명에 대한 경외라는 그의 철학을 실천에 옮긴 의사이자 노벨평화상 수상자

④ **아리스토텔레스** : 현재의 서양 철학의 근본을 이루는 데 이바지한 고대 그리스의 철학자

08 공리주의는 '최대 다수의 최대 행복'의 실현을 윤리적 목적으로 본다. 그러므로 다수의 행복을 추구하기 위해 소수의 권리와 이익이 훼손될 우려가 있다는 비판을 받는다.

① 행위의 결과보다 동기를 중시하는 것은 칸트의 의무론이다.

② 공리주의는 행위자 내면의 품성보다 행위의 효용을 강조하며, 의무 의식과 선의지를 강조하는 것은 칸트의 의무론이다.

④ 공리주의는 개인의 행복보다 사회 전체의 행복을 우선한다.

09 인간의 욕구는 무한하지만 이를 충족시킬 재화는 한정되어 있기 때문에 분배적 정의의 문제가 발생한다. 분배적 정의는 각자에게 자신의 정당한 몫을 누릴 수 있게 하고 아무도 불만을 제기하지 않는 방식으로 분배함으로써 정의를 실현하는 것이다.

① **규범적 정의** : 인간 사회에서 지켜야 할 예의, 도덕, 관습 등의 규칙이 바람직한지 그렇지 못한지를 판단하여 정의를 실현하는 것

② **교정적 정의** : 잘못이 있을 때는 공정하게 처벌하고 피해가 발생했을 때는 합당하게 배상하여 정의를 실현하는 것

④ **형벌적 정의** : 죄를 저지른 사람에게 반드시 그에 합당한 형벌을 내려 정의를 실현하는 것

10 프롬(Fromm, E.)이 주장한 진정한 사랑은 상대를 지배하고 소유하는 것이 아니라, 사랑하는 사람을 있는 그대로 받아들이며 존경하는 것이다.

TIP 프롬 : 사랑의 4요소

- **존경** : 사랑하는 사람을 있는 그대로 받아들이며 존경하는 것
- **책임** : 사랑하는 사람의 요구를 배려하면서 자신의 행동에 책임을 지는 것
- **이해** : 사랑하는 사람을 올바로 이해하는 것
- **보호** : 사랑하는 사람을 보살피고 돌보는 것

11 시민 불복종이란 정의롭지 못한 법 또는 정부 정책을 변혁시키려는 목적으로 행해지는 의도적인 위법 행위로 간디의 소금법 폐지 운동, 소로의 납세 거부 운동 그리고 마틴 루서 킹의 흑인 차별 철폐 운동 등이 이에 해당한다.

① **공정 무역** : 불공정 무역 행위를 규제하고 상품의 전 과정에서 경제 주체들의 이익이 공정하게 분배되도록 하는 무역

② **생명 공학** : 인체를 포함한 동물, 식물 그리고 미생물 등의 세포 내에서 수행되는 생명체 활동의 기본 현상과 원리를 규명하고 이를 인간에게 유익하게 응용하는 학문

③ **사이버 범죄** : 컴퓨터 통신 등을 악용하여 사이버 공간에서 행하는 범죄

12 생명체 복제는 한 개체와 동일한 유전자 세트를 지닌 새로운 개체를 만드는 것으로, 생명의 존엄성을 훼손하거나 자연의 질서에 위배된다는 측면에서 생명 윤리의 문제가 발생할 수 있다. 그러므로 생명 복제를 반대하는 입장에서 A, B 둘 다 그 대답은 '예'이다.

13 부패는 공정 경쟁의 틀을 깨뜨리며 국민들 간의 위화감을 조성하여 정의 사회 실현을 어렵게 하므로, 공직자가 지녀야 할 덕목에 해당하지 않는다. 공직자는 공익실현을 위해 노력해야 하며, 성실하고 정직하며 책임 있는 자세로 국민을 위해 봉사해야 한다.

14 과학 기술자는 과학 기술의 개발을 통해 인류의 삶의 질 향상을 위해 노력해야 하며, 과학 기술을 개발할 때는 과학 기술의 위험성과 부작용을 충분히 검토해야 한다. 자료들을 표절하거나 연구 결과를 위 · 변조하는 것은 과학 기술자의 윤리적 자세로 옳지 않다.

15 집단의 도덕성이 개인의 도덕성보다 현저히 떨어지므로, 개인의 도덕성 함양뿐만 아니라 사회 정책과 제도의 개선이 필요하다고 주장한 사상가는 니부어(Niebuhr, R.)이다.

① **벤담** : 최대 다수의 최대 행복을 주장한 공리주의자
② **칸트** : 근대 계몽주의를 정점에 올려놓았고 독일 관념철학의 기반을 확립한 철학자
④ **베카리아** : 최초로 근현대적 개념의 죄형법정주의를 창시하고 형법 사상의 기초를 마련하여 근대 형법의 아버지라고 불리는 이탈리아 법학자

16 바람직한 통일 한국의 모습은 대립하는 무력 국가가 아니라 전쟁의 공포가 사라진 평화로운 국가를 지향한다.

TIP 통일 한국이 지향해야 할 가치

- **평화** : 전쟁의 공포가 사라진 평화로운 국가를 지향해야 함
- **자유** : 자신의 신념과 선택에 따른 자유로운 삶이 보장되는 국가를 지향해야 함
- **인권** : 모든 사람의 존엄과 가치가 존중되는 인권 국가를 지향해야 함
- **정의** : 모두가 합당한 대우를 받는 정의로운 국가를 지향해야 함

17 (가)의 동물 중심주의는 생태계를 구성하는 존재 중 인간을 포함한 동물을 도덕적 고려의 대상으로 보며, (나)의 생명 중심주의는 생태계를 구성하는 존재 중 인간과 동·식물을 포함한 모든 생명체를 도덕적 고려의 대상으로 본다. 그러므로 도덕적 고려의 범위에 동물이 포함되는 것은 (가)와 (나)의 공통적 요소에 해당한다.
① 동물을 인간만을 위한 수단으로 여긴다. → **인간 중심주의**
③ 인간만이 도덕적 지위를 지닌다고 본다. → **인간 중심주의**
④ 무생물을 도덕적 고려의 대상으로 여긴다. → **생태 중심주의**

18 정식으로 음반을 구입하지 않고 인터넷에서 불법으로 노래 파일을 내려 받는 행위는 저작권 침해 행위에 해당한다. 즉, 저작권 침해는 저작권법에 의해 배타적으로 보호되는 저작물을 무단으로 이용하여 저작권자의 권리를 침해하는 행위이다.
① **정보 격차** : 정보에 대한 불평등한 접근 기회와 정보 활용 능력의 차이로 인해 발생하는 경제적·사회적 불평등
③ **보이스 피싱** : 전화나 휴대전화 등 전기통신수단을 이용해 개인정보를 알아낸 뒤 이를 범죄에 이용하는 전화금융사기 수법
④ **사이버 따돌림** : 인터넷, 휴대전화 등 정보통신기기를 이용하여 학생들이 특정 학생들을 대상으로 지속적·반복적으로 심리적 공격을 가하거나, 특정 학생과 관련된 개인정보 또는 허위사실을 유포하여 상대방이 고통을 느끼도록 하는 일체의 행위

19 다양한 문화가 폭넓게 창조되지 않는 것이 대중문화의 윤리적 규제를 반대하는 입장에 부합하므로, '다양한 문화가 폭넓게 창조된다.'는 ③의 설명은 (나)에 부합하지 않는다.
① 성 상품화를 예방할 수 있는 것은 대중문화의 윤리적 규제를 찬성하는 입장에 부합한다.
② 청소년을 폭력적 문화로부터 보호할 수 있는 것은 대중문화의 윤리적 규제를 찬성하는 입장에 부합한다.
④ 창작자의 표현할 자유와 권리가 침해되는 것은 대중문화의 윤리적 규제를 반대하는 입장에 부합한다.

20 이주민의 고유한 문화와 자율성을 존중하여 문화 다양성을 실현하고자 하는 것은 다문화주의이다. 대표적인 다문화 이론으로는 샐러드처럼 다양한 사회구성원들이 상호 공존하며 각각이 색깔과 향기를 지니고 조화로운 통합을 이룬다는 샐러드 볼 이론이 있다.
① **동화주의** : 이주민의 문화와 같은 소수 문화를 주류 문화에 적응시키고 통합하려는 태도
③ **문화 사대주의** : 다른 사회권의 문화가 자신이 속한 문화보다 우월하다고 믿고 무비판적으로 그것을 동경하거나 숭상하며, 자신의 문화에 대해서는 업신여기고 낮게 평가하는 태도
④ **자문화 중심주의** : 자기 문화만을 가장 우수한 것으로 생각하고 다른 문화를 무시하거나 부정하는 태도

21 타인의 신념에 따라 수동적인 소비를 실천하는 것은 의복 문화와 관련된 바람직한 자세라고 볼 수 없다. 자신의 신념에 따라 능동적인 소비를 실천하는 것이 의복 문화와 관련된 바람직한 자세이다.
㉠ 유행에 무비판적으로 동조하는 유행 추구 현상은 의복 문화와 관련된 윤리적 문제에 해당한다.
㉡ 무분별한 명품 소비로 사치 풍조를 조장하는 명품 선호 현상은 의복 문화와 관련된 윤리적 문제에 해당한다.
㉣ 환경을 고려하여 과도한 욕망을 절제하는 것은 의복 문화와 관련된 바람직한 자세라고 할 수 있다.

22 상호 무관심한 사람들이 무지의 베일하에서 합의를 통해 정의의 원칙을 도출하는 가상적 상황은 '원초적 입장'이다. 롤스는 원초적 입장이라는 가상적 상황에서 모두가 합의할 수 있는 절차적 정의에 따르는 '정의의 원칙'을 제시하였다.
① **판옵티콘** : 감시자의 존재는 드러나지 않으면서 끊임없이 수용자를 감시할 수 있는 원형 모양의 감옥 건축양식
② **윤리적 공백** : 급격한 과학 기술의 발전으로 파생되는 윤리적 문제를 기존의 윤리가 해결해 주지 못하는 데서 발생하는 공백

④ **공유지의 비극** : 누구나 자유롭게 사용할 수 있는 공공자원이 사람들의 남용으로 쉽게 고갈되는 현상

23 예술은 인간에게 올바른 품성을 함양하게 하고 도덕적 교훈이나 모범을 제공해야 한다고 보는 예술과 윤리의 관계는 예술 도덕주의이다.

TIP 예술과 윤리의 관계

예술 지상주의	• 예술은 예술 그 자체나 미적 가치를 추구해야 한다. • 예술을 윤리적 가치의 기준으로 판단하는 것은 잘못된 태도라 주장한다. • 예술의 자율성을 옹호하는 '순수 예술론'을 지지하며, 예술을 위한 예술을 주장한다.
예술 도덕주의	• 예술은 도덕적 가치를 실현하는 데 기여해야 한다. • 예술은 도덕적 교훈이나 모범을 제공해야 한다. • 도덕적 가치가 미적 가치보다 우위에 있으므로, 예술에 대한 윤리적 규제가 필요하다고 본다. • 예술의 목적은 도덕적 교훈을 제공하는 것으로 예술의 사회성을 강조한다.

24 요나스가 과학 기술 시대의 새로운 윤리적 관점으로 제시한 책임 윤리는 인간뿐만 아니라 생태계까지, 또한 현 세대뿐만 아니라 미래 세대까지 고려하여 인간의 행위에 대한 책임을 강조하는 윤리적 관점이다. 따라서 ㉠에 들어갈 용어는 ④의 '미래 세대'가 가장 적절하다.

25 노직은 자신의 부를 어떻게 이용할 것인지는 전적으로 개인의 자유이기 때문에 해외 원조나 기부를 실천해야 할 윤리적 의무는 존재하지 않는다고 주장하면서 해외 원조의 자발적 선택을 강조하였다.

• 해외 원조는 윤리적 의무이다. → 칸트, 싱어, 롤스
• 해외 원조는 질서 정연한 사회가 되도록 돕는 것이다. → 롤스

정답 및 해설

2024년도

제2회

제1교시 국 어
제2교시 수 학
제3교시 영 어
제4교시 사 회
제5교시 과 학
제6교시 한국사
제7교시 도 덕

제1교시

국 어

정답 및 해설

정답

01 ③	02 ③	03 ④	04 ③	05 ②
06 ①	07 ①	08 ④	09 ①	10 ②
11 ②	12 ④	13 ②	14 ①	15 ②
16 ②	17 ④	18 ④	19 ③	20 ②
21 ①	22 ④	23 ③	24 ④	25 ③

해설

01 수정 전에는 '은수야, 네 축구공 줘!'라고 말하며 상대방에게 명령조로 부담을 주고 있지만, 수정 후에는 '은수야, 네 축구공 좀 빌려줄 수 있겠니?'라고 질문형으로 상대방의 부담을 덜어 주며 말하고 있다. 이는 공손성의 원리 중 상대방에게 부담이 가는 표현을 최소화하고 상대방의 이익을 극대화하는 '요령의 격률'에 해당한다.

① 자신의 탓으로 돌려서 말한다. → 관용의 격률

② 자신을 낮추어 겸손하게 말한다. → 겸양의 격률

④ 상대방과의 친밀도를 강조하며 말하고 있지는 않다.

TIP **공손성의 원리**

- **요령의 격률** : 상대방에게 부담이 가는 표현을 최소화하고 상대방의 이익을 극대화하는 것
- **관용의 격률** : 화자 자신에게 혜택을 주는 표현을 최소화하고 화자 자신에게 부담을 주는 표현은 최대화하는 것
- **찬동의 격률** : 다른 사람에 대한 비방을 최소화하고 칭찬을 극대화하는 것
- **겸양의 격률** : 자기 자신에 대한 칭찬은 최소화하고 자신에 대한 비방을 극대화하는 것
- **동의의 격률** : 자신의 의견과 다른 사람의 의견 사이의 차이점을 최소화하고 자신의 의견과 다른 사람의 의견의 일치점을 극대화하는 것

02 발표자가 '여러분, 판다를 아시나요?'라고 말하며, 발표의 중심 화제인 '판다'에 대해 청중이 알고 있는지 확인한 후 발표를 시작하고 있다.

03 딱찌 → 딱지

한글 맞춤법 제5항은 된소리되기 규정으로, ④의 '얼마 전 다친 상처에 딱찌가 앉았다.'에서 '딱찌'는 'ㄱ, ㅂ' 받침 뒤에서 나는 된소리는, 같은 음절이나 비슷한 음절이 겹쳐 나는 경우가 아니면 된소리로 적지 아니한다고 하였으므로 '딱지'로 적어야 옳다.

① '담뿍'은 'ㅁ' 받침 뒤에서 나는 된소리이므로, '뿍'이라고 된소리로 표기한 것은 적절하다.

② '법석'은 'ㅂ' 받침 뒤에서 나는 된소리이므로, '석'을 된소리로 표기하지 않은 것은 적절하다.

③ '훨씬'은 'ㄹ' 받침 뒤에 나는 된소리이므로, '씬'이라고 된소리로 표기한 것은 적절하다.

04 '오빠가 구슬을 굴렸다'에서 '굴렸다'는 주어인 '오빠가' 목적어인 '구슬을' 굴린 행위이므로 사동 표현에 해당한다. '굴렸다'는 '굴리었다'의 준말로, 이때 '-리'는 사동 접미사에 해당한다.

① '덮였다'는 '덮이었다'의 준말로, 피동 접미사 '-이-'를 붙여 만든 피동 표현이다.

② '맺혔다'는 '맺히었다'의 준말로, 피동 접미사 '-히-'를 붙여 만든 피동 표현이다.

④ '담겼다'는 '담기었다'의 준말로, 피동 접미사 '-기-'를 붙여 만든 피동 표현이다.

05 ㉡의 '얼굴이며'는 이어 적기가 아닌 끊어 적기로 표기한 것이다. 앞말의 받침을 그대로 이어서 쓴 이어 적기로 표기하면 '얼구리며'가 된다.

① ㉠의 '공지'는 '공ᄌᆞ'에 주격 조사 'ㅣ'가 붙어 '공자가'라는 주어로 사용되었다.

③ ㉢에서 '·'을 사용하여 소리의 높낮이를 나타내는 성조를 방점으로 표현하였다.

④ ㉣의 '베퍼ᄢᅧ'에서 'ᄢᅧ'의 초성에 'ᄢ'의 어두 자음군이 사용되었다.

TIP **한글 표기법**

- **이어적기** : 소리나는 대로 적은 표음적 표기법으로, 중세 국어에 사용됨
- **끊어적기** : 여러 형태소가 연결될 때 그 각각을 음절이나 성분 단위로 밝혀 적음, 현대 국어에 사용됨

06 제시문의 본론은 '과잉 연결의 문제점과 일상에서의 대응 방안'이다. ㉠에는 사이버 범죄에 쉽게 노출될 수 있다는 문제

점에 대한 대응 방안을 기술해야 하므로, ①의 '개인 정보 보호에 힘쓰기'가 가장 적절하다.

07 ⓐ의 '연결과'는 '끊다'의 목적어가 되어야 하므로, 목적격 조사 '을/를'을 사용하여 '연결을'로 고쳐써야 옳다.

② ⓑ은 '과잉 연결 해소를 위한 적절한 대응 권유'라는 중심 내용과 어울리지 않으므로 삭제한 것은 적절하다.

③ ⓒ의 '다다익선'은 많으면 많을수록 좋다는 의미이므로, 문맥상 모자람이 지나침보다 낫다는 의미인 '과유불급(過猶不及)'으로 고친 것은 적절하다.

④ ⓓ의 '어떻까'는 맞춤법에 어긋난 표현이므로 '어떨까'로 수정한 것은 적절하다.

08 'ㄱ, ㄷ, ㅂ'이 뒤에 오는 비음 'ㄴ, ㅁ'의 영향을 받아 각각 비음 'ㅇ, ㄴ, ㅁ'으로 교체되어 발음되는 현상은 비음화이다. '국물'은 '국'의 'ㄱ' 뒤에 'ㅁ'이 왔으므로, 비음화에 해당되어 '[궁물]'로 발음된다.

① '축하'는 '축'의 'ㄱ' 뒤에 'ㅎ'이 왔으므로 비음화에 해당되지 않는다. '축하'는 'ㄱ+ㅎ'이 'ㅋ'으로 축약되어 '[추카]'로 발음되므로, 거센소리되기에 해당한다.

② '밥집'은 '밥'의 'ㅂ' 뒤에 'ㅈ'이 왔으므로 비음화에 해당되지 않는다. '밥집'은 'ㅈ'이 된소리 'ㅉ'으로 바뀌어 '[밥찝]'으로 발음되므로, 된소리되기에 해당한다.

③ '굳이'는 '굳'의 'ㄷ' 뒤에 'ㅇ'이 왔으므로 비음화에 해당되지 않는다. '굳이'는 'ㅇ'이 구개음인 'ㅈ'으로 바뀌어 '[구지]'로 발음되므로, 구개음화에 해당한다.

[09–11]

이육사, 「광야」

- **갈래** : 자유시, 서정시
- **성격** : 의지적, 저항적, 상징적, 미래지향적
- **제재** : 광야
- **주제** : 조국 광복에 대한 의지와 염원
- **특징**
  - 독백적 어조를 통해 내면의 신념을 드러냄
  - 상징적 시어와 속죄양 모티프를 통해 주제를 형상화함
  - 과거–현재–미래의 시간적 흐름에 따라 시상을 전개함

09 '까마득한 날'의 과거에서 '지금'의 현재, 그리고 '천고의 뒤'인 미래로 시상이 움직이고 있다. 즉, '과거–현재–미래'의 시간의 흐름에 따라 시상을 전개하고 있다.

10 2연은 '차마 이곳을 범하던 못하였으리라'라고 하며 우리 민족의 삶의 터전인 광야의 신성함과 불가침성을 드러내고 있다. 그러므로 '외부 세력에 대한 호감을 드러내고 있다.'는 ②의 설명은 적절하지 못하다.

① 1연에서는 '하늘이 처음 열리고'에서 새로운 세상이 열리는 천지개벽의 모습을 그리고 있다.

③ 3연에서는 '끊임없는 광음'에서 끊이지 않는 세월의 흐름을 보여 주고 있다.

④ 5연에서는 '백마 타고 오는 초인'에서 미래에 출현할 존재를 제시하고 있다.

11 [A]에서는 '홀로' 있는 고독한 상황에서 '눈'이 내리는 부정적 현실을 '노래의 씨'를 뿌리며 극복하고자 하는 화자의 의지적 태도를 엿볼 수 있다.

[12–14]

작자 미상, 「박씨전」

- **갈래** : 고전소설, 역사소설, 군담소설, 여걸소설
- **성격** : 영웅적, 전기적, 역사적
- **배경** : 시간 – 조선시대, 병자호란 / 장소 – 한반도 전역
- **시점** : 전지적 작가 시점
- **제재** : 병자호란
- **주제** : 박씨 부인의 영웅적 기상과 재주
- **특징**
  - 여성을 주인공으로 한 영웅 소설임
  - 변신 모티프가 적용됨
  - 전기적 요소와 설화적 요소가 반영됨

12 '공중으로 두 줄기 무지개가 일어나며, 모진 비가 천지를 뒤덮게 오며, 음풍이 일어나며, 백설이 날리며, 얼음이 얼어 오랑캐 군중의 말 발이 땅에 붙어 한 걸음도 옮기지 못하는지라.'에서 오랑캐를 제압하는 박 씨의 초월적 능력을 보여주고 있다. 그러므로 '초월적 능력을 발휘하는 인물이 등장한다.'는 ④의 설명은 적절하다.

① 위 작품의 시점은 1인칭 주인공 시점이 아니라 전지적 작가 시점이다.

② 속담을 활용하여 인물의 심리를 묘사한 곳은 없다.

③ 동물이 인간을 위기에서 구하는 우화적 요소는 나타나 있지 않다.

13 ⓛ의 '왕대비'를 제외한 ㉠의 '조그만 계집', ⓒ의 '박 부인', ⓔ의 '내'는 모두 '박 씨'를 가리킨다.

14 '박 부인 덕택에 살려 주옵소서'라고 오랑캐 장수들이 애걸하는 장면에서 '박 씨'가 오랑캐의 용맹함을 두려워하고 있는 것이 아니라, 오랑캐가 '박 씨'의 용맹함을 두려워하고 있음을 알 수 있다.

② '너희 놈이 본디 간사하여 넘치는 죄를 지었으나'라고 말한 대목에서 '박 씨'는 오랑캐가 큰 죄를 지었다고 말하고 있음을 알 수 있다.

③ '박 씨가 시비 계화를 시켜 외치기를'이라는 서술 내용을 통해 '박 씨'는 '계화'를 통해 자신의 의사를 전달하고 있음을 알 수 있다.

④ '조심하여 들어가며, 우리 세자, 대군을 부디 태평히 모셔 가라.'라고 말한 대목에서 '박 씨'는 오랑캐에게 세자와 대군을 잘 모셔 가라고 말하고 있음을 알 수 있다.

[15~16]

작자 미상, 「두터비 파리를 물고」

- **갈래** : 사설시조
- **성격** : 풍자적, 해학적, 우의적, 희화적
- **제재** : 두꺼비
- **주제** : 탐관오리의 횡포와 허장성세 비판
- **특징**
  - 우의적 수법을 통해 탐관오리를 비판함
  - 상징적 소재를 사용하여 내용을 전개함
  - 부정적 대상에 대한 희화화를 통해 주제 의식을 전달함

15 중장에 해당하는 '건넌산 ~ 잣바지거고'가 초장, 중장에 비해 길다. 이는 사설시조의 특징에 해당한다.

① 10구체 형식으로 되어 있는 문학 장르는 향가이다. 위의 작품은 초장, 중장, 종장으로 구성된 사설시조이다.

③ 동일한 후렴구가 반복되고 있는 문학 장르는 고려 가요나 민요 등이다.

④ 수미상관 구조는 시나 문학 작품에서 첫 부분과 마지막 부분이 서로 닮은 구조를 이루는 것을 의미하는데, 해당 작품에서는 수미상관 구조가 적용되어 있지 않다.

16 '두험 아래 잣바지거고', '에헐질 번 하괘라' 등의 해학적인 표현을 통해 탐관오리를 상징하는 두꺼비를 희화화하고 있다. 두꺼비의 희화화를 통해 '탐관오리의 횡포와 허장성세 비판'이라는 주제 의식을 전달하고 있다.

[17~19]

김애란 원작, 최민석 외 각본, 「두근두근 내 인생」

- **갈래** : 시나리오
- **성격** : 감성적, 서정적
- **배경** : 시간 – 2010년대 / 장소 – 서울
- **제재** : 조로증에 걸린 소년의 삶
- **주제** : 조로증으로 죽음을 앞둔 소년의 삶에 대한 소망과 가족 간의 사랑
- **특징**
  - 난치병을 앓고 있는 소년의 삶을 담담하고 유쾌한 시각으로 그려 냄
  - 인물이 상상하는 장면을 통해 인물의 심리를 형상화함

17 장면번호인 'S#17', 'S#18'과 장면 전환을 위한 '컷 투(cut to)' 등은 모두 촬영을 고려한 시나리오 전문 용어이다.

①·② 무대 위에서 사건이 전개되고, 장과 막을 구성단위로 사용하는 것은 연극의 대본인 희곡에 대한 설명이다.

③ 위의 작품은 영화를 위한 시나리오이므로, 등장인물이 관객과 직접 소통하고 있는 것은 아니다.

18 아름이가 ㉠의 이메일 '편지'를 받은 후 이서하라는 또래 아이의 이름이 반복되는 환청이 들리고 계속해서 목소리가 귓가에 맴도는 등 잠을 이루지 못한다. 그러므로 ㉠의 '편지'는 '아름'에게 또래 아이에 대한 설렘을 느끼게 하는 기능을 수행한다.

19 '서하'는 집에 직접 찾아와서 '아름'을 만난 것이 아니라, 전자우편을 통해 이메일 편지를 보내 왔다.

① 심장 통증으로 약통에서 진통제를 꺼내 먹고 괴로워하다 잠이 드는 장면에서 '아름'은 심장 통증으로 고통받고 있음을 알 수 있다.

② 서하가 방송을 본 후 아름이와 친구가 되고 싶어 보낸 이메일 편지 내용을 통해 '서하'는 '아름'이 출연한 방송을 보았음을 알 수 있다.

④ 아름이가 심장에 통증이 오자 대수가 눈치챌까 봐 방문을 닫고 약통에서 진통제를 꺼내 먹은 장면을 통해 '아름'은 '대수'에게 걱정을 끼치지 않으려고 한다는 사실을 알 수 있다.

[20-22]

20 제시문에는 인간 배아 복제를 연구하는 과학자의 자유로운 연구를 보장해야 한다는 주장과 인간 배아 복제를 초래할 수 있는 연구에 엄격한 사회적 규제를 가해야 한다는 주장이 서로 대립하고 있다. 즉, 제시문은 화제에 대한 상반된 입장을 제시하고 있다.

21 ㉮의 '이와 같은 입장'은 정부의 규제가 과학자들의 연구 자유를 침해하는 행위이므로, 과학자의 자유로운 연구를 보장함으로써 과학 발전을 인위적으로 막아서는 안 된다는 입장이다.

22 ㉣의 '쟁점'의 사전적 의미는 '서로 다투는 중심이 되는 점'이다. '어떤 일을 서로 양보하여 협의함'을 뜻하는 사전적 용어는 '타협'이다.

[23-25]

23 2문단의 마지막 문장에서 '그들의 학문적 지향이 다르듯~'에서 이용후생 학파와 경세치용 학파는 학문적 지향이 서로 달랐음을 알 수 있다.

① 3문단에서 '서양화법의 유행은 그리 오래 지속되지 않았다.'고 하였으므로, 서양화법의 유행이 조선 시대 전반에 걸쳐 지속된 것은 아니다.

② 2문단에 따르면 이용후생 학파는 주로 서양화의 회화적 표현에 관심이 많았고, 경세치용 학파는 회화에 사용되는 기구에 관심이 많았다.

④ 4문단에 따르면 서양의 화가들은 눈에 보이는 것을 그대로 화폭에 담는 사실적 표현을 추구했고, 동양의 화가들은 먹과 선을 통해 대상의 의미를 드러내고자 하였다.

24 ㉠의 앞 문장에서 서양화법은 다양한 분야의 그림에 영향을 끼쳤다고 하였으나, ㉠의 뒤 문장에서 서양화법의 유행은 그리 오래 지속되지 않았다고 서로 상반된 내용을 보이고 있다. 그러므로 ㉠에는 역접의 접속사 '하지만'이 들어갈 말로 가장 적절하다.

25 [A]에 따르면 동양화와 서양화에 나타나는 차이는 정신적인 것을 추구하는 동양인과 눈에 보이는 현상에 집중하는 서양인의 삶에 대한 태도의 차이에서 비롯되었다고 설명하고 있다. 즉, [A]는 동양화와 서양화의 회화적 표현이 서로 다른 이유를 제시하고 있다.

제2교시

수 학

정답 및 해설

정답

01 ①	02 ④	03 ②	04 ②	05 ①
06 ③	07 ④	08 ③	09 ②	10 ②
11 ①	12 ④	13 ④	14 ①	15 ④
16 ①	17 ②	18 ③	19 ④	20 ③

해설

01 $A-B=(2x^3+3x)-(3x+2)$

$=2x^3+3x-3x-2$

$=2x^3-2$

02

> 다항식 $f(x)$가 $x-a$로 나누어떨어질 때 $\Rightarrow f(a)=0$

주어진 다항식을 $f(x)$라 놓으면

$f(x)=x^3-3x^2+a$

나머지 정리에 의해

다항식 $f(x)$가 $x-2$로 나누어떨어질 때 $f(2)=0$

$f(2)$를 주어진 다항식에 대입하면

$f(2)=(1\times2^3)-(3\times2^2)+a=0$

$f(2)=8-12+a=0$

$\therefore a=4$

03

> $a^3-b^3=(a-b)(a^2+ab+b^2)$

인수분해 공식에 따라

$x^3-3^3=(x-3)(x^2+3x+9)$

다항식 x^3-3^3을 인수분해한 식이

$(x-3)(x^2+ax+9)$라고 하였으므로,

$(x^2+ax+9)=(x^2+3x+9)$

$\therefore a=3$

04 복소수 $5-3i$의 켤레복소수는 $5+3i$이므로

$5+ai=5+3i$에서 $a=3$

05 이차방정식 $x^2-2x+a=0$이 중근을 가지려면

판별식 $D=0$이므로, $D=b^2-4ac=0$에서

$(-2)^2-4\times1\times a=0$

$4-4a=0$

$\therefore a=1$

> **TIP 이차방정식의 판별식**
>
> 이차방정식 $ax^2+bx+c=0$에서
> - $D=b^2-4ac>0$: 서로 다른 두 실근
> - $D=b^2-4ac=0$: 중근
> - $D=b^2-4ac<0$: 서로 다른 두 허근

06

> $x^2-(\alpha+\beta)x+\alpha\beta=0$
> $\Rightarrow x^2-$(두 근의 합)$x+$(두 근의 곱)$=0$

x^2의 계수가 1인 이차방정식 $x^2-x-6=0$에서

두 근을 α, β라 할 때, $\alpha+\beta$는 두 근의 합이다.

근과 계수의 관계에 의해

$x^2-(\alpha+\beta)x+\alpha\beta=x^2-x-6$

$\therefore \alpha+\beta=1$

07 주어진 범위의 그래프에서

$x=2$일 때 → 최댓값 3

$x=0$일 때 → 최솟값 -1

그러므로 이차함수 $y=-(x-2)^2+3$의 최댓값은 3이다.

08 $|x+1|\geq5$를 풀면

$x+1\leq-5$ 또는 $x+1\geq5$

$\therefore x\leq-6$ 또는 $x\geq4$

해를 수직선 위에 나타낸 문제의 그림에서

$x\leq-6$이므로 $a=-6$이다.

> **TIP 절댓값 기호를 포함한 일차부등식의 풀이**
>
> - $|x|<a\ (a>0)$의 해 : $-a<x<a$
> - $|x|>a\ (a>0)$의 해 : $x<-a$ 또는 $x>a$
> - $a<|x|<b\ (0<a<b)$의 해 : $-b<x<-a$ 또는 $a<x<b$

09

> 좌표평면 위의 두 점 $A(x_1, y_1)$, $B(x_2, y_2)$에 대하여 $\overline{AB}$를 $m:n(m>0, n>0)$으로 내분하는 점 P의 좌표
> $\Rightarrow P\left(\dfrac{mx_2+nx_1}{m+n}, \dfrac{my_2+ny_1}{m+n}\right)$

좌표평면 위의 두 점 $A(-2, -1)$, $B(2, 3)$에 대하여 선분 AB를 $3:1$로 내분하는 점 P의 좌표는

$P\left(\frac{mx_2+nx_1}{m+n}, \frac{my_2+ny_1}{m+n}\right)$에서

$P\left(\frac{3\times2+1\times-2}{3+1}, \frac{3\times3+1\times-1}{3+1}\right)=\left(\frac{4}{4}, \frac{8}{4}\right)$

$\therefore P(1, 2)$

10

원점과 직선 $ax+by+c=0$ 사이의 거리 $\Rightarrow \frac{\lvert c\rvert}{\sqrt{a^2+b^2}}$

원점과 직선 $x+y-2=0$ 사이의 거리는

$\frac{\lvert c\rvert}{\sqrt{a^2+b^2}}$에서 $\frac{\lvert -2\rvert}{\sqrt{1^2+1^2}}=\frac{2}{\sqrt{2}}$

분모, 분자에 $\sqrt{2}$를 곱하면, $\frac{2}{\sqrt{2}}\times\frac{\sqrt{2}}{\sqrt{2}}=\frac{2\sqrt{2}}{2}=\sqrt{2}$

11 원점을 중심으로 하는 원의 방정식은 $x^2+y^2=r^2$이므로, 원 $x^2+y^2=4$는 반지름이 2인 원이다.

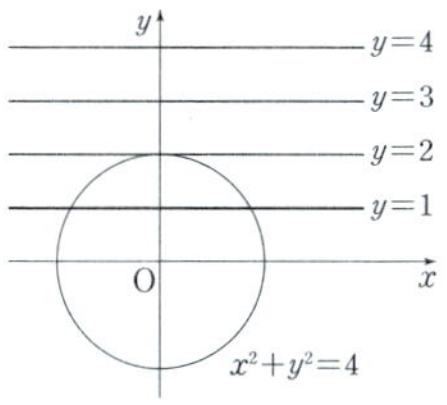

$y=1$일 때 원과 서로 다른 두 점에서 만난다.

$y=2$일 때 원에 접한다.

$y=3$, $y=4$일 때는 원과 만나지 않는다.

그러므로 직선 $y=a$와 원 $x^2+y^2=4$가 서로 다른 두 점에서 만날 때, 자연수 a의 값은 1이다.

12

점 (x, y)를 $y=x$에 대하여 대칭이동한 점의 좌표 $\Rightarrow (y, x)$

점 $(1, 3)$을 직선 $y=x$에 대하여 대칭이동한 점의 좌표는 (y, x)에서 $(3, 1)$이다. 즉, x, y의 좌표가 서로 바뀐다.

13 수학에서 집합은 어떤 명확한 조건을 만족시키는 서로 다른 대상들의 모임이다. 7 이하의 자연수의 모임은 $\{1, 2, 3, 4, 5, 6, 7\}$로 그 대상이 명확하므로 집합에 해당한다.

①의 '작은 동물', ②의 '유명한 가수', ③의 '키가 큰 사람'은 그 대상이 불명확하므로 집합으로 볼 수 없다.

14 $A=\{2, 4, 6, 8\}$, $B=\{6, 7, 8\}$에서 차집합 $A-B$는 A에만 있는 원소의 집합이므로 $A-B=\{2, 4\}$

15 $P\subset Q$일 때, p는 q이기 위한 충분조건이다.

p에서 $x-2=0$이므로 $x=2$

p가 q의 충분조건이라고 했으므로, $x=2$를 q의 $x^2-a=0$에 대입하면 $4-a=0$

$\therefore a=4$

16

$(g\circ f)(x)=g(f(x))$

합성함수의 성질에 따라 $(g\circ f)(1)=g(f(1))$

주어진 합성함수의 대응에서 $f(1)=b$

$\therefore (g\circ f)(1)=g(b)$

주어진 합성함수의 대응에서 $g(b)=1$

$\therefore (g\circ f)(1)=1$

17

역함수의 성질 : $f^{-1}(a)=b$이면 $f(b)=a$

역함수의 성질에 따라 $f^{-1}(a)=b$이면 $f(b)=a$이므로

$f^{-1}(5)=k$이면 $f(k)=5$

따라서 함숫값 5를 갖는 k의 값은

$f(x)=2x+1$에서 $f(k)=2k+1=5$

$k=2$이므로 $f(2)=5$이고, 따라서 $f^{-1}(5)=2$

18

$y=\sqrt{a(x-m)}+n$ $(a\neq0)$의 그래프는 $y=\sqrt{ax}$의 그래프를 x축의 방향으로 m만큼, y축의 방향으로 n만큼 평행이동한 그래프이다.

무리함수 $y=\sqrt{x-2}+4$의 그래프는 무리함수 $y=\sqrt{x}$의 그래프를 x축의 방향으로 2만큼, y축의 방향으로 4만큼 평행이동한 그래프이므로 $a=2$, $b=4$이다.

$\therefore a+b=6$

19

서로 다른 n개에서 r개를 택하여 일렬로 나열하는 순열의 수 $\Rightarrow {}_nP_r$

한국 문화를 알리는 4종류의 카드 중에서 서로 다른 3장의 카드를 택하여 일렬로 나열하는 경우의 수는 선택한 카드의 순서를 생각하며 일렬로 나열한 경우의 수와 같다. 그러므로 구하는 경우의 수는 ${}_4P_3=4\times3\times2=24$

20

서로 다른 n개에서 r개를 택하는 조합의 수 $\Rightarrow {}_nC_r$

유네스코에 등재된 5개의 우리나라 세계 기록 유산 중 서로 다른 2개의 세계 기록 유산을 선택하는 경우의 수는 순서를 생각하지 않고 택하는 조합의 수와 같다. 그러므로 경우의 수는

${}_5C_2=\frac{5\times4}{2\times1}=\frac{20}{2}=10$

제3교시

영 어

정답 및 해설

정답

01 ②	02 ④	03 ③	04 ③	05 ②
06 ②	07 ①	08 ①	09 ②	10 ④
11 ③	12 ①	13 ④	14 ④	15 ③
16 ④	17 ③	18 ③	19 ②	20 ①
21 ②	22 ①	23 ②	24 ①	25 ①

해설

01

해설 opportunity는 '기회'라는 뜻이다.
① 갈등 conflict
③ 법칙 rule
④ 인기 popularity

해석 나는 운이 좋게도 그에게서 배울 기회를 얻었다.

어휘 be lucky to 부정사 운 좋게 ~하다
learn from ~에서 배우다

02

해설 be aware of는 '~을 알다'라는 뜻이다.

해석 많은 사람들이 에너지 음료의 건강 위험에 대해 알고 있다.

어휘 risk 위험, 모험
energy drink 에너지 음료

03

해설 due to는 '~때문에'라는 뜻이다.
① 게다가 in addition
② 대신에 instead of
④ 반면에 on the other hand

해석 폭풍 때문에 해변으로의 여행이 취소되었다.

어휘 trip 여행
cancel 취소하다
storm 폭풍

04

해설 주어진 문장에서 'rose(장미)'는 'flower(꽃)' 중의 하 나로, 상위어-하위어 관계이다. 마찬가지로 ①, ②, ④는 모두 상위어-하위어 관계이나, ③의 'north(북)'와 'south(남)'는 반의어 관계이다.
① 색깔 – 회색
② 스포츠 – 농구
④ 언어 – 영어

해석 정원의 모든 꽃이 아름답지만, 나는 이 빨간 장미를 정말 좋아한다.

어휘 garden 정원
beautiful 아름다운

05

해설 ① 관람 장소 : 그랜드 호텔
② 관람 연령 : 알 수 없음
③ 티켓 가격 : 20,000원
④ 주차 정보 : 호텔 뒤편 주차장

해석

> 위대한 마술 쇼
> 와서 놀랄 준비하세요!
> • 날짜 : 8월 17일, 오후 2시~5시
> • 장소 : 그랜드 호텔
> • 티켓 : 20,000원
> * 호텔 뒤편에 주차장이 있습니다.

어휘 magic show 마술 쇼
amaze 놀라게 하다
location 위치, 장소
parking area 주차장

06

해설 첫 번째 문장에는 '주문하다'라는 의미를 갖는 동사 'order'가 들어가야 하고, 두 번째 문장에는 '순서'라는 의미의 명사 'order'가 들어가야 한다.
① 운전하다
③ 존경하다
④ 일하다

해석 • 디저트로 아이스크림을 주문할 것이다.
• 책을 알파벳 순서로 놓아주세요.

어휘 dessert 디저트
alphabetical 알파벳의, 알파벳순의

07

해설 첫 번째 문장에는 타동사 believe의 목적어로써 명사절을 이끄는 접속사 'that'이 들어가야 하고, 두 번째 문장에는 뒤의 종속절이 사물인 선행사 'a car'를 수식하기 위해 관계대명사 'that'이 들어가야 한다.

해석 • 그녀는 시험에 합격할 수 있다고 믿는다.
• 그는 조용하고 빠른 자동차를 구입했다.

어휘 quiet 조용한
fast 빠른

08 **해설** 첫 번째 문장에는 '~으로 유명하다'의 의미의 숙어 'be famous for'가 와야 하고, 두 번째 문장에는 '~을 요청하다'라는 의미의 숙어 'ask for'가 와야 한다. 그러므로 빈칸에 공통으로 들어갈 말은 전치사 'for'이다.

해석 • 프랑스는 에펠탑으로 유명하다.
• 그는 친구들에게 전화를 걸어 도움을 요청했다.

어휘 be famous for ~으로 유명하다
ask for ~을 요청하다

09 **해설** A가 자기 손만큼이나 큰 거미가 있다고 하자, B가 정말 네 손만큼이나 큰 거미가 있냐며 확인해 보자고 하였다. 그러므로 'Seeing is believing(보는 것이 믿는 것이다)'은 '눈으로 확인해야 믿을 수 있다.'는 표현으로 적절하다.

해석 A : 와! 내 손만큼이나 큰 거미가 있어!
B : 네 손만큼 크다고? 정말?
A : 응, 엄청 커!
B : 확인해 보자. 봐야 믿지.

어휘 spider 거미
huge 거대한, 엄청난
check 살피다, 확인하다

10 **해설** A가 자기가 정말 좋아하는 밴드의 공연을 보기 위해 티켓을 예약했고, 라이브 공연이 시작될 때까지 기다릴 수 없다며 빨리 보기를 학수고대하고 있다. 그러므로 A의 심정은 ④의 '행복하다'이다.

해석 A : 드디어 내가 정말 좋아하는 밴드를 보기 위해 티켓을 예약했어!
B : 정말 대단하구나! 콘서트는 언제야?
A : 금요일이야. 라이브 공연을 보기 위해 기다릴 수가 없어.
B : 정말 운이 좋구나. 재밌게 봐!

어휘 finally 마침내, 드디어
book 예약하다
favorite 마음에 드는, 아주 좋아하는
awesome 대단한, 엄청난
perform live 라이브 공연을 하다

11 **해설** A가 사진에서 마음에 드는 헤어스타일을 고른 후 B에게 머리를 잘라달라고 부탁하고 있다. 그러므로 위의 대화가 이루어지는 장소는 미용실이다.

해석 A : 짧은 헤어스타일을 보여주실 수 있나요?
B : 물론이죠. 여기 사진이 몇 장 있습니다. 그것들 중 마음에 드는 게 있나요?
A : 저는 이게 마음에 듭니다. 이렇게 머리를 잘라주실 수 있나요?
B : 그럼요, 바로 시작할 수 있습니다.

어휘 hairstyle 헤어스타일, 머리 모양
sure 그럼요, 물론이지
absolutely 전적으로, 그럼, 물론이지

12 **해설** 첫 번째 문장에서 주어 'Exercise(운동)'이 신체에 미 치는 유익한 점에 대해 설명하고 있다. 마찬가지로 두 번째 문장에서도 운동이 가져다주는 유익한 점에 대해 설명하고 있다. 그러므로 지시대명사 'it'가 가리키는 것은 ①의 'exercise(운동)'이다.
② 마음
③ 문제
④ 머무름

해석 운동은 건강한 몸무게를 유지하는 데 도움이 될 수 있다. 그것은 칼로리를 소모하고 근육을 만들며 전반적인 건강에 중요한 역할을 한다. 그것은 또한 여러분이 일에 집중할 수 있도록 더 활기차고 생산적인 기분을 느끼도록 도와줄 것이다. 활동적으로 지냄으로써, 많은 건강 문제를 예방할 수 있다.

어휘 exercise 운동, 연습
maintain 유지하다, 지탱하다
healthy 건강에 좋은, 유익한
burn calorie 칼로리를 소모하다
muscle 근육
overall 종합적인, 전반적인
energetic 정력적인, 활기찬
productive 생산적인
focus on ~에 초점[중점]을 두다
by ~ ing ~함으로써
stay 머무르다, 가만있다
prevent 막다, 예방하다

13 **해설** B는 일주일에 한 번 정도 외식을 한다고 하고, A는 거의 매일 외식을 한다고 답하고 있다. 그러므로 빈칸에 알맞은 질문 내용은 ④의 'How often do you eat out(외식은 얼마나 자주 하나요?)'이다.
① 여기 근처에 레스토랑이 있나요?
② 어떤 종류의 음식을 먹나요?
③ 쉬운 요리법을 어디서 구할 수 있나요?

해석 A : 외식은 얼마나 자주 하나요?
B : 너무 자주는 아니고 일주일에 한 번 정도요. 당신은요?
A : 저는 거의 매일 외식을 합니다. 스케줄이 있으면 그게 더 편해서요.
B : 네, 이해합니다.

어휘 schedule 일정, 스케쥴
recipe 조리법, 요리법

14 **해설** 질문 내용이 의사소통 능력을 향상시키는 방법이므로 ④의 'practice speaking with people regularly(사람들과 정기적으로 말하기 연습을 하는 것)'이 빈칸에 들어갈 말로 가장 적절하다.
① 과일과 채소를 더 많이 먹는다
② 엄마를 위해 베이킹 소다를 산다
③ 손을 따뜻하게 유지하기 위해 장갑을 낀다

해석 A : 의사소통 능력을 향상시키려면 어떻게 해야 할까요?
B : 한 가지 방법은 사람들과 정기적으로 말하기 연습을 하는 것입니다.

어휘 improve 향상시키다, 개선하다
communication 의사소통
skill 능력, 기술
vegetable 야채
baking soda 베이킹 소다
wear glove 장갑을 끼다
warm 따뜻한
practice 연습하다, 실행하다
regularly 정규적으로, 규칙적으로

15 **해설** 차를 마시면 어떤 장점이 있냐는 A의 질문에 B가 차를 마시면 긴장이 풀리고 스트레스를 줄이며 소화에도 도움이 된다고 하였다. 그러므로 위 대화의 주제는 ③의 '차를 마시는 것의 장점'이다.

해석 A : 차를 마시면 어떤 장점이 있는지 아세요?
B : 물론입니다. 긴장이 풀리고 스트레스를 줄이는 데 도움이 될 수 있습니다. 차 마시는 것을 좋아하나요?
A : 네, 그렇습니다. 그것은 또한 소화에도 도움이 된다고 들었습니다.

어휘 benefit 이점, 장점
relax 휴식을 취하다, 긴장이 풀리다
reduce 줄어들다, 감소하다
stress 스트레스
digestion 소화, 소화력

16 **해설** 아래층에 사는 사람이 소음 때문에 잠을 잘 수가 없다며 늦은 시간에는 소음을 낮춰달라고 부탁하고 있다. 그러므로 해당 글을 쓴 목적은 소음을 낮춰달라고 '요청하기' 위해서이다.

해석 저는 아래층에 살고 있는데 최근 아파트에서 많은 소음이 들리고 있습니다. 밤에 잠을 잘 수가 없습니다. 특히 늦은 시간에는 소음 수준을 낮춰주세요. 그러면 정말 감사하겠습니다.

어휘 downstairs 아래층
a lot of 많은
noise 소음, 잡음
apartment 아파트
lately 최근에
keep down 억제하다, 낮추다
level 수준, 정도
especially 특히, 특별히
appreciate 감사하다, 고마워하다

17 **해설** 동아리 안내문에 스니커즈 운동화를 지참하라고 명시되어 있다. 그러므로 '동아리 가입 시 운동화가 제공된다.'는 ③의 설명은 안내문의 내용과 일치하지 않는다.
① 매주 화요일에 참여할 수 있다. → 댄스 동아리는 매주 화요일 오후 5시 마가렛 홀에서 열림
② 댄스 경험이 없어도 참여 가능하다. → 동아리 회원 가입은 댄스 경험을 필요로 하지 않음
④ 이메일로 추가 문의를 할 수 있다. → 더 많은 정보는 dance@email.com로 문의 함

해석

브레이크댄스 클럽
우리와 함께 몇 가지 동작을 배워보세요!

- 화요일 오후 5시 마가렛 홀에서
- 댄스 경험이 필요하지 않습니다.
- 스니커즈 운동화를 가져오세요.
- 더 많은 정보가 필요하면 dance@email.com으로 메일을 보내주세요.

어휘 breakdancing 브레이크댄싱
experience 경험
require 필요하다, 요구하다
bring 가져오다
sneaker 스니커즈 운동화
information 정보

18 **해설** 제시문에 다채로운 해양 생물을 관찰할 수 있는 다이빙 장소도 많이 있다고 하였으므로, '다이빙은 안전상의 이유로 금지된다.'는 ③의 설명은 제시문의 내용과 일치하지 않는다.

해석 파라다이스 리조트는 태국에 위치해 있습니다. 그 리조트는 바다 옆에 있어서 수영과 낚시를 즐길 수 있습니다. 또한 다채로운 해양 생물을 관찰할 수 있는 다이빙 장소도 많이 있습니다. 그 리조트에는 전 세계의 다양한 요리를 즐길 수 있는 식당들이 있습니다. 파라다이스에 방문해 주세요!

어휘 be located in ~에 위치하다
Thailand 태국
resort 리조트, 휴양지
next to 바로 옆에, 인접한
ocean 바다, 해양
diving 다이빙, 잠수
spot 지점, 장소
observe 보다, 관찰하다
colorful 다채로운, 형형색색의
marine life 해양 생물
restaurant 식당
various 여러 가지의, 다양한
dishes 요리
paradise 파라다이스, 낙원

19 **해설** 제시문에서 키를 더 커 보이게 하려면 헐렁한 옷을 피하고, 비슷한 색상의 옷을 입으라고 권유하고 있다. 그러므로 ②의 '키가 커 보이게 옷을 입는 방법'이 제시문의 주제로 가장 적절하다.

해석 키를 더 커 보이게 하는 몇 가지 팁을 알려드릴게요. 첫째, 헐렁한 옷을 피하세요. 많은 사람들이 큰 사이즈의 옷을 선호할 수 있지만, 키가 작아 보일 수 있습니다. 둘째, 비슷한 색상의 옷을 입으세요. 다른 색상의 옷을 입는 것은 몸이 분리되어 키를 작게 보이게 하는 원인이 됩니다.

어휘 tip 팁, 조언
avoid 피하다, 방지하다
loose 느슨한, 헐렁한
clothes 옷
prefer 더 좋아하다, 선호하다
oversized 특대의, 너무 큰
appear 나타나다, 보이다
similar 비슷한, 닮은
divide 나누다, 분리하다
cause 야기하다, 초래하다

20 **해설** 제시문에 따르면 영화 제작은 촬영 장소, 배우와의 일정, 예산 관리 및 날씨와 기술적인 문제도 고려해야 하는 힘든 작업이라고 하였다. 그러므로 빈칸에 들어갈 말로는 ①의 'challenging(도전적인)'이 가장 적절하다.
② 이기적인
③ 독립적인
④ 입을 수 있는

해석 영화 제작은 신중한 계획과 팀워크가 필요하기 때문에 <u>도전적일</u> 수 있다. 적합한 촬영 장소를 찾고, 배우와 함께 일정을 짜고, 예산을 관리하는 것은 모두 어려운 작업이다. 촬영 중 날씨와 기술적인 문제로 또한 지연될 수도 있다.

어휘 film-making 영화 제작
require 필요하다, 요구하다
careful 주의 깊은, 조심하는
location 위치, 장소, 야외 촬영지
actor 배우
manage 관리하다, 운영하다
budget 예산
technical 과학 기술의, 기술적인
issue 문제, 주제
filming 촬영
delay 지연, 지체, 연기

21 **해설** 제시문에서 3D 프린터는 일반 프린터와 달리 플라스틱 또는 금속과 같은 재료를 넣어 장난감이나 집과 같은 실제 제품을 인쇄한다고 설명하고 있다. 그러므로 ②의 'different(다른)'이 빈칸에 들어갈 말로 가장 적절하다.
① 보통의
③ 잦은
④ 나쁜

해석 3D 프린터란 무엇인가? 일반 프린터와 비슷하지만 조금 <u>다르다</u>. 첫째, 잉크가 아니라 플라스틱 혹은 금속과 같은 다른 재료를 넣는다. 다음으로 소프트웨어를 사용하여 종이를 인쇄하지 않고, 장난감과 심지어 집과 같은 실제 제품을 인쇄한다. 놀랍지 않은가?

어휘 normal 일반의, 정상적인
material 물질, 재료
plastic 플라스틱
metal 금속
real-life 실제의
product 제품, 상품, 생산물
amazing 놀라운

22 **해설** 글의 내용상 새해 첫날 친구와 산에 오를 계획이었으나 예상치 못한 폭설이 내려 산에 오르지 못했다는 의미이므로, 주어진 문장은 ①에 들어가는 것이 가장 적절하다.

해석 하지만 예상치 못한 폭설이 내렸다.

새해 첫날, 친구와 나는 마을 근처의 산에 오를 계획이었다. (①) 위험할 수 있었기 때문에 산에 오르는 것을 그만두었다. (②) 그래서 우리는 실내에 머물렀다. (③) 우리는 매우 실망했지만, 다시 한 번 시도하기로 했다. (④)

어휘 heavy snow 폭설
unexpectedly 뜻밖에, 갑자기, 예상치 못하게
climb 오르다, 등산하다
stop from ~ing ~을 중지시키다, ~하는 것을 그만두게 하다
dangerous 위험한
as a result 결과적으로
stay 머무르다, 보내다
indoor 실내의, 집안의
disappoint 실망시키다, 좌절시키다

23 **해설** 제시문의 마지막 부분에 반려동물은 주인에게 많은 의미를 주며, 그런 이유가 몇 가지 있다고 하였다. 그러므로 '반려동물이 주인들에게 중요한 이유'가 주어진 글 다음에 이어질 내용으로 가장 적절하다.

해석 오늘날 개, 고양이, 토끼와 같은 반려동물은 주인의 마음속에 특별한 위치를 차지한다. 많은 사람들이 반려동물과 많은 시간을 보낸다. 어떤 사람들은 반려동물에게 많은 돈을 쓴다. 반려동물은 주인에게 많은 의미가 될 수 있다. 여기 몇 가지 이유가 있다.

어휘 pet 애완동물, 반려동물
such as 가령, 예를 들어
rabbit 토끼
hold 자리하다, 차지하다
owner 소유주, 주인
spend 쓰다, 보내다
reason 이유, 사유, 까닭

[24-25]

해석 인간은 사회적 존재이다. 우리는 혼자 살 수 없고 다른 사람의 도움이 필요하다. 우리는 협력해서 일을 하려고 노력해야 한다. 우리가 팀으로 일할 때, 더 성공할 수 있다. 헬렌 켈러는 "혼자서 할 수 있는 일은 거의 없고, 함께 할 수 있는 일은 너무 많습니다."라고 말한 적이 있다. 우리 중 누구도 우리 모두만큼 똑똑하지는 않다. 이 점을 명심하면, 더 나은 사회를 건설할 것이라고 나는 확신한다.

어휘 human 인간
social 사회적인
being 존재, 생명체
alone 혼자, 홀로
support 지원, 도움
cooperation 협력, 협동
successful 성공적인
keep in mind 기억하다, 명심하다

24 **해설** 제시문에 따르면 인간은 사회적 존재이므로 혼자 살 수 없고 서로 협력하면 더 나은 사회를 만들 수 있다고 말하고 있다. 그러므로 빈칸에 들어갈 말은 ①의 'build(건설하다)'이다.
② 잊어버리다
③ 제안하다
④ 속이다

25 **해설** 헬렌 켈러가 "혼자서 할 수 있는 일은 거의 없고, 함께 할 수 있는 일은 너무 많습니다."라고 말한 것처럼, 팀으로 일할 때 성공할 확률이 더 높다고 하였다. 그러므로 ①의 '협력의 중요성'이 제시문의 주제로 가장 적절하다.

제4교시

사 회

정답 및 해설

정답

01 ②	02 ②	03 ②	04 ③	05 ①
06 ④	07 ③	08 ③	09 ①	10 ①
11 ④	12 ①	13 ②	14 ②	15 ③
16 ②	17 ②	18 ④	19 ①	20 ③
21 ③	22 ④	23 ③	24 ②	25 ④

해설

01 민원 제기, 청원 운동, 집회 참가 등은 '시민 참여'의 대표적 사례들로, 민주주의를 실현하기 위해 시민의 권리를 능동적으로 행사할 필요성이 있다.

① **편익** : 어떤 경제적 선택을 함으로써 얻는 이익이나 만족감

③ **규모의 경제** : 생산량이 증가할수록 평균 생산 단가가 감소하는 현상

④ **불완전 경쟁** : 독점적 경쟁과 과점 등 완전 경쟁의 조건을 만족하지 않는 시장

02 인간이라면 누구나 누릴 수 있는 기본적인 권리는 '인권'이다. 프랑스 시민 혁명 때 '인간과 시민의 권리 선언'을 통해 천부 인권의 권리를 명시적으로 언급하였다.

① **억압** : 자기의 뜻대로 자유로이 행동하지 못하도록 억지로 억누름

③ **종전** : 전쟁이 끝남

④ **채권** : 정부, 공공 기관, 회사 등이 자금을 빌리기 위해 발행하는 증서

03 권력 분립은 국가 권력을 나누어 각각 다른 기관에 분담시켜 서로 견제 · 균형하게 함으로써 국민의 자유와 권리를 보장하려는 것으로 입법권은 국회에, 행정권은 정부에 그리고 사법권은 법원에 있다.

- **건강권** : 최소한의 건강을 보장받거나 건강에 대한 보호를 요구할 권리
- **주거권** : 인간다운 주거생활을 영위할 수 있는 권리
- **참정권** : 국가의 의사 결정에 참여할 수 있는 권리
- **사회권** : 인간다운 삶의 보장을 국가에 요구할 수 있는 권리
- **청구권** : 국가에 대해 일정한 행위를 요구할 수 있는 권리로, 다른 기본권 보장을 위한 수단적 권리
- **단결권** : 근로자가 근로조건의 유지 및 개선을 위해 단체를 결성할 수 있는 권리

04 '준법 의식'은 스스로 법을 지키려는 자세로, 정의 실현 및 사회 질서 유지를 위해 함양해야 할 시민 의식이 하나이다.

① **유동성** : 필요할 때 쉽고 빠르게 현금으로 전환할 수 있는 정도

② **기회비용** : 어떤 선택으로 인해 포기된 기회들 가운데 가장 큰 가치

④ **인플레이션** : 화폐가치가 하락하여 물가가 전반적 · 지속적으로 상승하는 경제 현상

05 조세 정책을 세워 소득 불평등을 완화하고, 공정 거래 위원회를 통해 불공정 거래 행위를 규제하는 경제 주체는 정부이다.

TIP **경제의 3대 주체**

- **가계** : 가계는 주로 재화와 서비스를 소비하는 주체로서 생산 활동에 참여하여 얻은 소득으로 소비 활동을 한다.
- **기업** : 기업은 소비자에게 필요한 재화와 서비스를 생산하며 이를 운반, 판매하여 이윤을 얻는 생산 활동의 주체이다.
- **정부** : 정부는 세금을 바탕으로 공공재와 사회 간접 자본을 생산하여 공급하며, 이를 운영하는 과정에서 재화와 서비스를 소비한다.

06 특정 국가 간에 무역 특혜를 부여하기 위해 관세나 무역 장벽을 완화하거나 제거하기로 맺은 약정은 자유 무역 협정(FTA)으로, 특정 국가 간의 상호 무역증진을 위해 물자나 서비스의 이동을 자유화시키는 것이다.

① **브렉시트(Brexit)** : 영국(Britain)과 탈출(Exit)의 합성어로, 영국의 유럽연합(EU) 탈퇴를 의미함

② **님비(NIMBY) 현상** : 공공의 이익에는 부합하지만 자신이 속한 지역에는 이롭지 아니한 일을 반대하는 행동

③ **누리 소통망(SNS)** : 인맥 구축을 목적으로 개설된 커뮤니티형 웹사이트

07 대공황을 계기로 1930년대에 등장한 수정 자본주의는 정부가 지출을 확대하여 실업자를 구제하는 등 적극적으로 시장에 개입해야 한다고 주장한다. 미국은 이러한 수정 자본주의에 입각한 뉴딜 정책을 통해 대공황을 극복하였다.

① **연고주의** : 학연, 지연, 혈연 등과 같은 전통적 · 자연 발생

적 인간관계를 우선시하거나 중요하게 여기는 사고방식
② **상업 자본주의** : 무역과 상업을 중심으로 상품의 유통 과정에서 이윤을 창출하는 초기 자본주의 경제 체제
④ **자유 방임주의** : 개인의 경제활동의 자유를 최대한 보장하고, 이에 대한 국가의 간섭을 가능한 한 배제하려는 경제 사상 및 정책

08 "계란을 한 바구니에 담지 말라."라는 격언처럼 투자 위험을 줄이기 위해 자산을 다양한 곳에 분산하여 투자하는 것을 포트폴리오라고 한다.
① **빨대 효과** : 대도시가 주변 중소 도시의 인구나 경제력을 흡수하는 대도시 집중 현상
② **외부 효과** : 경제 주체의 경제 활동이 다른 경제 주체에게 의도하지 않은 이익을 주거나 의도하지 않게 피해를 주는데도 이에 대해 아무런 경제적 대가를 치르거나 받지 않는 것
④ **사이버 불링** : 가상공간을 뜻하는 사이버(cyber)와 집단 따돌림을 뜻하는 불링(bullying)의 합성어로, 사이버 상에서 특정인을 집단적으로 따돌리거나 집요하게 괴롭히는 행위

09 사회 구성원 전체의 이익이 개인의 이익과 조화를 이룸으로써 공동체 모두에게 유익한 것은 '공동선'이다. 이는 공동체의 가치와 전통에 따라 구성원의 자아실현과 인격 완성을 추구한다.
② **희소성** : 무한한 인간의 욕구에 비해 그것을 충족시킬 자원의 양이 상대적으로 한정된 것
③ **무임승차** : 자원이나 공공재로 이익을 보는 사람이 대가를 지불하지 않을 때, 해당 재화나 서비스의 공급이 줄어드는 현상
④ **인간 소외** : 인간이 자신을 둘러싼 환경, 노동 및 노동의 산물 또는 자아로부터 멀어지거나 분리되는 것

10 사회 복지 제도 중 사회 보험은 일정 수준의 소득이 있는 개인과 정부, 기업이 보험료를 분담하여 구성원의 사회적 위험에 대비하는 제도로 국민연금과 고용 보험 등이 이에 해당한다.

TIP **사회 복지 제도**
- **사회 보험** : 국민이 미래에 직면할 수 있는 사회적 위험에 대비하여, 국가나 국민의 건강과 생활 보전을 목적으로 보험방식에 의하여 사전에 대비하는 제도
- **공공 부조** : 국가가 생활 유지 능력이 없거나 생활이 어려운 국민의 최저 생활을 보장하고 자립을 지원하는 제도
- **사회 서비스** : 도움이 필요한 국민에게 노인 돌봄, 장애인 활동 지원, 가사 · 간병 방문 지원 등 비금전적인 서비스를 제공하는 제도

11 기존의 문화 요소와 다른 사회로부터 전파된 문화 요소가 함께 공존하는 현상은 문화 병존이다. 즉, 둘 이상의 문화가 각자의 고유한 성질을 간직한 채 함께 존재하는 현상을 의미한다.
① **발견** : 이미 존재하고 있었으나 알려지지 않은 문화 요소나 원리를 찾아내는 것
② **소멸** : 문화 동화 현상으로 인해 기존의 문화 요소가 소멸되고 외래 문화만 살아남는 현상
③ **문화 동화** : 다른 사회의 문화 요소가 전파되었을 때 기존의 문화 요소가 전파된 문화 요소에 흡수되어 소멸되는 현상

12 ㉠ **문화 사대주의** : 다른 문화를 더 우월한 것으로 믿고 자신의 문화를 무시하거나 낮게 평가하는 태도
㉡ **문화 상대주의** : 문화의 우열을 가릴 수 없다고 보며, 해당 사회의 환경과 역사적 맥락 속에서 문화를 바라보는 태도
- **자문화 중심주의** : 자기 문화만을 가장 우수한 것으로 생각하고 다른 문화를 무시하거나 부정하는 태도

13 다문화 정책 중 용광로 정책은 기존 문화에 이주민의 문화를 흡수하여 단일한 정체성을 이루어야 한다는 문화적 동화주의 정책이고, 샐로드 볼 이론은 샐러드처럼 다양한 사회구성원들이 상호공존하며 각각이 색깔과 향기를 지니고 조화로운 통합을 이루려는 정책을 말한다.
① **효용** : 인간의 욕망을 만족시킬 수 있는 재화의 효능
③ **유리 천장** : 여성과 소수민족 출신자들의 고위직 승진을 막는 조직 내의 보이지 않는 장벽
④ **로컬 푸드** : 소비되는 곳과 가까운 거리에서 생산되는 식자재나 그 식자재로 만든 음식

14 오아시스 농업은 건조 기후 지역의 특징에 해당한다. 한대 기후 지역은 겨울이 길고 몹시 추운 북극해 연안의 툰드라나 빙설 지역으로 순록 유목, 폐쇄적 가옥 구조, 털가죽 의복 등의 생활 모습을 보인다.

15 폭설은 비교적 짧은 시간에 많은 양의 눈이 오는 기상 현상으로, 교통 혼란을 야기하고 비닐하우스나 축사 등의 시설물을 붕괴시킨다. 폭설이 내리면 자가용 이용을 자제하고 신속한 제설 작업을 진행해야 한다.
① **가뭄** : 강수량 부족과 대륙 내부의 건조 기후로 인해 땅이 메마르고 물이 부족한 현상
② **지진** : 지구 내부의 에너지가 지표로 나와 땅이 갈라지며 흔들리는 현상
④ **화산** : 지하 깊은 곳에서 있던 마그마가 지각의 갈라진 틈을 뚫고 분출하는 현상

16 차티스트 운동은 보통선거를 바탕으로 한 의회민주주의의 실시를 요구하며 영국에서 벌어졌던 최초의 노동자 운동이다. ①·③·④는 모두 국제 환경 문제 해결을 위한 협약들이다.

① **교토 의정서** : 기후변화협약에 따른 온실가스 감축목표에 관한 의정서

③ **몬트리올 의정서** : 오존층 파괴물질의 규제에 관한 국제협약

④ **사막화 방지 협약** : 무리한 개발과 오남용으로 인한 사막화 방지를 위해 체결된 협약

17 도시화는 도시 인구 비율이 증가하고 주민의 생활양식이 도시적으로 변화하는 현상으로, 직업의 다양성이 증가하는 변화를 가져왔다.

① 도시화로 인해 도시 중심부의 기온이 주변 지역보다 높게 나타나는 열섬 현상이 나타났다.

③ 도시화로 인해 인간에 의해 인위적으로 건설된 인공 건축물이 증가하였다.

④ 도시화로 인해 산업화 이전의 농업 중심의 사회가 공업 중심의 사회로 변화하였다.

18 한 여성이 가임 기간(15~49세) 동안 낳을 것으로 예상되는 평균 출생아 수를 합계 출산율이라고 하며, 특히 합계 출산율이 인구 대체가 가능한 수준(평균 2.1명)을 밑도는 현상을 저출산이라고 한다.

① **고령화** : 총인구 가운데 65세 이상 노인 인구의 비율이 증가하는 현상

② **인구 구조** : 일정한 지역 안의 인구를 성별, 연령별 등의 기준으로 나누어 분류한 것

③ **인구 이동** : 둘 이상 지역 간에 발생하는 전출과 전입 현상

19 (가)는 고대 중국의 문화에 기반을 둔 동아시아 문화권으로 불교 문화가 나타난다. 중국의 한나라를 거쳐 당나라에 이르러 완성된 중국, 한국, 일본, 등의 문화권으로, 이들 지역은 유교와 불교, 한자, 율령 체제 같은 문화적 공통점을 갖고 있다.

20 이슬람교는 무함마드가 창시한 종교로 알라를 유일신으로 믿는다. 술과 돼지고기 먹는 것을 금기시하며, 성지는 메카이고 예배당은 모스크라 불린다. ①·②·④는 모두 힌두교에 대한 설명이다.

21 인간의 이익을 위해 자연을 훼손하는 것은 인간과 자연의 관계에서 인간의 이익이나 행복을 먼저 고려하는 인간 중심주의 관점이다. 따라서 인간의 이익을 위해 자연을 훼손하는 것은 인간과 자연의 공존을 위한 노력으로 볼 수 없다.

①의 '지속 가능한 발전', ②의 '생태 통로', ④의 '환경친화적 가치관'은 모두 인간과 자연이 공존하기 위한 노력에 해당한다.

22 영어 사용이 확산되면서 영어를 제외한 다른 언어들이 소멸될 위기에 처한 것처럼 한 지역의 문화적 특성이 다른 지역에서도 유사하거나 동일하게 나타남으로써 세계 문화가 점차 비슷해지는 현상을 '문화의 획일화'라고 한다.

① **저출산** : 합계출산율이 인구 대체가 가능한 수준(평균 2.1명)을 밑도는 현상

② **플랜테이션** : 유럽 식민지배 이후 유럽의 자본과 기술, 유리한 기후, 원주민의 노동력이 결합한 농업 형태

③ **공간적 분업** : 기업이 성장하며 기업의 본사, 연구소, 공장 등이 각각의 기능을 수행하는 데 적합한 지역을 찾아 지리적으로 분산되는 것

23 전쟁·기아·질병·자연재해 등으로 고통받는 세계 각 지역의 주민들을 구호하기 위해 설립된 국제 비정부 기구는 국경 없는 의사회(MSF)이다.

① **국제 통화 기금(IMF)** : 국제 통화와 세계 무역의 안정을 목적으로 설립한 국제 금융 기구

② **세계 무역 기구(WTO)** : 국제 무역에 관한 규정과 협정을 관리하고, 무역 분쟁을 해결하기 위해 설립된 국제기구

④ **경제 협력 개발 기구(OECD)** : 경제 발전과 세계 무역의 촉진을 위해 설립된 국제기구

24 개인의 행동이나 기록이 정보화 기기에 노출되거나 CCTV의 발전으로 개인이 감시나 통제를 받는 정보화의 문제점은 '사생활 침해'이다. 사생활 침해란 자신의 의사와 상관없이 개인정보가 다른 사람에게 공개되어 피해를 받는 것을 말한다.

① **환경 난민** : 환경변화로 인해 생존조건이 악화되어 종래에 거주했던 지역 또는 국가를 떠나 새로운 피난처를 구하는 집단

③ **자원 민족주의** : 자원 보유국이 자원을 무기로 삼아 이익을 극대화하려는 태도

④ **산아 제한 정책** : 높은 출산율을 억제하고자 출산율을 계획적으로 조절하는 정책

25 ㉠(석유)이 ㉡(천연가스)보다 현재 세계에서 소비량이 더 많다. 현재 세계에서 에너지 자원 소비량은 석유 > 석탄 > 천연가스 순이다.

① ㉠(석유)은 신생대 지층에 매장되어 있다.

② ㉠(석유)은 연소하면서 이산화탄소나 질소산화물 등의 오염 물질을 배출한다.

③ 18세기 산업 혁명의 주요 동력원은 ㉡(천연가스)이 아니라 석탄이다.

제5교시

과 학

정답 및 해설

정답

01 ④	02 ①	03 ③	04 ④	05 ③
06 ④	07 ③	08 ②	09 ④	10 ②
11 ①	12 ②	13 ④	14 ④	15 ③
16 ③	17 ①	18 ②	19 ①	20 ③
21 ②	22 ①	23 ②	24 ①	25 ④

해설

01 태양 전지의 광전효과를 이용하여 태양의 빛에너지를 전기 에너지로 직접 전환하는 발전 방식은 태양광 발전이다. 태양광 발전은 친환경적이기는 하나 일조량에 따라 전력 생산량이 달라지는 단점이 있다.

① **수력 발전** : 물의 낙차를 이용하여 전기를 생산하는 방식

② **조력 발전** : 밀물과 썰물의 해수면 수위 차를 이용하여 발전하는 방식

③ **파력 발전** : 파도의 상하운동 에너지를 전기 에너지로 전환하는 방식

02

운동량 = 질량 × 속력

운동량은 질량 × 속력이므로, 2kg인 물체가 6m/s의 일정한 속력으로 운동할 때, 이 물체의 운동량 = 2kg × 6m/s = 12kg · m/s이다.

03 코일 근처에서 자석을 움직이면 코일에 전류가 유도되는데, 이것은 도체의 주변에서 자기장을 변화시켰을 때 전압이 유도되어 전류가 흐르는 전자기 유도 현상 때문이다. 변압기는 이러한 전자기 유도를 이용하여 전압을 변화시키는 장치로, 각 코일에 걸린 전압은 코일의 감은 수에 비례한다.

① **열효율** : 열기관에 공급한 에너지 중 일로 전환된 비율

② **핵발전** : 핵분열로 발생한 에너지를 이용한 발전 방식

④ **초전도 현상** : 매우 낮은 온도에서 전기저항이 0에 가까워지는 현상

04 ㄱ. 수평 방향으로 던진 공은 등속 운동을 하므로 그 속력은 일정하다. 그러므로 A와 B 지점에서의 물리량은 같다.

ㄷ. 수평 방향으로 던진 공에 작용하는 힘의 크기는 A와 B 모두 0으로 동일하고, 연직 방향으로 떨어질 때 공에 작용하는 힘의 크기도 중력가속도(10m/s²)로 A와 B 모두 동일하다. 그러므로 A와 B 지점에서의 물리량은 같다.

ㄴ. 공의 연직 방향으로 떨어지는 물체는 중력 가속도(10m/s²)의 속도로 자유낙하 운동을 하므로 일정한 빠르기로 속력이 증가한다. 그러므로 A 지점에서의 물리량보다 B 지점에서의 물리량이 크다.

05

$$\text{열효율}(\%) = \frac{\text{열기관이 한 일}}{\text{열기관에 공급된 에너지}} \times 100$$

열효율은 열기관에 공급한 에너지 중 일로 전환된 비율을 말한다. 문제에서 75J의 열에너지를 공급받아 외부에 15J의 일을 하고 60J의 열에너지를 방출하였다고 하였으므로,

$$\text{열효율}(\%) = \frac{15J}{75J} \times 100 = 20$$

∴ 열효율 = 20%

06 그래핀은 탄소 원자가 육각형 벌집 모양으로 배열된 평면 구조로, 전기 전도성이 뛰어나고 강철보다 단단하면서도 잘 휘어진다. 그러므로 ㉠에 들어갈 말은 탄소이다.

TIP 탄소로 이루어진 신소재

- **그래핀** : 탄소 원자가 육각형 벌집 모양으로 배열된 평면의 구조를 가진 신소재로, 강철보다 단단하고 구리보다 열전도율이 높으면서 잘 휘어지는 성질을 가지고 있어 휘어지는 디스플레이의 투명 전극 소재, 태양 전지, 발광 다이오드 조명 등에 쓰인다.
- **풀러렌** : 분자식이 C_{60}인 나노물질로, 오각형과 육각형 형태로 이루어진 축구공 모양의 물질이다. 풀러렌은 유도체를 만드는 데에 잘 쓰이는데, 풀러렌의 비어있는 공간에 다른 분자를 넣어 물리 · 화학적 특성 변화를 이끌어 낼 수 있기 때문이다.
- **탄소 나노 튜브** : 탄소 6개로 이루어진 육각형들이 서로 연결되어 관 모양을 이루고 있는 신소재로, 튜브의 직경이 10억분의 1m 수준으로 극히 작은 영역의 물질이다. 탄소 나노튜브는 우수한 기계적 특성, 전기적 선택성, 고효율의 수소 저장 매체 특성 등을 지닌다.

07 주기율표에서 〈족〉의 1의 자리의 수는 원자가 전자의 수를 가리킨다. 즉, 최외각 전자의 수가 〈족〉의 1의 자리의 수와 동일하다. 그러므로 13족 원소의 원자가 전자는 3으로, 최외각 전자의 수가 3개이다.

08 원자의 전자 배치 중 가장 바깥 전자 껍질에 들어 있는 전자를 원자가 전자라고 하며, 주기율표에서 〈족〉의 1의 자리수와 같다. 즉, 가장 바깥 전자 껍질의 전자 수가 8개이고, 반응성이 거의 없는 것은 비활성기체로써 18족 원소인 (나)이다.

09 ㄴ. 대표적인 이온 결합 물질인 염화 나트륨(NaCl)은 물에 녹아 이온이 되므로 수용액 상태에서 전류가 흐른다.

ㄷ. 이온 결합 물질은 금속 원소의 양이온과 비금속 원소의 음이온의 정전기적 인력에 의해 생성된다.

ㄱ. 산소 기체(O_2)는 비금속 원소들의 화학 결합이므로, 이온 결합 물질이 아니라 공유 결합 물질에 해당한다.

10

$$Ca(OH)_2 \rightarrow Ca^{2+} + 2OH^-$$

$Ca(OH)_2$(수산화칼슘)은 물에 녹아 수산화 이온인 OH^-를 내놓는 염기성 물질이다.

①의 HCl(염산), ③의 H_2SO_4(황산), ④의 CH_3COOH(아세트산)은 모두 물에 녹아 수소 이온(H^+)을 내놓는 산성 물질이다.

11

$$HCl \rightarrow H^+ + Cl^-$$

중화 반응은 산과 염기가 반응하여 물과 염이 만들어지는 반응을 말한다. 그림에서 수산화 나트륨(NaOH)이 물과 만나면 이온화되어 Na^+와 OH^-를 생성한다. 또한 H^+와 수산화 나트륨 수용액의 OH^-가 만나 물(H_2O)이 되었고, 그 외 염화이온인 Cl^-가 존재하므로 중화 반응에 사용된 A 수용액은 HCl(염산)이다.

② HNO_3(질산) $\rightarrow H^+ + NO_3^-$

③ H_2CO_3(탄산) $\rightarrow 2H^+ + CO_3^{2-}$

④ H_2SO_4(황산) $\rightarrow 2H^+ + SO_4^{2-}$

12 반응 물질 중 C(탄소)는 CO_2(이산화탄소)가 되어 산소를 얻었으므로 산화에 해당한다. 반면에 반응 물질 중 2CuO(산화 구리)는 2Cu(구리)가 되어 산소를 잃었으므로 환원에 해당한다.

TIP 산화 환원 반응

- **산화** : 물질이 산소를 얻거나 전자를 잃는 반응
- **환원** : 물질이 산소를 잃거나 전자를 얻는 반응

13 같은 종의 무당벌레 개체군에서 겉날개의 색과 반점 무늬가 개체마다 달라지면 유전적 다양성이 증가한다. 유전적 다양성이란 하나의 종 내에서 유전자의 다양함으로 인해 나타나는 형질의 다양성을 말한다.

① **생물 대멸종** : 지구상에서 생물종의 다양성이 짧은 시간 동안 광범위한 지역에서 감소하는 것

② **외래종 도입** : 외국으로부터 자연적 혹은 인위적으로 유입되어 들어온 생물

③ **서식지 단편화** : 도로나 택지, 토목 공사 등을 통해 생물의 서식지가 조각나서 연속성이 단절되는 것

14 뉴클레오타이드는 DNA와 RNA와 같은 핵산을 구성하는 기본 단위체로, 염기 및 당과 인산으로 구성되어 있다.

① **지질** : 기본 단위는 지방산, 글리세롤으로 에너지원으로 이용되거나 세포막의 성분이 됨

② **포도당** : 단맛이 있고 물에 잘 녹으며 환원성이 있는 단당류의 하나

③ **아미노산** : 생물의 몸을 구성하는 단백질의 기본 구성단위

15

유전 정보의 전달

DNA —전사→ RNA —번역→ 단백질

㉠(전사)는 DNA의 유전 정보를 RNA로 전달하는 과정이며, ㉡(번역)은 RNA의 유정 정보에 따라 단백질을 합성하는 과정이다.

16 ㄱ. A는 포도당과 같은 물질로 막단백질을 통해 이동한다.

ㄴ. B는 산소와 같은 기체로 인지질 사이로 확산한다. 여기서 확산은 물질이 높은 농도에서 낮은 농도로 이동하는 현상을 말한다.

ㄷ. 세포막은 막단백질로만 구성되어 있다. → 세포막은 인지질 2중층과 막단백질로 구성되어 있다.

17 항생제를 반복적으로 사용하다 보면 세균 집단 내에 항생제 내성 세균의 비율이 증가하게 되는데, 이것은 특수한 환경 하에서 생존에 적합한 형질을 지닌 개체군이 그 환경 하에서 생존에 부적합한 형질을 지닌 개체군에 비해 생존과 번식에서 이익을 본다는 다윈의 '자연선택' 이론으로 설명할 수 있다.

② **생태계 평형** : 급격한 환경의 변화가 일어나지 않는 상태에서 생태계를 이루는 각 개체군의 종류와 수가 크게 변하지 않고 안정된 상태를 유지하는 것

③ **생태 피라미드** : 생태계가 먹이 단계가 올라갈수록 생물의 수가 줄어드는 피라미드 모양을 이루는 것

④ **생명 중심 원리** : 생명체의 세포에서 유전정보가 어떻게 이용되는지 그 흐름의 방향을 설명하는 원리

18 ㉠ **참나무** : 식물이므로 생태계의 생물학적 요인 중 생산자에 해당한다.

㉡ **햇빛** : 물, 온도, 공기, 태양 등과 마찬가지로 햇빛은 생태계의 비생물적 요인에 해당한다.

TIP 생태계의 생물적 요인

- **생산자** : 생명 활동에 필요한 양분을 스스로 만듦
  예 식물, 식물 플랑크톤 등
- **소비자** : 다른 생물을 섭취하여 양분을 얻음
  예 초식 동물, 육식 동물 등
- **분해자** : 생물의 배설물과 사체를 분해하여 양분 얻음
  예 세균, 곰팡이 등

19 개체 수 피라미드에서 B는 생산자이고 A는 1차 소비자이다. 생산자는 식물이고, 1차 소비자는 초식동물, 2차 소비자는 육식 동물에 해당한다.

ㄴ. 참새는 B에 해당한다. → 참새는 식물이 아니므로 B에 해당하지 않는다.

ㄷ. 상위 영양 단계로 갈수록 개체 수는 증가(→ 감소)한다.

20 지각을 구성하는 물질 중 규산염(SiO_4) 광물은 규소(Si) 원자 1개와 산소(O) 원자 4개가 공유 결합한 사면체 구조이다. 또한 사람을 구성하는 원소 중 가장 많은 질량을 차지하는 것도 산소이다.

21 고온 · 고압인 태양의 내부에서 수소 원자핵이 융합하는 수소 핵융합 반응으로 헬륨이 생성된다. 즉, 수소 핵융합 반응으로 4개의 수소 원자핵이 융합하여 1개의 헬륨 원자핵이 생성되는 동안 줄어든 질량이 에너지로 전환된다. 따라서 ㉠은 수소, ㉡은 헬륨이다.

22 A는 혼합층으로 태양의 복사에너지가 흡수되거나 바람에 의한 혼합작용으로 해수가 섞이는 등 기권과의 상호 작용이 활발하게 일어난다.

ㄴ. B는 수온 약층으로 수온이 급격이 낮아진다.

ㄷ. C는 깊이에 따른 수온의 변화가 거의 없는 심해층이다.

TIP 해수의 층상 구조

- **혼합층** : 해양의 표층에서 흡수된 태양 복사에너지가 바람에 의한 혼합작용으로 깊이에 따른 수온이 일정한 층
- **수온약층** : 수온이 높은 혼합층과 수온이 낮은 심해층 사이에서 수온이 급격이 낮아지는 층
- **심해층** : 수온약층의 아래에 깊이에 따른 수온의 변화가 거의 없는 층

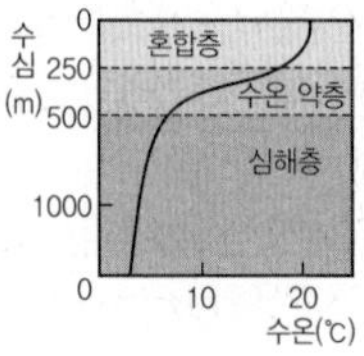

23 B는 판이 생성되는 발산형 경계이다.

ㄱ. A는 판이 소멸되는 수렴형 경계이다.

ㄷ. 해구는 판이 소멸되는 수렴형 경계(A)에서 발달하며, 판이 생성되는 발산형 경계(B)에서는 해령이 발달한다.

24 A(삼엽충)는 고생대 생물이고, B(암모나이트)는 중생대 생물이며, C(매머드)는 신생대 생물이다. 그러므로 오래된 시대부터 화석을 나열한 것은 A(삼엽충) – B(암모나이트) – C(매머드) 순이다.

TIP 지질 시대의 구분

- **선캄브리아 시대** : 지질시대의 약 85%를 차지하는 가장 긴 시대이며 이 당시의 생물들은 모두 바다에서 살았다. 세포생물, 해조류, 스트로마톨라이트 등의 생물이 있다.
- **고생대** : 대기권에 오존층이 형성되면서 바다에서 생활하던 생물들이 육상으로 진출하였다. 삼엽충 외에 필석, 갑주어, 양치식물 등이 번성하였다.
- **중생대** : 대체로 기후가 온난하였으며, 공룡 외에 암모나이트, 파충류, 겉씨식물 등의 생물이 번성하였다.
- **신생대** : 4번의 빙하기, 3번의 간빙기가 있었다. 포유류가 크게 번성하여 포유류의 시대라고 부른다. 인류가 출현하였고, 화폐석, 매머드, 속씨식물 등의 생물이 있다.

25 지진과 화산 활동을 일으키고 맨틀 대류를 일으켜 판을 이동시키는 에너지는 지구 중심에서 흘러나오는 열 또는 방사성 원소가 붕괴할 때 방출되는 열에너지 등 지구 내부의 물질로부터 나오는 '지구 내부 에너지'이다.

① **조력 에너지** : 밀물과 썰물에 의한 해수면의 높이 차에서 나오는 에너지

② **풍력 에너지** : 바람의 힘에서 나오는 에너지

③ **바이오 에너지** : 나무, 고구마, 사탕수수, 종이, 음식물 쓰레기 등의 유기물을 이용하여 만든 연료로부터 나오는 에너지

제6교시 한국사

정답 및 해설

정답

01 ②	02 ④	03 ②	04 ③	05 ②
06 ①	07 ①	08 ②	09 ④	10 ④
11 ④	12 ③	13 ①	14 ④	15 ②
16 ①	17 ③	18 ①	19 ③	20 ①
21 ③	22 ④	23 ③	24 ③	25 ④

해설

01 농경과 목축을 시작하여 식량을 생산한 시대는 신석기 시대로, 대표적인 유물은 빗살무늬 토기이다.

TIP 신석기 혁명

신석기 혁명은 식량 채집 단계로부터 식량 생산 단계로의 변화를 낳은 농업혁명을 의미한다. 이전의 시대에는 먹을 것을 찾아 이동 생활을 하였으나 농사를 짓게 되면서 적당한 곳에 정착 생활을 하게 되었는데, 이는 문명을 발전시키는 계기가 되었다.

02 진흥왕은 신라의 제24대 왕으로 한강 유역을 확보하고 대가야를 정복하는 등 활발한 정복활동을 펼쳤다. 또한 정복한 영토에는 순수비를 세워 이를 기념하였다.

① 세종 → 조선 제4대 왕
② 공민왕 → 고려 제31대 왕
③ 광해군 → 조선 제15대 왕

TIP 진흥왕 순수비

진흥왕 순수비는 신라 진흥왕이 재위 기간 중 영토를 확장하면서, 그 확장된 지역을 돌아보고(순수, 巡狩) 정복지에 신라의 영토임을 알리기 위해 세운 비석을 가리킨다.

03 선종은 신라 하대에 유행한 불교 종파의 하나로, 경전 공부보다 참선 수행을 강조하였다. 지방 호족 세력의 적극적인 후원을 받아 성장하였으며, 대표적인 사원으로는 '9산선문'이 있다.

① **서학** : 조선후기 중국에서 도입된 한역 서양 학술서적과 서양 과학기술 문물을 토대로 연구하던 학문
③ **대종교** : 단군 숭배 사상을 통해 민족의식을 높이고자 나철이 창시한 우리 민족 고유의 종교
④ **천도교** : 최제우가 세운 동학을 3대 교주인 손병희가 개칭하여 계승한 종교

04 고려 인종은 묘청, 정지상 등 서경 세력을 등용하였으나 이들은 칭제 건원과 금국 정벌 및 풍수지리설에 근거한 서경 천도 등을 주장하였다. 이들의 주장이 좌절되자 묘청은 반란을 일으켰다.

① **개항 반대** : 1870년대에 일본이 조선에 개항을 요구하자 최익현 등의 유생들은 일본이 서양 오랑캐와 다를 것이 없다는 왜양일체론을 주장하며 개항에 반대하였다.
② **녹읍 폐지** : 통일 신라 신문왕은 관리들에게 관료전을 지급하고 귀족의 경제 기반이었던 녹읍을 폐지하였다.
④ **반민족 행위자 처벌** : 제헌 국회에서 일제 강점기에 친일 행위를 한 반민족 행위자를 처벌하기 위해 반민족 행위 처벌법을 시행하고 반민족 행위 특별 조사 위원회를 설치하였다.

05 고려의 승려 일연이 불교의 입장에서 신화, 설화 등을 수록한 역사서는 삼국유사로, 단군의 고조선 건국 이야기가 포함되어 있다.

① **택리지** : 조선 영조 때 이중환이 저술한 인문 지리지
③ **홍길동전** : 조선 후기에 허균이 지은 우리나라 최초의 한글 소설
④ **대동여지도** : 조선 철종 때 김정호가 제작한 우리나라 대축척 지도

06 조선 정조는 붕당 간 정쟁의 폐단을 막고 정국을 안정시키고자 영조의 탕평책을 계승하였다. 또한 왕실의 학문 연구 기관인 규장각을 설치하였다.

② **유신 헌법 제정** : 박정희 정부 시기에 장기 집권을 위해 대통령의 권한을 강화한 유신 헌법을 제정하였다.
③ **수선사 결사 결성** : 고려 무신 집권기 때 보조국사 지눌이 세속화된 불교를 개혁하기 위해 수선사를 중심으로 결사 운동을 전개하였다.
④ **통리기무아문 설치** : 고종은 통리기무아문을 설치하고 그 아래 12사를 두어 신문물 수용과 부국강병 도모 등의 개화 정책을 추진하였다.

07 조선 광해군 때 방납의 폐단을 시정하고 전후 농민의 부담을 경감하기 위해 토산물 대신 쌀, 옷감, 동전 등으로 공납을 납

부하도록 한 정책은 대동법이다. 대동법의 시행으로 관허 상인인 공인이 등장하고, 상품 화폐 경제가 발달하였다.

② **양천제** : 모든 백성을 양인과 천민으로 구분한 국가적 신분제도

③ **전시과** : 고려 경종 때 관리에게 전지(농작물을 수확할 수 있는 논이나 밭)와 시지(땔감을 얻을 수 있는 임야)를 차등 지급한 토지 제도

④ **호포제** : 흥선 대원군이 실시한 군역 제도로, 양반과 상민의 구분 없이 집집마다 군포를 내도록 한 세금 제도

08 미국은 제너럴셔먼호 사건을 구실로 로저스 제독이 이끄는 미군을 보내 강화도에서 신미양요를 일으켰다. 또한 미국은 서구 열강 중 최초로 조선과 근대적 조약인 조·미 수호 통상 조약을 체결하였다.

TIP 신미양요

- **원인** : 병인양요 직전에 미국 상선 제너럴셔먼호가 통상을 요구하다 평양 군민과 충돌하여 불타 침몰함
- **경과** : 미국은 제너럴셔먼호 사건을 구실로 로저스 제독이 이끄는 5척의 군함으로 강화도를 공격
- **결과** : 어재연 등이 이끄는 조선의 수비대가 광성보와 갑곶 등지에서 격퇴하고 척화비 건립

09 1884년 급진 개화파는 우정총국 개국 축하연을 이용하여 갑신정변을 일으키고 14개조의 개혁 정강을 마련하였다. 개혁 정강에는 문벌을 폐지하고 인민 평등권을 제정하고 재능에 의하여 인재를 등용할 것을 명시하였다.

① **율령 반포** : 고대 국가를 완성한 고구려, 백제, 신라 등은 율령을 반포하여 체제를 정비하였다.

② **모내기법 보급** : 조선 후기에는 모내기법이 전국적으로 확산되면서 벼와 보리의 이모작이 성행하였다.

③ **정동행성 설치** : 원 간섭기인 고려 충렬왕 때 원의 요청에 따라 정동행성이 설치되고 여·몽 연합군이 조직되어 일본 원정에 참여하였다.

TIP 갑신정변 14개조 정강 주요 내용

- 대원군을 조속히 귀국하게 하고 청국에 대한 조공 허례를 폐지할 것
- 문벌을 폐지하고 인민 평등권을 제정하고 재능에 의하여 인재를 등용할 것
- 지조법을 개혁하여 간악한 관리를 근절하고 궁주린 백성을 구제하며 국가 재정을 충실하게 할 것
- 혜상공국을 폐지할 것
- 일체의 국가 재정은 호조로 하여금 관할하게 하고 그 밖의 재무 관청은 폐지할 것

10 1904년에 발발한 러·일 전쟁에서 일본이 승리하자 1905년 을사늑약이 강제로 체결되고 통감부가 설치되었다. 이후 1910년에 한국 병합 조약이 체결됨으로써 국권이 피탈되고, 식민 통치의 중추 기관인 조선 총독부가 설치되어 일제의 식민 통치가 시작되었다.

① **붕당 형성** : 조선 중기에 중앙 정치 무대에 등장한 사림은 학문과 이념의 차이에 따라 동인과 서인, 남인과 북인 등으로 붕당이 형성되었다.

② **예송 논쟁** : 조선 현종 때 자의 대비의 복상 문제를 둘러싸고 서인과 남인 사이에 두 차례에 걸쳐 예송이 전개되었다.

③ **무신 정권 수립** : 고려 시대 때 정중부, 이의방 등의 무신들이 문벌 귀족들을 제거하고 무신 정권을 수립하였다.

11 신민회는 안창호, 양기탁 등이 국권 회복과 공화 정체의 근대 국가 건설을 목표로 설립한 비밀 결사 단체로, 실력 양성을 도모하고 국외 독립운동 기지를 건설하였다.

① **별기군** : 1881년에 설립된 조선 최초의 신식 군대

② **비변사** : 조선 중중 때 외적에 대비하기 위해 처음 설치되었으며, 임진왜란을 거치면서 국정 전반을 총괄하는 국정 최고 기구로 성장함

③ **승정원** : 조선 시대 왕명의 출납을 관장하던 임금 직속의 비서 기관

12 동학 농민 운동을 주도하다 우금치 전투에서 체포되어 처형된 인물은 녹두 장군 전봉준이다.

① **이황** : 조선의 문신이자 유학자로 주자의 사상을 깊게 연구하여 조선 성리학 발달의 기초를 형성하였다.

② **강감찬** : 고려의 장수로 10만 대군의 소배압이 이끄는 거란의 3차 침입에 맞서 귀주대첩에서 대승을 거두었다.

④ **을지문덕** : 고구려의 장수로 수나라 양제가 고구려를 2차 침입했을 때 우중문의 30만 별동대를 살수로 유인하여 크게 물리쳤다.

13 제2차 갑오개혁 때 고종이 우리나라 근대 교육의 이념을 담은 교육입국 조서를 반포하였고, 이로 인해 소학교, 외국어 학교, 사범 학교 등 많은 관립 학교가 세워지며 근대적 교육 제도가 마련되었다

② **신라 촌락 문서** : 일본 도다이사 쇼소인에서 발견된 신라 촌락 문서는 서원경에 속한 촌을 비롯한 4개 촌락의 경제 상황이 기록되어 있다.

③ **조선 혁명 선언** : 신채호는 조선 혁명 선언을 통해 폭력을 통한 민중의 직접 혁명을 주장하였다.

④ **7·4 남북 공동 성명** : 박정희 정부 때에 7·4 남북 공동

성명을 발표하여 '자주, 평화, 민족 대단결'의 민족 통일 3대 원칙을 제시하였다.

14 일제가 1910년에 대한 제국을 강제로 병합하고 설치한 식민 통치의 최고 기구는 조선 총독부이다. 초대 총독으로 데라우치가 부임하면서 일제의 식민 통치가 시작되었다.
① **삼별초** : 고려 무신 집권기 때 설치된 최씨 무신 정권의 사병 부대로, 몽골의 침입 때 항쟁함
② **도병마사** : 중서문하성과 중추원의 고위 관리들이 모여 국가의 중대사를 의논했던 고려 시대 최고의 의사 결정 기구
③ **제가 회의** : 국가의 중대사를 결정한 고구려의 귀족 회의체

15 단재 신채호는 조선사연구초에서 낭가 사상을 강조하여 묘청의 서경 천도 운동을 '조선 1천년래 제일대 사건'으로 높이 평가하였다. 또한 조선상고사를 저술하고 역사를 '아(我)와 비아(非我)의 투쟁'의 기록으로 정의하였다.
① **궁예** : 후고구려를 건국한 왕
③ **이성계** : 고려 말 위화도에서 회군하여 정권을 잡고 조선을 건국한 왕
④ **정약용** : 실학 사상을 집대성한 조선 최고의 실학자

TIP 단재 신채호의 저술
- **조선상고사** : 역사는 아(我)와 비아(非我)의 투쟁의 기록
- **조선사연구초** : 낭가 사상을 강조하여 묘청의 서경 천도 운동을 '조선 1천년래 제일대 사건'으로 높이 평가
- **조선상고문화사** : 조선 상고사에서 다루지 못한 상고사 관련 부분과 우리 민족의 전통적 풍속, 문화 등을 다룸
- **독사신론** : 일제 식민사관에 기초한 일부 국사교과서를 비판하기 위해 대한 매일 신보에 연재, 만주와 부여족 중심의 고대사 서술로 근대 민족주의 역사학의 초석을 다짐
- **조선 혁명 선언** : 의열단의 행동 지침으로, 무장 투쟁과 민중 혁명을 강조한 민중 봉기를 주장
- **기타 저술** : 을지문덕전, 이충무공전 등 애국 명장의 전기를 저술하여 애국심 고취

16 강화도 조약은 일본과 맺은 최초의 근대적 조약이자 불평등 조약으로, 3 · 1 운동 이전인 1876년에 체결되었다.
② 고종의 인산일에 민족 대표 33인의 이름으로 독립 선언서를 발표함으로써 전개된 3 · 1 운동은 대한민국 임시 정부 수립의 계기가 되었다.
③ 일제 강점기 최대의 민족 운동인 3 · 1 운동은 중국 전역에서 일어난 반일 애국 운동인 중국의 5 · 4 운동에 영향을 주었다.
④ 일제는 3 · 1운동으로 인해 국제 여론이 악화되자 통치 방식을 무단 통치에서 이른바 문화 통치로 바꾸었다.

17 1931년 동아일보사가 주축이 되어 문맹 퇴치와 미신 타파를 목표로 전개한 농촌 계몽 운동은 브나로드 운동이다. 이 운동은 러시아어로 '민중 속으로'라는 뜻으로, '배우자 가르치자 다 함께 브나로드' 등의 구호를 내세웠다.
① **북벌 운동** : 병자호란 이후 조선 효종 때 조선을 도운 명에 대한 의리를 내세우며 청에 당한 치욕을 갚자고 추진한 운동
② **새마을 운동** : 박정희 정부 때의 농촌 근대화를 표방한 범국민적 지역 사회 개발 운동
④ **금 모으기 운동** : 김대중 정부 때 IMF의 외환 위기 극복을 위해 전 국민이 참여한 금 모으기 운동

18 1919년 만주에서 김원봉이 신채호의 조선 혁명 선언을 활동 지침으로 결성한 단체는 의열단이다. 의열단 소속의 김상옥은 종로 경찰서에 폭탄을 투척하였고, 김지섭은 일본 왕궁에 폭탄을 투척하였다.
② **보안회** : 일제의 황무지 개간권 탈취에 대항하기 위해 결성된 항일단체
③ **황국 협회** : 보부상 단체를 앞세워 독립협회를 탄압하고자 만든 친일 어용 단체
④ **통일 주체 국민 회의** : 박정희 정부 시기에 유신 헌법이 제정되면서 조국의 평화적 통일을 추진한다는 명목으로 설치된 헌법 기관

TIP 의열단의 독립 투쟁
- **박재혁** : 부산 경찰서 폭탄 투척(1920)
- **김익상** : 조선 총독부 폭탄 투척(1921)
- **김상옥** : 종로 경찰서 폭탄 투척(1923)
- **김지섭** : 일본 황궁 침입 시도(1923)
- **나석주** : 조선 식산 은행, 동양 척식 주식회사 폭탄 투척(1926)

19 제1차 미 · 소 공동 위원회의 결렬 이후 남한만의 단독 정부 수립운동이 일어나자, 이에 분단을 우려한 중도 좌파 여운형과 중도 우파 김규식 등이 중심이 되어 좌우 합작 위원회를 결성하고, 단독 정부 수립을 반대하는 좌우 합작 운동을 전개하였다.
① **형평 운동** : 갑오개혁으로 신분이 해방된 뒤에도 오랜 관습 속에 차별을 받던 백정들이 일으킨 신분 해방 운동
② **위정척사 운동** : 조선 말기에 성리학 이외의 모든 종교와 사상을 사학으로 보고 배격하는 운동
④ **국채 보상 운동** : 일본에 진 빚을 국민들의 모금으로 갚기 위해 전개된 경제적 구국 운동

20 1941년 충칭의 대한민국 임시 정부는 조소앙의 삼균주의를 기초로 하는 건국 강령을 발표하였다. 삼균주의는 정치, 경제, 교육에서의 균등을 바탕으로 개인과 개인, 민족과 민족, 국가와 국가 간의 균등을 추구하자는 주장이다.

② **돈오점수** : 인간의 마음이 곧 부처의 마음임을 깨닫고(돈오) 그 뒤에 깨달음을 꾸준히 실천하는 것(점수)을 말함

③ **시무 28조** : 고려 성종 때 최승로가 올린 시무책

④ **최혜국 대우** : 통상이나 조약 등에서 한 나라가 어떤 외국에 부여하고 있는 가장 유리한 대우를 상대국에도 부여하는 일

21 소련이 유엔 대표를 통해 휴전을 제의하자 미국이 이를 받아들이고 중국과 북한에 휴전 회담을 제의함으로써 6·25 전쟁이 중단되는 정전 협정이 판문점에서 체결되었다.

① **임오군란** : 구식 군대가 신식 군대인 별기군과의 차별에 반발하여 선혜청과 일본 공사관을 공격하면서 발발한 사건

② **임진왜란** : 조선 선조 때 일본의 도요토미 정권이 조선을 침략하여 발발한 전쟁

④ **청산리 대첩** : 김좌진이 이끄는 북로 군정서와 홍범도가 이끄는 대한 독립군의 독립군 연합 부대가 백운평과 어랑촌 등지에서 일본군을 크게 격파한 전투

22 박정희 정부 때에 장면 정부의 정책을 수정·보완하여 자립 경제 구축을 위한 경제 개발 5개년 계획이 추진되었다.

① **사창제** : 흥선 대원군은 환곡의 폐단을 시정하고자 사창제를 실시하여 농민 부담을 경감하고 재정 수입을 확보하였다.

② **진대법** : 고구려의 고국천왕은 을파소의 건의로 백성들에게 곡식을 빌려주는 진대법을 시행하였다.

③ **친명배금 정책** : 명을 가까이 하고 금을 배척하는 조선 인조의 정책으로, 정묘호란과 병자호란의 발발 원인이 되었다.

TIP 경제 개발 5개년 계획

- **제1·2차 경제 개발 계획(1962~1971)** : 기간산업, 사회 간접 자본 확충, 경공업 중심의 수출 산업 육성, 베트남 특수로 호황, 새마을 운동 시작
- **제3·4차 경제 개발 계획(1972~1981)** : 중화학 공업 육성, 중동 진출, 새마을 운동 확산

23

> 5·18 민주화 운동(1980. 5. 18) → 6월 민주 항쟁(1987. 6. 10) → 대통령 직선제 개헌(1987. 6. 29)

- **5·18 민주화 운동** : 신군부 세력의 비상 계엄 확대와 무력 진압에 저항하여 일어난 민주화 운동
- **6월 민주 항쟁** : 국민들의 대통령 직선제 요구를 거부하는 전두환 대통령의 4·13 호헌 조치에 맞서 시민들이 호헌 철폐, 독재 타도를 외치며 벌인 반정부 시위
- **대통령 직선제 개헌** : 전 국민적인 민주화 시위로 집권당의 대통령 후보인 노태우가 6·29 선언을 통해 5년 단임의 대통령 직선제로 개헌

① **아관파천** : 명성황후가 시해된 을미사변 이후 신변에 위협을 느낀 고종이 약 1년간 조선의 왕궁을 떠나 러시아 공사관에 옮겨 거처한 사건

② **5·10 총선거** : 제헌국회의 국회의원들을 선출하기 위한 우리나라 역사상 최초의 민주적 보통 선거

④ **모스크바 3국 외상 회의** : 한국의 임시 민주 정부의 수립과 미·소 공동 위원회의 설치 그리고 미·영·중·소에 의한 최고 5년간의 한반도 신탁 통치 등을 결정한 회의

24 김영삼 정부에서 투명한 금융 거래 정착과 부당한 정치 자금 거래 근절 등을 목적으로 시행한 제도는 금융 실명제이다. 이 제도는 금융 거래에서 실제 이름을 사용해야 하는 것으로, 대통령 긴급 명령으로 전격 시행되었다

① **농지 개혁** : 이승만 정부 때 소작제를 철폐하고 자영농을 육성하고자 실시한 유상 매수, 유상 분배 원칙의 개혁

② **노비안검법** : 고려 광종이 양인이었다가 불법으로 노비가 된 자를 조사하여 해방시키기 위해 시행한 법

④ **황국 신민화 정책** : 황국 신민 서사 암송, 창씨개명, 신사참배, 궁성 요배 등을 통해 한국인의 정체성을 말살하고 일본 민족에 통합하려는 민족 말살 정책

25 제시문의 제1조와 제9조는 남북 기본 합의서의 내용으로, 노태우 정부 때 남북한이 화해 및 불가침, 교류협력 등에 관해 공동 합의한 기본 문서이다.

① **과전법** : 고려 말 공민왕 때 경기 지방 관리에게 등급에 따라 수조권(토지로부터 조세를 거둘 수 있는 권리)을 지급했던 토지 제도

② **전주 화약** : 동학 농민 운동 당시 농민군이 전주를 점령하고 정부와 맺은 조약

③ **국가 총동원법** : 일본이 전쟁을 수행하기 위하여 인적, 물적 자원을 통제하고 동원할 목적으로 제정한 법률

제7교시

도 덕

정답 및 해설

정답

01 ①	02 ③	03 ②	04 ③	05 ①
06 ①	07 ③	08 ③	09 ②	10 ①
11 ①	12 ①	13 ④	14 ②	15 ③
16 ②	17 ④	18 ④	19 ④	20 ①
21 ④	22 ②	23 ④	24 ②	25 ④

해설

01 생명 윤리, 정보 윤리 등 현실의 구체적인 문제 원인을 분석하고 타당한 해결책을 제시하는 것을 목표로 하는 윤리학은 실천 윤리학이다.

② **기술 윤리학** : 도덕 현상과 문제를 명확하게 기술하고, 기술된 현상들 간의 인과 관계를 설명함

③ **이론 윤리학** : 도덕 원리나 도덕적 정당성에 대해 이론적으로 분석하고 그 근거를 제시하는 데 관심을 둠

④ **메타 윤리학** : 윤리학의 학문적 성립 가능성을 모색하기 위해 도덕적 언어의 의미 분석과 도덕적 추론의 정당성을 검증하기 위한 논리를 분석함

02 인간이 스스로 환경을 파괴하지 않도록 배려하려는 윤리가 환경 윤리이다. 따라서 자연이 개발의 대상인지 보존의 대상인지 논의하는 것은 환경 윤리 영역의 쟁점에 해당한다.

① 생명 과학 기술의 발달에 따라 기존의 윤리학으로 대처할 수 없는 유전자 조작, 복제 등과 관련된 윤리는 생명 윤리이다. 따라서 안락사를 인정할 수 있는지의 여부를 논의하는 것은 생명 윤리에 해당한다.

② 성적인 문제에 있어서 남녀 사이에 마땅히 지켜야 할 윤리는 성 윤리이다. 따라서 성적 욕망과 사랑의 차이는 무엇인지 논의하는 것은 성 윤리에 해당한다.

④ 분쟁과 다툼이 없이 서로 이해하고 우호적이며 조화를 이루는데 필요한 윤리가 평화 윤리이다. 따라서 통일이 지향해야 할 윤리적 가치는 무엇인지 논의하는 것은 평화 윤리의 쟁점에 해당한다.

03 측은지심, 수오지심, 사양지심, 시비지심의 사단(四端)에 근거한 성선설을 주장한 윤리 사상가는 맹자이다. 맹자는 또한 일정한 생업 즉, 항산(恒産)이 있어야 바른 마음, 즉 항심(恒心)을 지킬 수 있다고 주장하였다.

① **노자** : 무위자연을 추구하며 도(道)와 조화를 이루는 삶을 강조함

③ **순자** : 성악설을 주장하며 예치를 강조함

④ **묵자** : 유교의 차별적 사랑을 비판하며 무차별적 사랑을 강조함

> **TIP** 맹자의 사단(四端)
> - 측은지심(惻隱之心) : 불쌍하고 가엾게 여기는 마음
> - 수오지심(羞惡之心) : 불의를 부끄러워하고 미워하는 마음
> - 사양지심(辭讓之心) : 양보하고 공경하는 마음
> - 시비지심(是非之心) : 옳고 그름을 분별하는 마음

04 도덕과 입법의 원리로 최대 다수의 최대 행복을 주장하는 윤리 이론은 공리주의이다. 공리주의의 대표적인 사상가 벤담은 쾌락은 선이고 고통은 악이며, 행복이 삶의 목적이라고 보았다.

① **의무론** : 언제 어디서나 우리가 따라야 할 보편타당한 법칙이 존재하며, 우리의 행위가 이 법칙을 따르면 옳고 따르지 않으면 그르다고 판단한다. 의무론의 대표적인 윤리 사상으로는 칸트 윤리와 자연법 윤리가 있다.

② **덕 윤리** : 윤리적으로 옳고 선한 결정을 하려면 유덕한 품성을 길러야 한다는 주장이다.

④ **진화 윤리** : 이타적 행동 및 성품과 관련된 도덕성은 자연선택을 통해 진화한 결과라는 주장이다.

05 장자는 죽음을 기(氣)가 흩어지는 것으로 자연적이고 필연적인 과정이라고 하였고, 플라톤은 죽음을 영혼이 육체로부터 해방되어 이데아 세계로 들어가는 것이라고 하였다. 또한 에피쿠로스는 죽음을 인간을 구성하던 원자가 흩어져 개별 원자로 돌아가는 것이라고 하였다.

06 세상 만물을 차별하지 않고 한결같이 보는 상태를 제물(齊物)이라고 하며, 장자는 제물의 경지에 이르기 위한 방법으로 좌망(坐忘)과 심재(心齋)를 제시하였다.

② **오륜(五倫)** : 유교에서 말하는 사람이 지켜야 할 다섯 가지 도리

③ **효제(孝悌)** : 부모에 대한 효도와 형제에 대한 우애

2024년 2회

④ **충서(忠恕)** : 참된 마음을 바탕으로 다른 사람의 마음을 헤아리는 것

TIP 장자 : 제물(齊物)의 경지에 이르는 방법
- **좌망(坐忘)** : 조용히 앉아서 잡념을 버리고 무아의 경지에 들어감
- **심재(心齋)** : 마음을 비워서 깨끗이 함

07 "너의 행위의 결과가 인류의 존속 가능성을 파괴하지 않도록 행위하라."며 인간과 자연, 미래 세대에 대한 책임 윤리를 강조한 사상가는 요나스이다.

① **밀** : 쾌락의 질적 차이를 주장한 공리주의 사상가

② **벤담** : 최대 다수의 최대 행복을 주장한 공리주의자

④ **베이컨** : 관찰과 실험을 통한 귀납적 방법론을 체계적으로 제시한 경험론의 창시자

08 시민 불복종은 정의롭지 못한 법이나 정부 정책을 변혁시키려는 목적으로 행하는 의도적인 위법 행위로, 부당한 법을 어김으로써 받게 되는 처벌을 감수한다. 이는 시민 불복종의 일반적인 정당화 조건으로, 자신의 위법 행위에 대한 책임을 져야 한다는 것을 의미한다.

TIP 시민 불복종의 정당화 조건
- **행위 목적의 정당성** : 공공의 이익을 위해 실시되어야 한다.
- **비폭력성** : 파괴적인 방법을 자제하고 평화적인 방법을 사용한다.
- **처벌의 감수** : 부당한 법을 어김으로써 받게 되는 처벌을 감수한다.
- **최후의 수단** : 합법적인 수단과 노력 후에 마지막 수단으로 채택된다.
- **양심적 행위** : 비록 위법일지라도 양심적이고 도덕적인 동기를 지니고 있어야 한다.

09 프롬(Fromm, E.)은 진정한 사랑은 상대를 지배하고 소유하는 것이 아니라, 사랑하는 사람을 있는 그대로 받아들이며 존경하는 것이라고 주장하였다. 그러므로 빈칸의 ㉠은 '사랑'이다.

TIP 프롬 : 사랑의 4요소
- **존경** : 사랑하는 사람을 있는 그대로 받아들이며 존경하는 것
- **책임** : 사랑하는 사람의 요구를 배려하면서 자신의 행동에 책임을 지는 것
- **이해** : 사랑하는 사람을 올바로 이해하는 것
- **보호** : 사랑하는 사람을 보살피고 돌보는 것

10 (가)의 인간 중심주의는 인간만을 도덕적 고려의 대상으로 보며, (나)의 동물 중심주의는 생태계를 구성하는 존재 중 인간을 포함한 동물을 도덕적 고려의 대상으로 본다. 그러므로 인간을 도덕적 고려의 대상으로 보는 것이 (가)와 (나)의 공통적 요소에 해당한다.

② 모든 생명체는 도덕적 지위를 갖는다. → 생명 중심주의

③ 생태계 전체가 도덕 공동체의 범위이다. → 생태 중심주의

④ 생태계의 안정을 위해 각 생명체의 희생을 강요한다. → 환경 파시즘

11 프랑스 종교 개혁자 칼뱅(Calvin, J.)은 직업을 '신으로부터 부름을 받은 자기 몫의 일'이라고 주장하면서 자신의 직업에 충실히 종사하는 것이 바로 신의 명령에 따르는 것이라고 말했다. 즉, 모든 직업은 소명이며 노동은 신과 이웃에 봉사하는 것이라고 주장하였다. 따라서 주어진 내용이 설명하는 직업 윤리 의식은 소명 의식이다.

② **경로 사상** : 노인을 공경하는 태도

③ **장인 정신** : 자기 일에 긍지를 가지고 평생 전념하거나 한 가지 기술에 정통하려고 노력하는 정신

④ **특권 의식** : 사회 · 정치 · 경제적으로 특별한 권리를 누리고자 하는 태도

12 과학 기술을 개발할 때는 과학 기술의 위험성과 부작용을 충분히 검토해야 한다. 자신이 연구하는 정보나 자료를 위조해서는 안 되며, 다른 연구자들이 신뢰할 수 있는 검증 절차를 활용해야 한다. 또한 연구 결과가 인간의 존엄성을 침해해서는 안 된다.

13 생명과 자유, 재산을 보장받기 위해 개인 간 합의를 통해 국가를 수립하는 것은 사회 계약론이다. 이는 평등하고 이성적인 개인 간의 계약을 통해 정치사회를 성립하며 국가를 구성한다는 정치이론이다.

① **겸애** : 모든 사람을 똑같이 사랑하고 이롭게 하여야 한다는 묵자의 사상

② **중용** : 아리스토텔레스가 말하는 인간의 본성이 완전히 실현된 상태로, 너무 지나치지도 않고 모자라지도 않는 상태를 말함

③ **상업화** : 재화, 서비스, 관념, 개인정보, 사람 또는 동물 등을 교역의 물건 또는 상품으로 변환하는 일

14 A 국가의 사람들은 식량이 풍족하여 비만으로 건강을 해치는 반면, B 국가의 사람들은 식량이 부족하여 영양실조와 기아로 고통받고 있다. 이는 식량의 불평등으로 인해 나타나는 문제이다.

① **동물 복지 문제** : 동물 복지를 실현하기 위한 윤리적 고민, 문화 · 관습의 차이, 경제적 제약, 미비한 법과 규제로 인해 나타나는 문제

③ **사이버 폭력 문제** : 가상공간에서 익명성을 이용한 비윤리

적 행위로 악성 댓글, 허위 사실 유포, 해킹 등으로 타인에게 정신적 • 물질적 피해를 주는 문제

④ **사생활 침해 문제** : 자신의 의사와 상관없이 개인 정보가 다른 사람에게 공개되어 피해를 입는 문제

15 A(**예술 지상주의**) : 예술의 미적 가치만을 추구한다.
B(**예술 도덕주의**) : 예술이 사회의 도덕적 성숙에 기여한다.

TIP 예술과 윤리의 관계

예술 지상주의	• 예술은 예술 그 자체나 미적 가치를 추구해야 한다. • 예술을 윤리적 가치의 기준으로 판단하는 것은 잘못된 태도라 주장한다. • 예술의 자율성을 옹호하는 '순수 예술론'을 지지하며, 예술을 위한 예술을 주장한다.
예술 도덕주의	• 예술은 도덕적 가치를 실현하는 데 기여해야 한다. • 예술은 도덕적 교훈이나 모범을 제공해야 한다. • 도덕적 가치가 미적 가치보다 우위에 있으므로, 예술에 대한 윤리적 규제가 필요하다고 본다. • 예술의 목적은 도덕적 교훈을 제공하는 것으로 예술의 사회성을 강조한다.

16 갈퉁이 주장한 평화는 적극적 평화로 직접적 폭력뿐 아니라 문화적 폭력과 구조적 폭력까지 모두 제거된 평화를 말한다. 이에 반하여 소극적 평화는 전쟁, 테러, 범죄, 폭행과 같은 직접적이고 물리적인 폭력이 없는 평화를 말한다.
(가) **소극적 평화** : 전쟁, 테러, 범죄, 폭행 등과 같은 직접적 폭력이 없는 상태
(나) **적극적 평화** : 직접적 폭력은 물론 가난, 차별 등 구조적 · 문화적 폭력도 사라져 인간다운 삶을 누릴 수 있는 상태

17 국가가 개인의 소유권을 보호하는 역할을 수행해야 한다고 보는 입장은 노직이다. 노직은 정의로운 사회는 개인의 소유권이 최우선적으로 보장되는 사회라고 하였다.
① 롤스는 분배 절차가 공정하면 분배 결과도 공정하다는 절차적 정의를 강조한다.
② 롤스의 제1원칙에 해당하는 '평등한 자유의 원칙'은 모든 사람은 기본적인 자유에서 평등한 권리를 지녀야 한다는 것이다.
③ 롤스는 무지의 베일을 쓴 가상적 상황에서 개인들 모두 제2원칙인 '차등의 원칙'에 합의할 수 있다고 본다.

TIP 롤스와 노직의 비교

롤스	• 정의로운 사회는 공정한 절차를 통해 사회 구성원이 합의한 원칙이 사회 제도의 기반이 되는 사회이다. • 정의의 원칙은 원초적 입장(무지의 베일을 쓴 상태)에서 합리적인 개인들에 의해 도출될 수 있다.
노직	• 정의로운 사회는 개인의 소유권이 최우선적으로 보장되는 사회이다. • 국가는 시민의 안전 보호와 계약 집행의 감독만을 수행하는 최소 국가가 되어야 한다.

18 • 범죄 행위에 상응하는 형벌을 내려야 한다. → 응보주의적 관점
• 자신의 행위에 책임질 수 있는 자율적 주체를 전제로 한다. → 응보주의적 관점
• 범죄 강도와 상관없이 범죄 예방의 가장 효과적인 방법은 종신 노역형이다. → 예방주의적 관점

TIP 처벌에 관한 응보주의적 관점

• 타인에게 해악을 준 사실만을 처벌의 근거로 본다.
• 처벌의 경중을 범죄의 해악 정도에 비례하여 정해야 한다.

19 개인정보의 자기결정권이란 정보주체가 자신에 관한 정보를 보호받기 위하여 자신에 관한 정보의 공개와 이용에 관하여 자율적으로 결정하고 관리할 수 있는 권리이다. 즉, 자신에 관한 정보가 언제 누구에게 어느 범위까지 알려지고 또 이용되도록 할 것인지를 정보주체가 스스로 결정할 수 있는 권리를 말한다.

20 통일 과정과 통일 이후 남북한 격차를 해소하기 위해 부담해야 할 비용은 통일 비용에 해당한다. 통일 비용은 분리되었던 두 체제의 통일 후 부담해야 할 비용을 말한다.
③ **기회 비용** : 어떤 선택으로 인해 포기된 기회들 가운데 가장 큰 가치
④ **통일 편익** : 남북한이 통일로 인하여 얻게 되는 모든 이익

21 니부어(Niebuhr, R.)는 집단의 도덕성이 개인의 도덕성보다 현저히 떨어지므로, 개인의 도덕성 함양뿐만 아니라 사회 정책과 제도의 개선이 필요하다고 주장하였다. 그러므로 '사회 문제 해결을 위해서는 제도의 개선보다는 개인의 도덕성 함양이 필요하다.'는 ㉣의 설명은 적절하지 않다.

22 소수자 우대 정책은 차별받아 온 사람들에게 고용이나 교육 등 다양한 측면에서 직간접적으로 혜택을 제공함으로써 사회

적 이익의 공정한 분배를 실현하려는 제도이다. ②의 '부당한 차별을 극대화할 수 있다.'는 (가)의 찬성 논거로 부적합하므로, '부당한 차별을 완화할 수 있다'로 고쳐야 옳다.

① '사회적 약자를 배려할 수 있다.'는 (가)의 찬성 논거로 적절하다.

③ '역차별로 새로운 사회 갈등을 유발할 수 있다.'는 (나)의 반대 논거로 적절하다.

④ '개인의 노력과 성취에 따른 업적을 간과할 수 있다.'는 (나)의 반대 논거로 적절하다.

TIP 소수자 우대 정책의 윤리적 쟁점

찬성 입장	• 과거의 부당한 차별을 보상한다. • 사회 갈등을 완화하고 사회 전체의 이익을 극대화한다. • 자연적, 사회적 운으로 발생한 불평등을 시정하여 기회의 평등을 보장한다.
반대 입장	• 특정 집단에 부당한 특혜를 제공한다. • 소수 집단에 부정적 낙인이 될 수 있다. • 과거의 피해와 현재의 보상 간에 불일치 문제가 발생한다. • 역차별로 새로운 사회 갈등을 유발한다.

23 하버마스(Habermas, J.)가 제시한 이상적 담화 조건에는 진리성, 정당성, 진실성, 이해가능성이 있다. 그러므로 개인의 주관적인 도덕 판단에만 근거해야 한다는 학생 4의 말은 이상적 담화 조건에 해당하지 않는다.

① **학생 1** : 서로 무슨 뜻인지 이해할 수 있어야 해. → 이해가능성

② **학생 2** : 말하는 내용이 참이어야 해. → 진리성

③ **학생 3** : 대화 당사자들은 진실하게 표현해야 해. → 진실성

24 종교 간 갈등을 해결하기 위해 힘의 논리에 따라 종교 간의 질서를 확립하는 것은 종교 전쟁으로 번질 위험이 있으므로, 종교 간 갈등을 해결하기 위한 자세로 적절하지 않다.

25 ㄱ. 정직과 성실, ㄴ. 봉사와 책임, ㄹ. 청렴과 연대 의식은 공직자가 지녀야 할 바람직한 태도이다.

ㄷ의 청탁과 비리는 공정 경쟁의 틀을 깨뜨리며 국민들 간의 위화감을 조성하여 정의 사회 실현을 어렵게 하므로, 공직자가 지녀야 할 덕목에 해당하지 않는다.

정답 및 해설

2023년도

제1회

제1교시 국 어
제2교시 수 학
제3교시 영 어
제4교시 사 회
제5교시 과 학
제6교시 한국사
제7교시 도 덕

제1교시

국 어

정답 및 해설

정답

01 ③	02 ①	03 ④	04 ③	05 ②
06 ④	07 ④	08 ③	09 ④	10 ②
11 ④	12 ②	13 ①	14 ④	15 ①
16 ③	17 ①	18 ②	19 ①	20 ②
21 ②	22 ③	23 ①	24 ③	25 ④

해설

01 '부추'를 지역마다 각각 '분추, 솔, 졸, 정구지'라고 부르는 것은 지역에 따라 같은 대상을 다르게 표현한 것이다.

02 제시문의 속담들은 모두 말을 신중하게 해야 한다는 우리말의 담화 관습을 나타낸 것이다.

- 발 없는 말이 천 리 간다. → 말은 비록 발이 없지만 천 리 밖까지도 순식간에 퍼지니 말을 삼가야 한다.
- 화살은 쏘고 주워도, 말은 하고 못 줍는다. → 말은 한 번 하면 다시 주워 담기가 어려우니 말을 조심해야 한다.
- 가루는 칠수록 고와지고, 말은 할수록 거칠어진다. → 말은 옮길수록 거칠어지므로 함부로 하지 말아야 한다.

03

피동 접사 : -이-, -히-, -리-, -기-

'밝혔다'의 기본형은 '밝히다'로 '-히-'가 피동 접사가 아니므로 '밝다'의 피동 표현에 해당하지 않는다. '밝히다'는 '드러나지 않거나 알려지지 않은 사실, 내용, 생각 따위를 드러내 알리다'라는 의미의 동사이다.

① 업히다 → '업다'의 피동 표현
② 물리다 → '물다'의 피동 표현
③ 잡히다 → '잡다'의 피동 표현

04 닭을: [다글] → [달글]
'닭을'은 '닭'의 겹받침 'ㄺ'이 뒤에 오는 조사 '을'과 결합되어 'ㄺ'의 뒷받침 'ㄱ'이 '을'의 첫소리로 옮겨진다. 따라서 [달글]이라고 발음해야 한다.

① 값을 – [갑슬] – [갑쓸]
② 넋이 – [넉시] – [넉씨]
④ 앉아 – [안자]

05 '선생님께서 우리를 사랑하신다.'는 주격 조사 '께서'와 선어말 어미 '-시-'를 사용하여 주체인 '선생님'을 높이는 주체 높임법에 해당한다.

① 서술어 '모시다'의 대상인 '어머니'를 높이는 객체 높임법이다.
③ 서술어 '여쭈다'의 대상인 '아버지'에 부사격 조사 '께'를 사용하여 높인 객체 높임법이다.
④ 서술어 '찾아뵙다'의 대상인 '할아버지'를 높이는 객체 높임법이다.

[06-07]

06 (나)는 학생이 교장 선생님께 문제점을 찾아 해결 방안을 제안하는 건의문으로, 글쓴이의 주장을 뒷받침하기 위해 구체적인 설문 조사 결과를 제시한 내용은 나타나 있지 않다.

① 최근 자신을 포함해 매점에서 식품을 사 먹은 학생들이 배탈이 난 경험을 토대로 매점의 식품 안전에 대한 문제점을 드러내고 있다.
② 예상 독자인 '교장 선생님'이 수행할 수 있는 해결 방안인 '교내 식품 안전 지킴이' 제도의 도입을 제시하고 있다.
③ 건의 내용이 받아들여졌을 때 학생들이 안전한 먹거리를 섭취하고 바람직한 식습관을 형성할 수 있다는 예상 효과를 제시하고 있다.

07 학교 매점은 학생들에게 안전하고 영양가 있는 식품을 공급하도록 노력해야 하는데 우리 학교 매점은 그러한 노력을 소홀히 하고 있다고 하였으므로, 앞뒤의 문장 내용이 상반된다. 그러므로 ㉣에 앞뒤의 문장 내용이 상반될 때 사용하는 접속 부사 '하지만'을 사용한 것은 적절하다. '그래서'는 앞뒤의 내용이 원인과 결과를 나타낼 때 사용하는 접속 부사이다.

08 ㉢의 '일훔 · 을'은 앞말의 종성을 적고 뒷말의 초성에 'ㅇ'을 적었으므로 끊어 적기에 해당한다. 이어 적기로 표기하면 앞말의 종성을 뒷말의 초성에 내려 적어야 하므로, '일후믈'이라고 표기해야 한다.

TIP 이어 적기 / 거듭 적기 / 끊어 적기

- 이어 적기(연철) : 앞말의 종성을 뒷말의 초성에 내려 적는 것 ㉠ 기픈, 니믈
- 거듭 적기(중철) : 앞말의 종성을 적고 뒷말의 초성에도 내려적는 것 ㉠ 깁픈, 님믈
- 끊어 적기(분철) : 앞말의 종성을 적고 뒷말의 초성에는 'ㅇ'을 적는 것 ㉠ 깊은, 님을

[09-11]

이육사, 「절정」
- **갈래** : 자유시, 서정시
- **성격** : 저항적, 의지적, 상징적
- **제재** : 암울한 현실
- **주제** : 극한의 현실에 대한 초극 의지
- **특징**
  - 강렬한 시어와 남성적 어조를 통해 내면의 강인한 의지 표현
  - 현재행 시제를 사용하여 긴박감을 더하고 대결 의식을 나타냄
  - 역설적 표현을 통해 주제를 효과적으로 형상화함

09 ㉠, ㉡, ㉢은 모두 일제 강점기의 가혹한 현실을 나타내는 시어인 반면, ㉣의 '무지개'는 그러한 가혹한 현실을 초극하려는 시적 화자의 의지가 담긴 '희망'의 시어이다.

10 '매운 계절, 채찍, 북방, 고원, 서릿발 칼날' 등의 상징적 표현을 사용하여 화자가 처한 가혹한 상황을 부각하고 있다.
① 동일한 구절이 반복된 곳은 없다.
③ 수사법 중 의인법의 활용은 보이지 않는다.
④ 첫 연과 마지막 연이 다르므로, 수미 상관식 구조는 아니다.

11 해당 작품의 마지막 연인 '겨울은 강철로 된 무지갠가 보다'에서 시인은 역설법을 사용하여 극한 상황을 초월하려는 희망의 의지를 보여주고 있다. 즉, 이육사는 시인이자 항일 운동가로 해당 작품을 통해 극한의 상황에서도 꺾이지 않는 항일 의지를 표현하고 있다.

[12-14]

김유정, 「봄 · 봄」
- **갈래** : 단편 소설, 순수 소설, 농촌 소설
- **성격** : 해학적, 토속적
- **배경** : 시간 – 1930년대 봄 / 장소 – 강원도 산골의 농촌 마을
- **시점** : 1인칭 주인공 시점
- **제재** : 성례(결혼)
- **주제** : 우직하고 순박한 데릴사위와 그를 이용하는 교활한 장인 간의 갈등
- **특징**
  - 시간과 사건의 서술을 역순행적으로 구성함
  - 토속어, 방언, 비속어 등을 사용하여 향토성과 현장감을 생동감 있게 표현함

12 해당 작품의 서술자는 작품 속 주인공인 '나'로, 1인칭 주인공 시점이다. 작품 밖의 서술자가 인물의 심리를 묘사하는 것은 3인칭 전지적 작가 시점에 해당한다.
① 나와 장인, 그리고 구장과의 대화를 통해 사건을 전개하고 있다.
③ '나'라는 인물의 어리숙한 언행을 통해 해학성을 드러내고 있다.
④ 글의 서두에서 '1930년대의 어느 농촌'이라는 배경을 설정해 당시의 생활상을 묘사하고 있다.

13 구장은 처음에는 '자네 말두 하기야 옳지' 하면서 '나'의 입장에서 이야기를 시작하고 있다. 그러므로 '나'의 잘못을 언급하며 대화를 시작하고 있는 것은 아니다.
② 구장은 손해죄로 징역을 간다는 말로 '나'에게 겁을 주고 있다.
③ 구장은 법률에 성년이란 게 있다며 결혼에 대한 법률적 근거를 제시하고 있다.
④ 구장은 빙장님이 올 가을에 성례를 시켜 주겠다고 하셨다는 성례의 가능성을 제시하며 '나'를 회유하고 있다.

14 ㉣은 '나'의 상황에 대한 뭉태의 객관적 판단에도 불구하고 난 그렇게 생각 않는다는 '나'의 생각을 통해 '나'가 '뭉태'의 말에 전적으로 동의하고 있지 않음을 알 수 있다.

2023년 1회

[15-16]

정극인, 「상춘곡」
- **갈래** : 은일 가사, 양반 가사
- **성격** : 서정적, 묘사적, 자연친화적
- **제재** : 봄의 아름다운 풍경
- **주제** : 봄의 경치를 감상하며 느낀 즐거움과 안빈낙도
- **특징**
  - 화자의 공간 이동에 따라 시상을 전개함
  - 다양한 표현법과 감각적 이미지를 사용하여 봄의 경치와 화자의 심경을 드러냄
  - 감정 이입을 통해 화자의 정서를 효과적으로 드러냄
  - 물아일체의 경지로 자연에 동화되는 화자의 모습을 구체적으로 드러냄

15 해당 작품의 갈래는 가사로, 시조와 마찬가지로 4음보의 율격이 주로 나타난다.
② 후렴구의 사용 → 고려 가요의 특징
③ 4구체, 8구체, 10구체 형식 → 향가의 특징
④ 초장, 중장, 종장의 3장 구성 → 시조의 특징

16 해당 작품에서 화자는 큰 고을의 주인이 아니라 '풍월주인', 곧 자연을 벗 삼아 살아가는 바람과 달의 주인이다. 또한 해당 작품은 임금의 은혜에 감사하는 연군가가 아니라, 봄의 정취를 만끽하는 풍류가에 해당한다.

[17-19]

작자 미상, 「춘향전」
- **갈래** : 고전 소설, 애정 소설, 판소리계 소설
- **성격** : 풍자적, 해학적
- **배경** : 시간 - 조선 후기 / 공간 - 전라남도 남원
- **시점** : 전지적 작가 시점
- **제재** : 암행어사 출두
- **주제** : 지고지순한 남녀 간의 사랑
  탐관오리에 대한 응징
  평등한 사회에 대한 갈망
- **특징**
  - 오랫동안 다양한 갈래로 재구성 됨
  - 운문체와 산문체가 복합적으로 등장함
  - 편집자적 논평이 드러남

17 해당 작품은 구전되어 온 근원 설화가 판소리로 공연되다가 기록물인 고전 소설로 정착된 판소리계 소설이다.
② 판소리계 소설은 민간에서 판소리로 불렸던 것이 한글 소설로 정착된 것이다.
③ 판소리계 소설은 조선 시대 평민과 양반 계층 모두가 향유하였다.
④ 판소리계 소설은 우리 문자가 없었던 시기에는 구전되다가 이후 훈민정음이 창제되면서 한글로 기록되었다.

18 (가)는 어사또의 출두에 변 사또와 수령들이 황급히 도망치는 모습을 언어유희를 통해 묘사하고 있으나, 의성어나 의태어 등의 음성 상징어를 활용하고 있지는 않다.

19 어사또가 춘향에게 "내 수청도 거역할까?"라고 말하며 수청 들 것을 명하였으나, 춘향이는 "바삐 죽여 주오."라고 말하며 어사또의 수청 제안을 거절하였다.
② 지난밤에 옥 문간에서 '걸인(어사또)'을 만난 사람은 춘향이다.
③ 춘향은 "내려오는 관장마다 모두 명관(名官)이로구나."라고 반어적으로 말하며, 내려오는 관장을 모두 부정적으로 평가했다.
④ 어사또의 정체를 알고 기쁨의 눈물을 흘린 사람은 춘향이다.

[20-22]

20 (나)에서 사회적 약자는 그들의 신체적 제약 때문에 도시공원을 이용하기 어렵다고 서술하고 있다. 그러므로 '사회적 약자가 이용하기 어려운 도시공원'이 (나)의 중심 내용으로 적절하다.

21 '공원을 찾는'에서 기본형 '찾다'는 '어떤 사람을 만나거나 어떤 곳을 보러 그와 관련된 장소로 옮겨 가다.'라는 의미로 사용되었다. ②의 '산을 찾는'에서 '찾다'도 이와 유사한 의미로 사용되었다.
① 국산품을 찾다 → '어떤 것을 구하다.'
③ 떨어진 바늘을 찾다 → '주변에 없는 것을 얻거나 사람을 만나려고 여기저기를 뒤지거나 살피다.'
④ 마음의 안정을 찾다 → '원상태를 회복하다.'

22 (라)에서 도시공원은 일반인뿐 아니라 사회적 약자들도 동등하게 이용할 수 있는 공간이어야 한다고 했으므로, 공원 내에 사회적 약자와 일반인의 공간을 분리하여 설계하는 것은 ㉠의 사회적 약자를 배려한 방안으로 적절하지 않다.

① · ② (나)의 동선이 복잡하거나 안내 표시가 없어서 불편을 겪는 문제를 해결하기 위한 방안으로 적절하다.

④ (나)의 도시공원이 대중교통을 이용해서 가기 어려운 위치에 있는 문제점을 해결하기 위한 방안으로 적절하다.

[23-25]

23 이글에 나타난 '잊힐 권리'에 대한 핵심 내용을 요약하는 것은 글의 내용을 파악하는 활동이지 타인과 소통하며 이해를 확장하는 활동에 해당되지 않는다.

24 '잊힐 권리'를 인정하면 정보 비공개로 인해 공익이 저해될 수 있기 때문에 '알 권리'라고 하는 또 다른 권리가 침해될 수 있다. 그러므로 ㉮의 근거로 ③이 가장 적절하다.

① '잊힐 권리'를 인정하면 사생활을 보호할 수 있다.

② 망각이 쉽게 일어날 수 있다는 내용은 두 권리와 무관하다.

④ '알 권리'를 인정하면 정보 유출로 인한 고통이 늘어난다.

25 ㉣(확실하게)의 기본형 '확실하다'는 '틀림없이 그러하다'는 의미이므로, 고유어 '두말없게'로 바꾸어 쓸 수 있다.

㉠ '수용하게'의 기본형 '수용하다'는 '어떠한 것을 받아들이다'의 의미이므로 '받아들이게'로 바꾸어 쓸 수 있다.

㉡ '구속되지'의 기본형 '구속되다'는 '행동이나 의사의 자유가 제한되거나 속박되다'의 의미이므로 '얽매이지'로 바꾸어 쓸 수 있다.

㉢ '노출되길'의 기본형 '노출되다'는 '겉으로 드러나다'의 의미이므로, '드러나길'로 바꾸어 쓸 수 있다.

제2교시 수 학

정답 및 해설

정답

01 ④	02 ①	03 ③	04 ②	05 ①
06 ④	07 ①	08 ①	09 ②	10 ④
11 ③	12 ④	13 ②	14 ②	15 ②
16 ③	17 ①	18 ②	19 ③	20 ④

해설

01 $A+B=(x^2+2x)+(2x^2-x)$
$=(x^2+2x^2)+(2x-x)$
$=3x^2+x$

TIP 다항식의 덧셈과 뺄셈
- **다항식의 덧셈** : 괄호를 먼저 풀고 동류항끼리 모아서 계산한다.
- **다항식의 뺄셈** : 빼는 식의 각 항의 부호를 바꾸어 더한다.

02 항등식일 때, 양변의 동류항의 계수는 같으므로
$x^2+ax+3=x^2+5x+b$에서
$a=5$, $b=3$
$\therefore a-b=2$

03

> 다항식 $f(x)$를 $x-a$로 나누었을 때의 나머지 $\Rightarrow f(a)$

주어진 다항식을 $f(x)$라 놓으면
$f(x)=2x^3+3x^2-1$
나머지 정리에 의해
다항식 $f(x)$를 $x-1$로 나눈 나머지는 $f(1)$
$f(1)$을 주어진 다항식에 대입하면
$f(1)=(2\times1^3)+(3\times1^2)-1=2+3-1$
$\therefore f(1)=4$

04

> $a^3-3a^2b+3ab^2-b^3=(a-b)^3$

인수분해 공식에 따라
$x^3-6x^2+12x-8=(x-2)^3$
$(x-a)^3=(x-2)^3$
$\therefore a=2$

05 복소수 $5+4i$의 켤레복소수는 $5-4i$이므로
$a+bi=5-4i$에서 $a=5$, $b=-4$
$\therefore a+b=1$

06

> $x^2-(\alpha+\beta)x+\alpha\beta=0$
> $\Rightarrow x^2-$(두 근의 합)$x+$(두 근의 곱)$=0$

x^2의 계수가 1인 이차방정식 $x^2-7x+a=0$에서 상수 a는 두 근의 곱이다.
두 수 3, 4를 근으로 한다고 하였으므로,
$a=3\times4=12$

07 주어진 범위의 그래프에서
$x=-3$일 때 → 최댓값 2
$x=-1$일 때 → 최솟값 -2
그러므로 이차함수 $y=x^2+2x-1$의 최솟값은 -2이다.

08 사차방정식 $x^4+2x^2+a=0$의 한 근이 1이라고 했으므로,
$f(1)=0$
$x^4+2x^2+a=0$에 $x=1$을 대입하면
$1^4+2\times1^2+a=0$, $1+2+a=0$
$\therefore a=-3$

09 $\begin{cases} x+y=6 & \cdots ㉠ \\ xy=a & \cdots ㉡ \end{cases}$
$x=4$, $y=b$를 ㉠에 대입하면
$x+y=4+b=6$ $\therefore b=2$
$x=4$, $y=2$를 ㉡에 대입하면
$xy=4\times2=a$ $\therefore a=8$
따라서 $a+b=8+2=10$

10

> 판별식 $D>0$일 때, $f(x)\geq0$의 해
> $\Rightarrow x\leq\alpha$ 또는 $x\geq\beta$

이차부등식 $(x+3)(x-2)\geq0$의 해는
$\alpha=-3$, $\beta=2$이므로
$x\leq-3$ 또는 $x\geq2$

11

> 수직선 위의 두 점 $A(x_1)$, $B(x_2)$에 대하여
> $\overline{AB}$를 $m:n(m>0, n>0)$으로 내분하는 점 P의 좌표
> $\Rightarrow P\left(\frac{mx_2+nx_1}{m+n}\right)$

수직선 위의 두 점 $A(1)$, $B(5)$에 대하여 선분 AB를 3:1로 내분하는 점 P의 좌표는

$P\left(\frac{mx_2+nx_1}{m+n}\right)=\left(\frac{3\times5+1\times1}{3+1}\right)=\left(\frac{16}{4}\right)=4$

12

> 점 (x_1, y_1)을 지나고 기울기가 m인 직선의 방정식
> $\Rightarrow y-y_1=m(x-x_1)$

점 $(-2, 1)$을 지나고 기울기가 3인 직선의 방정식은

$y-y_1=m(x-x_1)$에서

$y-1=3(x+2)$

$\therefore y=3x+7$

13

> 중심 좌표가 (a, b)이고 y축에 접하는 원의 방정식
> $\Rightarrow (x-a)^2+(y-b)^2=a^2$

중심 좌표가 $(2, 1)$이고 y축에 접하는 원의 방정식은

$(x-a)^2+(y-b)^2=a^2$에서

$(x-2)^2+(y-1)^2=2^2$

$(x-2)^2+(y-1)^2=4$

14

> 점 (x, y)를 y축에 대하여 대칭이동한 점의 좌표
> $\Rightarrow (-x, y)$

점 $(2, 4)$를 y축에 대하여 대칭이동한 점의 좌표는 $(-x, y)$에서 $(-2, 4)$이다. 즉, x좌표의 부호만 반대가 된다.

15

A=B이므로 두 집합 A, B의 원소는 모두 같다.

$A=\{1, a-1, 5\}$, $B=\{1, 3, a+1\}$에서

$a-1=3$, $5=a+1$

$\therefore a=4$

16

> 명제 $p \rightarrow q$의 대우 $\Rightarrow \sim q \rightarrow \sim p$

명제 $p \rightarrow q$의 대우는 $\sim q \rightarrow \sim p$이므로,

명제 '평행사변형이면 사다리꼴이다.'의 대우는

'사다리꼴이 아니면 평행사변형이 아니다.'이다.

17

> $(g \circ f)(x)=g(f(x))$

합성함수의 성질에 따라 $(g \circ f)(3)=g(f(3))$

주어진 합성함수의 대응에서 $f(3)=c$

$\therefore (g \circ f)(3)=g(c)$

주어진 합성함수의 대응에서 $g(c)=5$

$\therefore (g \circ f)(3)=5$

18

> 유리함수 $y=\frac{k}{x-p}+q(k\neq0)$의 그래프
> $\Rightarrow y=\frac{k}{x}$의 그래프를 x축의 방향으로 p만큼, y축의 방향으로 q만큼 평행이동한 그래프

유리함수 $y=\frac{1}{x-2}-1$의 그래프는 유리함수 $y=\frac{1}{x}$의 그래프를 x축의 방향으로 2만큼, y축의 방향으로 -1만큼 평행이동한 그래프이므로 $a=2$, $b=-1$이다.

$\therefore a+b=1$

19

> 서로 다른 n개에서 r개를 택하여 일렬로 나열하는 순열의 수 $\Rightarrow {}_nP_r$

3명의 수학자 사진 중에서 서로 다른 2명의 사진을 택하여 신문의 1면과 2면에 각각 싣는 경우의 수는 선택한 사진의 순서를 생각하며 일렬로 나열한 경우의 수와 같다. 그러므로 구하는 경우의 수는

${}_3P_2=3\times2=6$

20

> 서로 다른 n개에서 r개를 택하는 조합의 수 $\Rightarrow {}_nC_r$

4가지의 수학 진로 선택 과목 중에서 서로 다른 2과목을 선택하는 경우의 수는 순서를 생각하지 않고 택하는 조합의 수와 같다. 그러므로 구하는 경우의 수는

${}_4C_2=\frac{4\times3}{2\times1}=\frac{12}{2}=6$

제3교시

영 어

정답 및 해설

정답

01 ③	02 ③	03 ①	04 ①	05 ④
06 ③	07 ②	08 ③	09 ②	10 ③
11 ①	12 ②	13 ①	14 ④	15 ①
16 ②	17 ②	18 ④	19 ④	20 ④
21 ①	22 ②	23 ④	24 ④	25 ③

해설

01

해설 duty는 '의무'라는 뜻이다.
① 갈등 conflict
② 노력 effort
④ 자유 freedom

해석 일요일마다 집에 있는 쓰레기를 버리는 것은 나의 의무이다.

어휘 take out 가지고 나가다, 버리다
trash 쓰레기
on Sundays 일요일마다

02

해설 depend on은 '의지하다, 의존하다'라는 뜻이다.
① 찾다 look for
② 내리다 get off
④ 비난하다 call down

해석 사람들은 팀으로 일할 때 서로 의존할 필요가 있다.

어휘 need to ~할 필요가 있다
each other 서로

03

해설 thanks to는 '덕분에'라는 뜻이다.
② 대신에 instead of
③ 불구하고 in spite of
④ 제외하고 except for

해석 저는 당신 덕분에 좋은 사람들을 많이 만났습니다.

어휘 a lot of 많은

04

해설 주어진 문장에서 'polite(공손한)'와 'rude(무례한)'는 반의어 관계이다. 마찬가지로 ②, ③, ④는 모두 반의어 관계이나, ①의 'smart(영리한)'와 'wise(현명한)'는 유의어 관계이다.
② 옳은 – 틀린
③ 안전한 – 위험한
④ 같은 – 다른

해석 어떤 나라에서 공손한 행동이 다른 나라에서는 무례할 수도 있다.

어휘 gesture 몸짓, 동작

05

해설 ① 날짜 : 2023년 6월 8일(목요일)
② 장소 : 월드컵 경기장
③ 시간 : 오후 7시 30분 – 오후 9시 30분
④ 입장료 : 알 수 없음

해석

> 케이팝 콘서트 2023
> 세계적으로 유명한 8개의 케이팝 그룹이 공연을 합니다!
>
> 날짜 : 2023년 6월 8일(목요일)
> 장소 : 월드컵 경기장
> 시간 : 오후 7시 30분 – 오후 9시 30분

어휘 world-famous 세계적으로 유명한
perform 공연하다

06

해설 첫 번째 문장에는 'up'과 함께 사용되어 '일어서다'라는 의미를 갖는 자동사 'stand'가 들어가야 한다. 두 번째 문장에는 '~을 참다[견디다]'라는 의미에서 목적어를 동반하는 타동사 'stand'가 들어가야 한다.

해석 • 우리는 더 좋은 시야를 확보하기 위해 일어서야만 했다.
• 나는 공공의 규칙을 지키지 않는 사람들을 참을 수 없다.

어휘 in order to ~하기 위해서
view 시야, 전망
follow 따르다, 지키다
in public 공공의, 공중의

07

해설 첫 번째 문장에는 '어느'라는 의미의 선택 의문문을 만드는 의문사 'which'가 들어가야 한다. 두 번째 문장에는 뒤의 종속절이 사물인 선행사 'a book'을 수식하므로 관계대명사 'which'가 들어가야 한다.

해석 • Jinsu야, 너는 내일 어느 박물관을 방문할 거니?
• 사전은 단어에 대한 설명이 있는 책이다.

어휘 museum 박물관
dictionary 사전
explanation 설명

08 **해설** 첫 번째 문장에는 '~과 다르다'의 의미의 숙어 'be different from'이 와야 하고, 두 번째 문장에는 '~로부터 나오다'라는 의미의 숙어 'come from'이 와야 한다. 그러므로 빈칸에 공통으로 들어갈 말은 전치사 'from'이다.

해석 • 내 취향은 당신과 다르다.
• 영어 단어들은 다양한 출처에서 나온다.

어휘 taste 맛, 기호, 취향
wide 넓은
a variety of 다양한
source 출처, 유래

09 **해설** A가 수학 시험에서 A를 받은 비결이 주말에도 늦게까지 잠을 안 자고 매일 수학 공부를 했기 때문이다. 이를 잘 표현한 말이 'no pain, no gain(수고 없이 얻는 것은 없다)'이다.

해석 A : Junho야, 봐봐. 나는 마침내 수학 시험에서 A를 받았어.
B : 너는 시험을 정말 잘 봤구나. 비결이 뭐니?
A : 나는 매일 수학을 공부했고, 심지어 주말에는 늦게까지 안 잤어.
B : 너는 '수고 없이 얻는 것은 없다'의 좋은 사례구나.

어휘 finally 드디어, 마침내
do well on ~을 잘하다, 잘 보다
secret 비밀, 비결
stay up late 늦게까지 안 자다
example 예, 사례

10 **해설** A가 'raining cats and dogs'는 비가 매우 심하게 내리는 것을 의미한다고 말하자, B가 그 표현의 유래가 흥미 있다고 말했다. 그러므로 B의 심정은 '흥미'가 가장 적절하다.

해석 A : 비가 억수같이 내리고 있어.
B : 비가 억수같이 내린다고? 그게 무슨 의미인지 얘기해 줄 수 있겠니?
A : 그 말은 비가 매우 심하게 내린다는 의미야.
B : 정말? 그 표현의 유래가 흥미 있네.

어휘 rain cats and dogs 비가 억수같이 내리다
mean 의미하다
heavily 세게, 심하게
origin 기원, 유래
expression 표현

11 **해설** 방금 오븐에서 나온 빵을 사고파는 상황이므로, 대화가 이루어진 장소는 제과점이다.

해석 A : 좋은 아침입니다. 무엇을 도와드릴까요?
B : 와, 여기 냄새가 정말 좋네요.
A : 네, 방금 빵이 오븐에서 나왔어요.
B : 이 갓 구운 빵으로 주세요.

어휘 come out of ~에서 나오다
oven 오븐
freshly 갓~한, 신선하게
bake 굽다

12 **해설** 첫 번째 문장에서 주어 'Smiling(웃는 것)'이 신체에 미치는 유익한 점에 대해 설명하고 있다. 마찬가지로 두 번째 문장에서도 웃음이 주는 유익한 점에 대해 설명하고 있다. 그러므로 지시대명사 'It'가 가리키는 것은 'smiling'이다.
① 친구
③ 나라
④ 운동하는 것

해석 웃는 것은 스트레스를 줄이고 혈압을 낮추어 우리의 신체적 행복에 기여한다. 그것은 또한 좋은 운동을 하는 것과 마찬가지로 기분 좋은 호르몬 양을 증가시킨다. 그리고 무엇보다도, 웃음은 다른 사람들이 우리와 어떻게 관계를 형성하는 지에 영향을 미친다.

어휘 reduce 줄이다
lower 낮추다
blood pressure 혈압
contribute to ~에 기여하다
physical 육체적인, 신체적인
well-being 행복, 잘 사는 것
increase 증가시키다
amount 양
hormone 호르몬
in the same way 같은 방식으로, 마찬가지로
most of all 무엇보다도
influence 영향을 미치다[주다]
relate ~와 관련되다, ~와 관계하다

13 **해설** B가 'N 서울 타워'라는 장소를 권하고 있으므로, 빈칸에는 장소를 묻는 질문 내용이 들어가야 한다. 그러므로 'where shall we go first(어디로 먼저 갈까)'가 들어갈 말로 가장 적절하다.

② 직업이 뭐니?

③ 여기에 얼마나 자주 오니?

④ 왜 배우가 되고 싶니?

해석 A : Matt, 어디로 먼저 갈까?

B : N 서울 타워는 어때? 타워에서 도시 전체를 볼 수 있어.

A : 그 이후, 서울 성곽을 따라 걷자.

B : 완벽해! 이제 서울을 탐방하자.

어휘 whole 전체의

walk along ~을 따라 걷다

City Wall 성곽

perfect 완벽한

explore 탐험하다, 탐방하다

14 **해설** A가 친구를 많이 사귀는 방법에 대해 묻고 있으므로, 밑줄 친 빈칸에는 'be nice to people around you(주위 사람들에게 친절하게 하는 것)'가 들어갈 말로 가장 적절하다.

① 쉽게 화를 내다

② 지금 주문을 취소하다

③ 예약을 확인하다

해석 A : 더 많은 친구를 사귀려면 어떻게 해야 하나요?

B : 주위 사람들에게 친절하게 하는 것이 중요하다.

어휘 make friends 친구를 사귀다

important 중요한

get angry 화를 내다

cancel 취소하다

reservation 예약

15 **해설** 쇼핑 조언 좀 해달라는 A의 물음에 B가 예산을 명심하고, 세일을 한다고 해서 무조건 사지 말 것을 조언하고 있다. 그러므로 대화의 주제는 '현명하게 쇼핑하는 방법'이다.

해석 A : 쇼핑 조언 좀 공유해 줄래?

B : 그럼. 우선 예산을 항상 명심해야 해.

A : 좋은 말이네. 그 밖에는?

B : 또한 세일 한다고 해서 물건들을 막 사지 마.

A : 고마워! 훌륭한 조언이야.

어휘 share 나누다, 공유하다

tip 팁, 조언

first of all 우선

keep in mind 명심하다

budget 예산

on sale 할인 중

16 **해설** 제시문은 조언해 줄 사람을 찾는데 어려움을 겪는 사람들에게 자신의 온라인 지원 단체에 가입해 도움을 받을 것을 권유하고 있다. 그러므로 해당 글을 쓴 목적은 가입을 '권유하기 위해서'이다.

해석 많은 사람들이 조언을 해 줄 사람을 찾는 데 어려움을 겪고 있습니다. 몇몇 개인적인 문제들이 있을 수 있고 부모님이나 친구들에게 그것에 관해 이야기 하고 싶지 않을 수도 있습니다. 저희 온라인 지원 단체에 가입해 보세요. 당신을 도우러 왔습니다.

어휘 have difficulty ~ing ~하는 데 어려움을 겪다

personal 사적인, 개인적인

support 지지, 지원

17 **해설** 제시된 광고문에서 판매하려고 하는 기타가 '중고지만 좋은 상태'라고 하였다. 그러므로 '새것이라 완벽한 상태'라는 ②의 내용은 제시된 광고문의 내용과 일치하지 않는다.

해석

판매합니다
특징 : 6가닥의 줄이 있는 기타입니다.
상태 : 중고지만 상태가 좋습니다.
가격 : 150달러(정가: 350달러)
연락처 : 문의 사항이 있으시면, 014-4365-8704로 전화 주세요.

어휘 feature 특징

string 끈, 줄

condition 상태

used 익숙한, 중고의

original price 정가

18 **해설** 제시문의 마지막 문장에서 그날 사람들은 오후 8시 30분부터 오후 9시 30분까지 전등을 끈다고 설명하고 있다. 그러므로 사람들이 그날 하루 종일 전등을 끈다는 ④의 내용은 제시문의 설명과 일치하지 않는다.

해석 Earth Hour 캠페인에 참여해 보지 않으실래요? 그것은 2007년 호주 시드니에서 시작되었습니다. 근래에, 전 세계 7,000개 이상의 도시들이 참여하고 있습니다. Earth Hour는 3월의 마지막 토요일에 개최됩니다. 그날 사람들은 오후 8시 30분부터 오후 9시 30분까지 전등을 끕니다.

어휘 campaign 캠페인
participate 참여하다
take place 일어나다, 개최되다
turn off 끄다

19 **해설** 첫 문장에서 성공한 사람들이 아침에 시간을 어떻게 보내는지에 관한 최근의 연구를 거론한 뒤, 이후의 문장에서 성공한 사람들의 아침 일상을 자세히 소개하고 있다. 그러므로 제시문의 주제는 '성공한 사람들의 아침 시간 활용 방법'이다.

해석 최근의 연구는 성공한 사람들이 아침에 시간을 어떻게 보내는지 보여 준다. 그들은 일찍 일어나 조용한 시간을 즐긴다. 그들은 규칙적으로 운동을 한다. 게다가, 그들은 그 날 해야 할 일들의 목록을 만든다. 작은 습관들이 성공하는 데 큰 차이를 만들 수 있다.

어휘 recent 최근의
research 연구
successful 성공한
spend 쓰다, 보내다
regularly 규칙적으로
in addition 게다가
difference 차이
towards ~을 향해서

20 **해설** 제시문에서 실수로부터 배우는 과정은 그들을 더 똑똑하게 만든다고 하였고, 그것이 더 나아지기 위한 발걸음이라고 하였다. 그러므로 빈칸에 들어갈 말로는 'mistake(실수)'가 가장 적절하다.
① 사랑
② 나라
③ 마을

해석 자신을 향상시키는 사람들은 그들이 무엇을 잘못했는지 이해하려고 노력하며, 그래서 다음번에 더 잘 할 수 있다. 실수로부터 배우는 과정은 그들을 더 똑똑하게 만든다. 그들에게 모든 실수는 더 나아지기 위한 발걸음이다.

어휘 improve 개선시키다, 향상시키다
do wrong 잘못하다
the next time 다음번
process 과정
mistake 잘못, 실수
get better 더 나아지다

21 **해설** 제시문에서 앵무새는 말을 잘 따라하고, 깃털이 멋있으며, 집에 있는 다른 동물들보다 오래 살기 때문에 글쓴이는 앵무새를 '반려동물'로 기르고 싶다고 하였다.
② 단어
③ 색깔
④ 식물

해석 앵무새를 반려동물로 갖고 싶습니다. 이유를 말씀드리겠습니다. 첫째로, 앵무새는 제 말을 반복할 수 있습니다. 만일 제가 "안녕하세요"라고 말하면, 앵무새도 저에게 "안녕하세요"라고 말할 겁니다. 다음으로, 그것은 아주 멋있고, 다채로운 깃털을 갖고 있고, 그래서 그것을 보는 것만으로도 행복해집니다. 마지막으로, 앵무새는 집에 있는 대부분의 다른 동물들보다도 더 오래 삽니다.

어휘 parrot 앵무새
repeat 반복하다, 되풀이하다
gorgeous 아주 멋진
feather 깃털

22 **해설** 주어진 문장은 'However(하지만)'로 시작하므로, 앞의 문장은 해당 내용과 반대되는 내용이 와야 한다. 주어진 문장이 플라스틱이 환경을 심각하게 오염시킨다며 그것의 단점에 대해 설명하고 있으므로, 앞 문장이 플라스틱의 장점에 대해 설명하고 있는 ②에 들어가는 것이 가장 적절하다.

해석

하지만, 유용성에도 불구하고, 플라스틱은 환경을 심각하게 오염시킨다.

플라스틱은 매우 유용한 재료이다. (①) 그것의 유용성은 플라스틱이 싸고, 가볍고, 강하다는 사실에서 비롯된다. (②) 예를 들면, 플라스틱은 수백 년 또는 심지어 수천 년 동안 매립지에 남아 토양 오염을 초래한다. (③) 이 문제에 대한 가장 좋은 해결책은 플라스틱에 대한 친환경적인 대안을 만드는 것이다. (④)

어휘 despite ~에도 불구하고
usefulness 유용성
pollute 오염시키다
severely 심각하게
material 재료
come from ~에서 비롯되다
lightweight 가벼운
remain 남다
landfill 매립지
result in ~을 초래하다
soil pollution 토양 오염

2023년 1회

solution 해결책
eco-friendly 친환경적인
alternative 대안

23 **해설** 제시문의 마지막 문장에서 전 세계에서 콩이 어떻게 다양한 방법으로 요리되는 지 배워보자고 제안하고 있으므로, 제시문의 바로 뒤에 이어질 내용은 '콩의 다양한 요리법'이다.

해석 콩은 수천 년 동안 우리와 함께 해 왔다. 그것들은 어디서든지 쉽게 자란다. 더 중요한 것은, 그것들은 단백질이 높고 지방이 낮다는 것이다. 이러한 요인들은 콩을 세계 최고의 슈퍼 푸드 중 하나로 만든다. 이제, 전 세계에서 콩이 어떻게 다양한 방법으로 요리되는지 배워 보자.

어휘 bean 콩
grow 자라다
importantly 중요하게
protein 단백질
fat 지방
factor 요소, 요인
in a variety of 여러 가지의, 다양한

[24-25]

해석 자원봉사는 여러분에게 건강한 정신을 준다. 한 조사에 따르면, 자원봉사자의 96%가 자원봉사를 한 후 더 행복하다고 보고한다. 만일 지역사회에서 다른 사람들을 돕는다면, 여러분 자신에 대해 더 기분이 좋아질 것이다. 그것은 또한 여러분의 평범한 일상생활에 도움을 줄 수 있는 더 많은 에너지를 가지고 살도록 동기를 부여할 수 있다. 그러므로, 여러분은 더 긍정적인 삶의 관점을 갖게 될 것이다.

어휘 volunteering 자원봉사
healthy 건강한
according to ~에 따르면
survey (설문) 조사
volunteer 자원봉사자
community 공동체, 지역사회
motivate 동기를 부여하다
ordinary 평범한
useless 쓸모없는
positive 긍정적인

24 **해설** 제시문은 자원봉사 활동으로 인한 이점들에 대해 설명하고 있다. 마지막 문장은 'Therefore(그러므로)'로 시작하므로 자원봉사 활동으로 인한 앞의 이점들을 고려할 때, '긍정적인(positive)' 삶의 관점을 갖게 됨을 알 수 있다.
① 부끄러운
② 쓸모없는
③ 불행한

25 **해설** 제시문에서 자원봉사를 하면 스스로가 더 기분이 좋아지며, 평범한 일상생활에 동기를 부여하며, 긍정적인 삶의 관점을 갖게 된다고 설명하고 있다. 그러므로 제시문의 주제는 '자원봉사가 주는 이점'이다.

제4교시

사 회

정답 및 해설

정답

01 ④	02 ③	03 ③	04 ①	05 ②
06 ②	07 ①	08 ①	09 ②	10 ④
11 ③	12 ③	13 ④	14 ②	15 ③
16 ④	17 ③	18 ①	19 ②	20 ④
21 ②	22 ①	23 ④	24 ③	25 ①

해설

01 국가의 통치 조직과 운영 원리 및 국민의 기본적 인권을 규정한 최고의 법은 헌법으로, 다른 법률이나 법령으로써 변경할 수 없는 한 국가의 최고 법규이다.

① **명령** : 법률에 따라 행정권에 의하여 정립되는 법률의 하위 법

② **법률** : 국회의 의결을 거쳐 대통령이 서명하고 공포함으로써 성립하는 국법

③ **조례** : 지방의 사무를 운영하기 위하여 각 지방자치단체의 의회가 제정하는 법

02 청구권은 국가에 대해 일정한 행위를 요구할 수 있는 권리로, 다른 기본권이 침해되었을 때 이를 구제하도록 요구할 수 있는 권리이다.

① **자유권** : 개인이 국가나 타인으로부터 간섭이나 침해를 받지 않고 자유로운 생활을 영위할 권리

② **참정권** : 국가의 의사 결정에 참여할 수 있는 권리

④ **평등권** : 모든 국민이 법 앞에 평등하고, 성별 · 종교 또는 사회적 신분 등을 이유로 차별을 받지 않을 권리

03 인간이라면 누구나 누릴 수 있는 기본적인 권리는 인권이다. 인권은 보편성, 천부성, 항구성, 불가침성의 특성을 가지며, 사람이 태어나면서 당연히 가지는 권리이므로 국가나 다른 사람이 함부로 침해할 수 없다.

04 편익은 어떤 선택을 함으로써 얻는 이익이나 만족감을 말한다. 편익에는 물질적이고 금전적인 이익뿐만 아니라 즐거움이나 성취감 같은 비금전적인 것도 포함한다.

② **희소성** : 무한한 인간의 욕구에 비해 그것을 충족시킬 자원의 양이 상대적으로 한정된 것

③ **금융 자산** : 예금, 현금, 주식, 채권, 보험, 펀드 등으로, 부동산이나 상품 등의 실물자산에 대비되는 자산

④ **암묵적 비용** : 자신이 선택하지 않아 포기하여야 하는 기회의 잠재적 비용

05 국가들 사이의 이해관계를 조정하거나 국가 간 분쟁을 중재하는 국제 사회의 행위 주체는 국제기구로, 유럽 연합(EU), 세계 무역 기구(WTO), 경제 협력 개발 기구(OECD) 등이 이에 속한다. 다문화 사회는 다양한 문화를 향유하는 사람들이 함께 생활하는 사회이다.

① **유럽 연합(EU)** : 유럽의 정치 · 경제 통합을 실현하기 위해 설립된 국제기구

③ **세계 무역 기구(WTO)** : 국제 무역에 관한 규정과 협정을 관리하고, 무역 분쟁을 해결하기 위해 설립된 국제기구

④ **경제 협력 개발 기구(OECD)** : 경제 발전과 세계 무역의 촉진을 위해 설립된 국제기구

06 시장 실패는 시장 기구가 그 기능을 제대로 발휘하지 못하여 시장에서 자원의 배분이 효율적으로 이루어지지 못하는 상태를 말한다.

① **남초 현상** : 한 인구 집단 내에서 남성의 수가 여성의 수를 초과하는 현상

③ **규모의 경제** : 생산량이 증가할수록 평균 생산 단가가 감소하는 현상

④ **소비자 주권** : 소비자가 단순히 소비만 하는 수동적 역할에서 재화의 생산 및 서비스까지 결정하는 권한

07 국가 권력을 입법권, 행정권, 사법권으로 각각 분리하여 국가의 권력 남용을 막고 국민의 기본권을 보장하는 것은 권력 분립 제도이다.

② **사회 보장 제도** : 사회적 위험을 예방하고 치료하기 위한 정부의 입법과 조직적 행정

③ **위헌 법률 심판** : 국회에서 제정한 법률이 헌법에 위반되는지 여부를 헌법 재판소가 심사하는 제도

④ **헌법 소원 심판** : 공권력에 의하여 헌법상 보장된 국민의 기본권이 침해된 경우에 헌법재판소에 제소하여 그 침해된 기본권의 구제를 청구하는 제도

08 공공 부조는 국가가 생활 유지 능력이 없거나 생활이 어려운 국민의 최저 생활을 보장하고 자립을 지원하는 제도이다.

② **재무 설계** : 생애주기별 재무 관련 목표를 세우고 이에 맞춰 자금 준비 등을 계획하고 실천하는 과정

③ **정주 환경** : 인간이 정착하여 살아가고 있는 지역의 주거지와 그 주변 생활 환경

④ **지리적 표시제** : 품질이나 명성 등이 드러나는 지역 상품에 대해 지역 생산품임을 표시하는 제도

09 자산 관리의 3원칙 중 수익성은 원금에 비해 얻을 수 있는 이익의 정도로, 수익성이 높은 금융 자산일수록 위험성이 크므로 여러 상품에 분산하여 투자하는 것이 바람직하다.

TIP **자산 관리의 3원칙**

- **안전성** : 투자한 원금이 손실되지 않고 보장되는 정도
- **수익성** : 투자를 통해 수익을 얻을 수 있는 정도
- **유동성** : 필요할 때 쉽고 빠르게 현금으로 전환할 수 있는 정도

10 문화를 우열 관계로 인식하는 태도는 문화 절대주의로 문화 사대주의와 자문화 중심주의가 이에 해당한다.

ㄱ. **문화 상대주의** : 각 문화의 다양성을 인정하고, 문화가 가진 독특한 환경과 역사적 · 사회적 상황에서 다른 문화를 바라보는 태도

ㄴ. **자유 방임주의** : 개인의 경제활동의 자유를 최대한 보장하고, 이에 대한 국가의 간섭을 가능한 한 배제하려는 경제사상 및 정책

ㄷ. **문화 사대주의** : 다른 문화를 더 좋은 것으로 생각하고 자신의 문화를 과소평가하거나 무시하는 태도

ㄹ. **자문화 중심주의** : 자기 문화만을 가장 우수한 것으로 생각하고 다른 문화를 무시하거나 부정하는 태도

11 윤리적 소비는 소비자가 상품이나 서비스 등을 구매할 때 윤리적인 가치판단에 따라 의식적인 선택을 하는 것으로, 지역 농산물의 구매나 공정 무역 커피의 구매 등이 이에 해당한다.

① **뉴딜 정책** : 미국의 루스벨트 대통령이 경제 공황에 대처하기 위하여 시행한 경제 부흥 정책

② **유리 천장** : 여성과 소수민족 출신자들의 고위직 승진을 막는 조직 내의 보이지 않는 장벽

④ **샐러드 볼 이론** : 샐러드처럼 다양한 사회구성원들이 상호 공존하며 각각이 색깔과 향기를 지니고 조화로운 통합을 이룬다는 논리

12 세계 인권 선언(1948)은 제1 · 2차 세계 대전에서의 인권 침해에 대한 반성과 인간의 기본적인 권리 존중을 위해 국제 연합(UN) 총회에서 채택된 선언이다.

① **권리 장전(1689)** : 영국의 명예혁명의 결과로 이루어진 권리 선언

② **바이마르 헌법(1919)** : 독일 바이마르 공화국에서 제정된 민주주의 헌법

④ **미국 독립 선언(1776)** : 영국의 식민지 상태였던 아메리카 합중국이 대내외적으로 독립을 선포한 선언

13 문화 동화는 다른 사회의 문화 요소가 전파되었을 때 기존의 문화 요소가 전파된 문화 요소에 흡수되어 소멸되는 현상이다.

① **문화 갈등** : 서로 다른 문화가 문화 차이로 인해 충돌하거나 적대시하는 현상

② **문화 성찰** : 자신이 속한 문화나 다른 문화를 바람직한 기준에 따라 살피고 인정하는 것

③ **문화 병존** : 둘 이상의 문화가 각자의 고유한 성질을 간직한 채 함께 존재하는 현상

14 한대 기후는 가장 따뜻한 달의 평균 기온이 10℃ 미만인 기후로 툰드라나 빙설 지역 등이 이에 해당한다. 추운 날씨의 영향으로 순록 유목, 털가죽 의복, 폐쇄적 가옥 구조 등의 생활 모습을 보인다.

ㄹ. 통풍을 위한 큰 창문 } → 열대 기후
ㄴ. 이동식 화전 농업 }

15 지진 해일은 해저에서의 지진, 해저 화산 폭발, 단층 운동 같은 급격한 지각변동 등으로 발생하는 해일이다.

① **가뭄** : 강수량 부족과 대륙 내부의 건조 기후로 인해 땅이 메마르고 물이 부족한 현상

② **폭설** : 비교적 짧은 시간에 많은 양의 눈이 오는 기상 현상

④ **열대 저기압** : 지구의 열대 지역에서 발생하는 저기압으로, 발생 지역에 따라 태풍, 허리케인, 사이클론 등으로 불림

16 ㉠ **(석탄)** : 18세기 산업 혁명기에 증기기관의 연료와 제철 공업의 원료로 이용된 에너지 자원이다.

㉡ **(석유)** : 오늘날 가장 많이 사용되는 중요 에너지 자원으로, 자동차 등의 운송수단의 확산으로 수요가 급증하였다.

TIP **주요 에너지 자원의 특징**

석탄	• 산업 혁명 이후 증기 기관 연료와 제철 공업 원료로 이용 • 생산지에서 소비하는 경우가 많아 국제적 이동 적음
석유	• 현대 사회 생활 전반에서 가장 중요한 자원 • 자원의 편재성이 매우 큰 편 • 생산지와 소비지의 불일치로 국제적 이동량이 많음

천연가스	• 에너지 효율이 좋고 오염물질이 적음 • 액화 기술의 발달로 생산량과 소비량 증가

17 부르카는 이슬람의 전통 의상이다. 머리부터 발 끝까지를 천으로 감는, 이슬람의 여성 복장 중에서도 가장 폐쇄적이다.

① **게르** : 나무로 만든 뼈대에 가축의 털로 짠 두꺼운 천이나 가죽을 씌운 몽골의 전통 가옥

② **판초** : 천에 중앙에 뚫린 구멍으로 머리를 내어 어깨에 늘어지도록 입는 망토의 일종

④ **마타도르** : 스페인식 투우에서 소에게 최후의 일격을 가하는 역할을 맡은 투우사

18 대도시권은 대도시의 기능과 영향력이 주변 지역으로 확대되면서 형성되는 생활권으로, 집과 직장의 거리가 멀어지는 사람들이 많아진다.

② **누리 소통망(SNS)** : 인맥 구축을 목적으로 개설된 커뮤니티형 웹사이트

③ **커뮤니티 매핑** : 커뮤니티와 매핑의 합성어로 집단지성에 기반하는 참여형 지도 제작 활동

④ **지리 정보 시스템(GIS)** : 어떤 지역에 관한 지리적 정보를 입력 · 저장 · 처리 · 분석하는 정보 처리 시스템

19 열섬 현상은 도시의 아스팔트 도로와 콘크리트 구조물의 증가로 인해 발생하는 도시 내부의 인공 열을 말한다. 열섬 현상으로 도시 중심부의 기온이 주변 지역보다 높게 나타난다.

① **슬럼** : 어떤 지역의 주거 환경이 나쁜 상태로 쇠퇴하는 현상

③ **빨대 효과** : 대도시가 주변 중소 도시의 인구나 경제력을 흡수하는 대도시 집중 현상

④ **제노포비아** : 외국인 또는 이민족 집단을 혐오 · 배척 · 증오하는 외국인 혐오증

20 인구 분포에 영향을 미치는 요인은 자연적 요인과 사회 · 경제적 요인으로 나눈다. 사막, 온화한 기후, 험준한 산지 등은 자연적 요인에 해당하며 ④의 풍부한 일자리는 사회 · 경제적 요인에 해당한다.

21 카슈미르 분쟁은 인도와 파키스탄의 분리 독립 이후 카슈미르 지역에서 발생하는 인도와 파키스탄 간의 종교 분쟁이다. 카슈미르는 지리적으로 인도와 파키스탄의 중간에 위치한 B 지역에 해당한다.

22 정보화 사회는 컴퓨터와 통신 기술의 발달로 정보의 가치가 중시되고 다양한 정보 교류가 가능해진 사회를 말한다. 정보화로 인해 우리의 생활 공간이 가상 공간까지 확장되었으나, 시공간의 제약이 완전히 사라진 것은 아니다.

23 산업화 사회는 자본과 노동에 의한 제품의 생산을 중심으로 사회나 경제가 운영되고 발전되어 가는 사회로, 도시화가 촉진되고 직업의 다양성이 증가하는 변화를 가져왔다.

ㄱ. 녹지 면적 증가 → 녹지 면적 감소

ㄴ. 농업 중심 사회 형성 → 공업 중심 사회 형성

24 환경 영향 평가는 각종 개발 사업이 시행되기 전에 환경에 미치게 될 영향을 예측하고 평가하여 환경 오염을 줄이려는 방안을 마련하는 제도이다.

① **용광로 정책** : 기존 문화에 이주민의 문화를 흡수하여 단일한 정체성을 이루어야 한다는 문화적 동화주의 정책

② **공적 개발 원조(ODA)** : 정부 또는 공공기관의 공적 자원 지원금을 활용한 선진국의 개발도상국 원조

④ **핵 확산 금지 조약(NPT)** : 비핵보유국이 새로 핵무기를 보유하는 것과 보유국이 비보유국에 대하여 핵무기를 양여하는 것을 동시에 금지하는 조약

25 그린피스(Greenpeace)는 지구의 환경을 보존하고 세계 평화를 증진시키는 활동을 벌이는 대표적인 비정부 기구이다.

② **브렉시트(Brexit)** : 영국(Britain)과 탈출(Exit)의 합성어로, 영국의 유럽연합(EU) 탈퇴를 의미함

③ **국제통화기금(IMF)** : 국제 통화와 세계 무역의 안정을 목적으로 설립한 국제 금융 기구

④ **세계 보건 기구(WHO)** : 보건 · 위생 분야의 국제적인 협력을 위하여 설립한 UN 전문기구

제5교시

과 학

정답 및 해설

정답

01 ④	02 ②	03 ④	04 ①	05 ④
06 ②	07 ③	08 ②	09 ④	10 ②
11 ①	12 ④	13 ③	14 ④	15 ②
16 ③	17 ④	18 ①	19 ②	20 ③
21 ①	22 ①	23 ③	24 ③	25 ①

해설

01 핵분열 반응을 이용하는 핵발전 연료는 우라늄이다. 핵분열은 우라늄과 같은 무거운 원자핵이 중성자를 흡수하고 원자핵이 쪼개지면서 감소한 생성물의 질량만큼 에너지가 발생한다.

TIP 핵분열과 핵융합

- **핵분열** : 무거운 원자핵(우라늄)이 중성자를 흡수 → 원자핵이 쪼개짐 → 감소한 생성물의 질량만큼 에너지 발생
- **핵융합** : 가벼운 원소(수소, 헬륨 등)가 충돌 → 무거운 원소로 바뀜 → 질량 손실만큼 에너지로 전환

02

$$열효율(\%)=\frac{열기관이\ 한\ 일}{열기관에\ 공급된\ 에너지}\times 100$$

열효율은 열기관에 공급한 에너지 중 일로 전환된 비율을 말한다.

$열효율(\%)=\frac{열기관이\ 한\ 일}{열기관에\ 공급된\ 에너지}\times 100$에서

$열기관이\ 한\ 일=\frac{열효율\times 열기관에\ 공급된\ 에너지}{100}$

$=\frac{20\times 100}{100}=20\text{J}$

03 자유 낙하 운동은 물체가 중력만 받을 때, 1초에 속력이 약 9.8㎧씩 증가하며 낙하하는 운동으로, A와 B 구간에서 물체에 작용하는 힘의 방향은 수평과 직각인 연직 방향으로 같다.

① A 구간에서 가속도는 9.8㎨이다.

② B 구간에서 속력은 일정하게 증가한다.

③ C 구간에서도 물체에 중력이 작용한다.

04

$$운동량 = 질량 \times 속도$$

A의 운동량 $=3\text{kg}\times 1$㎧ $=3$㎏㎧

A의 운동량과 B의 운동량이 같으므로,

B의 운동량 $=1\text{kg}\times v$㎧ $=3$㎏㎧

∴ B의 속도$(v)=3$㎧

05 탄소 나노 튜브는 그래핀이 튜브 형태로 결합된 구조로, 구리보다 열전도율이 뛰어나다. 탄소 나노 튜브는 탄소 6개로 이루어진 육각형들이 서로 연결되어 관 모양을 이루고 있는 신소재이다.

06 염화 나트륨(NaCl)은 이온 결합 물질로 물에 녹아 이온이 되므로 수용액 상태에서 전기가 통한다.

ㄱ. 설탕은 공유 결합 물질이다.

ㄴ. 설탕을 물에 녹여도 이온이 되지 않는다.

TIP 공유 결합과 이온 결합

- **공유 결합** : 비금속 원소들이 원자들 사이에서 전자쌍을 공유하며 형성되는 화학 결합
- **이온 결합** : 금속 원소의 양이온과 비금속 원소의 음이온의 전기적 인력으로 형성되는 화학 결합

07 송전선의 저항 때문에 송전선에서 열이 발생하여 전력 손실이 발생하며, 특히 1초 동안에 송전선에서 손실되는 에너지를 전력손실이라고 한다.

08 네온 원자는 옥텟 규칙에 따라 최외각 전자껍질에 8개의 전자가 배치되어 안정한 상태이다. 마찬가지로 산소 원자도 안정한 상태가 되려면 최외각 전자껍질에 현재 6개의 전자가 있으므로 2개의 전자가 추가로 필요하다.

TIP 옥텟 규칙

- 원자의 최외각 전자껍질에 전자가 최대로 채워질 때 안정함
- 첫 번째 전자껍질에 최대 2개의 전자가, 두 번째와 세 번째 전자껍질에 최대 8개의 전자가 채워질 수 있음

09 은 이온(Ag^+)이 전자를 얻어 은(Ag)이 된 것은 물질이 산소를 잃어나 전자를 얻는 환원에 해당한다.

① **산화** : 물질이 산소를 얻거나 전자를 잃는 반응
② **연소** : 물질이 산소와 빠르게 반응하여 빛과 열을 내며 타는 현상
③ **중화** : 산과 염기가 반응하여 물과 염이 만들어지는 반응

10 붉은색 리트머스 종이를 푸른색으로 변하게 하는 성질을 가진 것은 염기로, 수용액 상태에서 수산화 이온(OH^-)을 내놓는다. 수산화 칼륨(KOH)은 수용액 상태에서 수산화 이온(OH^-)을 내놓으므로 염기에 해당한다.
①·③·④ HCl, HNO_3, H_2SO_4 → 산

11 수소 이온(H^+)과 수산화 이온(OH^-)의 반응은 산과 염기의 반응으로, 수소 이온(H^+)과 수산화 이온(OH^-)이 1:1의 개수비로 중화한다.

12 단백질을 구성하는 기본 단위체는 아미노산이다. 단백질은 근육과 항체, 세포의 원형질, 효소와 호르몬을 구성한다.
① **녹말** : 탄수화물의 일종으로, 여러 개의 포도당이 글루코시드 결합으로 결합된 다당류
② **핵산** : 생명체의 유전 정보를 가지고 있는 생물체의 유전 물질
③ **포도당** : 단맛이 있고 물에 잘 녹으며 환원성이 있는 단당류의 하나

13 하나의 종 내에서 유전자의 다양함으로 인해 나타나는 형질의 다양성을 유전적 다양성이라고 한다.
① **군집** : 여러 개체군이 같은 서식지에 지은 무리
② **개체군** : 일정한 지역에 같은 종의 개체가 지은 무리
④ **생태계 다양성** : 다양한 생물 종들이 공존하고 서로 상호작용하는 것

14 생물이 생명 유지를 위해 생명체 내에서 물질을 분해하거나 합성하는 모든 화학 반응을 물질대사라고 한다.
① **삼투** : 농도가 낮은 용액에서 높은 용액으로 용매가 이동하는 현상
② **연소** : 물질이 산소와 빠르게 반응하여 빛과 열을 내며 타는 현상
③ **확산** : 물질이 높은 농도에서 낮은 농도로 이동하는 현상

15 광합성이 일어나는 식물의 세포 소기관은 엽록체로 포도당을 합성한다.
① **핵** : 유전 물질인 DNA가 있어 세포의 구조와 기능을 결정하고 생명 활동을 조절함
③ **세포막** : 세포를 둘러싸서 세포 안을 주변 환경과 분리, 세포 안팎으로 물질이 출입하는 것을 조절함
④ **미토콘드리아** : 세포호흡이 일어나 세포가 생명 활동을 하는데 필요한 형태의 에너지를 생산함

16
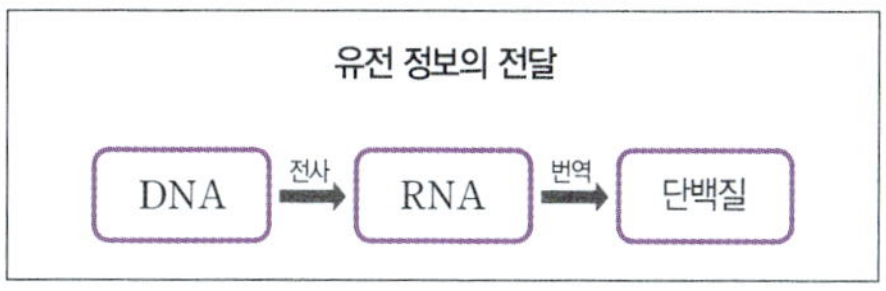

전사는 DNA의 유전 정보를 ㉠(RNA)로 전달하는 과정이며, 번역은 RNA의 유전 정보에 따라 ㉡(단백질)을 합성하는 과정이다.

17 DNA는 두 가닥의 폴리뉴클레오타이드가 나선형으로 꼬여있는 이중 나선 구조로, 아데닌(A), 구아닌(G), 사이토신(C), 티민(T)의 염기 서열로 유전 정보를 저장한다.
① **지방** : 생명체의 에너지원으로 사용되는 유기 화합물
② **효소** : 생명체에서 화학 반응을 촉진하는 생체 촉매
③ **단백질** : 근육과 항체, 세포의 원형질, 효소와 호르몬을 구성하는 생명체의 주성분

18 생태계의 구성 요소 중 생물적 요인은 생산자, 소비자, 분해자로 구성되므로 A는 생산자이다. 생산자는 생명 활동에 필요한 양분을 스스로 만드는 생물적 요인으로 벼 등의 식물 등이 이에 해당한다.
②·③ 토끼, 독수리 → 소비자
④ 곰팡이 → 분해자

TIP 생태계의 생물적 요인
- **생산자** : 생명 활동에 필요한 양분을 스스로 만듦 예 식물, 식물 플랑크톤 등
- **소비자** : 다른 생물을 섭취하여 양분을 얻음 예 초식 동물, 육식 동물 등
- **분해자** : 생물의 배설물과 사체를 분해하여 양분을 얻음 예 세균, 곰팡이 등

19 공룡이 번성한 것은 중생대이다. 중생대는 대체로 기후가 온난하였으며, 공룡 외에 암모나이트, 파충류, 겉씨식물 등의 생물이 있다.
① **신생대** : 4번의 빙하기, 3번의 간빙기가 있었다. 포유류가 크게 번성하여 포유류의 시대라고도 부른다. 인류가 출현하였고, 화폐석, 매머드, 속씨식물 등의 생물이 있다.
③ **고생대** : 대기권에 오존층이 형성되면서 바다에서 생활하던 생물들이 육상으로 진출하였다. 삼엽충, 필석, 갑주어,

양치식물 등이 번성하였다.

④ **선캄브리아 시대** : 지질시대의 약 85%를 차지하는 가장 긴 시대이며 이 당시의 생물들은 모두 바다에서 살았다. 세포생물, 해조류, 스트로마톨라이트 등의 생물이 있다.

20 지구 내부의 층상 구조 중 액체 상태로 존재하는 부분은 핵의 바깥쪽 부분인 외핵으로 C에 해당한다.

① **A(지각)** : 암석으로 이루어진 지구의 겉 부분으로 고체 상태임

② **B(맨틀)** : 지구 내부의 지각과 외핵 사이에 존재하는 부분으로 고체 상태임

④ **D(내핵)** : 지구의 가장 중심에 위치하며 철과 니켈 등의 고체로 구성됨

21 두 판이 서로 멀어지는 판의 경계를 발산형 경계라 하는데, 이 경계에서는 맨틀 대류의 상승으로 지진과 화산이 잦고 해령이나 열곡대가 발달한다.

② **해구** : 수렴형 경계에서 발생하는 해저지형으로, 심해저에서 움푹 들어간 길고 좁은 부분

③ **호상 열도** : 섬들이 활 모양으로 길게 배열된 지형

④ **변환 단층** : 두 판이 반대 반향으로 어긋나는 보존형 경계에서 볼 수 있는 단층 유형

22 화산 활동이 일어나는 곳은 지권이며, 화산 가스가 방출되는 대기는 기권에 해당한다. 그러므로 화산 활동에 의한 화산 가스가 대기 중에 방출되는 것은 지권과 기권의 상호 작용인 A에 해당한다.

23

무역풍 약화 → 남적도 해류 약화 → 페루 연안의 용승 약화 → 페루 연안의 수온 상승

태평양의 적도 부근에서 부는 무역풍이 몇 년에 한 번씩 약해지면서 남적도 해류의 흐름이 느려져서, 동태평양 적도 해역의 표층 수온이 평상시보다 높아지는 현상은 엘니뇨이다

① **사막화** : 오랜 가뭄 또는 인간의 과도한 개발로 인해 토지가 사막으로 변해가는 현상

② **산사태** : 폭우나 지진, 화산 따위로 산 중턱의 바윗돌이나 흙이 갑자기 무너져 내리는 현상

④ **한파** : 한랭기단이 위도가 낮은 지방으로 몰아닥쳐 급격한 기온의 하강을 일으키는 현상

24 수소 기체 방전관에서 나온 빛의 방출 스펙트럼은 선 스펙트럼으로 가시광선 영역에 속한다. 기체마다 흡수선이 나타나는 위치와 굵기가 다르므로, 스펙트럼을 분석하여 별의 온도, 밀도, 화학 성분 등을 알 수 있다.

ㄷ. 수소와 헬륨은 다른 원소이므로, 다른 위치에 선이 나타난다.

25 질량이 태양 정도인 별의 중심부에서 수소 핵융합이 일어나면 헬륨이 만들어지게 된다. 헬륨이 만들어진 후 헬륨 핵융합으로 탄소 핵이 만들어지게 되고, 그 이후에는 더 이상 핵융합을 하지 않는다. 따라서 ㉠에 해당하는 원소는 헬륨이다.

제6교시

한국사

정답 및 해설

정답

01 ③	02 ①	03 ④	04 ②	05 ②
06 ③	07 ②	08 ②	09 ④	10 ①
11 ①	12 ④	13 ①	14 ③	15 ④
16 ③	17 ④	18 ③	19 ②	20 ④
21 ①	22 ②	23 ①	24 ④	25 ④

해설

01 암사동 선사 유적지는 신석기 시대의 대표적인 유적지이다. 신석기 시대에는 가락바퀴를 이용하여 실을 뽑거나, 빗살무늬 토기를 이용하여 음식을 조리하고 저장하였다.

① 상평통보 → 조선 시대

② 비파형 동검 → 청동기 시대

④ 불국사 3층 석탑 → 통일 신라

02 법흥왕은 신라 제23대 왕으로 이차돈의 순교를 계기로 불교를 공인하였으며, 금관가야를 정복한 후 낙동강까지 영토를 확대하였다. 또한 율령을 반포하여 통치 질서를 확립하였다.

② 훈민정음 창제 → 조선 세종대왕

③ 사심관 제도 실시 → 고려 태조 왕건

④ 전민변정도감 설치 → 고려 공민왕

03 일본 도다이사 쇼소인에서 발견된 신라 촌락 문서는 서원경에 속한 촌을 비롯한 4개 촌락의 경제 상황이 기록되어 있다. 신라 촌락 문서는 농민에 대한 노동력 동원과 세금 징수를 위해 작성되었다.

① **공명첩** : 나라의 재정을 보충하기 위하여 부유층에게 돈이나 곡식을 받고 팔았던 명예직 임명장

② **시무 28조** : 고려 성종 때 최승로가 올린 시무책

③ **영남 만인소** : 조선 고종 때 영남 지방의 유생들이 개화정책에 반대하여 올린 상소

04 백제와 고구려가 멸망한 후 신라 문무왕은 매소성 전투에서 당의 군대를 격퇴하고 나 · 당 전쟁에서 승리하여 삼국 통일을 이룩하였다.

① **귀주 대첩** : 10만 대군의 소배압이 이끄는 거란의 3차 침임에 맞서 강감찬이 귀주에서 거란을 격퇴한 전투

③ **봉오동 전투** : 홍범도의 대한 독립군이 중국 지린성의 봉오동에서 간도 지역을 기습한 일본군을 상대로 승리한 전투

④ **한산도 대첩** : 임진왜란 때 이순신 장군이 한산도 앞바다에서 학익진 전법을 이용하여 왜군을 격퇴한 전투

05 해동 천태종을 창시한 고려의 승려는 대각국사 의천이다. 그는 교관겸수를 내세워 이론 연마와 실천을 함께 중시하였다.

① **김구** : 대한민국 임시 정부를 이끈 독립 운동가로, 한인 애국단을 조직하였고 남한만의 단독 선거에 반대하여 남북 협상에 참여하였다.

③ **안중근** : 하얼빈에서 이토 히로부미를 처단하고 동양 평화론을 집필한 독립 운동가이다.

④ **전태일** : 서울 동대문 평화시장에서 노동환경 개선과 근로기준법 준수를 외치며 분신한 노동 운동가이다.

06 명성황후가 시해된 을미사변과 단발령의 시행에 대한 반발로 최초의 항일 의병인 을미의병이 일어났다.

① **갑신정변** : 김옥균을 중심으로 한 급진개혁파가 우정국 개국 축하연을 이용해 사대당 요인을 살해하고 개화당 정부를 수립하였다.

② **병자호란** : 조선이 청의 군신 관계 요구를 거절하자 청이 조선을 침략한 전쟁으로, 인조는 남한산성에서 항전하다 결국 삼전도에서 굴욕적인 강화를 맺었다.

④ **무신 정변** : 고려 시대 때 정중부, 이의방 등의 무신들이 문벌 귀족들을 제거하고 정권을 장악한 사건이다.

07 고려 광종은 노비안검법을 시행하여 양인이었다가 불법으로 노비가 된 자를 조사하여 해방시켜 줌으로써 호족과 공신 세력을 견제하였다.

① **신문지법** : 일제가 독립운동을 후원하는 신문사를 규제하고 민족 언론을 탄압할 목적으로 제정한 법률이다.

③ **치안 유지법** : 공산주의 및 무정부주의 운동을 탄압하기 위해 제정한다고 했으나 사실상 독립 운동에 대한 전반적 탄압을 위해 만들어진 법률이다.

④ **국가 총동원법** : 일본이 전쟁을 수행하기 위하여 인적, 물적 자원을 통제하고 동원할 목적으로 제정한 법률이다.

08 홍경래의 난과 임술 농민 봉기가 발발한 1800년대는 풍양 조씨와 안동 김씨 등 소수의 가문이 권력을 독점했던 세도 정치기이다.

① 권문세족의 농장 확대 → 고려 원 간섭기

③ 진골 귀족들이 왕위 쟁탈전 → 신라 하대

④ 황국 신민화 정책의 추진 → 일제 강점기

TIP 세도 정치기

- **순조**(1800~1834) : 정순왕후의 수렴청정, 김조순의 안동 김씨 일파의 세도 정치 전개
- **헌종**(1834~1849) : 헌종의 외척인 조만영, 조인영 등의 풍양 조씨 가문이 득세
- **철종**(1849~1863) : 김문근 등 안동 김씨 세력이 다시 권력 장악

09 고려 시대에는 특수 행정 구역으로 향 · 소 · 부곡이 있었는데, 이곳에 거주하는 사람들은 양인임에도 불구하고 과거 응시와 거주 이전에 제한이 있었다. 또한 일반 군현민에 비해 많은 세금을 부담하였다. 향과 부곡에는 주로 농민들이 거주했고, 소에는 주로 수공업이나 광업 종사자들이 거주했다.

10 서원은 조선 시대 사림이 세운 사립 교육 기관으로, 중종 때 주세붕이 설립한 백운동 서원이 시초이다. 선현에 대한 제사와 학문 연구 및 교육을 담당하였다.

② **광혜원** : 우리나라 최초의 근대식 국립 의료 기관

③ **우정총국** : 우리나라 최초의 근대식 우편 업무 담당 기관

④ **경성 제국 대학** : 조선의 민립 대학 설립을 방해하기 위해 일제가 설립한 대학

11 사헌부, 사간원, 홍문관은 조선의 3사로 문필 활동을 통해 언론 기능을 담당하였다. 정사를 비판하고 관리의 비리를 감찰하여 권력의 독점과 부정을 방지하였다.

② **비변사** : 조선 중종 때 외적에 대비하기 위해 처음 설치되었으며, 임진왜란을 거치면서 국정 전반을 총괄하는 국정 최고 기구로 성장함

③ **식목도감** : 법의 제정이나 각종 시행 규정을 다루고 국가 중요 의식을 관장했던 고려의 회의 기관

④ **군국기무처** : 제1차 갑오개혁 때 개혁 추진을 위해 설치된 초정부적 의결 기구

TIP 조선의 삼사

- **사헌부** : 감찰 탄핵 기관, 사간원과 함께 대간을 구성하여 서경권 행사, 수장은 대사헌(종2품)
- **사간원** : 언관(言官)으로서 왕에 대한 간쟁, 수장은 대사간
- **홍문관** : 정치 자문 기관, 경연을 관장, 문필 · 학술 기관, 수장은 대제학

12 프랑스가 병인박해를 구실로 강화도를 공격한 것은 병인양요이다. 병인양요 당시 양헌수 부대가 정족산성에서 승리하였으나, 프랑스군이 철수하면서 외규장각 도서를 약탈하였다.

① 고려 공민왕은 반원 자주 정책의 일환으로 쌍성총관부를 탈환하고 철령 이북의 땅을 수복하였다.

② 고구려 장수왕의 남진 정책에 대비하여 신라와 백제가 나 · 제 동맹을 결성하였다.

③ 조선 숙종은 청의 요구로 조선과 청의 경계를 정한 백두산정계비를 건립하였다.

13 동학 농민 운동으로 청 · 일군이 개입하자 정부는 농민군에 휴전을 제의해 전주 화약이 성립하였다. 이후 동학 농민군은 집강소를 설치하여 탐관오리 처벌, 조세 제도 개혁, 사회적 악습 폐지 등의 폐정 개혁을 추진하였다.

② **성균관** : 조선 시대 최고의 교육 기관

③ **국문 연구소** : 한국어 연구 기관

④ **조선 총독부** : 일제가 설치한 식민 통치 기구

14 순종의 장례일에 맞추어 학생들의 주도로 전개된 시위 운동은 6 · 10 만세 운동이다. 시위를 준비하는 과정에서 민족주의 세력과 사회주의 세력이 연대하였다.

① **새마을 운동** : 박정희 정부 때의 농촌 근대화를 표방한 범국민적 지역 사회 개발 운동

② **서경 천도 운동** : 고려 인종 때 묘청이 풍수지리설에 근거하여 서경 천도를 주장한 운동

④ **5 · 18 민주화 운동** : 신군부 세력의 비상 계엄 확대와 무력 진압에 저항하여 일어난 민주화 운동

15 1910년대는 일제의 무단 통치기로, 교사도 제복을 입고 칼을 찼으며, 헌병 경찰 제도를 실시하여 헌병이 경찰 업무를 수행하게 하였다.

① 골품제 → 신라의 신분 제도

② 삼청 교육대 설치 → 전두환 정부

③ 사사오입 개헌 → 이승만 정부

TIP 무단 통치기의 일제 정책

- **헌병 경찰제** : 헌병이 경찰 업무 대행
- **조선 태형령** : 조선인에 대한 태형 처벌
- **토지 조사 사업** : 토지 약탈 및 식민지화에 필요한 재정 수입원 마련
- **회사령** : 회사 설립 허가제를 통한 민족 기업의 성장 억제

16 윤봉길은 일제 강점기의 독립운동가로, 상하이 훙커우 공원에서 열린 일본군 축하 기념식에서 폭탄을 투척하였다. 이를

계기로 중국 국민당 정부가 한국의 독립운동을 적극 지원하였다.
① **일연** : 삼국유사를 편찬한 고려의 승려
② **김유신** : 삼국통일에 공을 세운 신라의 장군
④ **정약용** : 실학 사상을 집대성한 조선 최고의 실학자

17 제1차 세계 대전 후 문화 통치기에 일제는 고도성장과 공업화로 인한 식량 부족과 쌀값 폭등을 우리나라에서의 식량 수탈로 해결하려고 산미 증식 계획을 시행하였다
① **대동법** : 조선 광해군 때 공납의 폐단을 시정하고 전후 농민의 부담을 경감하기 위해 특산물 대신 쌀로 세금을 내도록 한 정책
② **탕평책** : 조선 영조와 정조가 붕당 간 정쟁의 폐단을 막고 정국을 안정시키고자 실시한 정책
③ **의정부 서사제** : 조선 초기 육조의 업무를 의정부를 거쳐 왕에게 올리게 한 제도

18 소파 방정환은 천도교 소년회를 조직하고 어린이날 제정을 주도하는 등 소년 운동을 전개하였다.
① 현량과 시행 → 조선 중종 : 조광조
② 『삼국사기』 저술 → 고려 인종 : 김부식
④ 이토 히로부미 처단 → 대한 제국기 : 안중근

19 국민들의 대통령 직선제 요구를 거부하는 전두환 대통령의 4 · 13 호헌 조치에 맞서 시민들이 호헌 철폐, 독재 타도를 외치며 6월 민주 항쟁이 발발하였고, 이에 전두환 정부는 결국 대통령 직선제 개헌안을 수용하였다(1987).
① **3 · 1 운동** : 일제 강점기 최대 규모의 민족 운동
③ **국채 보상 운동** : 일본에 진 빚을 국민들의 모금으로 갚기 위해 전개된 경제적 구국 운동
④ **금 모으기 운동** : 김대중 정부 때 IMF의 외환 위기 극복을 위해 전 국민이 참여한 금 모으기 운동

20 한국의 임시 민주 정부의 수립과 미 · 소 공동 위원회의 설치 그리고 미 · 영 · 중 · 소에 의한 최고 5년간의 한반도 신탁 통치 등을 결정한 것은 1945년에 개최된 모스크바 3국 외상 회의이다.
① **신민회** : 안창호, 양기탁 등이 국권 회복과 공화 정체의 근대 국가 건설을 목표로 설립한 비밀 결사 단체
② **화백 회의** : 국가의 중대사를 만장일치로 결정한 신라의 귀족 회의 기구
③ **조선 물산 장려회** : 물산 장려 운동을 전개하기 위해 조만식, 이상재 등의 주도로 설립된 단체

21 1950년 6월 25일 북한의 남침으로 발발한 전쟁은 6 · 25 전쟁으로 많은 군인과 민간인이 희생되고 이산가족과 전쟁고아가 발생하였으며 지금까지 남북 분단이 고착화되고 있다. 한편, 강화도 조약은 일본과 맺은 최초의 근대적 조약이자 불평등 조약으로, 조선 측의 포격을 받은 운요호 사건이 원인이 되어 체결되었다.

22 박정희 정부는 베트남에 국군을 파병하고, 7 · 4 남북 공동 성명을 발표하여 '자주, 평화, 민족 대단결'의 민족 통일 3대 원칙을 제시하였다. 또한 장기 집권을 위해 대통령의 권한을 강화한 유신 헌법을 제정하였다.
① 별기군 창설 → 조선 후기 고종
③ 독서삼품과 실시 → 통일 신라 원성왕
④ 한 · 일 월드컵 대회 개최 → 김대중 정부

23 이승만 정부 때에는 미국의 원조 물자를 토대로 제분 · 제당 · 면방직과 같은 삼백 산업 중심의 소비재 산업이 발달하였다. 이 시기에 여당 부통령 후보 당선을 위한 3 · 15 부정 선거가 자행되어 4 · 19 혁명이 촉발되었다

24 1940년에 창설된 한국 광복군은 대한민국 임시 정부의 직할 부대로 총사령관에 지청천, 참모장에 이범석이 취임하였다. 미국 전략 정보국(OSS)과 협력하여 국내 진공 작전을 계획하였으나 일제의 패망으로 실현하지는 못했다.
① **별무반** : 고려 숙종 때 윤관은 신기군, 신보군, 항마군으로 조직된 별무반을 편성하여 여진족의 침입에 대비하였다.
② **삼별초** : 고려 무신 집권기 때 최우는 좌 · 우별초와 신의군으로 삼별초를 조직하여 몽골의 침입에 대비하였다.
③ **장용영** : 조선 정조는 왕의 친위 부대인 장용영을 설치하고 한양에는 내영, 수원 화성에는 외영을 두었다.

25 김영삼 정부 때에 금융 거래의 투명성을 확보하고자 금융 실명제가 대통령 긴급 명령으로 실시되었다.
① **당백전 발행** : 조선 후기 흥선 대원군은 경복궁 중건에 필요한 재원 마련을 위해 당백전을 발행하였다.
② **방곡령 선포** : 조선 정부는 일본으로의 지나친 곡물 유출을 막기 위해 방곡령을 선포하였다.
③ **진대법 실시** : 고구려의 고국천왕은 을파소의 건의로 백성들에게 곡식을 빌려주는 진대법을 시행하였다.

제7교시

도 덕

정답 및 해설

정답

01 ①	02 ②	03 ④	04 ②	05 ④
06 ①	07 ②	08 ③	09 ④	10 ③
11 ④	12 ①	13 ④	14 ①	15 ③
16 ②	17 ③	18 ③	19 ①	20 ③
21 ②	22 ③	23 ②	24 ④	25 ①

해설

01 메타 윤리학은 윤리학의 학문적 성립 가능성을 모색하기 위해 도덕적 언어의 의미 분석과 도덕적 추론의 정당성을 검증하기 위한 논리 분석을 주된 목표로 한다.

② **실천 윤리학** : 이론 윤리학에서 제공하는 도덕 원리를 토대로 구체적인 윤리 문제를 해결하는 데 초점을 두는 학문

③ **신경 윤리학** : 과학적 측정 방법을 통해 이성과 정서의 역할이 무엇인지 등을 입증함

④ **기술 윤리학** : 도덕 현상과 문제를 명확하게 기술하고, 기술된 현상들 간의 인과 관계를 설명함

02 도가 사상의 창시자로 무위자연을 강조한 중국 춘추 시대의 사상가는 노자이다. 그는 도(道)와 조화를 이루는 삶을 강조한 『도덕경』을 저술하였다.

① **묵자** : 유교의 차별적 사랑을 비판하며 무차별적 사랑을 강조함

③ **순자** : 성악설을 주장하며 예치를 강조함

④ **맹자** : 성선설을 주장하며 왕도 정치를 강조함

03 도덕적 탐구란 도덕적 사고를 통해 도덕적 의미를 새롭게 구성하는 지적 활동으로, 이성적 사고의 과정을 중시하지만 정서적인 측면도 중시한다.

TIP 도덕적 탐구의 특징

- 현실 문제를 해결할 때 당위적 차원에 주목함
- 대체로 윤리적 딜레마를 활용한 도덕적 추론으로 이루어짐
- 정서적 측면을 고려함

04 세상의 모든 존재는 서로 의지한다는 불교의 근본 교리는 연기(緣起)이다. 즉, 모든 존재와 현상은 다양한 원인과 조건에 의해 생겨난다는 것을 의미한다.

① **심재(心齋)** : 마음을 비워서 깨끗이 함

③ **오륜(五倫)** : 유교 윤리의 5가지 핵심 규범

④ **정명(正名)** : 자신이 맡은 직분에 충실함

05 규칙 공리주의는 행위 공리주의의 한계를 극복하기 위해 등장한 사상으로, 어떤 규칙이 최대의 유용성을 산출하는지 판단한 후, 그 규칙에 부합하는 행위를 옳은 행위로 본다.

① **의무론** : 언제 어디서나 우리가 따라야 할 보편타당한 법칙이 존재하며, 우리의 행위가 이 법칙을 따르면 옳고 따르지 않으면 그르다고 판단한다. 의무론의 대표적인 윤리 사상으로는 칸트 윤리와 자연법 윤리가 있다.

② **덕 윤리** : 윤리적으로 옳고 선한 결정을 하려면 유덕한 품성을 길러야 한다는 주장이다.

③ **자연법 윤리** : 모든 인간에게 자연적으로 주어져 있는 보편적인 법으로, 자연의 질서를 따르는 행위는 옳지만 그것을 어기는 행위는 그르다고 본다.

06 과학적 지식을 활용하여 인간이 자연을 정복해야 한다는 자연관은 인간 중심주의이다. 인간 중심주의는 인간만이 직접적인 도덕적 고려의 대상이며 동물이나 식물 등 인간이 아닌 존재는 도덕적 고려의 대상이 아니라고 본다.

② **동물 중심주의** : 동물을 인간을 위한 수단으로 여기는 것에 반대하고 동물의 복지와 권리의 향상을 강조한다.

③ **생명 중심주의** : 모든 생명체는 그 자체로서 가치를 지니므로 도덕적 고려의 범위를 모든 생명체로 확대해야 한다고 본다.

④ **생태 중심주의** : 무생물을 포함한 생태계 전체를 도덕적 고려의 대상으로 보며, 생명 개체에만 초점을 맞추는 개체 중심적인 환경 윤리를 비판한다.

07 시민 불복종은 정의롭지 못한 법과 정책을 변화시키려는 목적을 가지고 의도적으로 법을 위반하는 행위이다. 정당한 시민 불복종의 조건은 공동선을 위해 다수에게 공공적으로 호소하는 행위여야 한다.

① **공정 무역** : 불공정 무역 행위를 규제하고 상품의 전 과정에서 경제 주체들의 이익이 공정하게 분배되도록 하는

무역

③ **합리적 소비** : 자신의 경제력 내에서 가장 큰 만족을 추구하는 소비

④ **주민 투표제** : 지방자치단체의 중요한 정책사항 등을 주민이 직접 투표로 결정하는 제도

08 과학 기술자는 공익을 추구해야 하며, 자신만의 이익을 위해 연구 결과를 조작해서는 안 된다.

TIP 과학 기술자의 사회적 책임

- 과학 기술의 결과물의 부정적 영향 등을 검토하여 예방적 조치를 해야 함
- 기아나 환경 문제 등 전 지구적인 과제를 해결할 수 있는 과학 기술을 개발해야 함
- 사회적 책임을 실현하기 위한 제도적인 장치를 마련해야 함

09 대중문화의 건전한 발전을 위해 소비자 측면에서는 대중문화를 주체적이고 비판적으로 수용해야 하며, 생산자 측면에서는 건전한 대중문화를 보급하기 위해 노력해야 한다.

10 ㄴ. 무력이나 흡수 통일이 아닌 민주적 절차에 따라 단계적으로 추진해야 한다.

ㄷ. 북한 주민을 화해와 협력의 대상으로 인식하고 남북 교류와 협력을 통해 서로 간에 신뢰를 형성해야 한다.

11 부부는 서로 존중하고 협력해야 하는 동등한 존재임을 인식해야 하며, 성별의 차이에 따른 고정된 성 역할을 절대시해서는 안 된다.

12 비주류 문화를 주류 문화에 녹여서 하나로 통합시켜야 한다는 동화주의의 대표적 이론은 용광로 이론이다.

② **모자이크 이론** : 소수 민족의 문화를 용해시키기 보다는 각 문화를 살려내 화려한 모자이크 패턴을 만드는 다문화주의 이론

③ **샐러드 볼 이론** : 샐러드처럼 다양한 사회구성원들이 상호 공존하며 각각이 색깔과 향기를 지니고 조화로운 통합을 이룬다는 논리

④ **국수 대접 이론** : 국수가 주된 역할을 하고 고명이 부수적인 역할을 하여 맛을 내듯이, 주류 문화와 비주류 문화가 공존해야 한다고 보는 입장

13 롤스(Rawls, J.)는 분배 절차가 공정하면 분배 결과도 공정하다는 절차적 정의를 강조하며, 원초적 입장으로부터 도출된 정의의 원칙을 따를 때 공정한 분배가 실현될 수 있다고 보았다.

14 칸트(Kant, I.)의 도덕 법칙에 따르면 이성적이고 자율적인 인간은 보편적인 도덕 법칙을 의식할 수 있으며, 그러한 도덕 법칙은 정언 명령의 형식이어야 한다. 정언 명령은 행위의 결과와 상관없이 행위 자체가 선(善)이기 때문에 무조건 수행해야 하는 도덕적 명령을 의미한다.

ㄷ. 칸트의 도덕 법칙은 인간 존엄성의 정신을 강조한다.

ㄹ. 칸트의 도덕 법칙은 도덕성을 판단할 때 행위의 결과보다 동기를 중시한다.

15 태아에 대한 소유권이 임신한 여성에게 있다는 주장은 인공 임신 중절에 대한 찬성의 근거이다. 즉, 여성은 자기 몸에 대한 소유권을 지니며, 태아도 여성의 몸의 일부라고 본다.

TIP 인공 임신 중절의 윤리적 쟁점

찬성 (선택 옹호주의)	• 태아는 인간이 아님 • 여성은 자기 몸에 대한 소유권을 지니며 태아도 여성의 몸의 일부임 • 여성은 자신의 삶을 자율적으로 결정할 수 있음 • 여성은 자기방어와 정당방위의 권리를 지니기 때문에 일정 조건하에서는 낙태할 권리를 지님
반대 (생명 옹호주의)	• 모든 인간 생명은 존엄하고, 태아 역시 인간이므로 보호해야 함 • 잘못이 없는 인간을 해치는 것은 도덕적으로 옳지 않은 일인데 태아는 잘못이 없는 인간임 • 태아는 인간으로 성장할 잠재성을 가지므로 인간으로서 지위를 갖고 있음

16 윤리적 소비는 윤리적 가치 판단에 따라 상품이나 서비스를 구매하고 사용하는 것을 중시하는 소비로, 환경오염을 방지하고 건강한 생태계를 유지하는 소비는 윤리적 소비에 해당한다. 따라서 윤리적 소비를 실천한 학생은 환경 보전을 위해 재활용 종이로 만든 지갑을 산 학생 2이다.

17 예술에 대한 도덕주의는 도덕적 가치가 미적 가치보다 우위에 있으므로, 예술에 대한 윤리적 규제가 필요하다고 본다. 또한 예술의 목적은 도덕적 교훈을 제공하는 것으로 예술의 사회성을 강조한다.

ㄱ · ㄷ **심미주의** : 예술의 가치를 순수하게 미적 추구로만 보는 입장으로, 예술의 자율성만을 강조한다.

18 바람직한 의사소통을 위해서는 진실에 근거하여 거짓 없는 소통을 해야 하고 대화에 힘써야 한다.

TIP 바람직한 소통과 담론 윤리

- 소통과 담론에 참여할 수 있는 사람들의 권리를 인정해야 함
- 대화의 상대방을 존중하는 태도를 지녀야 함
- 진실에 근거하여 거짓 없는 소통을 해야 하고 대화에 힘써야 함
- 자신의 오류 가능성을 인정하는 겸허한 태도를 지녀야 함
- 공적 의사 결정 과정에 적극적으로 참여해야 함

19 전문직은 고도의 전문적 교육과 훈련을 거쳐야만 종사할 수 있는 직업으로, 자신의 직업에 필요한 전문 지식과 기술을 축적해야 할 뿐만 아니라 높은 수준의 직업적 양심과 사회에 대한 책임감을 지닐 수 있도록 노력해야 한다.

20 사이버 폭력은 사이버 공간에서 상대방이 원하지 않는 언어, 이미지 등을 이용하여 정신적 · 심리적 피해를 주는 행위로, 타인의 명예를 훼손하여 정신적 피해를 주는 것도 사이버 폭력에 해당한다.

21 형벌의 목적을 범죄 예방을 통해 사회 전체의 이익을 증대시키는 것으로 보는 관점은 공리주의이다. 공리주의의 입장에서 사회 전체의 이익이 형벌의 근거가 된다.

① **국수주의** : 자신의 나라에 대한 우월감으로 자국의 역사, 문화 등이 다른 나라보다 우월한 것이라 믿는 극단적 배타주의

③ **이기주의** : 자기 자신의 이익만을 꾀하고, 사회 일반의 이익을 염두에 두지 않으려는 태도

④ **신비주의** : 인간의 정신과 현실에 대한 깊은 이해를 추구하는 사상이나 철학

22 자신의 인간관, 가치관, 세계관 등을 전체적으로 검토하고 반성하는 과정은 윤리적 성찰이다. 증자의 일일삼성(一日三省), 이황의 경(敬), 불교의 참선(參禪), 소크라테스의 산파술 등이 윤리적 성찰을 실천하는 방법에 해당한다.

23 ㉠ **(보수주의)** : 결혼과 출산 중심의 성 관계
㉡ **(자유주의)** : 자발적인 동의 중심의 성 관계

TIP 사랑과 성의 관계

보수주의	• 결혼과 출산 중심의 성 윤리를 제시 • 부부간의 신뢰와 사랑을 전제로 할 때만 도덕적이라고 주장 • 혼전 또는 혼외 성관계는 부도덕함
중도주의	• 사랑 중심의 성 윤리를 제시 • 사랑을 동반한 성적 관계는 허용될 수 있다고 주장 • 사랑이 결부된 성적 관계는 남녀가 육체적 · 정서적으로 교감할 수 있음
자유주의	• 자발적인 동의 중심의 성 윤리를 제시 • 성에 관한 개인의 자유로운 선택을 중시

24 기후 변화는 전 지구적 문제로 생태계 교란, 새로운 질병의 유행, 자연재해의 증가 등은 기후 변화로 인한 문제점에 해당하나 ④의 '인류의 안전한 삶 보장'은 기후 변화로 인한 문제점으로 볼 수 없다.

25 국가는 이성적 존재이기 때문에 국제 분쟁은 국제법, 국제기구 등 제도의 개선으로 해결할 수 있다고 보는 국제 관계에 대한 입장은 이상주의이다.

② **제국주의** : 강력한 군사력을 토대로 정치, 경제, 군사적 지배권을 다른 민족이나 국가로 확장시키려는 패권주의 정책

③ **현실주의** : 무정부 상태의 국제 관계를 국익과 세력 균형의 관점에서 보는 입장

④ **지역주의** : 특정 지역의 이익을 도모하거나, 특정 지역의 독자성을 중시하는 정치 형태

정답 및 해설

2023년도

제2회

제1교시 국 어

제2교시 수 학

제3교시 영 어

제4교시 사 회

제5교시 과 학

제6교시 한국사

제7교시 도 덕

제1교시

국 어

정답 및 해설

정답

01 ②	02 ②	03 ③	04 ④	05 ①
06 ①	07 ④	08 ④	09 ①	10 ③
11 ①	12 ③	13 ②	14 ④	15 ②
16 ①	17 ①	18 ②	19 ②	20 ①
21 ②	22 ③	23 ④	24 ③	25 ④

해설

01 전공의와 신경외과장이 '이데마, 만니톨, 엔시드' 등의 전문어를 사용하여 대화하고 있다. 전문어는 학술 또는 기타 전문 분야에서 특별한 의미로 쓰이는 말이다.

02 주신 자료가 너무 어렵다며 선생님을 탓하는 말의 표현을 자료를 잘 이해하지 못하는 자신의 탓으로 돌려 말하고 있다. 이는 공손성의 원리 중 '관용의 격률'이 나타난 발화이다.

① '찬동의 격률'에 해당함

③ '동의의 격률'에 해당함

④ 공손성의 원리에 위배됨

TIP **공손성의 원리**

- **요령의 격률** : 상대방에게 부담이 가는 표현을 최소화하고 상대방의 이익을 극대화하는 것
- **관용의 격률** : 화자 자신에게 혜택을 주는 표현을 최소화하고 화자 자신에게 부담을 주는 표현은 최대화하는 것
- **찬동의 격률** : 다른 사람에 대한 비방을 최소화하고 칭찬을 극대화하는 것
- **겸양의 격률** : 자기 자신에 대한 칭찬은 최소화하고 자신에 대한 비방을 극대화하는 것
- **동의의 격률** : 자신의 의견과 다른 사람의 의견 사이의 차이점을 최소화하고 자신의 의견과 다른 사람의 의견의 일치점을 극대화하는 것

03 '신라'는 앞 자음 'ㄴ'이 뒤 자음 'ㄹ'의 영향으로 'ㄴ(비음)'이 'ㄹ(유음)'로 바뀌는 유음화가 일어나 조음 방법이 같아졌다.

① **심리[심니]** : 뒤 자음 'ㄹ(유음)'이 앞 자음 'ㅁ(비음)'과 조음 방법이 같은 'ㄴ(비음)'으로 바뀌는 비음화가 일어난다.

② **종로[종노]** : 뒤 자음 'ㄹ(유음)'이 앞 자음 'ㅇ(비음)'과 조음 방법이 같은 'ㄴ(비음)'으로 바뀌는 비음화가 일어난다.

④ **국물[궁물]** : 앞 자음 'ㄱ(파열음)'이 뒤 자음 'ㅁ(비음)'과 조음 방법이 같은 'ㅇ(비음)'으로 바뀌는 비음화가 일어난다.

04 떠러지다 → 떨어지다

'떨어지다'는 '물체가 작은 폭으로 흔들린다.'는 의미의 '떨다'와 '어떤 현상이나 상태가 이루어지다.'는 의미의 '지다'가 합해진 단어로, 두 개의 용언이 어울려 한 개의 용언이 된 것이다. 그런데 앞말인 '떨다'의 본뜻이 유지되고 있으므로, 한글 맞춤법 제15항에 따라 그 원형을 밝혀 '떨어지다'로 표기하는 것이 올바르다.

① '늘어나다'는 '늘다'의 본뜻이 유지되고 있으므로, 앞말의 원형을 밝혀 '늘어나다'로 표기한 것은 올바르다.

② '드러나다'는 '들다'의 본뜻이 멀어진 경우이므로, 앞말의 원형을 밝히지 않고 '드러나다'로 표기한 것은 올바르다.

③ '돌아가다'는 '돌다'의 본뜻이 유지되고 있으므로, 앞말의 원형을 밝혀 '돌아가다'로 표기한 것은 올바르다.

05 직접 인용 표현을 간접 인용 표현으로 고치려면 화자의 입장에서 인용 부호를 삭제한 후 인칭 대명사, 종결 어미, 인용격 조사 등을 바꾸어야 한다.

"너의 취미가 뭐야?"라고 → 나의 취미가 뭐냐고

- **인용 부호** : " " → 삭제
- **인칭 대명사** : '너' → '나'
- **종결 어미** : '-야' → '-냐'
- **인용격 조사** : '라고' → '고'

06 제시문의 주제가 '의약품 개발을 위한 동물 실험 반대'이고 ㉠은 동물 실험을 반대하는 세 번째 근거에 해당한다. 그러므로 ①의 '동물 실험을 대체할 실험 방안이 있다.'가 빈칸에 들어갈 말로 가장 적절하다.

②·③·④ 의약품 개발을 위한 동물 실험에 찬성하는 근거에 해당한다.

07 ㉣ 그리고 → 그러나

과거에는 메모지나 필기구가 없으면 메모가 불편했으나, 지금은 휴대 전화가 있어 쉽게 메모할 수 있다는 내용이 상반되므로 ㉣의 '그리고'는 '그러나'로 바꾸어 쓰는 것이 적절하다.

08 ㉣의 ':내 · 히'는 '내ㅎ+이'의 형태로, '히'가 아니라 '이'가 주격 조사이다.

㉠ '기 · 픈'은 '깊+은'을 소리 나는 대로 이어적기한 표기이다.

㉡ 'ᄇᆞᄅᆞ매'에 사용된 ' · (아래아)'는 현재 쓰이지 않는 모음이다.

㉢ '므 · 른'은 '믈+은'의 형태로, '믈'의 모음 'ㅡ'와 보조사 '은'의 모음 'ㅡ'는 모음 조화에 따른 표기이다.

[09–11]

김소월, 「진달래꽃」
- **갈래** : 현대시, 자유시, 서정시
- **성격** : 민요적, 향토적, 애상적
- **운율** : 7 · 5조 3음보 율격
- **주제** : 님에 대한 사랑과 이별의 정한
- **특징**
  - 반어적 표현과 역설적 표현으로 화장의 심리를 강조함
  - 이별의 상황을 가정하여 시상을 전개함
  - 수미상관식 구조로 안정적이고 효과적으로 정서를 전달함

09 설의법은 누구나 다 아는 사실을 의문 형식으로 제시하여 독자가 스스로 결론을 내게 하는 표현법으로, 해당 작품에서는 설의법이 사용되고 있지 않다.

② 종결 어미 '–우리다'를 반복하여 리듬감을 형성하고 있다.

③ '죽어도 아니 눈물 흘리우리다.'라는 반어법을 활용하여 임과의 이별로 인한 시적 화자의 슬픈 감정을 강조하고 있다.

④ 1연과 4연에서 동일 내용을 반복하는 수미상관 구조를 통해 시의 형태적 안정감을 형성하고 있다.

10 ㉠의 '사뿐히 즈려밟고 가시옵소서.'는 임과 이별하는 상황 속에서도 진달래꽃을 뿌리며 임의 앞길을 축원하는 자기 희생의 모습이 드러나 있다. 이는 임을 향한 헌신적인 사랑의 정서를 표현한 것이다.

11 〈보기〉의 작품이 '아라랑 / 아리랑 / 아라리요'에서 3음보의 율격을 형성하고 있는 것처럼, 해당 작품도 '나 보기가 / 역겨워 / 가실 때에는'에서 3음보의 율격을 형성하고 있다. 그러므로 우리나라 시가 문학의 특징인 3음보의 율격이 두 작품에서 공통으로 나타나고 있다.

[12–13]

송순, 「십 년을 경영하여」
- **갈래** : 평시조, 정형시, 서정시
- **성격** : 풍류적, 낭만적, 전원적, 한정적
- **제재** : 전원생활
- **주제** : 자연 친화와 안분지족의 삶
- **특징**
  - 근경과 원경이 조화를 이룸
  - 자연을 소유의 대상으로 생각하지 않았던 동양의 자연관이 잘 드러남
  - 의인법과 비유적 표현을 통해 물아일체의 모습을 나타냄

12 세 칸밖에 안 되는 아주 작은 집인 '초려 삼간'을 통해 자연 속에서 소박하게 살고 있는 안분지족의 삶을 엿볼 수 있다.

① 전원생활을 통한 자연 친화적인 삶을 지향하고 있다.

② 임금을 걱정하는 연군가의 모습은 보이지 않는다.

④ 후학 양성에 대한 포부는 드러나 있지 않다.

13 해당 작품의 '강산'은 화자가 병풍처럼 둘러 볼 친화적 '자연'을 의미한다. 마찬가지로 윤선도의 작품 『만흥』에서도 '뫼(산)'는 화자가 멀리 있는 산을 바라보는 것이 임이 오는 반가움만큼이나 좋다고 하였으므로 친화적인 '자연'을 의미한다.

[14–16]

김원일, 「도요새에 관한 명상」
- **갈래** : 중편 소설, 환경 소설, 가족 소설
- **성격** : 사실적, 비판적, 생태적
- **배경** : 시간 – 1970년대 / 공간 – 동진강 유역
- **시점** : 1인칭 주인공 시점 + 전지적 작가 시점
- **주제** : 타락한 삶에 대한 비판과 순수한 인간성 회복
- **특징**
  - 등장인물들 각각의 시점으로 서술됨
  - 장면에 따라 서술자의 변화가 드러남
  - 성장 중심의 가치관이 야기한 환경 파괴의 문제를 고발함

14 '병국'이가 '나'에게 "갑자기 떼죽음당하는 게 이상하잖아요? ~ 이번에는 뭔가 다른 것 같아요."라고 말한 대목에서 '병국'이 새들의 떼죽음에 의혹을 품고 있음을 알 수 있다.

① 아버지인 '나'는 아들인 '병국'의 일로 윤 소령을 만나 '병국'이 하고 있는 환경 오염 실태를 언급하고 있으므로 '나'가 '병국'의 일에 무관심한 것은 아니다.

② '병국'이가 '윤 소령'의 입장을 동정하는 것이 아니라, '윤 소령'이 '병국'이의 입장을 공감하며 이해하고 있다.
③ '나'가 아들인 '병국'이의 행동을 꾸짖고 '윤 소령'에게 미안한 마음을 느끼고 있으나 실망감을 느끼고 있지는 않다.

15 [A]는 '나'가 군 통제 구역을 무단출입하여 군부대에 잡혀 있던 '병국'을 만난 상황으로, '병국'이의 외양 묘사를 통해 '병국'이의 현재 처한 처지와 상황을 보여주고 있다.

16 ㉠의 '그'는 파견 대장인 '윤 소령'을 가리킨다. ㉡의 '그 친구', ㉢의 '이 녀석' 그리고 ㉣의 '너'는 모두 '나'의 아들인 '병국'이를 가리킨다.

[17–19]

작자 미상, 「홍계월전」
- **갈래** : 여성 영웅 소설, 군담 소설
- **성격** : 영웅적, 전기적, 일대기적
- **배경** : 중국 명나라
- **시점** : 전지적 작가 시점
- **주제** : 홍계월의 영웅적 면모와 고난 극복
- 특징
  - 영웅의 일대기 구조
  - 남성보다 우월한 능력을 지닌 여성 영웅
  - 남자 모티프

17 "평국을 누가 여자로 보았으리오? ~ 그 벼슬을 어찌 거두겠는가?"라는 말을 통해 천자가 평국에 대해 긍정적인 평가를 하고 있음을 알 수 있다.

18 '평국'은 여자임에도 불구하고 천자로부터 능력을 인정받고 대원수가 되어 전쟁에 나서게 되었다.
① '여공'은 계월(평국)을 구한 뒤 '평국'이라는 이름을 지어 준 인물이다. 천자는 계월을 대원수로 삼았고, 계월은 '보국'을 중군장으로 삼고자 하였다.
③ '보국'은 부모에게 아내인 '계월'의 지시를 받는 것에 대해 불만을 표출하고 있으므로, '계월'의 권위를 인정하지 않고 있음을 알 수 있다.
④ '여공'은 '보국'의 불만에 계월이를 괄시하다가 좌초한 일이라며, '보국'이 아닌 '계월'의 편을 들어 주고 있다.

19 ㉠의 '상소'는 계월이 자신이 여자임이 밝혀진 후 임금에게 올린 상소로, '임금을 속인 죄를 물어 신첩을 속히 처참하옵소서.'라는 내용을 통해 계월이가 천자를 속인 죄에 대해 벌을 청하고 있음을 알 수 있다.

[20–22]

20 ㄱ. 제시문의 첫 번째 단락에서 치몽에 사는 사람들이 몸과 마음을 다해 손님을 접대하는 구체적인 상황을 예를 들어 설명하고 있다.
ㄴ. 제시문의 두 번째 단락에서 치몽에서 늘 몸을 움직여야만 하는 비슷한 상황들을 열거하고 있다.

21 ㉠에서 의미하는 '이 나라에서의 삶'은 텔레비전으로 보고, 인터넷으로 검색하고, 카메라로 찍는 삶이 아니라 몸을 움직여 직접 만들고 경험하는 삶이라고 하였다. 그러므로 ②의 '대중 매체를 통해 놀이를 즐기는 삶'은 '이 나라에서의 삶'과 거리가 멀다.

22 부탄 사람들은 노는 듯 일하고 일하듯 논다고 하였으므로, ㉡에는 '각 부분이 서로 밀접하게 관련을 가지고 있어서 떼어 낼 수 없는'의 의미를 지닌 '유기적'이 들어갈 말로 가장 적절하다.
① **대립적** : 의견의 처지, 속성 따위가 서로 반대되거나 모순되는
③ **일시적** : 짧은 한 때
④ **수동적** : 스스로 움직이지 않고 다른 것의 작용을 받아 움직이는

[23–25]

23 제시문은 컵라면에 숨어 있는 과학적 원리를 객관적이고 **과학적인 사실에 근거하여 설명하고 있으나, 구체적인 통계 자료를 활용하고 있지는 않다.**
① 면발의 '표면적'과 컵라면의 '대류 현상' 등에서 과학 용어를 사용하여 설명하고 있다.
② 첫 번째 단락의 마지막 문장에서 '컵라면을 먹을 때마다 3분이 얼마나 긴 시간인지를 새삼 깨닫는다.'라는 내용을 통해 대상과 관련된 경험을 제시하고 있다.
③ 첫 번째 단락에서는 라면을 국수나 우동과 대조하여 설명하고 있고, 두 번째와 세 번째 단락에서는 컵라면을 봉지라면과 대조하여 설명하고 있다.

24 제시문의 두 번째 단락에 컵라면의 면발이 봉지 라면에 비해 더 가늘거나 납작한 이유는 면발의 표면적을 넓혀 뜨거운 물

에 더 많이 닿게 하기 위해서라고 서술되어 있다. 그러므로 면발이 납작해지면 뜨거운 물에 닿는 표면적이 넓어짐을 알 수 있다.

① 밀가루에는 전분 외에 단백질을 포함한 다른 성분도 들어 있다고 하였으므로, 컵라면의 면발이 단백질과 전분으로만 이루어진 것이 아님을 알 수 있다.

② 한 번 튀겨서 익힌 것은 국수나 우동이 아니라 라면이다.

④ 면에 순수한 전분의 비율을 높이면 그 만큼 알파화가 많이 일어난다고 하였으므로, 면에 전분 외에 다른 성분의 비율을 높이면 알파화가 덜 일어난다.

25 제시문을 통해 알 수 있는 ㉠의 이유는 뜨거운 물의 대류 현상을 원활하게 하여 물을 계속 끓이지 않아도 면이 고르게 익도록 하기 위해서이다.

제2교시

수 학

정답 및 해설

정답

01 ③	02 ②	03 ①	04 ③	05 ②
06 ④	07 ④	08 ①	09 ④	10 ③
11 ③	12 ②	13 ①	14 ④	15 ③
16 ②	17 ①	18 ②	19 ④	20 ①

해설

01 $A+2B=2x^2+x+2(x^2-1)$

$=2x^2+x+2x^2-2$

$=4x^2+x-2$

02 항등식일 때, 양변의 동류항의 계수는 같으므로

$(x-2)^2=x^2-4x+a$에서

$x^2-4x+4=x^2-4x+a$

$\therefore a=4$

03

> 다항식 $f(x)$를 $x-a$로 나누었을 때의 나머지 $\Rightarrow f(a)$

주어진 다항식을 $f(x)$라 놓으면

$f(x)=x^3-3x+7$

나머지 정리에 의해

다항식 $f(x)$를 $x-1$로 나눈 나머지는 $f(1)$

$f(1)$을 주어진 다항식에 대입하면

$f(1)=(1\times1^3)-(3\times1)+7=1-3+7$

$\therefore f(1)=5$

04

> $a^3+3a^2b+3ab^2+b^3=(a+b)^3$

인수분해 공식에 따라

$x^3+9x^2+27x+27=(x+3)^3$

$(x+a)^3=(x+3)^3$

$\therefore a=3$

05 $i(2+i)=a+2i$

$2i+i^2=a+2i$

$i^2=-1$이므로 $2i-1=a+2i$

$\therefore a=-1$

> **TIP** 복소수의 상등
>
> 두 복소수 $a+bi$, $c+di$(단, a, b, c, d는 실수)에 대하여
>
> ① $a+bi=c+di \Leftrightarrow a=c$, $b=d$
>
> ② $a+bi=0 \Leftrightarrow a=0$, $b=0$

06

> $x^2-(\alpha+\beta)x+\alpha\beta=0$
>
> $\Rightarrow x^2-$(두 근의 합)$x+$(두 근의 곱)$=0$

x^2의 계수가 1인 이차방정식 $x^2-6x+a=0$에서 상수 a는 두 근의 곱이다.

두 수 2, 4를 근으로 한다고 하였으므로,

$a=2\times4=8$

07 주어진 범위의 그래프에서

$x=2$일 때 → 최댓값 5

$x=0$일 때 → 최솟값 1

그러므로 이차함수 $y=-x^2+4x+1$의 최댓값은 5이다.

08 사차방정식 $x^4-3x^2+a=0$의 한 근이 2이라고 했으므로,

$f(2)=0$

$x^4-3x^2+a=0$에 $x=2$를 대입하면

$2^4-3\times2^2+a=0$, $16-12+a=0$

$\therefore a=-4$

09 연립부등식 $\begin{cases} x+2y=10 & \cdots ㉠ \\ x^2+y^2=a & \cdots ㉡ \end{cases}$

$x=2$, $y=b$를 ㉠에 대입하면

$x+2y=2+2b=10$, $2b=8$ $\therefore b=4$

$x=2$, $y=4$를 ㉡에 대입하면

$x^2+y^2=2^2+4^2=a$ $\therefore a=20$

따라서 $a+b=20+4=24$

10

> 판별식 $D>0$일 때, $f(x)\leq0$의 해
>
> $\Rightarrow \alpha\leq x\leq\beta$

이차부등식 $(x+1)(x-4)\leq0$의 해는

$\alpha=-1$, $\beta=4$이므로

$-1\leq x\leq4$

11

> 좌표평면 위의 두 점 $A(x_1, y_1)$, $B(x_2, y_2)$에 대하여 $\overline{AB}$를 $m:n(m>0, n>0)$으로 내분하는 점 P의 좌표
> $\Rightarrow P\left(\frac{mx_2+nx_1}{m+n}, \frac{my_2+ny_1}{m+n}\right)$

좌표평면 위의 두 점 $A(-1, 1)$, $B(2, 4)$에 대하여 선분 AB를 1:2로 내분하는 점 P의 좌표는

$P\left(\frac{mx_2+nx_1}{m+n}, \frac{my_2+ny_1}{m+n}\right)$에서

$P\left(\frac{1\times2+2\times-1}{1+2}, \frac{1\times4+2\times1}{1+2}\right)=\left(\frac{0}{3}, \frac{6}{3}\right)$

$\therefore P(0, 2)$

12

> • 두 직선이 서로 수직일 때 기울기의 곱 ⇒ -1
> • 점 (x_1, y_1)을 지나고 기울기가 m인 직선의 방정식
> $\Rightarrow y-y_1=m(x-x_1)$

두 직선이 서로 수직일 때 기울기의 곱은 -1이므로

직선 $y=x+2$에 수직인 직선의 기울기는 -1

기울기가 -1이고 점 $(4, 0)$을 지나는 직선의 방정식은

$y-y_1=m(x-x_1)$에서

$y-0=-1(x-4)$

$\therefore y=-x+4$

13

> 중심 좌표가 (a, b)이고 x축에 접하는 원의 방정식
> $\Rightarrow (x-a)^2+(y-b)^2=b^2$

중심 좌표가 $(3, 1)$이고 x축에 접하는 원의 방정식은

$(x-a)^2+(y-b)^2=b^2$에서

$(x-3)^2+(y-1)^2=1^2$

$(x-3)^2+(y-1)^2=1$

14

> 점 (x, y)를 $y=x$에 대하여 대칭이동한 점의 좌표
> $\Rightarrow (y, x)$

점 $(2, 3)$을 직선 $y=x$에 대하여 대칭이동한 점의 좌표는 (y, x)에서 $(3, 2)$이다. 즉, x, y의 좌표가 서로 바뀐다.

15

> $A\cap B=\{x \mid x\in A$ 그리고 $x\in B\}$

$A\cap B$는 두 집합 A와 B에 모두 속하는 원소들의 집합이다.

$A=\{1, 3, 6\}$, $B=\{3, 5, 6\}$이므로

$\therefore A\cap B=\{3, 6\}$

16 전체집합 U의 원소 중에서 조건이 참이 되는 모든 원소의 집합을 진리집합이라 한다.

'x는 짝수이다.'가 조건이므로,

전체집합 $U=\{1, 2, 3, 4, 5, 6\}$에서 짝수인 원소는 2, 4, 6이다.

따라서 조건을 만족하는 진리집합은 $\{2, 4, 6\}$이다.

17

> 역함수의 성질 : $f^{-1}(a)=b$이면 $f(b)=a$

주어진 함수 $f:X\to Y$에서 $f(1)=c$

역함수의 성질에 따라 $f^{-1}(a)=b$이면 $f(b)=a$

$\therefore f^{-1}(c)=1$

18

> $y=\sqrt{a(x-m)}+n(a\neq0)$의 그래프는 $y=\sqrt{ax}$의 그래프를 x축의 방향으로 m만큼, y축의 방향으로 n만큼 평행이동한 그래프이다.

무리함수 $y=\sqrt{x-a}+b$의 그래프가 무리함수 $y=\sqrt{x}$의 그래프를 x축의 방향으로 1만큼, y축의 방향으로 4만큼 평행이동한 그래프이므로 $a=1$, $b=4$이다.

$\therefore a+b=5$

19 입구에서 쉼터를 거쳐 전망대까지 길을 따라 가는 경우의 수는 동시에 일어나는 사건이므로, 곱의 법칙에 따라 $4\times2=8$(가지)이다.

그러므로 경우의 수는 8이다.

TIP 경우의 수

- **합의 법칙** : 사건 A와 B가 일어나는 경우의 수가 각각 m, n이고, 두 사건 A, B가 동시에 일어나지 않을 때, 사건 A 또는 사건 B가 일어나는 경우의 수 ⇒ $m+n$
- **곱의 법칙** : 사건 A가 일어나는 경우의 수가 m이고, 그 각각의 경우에 일어나는 경우의 수가 n일 때, 두 사건 A, B가 동시에 일어나는 경우의 수 ⇒ $m\times n$

20

> 서로 다른 n개에서 r개를 택하는 조합의 수 ⇒ ${}_nC_r$

6종류의 과일 중에서 서로 다른 2종류의 과일을 선택하는 경우의 수는 순서를 생각하지 않고 택하는 조합의 수와 같다.

그러므로 구하는 경우의 수는

${}_6C_2=\frac{6\times5}{2\times1}=\frac{30}{2}=15$

제3교시

영 어

정답 및 해설

정답

01 ④	02 ③	03 ③	04 ④	05 ②
06 ④	07 ①	08 ③	09 ③	10 ②
11 ①	12 ①	13 ④	14 ④	15 ③
16 ①	17 ④	18 ③	19 ③	20 ②
21 ①	22 ②	23 ②	24 ②	25 ④

해설

01 **해설** knowledge는 '지식'이라는 뜻이다.
① 균형 balance
② 목표 aim, goal
③ 우정 friendship
해석 책을 읽는 것은 지식을 얻는 좋은 방법이다.

02 **해설** give up은 '포기하다'라는 뜻이다.
해석 그녀는 어려움을 겪더라도 그녀의 꿈을 결코 포기하지 않을 것이다.
어휘 even if 비록 ~일지라도
difficulty 고난, 어려움

03 **해설** For example은 '예를 들면'이라는 뜻이다.
해석 많은 동물들이 장난감을 가지고 노는 것을 좋아한다. 예를 들면, 개들은 공을 가지고 노는 것을 즐긴다.
어휘 animal 동물
play with ~와 놀다

04 **해설** 주어진 문장에서 'spring(봄)'은 'season(계절)' 중의 하나로, 하위어-상위어 관계이다. 마찬가지로 ①, ②, ③은 모두 하위어-상위어 관계이나, ④의 'shoulder(어깨)'와 'country(나라)'는 아무런 관계가 없다.
② 사과 – 과일
③ 간호사 – 직업
④ 삼각형 – 모양
해석 봄은 아름다운 꽃과 따뜻한 날씨 때문에 내가 가장 좋아하는 계절이다.
어휘 favorite 가장 좋아하는
warm 따뜻한
weather 날씨

05 **해설** ① 날짜 : 2023년 9월 10일(일)
② 장소 : 알 수 없음
③ 활동 내용 : 다양한 종류의 치즈 맛보기와 치즈 케이크 굽기
④ 입장료 : 10,000원
해석

치즈 박람회
• **날짜** : 2023년 9월 10일(일)
• **활동** :
– 다양한 종류의 치즈 맛보기
– 치즈 케이크 굽기
• **입장료** : 10,000원

어휘 fair 박람회
activity 활동
taste 맛이 나다
various 다양한, 여러 가지의
entrance 입구, 입장
fee 요금

06 **해설** 첫 번째 문장에는 '발표하다'라는 의미를 갖는 동사 'present'가 들어가야 하고, 두 번째 문장에는 '현재'라는 의미의 명사 'present'가 들어가야 한다.
① 자라다
② 지다
③ 잊다
해석 • 당신의 프로젝트를 수업 중에 발표할 준비가 되었나요?
• 과거에 대한 걱정은 그만두고 현재를 사세요.
어휘 be ready to ~할 준비가 되다
stop ~ing ~하는 것을 멈추다[그만두다]
worry about ~관해 걱정하다

07 **해설** 「how + 형용사/부사」는 '얼마나 ~한/하게'의 의미이며, 이 때 how는 정도를 나타내는 의문사이다. 첫 번째 문장의 'how many~?'는 '얼마나 많은'의 의미로 사용되었고, 두 번째 문장의 'how far~?'는 '얼마나 먼'의

의미로 사용되었다.

해석 • John, 아시아에는 얼마나 많은 나라가 있습니까?
• 그는 그곳이 여기서 얼마나 멀리 떨어져 있는지 모른다.

어휘 country 나라
far (거리가) 먼

08 **해설** 첫 번째 문장의 focus on은 '~에 집중하다'는 의미이고, 두 번째 문장의 put on은 '~을 입다'는 의미이다. 따라서 빈칸에 공통으로 들어갈 말은 전치사 on이다.

해석 • 그는 게임을 하는 대신 공부에 집중해야 한다.
• 입고 벗기 쉬운 재킷을 가져오세요.

어휘 instead of ~대신에
take off 벗다

09 **해설** 성격을 묻는 A의 질문에 B가 신중한 편이라고 답했으므로, 밑줄 친 "Look before you leap."의 의미는 ③의 '행동하기 전에 더 신중하게 생각해라.'이다.

해석 A : 당신의 성격을 어떻게 설명하시겠습니까, 수미 씨?
B : 저는 신중한 편입니다. 저는 이런 말을 따르려고 노력합니다. "뛰기 전에 조심하세요."
A : 아, 당신은 어떤 일을 하기 전에 신중하게 생각하시는군요.

어휘 describe 묘사하다, 설명하다
personality 개성, 성격
tend to ~하는 경향이 있다, ~하는 편이다
saying 말, 격언, 속담
leap 뛰다, 도약하다
carefully 조심히, 신중하게

10 **해설** A가 헤드폰을 반품하고 싶은 이유가 소리가 충분히 크게 나지 않아서 헤드폰이 만족스럽지 않기 때문이다. 그러므로 대화를 통해 알 수 있는 A의 심정은 '불만'이다.

해석 A : 이 헤드폰을 반품하고 싶습니다.
B : 왜요? 어떤 문제가 있나요?
A : 소리가 만족스럽지 않아요. 소리가 충분히 크게 나지 않습니다.

어휘 return 반환하다, 반품하다
be satisfied with ~에 만족하다
loud (소리가) 큰
enough 충분한

11 **해설** 사람들이 많은 피자 식당에서 주문을 하고 있으므로, 대화가 이루어지는 장소는 '식당'이다.

해석 A : 이 식당에는 사람들이 정말 많네요.
B : 맞아요. 이 곳은 피자로 유명해요.
A : 그래요. 주문을 좀 합시다.

어휘 be known for ~로 유명하다
order 주문하다

12 **해설** 제시문의 글쓴이는 『그리스와 로마 신화』라는 책을 읽고 있는데, 그것이 서양 예술에 관해 더 많이 이해하게 한다고 하였으므로, 밑줄 친 it가 가리키는 것은 'book(책)'이다.
② 연필
③ 언어
④ 암호

해석 요즘 나는 『그리스와 로마 신화』라는 책을 읽고 있다. 그 책은 매우 흥미롭고 상상력을 북돋아 준다. 더욱이, 신화는 서양 문화의 근원이기 때문에 그것은 서양 예술에 관해 더 많이 이해하게 한다.

어휘 these days 요즘
myth 신화
encourage 북돋다, 격려하다
imagination 상상력
moreover 더욱이, 게다가
western 서양의
source 원천, 근원
culture 문화

13 **해설** B가 걷기보다 자전거 타는 것을 더 좋아한다고 했으므로, 빈칸에는 둘 중 하나를 고르는 선택의문문과 어울리는 말이 들어가야 한다. 그러므로 빈칸에는 ③의 '어떤 종류의 운동을 더 좋아하니'가 들어갈 말로 가장 적절하다.
① 어디서 차를 빌릴 수 있니
② 공연은 언제 시작하니
③ 왜 영어를 배우고 싶니

해석 A : 자전거를 타는 것과 걷기 중 어떤 종류의 운동을 더 좋아하니?
B : 나는 걷기보다 자전거 타는 것을 더 좋아해.
A : 왜 그것을 좋아하는데?
B : 내 생각에 자전거를 타는 것이 더 많은 칼로리를 소모하기 때문이야.

어휘 cycling 자전거 타기
A rather than B B보다 A
burn 태우다, 소모하다
calorie 열량, 칼로리

2023년 2회

rent 빌리다, 임대하다
prefer ~을 더 좋아하다[선호하다]

14 **해설** A가 다른 사람들을 존중할 수 있는 방법에 대해 묻고 있으므로, B에 들어갈 말은 'a good listener(남의 말을 잘 들어주는 사람)'와 호응하는 말인 ④가 가장 적절하다.
① 영화를 보다
② 이 가방을 교환하다
③ 다음 거리에서 좌회전하다

해석 A : 어떻게 우리가 다른 사람들을 존중할 수 있을까?
B : 다른 사람들이 말할 때 주의 깊게 들어야 한다고 생각해.
A : 그 때문에 네가 남의 말을 잘 들어주는 구나.

어휘 respect 존경, 존중
That's why 그 때문에~, 그 이유로~
a good listener 남의 말을 잘 들어주는 사람
exchange 바꾸다, 교환하다

15 **해설** 코알라가 나무를 껴안고 있는 이유가 궁금하다는 A의 물음에 B가 더위를 식히기 위해서라고 답하고 있다. 그러므로 ③의 '코알라가 나무를 껴안고 있는 이유'가 대화의 주제로 가장 적절하다.

해석 A : 저는 나무에 있는 코알라를 볼 때마다, 왜 그처럼 나무를 껴안는지 궁금해요.
B : 코알라는 더위를 식히기 위해 나무를 껴안습니다.
A : 오, 말이 되네요. 호주는 매우 더운 기후지요.

어휘 whenever ~할 때마다
koala 코알라
wonder 궁금해 하다
hug 껴안다
cool down 식히다
make sense 타당하다, 말이 되다
Australia 호주
climate 기후

16 **해설** 제시문은 호텔 예약을 확인하기 위해 쓴 이메일이다. 그러므로 ③의 '확인하려고'가 글을 쓴 목적으로 가장 적절하다.

해석 저는 예약을 확인하기 위해 이 메일을 보냅니다. 저는 귀 호텔에 2박으로 가족 객실을 예약했습니다. 우리는 성인 2명과 아이 1명입니다. 12월 22일 오후에 도착할 예정입니다. 답장을 기다리겠습니다.

어휘 confirm 확인하다
reservation 예약
book 예약하다
adult 어른, 성인
arrive 도착하다
look forward to ~을 학수고대하다
reply 답변, 답장

17 **해설** 경기 안내문의 마지막 줄에 비가 온다면 대회는 취소된다고 했으므로, '비가 와도 경기가 진행된다.'는 ④의 설명은 안내문의 내용과 일치하지 않는다.

해석

테니스 경기
- 초보자만 참가할 수 있습니다.
- 오전 10시에 시작해서 오후 5시에 끝납니다.
- 점심은 제공되지 않습니다.
- 비가 오면, 대회는 취소됩니다.

어휘 competition 대회, 경기
beginner 초보자
participate 참가[참여]하다
serve 제공하다
cancel 취소하다

18 **해설** 제시문의 두 번째 문장에서 참가자들은 아픈 아이들을 위한 돈을 모으기 위해 달린다고 하였으므로, '멸종 위기 동물을 돕기 위해 모금을 한다.'는 ③의 설명은 제시문의 내용과 일치하지 않는다.

해석 Santa Fun Run은 매년 12월에 개최된다. 참가자들은 산타 복장을 입고 5킬로미터를 달린다. 그들은 아픈 아이들을 위한 돈을 모으기 위해 달린다. 여러분은 모든 연령대의 산타들이 걷고 뛰는 것을 볼 수 있다.

어휘 be held 개최되다
participant 참가자
costume 복장
raise (자금 · 사람을) 모으다

19 **해설** 제시문은 외로움에 고통 받을 때 다른 사람들과 감정을 공유하고, 긍정적인 행동을 취하라고 설명하고 있다. 그러므로 ③의 '외로움에 대처하는 방법'이 제시문의 주제로 가장 적절하다.

해석 여러분은 외로움에 고통 받습니까? 그런 경우, 여러분의 감정을 부모님, 선생님 혹은 상담사와 공유하는 것이 도움이 될 수 있습니다. 여러분이 부정적인 감정을 극복하기 위해 긍정적인 행동을 취하는 것 또한 중요합니다.

어휘 suffer from ~로 고통 받다
loneliness 외로움
in such cases 그런 경우
share A with B A를 B와 공유하다
counselor 고문, 상담사
take actions 조치를 취하다
positive 긍정적인
overcome 이기다, 극복하다
negative 부정적인

20 **해설** 제시문에서 잠을 잘 때 목과 척추가 펴지기 때문에 등을 대고 눕는 것이 잠을 자기 위한 가장 좋은 자세라고 설명하고 있다. 그러므로 빈칸에 들어갈 말로는 ②의 'position(자세)'이 가장 적절하다.
① 글자
③ 감정
④ 인구

해석 대부분의 사람들에게, 잠을 자기 위한 가장 좋은 자세는 등을 대고 눕는 것이다. 등을 대고 자면, 목과 등의 통증이 덜할 것이다. 그 이유는 잠을 잘 때 목과 척추가 펴지기 때문이다.

어휘 on one's back 등을 대고 누워, 반듯이 누워
pain 고통, 통증
spine 척추
straight 똑바른, 펴지는
letter 글자, 문자
position 태도, 자세
emotion 감정
population 인구, 주민

21 **해설** 제시문은 문제를 해결하기 위한 방법을 3단계로 나누어 설명하고 있다. 그러므로 빈칸에는 앞의 'problem(문제)'과 호응하는 동사 'solve(해결하다)'가 들어갈 말로 가장 적절하다.
② 춤추다
③ 기부하다
④ 약속하다

해석 여기 여러분의 문제를 해결하기 위한 몇 가지 단계가 있다. 첫째, 필요한 모든 정보를 모아서 다양한 해결책을 찾아야 한다. 둘째, 가능한 최선의 해결책을 선택한 후 실행에 옮긴다. 마지막으로, 그 결과를 평가한다. 나는 이러한 단계가 여러분에게 도움이 될 거라고 확신한다.

어휘 various 다양한
solution 해결책
gather 모으다
necessary 필요한
put into action 실행에 옮기다, 실천하다
at the end 마지막으로
evaluate 평가하다
donate 기증하다, 기부하다

22 **해설** 주어진 문장이 'Instead(대신)'로 시작하므로, 앞 문장은 주어진 문장과 반대되는 내용이 와야 한다. 또한 ③의 문장에서 이런 '가벼운 대화'는 주어진 문장의 '가벼운 대화'를 가리키는 것이므로, 주어진 문장은 ②에 들어가는 것이 가장 적절하다.

해석

대신, 우리는 날씨 혹은 교통과 같은 덜 심각한 것들에 대한 가벼운 대화를 시작한다.

여러분이 누군가를 처음 만났을 때, 어떻게 대화를 시작하는가? (①) 우리는 보통 처음에 우리의 인생 이야기를 서로에게 말 하지 않는다. (②) 이런 가벼운 대화는 잡담이라고 불린다. (③) 그것은 우리가 편안함을 느끼고 서로를 더 잘 알 수 있도록 도와준다. (④) 그것은 어색한 분위기를 깨는 좋은 방법이다.

어휘 instead 대신에
casual 가벼운, 평상시의
conversation 대화
serious 심각한
traffic 교통
be referred to ~로 언급되다, 불리다
small talk 한담, 잡담
comfortable 편안한
get to ~하게 되다
break the ice 어색한 분위기를 깨다

23 **해설** 제시문의 후반부에서 영어 속담을 더 쉽게 기억하기 위한 전략 중 하나는 그것들의 기원에 관해 배우는 것이라며 몇 가지 예를 살펴보자고 제안하고 있다. 그러므로 제시문의 바로 뒤에 이어질 내용은 '영어 속담의 기원에 관한 예시'이다.

해석 영어 속담은 모국어 사용자가 아닌 사람들에게는 이상하게 보일 수 있고 그들이 배우고 기억하는 것은 매우 어려울 수 있다. 영어 속담을 더 쉽게 기억하기 위한 한 가지 전략은 그것들의 기원에 관해 배우는 것이다. 몇 가지 예를 살펴보자.

어휘 proverb 속담
strange 이상한
non-native 모국어 사용자가 아닌

remember 기억하다
strategy 계획, 전략
origin 유래, 기원
example 예시, 사례

[24–25]

해석 독서 감상문은 책에 대한 독자의 견해입니다. 감상문을 쓸 때, 책에 대한 간단한 요약이나 설명으로 시작하세요. 그런 다음 당신이 그것을 좋아하는지 안 좋아하는지 그리고 왜 그런지에 대한 당신의 견해를 진술하세요.

어휘 review 비평, 감상문
opinion 의견, 견해
brief 짤막한, 간단한
summary 요약
description 묘사, 설명
state 말하다, 진술하다
flight 비행
gesture 몸짓, 제스처
architecture 건축

24 **해설** 제시문의 첫 문장에서 독서 감상문은 책에 관한 독자의 견해라고 하였다. 그러므로 감상문을 쓸 때 책에 대한 간단한 요약이나 설명으로 시작한 후 자신의 견해를 진술하라고 쓰는 것이 타당하다. 따라서 빈칸에는 ②의 'opinion(견해)'이 들어갈 말로 가장 적절하다.
① 비행
③ 몸짓
④ 건축

25 **해설** 제시문은 독서 감상문을 쓰는 요령에 대해 단계별로 설명하고 있다. 그러므로 ④의 '독서 감상문 쓰는 법'이 제시문의 주제로 가장 적절하다.

제4교시

사 회

정답 및 해설

정답

01 ③	02 ③	03 ①	04 ②	05 ①
06 ④	07 ①	08 ②	09 ③	10 ④
11 ③	12 ④	13 ①	14 ④	15 ③
16 ①	17 ②	18 ④	19 ④	20 ②
21 ②	22 ①	23 ③	24 ③	25 ④

해설

01 행복한 삶을 실현하기 위한 조건 중 내적으로 성찰하고 옳은 일을 실천하는 것을 통해 개인의 만족감과 행복감을 얻는 것은 도덕적 실천이다.

TIP **행복한 삶을 실현하기 위한 조건**

- 정주 환경
- 경제적 안정
- 시민 참여가 활성화되는 민주주의의 실현
- 도덕적 실천과 성찰하는 삶

02 사회 복지 제도란 질병, 실업, 빈곤, 재해 등 다양한 사회적 위험에서 벗어나 인간다운 삶을 살 수 있도록 지원하는 제도를 말하는데, 공공 부조, 사회 보험, 사회 서비스 등이 이에 해당된다.

① **선거 제도** : 민주주의의 꽃이라 불리며, 투표를 통해 대표자를 선출하는 제도

② **권력 분립 제도** : 국가 권력을 나누어 각각 다른 기관에 분담시켜 서로 견제 · 균형하게 함으로써 국민의 자유와 권리를 보장하려는 제도

④ **헌법 소원 심판 제도** : 공권력의 행사 또는 불행사로 헌법상 보장된 국민의 기본권이 침해되는 경우에 국민이 헌법재판소에 자신의 기본권을 구제하여 줄 것을 청구하는 제도

03 법치주의는 행정은 의회에서 제정한 법률에 의거하여 행하여야 한다는 원칙으로, 국민의 기본권을 제한하거나 국민에게 의무를 부과할 때에는 의회에서 제정된 법률에 근거해야 함을 의미한다.

② **인권 침해** : 인간의 기본적 인권을 침해하는 일

③ **준법 의식** : 법을 잘 준수하고자 하는 자세

④ **시민 불복종** : 정의롭지 못한 법 또는 정부 정책을 변혁시키려는 목적으로 행해지는 의도적인 위법 행위

04 자산 관리의 원칙 중 안전성은 투자한 자산의 가치가 온전하게 보전될 수 있는 가능성의 정도를 의미한다. 자산 관리의 3원칙에는 안전성과 더불어 수익성, 유동성이 있다.

05 문화 변동은 문화가 새로운 문화 요소의 등장이나 다른 문화와의 교류 · 접촉을 통해 상호 작용하면서 변화하는 현상으로, 내재적 요인으로는 발견, 발명 등이 있다.

ㄷ. **문화 동화** : 다른 사회의 문화 요소가 전파되었을 때 기존의 문화 요소가 전파된 문화 요소에 흡수되어 소멸되는 현상

ㄹ. **문화 전파** : 문화 변동의 외재적 요인(직접 전파, 간접 전파, 자극 전파)

06 사회적 소수자는 특정 사회나 국가의 지배적 가치와 기준을 달리한다는 이유로 차별받거나 불평등한 대우를 받는 사람을 말한다. 따라서 자신들이 차별받는 집단의 구성원이라는 인식이 존재한다.

① 사회에서 차별 대우를 받는다.

② 다양한 기준에 의해 규정된다.

③ 노인, 여성, 비정규직 근로자, 북한 이탈 주민 등도 해당된다.

07 근로 3권에는 단결권, 단체 교섭권, 단체 행동권이 있으며, 근로자들이 근로 조건의 향상을 위하여 자주적으로 노동조합이나 그 밖의 단결체를 조직 · 운영하거나 그에 가입하여 활동할 수 있는 권리는 단결권이다.

TIP **근로 3권**

- **단결권** : 근로자들이 목적성과 자주성을 기초로 하여 단체를 결성할 수 있는 권리
- **단체 교섭권** : 근로자 대표들이 사용주와 교섭할 수 있는 권리
- **단체 행동권** : 근로자들이 노동쟁의행위를 할 수 있는 권리

08 보편 윤리란 시대와 사회를 초월하여 모든 사람이 존중하고 따라야 할 행위 원칙이므로, 시장 실패의 사례로 볼 수 없다.

① **불완전 경쟁** : 독점적 경쟁과 과점 등 완전 경쟁의 조건을 만족하지 않는 시장

③ **외부 효과 발생** : 경제 주체의 경제 활동이 다른 경제 주체에게 의도하지 않은 이익을 주거나 의도하지 않게 피해를 주는데도 이에 대해 아무런 경제적 대가를 치르거나 받지 않는 것

④ **공공재의 공급 부족** : 공공재의 공급을 시장 기능에만 맡겨 둘 경우 사회에 필요한 만큼 충분히 공급되지 않는 것

09 자문화 중심주의는 자기 문화만을 가장 우수한 것으로 생각하고 다른 문화를 무시하거나 부정하는 태도이며, 문화 사대주의는 다른 문화를 더 좋은 것으로 생각하고 자신의 문화를 과소평가하거나 무시하는 태도이다. 그러므로 두 문화 모두 문화의 상대성을 인정하지 않고 특정 문화를 기준으로 다른 문화를 평가하는 공통적 특징이 있다.

①·②·④ → 문화 상대주의

10 헌법 제37조는 국민의 기본권 보장과 관련된 내용으로, 국민의 기본권은 국가 안전보장·질서 유지 또는 공공복리를 위하여 필요한 경우에 한하여 법률로써 제한할 수 있으며, 제한하는 경우에도 자유와 권리의 본질적인 내용을 침해할 수 없다.

① **대도시권 형성** : 대도시의 기능과 영향력이 주변 지역으로 확대되면서 형성되는 생활권

② **직업 분화 촉진** : 직업이 분화되고 전문성이 증가하면서 직업이 다양해지는 현상

③ **윤리적 소비 실천** : 소비자가 상품이나 서비스 등을 구매할 때 윤리적인 가치판단에 따라 의식적인 선택을 하는 소비 형태

11 세계화로 인해 선진국과 상대적으로 경쟁력이 뒤쳐진 개발도상국 간 소득 격차가 확대됨에 따라 국가 간 빈부 격차가 심화될 수 있다.

① **사생활 침해** : 자신의 의사와 상관없이 개인 정보가 다른 사람에게 공개되어 피해를 받는 현상

② **인터넷 중독** : 일상생활과 인간관계를 외면하고 가상 세계에 지나치게 몰두하는 행동

④ **문화 다양성 보장** : 각각의 사회와 집단이 가지는 문화의 다양성을 존중하고 보장하는 것

12 국가들 사이의 이해관계를 조정하거나 국가 간 분쟁을 중재하는 국제 사회의 행위 주체는 정부 간 국제기구로, 유럽 연합(EU), 세계 무역 기구(WTO), 경제 협력 개발 기구(OECD) 등이 이에 속한다.

① **국가** : 일정한 영토와 구성원 그리고 주권에 의한 하나의 통치조직을 가지고 있는 사회집단

② **다국적 기업** : 생산비 절감, 해외 시장의 확대, 무역 규제 완화를 위해 다른 나라에 생산 공장을 건설하거나 지사를 설립·운영하는 기업

③ **자유 무역 협정(FTA)** : 특정 국가 간의 상호 무역증진을 위해 물자나 서비스 이동을 자유화시키는 협정

13 정보 격차는 정보기기, 양질의 정보 확보, 정보를 다루는 능력을 보유한 사람과 그렇지 못한 사람 사이에 사회적·경제적 격차가 심화되는 현상이다.

② **규모의 경제** : 생산량이 증가할수록 평균 생산 단가가 감소하는 현상

③ **문화의 획일화** : 한 지역의 문화적 특성이 다른 지역에서도 유사하거나 동일하게 나타남으로써 세계 문화가 점차 비슷해지는 현상

④ **지역 이기주의** : 자신이 살고 있는 지역의 이익만을 추구하려는 태도

14 건조 기후 지역은 연 강수량이 500mm 이하인 지역으로 유목과 오아시스 농업이 발달하였다. 또한 주민들은 지붕이 평평한 흙벽돌집에서 생활한다.

ㄱ. 순록 유목 → 한대 기후 지역

ㄴ. 고상식 가옥 → 열대 기후 지역

15 여름철 장마나 태풍 등 집중 호우에 의한 하천의 범람으로 발생하는 자연재해 현상은 홍수이다.

① **가뭄** : 강수량 부족과 대륙 내부의 건조 기후로 인해 땅이 메마르고 물이 부족한 현상

② **지진** : 지구 내부의 에너지가 지표로 나와 땅이 갈라지며 흔들리는 현상

④ **화산** : 지하 깊은 곳에서 있던 마그마가 지각의 갈라진 틈을 뚫고 분출하는 현상

16 도시화는 도시 인구 비율이 증가하고 주민의 생활양식이 도시적으로 변화하는 현상을 말한다.

② **남초 현상** : 한 인구 집단 내에서 남성의 수가 여성의 수를 초과하는 현상

③ **유리 천장** : 여성과 소수민족 출신자들의 고위직 승진을 막는 조직 내의 보이지 않는 장벽

④ **지리적 표시제** : 품질이나 명성 등이 드러나는 지역 상품에 대해 지역 생산품임을 표시하는 제도

TIP 도시화 과정

초기 단계	산업화 이전의 농업 사회, 주민의 대부분이 농촌에 거주
가속화 단계	산업화가 진행되면서 도시 인구 급증, 도시 문제 발생
종착 단계	도시 인구 증가율 둔화, 서비스업 중심, 역도시화(U턴 현상) 발생

17 생태 통로는 도로나 댐 등의 건설로 야생동물이 서식지를 잃는 것을 방지하기 위하여 야생동물이 지나다니도록 만든 인공 통로이다.

① **열섬** : 도시의 아스팔트 도로와 콘크리트 구조물의 증가로 인해 발생하는 도시 내부의 인공 열

③ **외래 하천** : 사막 등 건조기후 지역의 하천 중, 강수량이 풍부한 다른 기후 지역에서 발원하여 연중 마르지 않고 흐르는 하천

④ **업사이클링** : 단순 재활용의 차원을 넘어서 새로운 가치를 창출하는 제품으로 재탄생시키는 일

18 힌두교는 인도의 브라만교가 민간신앙과 융합하여 발전한 인도의 대표적 종교로, 소를 신성시하여 소고기 식용을 금기시한다.

ㄱ. 메카를 성지로 한다.
ㄷ. 무함마드를 유일신으로 믿는다.
} → 이슬람교

19 석유 수출국 기구(OPEC)는 중동 산유국을 중심으로 석유 자원의 수출을 통하여 자국의 경제적 이익을 추구하기 위해 결성된 국제 기구이다.

① **브렉시트(Brexit)** : 영국(Britain)과 탈출(Exit)의 합성어로, 영국의 유럽연합(EU) 탈퇴를 의미함

② **공적 개발 원조(ODA)** : 정부 또는 공공기관의 공적 자원 지원금을 활용한 선진국의 개발도상국 원조

③ **국제 통화 기금(IMF)** : 국제 통화와 세계 무역의 안정을 목적으로 설립한 국제 금융 기구

20 남중국해는 중국의 남쪽에 위치한 바다로, 중국, 타이완, 베트남, 필리핀, 말레이시아 및 브루나이 등 6개국이 석유와 천연가스 지대를 두고 영유권 갈등이 발생하고 있는 지역이다.

① **북극해** : 지구 온난화로 북극해의 빙하가 녹아 개발 가능성이 높아지면서 미국, 러시아, 캐나다 등이 석유와 천연가스 지대를 두고 분쟁이 심화된 지역

③ **카스피해** : 러시아, 카자흐스탄, 우즈베키스탄, 투르크메니스탄, 이란, 아제르바이잔 등 6개국이 천연자원을 두고 영유권 분쟁이 일어난 지역

④ **쿠릴 열도** : 전략적 군사 요충지 및 자원 확보를 둘러싼 러시아와 일본 간의 갈등 지역

21 B(아프리카 문화권)는 사하라 사막 이남의 중 · 남부 아프리카 일대로, 열대 기후 지역에 속한다. 다양한 부족이 분포하고 부족 단위의 공동체 문화와 토속 신앙이 발달하였다.

① **A(유럽 문화권)** : 산업 혁명의 발상지이며 일찍 산업화를 이룬 세계 경제의 중심지로 크리스트교 문화가 발달함

③ **C(오세아니아 문화권)** : 오스트레일리아와 뉴질랜드 및 태평양 제도의 문화권으로, 영국계 중심의 유럽인들의 이주로 개신교를 신봉하고 영어를 사용함

④ **D(앵글로아메리카 문화권)** : 미국, 캐나다 중심의 세계 최대 경제 지역으로, 주로 영어를 사용하는 다인종 · 다문화 국가임

22 슬로시티는 공해 없는 자연 속에서 전통문화와 자연을 잘 보호하면서 자유로운 옛 농경시대로 돌아가자는 느림의 삶을 추구하는 국제 운동이다.

② **플랜테이션** : 유럽 식민지배 이후 유럽의 자본과 기술, 유리한 기후, 원주민의 노동력이 결합한 농업 형태

③ **환경 파시즘** : 생태계와 환경을 보호한다는 명분으로 전체주의를 정당화하는 사상

④ **차티스트 운동** : 보통선거를 바탕으로 한 의회민주주의의 실시를 요구하며 영국에서 벌어졌던 최초의 노동자 운동

23 총인구 가운데 65세 이상 인구의 비율이 7% 이상인 사회를 고령화 사회라 한다. 이를 해결하기 위한 정책에는 정년 연장, 노인 복지 시설 확충, 노인 연금 제도 확대 등이 있다.

ㄱ. **의무 투표제 시행** : 헌법이나 선거법을 통해 모든 국민이 의무적으로 투표에 참여할 것을 규정함으로써 투표를 권리가 아닌 의무로 정한 제도

ㄹ. **산아 제한 정책 시행** : 높은 출산율을 억제하고자 출산율을 계획적으로 조절하는 정책

24 공정 무역은 불공정 무역 행위를 규제하고 개발도상국에서 생산된 제품에 정당한 가격을 지급하여 생산자가 경제적으로 자립할 수 있도록 해 주는 무역 방식이다.

① **과점** : 어떤 상품을 두 개 이상의 소수 기업이 공급하는 시장 형태

② **독점** : 어떤 상품을 오직 하나의 기업만이 공급하는 시장 형태

④ **거점 개발** : 경제활동의 기반이 갖추어진 기존의 중심지를 개발 거점으로 선정한 후 집중적으로 산업을 육성하여 그

성장 효과를 주변 지역으로 확산시켜 지역 전체의 경제 성장을 달성하려는 방법

25 온실가스 배출권 거래제는 정부가 온실가스를 배출하는 사업장을 대상으로 연단위 배출권을 할당하여 할당범위 내에서 배출할 수 있도록 하고, 여분 또는 부족분의 배출권에 대해서는 사업장 간 거래를 허용하는 제도이다.

① **전자 상거래** : 온라인상에서 상품을 사고파는 행위

② **쓰레기 종량제** : 쓰레기 발생량에 대해 배출자부담의 원칙을 적용해 쓰레기에 대한 가격 개념을 도입한 제도

③ **빈 병 보증금제** : 주류나 음료의 판매가격에 공병 값을 포함해 소비자에게 판매한 후 소비자가 공병을 소매점에 반환할 때, 보증금을 환급해 주는 제도

제5교시

과 학

정답 및 해설

정답

01 ②	02 ③	03 ④	04 ②	05 ②
06 ④	07 ②	08 ④	09 ④	10 ③
11 ①	12 ①	13 ③	14 ③	15 ①
16 ②	17 ②	18 ④	19 ④	20 ①
21 ①	22 ③	23 ③	24 ①	25 ④

해설

01 조력발전은 밀물과 썰물 때의 바다 높이 차이를 이용하여 전기 에너지를 생산하는 발전 방식이다.

① **핵발전** : 핵분열로 발생한 에너지를 이용한 발전 방식

③ **풍력 발전** : 바람의 힘을 이용해 전기를 생산하는 방식

④ **화력 발전** : 석탄, 석유, 천연가스 등을 연소시켜 전기를 얻는 방식

02

충격량 = 힘 × 시간

충격량은 물체의 운동을 변화시키는 물리량을 말한다.

충격량 = 힘 × 시간 = 10N × 5s

∴ 충격량 = 50N · s

03 막대자석을 코일 속에 넣었다 뺐다 하면 코일의 도선에 전류가 유도되어 검류계의 바늘이 움직이는 것은 전자기 유도 현상 때문이다. 전자기 유도는 도체의 주변에서 자기장을 변화시켰을 때 전압이 유도되어 전류가 흐르는 현상이다.

① **대류** : 기체나 액체와 같이 유동성이 있는 유체 내에서 일어나는 열전달 방법

② **삼투** : 농도가 낮은 용액에서 높은 용액으로 용매가 이동하는 현상

③ **초전도** : 매우 낮은 온도에서 전기저항이 0에 가까워지는 현상

04 자유 낙하 운동은 물체가 중력만 받을 때, 1초에 속력이 약 9.8m/s씩 증가하며 낙하하는 운동으로 속력이 일정하게 증가한다. 그러므로 속력과 시간이 정비례하는 ②의 그래프가 옳다.

05

$$\text{열효율}(\%) = \frac{\text{열기관이 한 일}}{\text{열기관에 공급된 에너지}} \times 100$$

열효율은 열기관에 공급한 에너지 중 일로 전환된 비율을 말한다. 문제에서 1000J의 열에너지를 흡수한 후 600J의 열에너지를 방출하였으므로,

$$\text{열효율}(\%) = \frac{(1000\text{J} - 600\text{J})}{1000\text{J}} \times 100 = \frac{400\text{J}}{1000\text{J}} \times 100$$

∴ 열효율 = 40%

06 ㄱ. 신재생 에너지는 화석 연료보다 친환경적이기 때문에 환경 오염 문제를 유발하지 않는다.

ㄴ. 신재생 에너지에는 태양 에너지, 지열 에너지, 해양 에너지, 바이오 에너지 등이 있다.

ㄷ. 신재생 에너지는 고갈되지 않는 친환경 에너지이므로, 인류 문명의 지속 가능한 발전을 위해 개발이 필요하다.

07 원자가 전자는 원자의 전자 배치 중 가장 바깥 전자 껍질에 들어 있는 전자로, 원자가 전자가 4개인 것은 ②이다.

① 원자가 전자 → 3개

③ 원자가 전자 → 5개

④ 원자가 전자 → 6개

08 염화 나트륨(NaCl)은 나트륨(Na)이 전자를 잃어 양이온 Na^+가 되고, 염소(Cl)가 전자를 얻어 음이온 Cl^-가 된 후 양이온과 음이온이 정전기적 인력에 의해 형성된 이온 결합 물질이다.

09 주기율표는 원소를 원자 번호 순서대로 나열하고, 성질이 비슷한 원소끼리는 같은 세로줄에 오도록 배열한 표이다. 제시된 주기율표에서 D의 원자 번호가 18번으로 가장 크다.

A : 1주기 1족 → 원자 번호 1

B : 2주기 2족 → 원자 번호 4

C : 2주기 17족 → 원자 번호 9

D : 3주기 18족 → 원자 번호 18

TIP **주기율표**

- **주기** : 가로줄로 7개의 주기가 있음
- **족** : 세로줄로 18개의 족이 있음. 같은 족끼리는 화학적 성질이 비슷함

10 제시된 분자 모형에서 알 수 있는 것처럼 메테인(CH_4)은 탄소(C) 원자 1개와 수소(H) 원자 4개로 이루어져 있다. 그러므로 메테인의 탄소 원자와 수소 원자의 개수비는 1:4이다.

11 제시된 화학 반응식에서 산소를 잃어 환원되는 반응 물질은 산화 철로, 반응 전 Fe_2O_3가 산소를 잃어 반응 후 Fe가 된다. 즉, 반응 물질은 화학 반응식에서 화살표를 기준으로 왼쪽에 있는 물질이다.

12 중화 반응은 산과 염기가 반응하여 물과 염이 만들어지는 반응을 말한다. 그림에서 수산화 나트륨(NaOH)이 물과 만나면 이온화되어 Na^+와 OH^-를 생성한다. 그러므로 이온 ㉠은 OH^-이다. 또한 묽은 염산의 H^+와 수산화 나트륨 수용액의 OH^-가 만나 물(H_2O)이 된다.

13 핵산은 생명체의 유전 정보를 가지고 있는 유전 물질로, 세포에서 유전 정보를 저장하거나 전달하는 역할을 한다.
① **물** : 생명체를 구성하는 성분 중 가장 많은 양을 차지하는 물질
② **지질** : 기본 단위는 지방산, 글리세롤으로 에너지원으로 이용되거나 세포막의 성분이 됨
④ **탄수화물** : 우리 몸속에서 가장 먼저 쓰이는 주 에너지원으로, 포도당, 녹말 등이 이에 해당됨

14 세포 호흡이 일어나 생명 활동에 필요한 에너지를 생산하는 세포 소기관은 C(미토콘드리아)이다.
① **A(리보솜)** : 작은 알갱이 모양의 세포 소기관으로 단백질을 합성함
② **B(핵)** : 유전 물질인 DNA가 있어 세포의 구조와 기능을 결정하고 생명 활동을 조절함
④ **D(소포체)** : 리보솜에서 합성한 단백질을 골지체나 세포의 다른 곳으로 운반함

15 확산은 물질이 높은 농도에서 낮은 농도로 이동하는 현상을 말한다. 그림에서 물질 A가 세포막을 통해 농도가 높은 쪽에서 낮은 쪽으로 이동하는 방법은 확산이다.
② **합성** : 원소나 간단한 화합물이 더 복잡한 조직물질로 형성되는 것
③ **이화** : 에너지를 방출하며 복잡한 분자를 단순한 화합물로 분해하는 것
④ **복제** : 자연 상태의 생물 개체가 자신과 동일한 개체를 생산하는 것

16 효소는 생명체에서 화학 반응을 촉진하는 생체 촉매로, 반응물과 결합하여 활성화 에너지를 낮추어 화학 반응이 빠르게 일어나게 한다. 그림에서 효소가 있을 때의 활성화 에너지는 B이고, 효소가 없을 때의 활성화 에너지는 A이다.

17 (가)는 DNA의 유전 정보를 RNA로 전달하는 과정인 전사이며, 염기 ㉠은 DNA에서 C와 상보적 결합을 하는 G이다.

TIP 전사와 번역
- **전사** : DNA의 유전 정보를 RNA로 전달하는 과정
- **번역** : RNA의 유전 정보에 따라 단백질을 합성하는 과정

18 생태계 평형이 유지되고 있는 생태계의 먹이 그물에서 개체수가 가장 많은 생물은 생산자이다. 생산자는 생명 활동에 필요한 양분을 스스로 만드는 생물적 요인으로, 제시된 먹이 그물에서는 옥수수가 이에 해당한다. 뱀, 쥐, 메뚜기는 모두 소비자이다.

19 생물 다양성은 생태계 내에 존재하는 생물의 다양한 정도를 의미하며 유전적 다양성, 종 다양성, 생태계 다양성을 포함한다.
① **초원** : 반건조 기후 지역의 초지대
② **개체군** : 일정한 지역에 같은 종의 개체가 지은 무리
③ **외래종** : 외국으로부터 자연적 혹은 인위적으로 유입되어 들어온 생물

20 빅뱅 우주론은 우주가 초고온, 초고밀도 상태의 한 점에서 폭발하여 팽창함에 따라 온도와 밀도가 감소하여 저온, 저밀도 상태의 현재 우주가 되었다는 이론이다. 우주가 팽창하는데 우주의 총 질량이 일정하므로, 우주의 평균 밀도는 감소하고, 평균 온도는 낮아진다.
ㄱ. 우주의 크기 → 증가
ㄴ. 우주의 평균 밀도 → 감소
ㄷ. 우주의 평균 온도 → 감소

21 온실 효과는 대기 중 온실 기체의 증가로 온실 효과가 커져서 지구의 평균 기온이 상승하는 현상이다. 온실 효과를 일으키는 대표적인 기체들로는 이산화 탄소, 메테인, 수증기, 오존 등이 있다.

22 별 중심부에서 모든 핵융합 반응이 끝나면 별의 중심부로 갈수록 무거운 물질로 구성되므로, A~D 중 가장 무거운 원소가 생성된 곳은 C이다.

23 습곡 산맥은 수렴형 경계에서 발생하는 지형으로, 두 판이 충돌하면서 높이 솟아올라 형성된 산맥이다.
① **해령** : 대양에 위치한 큰 해저 산맥
② **열곡** : 두 개의 단층 사이에서 생성된 폭이 좁고 긴 골짜기
④ **변환 단층** : 두 판이 반대 반향으로 어긋나는 보존형 경계에서 볼 수 있는 단층 유형

24 대기 중의 이산화 탄소가 있는 곳은 기권이며, 바닷물은 수권이다. 그러므로 대기 중의 이산화 탄소가 바닷물에 녹아 들어가는 것은 기권과 수권의 상호작용에 해당한다.

TIP 지구 시스템

지권	바깥쪽으로부터 지각－맨틀－외핵－내핵으로 구분됨
수권	혼합층－수온 약층－심해층 순으로 깊어지며 해수, 빙하, 지하수, 하천수 등으로 분포됨
기권	대류권－성층권－중간권－열권 순으로 올라감
생물권	지권, 수권, 기권에 걸쳐 분포
외권	기권 바깥의 태양계 천체, 별, 은하 등을 모두 포함

25 지질 시대 중 기간이 가장 짧은 시대는 신생대로, 매머드와 같은 포유류가 크게 번성하여 포유류의 시대라고도 부른다. 인류의 조상이 출현한 것도 이 시대이다.
① **선캄브리아 시대** : 지질시대의 약 85%를 차지하는 가장 긴 시대이며 이 당시의 생물들은 모두 바다에서 살았다. 세포생물, 해조류, 스트로마톨라이트 등의 생물이 있다.
② **고생대** : 대기권에 오존층이 형성되면서 바다에서 생활하던 생물들이 육상으로 진출하였다. 삼엽충, 필석, 갑주어, 양치식물 등이 번성하였다.
③ **중생대** : 대체로 기후가 온난하였으며, 공룡 외에 암모나이트, 파충류, 겉씨식물 등의 생물이 번성하였다.

제6교시

한국사

정답 및 해설

정답

01 ③	02 ①	03 ②	04 ③	05 ④
06 ④	07 ②	08 ③	09 ①	10 ①
11 ④	12 ④	13 ③	14 ①	15 ②
16 ①	17 ④	18 ④	19 ③	20 ②
21 ④	22 ④	23 ③	24 ②	25 ①

해설

01 청동기 시대에는 사유 재산의 개념이 등장하면서 빈부의 차이와 계급의 분화가 발생하였다. 또한 청동기 문화를 바탕으로 우리 역사 최초의 국가인 고조선이 건국되었다. 청동기 시대의 대표적인 유물에는 비파형 동검 외에 고인돌, 반달 돌칼 등이 있다.

02 통일 신라의 신문왕은 국학을 설립하여 유학 교육을 진흥시키고 지방 행정 조직인 9주 5소경을 완비하였다. 또한 관리들에게 관료전을 지급하고 귀족의 경제 기반이었던 녹읍을 폐지하였다.

② **장수왕** : 고구려 광개토 대왕의 아들로 수도를 평양으로 옮기고 남진 정책을 추진하였으며, 백제의 수도 한성을 함락하였다.

③ **근초고왕** : 고구려의 평양성을 공격하고 마한의 나머지 세력을 정복하여 백제 최대의 영토를 확보하는 등 백제의 전성기를 이끌었다.

④ **광개토 대왕** : 활발한 영토 확장으로 고구려의 전성기를 이끌었으며, 영락이라는 독자적인 연호를 사용하였다. 또한 신라에 침입한 왜를 토벌하였다.

TIP **통일 신라 신문왕**

- 김흠돌의 난을 평정하고 왕권 강화
- 군사 조직인 9서당과 지방 행정 조직인 9주 5소경 완비
- 관료전 지급 및 녹읍 폐지
- 유학 교육을 위하여 국학 설립

03 고려 인종 때 김부식 등이 왕명을 받아 편찬한 삼국사기는 현존하는 우리나라 최고의 역사서로 본기, 열전 등 기전체 형식으로 서술되었다.

① **경국대전** : 세조 대에 편찬을 시작하여 성종 대에 완성 및 반포된 조선 시대의 기본 법전

③ **조선책략** : 청나라 외교관인 황준헌이 러시아의 남하정책에 대비하기 위해 조선, 일본, 청국의 외교정책에 대해 서술한 책

④ **팔만대장경** : 몽골이 침입하자 이를 부처의 힘으로 극복하기 위해 강화도에 대장도감을 설치하여 간행한 대장경판

04 공민왕은 반원 자주 정책에 따라 쌍성총관부를 공격하여 원에 빼앗긴 철령 이북의 땅을 되찾았다.

① 장용영 설치 → 조선 정조

② 금관가야 정복 → 신라 법흥왕

④ 치안 유지법 제정 → 일제 강점기

05 의정부 서사제는 조선 세종 때 왕권과 신권의 조화를 추구하여 육조의 업무를 의정부를 거쳐 왕에게 올리게 한 제도이다.

① **골품제** : 신라의 신분 제도

② **6조 직계제** : 의정부를 거치지 않고 6조에서 직접 왕에게 보고하도록 한 제도

③ **헌병 경찰제** : 헌병이 경찰 업무를 담당하게 한 일제 강점기 제도

06 함경도 덕원부사 정현석과 주민들이 힘을 합쳐 설립한 최초의 근대적 사립학교는 원산 학사로, 외국어와 자연 과학 등 근대 학문과 무술을 가르쳤다(1883).

① 태학 → 고구려 유학 교육 기관

② 국자감 → 고려 시대 국립 교육 기관

③ 성균관 → 조선 시대 최고의 국립대학

07 조선 후기 순조, 헌종, 철종 3대에 걸쳐 60여 년 동안 왕의 외척 가문인 안동 김씨, 풍양 조씨 등의 소수 가문이 권력을 장악한 정치 형태는 세도 정치이다.

① **도병마사** : 중서문하성과 중추원의 고위 관리들이 모여 국가의 중대사를 의논했던 고려 시대 최고의 의사 결정 기구

③ **무신 정권** : 고려 시대 때 정중부, 이의방 등의 무신들이 문벌 귀족들을 제거하고 세운 정권

④ **동북 공정** : 중국 동북부(만주)에 있었던 나라들이 중국

의 역사라고 주장하는 정부 주도의 수정주의적 역사 왜곡 시도

08 대구에서 시작된 국채 보상 운동은 일본에 진 빚을 국민들의 모금으로 갚기 위해 전개된 경제적 구국 운동으로, 대한매일신보 등 언론사가 후원하면서 전국적으로 확산되었다.

① **형평 운동** : 갑오개혁으로 신분이 해방된 뒤에도 오랜 관습 속에 차별을 받던 백정들의 신분 해방 운동

② **북벌 운동** : 병자호란 이후 조선 효종 때 조선을 도운 명에 대한 의리를 내세우며 청에 당한 치욕을 갚자고 추진한 운동

④ **서경 천도 운동** : 고려 인종 때 묘청이 풍수지리설에 근거하여 서경 천도를 주장한 운동

09 을사늑약은 일본이 대한 제국을 강압하여 체결한 조약으로, 대한 제국의 외교권을 빼앗고 이토 히로부미를 초대 통감으로 한 통감부를 설치하였다(1905).

② **헌의 6조** : 독립협회가 개최한 관민공동회에서 결의한 6개조의 국정 개혁안

③ **남북 협상** : 남한만의 단독정부 수립에 반대하는 김구 · 김규식 등이 평양에서 북한 측 정치 지도자들과 통일 정부 수립을 위해 참석한 협상

④ **간도 협약** : 일본이 간도의 영유권에 대해 청나라와 맺은 협약

10 일본이 명성황후를 시해한 을미사변 이후 김홍집 내각이 근대적 개혁 운동인 을미개혁을 추진하였는데, 이 때 단발령을 시행하고 태양력을 사용하였다.

ㄷ. **노비안검법** : 고려 광종이 양인이었다가 불법으로 노비가 된 자를 조사하여 해방시키기 위해 시행한 법

ㄹ. **독서삼품과** : 통일 신라 원성왕이 인재 등용을 위해 시행한 관인 선발 제도

TIP 을미개혁의 내용

- 종두법 실시
- 소학교 설립
- 태양력 사용
- 우편 제도 실시
- 연호 건양 사용
- 단발령 실시
- 군제의 개편

11 병인양요와 신미양요의 결과 흥선 대원군은 종로를 비롯한 전국 각지에 척화비를 건립한 후 통상 수교 거부 정책을 시행하였다.

① **서희** : 거란의 1차 침입 때 거란의 소손녕과 외교 담판을 벌여 강동 6주를 확보한 고려의 외교관

② **안향** : 원으로부터 고려에 성리학을 최초로 소개한 고려의 유학자

③ **정약용** : 실학 사상을 집대성한 조선 최고의 실학자

12 이승만 정부 때 여당 부통령 후보인 이기붕의 당선을 위한 3 · 15 부정 선거가 자행되어 4 · 19 혁명이 촉발되었다(1960).

① **아관 파천** : 명성황후가 시해된 을미사변으로 신변에 위협을 느낀 고종이 러시아 공사관으로 거처를 옮긴 사건

② **위화도 회군** : 명나라의 요동을 공략하기 위해 출정했던 이성계가 위화도에서 회군한 사건

③ **국내 진공 작전** : 대한민국 임시 정부의 한국 광복군이 미국 전략 정보국(OSS)과 협력하여 일본과의 정규전을 준비한 작전 계획

13 고종은 통리기무아문을 설치하고 그 아래 12사를 두어 신문물 수용과 부국강병 도모 등의 개화 정책을 추진하였다(1880).

① **집현전** : 조선 세종 때 궁중에 설치한 학문 연구 기관

② **교정도감** : 고려 무신 집권기 때의 국정 총괄 기구

④ **동양 척식 주식회사** : 일제가 대한제국의 토지와 자원을 수탈할 목적으로 설치한 식민지 착취기관

14 일제는 조선에서 회사를 설립할 경우 조선 총독부의 허가를 받도록 규정한 회사령을 공포하여 한국인의 회사 설립을 억제하였다.

② **균역법** : 조선 영조 때 군역의 부담을 줄이기 위해 1년에 군포 2필을 부담하던 것을 1필로 경감한 정책

③ **공명첩** : 나라의 재정을 보충하기 위하여 부유층에게 돈이나 곡식을 받고 팔았던 명예직 임명장

④ **대동법** : 조선 광해군 때 공납의 폐단을 시정하고 전후 농민의 부담을 경감하기 위해 특산물 대신 쌀로 세금을 내도록 한 정책

15 청산리 대첩은 김좌진이 이끄는 북로 군정서와 홍범도의 대한 독립군을 중심으로 한 독립군 연합 부대가 백운평과 어랑촌 등지에서 일본군을 크게 격파한 전투이다(1920).

① **병자호란** : 조선이 청의 군신 관계 요구를 거절하자 청이 조선을 침략한 전쟁

③ **한산도 대첩** : 임진왜란 때 이순신 장군이 한산도 앞바다에서 학익진 전법을 이용하여 왜군을 격퇴한 전투

④ **황토현 전투** : 동학 농민 운동 당시 농민군이 전북 정읍 황토현 일대에서 관군을 무찌르고 첫 승리를 거둔 전투

16 민족 자결주의와 2 · 8 독립 선언의 영향을 받아 1919년에 일어난 일제 강점기 최대의 민족 운동은 3 · 1 운동이다.

② **제주 4 · 3 사건** : 제주도에서 남한만의 단독 선거에 반대하는 세력을 진압한다는 명분하에 무고한 사람들이 희생된 사건

③ **금 모으기 운동** : 김대중 정부 때 IMF의 외환 위기 극복을 위해 전 국민이 참여한 금 모으기 운동

④ **부 · 마 민주 항쟁** : 박정희 정부의 유신 독재에 항거하여 부산과 마산에서 촉발된 반정부 시위

17 민립 대학 설립 운동은 조선 총독부가 대학 설립 요구를 묵살하자 이상재를 중심으로 대학을 설립하기 위해 전개한 모금 운동이다.

① **만민 공동회** : 독립 협회가 개최한 우리나라 최초의 근대적 민중 대회

② **서울 진공 작전** : 정미의병 당시 의병 연합군인 13도 창의군이 서울에 주둔한 일본군을 몰아내기 위해 전개한 작전

③ **토지 조사 사업** : 일제가 조선의 토지를 약탈하기 위해 실시한 대규모 토지 조사 사업

18 미 · 소 공동 위원회는 모스크바 삼국 외상회의의 결정에 따라 미국과 소련이 한국의 임시 정부 수립을 목적으로 설치한 단체이다.

① **신간회** : 사회주의 세력과 민족주의 세력이 합작하여 결성한 항일 운동 단체

② **조선 형평사** : 백정들의 신분 해방과 사회적 처우 개선을 목적으로 설립된 단체

③ **국민 대표 회의** : 대한민국 임시 정부가 앞으로 나아갈 방향을 결정하기 위해 상하이에서 개최한 독립운동 계파간의 회의

19 일제는 민족 말살 통치기에 한국인을 전쟁에 동원하고자 국가 총동원령을 내렸다. 또한 황국 신민 서사 암송, 궁성 요배, 신사 참배를 강요하고 한국인의 성과 이름도 일본식으로 바꾸는 등 우리 민족의 전통과 뿌리를 말살하려 하였다.

① **호포제** : 흥선 대원군이 실시한 군역 제도로, 양반과 상민의 구분 없이 집집마다 군포를 내도록 한 세금 제도

② **금융 실명제** : 금융 거래의 투명성을 확보하고자 김영삼 정부 때 대통령 긴급 명령으로 전격 시행된 금융 제도

④ **4 · 13 호헌 조치** : 제5공화국 대통령 전두환이 일체의 개헌 논의를 중단하고 현행 헌법을 유지시킨 조치

20 김구는 대한민국 임시 정부를 이끈 독립 운동가로, 한인 애국단을 조직하였고 남한만의 단독 선거에 반대하여 남북 협상에 참여하였다. 주요 저서로 『백범일지』가 있다.

① **궁예** : 후고구려를 건국한 왕

③ **박제가** : 『북학의』를 저술한 조선 후기의 실학자

④ **연개소문** : 정변을 일으켜 권력을 장악한 고구려의 대막리지

21 반민족 행위 처벌법은 제헌 국회에서 친일 행위를 한 이들을 처벌하고 공민권을 제한하기 위해 마련한 법이다.

① **시무 28조** : 고려 성종 때 최승로가 올린 시무책

② **미쓰야 협정** : 한국 독립군을 탄압하기 위하여 일본 총독부 경무국장 미쓰야와 만주의 군벌 장쭤린이 맺은 조약

③ **남북 기본 합의서** : 노태우 정부 때 남북한이 화해 및 불가침, 교류협력 등에 관해 공동 합의한 기본 문서

22 신군부의 비상계엄 확대와 무력 진압에 5 · 18 민주화 운동이 발발하였고, 시위 과정에서 시민군이 자발적으로 조직되었다. 현재 5 · 18 민주화 운동 관련 기록물은 유네스코 세계 기록 유산으로 등재되어 있다.

① **갑신정변** : 김옥균을 중심으로 한 급진개혁파가 우정국 개국 축하연을 이용해 사대당 요인을 살해하고 개화당 정부를 수립한 정변

② **교조 신원 운동** : 동학의 창시자로 처형된 최제우의 억울함을 풀고 포교의 자유를 인정받고자 동학교도들이 전개한 운동

③ **물산 장려 운동** : 일제 강점기인 1920년대에 국산품을 사용하여 우리 민족 경제의 자립을 이루자는 운동

23 북한의 남침으로 6 · 25 전쟁이 발발하자 맥아더 장군의 인천 상륙 작전을 계기로 국군과 유엔군은 전세를 역전시키고 서울을 수복하였으나, 중공군의 개입으로 1 · 4 후퇴한 후 정전 협정이 체결되었다.

① **임진왜란** : 조선 선조 때 일본의 도요토미 정권이 조선을 침략하여 발발한 전쟁

② **귀주 대첩** : 10만 대군의 소배압이 이끄는 거란의 3차 침입에 맞서 강감찬이 귀주에서 거란을 격퇴한 전투

④ **쌍성보 전투** : 지청천의 한국 독립군과 중국의 호로군이 연합하여 만주 쌍성보에서 일본군에 승리한 전투

24 박정희 정부 시기에 베트남 전쟁에 국군을 파병하였고, 장기 집권을 위해 대통령의 권한을 강화한 유신 헌법을 제정하였다.

ㄴ. **전주 화약 체결** : 동학 농민 운동 당시 농민군이 전주를 점령하고 정부와 맺은 조약

ㄹ. **서울 올림픽 개최** : 노태우 정부 때에 동서 양 진영 160개국이 참가한 제24회 하계 올림픽 대회

25 러 · 일 전쟁 중에 일본이 자국 영토로 불법 편입한 지역은 독도이다. 제2차 세계대전 종전 후 연합국 최고사령관 총사령부는 연합국 최고 사령관 각서 제677호를 통해 독도를 일본의 통치 · 행정 범위로부터 제외시켰다.

제7교시

도 덕

정답 및 해설

정답

01 ③	02 ①	03 ③	04 ④	05 ①
06 ④	07 ④	08 ②	09 ③	10 ②
11 ②	12 ①	13 ③	14 ①	15 ③
16 ④	17 ③	18 ②	19 ①	20 ②
21 ④	22 ①	23 ④	24 ②	25 ④

해설

01 도덕적 행위의 근거가 되는 보편적 원리의 정립을 주된 목표로 하는 윤리학은 규범 윤리학이다.

① **진화 윤리학** : 이타적 행동 및 성품과 관련된 도덕성은 자연 선택을 통해 진화한 결과라고 주장함

② **기술 윤리학** : 도덕 현상과 문제를 명확하게 기술하고, 기술된 현상들 간의 인과 관계를 설명함

④ **메타 윤리학** : 윤리학의 학문적 성립 가능성을 모색하기 위해 도덕적 언어의 의미 분석과 도덕적 추론의 정당성을 검증하기 위한 논리를 분석함

02 군자는 유교의 이상적 인간상으로, 도덕적 수양과 사회적 실천을 통해 이상적 인격에 도달한 사람을 말한다.

② **보살** : 불교의 이상적 인간상으로, 중생을 깨달음의 세계로 인도하는 구도자이다.

③ **진인** : 도가의 이상적 인간상으로, 도를 깨쳐 깊은 진리를 깨달은 사람을 말한다.

④ **철인** : 플라톤의 이상 국가에서 지혜의 덕목을 갖춘 통치자를 의미한다.

03 사이버 폭력은 가상 공간에서 익명성을 이용한 비윤리적 행위로 악성 댓글, 허위 사실 유포, 해킹 등으로 타인에게 정신적, 물질적 피해를 주는 행위이다.

① **기후 정의** : 기후 변화의 원인과 영향이 초래하는 비윤리적이고 정의롭지 못한 점을 인식하고 그것을 줄이기 위한 사회 운동

② **절대 빈곤** : 생활의 기본적 필수품을 획득할 수 없어 최저의 생활수준도 유지하지 못하는 상태

④ **윤리적 소비** : 윤리적 가치 판단에 따라 상품이나 서비스를 구매하고 사용하는 것을 중시하는 소비

04 윤리적 성찰은 자신의 인간관, 가치관, 세계관 등을 전체적으로 검토하고 반성하는 과정이다. 이 과정에서 권위가 있는 이론이라고 해서 비판 없이 무조건 수용하는 것이 아니라, 보편적 규범에 의해 비판하고 수용 · 개선해야 한다.

05 덕 윤리는 의무, 규칙, 혹은 행위의 결과보다는 도덕 행위자의 품성과 덕을 강조하는 규범 윤리학의 접근법으로, 도덕적 실천 가능성을 강조하고 공동체의 전통과 역사를 중시한다.

② **담론 윤리** : 언어를 매개로 의사소통하는 과정에서 상호 이해에 도달하고, 이를 토대로 도덕 규범의 타당성을 정당화하는 절차가 중시되는 윤리적 관점

③ **의무론 윤리** : 도덕성을 판단할 때 행위의 결과보다 동기, 의무 의식을 강조하는 윤리 관점

④ **공리주의 윤리** : 가치 판단의 기준을 유용성과 행복의 증대에 두는 윤리적 관점

06 개인 정보의 공개는 사람들의 알 권리를 충족시킬 수 있지만 인격권의 침해로도 이어질 수도 있으므로, 정보의 생산자들은 알 권리만을 우선해서는 안 된다.

07 가족은 혼인과 혈연 및 입양 등으로 이루어진 공동체로, 시대 정신에 맞는 전통 가족 윤리는 계승해야 한다.

TIP 가족 간의 바람직한 윤리

- **부부유별(夫婦有別)** : 오륜(五倫)의 하나로 남편과 아내의 역할에는 구별이 있음
- **부부상경(夫婦相敬)** : 부부는 서로 공경해야 한다는 의미
- **부자유친(父子有親)** : 부모와 자녀 사이에는 친애가 있어야 함
- **부자자효(父慈子孝)** : 부모는 자녀를 사랑하고 자녀는 부모에게 효도해야 함
- **형우제공(兄友弟恭)** : 형은 아우를 사랑하고 아우는 형을 공경해야 함

08 쾌고 감수 능력은 쾌락과 고통을 느낄 수 있는 능력을 말하는데, 싱어(Singer, P.)는 공리주의에 기초하여 도덕적 고려의 기준을 쾌고 감수 능력의 유무로 보고, 쾌고 감수 능력을 갖고 있는 동물의 이익도 평등하게 고려되어야 한다고 주장했다.

① **정보 처리 능력** : 현재 존재하거나 저장된 정보를 조작하

거나 혹은 새로운 정보를 창조하는 능력
③ **도덕적 탐구 능력** : 도덕적 사고를 통해 도덕적 의미를 새롭게 구성하는 지적 활동 능력
④ **비판적 사고 능력** : 어떤 기준에 근거하여 주장이나 행동, 신념 등의 옳고 그름을 판단하는 사고 능력

09 고대 그리스의 철학자인 플라톤은 소크라테스의 제자로 이데아론을 주장하였다. 플라톤은 이데아를 지향하는 삶을 이상적인 삶으로 보았으며, 이데아를 인식한 철학자가 통치하는 국가를 정의로운 국가로 보았다.
① **로크** : 영국의 경험주의 철학자로, 백지설과 사회계약론을 주장하였다.
② **베이컨** : 영국의 경험론의 창시자로, 관찰과 실험을 통한 귀납적 방법론을 체계적으로 제시하였다.
④ **엘리아데** : 루마니아의 종교학자로, 종교 현상을 넘어 인간의 본질적인 성스러움을 말한 종교현상학을 주장하였다.

10 양성평등은 성별에 따라 서로 차별하지 않고 남녀 모두의 인권을 동등하게 보장하는 것을 말한다.
① **성폭력** : 성을 매개로 가해지는 신체적, 언어적, 심리적 폭력
③ **인종 차별** : 인종 집단에 따라 행동 특성의 차이나 우열이 존재한다는 신념이나 이에 기반한 행위
④ **지역 갈등** : 둘 이상의 지역에서 여러 가지 이해관계가 상충되어 나타나는 갈등

11 정언 명령은 행위의 결과와 상관없이 행위 자체가 선(善)이기 때문에 무조건 수행해야 하는 도덕적 명령을 의미한다.
① **가치 전도** : 높은 가치보다 낮은 가치를 추구하는 태도
③ **책임 전가** : 자기가 져야 할 책임을 고의적으로 남에게 미루는 태도
④ **가언 명령** : 어떤 목적을 달성하기 위한 수단으로서 내리는 조건부 명령

12 안락사는 불치병으로 극심한 고통을 겪고 있는 환자의 요구에 따라 의료진이 인위적으로 생명을 단축하는 행위이다. ①의 '인간답게 죽을 권리는 없다.'는 안락사의 반대 논거에 해당한다.

TIP 안락사에 대한 찬성 · 반대 입장

찬성	• 환자의 자율성과 삶의 질을 중시함 • **공리주의적 관점** : 치유 불가능한 환자에게 과다한 경비를 사용하는 것은 환자와 가족에게 경제적으로 큰 부담이며, 환자 본인에게 심리적, 신체적 고통을 주는 것이기 때문에 사회 전체의 이익에 부합하지 않음
반대	• 모든 인간의 생명은 존엄, 인간은 자신의 죽음을 인위적으로 선택할 권리를 갖고 있지 않음 • **자연법 윤리와 의무론적 관점** : 인간의 죽음을 인위적으로 앞당기는 행위는 자연의 질서에 어긋날 뿐만 아니라 생명의 존엄성을 훼손하는 일임

13 성품과 행실이 깨끗하고 맑으며 탐욕이 없는 것을 청렴이라고 하며, 특히 공직자에게 강조되는 바람직한 직업 윤리 의식이다.
① **경쟁 의식** : 남과 겨루어 이기거나 앞서려는 생각
② **패배 의식** : 성공이나 승리에 대한 자신감이 없어서, 미리 패배를 예상하거나 일을 쉽게 포기하려는 생각
④ **특권 의식** : 사회 · 정치 · 경제적으로 특별한 권리를 누리고자 하는 태도

14 윤리적 상대주의는 절대적이고 보편적인 윤리 규범은 존재하지 않으며 윤리적 가치는 시대와 장소에 따라 상대적이라고 보는 관점이다.
② **윤리적 이기주의** : 인간은 마땅히 자기 이익을 위해 행동해야 한다고 보는 관점
③ **윤리적 절대주의** : 모든 문화에 보편타당하게 적용될 수 있는 도덕 원리가 존재한다고 보는 관점
④ **윤리적 의무주의** : 결과가 아닌 도덕 법칙 준수 여부로 행동을 평가해야 한다고 보는 관점

15 다문화 사회에서는 문화적 배경이 다른 사람들이 차별 없이 그들의 문화적 정체성을 유지하며 살아갈 수 있도록 해야 한다. 그러므로 자신의 주관이나 문화적 정체성을 버리는 것은 바람직한 문화적 정체성을 유지하기 위한 관점으로 볼 수 없다.

TIP 다문화를 받아들이는 자세

• 문화적 역동성을 증진하여 문화 발전을 도모함
• 문화적 배경이 다른 사람들이 차별 없이 그들의 문화적 정체성을 유지하며 살아갈 수 있도록 해야 함
• 다문화에 대한 존중과 관용의 자세가 필요

16 원효는 포용과 존중의 중요성을 강조하여 모든 종파와 사상을 분리시켜 고집하지 말고, 더 높은 차원에서 하나로 종합해야 한다는 화쟁 사상을 주장하였다.

① **겸애 사상** : 모든 사람을 똑같이 사랑하고 이롭게 하여야 한다는 묵자의 사상

② **덕치 사상** : 도덕에 의한 교화를 정치의 기본으로 삼는 공자의 사상

③ **무위 사상** : 자연법칙에 따라 행하고 인위적인 작위를 하지 않을 것을 강조한 노자의 사상

17 부정부패 행위는 개인의 권리를 침해하여 올바른 시민 의식의 형성을 어렵게 만들고, 사회적 비용의 낭비로 사회 발전을 저해할 수 있다.

ㄱ. 부정부패 행위는 국외 자본의 국내 투자를 어렵게 만든다.

ㄹ. 부정부패 행위는 국민 간 위화감을 조성하여 사회 통합을 어렵게 만든다.

18 노직은 자유 지상주의적 입장에서 개인의 소유권을 보호하고 존중하는 것을 정의로 보고, 국가의 강제적 소득 재분배를 개인의 권리를 침해하는 심각한 문제로 보았다.

① **홉스** : 이기적 존재인 인간이 자신의 생명과 재산을 보호하기 위해 국가를 만들었다고 주장한 사회계약론자

③ **벤담** : 최대 다수의 최대 행복을 주장한 공리주의자

④ **왈처** : 사회적 가치는 다양한 삶의 영역에서 각기 다른 기준에 따라 분배되어야 한다는 다원적 평등 분배의 원칙을 제시함

19 유전자 치료는 체세포 또는 생식 세포 안에 정상 유전자를 넣어 질병을 치료하는 방법으로, 유전적 질병으로 인한 고통 해소는 유전자 치료의 찬성 근거이다.

TIP **유전자 치료에 대한 찬성 · 반대 입장**

찬성	• 병의 유전을 막아 다음 세대의 병을 예방 가능 • 의학적으로 유용(유전병 퇴치 등) • 유전 질환을 물려주지 않으려는 부모의 자율적 선택 존중 • 새로운 치료법의 개발로 경제적 효용 가치 산출
반대	• 미래 세대의 동의 여부 불확실 • 의학적으로 불확실, 임상적으로 위험 • 인간의 유전자를 조작하려는 우생학을 부추길 수 있음 • 고가의 치료비로 인해 그 혜택이 일부 사람에게 치중될 수 있음

20 분단 비용은 남북한이 분단으로 인해 부담하는 유무형의 비용으로 국방비, 외교적 경쟁 비용, 이념적 갈등과 대립, 소모적 성격의 비용 등이 이에 해당한다.

① **기본 소득** : 국가가 국민들에게 최소한의 인간다운 삶을 누리도록 조건 없이 지급하는 소득

③ **과시 소비** : 부를 과시하는 것을 의식하면서 행하는 소비

④ **통일 편익** : 남북한이 통일로 인하여 얻게 되는 모든 이익

21 소수자 우대 정책은 차별받아 온 사람들에게 고용이나 교육 등 다양한 측면에서 직간접적으로 혜택을 제공함으로써 사회적 이익의 공정한 분배를 실현하려는 제도이다.

① **청탁 금지법** : 부정 청탁, 금품 등의 수수를 근절하여 공직 사회에 대한 국민의 신뢰를 확보하기 위한 법

② **생물 다양성 협약** : 생물종의 멸종을 방지하기 위해 생물의 다양성을 포괄적으로 보존하고 지속적으로 이용하는 것을 목적으로 마련된 협약

③ **지속 가능한 개발** : 미래 세대가 그들의 필요를 충족시킬 수 있는 가능성을 손상시키지 않는 범위에서 현재 세대의 필요를 충족시키는 개발

22 현실주의는 무정부 상태의 국제 관계를 국익과 세력 균형의 관점에서 보는 입장으로, 국가의 힘을 키워서 세력 균형을 유지해야 분쟁을 막을 수 있다고 본다.

② **구성주의** : 국가 간 긍정적인 상호 작용을 통해 분쟁을 해결할 수 있다고 보는 관점

③ **이상주의** : 국가는 이성적 존재이기 때문에 국제 분쟁은 국제법, 국제기구 등 제도의 개선으로 해결할 수 있다고 보는 관점

④ **도덕주의** : 일반적으로 도덕적 가치 또는 도덕적 의미를 기본적으로 중시하는 관점

23 시민 불복종은 정의롭지 못한 법이나 정부 정책을 변혁시키려는 목적으로 행하는 의도적인 위법 행위로, 부당한 법을 어김으로써 받게 되는 처벌을 감수한다. 즉, 시민 불복종은 기존 법체계를 존중하므로 기존 사회 질서와 헌법 체계 전체를 부정하는 것은 시민 불복종의 특징으로 볼 수 없다.

TIP **시민 불복종의 정당화 조건**

- **행위 목적의 정당성** : 공공의 이익을 위해 실시되어야 한다.
- **비폭력성** : 파괴적인 방법을 자제하고 평화적인 방법을 사용한다.
- **처벌의 감수** : 부당한 법을 어김으로써 받게 되는 처벌을 감수한다.
- **최후의 수단** : 합법적인 수단과 노력 후에 마지막 수단으로 채택된다.
- **양심적 행위** : 비록 위법일지라도 양심적이고 도덕적인 동기를 지니고 있어야 한다.

24 갈퉁(Galtung, J.)이 주장한 평화는 적극적 평화로 직접적 폭력뿐 아니라 문화적 폭력과 구조적 폭력까지 모두 제거된 평화를 말한다. 이에 반하여 소극적 평화는 전쟁, 테러, 범죄, 폭행과 같은 직접적이고 물리적인 폭력이 없는 평화를 말한다.

25 생태 중심주의 자연관은 무생물을 포함한 생태계 전체를 도덕적 고려의 대상으로 보며, 생명 개체에만 초점을 맞추는 개체 중심적인 환경 윤리를 비판한다.

① **인간 중심주의** : 인간을 가장 가치 있는 존재로 여기고, 인간과 자연의 관계에서 인간의 이익이나 행복을 먼저 고려하는 관점이다.

② **동물 중심주의** : 동물을 인간을 위한 수단으로 여기는 것에 반대하고 동물의 복지와 권리의 향상을 강조한다.

③ **생명 중심주의** : 모든 생명체는 그 자체로서 가치를 지니므로 도덕적 고려의 범위를 모든 생명체로 확대해야 한다고 본다.

결코 남이 편견을 버리도록 설득하려 하지 마라.
사람이 설득으로 편견을 갖게된 것이 아니듯이, 설득으로 버릴 수 없다.

Never try to reason the prejudice out of a man.
It was not reasoned into him, and cannot be reasoned out.

– 시드니 스미스

시스컴 SISCOM

시스컴
SISCOM